KB037225

최신판

論語集註

成百曉 譯註

한국인문고전연구소

차
례

간행사

　《論語》와《孟子》,《大學》과《中庸》은 儒家의 대표 경전으로 四子, 또는 四書라 칭하는바, 東洋思想의 꽃이라 할 것이다. 그러나 四書는 대부분 先秦時代의 古文으로 내용이 간략하고 뜻이 깊어 알기 어려운 것이 사실이다. 이에 따라 여러 주석서가 나오게 되었는데, 그 중에도 朱子의 集註는 어느 주석보다도 알기 쉽게 풀이되었으며, 조선조에서는 程朱學을 절대 신봉한 관계로 朱子의 集註를 금과옥조로 여겼기 때문에 우리 선조들의 사상과 문헌을 제대로 알려면 四書集註를 보지 않으면 안 된다.

　本人은 뒤늦게 先祖들의 思想과 文化에 관심을 가지고 15여 년 전《논어》를 독학하기로 결심하였다. 그리하여 근 10여 종의《논어》번역서와《논어집주》를 구입하여 읽어보았으나, 漢文의 기본 소양이 부족한 본인으로서는 몇 번을 읽어봐도 도무지 이해가되지 않았다. 게다가 각 본마다 해석이 달라 오히려 혼란을 가중시켰다. 그러다가 전통문화연구회에서 간행한 成百曉 선생의 현토완역본《논어집주》를 접하게 되었다. 그때의 심정을 표현한다면 어두운 밤거리에서 헤매다가 촛불을 얻은 느낌이라고나 할까. 솔직히 꿈 속에서 깨어난 듯한 기분이었다.

　이《논어집주》가 인연이 되어 성백효 선생을 알게 되었고 경전 강독을 시작하였으며 동지들과 사단법인 해동경사연구소를 설립하였다. 그리하여 지금은 연구소에서《周易傳義》강독을 끝마치고《古文眞寶 後集》을 공부하고 있으며, 전통문화연구회에도 理事로 재임하고 있다.

해동경사연구소를 설립한 목적은 선생의 思惟가 담긴 四書集註와 三經集傳을 재번역하기 위한 것이었다. 그리하여 성백효 선생은 2013년에 《附按說 論語集註》를, 2014년에 《附按說 孟子集註》를, 2016년에 《附按說 大學·中庸集註》를 차례로 출간하였으며, 이제 이것을 근간으로 하여 學生들의 教材用으로 最新版 四書集註를 간행하게 되었다. 옛 本에 비하여 역주와 字訓이 대폭 보완되었는바, 문자 그대로 최신판이라 하겠다. 同學들의 많은 이용이 있기를 바라마지 않는다.

우리 海東經史研究所에서는 성백효 선생이 좀 더 노쇠하기 전에 四書集註를 육성으로 녹음하여 初學者들이 이용할 수 있도록 준비하고 있으며, 새로운 《古文眞寶 後集》을 출간하기 위해 교정중임을 함께 밝히는 바이다. 이로써 東洋學에 뜻을 둔 젊은이들이 더욱 열심히 공부하여 우리 선조들의 훌륭한 사상과 정신을 계속해 이어가기를 간절히 바라는 바이다.

2017년 12월
사단법인 해동경사연구소
이사장 權五春

최신판 《論語集註》를 내면서

本書는 《論語》 20篇과 朱子의 集註를 原文에 懸吐하고 새롭게 國譯한 것이다.

《論語》는 孔子의 言行 및 弟子들과 問答한 내용을 기록한 것으로 儒家經傳의 代表라 할 것이다.

《論語》는 원래 魯論·齊論·古論 등 三種이 세상에 전한 것으로 알려져 있으나 이들 原本은 前漢末에 이미 佚失되었으며, 현재의 《論語》는 前漢末期 安昌侯 張禹가 魯論·齊論을 비교하여 20篇으로 撰定한 것이다.

이에 대한 註釋書로는 後漢末期 鄭玄이 註한 것이 있었으나 그 일부만이 전하고 있으며, 魏의 何晏이 集解한 《論語集解》 10권이 가장 오래된 것으로 전한다. 그후 梁의 皇侃이 撰한 《論語義疏》 10권이 있으며, 宋代에 이것을 校正한 邢昺의 《論語正義》 20권이 현재 十三經에 수록되어 있다. 또한 본서의 底本인 朱子의 《論語集註》 10권과 淸代의 劉寶楠이 지은 《論語正義》 10권이 있다. 이중에도 朱子의 集註는 해박한 訓詁와 이해하기 쉬운 文體로 다듬어져 있어 가장 代表的인 註釋書라 할 것이다.

특히 우리나라에서는 朝鮮初期에 明의 永樂大全을 導入한 뒤로는 國家的인 事業으로 內閣本을 刊行하여 舊韓末에 이르기까지 士子들은 오로지 이 朱子의 集註만을 敎學해온 것이 사실이다. 이 때문에 우리 先賢들의 思想과 文獻을 제대로 파악하려면 朱子의 集註에 입각한 《論語》의 해석이 절대로 필요한 것이다. 물론 淸代의 考證學이 나온 이후 새로운 해석들이 많이 나왔으며 朝鮮後期 實學者들이 燕京을 통해 이러한 해석을 접하고 信奉한 것도 사실이다. 하지만 어디까지나 朱子의 集註를 根幹으로 하였음은 두말할 나위가 없다.

本人은 多年間 古典講讀을 해오면서 完譯된 《論語集註》가 없음을 안타깝게 생각하고 30년전 번역을 시작하여 3년이 지난 1990년 전통문화연구회에서 첫 번째 번역서가 나왔고 그 후 15년이 지난 2005년에 개정증보판이 나왔으며, 2013년 한국인문고전연구소에서 《부안설 論語集註》를 내었고 이제 또다시 여기에 기초하여 《최신판 論語集註》를 내게 되었다.

사실 처음에는 멋모르고 만용으로 四書·三經 번역에 뛰어들었는데, 菲才淺學한 본인으로서는 감당하기 어려운 작업이었다. 최대한 功力을 들였지만 잘못 해석한 부분이 없지 않을 것이다. 그러나 초학자들에게 도움을 준 면도 없지 않을 것이다.

이 《최신판 論語集註》의 특징을 약간 소개할까 한다. 이 책은 학생들의 자습과 강독을 위주로 하였으므로 '按說'을 삭제하여 페이지 수를 줄이되 꼭 필요하다고 생각되거나 諺解와 관계되는 것은 일부 譯註로 처리하였으며, 譯註와 字義를 傳統文化本에 비하여 크게 보완하였다. 또한 일부 미진한 부분을 일부 수정하였으며, 《論語》에도 原文에 章節을 표기하였는바, 《孟子》는 章의 제목을 붙였으나 《論語》는 상대적으로 장이 많아 제목을 붙이지 못했으며 內閣本에 잘못된 것을 수정하였다.

원래 한국인문고전연구소와 《부안설 四書集註》를 出版하기로 계약할 때에 敎材用 四書도 뒤이어 出版하기로 하고 전통문화연구회의 기존 四書는 중단하기로 약속하였으나 전통문화연구회에서 아직 新刊 四書가 간행되지 못하였으므로 당분간 옛 本의 판매를 계속하기로 양해하였다. 敎材用 四書集註가 양쪽에서 나오는 것에 대해 의심을 싣는 분이 있을 것으로 사료되어 이것을 밝히며, 이러한 조건을 수용하고 정성을 다해 출판해주는 한국인문고전연구소의 조옥임 대표와 권희준 사장에게 미안한 마음과 감사한 마음 함께 전하는 바이다.

江湖諸賢들의 관심과 질책이 계속 이어지기를 기대해 마지 않으며, 좀더 자세한 역주를 다 싣지 못한 아쉬움이 있으나 이것은 부안설 본을 참고하시기 바라는 바이다.

西曆 2017년 丁酉年 孟冬에
海東經史研究所長 成百曉는 洌上의 觀一軒에서 쓰다

凡 例

1. 本書는 한문문리습득을 위한 자습서나 강독교재로 활용할 수 있도록 만든 책으로, 이를 위하여 원문에 懸吐하고 原義에 충실하게 번역하였다. 또 각주에 역자의 설명을 첨가하여 《論語》나 《論語集註》를 이해하고 연구하는 데 도움이 되도록 하였다.

2. 本書는 內閣本(學民文化社 影印本 2003)을 國譯底本으로 하고, 中國 中華書局의 《四書章句集注》와 日本의 漢文大系本 등을 교감에 참고하였다

3. 원문에 懸吐하되, 經文의 吐는 官本諺解를 위주로 하고 栗谷의 四書諺解를 참고하였다. 다만 필요에 따라 調整하였는데, 이에 대한 설명을 각주에 실었으며, 齊 景公, 衛 靈公, 魯 定公 등 군주에 대한 일반적인 존칭은 생략하였다. 集註의 吐는 역주자가 새로이 현토한 것이다.

4. 번역은 原義에 충실하게 하여 문리습득과 원전강독에 도움이 되도록 하였으며, 필요한 경우 원문에 없는 내용을 〈 〉안에 보충하였다.

5. 음이 두 개 이상인 글자와 음이 어려운 글자는 ( )안에 한글로 음을 표기하였다.

6. 원문의 글자 중 난해한 것은 字義와 음을 하단에 실었다.

7. 集註는 별도로 표기하지 않았고, 章下註는 그 앞에 ⊙표시를 하여, 일반적으로 문장을 바꿀 때 사용한 ○과 구분하였으며, 章과 節에 일련번호를 달아 讀者들의 편리를 도모하였다.

8. 集註에서 明道 程顥와 伊川 程頤를 구분하지 않고 程子曰이라고 쓴 것은 臺灣 學生書局의 《朱子四書集註典據考》에 의거하고 壺山 朴文鎬의 《論語集註詳說》을 참고하여 ( )안에 號(明道/伊川)를 써주었다. 그 외 尹氏, 謝氏 등 성씨만 밝힌 경우에도 ( )안에 이름을 써주었다.

9. 經文의 내용을 해설하거나 經文 해석의 異說, 集註에 대한 해설이나 出典 등은 각주로 자세하게 실었다.

10. 經文의 번역은 集註를 따랐으며, 經文과 集註를 번역하고 해설함에 있어 《朱子大全》, 《論孟精義》, 《四書或問》, 《朱子語類》, 《四書集註大全》 및 壺山(朴文鎬)의 《論語集註詳說》, 農巖(金昌協)의 《農巖雜識》 등을 참고하였고, 근래의 학자로는 松潭(李栢淳)의 《四書解》와 屛洲(李鍾洛)의 《論語集註》를 참고하였다. 그 외에 何晏·邢昺의 《論語注疏》, 皇侃의 《論語義疏》, 楊伯峻의 《論語譯註》 및 茶山(丁若鏞)의 《論語古今註》 등의 해석을 集註와 비교하고 소개하였다. 때로는 本人이 사사한 瑞巖先生(金熙鎭)의 해설과 토를 부기하였다.

11. 人名은 성씨나 字·號로 표기되어 있는 경우, ( )안에 이름을 써주었다. 다만 茶山과 壺山은 자주 언급되므로 이름을 병기하지 않았다.

12. 書名은 完稱을 기본으로 하되, 몇 가지는 略稱으로 표기하였는바, 다음과 같다.
    《論孟精義》→《精義》　　《四書或問》→《或問》
    《朱子語類》→《語類》　　《四書集註大全》→《大全》

13. 包咸, 孔安國, 鄭玄, 何晏, 皇侃, 邢昺 등의 古註와 《四書集註大全》의 小註, 楊伯峻의 《論語譯註》 및 壺山의 《論語集註詳說》, 茶山의 《論語古今註》는 인용시 人名만 밝히고 書名은 따로 기재하지 않았다.

14. 本書의 이해와 활용에 도움이 되고자, 孔子年譜와 孔子弟子 일람 및 集註의 인용학자 목록을 부록하였다.

15. 本書에 사용된 부호는 다음과 같다.
    《 》:書名　　　　　〈 〉:篇章節名, 작품명, 원문 보충자, 보충역
    〔 〕:원문 병기　　　( ):한자의 음, 통용자, 간단한 주석
  • 교감표기:(誤字)〔正字〕
    《 》: 책명 및 각주의 전거(典據)를 묶는다.
    〈 〉: 책의 편명 및 운문·산문의 제목을 묶는다.

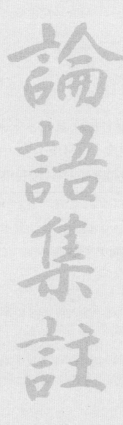

論語集註

序說[1]

史記世家曰[2] 孔子는 名丘요 字仲尼니 其先은 宋人이라 父는 叔梁紇이요 母는 顔氏니 以魯襄公二十二年庚戌之歲十一月庚子[3]에 生孔子於魯昌平鄕郰(鄹)邑하니라 爲兒嬉戲에 常陳俎豆하고 設禮容이러시니 及長爲委吏하사는 料量平하고 --委吏는 本作季氏史로되 索隱云 一本에 作委吏라하여 與孟子合하니 今從之하노라--[4] 爲司職(樴)吏하사는 畜蕃息하시니라 --職은 見周禮牛人이라 讀爲樴이니 義與杙同하니 蓋繫養犧牲之所라 此官은 卽孟子所謂乘田이라-- 適周하사 問禮於老子하시고 旣反而弟子益進이러라

---

1 序說 : 壺山은 "序說 또한 朱子가 집주를 지을 때에 지은 것이다.……《論語》·《孟子》에 序說이 있는 것은 또한 《詩經》과 《中庸》·《大學》에 序가 있는 것과 같다. 단 《詩經》과 《中庸》·《大學》은 다만 그 책을 짓게 된 연유를 서술하여 한 편의 글을 만들었으므로 곧바로 序라 하였고, 이 책에 이르러서는 諸家의 설을 여기저기서 취하였으므로 序說이라 이른 것이다.〔序說亦集註時所著也……論孟之有序說 亦猶詩經庸學之有序 但詩經庸學 止序其所以著此書之由 作爲一篇文 故直謂之序 至此書 則散取諸家之說 故謂之序說〕"하였다.

2 史記世家曰 : 壺山은 "《朱子가》 때로 가감하여 문장을 만들거나 보충해 넣은 句語가 있다.〔時有擥括爲文及補入句語〕"하였다.

3 庚戌之歲十一月庚子 : 이 내용은 《史記》〈孔子世家〉에 없는데 朱子가 보충해 넣은 것이다. 《史記》에는 襄公 22년이라 하였으나 《春秋公羊傳》과 《春秋穀梁傳》에는 襄公 21년이라고 하였고, 《春秋左傳》에는 孔子의 生年이 나오지 않는다. 《史記索隱》에 "《春秋公羊傳》 襄公 21년조에 '11월 庚子일에 孔子께서 태어나셨다.' 하였는데, 이제 《史記에서》 22년이라고 한 것은 아마도 周나라의 11월을 다음해에 배속하였기 때문에 잘못된 듯하다.〔公羊傳 襄公二十一年 十有一月庚子 孔子生 今以爲二十二年 蓋以周正十一月屬明年故 誤也〕"하였다. 《春秋穀梁傳》에는 "庚子일에 孔子께서 태어나셨다." 하였는데, 그 앞에 "10월 초하루 庚辰일에 日食이 있었다.〔十月庚辰朔 日有食之〕"하였으므로 孔子의 生辰은 10월 庚子일이다. 《春秋公羊傳》은 11월 庚子라 하였으나 11월에는 庚子일이 없다. 陸德明의 《經典釋文》에도 10월이 되어야 한다고 하였다.

4 -委吏……今從之- : 序說에서 줄표(-) 사이의 주석은 朱子가 직접 붙인 本註이다.

··· 紇 묶을 흘 顔 얼굴 안 魯 나라이름 로 襄 오를 양 郰 땅이름 추 嬉 장난할 희 戲 희롱할 희 俎 제기 조
豆 제기 두 委 창고 위 料 헤아릴 료 樴 쇠말뚝 직 畜 가축 축, 기를 휵 蕃 많을 번 息 새끼칠 식 杙 말뚝 익
繫 맬 계 犧 짐승 희 牲 짐승 생

《史記》의 〈孔子世家〉에 다음과 같이 기록되어 있다.

"孔子는 이름이 丘요 字가 仲尼이니, 그 先代는 宋나라 사람이었다. 아버지는 叔梁紇이요 어머니는 顏氏이니, 魯나라 襄公 22年(B.C.551) 庚戌年 11月 庚子日(21日)에 孔子를 魯나라 昌平鄕 鄹邑에서 낳았다.

孔子는 어려서 장난할 때에 항상 俎豆를 진설하고 禮를 행하는 容貌를 베풀었다. 장성하여 委吏(창고관리자)가 되어서는 料量을 平하게 하시고, -'委吏'는 본래 季氏史로 되어 있으나,《史記索隱》에 '一本에 委吏로 되어 있다' 하여《孟子》와 부합하므로 이제 이것을 따른다.- 司職吏(축산 담당자)가 되어서는 가축이 번식하였다. -'職'은《周禮》〈牛人〉에 보이는바 楅으로 읽으니, 뜻이 杙(말뚝)과 같으니, 희생을 매어놓고 기르는 장소이다. 이 벼슬은 바로《孟子》의 이른바 乘田이라는 것이다.- 周나라에 가서 老子에게 禮를 물으셨고, 돌아오자 弟子들이 더욱 많이 찾아왔다.

昭公二十五年甲申은 孔子年三十五라 而昭公奔齊魯亂하니 於是에 適齊하여 爲高昭子家臣하사 以通乎景公하시다-有聞韶問政二事라- 公欲封以尼谿之田한대 晏嬰이 不可라하니 公惑之어늘-有季孟吾老之語라- 孔子遂行하사 反乎魯하시니라 定公元年壬辰은 孔子年四十三이라 而季氏强僭하고 其臣陽虎作亂專政이라 故로 孔子不仕하시고 而退修詩書禮樂하시니 弟子彌衆이러라

昭公 25年(B.C.517) 甲申은 孔子 나이 35세였는데, 昭公이 齊나라로 달아나 魯나라가 혼란하니, 孔子께서는 이에 齊나라로 가시어 高昭子의 家臣이 되어서 景公에 通하였다.-〈齊나라에 계시면서〉韶樂을 들으신 것과〈景公이 孔子께〉 정사를 물은 두 가지 일이 있다.- 景公이 尼谿의 土地로 孔子를 봉해 주고자 하였는데, 晏嬰이 不可하다 하니 景公이 의혹하였다.-〈齊 景公이 孔子를 대우하며 말하기를 "季氏처럼 대우함은 내 하지 못하겠으나〉 季氏와 孟氏의 중간으로 대우하겠다." 하고는 "내가 늙었으니, 〈그의 말을〉 쓰지 못하겠다."라고 한 말이 있다.- 孔子는 마침내 齊나라를 떠나 魯나라로 돌아오셨다.

定公 元年(B.C.509) 壬辰은 孔子 나이 43세였는데, 季氏가 강하여 참람하고 그의 家臣인 陽虎가 亂을 일으켜 政權을 독단하였다. 그러므로 孔子는 벼슬하지 않고 물러나《詩》·《書》와《禮》·《樂》을 닦으시니, 弟子가 더욱 많아졌다.

九年庚子는 孔子年五十一이라 公山不狃(뉴)以費畔季氏하고 召孔子어늘 欲往而卒不行하시니라-有答子路東周語라- 定公이 以孔子爲中都宰하니 一年에 四方則(칙)之라 遂爲司空하시고 又爲大司寇하시다 十年辛丑에 相定公하사 會齊侯于夾谷하시니 齊人歸魯

··· 耄 늙을 안 嬰 어릴 영 惑 혹할 혹 僭 참람할 참 專 제멋대로할 전 彌 더할 미 衆 많을 중 狃 익숙할 뉴
費 쓸 비 畔 배반할 반(叛同) 宰 읍재 재, 재상 재 寇 도둑질할 구 相 도울 상 夾 낄 협

侵地하다 十二年癸卯에 使仲由爲季氏宰하여 墮(휴)三都하고 收其甲兵이러니 孟氏不肯墮成이어늘 圍之不克하다

定公 9年(B.C.501) 庚子는 孔子 나이 51세였다. 公山不狃가 費邑을 가지고 季氏를 배반하고 孔子를 부르자, 가시고자 하였으나 끝내는 가지 않으셨다.-子路에게 〈나를 써 주는 자가 있으면 나는〉 東周를 만들겠다고 대답한 말씀이 있다.- 定公이 孔子를 中都의 邑宰로 삼으니, 1년 만에 사방에서 본받았다. 그리하여 마침내 司空이 되시고 또 大司寇가 되셨다.

定公 10年(B.C.500) 辛丑에 定公을 도와서 齊나라 君主(景公)와 夾谷에서 會盟하시니, 齊나라 사람들은 魯나라에게 침략한 땅을 반환해 주었다.

定公 12年(B.C.498) 癸卯에 仲由로 하여금 季氏의 家臣이 되어 세 都邑의 城을 허물고 갑옷과 병기를 거두게 하였는데, 孟氏가 成땅의 城을 허물려고 하지 않으므로 포위 공격하였으나 이기지 못하였다.

十四年乙巳는 孔子年五十六이라 攝行相事하사 誅少正卯하시고 與聞國政하시니 三月에 魯國大治라 齊人이 歸女樂以沮之하니 季桓子受之하고 郊又不致膰俎於大夫한대 孔子行하시니라-魯世家에 以此以上이 皆爲十二年事라- 適衛하사 主於子路妻兄顏濁鄒家하시다-孟子에 作顏讎由라- 適陳하실새 過匡하시니 匡人以爲陽虎而拘之하다-有顏淵後及文王旣沒之語라- 旣解에 還衛하사 主蘧伯玉家하사 見南子하시다-有矢子路及未見好德之語라- 去適宋하신대 司馬桓魋(퇴) 欲殺之어늘-有天生德語及微服過宋事라- 又去適陳하사 主司城貞子家하시고 居三歲而反于衛하시니 靈公이 不能用하다-有三年有成之語라- 晉趙氏家臣佛肸(필힐)이 以中牟畔하여 召孔子어늘 孔子欲往이라가 亦不果하시다-有答子路堅白語及荷蕢過門事라- 將西見趙簡子라가 至河而反하사 又主蘧伯玉家러시니 靈公이 問陳이어늘 不對而行하사 復如陳하시다-據論語하면 則絕糧當在此時라-

定公 14年(B.C.496) 乙巳는 孔子 나이 56세였다. 정승의 일을 攝行(代行)하여 少正卯를 죽이시고 國政에 참여하여 들으시니, 3개월만에 魯나라가 크게 다스려졌다. 齊나라 사람들이 美女 樂工을 보내어 저지하니, 季桓子가 이것을 받았으며 郊祭에 또 제사지낸 고기를 大夫들에게 나누어 주지 않자, 孔子께서 魯나라를 떠나셨다.-《史記》《魯世家》에는 이 이상을 모두 12년의 일이라 하였다.-

衛나라에 가서 子路의 妻兄인 顏濁鄒의 집에 主人을 정하셨다.-《孟子》에는 顏讎由로 되어 있다.-

··· 墮 허물 휴 圍 포위할 위 攝 대신할 섭 相 정승 상 誅 벨 주 卯 토끼 묘 歸 선물할 귀 沮 막을 저 桓 굳셀 환
郊 들 교, 천제지낼교 膰 제사고기 번 適 갈 적 衛 나라이름 위 濁 흐릴 탁 鄒 땅이름 추 讎 원수 수
匡 바로잡을 광 蘧 패랭이꽃 거 魋 상투 퇴 靈 신령 령 晉 나라이름 진 趙 나라이름 조 佛 클 필 肸 클 힐

陳나라를 가실 적에 匡땅을 지나니, 匡땅 사람들은 陽虎라고 여겨 拘留하였다.-〈孔子가 匡땅에서 경계하는 마음을 품고 계실 적에〉顔淵이 뒤에 떨어져 있었으며, "文王이 이미 별세하셨으니, 文이 이 몸에 있지 않겠는가."라는 말씀이 있다.- 풀려나자 衛나라로 돌아와 蘧伯玉의 집에 主人을 정하시고 南子를 만나보셨다.-〈孔子께서 南子를 만나보시자, 子路가 기뻐하지 않으니, "내 맹세코 잘못된 짓을 하였다면 하늘이 나를 싫어하시리라. 하늘이 나를 싫어하시리라."라고〉子路에게 맹세하셨고, 또 德을 좋아하기를 女色을 좋아하는 것과 같이 하는 자를 보지 못했다는 말씀이 있다.-

衛나라를 떠나 宋나라에 가시니, 司馬인 桓魋(환퇴)가 죽이고자 하므로 "하늘이 나에게 德을 주셨으니, 桓魋가 나를 어찌하겠는가."라는 말씀과 微服으로 宋나라를 지나간 일이 있다.- 또 宋나라를 떠나 陳나라에 가서 司城貞子의 집에 主人을 정하시고, 3년 동안 거주하다가 衛나라로 돌아오셨는데, 靈公이 등용하지 못하였다.-〈孔子께서 "만일 나를 등용해 주는 자가 있다면 1년만 하더라도 괜찮을 것이니,〉3년이면 이루어짐이 있을 것"이라고 말씀한 내용이 있다.-

晉나라 趙氏의 家臣인 佛肹이 中牟땅을 가지고 배반한 다음 孔子를 부르니, 孔子는 가서 만나시려고 하였으나 또한 결행하지 않으셨다.-子路에게 "단단하다고 말하지 않겠는가. 갈아도 얇아지지 않는다. 희다고 말하지 않겠는가. 검은 물을 들여도 검어지지 않는다." 라고 한 말씀과 삼태기를 멘 자가 孔氏의 문 앞을 지나간 일이 있다.-

장차 서쪽으로 가서 趙簡子를 만나 보려고 하시다가 黃河에 이르러 돌아와 다시 蘧伯玉의 집에 主人을 정하셨는데, 靈公이 陣法을 묻자 대답하지 않고 떠나 다시 陳나라로 가셨다.-《論語》를 근거해 보면 양식이 떨어진 것이 마땅히 이때에 있었을 것이다.-

季桓子卒에 遺言謂康子호되 必召孔子라하더니 其臣止之한대 康子乃召冉求하다-史記에 以論語歸與之歎으로 爲在此時라하고 又以孟子所記歎辭로 爲主司城貞子時語라하니 疑不然이라 蓋語孟所記本皆此一時語어늘 而所記有異同耳라- 孔子如蔡及葉(섭)하시니라-有葉公問答子路不對와 沮溺耦耕과 荷蓧丈人等事라 史記云 於是에 楚昭王이 使人聘孔子하여 孔子將往拜禮어늘 而陳蔡大夫發徒圍之라 故로 孔子絶糧於陳蔡之間이라 有慍見及告子貢一貫之語라 按是時陳蔡臣服於楚하니 若楚王來聘孔子면 陳蔡大夫安敢圍之리오 且據論語컨대 絶糧이 當在去衛如陳之時라- 楚昭王이 將以書社地로 封孔子러니 令尹子西不可라하니 乃止하니라-史記云 書社地七百里라하니 恐無此理라 時則有接輿之歌라- 又反乎衛하시니 時에 靈公已卒하고 衛君輒이 欲得孔子爲政하며-有魯衛兄弟及答子貢夷齊, 子路正名之語라- 而冉求爲季氏將하여 與齊戰有功한대 康子乃召孔子어늘 而孔子歸魯하시니 實哀公之十一年丁巳而孔子年六十八矣라-有對哀公及康子語라-

⋯ 牟 보리 모 果 결행할 과 簡 간략할 간 陳 진칠 진(陣同) 絶 끊어질 절 糧 양식 량 遺 남길 유 冉 나아갈 염
蔡 나라이름 채 葉 고을이름 섭 沮 막을 저 溺 빠질 닉 荷 맬 하 蓧 대바구니 조 聘 초빙할 빙 慍 성낼 온
輿 수레 여 輒 문득 첩

季桓子가 죽을 적에 康子에게 遺言하기를 '반드시 孔子를 불러 등용하라' 하였는데, 그 신하들이 저지하자 康子는 마침내 冉求를 불러왔다.-《史記》에는 《論語》의 돌아가야겠다는 탄식이 이 때에 있었다고 하고, 또 《孟子》에 기록되어 있는 탄식한 말씀이 司城貞子의 집에 계실 때의 말이라고 하였는데, 옳지 않을 듯하다. 《論語》와 《孟子》에 기록한 말씀은 본래 모두 한때의 말씀인데, 기록한 내용이 異同이 있을 뿐이다.-

孔子는 蔡나라로 가시어 葉땅에 이르셨다.-葉公과 정치를 問答하였고, 葉公이 子路에게 孔子의 인물됨을 물었는데 子路가 대답하지 않았으며, 長沮와 桀溺이 함께 밭을 갈고 있었는데, 孔子께서 지나가실 적에 子路를 시켜 나루터를 묻게 한 일과 지팡이로 대바구니를 멘 丈人 등의 일이 있었다. 《史記》에 이르기를 "이때 楚나라 昭王이 사람을 시켜 孔子를 초빙하자 孔子가 장차 찾아가서 절하는 禮를 행하려 하였는데, 陳나라와 蔡나라의 大夫가 군대를 징발하여 포위하였다. 그러므로 孔子가 陳나라와 蔡나라 사이에서 양식이 떨어졌다." 하였다. 子路가 성난 얼굴로 孔子를 뵌 것과 子貢에게 一以貫之를 고해준 말씀이 있다. 살펴보건대 이때에 陳나라와 蔡나라가 楚나라에 신하로 복종하였으니, 만약 楚王이 와서 孔子를 초빙하였다면 陳나라와 蔡나라의 大夫들이 어찌 감히 孔子를 포위하였겠는가. 또 《論語》를 근거해 보면 양식이 떨어진 것이 마땅히 衛나라를 떠나 陳나라로 갈 때에 있었을 것이다.-

楚나라 昭王이 장차 書社의 땅을 가지고 孔子를 봉해주려고 하였는데, 令尹인 子西가 不可하다 하니, 마침내 중지하였다.-《史記》에 이르기를 "書社의 땅이 7백 리이다." 하였으니, 이러한 이치가 없을 듯하다. 이때 楚나라 狂人인 接輿가 孔子의 수레 앞을 지나가며 노래한 일이 있다.-

孔子가 다시 衛나라로 돌아오시니, 이때 靈公이 이미 죽고 衛나라 君主인 輒이 孔子를 얻어 政治를 하고자 하였으며,-魯나라와 衛나라의 정사는 兄弟間이라는 말씀과 子貢에게 伯夷와 叔齊의 일을 대답하시고 子路에게 명분을 바로잡을 것이라고 대답하신 말씀이 있다.-

冉求가 〈魯나라〉 季氏의 장수가 되어 齊나라와 싸워 戰功을 세우자, 康子가 마침내 孔子를 불렀으므로 孔子가 魯나라로 돌아오시니, 실로 哀公 11年(B.C.484) 丁巳年으로 孔子 나이 68세였다.-哀公과 康子에게 대답한 말씀이 있다.-

然이나 魯終不能用孔子하고 孔子亦不求仕하사 乃敍書傳禮記[5]하시며-有杞宋, 損益, 從周等語라- 刪詩正樂하시며-有語大師及樂正之語라- 序易彖繫象說卦文言하시니라-有假我數年之語라- 弟子蓋三千焉에 身通六藝者七十二人이러라-弟子顏回最賢이나 蚤死하고 後惟曾參

---

5 乃敍書傳禮記:'敍'는 차례로 서술하는 것이다. 壺山은 "'書傳'은 바로 지금의 《尙書》이다."라 하고, "'禮記'는 지금의 《禮記》가 아니니, 《儀禮》인 듯하다. 《儀禮》는 經이 있고 記가 있고 傳이 있는데, 孔子가 17편의 차서를 정한 것이다."라고 하였다. 이어서 "위의 한 句는 세속에서 모두 이와 같이 읽지만 書經을 書傳이라 하는 것은 끝내 온당치 못하므로 나는 '《書經》을 서술하고 《禮記》를 傳하였다.'로 읽는 것이 옳다고 생각한다. 그러나 내 말을 믿는 자가 적다." 하였다. 여기의 '傳'은 주석서를 가리킨다.

··· 敍 서술할 서 刪 깎을 산 彖 주역단사 단 繫 맬 계 卦 점괘 괘 蚤 일찍 조(早同)

得傳孔子之道라 十四年庚申에 魯西狩獲麟하니 有莫我知之歎이라 孔子作春秋하시니라 有知我罪我等語라 論語에 請討陳恒事도 亦在是年이라 明年辛酉에 子路死於衛하고 十六年壬戌四月己丑에 孔子卒하시니 年七十三이라 葬魯城北泗上하다 弟子皆服心喪三年而去로되 惟子貢은 廬於冢上하여 凡六年이러라 孔子生鯉하시니 字伯魚라 先卒하고 伯魚生伋하니 字子思니 作中庸하시니라 子思學於曾子하고 而孟子受業子思之門人하니라

그러나 魯나라에서는 끝내 孔子를 등용하지 못하였고, 孔子 또한 벼슬을 구하지 않으시어 마침내 《書傳》과 《禮記》를 敍하시고, "夏나라의 禮를 내가 말할 수 있으나 그 후손의 나라인 杞나라가 충분히 증명하지 못하며, 殷나라의 禮를 내가 말할 수 있으나 그 후손의 나라인 宋나라가 충분히 증명하지 못함은 文獻이 부족하기 때문이다."는 말씀과 "殷나라가 夏나라의 禮를 인습하였으니 損益(加減)한 것을 알 수 있으며, 周나라가 殷나라의 禮를 인습하였으니 손익한 것을 알 수 있다."는 말씀과 "周나라는 夏ㆍ殷 二代를 보아 가감하였으니, 찬란하게 문채롭다. 나는 周나라를 따르겠다."는 등의 말씀이 있다. 《詩》를 刪定하고 樂을 바로잡으시며, 魯나라 大師에게 음악에 대해 고해 주신 말씀과 "내가 衛나라로부터 魯나라로 돌아온 뒤에 음악이 바루어졌다."는 말씀이 있다. 《周易》의 〈象傳〉ㆍ〈繫辭傳〉ㆍ〈象傳〉ㆍ〈說卦傳〉ㆍ〈文言傳〉을 차례로 지으셨다. "하늘이 나에게 몇 년의 수명을 빌려주어 마침내 《周易》을 배우게 한다면 큰 허물이 없을 것이다."라는 말씀이 있다.

弟子가 3천 명이었는데, 몸소 六藝를 通達한 자가 72명이었다. 弟子 중에 顔回가 가장 어질었는데 일찍 죽었고 뒤에 오직 曾參이 孔子의 道를 전하였다.

哀公 14年(B.C.481) 庚申에 魯나라에서 서쪽으로 사냥을 나갔다가 麒麟을 잡으니, 나를 알아주는 이가 없다는 탄식이 있었다. 孔子께서 《春秋》를 지으셨다. 나를 알아주는 것도 오직 《春秋》이며 나를 죄주는 것도 오직 《春秋》이다.'라는 등의 말씀이 있다. 《論語》에 陳恒을 토벌할 것을 청한 일이 또한 이 해에 있었다.

이듬해 辛酉에 子路가 衛나라에서 죽었으며, 哀公 16年(B.C.479) 壬戌 4月 己丑日(11日)에 孔子가 별세하시니, 나이가 73세였다. 魯나라 都城 북쪽 泗水가에 葬禮하니, 弟子들이 모두 心喪 3年을 입고 떠났으나 오직 子貢만은 무덤가에 廬幕을 짓고서 모두 6년을 지냈다. 孔子는 鯉를 낳으니 字가 伯魚였는데 먼저 죽었고, 伯魚가 伋을 낳으니 字가 子思로 《中庸》을 지으셨다." 子思는 曾子에게 배웠고 孟子는 子思의 門人에게 受業하였다.

何氏[6]曰 魯論語는 二十篇이요 齊論語는 別有問王[7]知道하여 凡二十二篇이요 其二十篇中章句도 頗多於魯論이라 古論은 出孔氏壁中하니 分堯曰下章子張問하여 以爲一

---

6 何氏 : 이름은 晏이고 자는 平叔으로, 三國時代 魏나라 南陽 사람이다. 《論語集解》를 지었다.

7 問王 : 沙溪(金長生)는 "다른 본에는 王이 玉으로 되어 있다." 하였다.

⋯ 狩 사냥할 수 獲 얻을 획 麟 기린 린 恒 항상 항 葬 장사지낼 장 泗 물이름 사 廬 움집 려 冢 무덤 총 鯉 잉어 리 伋 이름 급 頗 자못 파 壁 벽 벽

篇하여 有兩子張하니 凡二十一篇이요 篇次不與齊魯論同하니라

何氏(何晏)가 말하였다. "《魯論語》는 20篇이고,《齊論語》는 별도로 〈問王〉과 〈知道〉 두 篇이 있어서 모두 22篇이며, 20篇 가운데의 章句도《魯論語》보다 상당히 많다.《古論語》는 孔氏(孔安國)의 집 벽 속에서 나왔는데, 〈堯曰〉 아래 章의 '子張問'을 나누어 한 篇을 만들어서 두 〈子張〉이 있으니 모두 21篇이며, 篇의 차례도《齊論語》나《魯論語》와 같지 않다."

程子曰 論語之書는 成於有子曾子之門人이라 故로 其書獨二子以子稱하니라

程子(伊川)가 말씀하였다. "《論語》 책은 有子와 曾子의 門人에게서 이루어졌다. 그러므로 이 책은 유독 두 분만을 子라고 칭하였다."

程子曰 讀論語에 有讀了全然無事者하며 有讀了後에 其中得一兩句喜者하며 有讀了後에 知好之者하며 有讀了後에 直有不知手之舞之足之蹈之者니라

程子(伊川)가 말씀하였다. "《論語》를 읽을 적에, 다 읽은 뒤에 전혀 아무런 일이 없는 자도 있으며(전혀 감명을 받지 못한 자도 있으며), 다 읽은 뒤에 그 가운데 한두 句를 얻고 기뻐하는 자도 있으며, 다 읽은 뒤에 좋아하는 자도 있으며, 다 읽은 뒤에 〈너무 즐거워〉 곧바로 자기도 모르게 손으로 춤을 추고 발로 뛰는 자도 있다."

程子曰 今人은 不會⁸讀書로다 如讀論語에 未讀時도 是此等人이요 讀了後에도 又只是此等人이면 便是不曾讀이니라

程子(伊川)가 말씀하였다. "지금 사람들은 책을 읽을 줄 모른다. 예를 들면《論語》를 읽었을 적에 읽기 전에도 이러한 사람이요 다 읽고 난 뒤에도 또 다만 이러한 사람이라면 이것은 곧 읽지 않은 것이다."

程子曰 頤自十七八로 讀論語하니 當時已曉文義러니 讀之愈久에 但覺意味深長이로라

程子(伊川)가 말씀하였다. "나는 나이 17, 8세 때부터《論語》를 읽었는데, 당시에도 이미 글 뜻을 알고 있었지만, 읽기를 더욱 오래함에 다만 意味가 深長함을 느꼈노라."

---

8 會 : 沙溪(金長生)는 "'會'는 能과 같다." 하였다. 壺山은 "'會'는 知이니, 能의 의미도 이 가운데 들어 있다." 하였다.

··· 舞 춤출 무 蹈 뛸 도 會 알 회 頤 기를 이 曉 깨달을 효 愈 더욱 유 久 오랠 구 但 다만 단

學而[1] 第一

此는 爲書之首篇이라 故로 所記多務本之意[2]하니

乃入道之門이요 積德之基니 學者之先務也라 凡十六章이라

이 篇은 이 책의 머리편이 된다. 그러므로 기록한 내용이 根本을 힘쓰는 뜻이 많으니,

바로 道에 들어가는 문이요 德을 쌓는 터전이니, 배우는 자들이 가장 먼저 해야 할 일이다.

모두 16章이다.

1-1. 子曰 學而時習之면 不亦說(悅)乎[3]아

孔子께서 말씀하셨다. "배우고 그것을 때때로(항상) 익히면 기쁘지 않겠는가.

---

1 學而 : 《論語》는 《孟子》와 마찬가지로 篇名에 큰 뜻이 없고 篇의 첫머리에 나오는 글자를 따서 이름한 것이다. 단 '子曰'은 자주 나오므로 편명으로 삼지 않고 子曰 다음의 '學而'를 취하였는바, 《孟子》 첫 부분의 '孟子見梁惠王'에서 孟子見을 빼고 梁惠王을 편명으로 삼은 경우와 같다.

2 所記多務本之意 : '本'은 德行으로 孝弟와 忠信을 이른다. 文藝는 末이고 德行은 근본인바, 문장과 재주, 지식과 말 등이 모두 文藝이다. '務本'은 游酢의 말로, "〈學而〉 한 편은 대저 모두 근본을 힘씀에 있다.〔學而一篇 大抵皆在於務本〕"고 한 것을 朱子가 아래 7장의 章下註로 뽑아 넣었으며 여기에서도 사용하였다.

3 不亦說(悅)乎 : '亦'은 조사이다. 不亦은 긍정적인 反問句에 사용하는 투식어로 無乃와 같이 쓰는데, 不亦은 뒤에 대부분 乎자가 붙는 반면 無乃는 歟자가 붙으며, 不亦은 대체로 긍정하는 말에 쓰이는 반면 無乃는 부정하는 말에 쓰이는 것이 특징이다. 王引之의 《經傳釋詞》에 무릇 '不亦'이라고 말한 경우에는 모두 '亦'을 조사로 본다. '不亦說乎'는 '기쁘지 않겠는가.〔說乎〕'이고, '不亦樂乎'는 '즐겁지 않겠는가.〔樂乎〕'이고, '不亦君子乎'는 '군자가 아니겠는가.〔君子乎〕'이다. 趙岐가 《孟子》〈滕文公上〉의 "不亦善乎"를 註解하면서 "不亦은 亦이다." 하였으니, 이는 잘못이다.〔凡言不亦者 皆以亦爲語助 不亦說乎 說乎也 不亦樂乎 樂乎也 不亦君子乎 君子乎也 趙岐注孟子滕文公篇曰 不亦者 亦也 失之〕하였다. 朱子 역시 不亦의 亦을 해석한 경우가 거의 없으며, 오직 《周易》〈比卦 六三 象〉의 "比之匪人 不亦傷乎"의 《本義》에서 "其亦可傷矣"라 하여 亦을 해석한 것이 보인다. 우리나라 官本諺解와 栗谷諺解에는 '또흔 깃브디 아니흐랴'라고 해석하였으나, 굳이 이것을 따를 필요는 없다고 생각한다. 亦을 조사가 아닌 '또한'으로 본다면 '不亦樂乎'와 '不亦君子乎'에는 맞는다 하더라도 첫 번째의 '不亦說乎'에는 맞지 않기 때문이다.

··· 務 힘쓸 무 積 쌓을 적 習 익힐 습, 거듭할 습 說 기쁠 열(悅同)

學之爲言은 效也라 人性皆善이나 而覺有先後하니 後覺者必效先覺之所爲라야 乃
可以明善而復其初也라 習은 鳥數(삭)飛也니 學之不已를 如鳥數飛也라 說은 喜意也
니 旣學而又時時習之면 則所學者熟하여 而中心喜說하여 其進[4]이 自不能已矣[5]리라

程子曰 習은 重習也니 時復(부)思繹하여 浹洽於中이면 則說也니라

又曰 學者는 將以行之也[6]니 時習之면 則所學者在我라 故로 悅이니라

謝氏曰 時習者는 無時而不習이니 坐如尸는 坐時習也요 立如齊(재)는 立時習也[7]니라

'學'이란 말은 본받는다는 뜻이다. 사람의 本性은 모두 善하나 이것을 깨닫는 데에는 선후가
있으니, 뒤에 깨닫는 자(後覺者)는 반드시 먼저 깨달은 자(先覺者)가 하는 바를 본받아야 善을
밝게 알아서 그 本初를 회복할 수 있는 것이다. '習'은 새가 자주 나는 것이니, 배우기를 그치지
않음을 마치 새 새끼가 자주 나는 것과 같이 한다는 것이다. '說(悅)'은 기뻐한다는 뜻이다. 이미
배우고 또 때때로 그것을 익히면 배운 것이 익숙해져서 中心에 喜說을 느껴 그 진전이 저절로
그만둘 수 없게 되는 것이다.

程子(伊川)가 말씀하였다. "'習'은 重習(거듭함)이니, 때로 다시 생각하고 演繹해서 가슴속
에 흡족하게 젖어들면 기뻐진다."

또 말씀하였다. "배우는 것은 장차 그것을 행하려고 해서이니, 때로 익힌다면 배운 것이 나에
게 있기 때문에 기뻐지는 것이다."

謝氏(謝良佐)가 말하였다. "'時習'이란 때마다 익히지 않음이 없는 것이니, 앉아 있을 적에

---

4 其進:內閣本에 '其心'으로 誤記된 것을 中華書局에서 출판된 《四書章句集注》와 日本의 《漢文大系》
   를 참고하여 바로잡았다.

5 學之爲言……自不能已矣:壺山은 《集註》의 체제를 字訓, 釋義, 論(혹은 通論) 세 가지로 구분하였
   다. 이 장의 경우, "說 喜意也"까지는 字訓에 해당하고, "旣學"부터 여기까지는 釋義에 해당한다. 釋義
   는 經文의 뜻을 해석한 것인데, 《集註》는 經文에 몇 글자를 첨가하여 그 뜻을 드러내는 방법을 사용하였
   다. 釋義가 經文의 正意를 해석한 것이라면, 論은 經文의 큰 뜻이나 숨은 뜻, 餘意를 논한 것인데, 章下
   註의 경우가 이에 해당한다. 四書 중에 《論語》는 특별히 여기에 異說까지 첨가하였다. 그러므로 壺山은
   "正意와 餘意는 賓·主가 저절로 구분되는데, 지금 세상의 初學者들은 혹 正意를 소홀히 하고, 권점 아
   래의 餘意(章下註)에 힘을 다하는 자가 있으니, 이는 깊이 생각하지 않은 것이다." 하였다.

6 學者 將以行之也:'學者'를 壺山은 "'學之'라는 말과 같다."고 註를 내었는데, 이 주석은 '學者'를 '배우
   는 사람' 혹은 '배움이라는 것'으로 해석할까 염려하여 단 것이다. 여기에서의 '學者'는 '그것을 배우는 것'
   (學之)의 의미이며 '將以行之'는 '장차 배운 것을 행하려고 해서'의 의미인바, 《孟子》〈梁惠王下〉 9장의
   "어려서 배움은 장성해서 그것을 행하고자 함이다.(幼而學之 壯而欲行之)"란 말과 같은 뜻이다.

7 坐如尸……立時習也:'尸'는 尸童으로, 옛날 제사지낼 적에 손자의 항렬이 되는 童子를 목욕재계시켜
   조상의 神으로 받들었는데, 이때 시동은 조상처럼 神位에 경건히 앉아 있으므로 앉아 있을 때에는 시동
   과 같이 한다고 말하고, 재계할 때 역시 경건한 자세를 취하므로 서 있을 때에는 재계함과 같이 한다고 말
   한 것이다. 이 내용은 《禮記》〈曲禮上〉에 보인다.

··· 意 뜻 의 熟 익을 숙, 익숙할 숙 繹 찾을 역 浹 젖을 협, 흡족할 협 洽 젖을 흡 尸 시동 시 齊 재계할 재

尸童과 같이 함은 앉아 있을 때의 익힘이요, 서 있을 적에 齊戒할 때와 같이 함은 서 있을 때의 익힘이다."

1-2. 有朋이 自遠方來면 不亦樂乎아

同志가 먼 곳으로부터 찾아온다면 즐겁지 않겠는가.

朋은 同類也니 自遠方來면 則近者可知니라
程子曰 以善及人하여 而信從者衆이라 故로 可樂이니라
又曰 說은 在心하고 樂은 主發散이니 在外[8]니라

'朋'은 同類(同志)이니 먼 지방으로부터 온다면 가까이 있는 자들이 〈찾아옴을〉 알 수 있다.
程子(伊川)가 말씀하였다. "善을 남에게 미쳐서 믿고 따르는 자가 많다. 그러므로 즐거울 수 있는 것이다."
또 말씀하였다. "說은 마음속에 있고, 樂은 發散함을 위주하니 외면에 있는 것이다."

1-3. 人不知而不慍이면 不亦君子乎아

사람들이 알아주지 않더라도 서운해하지 않는다면 君子가 아니겠는가."

慍은 含怒意라 君子는 成德之名이라
尹氏曰 學은 在己하고 知不知는 在人하니 何慍之有리오
程子曰 雖樂於及人이나 不見是而無悶[9]이라야 乃所謂君子니라

---

8 說……在外 : '說'은 마음속으로 기쁨을 느끼는 것이어서 심도가 얕고, '樂'은 웃고 즐거워하는 것으로 외면에 나타나며 비교적 심도가 깊으므로 이렇게 말한 것이다.

9 不見是而無悶 : '見'은 '받다'의 뜻이며 '是'는 옳게 여기는 것으로, 남에게 認定을 받지 못해도 서운해 하지 않음을 이르는 바, 《周易》〈乾卦 文言〉에, "初九에 이르기를 '潛龍이니 쓰지 말라'는 것은 무슨 말인가? 孔子께서 말씀하셨다. '龍德을 가지고 은둔한 자이니, 세상에 따라 변치 않으며 명성을 이루려 하지 않아, 세상에 은둔하여도 근심하지 않으며, 남으로부터 인정을 받지 못하여도 고민하지 않아서 즐거운 세상이면 나가서 道를 행하고 걱정스런 세상이면 떠나가서, 뜻이 확고하여 뽑을 수 없는 것이 潛龍이다.'〔初九曰 潛龍勿用 何謂也 子曰 龍德而隱者也 不易乎世 不成乎名 遯世无悶 不見是而无悶 樂則行之 憂則違之 確乎其不可拔 潛龍也〕"라 하였다.

··· 朋 벗 붕 遠 멀 원 方 방소 방 樂 즐거울 락 類 종류 류, 무리 류 衆 많을 중 散 흩을 산 慍 성낼 온
    含 머금을 함 怒 성낼 노 悶 근심할 민

愚謂[10] 及人而樂者는 順而易하고 不知而不慍者는 逆而難이라 故로 惟成德者能之라 然이나 德之所以成은 亦由學之正, 習之熟, 說之深而不已焉耳니라

'慍'은 노여움을 품은 뜻이다. '君子'는 德을 완성한 자의 명칭이다.

尹氏(尹焞)가 말하였다. "學問은 자신에게 달려 있고, 알아주고 알아주지 않음은 남에게 달려 있으니, 어찌 서운해할 것이 있겠는가."

程子(伊川)가 말씀하였다. "비록 〈善을〉 남에게 미치는 것을 즐거워하나 〈남에게〉 옳게 여김을 받지 못하더라도 서운해함이 없어야 비로소 이른바 '君子'라는 것이다."

내(朱子)가 생각하건대, "남에게 미쳐서 즐거운 것은 人情에 順한 것이어서 쉽고, 알아주지 않는데도 서운해하지 않는 것은 人情에 반하는 것이어서 어렵다. 그러므로 오직 德을 이룬 君子만이 능한 것이다. 그러나 德이 이루어지는 까닭은 또한 배우기를 올바르게 하고 익히기를 익숙히 하고 기뻐하기를 깊이 하여 그치지 않음에 말미암을 뿐이다."

⊙ 程子曰 樂은 由說而後得이니 非樂이면 不足以語君子니라

⊙ 程子(伊川)가 말씀하였다. "樂은 說을 말미암은 뒤에야 얻어지는 것이니, 樂이 아니면 君子라고 말할 수 없다."

2-1. 有子曰 其爲人也 孝弟(悌)요 而好犯上者 鮮矣니 不好犯上이요 而好作亂者 未之有也니라

有子가 말하였다. "그 사람됨이 효도하고 공경하면서 윗사람을 범하기를 좋아하는 자는 드무니, 윗사람을 범하기를 좋아하지 않고서 亂을 일으키기를 좋아하는 자는 있지 않다.

有子는 孔子弟子니 名若이라 善事父母爲孝요 善事兄長爲弟라 犯上은 謂干犯在上之人이라 鮮은 少也라 作亂은 則爲悖逆爭鬪之事矣라 此는 言人能孝弟면 則其心和順하여 少好犯上이니 必不好作亂也라

有子는 孔子의 제자이니, 이름은 若이다. 부모를 잘 섬기는 것을 '孝'라 하고, 형과 어른을 잘 섬기는 것을 '弟(悌)'라 한다. '犯上'은 윗자리에 있는 사람을 범함을 이른다. '鮮'은 적음이다.

---

10 愚謂 : '어리석은 내가 생각하건대'의 뜻으로, 朱子가 자신의 의견을 말씀하면서 겸사로 쓴 것이다.

··· 逆 거스를 역 深 깊을 심 弟 공경할 제(悌通) 犯 범할 범 鮮 적을 선, 드물 선 作 지을 작 亂 어지러울 란
干 범할 간 悖 어그러질 패 鬪 싸울 투

'作亂'은 悖逆하고 다투고 싸우는 일을 하는 것이다. 이는 사람이 능히 부모에게 효도하고 어른에게 공경하면 그 마음이 和順해서 윗사람을 범하기를 좋아하는 이가 적으니, 반드시 亂을 일으키기를 좋아하지 않음을 말한 것이다.

2-2. 君子는 務本이니 本立而道生하나니 孝弟也者는 其爲仁之本與(歟)인저

君子는 根本을 힘쓴다. 근본이 확립되면 仁의 道가 생겨나니, 孝와 弟는 아마도 仁을 행하는 근본일 것이다."

務는 專力也요 本은 猶根也라 仁者는 愛之理요 心之德也라 爲仁은 猶曰行仁이라 與者는 疑辭니 謙退하여 不敢質言也라 言君子凡事를 專用力於根本이니 根本旣立이면 則其道自生이라 若上文所謂孝弟는 乃是爲仁之本이니 學者務此면 則仁道自此而生也라

'務'는 힘을 專一하게 쓰는 것이요, '本'은 根과 같다. '仁'은 사랑의 原理이고 마음의 德이다. '爲仁'은 行仁(仁을 행함)이란 말과 같다. '與'는 의심하는 말이니, 겸손하여 감히 단언하지 못한 것이다. '君子는 모든 일에 오로지 그 근본을 힘쓰니, 근본이 확립되고 나면 그 道가 저절로 생겨난다. 윗글에서 말한 바 '孝弟'는 바로 이 仁을 행하는 근본이니, 배우는 자들이 이것(孝弟)을 힘쓰면 仁의 道가 이로부터 생겨남'을 말한 것이다.

⊙ 程子曰 孝弟는 順德也라 故로 不好犯上이니 豈復有逆理亂常之事리오 德有本하니 本立則其道充大라 孝弟行於家而後에 仁愛及於物이니 所謂親親而仁民[11]也라 故로 爲仁은 以孝弟爲本이요 論性則以仁爲孝弟之本이니라

或問 孝弟爲仁之本이라하니 此是由孝弟면 可以至仁否아 曰 非也라 謂行仁自孝弟始라 孝弟는 是仁之一事니 謂之行仁之本則可커니와 謂是仁之本則不可라 蓋仁은 是性也요 孝弟는 是用也라 性中에 只有箇仁義禮智四者而已니 曷嘗有孝弟來[12]리오 然

---

11 親親而仁民 : 앞의 '親'은 親愛함이고, 뒤의 '親'은 어버이를 위시한 친척이며, '仁' 역시 사랑함을 이른다. 이는 《孟子》〈盡心上〉 45장에 "親親而仁民 仁民而愛物"이라고 보이는바, 親·仁·愛가 모두 사랑이나 사랑에 차등이 있어 親이 가장 깊고, 仁은 人道로 대하는 것이며, 愛는 물건을 아껴 함부로 殺傷하지 않음을 이른다.

12 蓋仁……曷嘗有孝弟來 : 性은 五性으로 仁·義·禮·智·信이며, 孝弟는 仁의 한 조목일 뿐이므로 이렇

••• 爲 할 위 與 어조사 여(歟通) 專 오로지 전 疑 의심할 의 謙 겸손할 겸 退 사양할 퇴 質 질정할 질
蓋 덮을 개, 어조사 개 箇 낱 개 曷 어찌 갈

이나 仁主於愛하고 愛莫大於愛親이라 故로曰 孝弟也者는 其爲仁之本與인저하니라

⊙ 程子(伊川)가 말씀하였다. "孝弟는 순한 德이다. 그러므로 윗사람을 범하기를 좋아하지 않는 것이니, 어찌 다시 常理를 거스르고 어지럽히는 일이 있겠는가. 德은 근본이 있으니, 근본이 확립되면 그 道가 충만하고 커진다. 孝와 弟가 집안에 행해진 뒤에 仁과 사랑이 남에게 미치니, 이것이 이른바 '친한 이(친척)를 친히 하고서 백성(사람)을 사랑한다.'는 것이다. 그러므로 仁을 행할 때에는 孝弟를 근본으로 삼고, 本性을 논할 때에는 仁을 孝弟의 근본으로 삼는 것이다."

혹자가 "孝弟가 仁의 근본이 된다 하였으니, 이것은 孝弟로 말미암아 仁에 이를 수 있다는 것입니까?" 하고 묻자, 나(伊川)는 다음과 같이 대답하였다. "아니다. 仁을 행함이 孝弟로부터 시작됨을 말한 것이다. 孝弟는 仁의 한 가지 일이니, 〈孝弟가〉 仁을 행하는 근본이라고 이른다면 괜찮지만, 이것이 仁의 근본이라고 이른다면 불가하다. 仁은 本性이고 孝弟는 用이다. 性 가운데에는 다만 仁·義·禮·智 네 가지만 있으니, 어찌 일찍이 孝弟가 있겠는가. 그러나 仁은 사랑을 주장하고, 사랑은 어버이를 사랑하는 것보다 더 큰 것이 없다. 그러므로 '孝弟는 仁을 행하는 근본일 것이다.'라고 말한 것이다."

3. 子曰 巧言令色이 鮮矣仁이니라

孔子께서 말씀하셨다. "말을 듣기 좋게 하고 얼굴빛을 곱게 하는 사람은 仁한 이가 적다."

巧는 好요 令은 善也라 好其言하고 善其色하여 致飾於外하여 務以悅人이면 則人欲肆하여 而本心之德이 亡矣라 聖人이 辭不迫切하여 專言鮮이면 則絶無를 可知[13]니 學者所當深戒也니라

'巧'는 아름다움이요, '令'은 잘함(좋게 함)이다. 그 말을 아름답게(듣기 좋게) 하고 그 얼굴빛을 좋게 하여 외면에 꾸미기를 지극히 해서 남을 기쁘게 하기를 힘쓴다면 人慾이 멋대로 펴져서 本心의 德이 없어질 것이다. 聖人(孔子)은 말씀이 박절하지 않아서 오로지 적다고만 말씀하셨으니, 그렇다면 〈仁한 자가〉 절대로 없음을 알 수 있다. 배우는 자들이 마땅히 깊이 경계해야 할 것이다.

게 말한 것이다. '來'는 조사이다.

13 聖人……可知 : 만일 일반인이 말했다면 '巧言令色하는 사람은 仁한 자가 한 명도 없다.'고 말했을 것이지만, 聖人은 말씀을 박절하게 하지 않으시어 단지 '仁한 자가 적다.'고만 말씀했을 뿐이다. 그렇다면 仁한 자가 절대로 없음을 알 수 있다는 것이다.

··· 親 친할 친, 어버이 친 巧 공교할 교 令 좋을 령 鮮 적을 선, 드물 선 善 잘할 선 致 극진할 치 飾 꾸밀 식
    肆 방사할 사, 함부로할 사 迫 급할 박 絶 끊을 절, 절대로 절 深 깊을 심

⊙ 程子曰 知巧言令色之非仁이면 則知仁矣리라

⊙ 程子(伊川)가 말씀하였다. "巧言令色이 仁이 아님을 안다면 仁을 알 것이다."

4. 曾子曰 吾日三省吾身하노니 爲人謀而不忠乎아 與朋友交而不信乎아 傳不習乎아니라

曾子가 말씀하였다. "나는 날마다 세 가지로 나의 몸을 살피노니, 남을 위하여 일을 도모해줌에 충성스럽지 못한가, 朋友와 더불어 사귐에 성실하지 못한가, 傳受받은 것을 익히지 못할까 함이다."

曾子는 孔子弟子니 名參[14]이요 字子輿라 盡己之謂忠이요 以實之謂信이라 傳은 謂受之於師요 習은 謂熟之於己라 曾子以此三者로 日省其身하사 有則改之하고 無則加勉하여 其自治誠切이 如此하시니 可謂得爲學之本矣요 而三者之序는 則又以忠信爲傳習之本也니라

曾子는 孔子의 제자이니, 이름은 參이고 字는 子輿이다. 자기 마음을 다하는 것을 '忠'이라 이르고, 성실히 하는 것을 '信'이라 이른다. '傳'은 스승에게 傳受받음을 말하고, '習'은 자기 몸에 익숙히 함을 말한다. 증자가 이 세 가지로써 날마다 자신을 반성하여, 이런 잘못이 있으면 고치고 없으면 더욱 힘써서 자신을 다스림에 정성스럽고 간절함이 이와 같으셨으니, 學問하는 근본을 얻었다고 이를 만하다. 그리고 세 가지의 순서는 또 忠·信으로써 傳習하는 근본을 삼아야 한다.

⊙ 尹氏曰 曾子守約이라 故로 動[15]必求諸身하시니라
謝氏曰 諸子之學이 皆出於聖人이나 其後愈遠而愈失其眞이어늘 獨曾子之學은 專用心於內라 故로 傳之無弊하니 觀於子思孟子면 可見矣라 惜乎라 其嘉言善行이 不盡傳於世也여 其幸存而未泯者를 學者其[16]可不盡心乎아

---

14 名參 : '參'은 諺解에 '삼'으로 표시되어 있고, 《集註》에도 "'參'은 所와 金의 反(삼)이다."라고 하였다. 본인의 이전 번역에는 曾參의 字가 子輿임을 감안하여 參을 수레와 연관시켜 '참'('驂'의 의미)으로 읽어야 한다고 하였으나, 중국에서 나온 《古人名字解詁》에는 옛날에 3필의 말이 끄는 수레를 '參輿'라고 한 것을 근거로 '삼'으로 읽었는바, 이를 따라 원래대로 두었다.

15 動 : 動輒의 뜻으로, '어떤 일을 할 때마다'의 뜻이다.

16 其 : '豈'와 통하므로, '어찌'로 해석하여도 된다.

··· 吾 나 오 省 살필 성 謀 꾀할 모, 도모할 모 信 성실할 신 傳 전할 전 參 별이름 삼 輿 수레 여 盡 다할 진 勉 힘쓸 면 約 요약할 약 愈 더욱 유 弊 폐단 폐 惜 애석할 석 嘉 아름다울 가 幸 다행 행 泯 없어질 민

⊙ 尹氏(尹焞)가 말하였다. "증자는 지킴이 요약하였다. 그러므로 모든 일을 반드시 자신에게서 구하신 것이다."

謝氏(謝良佐)가 말하였다. "여러 제자들의 학문이 모두 聖人(孔子)에게서 나왔으나 그 뒤에 공자와 시간적으로 멀어질수록 더욱 그 참을 잃었는데, 유독 曾子의 학문만은 오로지 內面에 마음을 썼다. 그러므로 傳受함에 병폐가 없었으니, 子思와 孟子에게서 관찰하면 이것을 알 수 있다. 애석하다! 그 아름다운 말씀과 좋은 행실이 세상에 다 전해지지 못함이여! 그 다행히 남아있어 없어지지 않은 것을 배우는 자들이 마음을 다하지 않을 수 있겠는가."

5. 子曰 道千乘之國호되 敬事而信하며 節用而愛人하며 使民以時니라

孔子께서 말씀하셨다. "千乘의 나라를 다스리되 일을 공경하고 미덥게 하며, 〈재물을〉 쓰기를 절도 있게 하고 사람을 사랑하며, 백성을 부리되 철(농한기)에 맞추어 하여야 한다."

道는 治也라 千乘은 諸侯之國이니 其地可出兵車千乘者也라 敬者는 主一無適之謂니 敬事而信者는 敬其事而信於民也라 時는 謂農隙之時라 言治國之要 在此五者하니 亦務本之意也라

'道'는 다스림이다. '千乘'은 諸侯의 나라이니, 그 땅이 兵車 千乘을 낼 수 있는 곳이다. '敬'이란 一을 주장하여 다른 데로 감이 없는 것을 말한다. '일을 공경하고 미덥게 한다.'는 것은 그 일을 공경하고 백성에게 믿게 하는 것이다. '時'는 농사짓는 틈의 때(농한기)를 이른다. 나라를 다스리는 요점이 이 다섯 가지에 있다고 말씀하셨으니, 이 또한 근본을 힘쓰는 뜻이다.

⊙ 程子曰 此言至淺이라 然이나 當時諸侯果能此면 亦足以治其國矣라 聖人은 言雖至近이나 上下皆通하니 此三言者를 若推其極이면 堯舜之治도 亦不過此라 若常人之言은 近則淺近而已矣니라

楊氏曰 上不敬則下慢이요 不信則下疑니 下慢而疑면 事不立矣니 敬事而信은 以身先之也라 易曰 節以制度하여 不傷財하고 不害民이라하니 蓋侈用則傷財하고 傷財면 必至於害民이라 故로 愛民이 必先於節用이라 然이나 使之不以其時면 則力本者不獲自盡하여 雖有愛人之心이나 而人不被其澤矣라 然이나 此는 特論其所存而已요 未及爲政也[17]니

---

17 特論其所存而已 未及爲政也 : '特'은 '다만'의 뜻이다. 新安陳氏(陳櫟)는 이에 대하여 "所存은 爲政者

••• 道 다스릴 도 乘 수레 승 節 마디 절, 절도(節度) 절 主 주장할 주 適 갈 적 隙 틈 극 淺 얕을 천 果 과연 과
　　雖 비록 수 慢 게으를 만 疑 의심할 의 侈 사치할 치 獲 얻을 획 被 입을 피 特 다만 특

苟無是心이면 則雖有政이나 不行焉이니라

胡氏曰 凡此數者는 又皆以敬爲主니라

愚謂 五者反復相因하여 各有次第하니 讀者宜細推之니라

⊙ 程子(伊川)가 말씀하였다. "이 말씀은 지극히 淺近하다. 그러나 당시 제후들이 과연 이에 능하였다면 또한 충분히 그 나라를 다스릴 수 있었을 것이다. 聖人은 말씀이 비록 지극히 천근하나 上下에 모두 통하니, 이 세 말씀을 만일 그 지극한 데에까지 미루어 나간다면 堯·舜의 政治도 여기에 지나지 않는다. 常人(보통 사람들)의 말로 말하면 가까우면 천근할 뿐이다."

楊氏(楊時)가 말하였다. "윗사람이 공경하지 않으면 아랫사람들이 태만하고, 〈윗사람이〉 미덥게 하지 않으면 아랫사람들이 의심하니, 아랫사람들이 태만하고 의심하면 일이 성립되지 못한다. 일을 공경하고 미덥게 한다는 것은 자신이 솔선수범을 보이는 것이다. 《周易》에 이르기를 '制度로써 절제하여 재물을 손상하지 않고 백성을 해치지 않는다.' 하였으니, 쓰기를 사치하게 하면 재물을 손상하고, 재물을 손상하면 반드시 백성을 해침에 이른다. 그러므로 백성을 사랑함은 반드시 節用을 먼저 하는 것이다. 그러나 백성을 부리기를 농한기에 하지 않는다면 本業(農業)에 힘쓰는 자들이 스스로 다할 수가 없어서 〈윗사람이〉 비록 사람을 사랑하는 마음을 가지고 있더라도 사람들이 그 혜택을 입지 못할 것이다. 그러나 이것은 단지 〈위정자가〉 마음속에 두어야 함을 논하였을 뿐이요, 정사하는 데에는 이르지 않았으니, 만일 〈위정자가〉 이러한 마음이 없다면 비록 훌륭한 政治制度가 있더라도 시행되지 못할 것이다."

胡氏(胡寅)가 말하였다. "무릇 이 몇 가지는 또 모두 敬을 위주로 한다."

내가 생각하건대, 이 다섯 가지는 반복하여 서로 원인이 되어 각기 차례가 있으니, 읽는 자들이 마땅히 세세히 미루어야 할 것이다.

6. 子曰 弟子 入則孝하고 出則弟하며 謹而信하며 汎愛衆호되 而親仁이니 行有餘力이어든 則以學文이니라

孔子께서 말씀하셨다. "弟子가 들어가서는 효도하고 나와서는 공손하며, 〈행실을〉 삼가고 〈말을〉 성실하게 하며, 널리 사람들을 사랑하되 仁한 이를 친근히 해야 하니, 이것을 행함에(행하고서) 餘力(餘暇)이 있으면 그 여력을 이용하여 글을 배워야 한다."

의 마음을 말한 것이고 정치하는 조목은 언급하지 않았으니, 예컨대 禮樂, 刑政, 紀綱, 文章 등이 바로 정치하는 조목이다." 하였다.

··· 苟 만일 구 細 가늘 세 弟 공경할 제 謹 삼갈 근 汎 넓을 범 衆 무리 중 親 친할 친, 가까울 친 餘 남을 여

謹者는 行之有常也요 信者는 言之有實也라 汎은 廣也요 衆은 謂衆人이라 親은 近也요 仁은 謂仁者라 餘力은 猶言暇日이라 以는 用也라 文은 謂詩書六藝之文[18]이라

'謹'은 행실에 일정함이 있는 것이요, '信'은 말에 실제(성실함)가 있는 것이다. '汎'은 넓음이요, '衆'은 衆人(여러 사람)을 이른다. '親'은 친근히 하는 것이요, '仁'은 仁者를 이른다. '餘力'은 暇日이란 말과 같다. '以'는 이용함이다. '文'은 詩書와 六藝의 文을 이른다.

⊙ 程子曰 爲弟子之職은[19] 力有餘則學文이니 不修其職而先文은 非爲己之學也니라

尹氏曰 德行은 本也요 文藝는 末也니 窮其本末하여 知所先後면 可以入德矣리라

洪氏曰 未有餘力而學文이면 則文滅其質이요 有餘力而不學文이면 則質勝而野니라

愚謂 力行而不學文이면 則無以考聖賢之成法하고 識事理之當然하여 而所行이 或出於私意요 非但失之於野而已[20]니라

⊙ 程子(伊川)가 말씀하였다. "弟子가 된 직분은 힘이 남음이 있으면 글을 배우는 것이니, 그 직분을 닦지 않고 文을 먼저 함은 爲己의 學問이 아니다."

尹氏(尹焞)가 말하였다. "德行은 本(근본)이요 文藝는 末(지엽)이니, 그 本·末을 궁구하여 먼저 하고 뒤에 할 것을 알면 德에 들어갈 수 있을 것이다."

洪氏(洪興祖)가 말하였다. "餘力이 있지 못한데 文을 배우면 文이 그 質을 멸하게 되고, 餘力이 있는데도 文을 배우지 않으면 質에 치우쳐서 鄙陋해질 것이다."

내가 생각하건대, 힘써 행하기만 하고 文을 배우지 않는다면 聖賢이 만들어 놓은 法을 상고하

---

18 六藝之文: 六藝는 禮·樂·射·御·書·數의 여섯 가지 技藝를 이른다. 이 경우, '六藝之文'은 六藝에 대한 내용이 담긴 글의 의미가 된다. 그러나 六藝를 詩·書·易·禮·樂·春秋 등의 六經으로 보아 《詩》·《書》등 六藝의 글로 해석하기도 하는바, 이 경우, '六藝之文'은 六經의 글을 의미한다.

19 爲弟子之職은: 본인의 초기 번역에는 '爲弟子之職하고'로 懸吐하여 '弟子의 직분을 하고'로 해석하였으나 《二程全書》에는 '凡爲弟子之職'으로 되어 있으며, 《近思錄》에는 '凡爲'를 모두 삭제하여 '弟子之職'으로 표기되어 있으므로 '제자가 된 직분'으로 수정하였다.

20 愚謂……非但失之於野而已: 이 장의 말씀이 학문보다 실천을 중시하고 있기 때문에 잘못하면 학문을 경시해도 된다는 식으로 오해할 수 있다. 이 때문에 朱子는 다시 학문을 강조하는 내용으로 章下註를 구성한 것이다. 《論語》의 章下註는 상당수가 異說과 餘論인 경우가 많으며, 다른 학자들의 말을 인용하는 형식이 대부분인데, 이 장의 경우처럼 다른 학자들의 말을 인용한 뒤에 '愚謂', '愚案' 등의 말머리를 붙여 자신의 의견을 더한 경우도 있다. 이는 인용한 여러 학자들의 말을 종합·결론짓기 위하여 덧붙인 것인바, 학자들의 말에 오해의 소지가 있거나 부족한 부분이 있을 때 이를 보충 설명하기 위한 것이기도 하다. 이 장의 경우, 洪氏의 말이 실천과 학문을 함께 강조함으로써 孔子의 말씀에 대한 오해를 줄여주고 있지만, 朱子는 학문에 대한 강조가 부족하다고 판단하였기에 이러한 의견을 덧붙인 것이다.

••• 常 떳떳할 상 廣 넓을 광 近 가까울 근 暇 겨를 가 藝 재주 예 職 직분 직 窮 궁구할 궁 滅 멸할 멸 質 바탕 질 野 촌스러울 야 考 상고할 고 識 알 식

지 못하고 事理의 당연함을 알지 못하여 행하는 바가 혹 사사로운 뜻에서 나올 것이요, 단지 비루함에 잘못될 뿐만이 아닐 것이다.

7. 子夏曰 賢賢호되 易色하며 事父母호되 能竭其力하며 事君호되 能致其身하며 與朋友交호되 言而有信이면 雖曰未學이라도 吾必謂之學矣라호리라

子夏가 말하였다. "어진 이를 어질게 여기되(존경하되) 女色을 좋아하는 마음과 바꿔서 하며, 父母를 섬기되 능히 그 힘을 다하며, 君主를 섬기되 능히 그 몸을 바치며, 朋友와 더불어 사귀되 말함에 성실함이 있으면, 비록 배우지 못했다고 말하더라도 나는 반드시 그를 배웠다고 이르겠다."

子夏는 孔子弟子니 姓은 卜이요 名商이라 賢人之賢而易其好色之心이면 好善有誠也라 致는 猶委也니 委致其身은 謂不有其身[21]也라 四者는 皆人倫之大者요 而行之必盡其誠이니 學求如是而已라 故로 子夏言 有能如是之人이면 苟非生質之美인댄 必其務學之至니 雖或以爲未嘗爲學이라도 我必謂之已學也라하니라

子夏는 孔子의 제자이니, 姓은 卜이요 이름은 商이다. 남의 어짊을 어질게 여기되 女色을 좋아하는 마음과 바꾸어서 한다면 善을 좋아함이 성실함이 있는 것이다. '致'는 委와 같으니, 그 몸을 委致한다(바친다)는 것은 그 몸을 두지 않음을 이른다. 이 네 가지는 모두 人倫의 큰 것이요, 이것을 행함에 반드시 그 정성을 다해야 하니, 배우는 것은 이와 같음을 구할 뿐이다. 그러므로 子夏가 "능히 이와 같은 사람이 있다면, 만일 타고난 資質이 아름다운 것이 아니면 반드시 학문에 힘쓰기를 지극히 해서일 것이니, 비록 혹 〈사람들이 그를 가리켜〉 일찍이 배우지 못했다고 말하더라도 나는 반드시 그를 이미 배웠다고 이르겠다."고 말한 것이다.

⊙ 游氏曰 三代之學이 皆所以明人倫也니 能是四者면 則於人倫에 厚矣니 學之爲道 何以加此리오 子夏以文學名[22]이로되 而其言이 如此하니 則古人之所謂學者를 可知矣라 故로 學而一篇은 大抵皆在於務本하니라

---

21 不有其身 : 자기 몸을 자기 것으로 생각하지 않고 군주를 위하여 몸을 바침을 이른다.

22 子夏以文學名 : 〈先進〉 2장에 孔子의 제자들을 그 所長에 따라 德行, 言語, 政事, 文學의 네 가지로 나누고 文學에는 子游와 子夏를 들었으므로 이렇게 말한 것이다.

••• 夏 여름 하 竭 다할 갈 致 바칠 치 雖 비록 수 卜 나 오ㅏ 점 복 商 헤아릴 상 委 맡길 위 苟 만일 구 游 놀 유 皆 다 개 倫 차례 륜 厚 두터울 후 抵 대강 저

吳氏曰 子夏之言이 其意善矣라 然이나 詞氣之間에 抑揚大(太)過하여 其流之弊가 將
或至於廢學이니 必若上章夫子之言然後에 爲無弊也니라

⊙ 游氏(游酢)가 말하였다. "三代의 學問은 모두 人倫을 밝힌 것이었으니, 이 네 가지에 능
하다면 인륜에 두터우니, 배우는 道가 어찌 이보다 더한 것이 있겠는가. 子夏는 文學으로 알려
졌는데도 그 말이 이와 같았으니, 그렇다면 옛사람들의 이른바 '배움'이란 것을 알 수 있다. 그러
므로 〈學而〉 한 편은 대체로 모두 근본을 힘씀에 있다."

吳氏(吳棫)가 말하였다. "子夏의 말은 그 뜻이 좋다. 그러나 말하는 사이에 抑揚(억제하고 찬
양함)이 너무 지나쳐서 그 말류의 폐단이 장차 혹 학문을 폐지하는 데에 이를 수 있으니, 반드시
앞 6장의 〈餘力이 있으면 글을 배우라는〉 夫子의 말씀과 같이 한 뒤에야 폐단이 없게 될 것이다."

8-1. 子曰 君子不重則不威요 學則不固[23]니라

孔子께서 말씀하셨다. "君子가 厚重하지 않으면 위엄이 없고 배움도 견고하지 못하다.

重은 厚重이요 威는 威嚴이요 固는 堅固也라 輕乎外者는 必不能堅乎內라 故로 不厚重
이면 則無威嚴이요 而所學이 亦不堅固也라

'重'은 厚重함이요, '威'는 위엄이요, '固'는 견고함이다. 외면에 가벼운 자는 반드시 내면에
견고하지 못하다. 그러므로 외면이 후중하지 못하면 위엄이 없고 배우는 것 또한 견고하지 못한
것이다.

8-2. 主忠信하며

忠信을(忠信으로) 주장하며,

人不忠信이면 則事皆無實하여 爲惡則易하고 爲善則難이라 故로 學者必以是爲主焉
이니라

---

23 子曰 ……學則不固:壺山은 '君子不重則不威니 學則不固니라'의 官吐(官本諺解)가《集註》의 '而所
學'의 '而'자의 의미를 살리지 못하며 또 '則'자를 '亦'자로 바꾼 것('亦不堅固也')을 반영하지 못하였다고
지적하였는데, 이는 栗谷諺解에 '不重則不威오'로 懸吐하고 '威티 몯흐고 學도 固티 몯흐니라'로 해석
한 것을 지지한 것으로, 이를 따라 위와 같이 懸吐하고 해석하였다. 그러나 본인은 '學則不固'는 '學則學
亦不固(배우면 배움 또한 견고하지 못함)'의 줄임말로 보인다.

••• 詞 말씀 사 抑 누를 억 揚 드날릴 양 太 너무 태 將 장차 장 廢 폐할 폐 威 위엄 위 固 견고할 고 堅 굳을 견
主 주장할 주 實 성실할 실 易 쉬울 이 難 어려울 난

사람이 忠信하지 못하면 일이 모두 실제가 없게 되어 惡을 행하기는 쉽고 善을 행하기는 어렵다. 그러므로 배우는 자가 반드시 이것(忠信)으로써 주장을 삼는 것이다.

○程子曰 人道唯在忠信이니 不誠則無物[24]이요 且出入無時하여 莫知其鄕(向)者는 人心也니 若無忠信이면 豈復有物乎아

○程子(明道)가 말씀하였다. "사람의 道는 오직 忠信에 있으니, 성실하지 못하면 事物이 없다. 또 나가고 들어옴이 일정한 때가 없어서 그 방향을 알 수 없는 것은 사람의 마음이니, 만일 충신이 없다면 어찌 다시 사물이 있을 수 있겠는가."

8-3. 無友不如己者요

자기만 못한 자를 벗삼지 말고,

無는 毋(무)通이니 禁止辭也라 友는 所以輔仁이니 不如己면 則無益而有損이니라

'無'는 毋와 통하니 금지하는 말이다. 벗은 仁을 돕는 것이니, 자기만 못하면 유익함은 없고 손해만 있게 된다.

8-4. 過則勿憚改니라

허물이 있으면 고치기를 꺼리지 말아야 한다."

勿은 亦禁止之辭라 憚은 畏難也라 自治不勇이면 則惡日長이라 故로 有過則當速改요 不可畏難而苟安也니라

程子曰 學問之道는 無他也라 知其不善이면 則速改以從善而已니라

'勿' 또한 無와 같이 금지하는 말이다. '憚'은 두려워하고 어렵게 여기는 것이다. 스스로 다스림이 용감하지 못하면 惡이 날로 자라난다. 그러므로 허물이 있으면 속히 고쳐야 할 것이요, 두

---

24 不誠則無物 : '物'은 事物의 의미로, '不誠則無物'은 '성실하지 못하면 아무 일도 할 수 없음'을 이르는바, 《中庸》25장에 "誠은 사물의 終과 始이니, 성실하지 못하면 사물이 없게 된다. 그러므로 君子는 성실히 함을 귀하게 여기는 것이다.(誠者 物之終始 不誠無物 是故君子誠之爲貴)"라고 보인다.

··· 鄕 향할 향(向通) 豈 어찌 기 復 다시 부 友 벗 우 毋 말 무 禁 금할 금 輔 도울 보 損 덜 손 憚 꺼릴 탄 改 고칠 개 畏 두려워할 외 速 빠를 속 他 다를 타 從 좇을 종

려워하고 어렵게 여겨서 구차히 편안하게 해서는 안된다.

程子(伊川)가 말씀하였다. "학문하는 방도는 다른 것이 없다. 그 不善을 알았으면 속히 고쳐서 善을 따르는 것일 뿐이다."

⊙ 程子曰 君子自修之道 當如是也니라

游氏曰 君子之道는 以威重爲質하고 而學以成之요 學之道는 必以忠信爲主하고 而以勝己者輔之라 然이나 或吝於改過면 則終無以入德하여 而賢者未必樂告以善道라 故로 以過勿憚改로 終焉[25]하시니라

⊙ 程子(伊川)가 말씀하였다. "君子가 스스로 닦는 방도는 마땅히 이와 같아야 한다."

游氏(游酢)가 말하였다. "君子의 道는 위엄과 厚重함을 바탕으로 삼고 배워서 이루어야 할 것이요, 배우는 道는 반드시 忠信으로써 주장을 삼고 자기보다 나은 자로써 돕게 해야 할 것이다. 그러나 혹 허물을 고치는 데 인색하면 끝내 德에 들어갈 수 없어서 賢者가 반드시 善한 道로써 말해주기를 좋아하지 않을 것이다. 그러므로 허물을 고치기를 꺼리지 말라는 말씀으로써 끝을 맺으신 것이다."

9. 曾子曰 愼終追遠이면 民德이 歸厚矣리라

曾子가 말씀하였다. "終(초상)을 삼가서 치르고 돌아가신 분(先祖)을 추모하면 백성의 德이 후함에 돌아갈 것이다."

愼終者는 喪盡其禮요 追遠者는 祭盡其誠이라 民德歸厚는 謂下民化之하여 其德亦歸於厚라 蓋終者는 人之所易忽也어늘 而能謹[26]之하고 遠者는 人之所易忘也어늘 而能追之면 厚之道也라 故로 以此自爲면 則己之德厚요 下民化之면 則其德亦歸於厚也라

'愼終'은 초상에 그 禮를 다하는 것이요, '追遠'은 제사에 그 정성을 다하는 것이다. '民德歸

---

25 游氏曰……終焉:壺山은 《集註》에서 이 장을 네 개의 절로 나눈 뜻은 아마도 네 가지를 각각 하나의 의미로 본 듯하다. 그런데 游氏의 설은 '質', '成', '終', '必', '而', '然' 등의 글자로 맥락을 만들어서 네 절을 연결시켜 하나의 일관된 뜻으로 만들되 중점은 마지막 절에 귀결시켰으니, 이 또한 별도의 한 뜻을 갖춘 것이다. 그러나 끝내는 牽强附會한 뜻이 있으니, 각자 따로따로 해석한 程子의 說만 못하다.'고 평하였다.

26 謹:朱子는 註를 내면서 '愼'자를 모두 '謹'자로 바꾸었는데, 이는 宋나라 孝宗의 이름인 '眘(愼의 古字)'자를 諱한 것이다. 다만 혼동을 피하기 위하여 字訓에 있어서는 經文의 글자를 바꾸지 않았으므로 앞의 '愼終者'는 그대로 쓴 것이고, 여기에 와서 '謹'으로 바꿔 쓴 것이다.

··· 勝 나을승 吝 인색할린 愼 삼갈신 終 마칠종 追 쫓을추 遠 멀원 歸 돌아갈귀 喪 초상상 忽 경홀할홀
忘 잊을망

'厚'는 下民이 교화되어서 그들의 德이 또한 후한 데로 돌아감을 말한다. 초상은 사람들이 소홀히 하기 쉬운 것인데 능히 이를 삼가고, 멀리 돌아가신 분은 사람들이 잊기 쉬운 것인데 능히 이를 추모한다면 후한 도이다. 그러므로 〈爲政者가〉 이것을 자신이 하면 자신의 德이 후해지고, 아래 백성들이 교화되면 그들의 德이 또한 후한 데로 돌아가게 된다.

10-1. 子禽이 問於子貢曰 夫子至於是邦也하사 必聞其政하시나니 求之與아 抑與之與아

子禽이 子貢에게 물었다. "夫子께서 이 나라에 이르셔서는 반드시 그 政事를 들으시니, 구해서 되는 것입니까? 아니면 군주가 주어서 되는 것입니까?"

　子禽은 姓陳이요 名亢(강)이며 子貢은 姓端木이요 名賜니 皆孔子弟子라 或曰 亢은 子貢弟子라하니 未知孰是[27]라 抑은 反語辭라

　子禽은 성이 陳이고 이름이 亢이며, 子貢은 성이 端木이고 이름이 賜이니, 모두 孔子의 제자이다. 혹자는 말하기를 "陳亢은 子貢의 弟子이다." 하니, 누가 옳은지는 알지 못한다. '抑'은 반어사(말을 뒤집는 말)이다.

10-2. 子貢曰 夫子는 溫良恭儉讓以得之시니 夫子之求之也는 其諸異乎人之求之與인저

子貢이 말하였다. "夫子는 온화하고 어질고 공경하고 검소(절제)하고 겸양하시어 이것을 얻으시는 것이니, 夫子의 구하심은 他人의 구하는 것과는 다를 것이다."

　溫은 和厚也요 良은 易(이)直也요 恭은 莊敬也요 儉은 節制也요 讓은 謙遜也라 五者는 夫子之盛德光輝 接於人者也라 其諸는 語辭也라 人은 他人也라 言夫子未嘗求之나 但其德容如是라 故로 時君敬信하여 自以其政으로 就而問之耳요 非若他人必求之

---

27 未知孰是 : 《集註》에 두 가지 說이 함께 소개되는 경우가 간혹 있는데, 이에 대해 壺山의 다음 설명을 참고할 만하다. "무릇 두 개의 說을 모두 둔 아래에는 반드시 朱子의 결단하는 말이 있으니, '누가 옳은지 알지 못한다.〔未知孰是〕'고 한 것은 두 가지 說을 모두 의심한 것이고, '또한 통한다.〔亦通〕'고 한 것은 뒤에 나오는 說을 조금 허여한 것이며, 결단하는 말이 없는 경우는 앞에 나온 說을 위주로 한다는 의미이다."

••• 禽 새 금　邦 나라 방　聞 들을 문　與 어조사 여(歟通)　抑 반어사 억　陳 베풀 진　亢 높을 항(강)　端 바를 단　賜 줄 사　貢 바칠 공　孰 누구 숙　溫 따뜻할 온　儉 검소할 검　讓 사양할 양　異 다를 이　謙 겸손할 겸　遜 공손할 손　輝 빛날 휘　接 이을 접　就 나아갈(찾아갈) 취

而後得也라 聖人過化存神²⁸之妙를 未易窺測이라 然이나 卽此而觀²⁹이면 則其德盛禮恭³⁰而不願乎外를 亦可見矣니 學者所當潛心而勉學也니라

'溫'은 和하고 후함이요, '良'은 마음이 평탄하고 곧은 것이요, '恭'은 莊敬함이요, '儉'은 절제함이요, '讓'은 겸손함이다. 이 다섯 가지는 夫子의 훌륭한 德의 광채가 사람들에게 접하는 것이다. '其諸'는 語助辭이다. '人'은 타인이다. '夫子가 일찍이 구하지 않으셨으나 다만 그 덕스러운 용모가 이와 같았기 때문에 당시의 人君이 공경하고 믿어서 스스로 政事를 가지고 찾아와서 물었을 뿐이요, 타인이 반드시 구한 뒤에 얻는 것과는 같지 않음'을 말한 것이다. 聖人이 지나가면 교화되고 마음에 보존하면 신묘해지는 묘함을 쉽게 엿보아 측량할 수가 없다. 그러나 이것을 가지고 관찰한다면 그 德이 성하고 禮가 공손해서 몸 밖에서 원하지 않으셨음을 또한 볼 수 있으니, 배우는 자가 마땅히 潛心하여 힘써 배워야 할 것이다.

⊙ 謝氏曰 學者觀於聖人威儀之間이면 亦可以進德矣니 若子貢이면 亦可謂善觀聖人矣요 亦可謂善言德行矣라 今去聖人이 千五百年이로되 以此五者로 想見其形容하면 尙能使人興起어든 而況於親炙(자)之者乎³¹아

張敬夫曰 夫子至是邦하사 必聞其政이로되 而未有能委國而授之以政者는 蓋見聖人之儀刑而樂告之者는 秉彝好德之良心也나 而私欲害之라 是以로 終不能用耳니라

⊙ 謝氏(謝良佐)가 말하였다. "배우는 자가 聖人을 威儀의 사이에서 관찰한다면 또한 德을 진전할 수 있을 것이니, 子貢으로 말하면 또한 聖人(孔子)을 잘 관찰했다고 이를 수 있을 것이요, 또한 德行을 잘 형용하여 말했다고 이를 수 있을 것이다. 지금 聖人과의 거리가 천 5백 년인데, 이 다섯 가지를 가지고 그 形容을 상상해 보면 아직도 사람들로 하여금 興起하게 하는데, 하

---

28 聖人過化存神: '過化存神'이란 聖人이 지나가는 곳은 저절로 교화가 되고 聖人이 마음속에 생각하고 있으면 신묘한 공효가 나타난다는 말로, 《孟子》〈盡心上〉 13장의 '所過者化 所存者神'을 축약한 것인데, '당시의 군주가 孔子를 보고 공경하고 믿었다.'는 말에 부합시켜 말한 것이다.

29 卽此而觀: '卽'은 '나아가다'의 뜻으로 여기에 나아가서 살펴본다는 의미이다.

30 德盛禮恭: 《周易》〈繫辭下傳〉 8장에 謙卦 九三爻의 뜻을 해석하면서 "德言盛 禮言恭"이라 하였는데 이 말을 축약하여 쓴 것이다. 그 내용은 다음과 같다. "공로가 있어도 자랑하지 않으며 功이 있어도 德으로 여기지 않음은 후함의 지극함이니, 功이 있으면서도 남에게 몸을 낮춤을 말한 것이다. 德으로 말하면 성대하고 禮로 말하면 공손하니, 謙은 공손함을 지극히 하여 그 지위를 보존하는 것이다.〔勞而不伐 有功而不德 厚之至也 語以其功下人者也 德言盛 禮言恭 謙也者 致恭以存其位者也〕"

31 而況於親炙之者乎: '親炙'는 훌륭한 스승에게 직접 훈도 받음을 이른다. 《孟子》〈盡心下〉 15장에 "聖人이 아니고서 이와 같을 수 있겠는가. 더구나 그들에게 직접 親炙한 자에 있어서랴.〔非聖人而能若是乎 而況於親炙之者乎〕"라고 보이는데, 《集註》에 "親炙는 친근히 하여 薰炙받는 것이다." 하였다.

••• 就 나아갈 취 易 평할 이 窺 엿볼 규 測 헤아릴 측 卽 나아갈 즉 觀 볼 관 願 원할 원 潛 잠길 잠 儀 거동 의
想 생각할 상 炙 구울 자 授 줄 수 儀 거동 의 刑 법 형, 모양 형 秉 잡을 병 彝 떳떳할 이 害 해칠 해

물며 직접 聖人에게 親炙(受業)한 자에 있어서랴."

張敬夫(張栻)가 말하였다. "夫子께서 이 나라에 이르러서는 반드시 그 나라의 政事를 들으셨으나 능히 나라를 맡겨서 政權을 맡겨준 자는 있지 않았으니, 이는 聖人의 훌륭한 모습을 보고서 말씀해 주시는 것을 좋아한 것은 秉彝의 德을 좋아하는 良心이었으나, 私慾이 이것을 해쳤기 때문에 끝내 쓰지 못하였던 것뿐이다."

11. 子曰 父在에 觀其志요 父沒에 觀其行[32]이나 三年을 無改於父之道라야 可謂孝矣니라

孔子께서 말씀하셨다. "〈상대방의〉 아버지가 살아 있을 때는 그(아들)의 뜻을 관찰할 것이요, 아버지가 죽었을 때는 그의 행동을 관찰해야 하나 3년을 아버지의 道를 고침이 없어야 孝라고 이를 수 있다."

父在엔 子不得自專이나 而志則可知요 父沒然後에 其行可見이라 故로 觀此면 足以知其人之善惡이라 然이나 又必能三年無改於父之道라야 乃見其孝니 不然이면 則所行雖善이나 亦不得爲孝矣니라

아버지가 살아 있을 때에는 자식이 자기 마음대로 할 수 없으나 뜻은 알 수 있고, 아버지가 별세한 뒤에야 그 행실을 볼 수 있다. 그러므로 이것을 관찰하면 충분히 그 사람(아들)의 善과 惡을 알 수 있는 것이다. 그러나 또 반드시 3년 동안 아버지의 道를 고치지 말아야 효성스러움을 볼 수 있으니, 그렇지 않다면 행한 것이 비록 善하더라도 또한 孝라 할 수 없는 것이다.

⊙ 尹氏曰 如其道면 雖終身無改라도 可也어니와 如其非道면 何待三年이리오 然則三年無改者는 孝子之心에 有所不忍故也니라
游氏曰 三年無改는 亦謂在所當改而可以未改者耳니라

⊙ 尹氏(尹焞)가 말하였다. "〈아버지가 하신 것이〉 만일 道理에 합당한 것이라면 비록 종신토록 고치지 않더라도 가하거니와(괜찮지만), 만일 道理에 합당한 것이 아니라면 어찌 3년을 기다리겠는가. 그렇다면 3년 동안 고치지 말라는 것은 孝子의 마음에 차마 못하는 바가 있기 때문이다."

---

32 觀其行:官本諺解에는 '觀其行이나'로 하였고, 栗谷諺解에는 '觀其行이니'로 하였다. 그러나 《集註》에 '然'자가 있는 것을 보면 官本諺解가 맞는 것으로 보이므로 그에 따라 懸吐, 해석하였다.

··· 觀 볼 관 沒 죽을 몰 專 제멋대로할 전 足 충족할 족 待 기다릴 대 忍 차마할 인, 참을 인

游氏(游酢)가 말하였다. "3년 동안 고치지 말라는 것은 또한 마땅히 고쳐야 할 입장(대상)에 있으나 아직 고치지 않아도 되는 것을 말했을 뿐이다."

12-1. 有子曰 禮之用이 和爲貴하니 先王之道 斯爲美라 小大由之니라

有子가 말하였다. "禮의 用은 和가 귀함이 되니, 先王의 道는 이것이 아름다움이 된다. 그리하여 작은 일과 큰 일에 모두 이것을 따른 것이다.

禮者는 天理之節文[33]이요 人事之儀則(칙)也라 和者는 從容不迫之意라 蓋禮之爲體 雖嚴이나 然皆出於自然之理라 故로 其爲用이 必從容而不迫이라야 乃爲可貴니 先王 之道 此其所以爲美하여 而小事大事無不由之也라

'禮'는 天理의 節文(品節文章)이요 人事의 儀則이다. '和'는 從容하여 急迫하지 않은 뜻이다. 禮의 體됨은 비록 엄하나 모두 自然의 이치에서 나왔다. 그러므로 그 用됨은 반드시 從容하여 급박하지 않아야 귀할 만한 것이 된다. 先王의 道는 이것이 그 아름다움이 되어서 작은 일과 큰 일에 이것(和)을 말미암지(따르지) 않음이 없는 것이다.

12-2. 有所不行하니 知和而和요 不以禮節之면 亦不可行也니라

〈그러나〉 행하지 못할 것이 있으니, 和를 알아서 和만 하고 禮로써 節制하지 않는다면 이 또한 행할 수 없는 것이다."

承上文而言 如此而復(부)有所不行者하니 以其徒知和之爲貴하여 而一於和하고 不 復以禮節之면 則亦非復禮之本然矣니 所以流蕩忘反하여 而亦不可行也니라

윗글을 이어 말씀하기를 "이와 같은데도 다시 행하지 못할 것이 있으니, 다만 和가 귀하다는 것을 알아서 和에만 한결같이 하고, 다시 禮로써 절제하지 않는다면 또한 다시 禮의 本然이 아닌

---

33 禮者 天理之節文 : 朱子는 "'節'은 等級이고, '文'은 곧바로 하지 않고 回互하는 모양이다."라고 하여 節 과 文을 구분하였다.(《語類》 孟子 離婁上 27장) 回互하는 모양이란 감정이나 편의대로 하지 않고 격식을 갖추어 꾸미는 것을 의미한다. 예컨대 물을 마실 때 '웅덩이를 술동으로 삼고 손으로 움켜 마시지' 않고 '簠簋(보궤)·籩豆(변두)·罍爵(뇌작)의 꾸밈을 만들어 쓰는 것'이 바로 이 文飾이고, 回互하는 모양이다. 이 내용은 〈八佾〉 4장의 주석에 자세히 보인다.

··· 貴 귀할 귀 斯 이 사 由 따를 유 儀 거동 의 則 법칙 칙 迫 급할 박 嚴 엄할 엄 節 절제할 절 復 다시 부 徒 한갓 도 蕩 방탕할 탕 反 돌아올 반

것이다. 이 때문에 흐르고 방탕하여 돌아올 것을 잊어서 또한 행할 수 없는 것이다."라고 하였다.

⊙ 程子曰 禮勝則離라 故로 禮之用이 和爲貴하니 先王之道 以斯爲美하여 而小大由
之요 樂(악)勝則流라 故로 有所不行者하니 知和而和하고 不以禮節之면 亦不可行이니라
范氏曰 凡禮之體는 主於敬이요 而其用은 則以和爲貴하니 敬者는 禮之所以立也요
和者는 樂之所由生也라 若有子면 可謂達禮樂之本矣로다
愚謂 嚴而泰하고 和而節은 此理之自然이요 禮之全體也니 毫釐有差면 則失其中正
하여 而各倚於一偏이니 其不可行이 均矣니라

⊙ 程子(伊川)가 말씀하였다. "禮가 치우치면 支離해진다. 그러므로 禮의 用은 和가 귀함이
되니, 先王의 道가 이것을 아름답게 여겨서 작은 일과 큰 일에 모두 이것을 따른 것이다. 樂이
치우치면 방탕한 데로 흐른다. 그러므로 행하지 못할 것이 있으니, 和를 알아서 和만 하고 禮로
써 절제하지 않으면 이 또한 행할 수 없는 것이다."

范氏(范祖禹)가 말하였다. "무릇 禮의 體는 敬을 주장하고 그 用은 和를 귀하게 여기니, 敬
은 禮가 확립되는 원인이요 和는 樂이 말미암아 생겨나는 근원이다. 有子로 말하면 禮·樂의
근본을 통달했다고 이를 만하다."

내가 생각하건대, 엄하면서도 편안하고 和하면서도 절제하는 것은 이것은 理의 自然스러움이
요 禮의 全體이니, 여기에 털끝만큼이라도 차이가 있으면 그 中正을 잃어서 각각 한쪽에 치우
칠 것이니, 그 행할 수 없음이 똑같은 것이다.

13. 有子曰 信近於義면 言可復(복)也며 恭近於禮면 遠恥辱也며 因不失 其親이면 亦可宗也[34]니라

---

34 因不失其親 亦可宗也 : 해석에 있어 朱子는 '因'을 '의지하다'로, '親'을 '친할 만한 사람'으로, '宗'을 '주인으
로 삼아 높임'으로 보았다. 특히 '因'은 '다른 나라를 방문했을 때 처음 주인으로 삼는다'는 뜻으로 보았으
므로, 經文의 해석은 "주인을 삼을 적에 친할 만한 사람을 잃지 않으면 그를 오래 주인으로 삼아 높일 수
있다."가 되는 것이다. '因'과 '宗'의 의미를 이해하기 위해서는 孔子 당시의 제도와 관행에 대해 알아야 한
다. 당시 타국에 가서 벼슬하는 자들은 반드시 그 나라의 大夫나 幸臣을 주인으로 삼아서 그를 통해 군주
를 만나보고 벼슬할 수 있었다. 孔子는 衛나라의 權臣인 彌子瑕나 王孫賈를 주인으로 삼지 않고 賢大夫
인 蘧伯玉을 주인으로 삼으셨는데, 이러한 내용이 《史記》〈孔子世家〉에 자주 보이는바, 누구를 주인으로
삼았는가 하는 것이 중요한 행적이 되기 때문이다. 예컨대 《史記》〈商君列傳〉에는 〈衛나라 公孫鞅이 秦나
라 孝公의〉 총애하는 신하 景監을 통했다.〔因嬖臣景監〕"는 기록이 있는데, 여기에서 그의 出處가 이미 바
르지 못했음을 알 수 있다. 孟子가 魯나라의 幸臣인 臧倉과 齊나라의 幸臣인 王驩을 물리치신 것도 같은
맥락에서 이해할 수 있다. 이 장의 내용을 정리하자면, 약속을 하거나 禮를 행하거나 주인을 삼을 적에 쉽

··· 離 떠날 리 達 통달할 달 泰 편안할 태 毫 터럭 호 釐 털끝 리 差 어긋날 차 倚 의지할 의, 기울 의
偏 한쪽 편, 편벽될 편 均 고를 균 復 실천할 복 恥 부끄러울 치 辱 욕될 욕 因 주인삼을 인 宗 높을 종

有子가 말하였다. "약속이 義(마땅함)에 가까우면 약속한 말을 실천할 수 있으며, 공손함이 禮에 가까우면 치욕을 멀리할 수 있으며, 主人을 삼을 적에 그 친할 만한 사람을 잃지 않으면 또한 그 사람을 끝까지 宗主로 삼을 수 있다."

信은 約信也라 義者는 事之宜也라 復은 踐言也라 恭은 致敬也요 禮는 節文也라 因은 猶依也요 宗은 猶主也라 言約信而合其宜면 則言必可踐矣요 致恭而中其節이면 則能遠恥辱矣요 所依者不失其可親之人이면 則亦可以宗而主之矣라 此는 言人之言行交際[35]를 皆當謹之於始而慮其所終이니 不然이면 則因仍苟且之間에 將有不勝其自失之悔者矣리라

'信'은 約信(약속)이다. '義'는 일의 마땅함이요, '復'은 말을 실천하는 것이다. '恭'은 공경을 지극히 하는 것이요, '禮'는 節文이다. '因'은 依(의지함)와 같고, '宗'은 主(주인으로 삼아 높임)와 같다. '약속을 하면서 그 마땅함에 합하게 하면 약속한 말을 반드시 실천할 수 있을 것이요, 공손을 지극히 하면서 그 禮節에 맞게 한다면 치욕을 멀리 할 수 있을 것이요, 의지한 자가 그 친할 만한 사람을 잃지 않았으면 또한 그를 높여 主人으로 삼을 수 있음'을 말한 것이다. 이는 '사람의 言·行과 交際를 모두 처음에 삼가서 끝마칠 것을 생각하여야 하니, 그렇지 않으면 그대로 인습하고 구차히 하는 사이에 장차 스스로 志操를 잃었다는 후회를 감당하지 못함이 있게 됨'을 말씀한 것이다.

14. 子曰 君子食無求飽하며 居無求安하며 敏於事而愼於言이요 就有道而正焉이면 可謂好學也已니라

孔子께서 말씀하셨다. "君子가 먹음에 배부름을 구하지 않으며, 거처함에 편안함을 구하지 않으며, 일에 민첩하고 말에 삼가며, 道가 있는 이에게 찾아가서 〈옳고 그름을〉 질정한다면 배움을 좋아한다고 이를 만하다."

不求安飽者는 志有在而不暇及也라 敏於事者는 勉其所不足이요 謹於言者는 不敢

게 결정하지 말고 처음에 신중히 해야 좋은 종말이 있을 수 있음을 말씀한 것이다.

35 言行交際 : 위의 '信近於義'는 '言'이고 '恭近於禮'는 '行'이고 '因不失其親'은 '交際'이다.

••• 約 약속할 약 踐 밟을 천 依 의지할 의 際 사이 제, 교제 제 慮 생각할 려 仍 인할 잉 苟 구차할 구 勝 이길 승 悔 뉘우칠 회 飽 배부를 포 敏 빠를 민 就 나아갈 취

盡其所有餘也³⁶라 然이나 猶不敢自是하고 而必就有道之人하여 以正其是非면 則可謂
好學矣라 凡言道者는 皆謂事物當然之理니 人之所共由者也라

편안함과 배부름을 구하지 않는 것은 뜻이 다른 데(道에) 있어서 미칠 겨를이 없는 것이다. '일에
민첩하다[敏於事]'는 것은 不足한 것(德行)을 힘쓰는 것이요, '말에 삼간다[謹於言]'는 것은 有
餘한 것(말)을 다하지 못하는 것이다. 그러나 오히려 스스로 옳다고 여기지 않고, 반드시 道가 있는
사람에게 찾아가서 그 옳고 그름을 質正한다면 배움을 좋아한다고 이를 만하다. 무릇 '道'라고 말
한 것은 모두 사물의 당연한 이치이니, 사람이 누구나 함께 행하여야 할 것(道理)을 말한다.

⊙ 尹氏曰 君子之學이 能是四者면 可謂篤志力行者矣라 然이나 不取正於有道면 未
免有差라 如楊墨이 學仁義而差者也나 其流至於無父無君³⁷하니 謂之好學이 可乎아

⊙ 尹氏(尹焞)가 말하였다. "君子의 배움이 이 네 가지에 능하다면 뜻이 독실하고 행실을 힘
쓰는 자라고 이를 만하다. 그러나 道가 있는 자에게 질정을 취하지 않는다면 어그러짐이 있음을
면치 못한다. 예컨대 楊朱와 墨翟이 仁과 義를 배우다가 잘못된 자이나 그 흐름의 폐단이 無父
와 無君에 이르렀으니, 배움을 좋아했다고 말하는 것이 可하겠는가."

15-1. 子貢曰 貧而無諂하며 富而無驕 何如하니잇고 子曰 可也나 未若貧
而樂(락)하며 富而好禮者也니라

子貢이 묻기를 "가난하면서도 아첨함이 없으며 부유하면서도 교만함이 없는 것이 어떻
습니까?" 하자, 孔子께서 대답하셨다. "그것도 괜찮으나, 가난하면서도 즐거워하며 부

---

36 敏於事者……不敢盡其所有餘也 : '不足함'은 德行을 이르고 '有餘함'은 말을 이르는바, 《中庸》 13장의
"不足하기 쉬운 것은 감히 힘쓰지 않을 수 없으며, 有餘하기 쉬운 것은 감히 다하지 못한다.[有所不足 不
敢不勉 有餘 不敢盡]"는 내용에 근거하여 말한 것이다.

37 其流至於無父無君 : '無父無君'은 '부모를 무시하고 군주를 무시하다.'로 해석하기도 하며 '부모가 없고
군주가 없다.'로 해석하기도 한다. 그러나 '父子有親이 없고 君臣有義가 없음'으로 보아 '마음속에 사랑하
는 부모와 높이는 군주가 없는 것'으로 해석함이 타당할 듯하다. 墨翟은 兼愛說을 주장하여 모든 사람을
다 사랑하여야 함을 강조하였으므로 仁에 가까우나 자기 부모를 길가는 사람과 같이 대하였으므로 그 폐
단이 無父에 이르렀고, 楊朱는 爲我說을 주장하여 자신의 지조를 강조하였으므로 義에 가까우나 끝내
은둔하고 세상에 나오지 아니하여 그 폐단이 無君에 이른 것이다. 이 말은 《孟子》 〈滕文公下〉 9장에 "楊
氏는 자신만을 위하니 이는 군주가 없는 것이요, 墨氏는 똑같이 사랑하니 이는 아버지가 없는 것이다. 아
버지가 없고 군주가 없으면 이는 금수이다.[楊氏爲我 是無君也 墨氏兼愛 是無父也 無父無君 是禽獸
也]"한 데에서 온 것이다.

••• 暇 겨를 가 猶 오히려 유 是 옳을 시 篤 도타울 독 免 면할 면 楊 버들 양 墨 먹 묵 差 어긋날 차 貧 가난할 빈
諂 아첨할 첨 驕 교만할 교

하면서도 禮를 좋아하는 자만은 못하다."

　諂은 卑屈也요 驕는 矜肆也라 常人은 溺於貧富之中하여 而不知所以自守라 故로 必有
二者之病이라 無諂無驕면 則知自守矣나 而未能超乎貧富之外也라 凡曰可者는 僅可
而有所未盡之辭也라 樂則心廣體胖[38]하여 而忘其貧이요 好禮則安處善하고 樂循理하
여 亦不自知其富矣라 子貢이 貨殖하니 蓋先貧後富하여 而嘗用力於自守者라 故로 以
此爲問이어늘 而夫子答之如此하시니 蓋許其所已能이요 而勉其所未至也[39]시니라

　'諂'은 卑屈(낮추고 굽힘)한 것이요, '驕'는 矜肆(자랑하고 放肆함)한 것이다. 常人(일반인)
은 貧·富의 가운데에 빠져서 스스로 지킬 줄을 알지 못한다. 그러므로 반드시 이 두 가지의 병
통이 있는 것이다. 아첨함이 없고 교만함이 없다면 스스로 지킬 줄을 안 것이나, 빈·부의 밖으로
초월하지는 못한 것이다. 무릇 '可'라고 말한 것은 겨우 가해서 미진한 바가 있는 말이다. 즐거워
한다면 마음이 넓고 몸이 펴져서 그 가난함을 잊을 것이요, 禮를 좋아한다면 善에 처함을 편안히
여기고 이치를 따르기를 즐거워해서 또한 스스로 그 부유함을 알지 못할 것이다. 子貢은 재화를
증식하였으니, 먼저는 가난하고 뒤에는 부유해서 일찍이 스스로 志操를 지키는 데에 힘을 쓴 자
일 것이다. 그러므로 이것을 가지고 질문한 것인데 夫子께서 대답하시기를 이와 같이 하셨으니,
이는 이미 그의 능한 것을 許與(인정)하고 아직 이르지 못한 것을 힘쓰게 하신 것이다.

15-2. 子貢曰 詩云如切如磋하며 如琢如磨라하니 其斯之謂與인저

子貢이 말하였다. "《詩經》에 '절단해 놓고 다시 그것을 간 듯하며, 쪼아놓고 다시 곱게
연마한 듯하다.' 하였으니, 아마도 이것을 말함일 것입니다."

　詩는 衛風淇奧(기욱)之篇이라 言治骨角者는 旣切之而復磋之하고 治玉石者는 旣琢
之而復磨之하니 治之已精而益求其精也라 子貢이 自以無諂無驕爲至矣러니 聞夫子
之言하고 又知義理之無窮하여 雖有得焉이나 而未可遽自足也라 故로 引是詩以明之
하니라

　詩는 《詩經》〈衛風 淇奧〉이다. 뼈와 뿔을 다루는 자는 절단하고서 다시 그것을 갈고, 옥과 보

38　心廣體胖：마음에 여유가 있고 몸이 위축됨이 없이 펴지는 것으로, 〈大學〉 傳6장에 보인다.

39　蓋許其所已能 而勉其所未至也：'已能'은 '無諂無驕'를, '未至'는 '樂'과 '好禮'를 가리킨다.

···　卑 낮을 비　屈 굽힐 굴　矜 자랑할 긍　肆 방자할 사　溺 빠질 닉　超 넘을 초　僅 겨우 근　胖 펴질 반　循 따를 순
　殖 증식할 식　嘗 일찍이 상　勉 힘쓸 면　切 끊을 절　磋 갈 차　琢 쪼을 탁　磨 갈 마　衛 나라이름 위　淇 물이름 기
　奧 벼랑 욱(澳通), 아랫목 오　遽 급할 거

석을 다루는 자는 쪼아놓고서 다시 그것을 연마하니, 다스림이 이미 精한데 더욱 精함을 구함을 말한 것이다. 子貢은 스스로 아첨함이 없고 교만함이 없음을 지극하다고 여겼는데, 夫子의 말씀을 듣고는 또 義理가 무궁하여 비록 얻음이 있더라도 대번에 스스로 만족해서는 안 됨을 알았다. 그러므로 이 詩를 인용하여 밝힌 것이다.

15-3. 子曰 賜也는 始可與言詩已矣로다 告諸往而知來者온여

孔子께서 말씀하셨다. "賜(자공)는 이제 비로소 함께 詩를 말할 만하구나. 지나간 것(이미 말해 준 것)을 말해주자 올 것(말해주지 않은 것)을 아는구나."

往者는 其所已言者요 來者는 其所未言者[40]라

'往'은 이미 말해준 것이요, '來'는 아직 말해주지 않은 것이다.

⊙ 愚按 此章問答은 其淺深高下 固不待辨說而明矣라 然이나 不切則磋無所施요 不琢則磨無所措라 故로 學者雖不可安於小成而不求造道之極致나 亦不可鶩於虛遠而不察切己之實病也니라

⊙ 내가 살펴보건대, 이 장의 問答은 그 얕고 깊음과 높고 낮음이 진실로 辨說을 기다리지 않고도 분명하게 알 수 있다. 그러나 절단하지 않으면 가는 것을 베풀 곳이 없고, 쪼아놓지 않으면 곱게 연마하는 것을 베풀 곳이 없다. 그러므로 배우는 자는 비록 작은 성취에 안주하여 道에 나아가는 極致를 구하지 않아서도 안 되지만, 또한 虛遠한 데로 달려가서 자기 몸에 간절한 실제 병통을 살피지 않아서도 안 되는 것이다.

16. 子曰 不患人之不己知요 患不知人也니라

孔子께서 말씀하셨다. "남이 자신을 알아주지 못함을 걱정하지 말고, 내가 남을 알지 못함을 걱정해야 한다."

---

40 往者……其所未言者: 《朱子語類》에 "'이미 말한 것을 말해주었다(告其所已言者)'는 것은 貧富에 대처하는 道를 이르고, '말해주지 않은 것을 안다(知其所未言者)'는 것은 학문의 功을 이른다."고 한 黃幹의 말이 보인다. 여기에서 말한 '학문의 功'이란 子貢이 인용한 《詩經》의 내용을 의미하는바, 학문을 함에 있어 작은 성취에 만족하지 않고 더욱더 정밀함을 추구함을 말한다.

••• 賜 줄 사 始 비로소 시 往 갈 왕 按 살필 안 辨 분별할 변 措 둘 조 造 나아갈 조 鶩 달릴 무 虛 빌 허
　　患 근심 환

尹氏曰 君子는 求在我者라 故로 不患人之不己知요 不知人이면 則是非邪正을 或不
能辨이라 故로 以爲患也니라

尹氏(尹焞)가 말하였다. "君子는 자신에게 있는 것을 구한다. 그러므로 남이 자신을 알아주지
못함을 걱정하지 않는 것이요, 내가 남을 알지 못하면 그의 옳고 그름과 간사하고 정직함을 혹
분변할 수 없다. 그러므로 이것을 걱정하는 것이다."

••• 邪 간사할 사

爲政 第二

凡二十四章^{이라}
모두 24章이다.

1. 子曰 爲政以德¹이 譬如北辰(신)이 居其所어든 而衆星이 共(拱)之니라

孔子께서 말씀하셨다. "정사를 하되 德으로써 하는 것은 비유하건대 北極星이 제자리에 머물러 있으면 뭇별들이 그에게로 향하는 것과 같다."

政之爲言은 正也니 所以正人之不正也요 德之爲言은 得也니 行道而有得於心也라
北辰은 北極이니 天之樞²也라 居其所는 不動也라 共은 向也니 言衆星四面旋繞而歸向
之也라 爲政以德이면 則無爲而天下歸之하니 其象이 如此하니라

'政'이란 말은 바로잡다의 뜻이니 사람(남)의 바르지 못함을 바로잡는 것이요, '德'이란 말은
얻는다의 뜻이니 道를 행하여 마음에 얻음이 있는 것이다. '北辰'은 북극성이니, 하늘의 中樞이

---

1 爲政以德 : 栗谷諺解에는 '政ᄒᆞᄂᆞᆫ 이 德을 뻐 호미'로 되어있고 官本諺解에는 '政을 호ᄃᆡ 德으로써 홈
이'로 되어있는데, 瑞巖(金熙鎭)선생은 "官本諺解대로 할 경우 德이 위정자의 이용물이 되어 하위개념
이 되므로 '以'자를 '따르다'의 뜻으로 보는 것이 옳다."고 하였다. 栗谷諺解에서도 '以'자를 "뻐"라고 해석
하였는바, 이때의 "뻐"는 도구의 뜻이 아니라 '따르다'의 뜻이다.

2 天之樞 : '하늘의 中樞'라는 말은 '하늘의 중앙'이라는 말과 같은데, 말하자면 맷돌의 중심과 같아서 움직
이기는 하지만 움직이지 않는 것처럼 보이는 것이다.

··· 爲 다스릴 위 譬 비유할 비 辰 별 신 居 머무를 거 共 향할 공(拱通) 樞 지도리 추 旋 돌 선 繞 감길 요, 두를 요
歸 돌아갈 귀 向 향할 향 象 모양 상

다. '제자리에 머물러 있다〔居其所〕'는 것은 움직이지 않는 것이다. '共'은 향하는 것이니, 뭇별들이 四面으로 둘러싸서 북극성을 향함을 말한다. 정사를 하되 德으로 하면 하는 일이 없어도 天下가 그에게 돌아가니, 그 형상이 이와 같은 것이다.

⊙ 程子曰 爲政以德然後에 無爲니라
范氏曰 爲政以德이면 則不動而化하고 不言而信하고 無爲而成하여 所守者至簡而能御煩하고 所處者至靜而能制動하고 所務者至寡而能服衆이니라

⊙ 程子(伊川)가 말씀하였다. "정사를 하되 德으로 한 뒤에 無爲를 할 수 있는 것이다."
范氏(范祖禹)가 말하였다. "정사를 하되 德으로 하면 動하지 않아도 교화되고 말하지 않아도 믿고 하는 일이 없어도 이루어지니, 지키는 것이 지극히 간략하면서도 번거로움을 제어할 수 있고, 處하는 것이 지극히 고요하면서도 움직이는 것을 제어할 수 있고, 힘쓰는 것이 지극히 적으면서도 여러 사람을 복종시킬 수 있다."

2. 子曰 詩三百에 一言以蔽之하니 曰 思無邪니라

孔子께서 말씀하셨다. "《詩經》3백 篇에 한 마디 말로 〈전체를〉 덮을(대표할) 수 있으니, '생각에 간사함이 없다.'는 말이다."

詩는 三百十一篇이니 言三百者는 擧大數也라 蔽는 猶蓋也라 思無邪는 魯頌駉(경)篇之辭라 凡詩之言이 善者는 可以感發人之善心하고 惡者는 可以懲創人之逸志하니 其用은 歸於使人得其情性之正而已라 然이나 其言微婉하고 且或各因一事而發하여 求其直指全體하면 則未有若此之明且盡者라 故로 夫子言 詩三百篇에 而惟此一言이 足以盡蓋其義라하시니 其示人之意 亦深切矣로다

《詩經》은 3백 11편인데, '3백 편'이라고 말씀한 것은 큰 수를 든 것이다. '蔽'는 蓋(덮음)와 같다. '생각에 간사함이 없다〔思無邪〕'는 것은 〈魯頌 駉篇〉의 말이다. 무릇 詩의 내용이 善한 것은 사람의 착한 마음을 감동시켜 奮發하게 하고, 惡한 것은 사람의 방탕한 마음을 懲戒할 수 있으니, 그 效用은 사람들로 하여금 바른 性情을 얻는 데에 돌아가게 할 뿐이다. 그러나 그 말이 隱微하고 婉曲하며, 또 각각 한 가지 일을 따라 말하여서, 그 全體를 곧바로 가리킨 것을 찾는다면 이 말처럼 분명하고도 뜻을 다한 것이 있지 않다. 그러므로 夫子께서 "《詩經》3백 편에 오

··· 簡 간략할 간 御 제어할 어 煩 번거로울 번 寡 적을 과 蔽 가릴 폐, 단정지을 폐 邪 간사할 사 擧 들 거
　　蓋 덮을 개 頌 기릴 송 駉 말건장할 경 懲 징계할 징 創 징계할 창 逸 방탕할 일 微 작을 미
　　婉 순할 완, 완곡할 완

직 이 한 마디 말이 충분히 그 뜻을 다 덮을 수 있다."고 하신 것이니, 사람에게 보여주신 뜻이
또한 깊고 간절하다.

⊙ 程子曰 思無邪者는 誠也니라
范氏曰 學者는 必務知要니 知要則能守約³이요 守約則足以盡博矣라 經禮三百과 曲
禮三千⁴을 亦可以一言以蔽之하니 曰 毋不敬이니라

⊙ 程子(伊川)가 말씀하였다. "생각에 간사함이 없다는 것은 誠(진실함)이다."
范氏(范祖禹)가 말하였다. "배우는 자들은 반드시 要點을 아는데 힘써야 하니, 요점을 알면
요약함을 지킬 수 있고, 요약함을 지키면 해박함을 다할 수 있을 것이다. 經禮 3백과 曲禮 3천
가지도 한 마디 말로써 그 뜻을 다 덮을 수 있으니, '공경하지 않음이 없다.〔毋不敬〕'는 말이다."

3-1. 子曰 道之以政하고 齊之以刑이면 民免而無恥⁵니라

孔子께서 말씀하셨다. "인도하되 法으로써 하고 가지런히 하되 刑罰로써 하면 백성들
이 형벌은 면하되 부끄러워함이 없다.

道는 猶引導니 謂先之也라 政은 謂法制禁令也라 齊는 所以一之也니 道之而不從者
를 有刑以一之也라 免而無恥는 謂苟免刑罰而無所羞愧니 蓋雖不敢爲惡이나 而爲惡
之心이 未嘗亡(무)也라

'道'는 引導와 같으니, 솔선수범함을 말한다. '政'은 法制와 禁令을 이른다. '齊'는 통일시키
는 것이니, 인도해도 따르지 않는 자를 형벌을 가하여 통일시키는 것이다. '免而無恥'는 구차히
형벌은 면하나 부끄러워하는 바가 없음을 말하니, 비록 감히 악한 짓을 하지는 못하나 악한 짓을
하려는 마음이 일찍이 없지는 못한 것이다.

---

3 守約:여기에서의 '守約'은 아래 '盡博'과 상대되어 '요약함을 지키는 것'의 의미이다. 〈學而〉3장《集註》
　의 "曾子守約"과는 같지 않다.

4 經禮三百 曲禮三千:朱子에 따르면, 經禮는《儀禮》로, 예컨대 士의 冠禮, 天子의 冠禮와 같은 것인데,
　그 큰 節目이 3백 가지가 있으며, 曲禮는 그 細目으로, 예컨대 冠禮의 始加, 再加, 三加와 '앉을 때는 尸
　童처럼 한다.'와 같은 것인데, 그 작은 節目이 3천여 가지가 있다. (《朱子語類》)

5 民免而無恥:官本諺解에서는 '民이 免홀만호고 恥홈은 업ᄂ니라'로 해석하였으나, 壺山은 朱子가《集
　註》에서 '蓋雖不敢爲惡'이라 하여 특별히 '雖'자를 놓은 것에 착안해서 經文의 '而'자를 역접으로 보았
　다. 壺山의 說이《集註》를 더욱 잘 반영한 것으로 보이므로 그에 따라 번역하였다.

・・・ 約 요약할 약　毋 없을 무, 말 무　道 인도할 도　齊 가지런할 제　恥 부끄러울 치　禁 금할 금　羞 부끄러울 수
　　　愧 부끄러울 괴　亡 없을 무

3-2. 道之以德하고 齊之以禮면 有恥且格이니라

인도하되 德으로써 하고 가지런히 하되 禮로써 하면 〈백성들이〉 부끄러워함이 있고 또
善에 이른다."

禮는 謂制度品節也라 格은 至也라 言 躬行以率之면 則民固有所觀感而興起矣요 而
其淺深厚薄之不一者를 又有禮以一之면 則民恥於不善하고 而又有以至於善也라 一
說에 格은 正也니 書曰 格其非心이라하니라

'禮'는 制度와 品節을 이른다. '格'은 이름이다. 몸소 행하여 솔선수범하면 백성들이 진실로
보고 감동하여 흥기하는 바가 있을 것이요, 그 얕고 깊고 두텁고 얇아 균일하지 않은 것을 또 禮
로써 통일시킨다면 백성들이 善하지 못함을 부끄러워하고 또 善함에 이를 수 있음을 말씀한 것이
다. 一說에 "格은 바로잡음이니, 《書經》〈周書 冏命〉에 '그른(나쁜) 마음을 바로잡는다.'라고
했다." 하였다.

⊙ 愚謂 政者는 爲治之具요 刑者는 輔治之法이며 德禮則所以出治之本이요 而德又禮
之本也라 此其相爲終始하여 雖不可以偏廢나 然政刑은 能使民遠罪而已요 德禮之效
는 則有以使民日遷善而不自知라 故로 治民者는 不可徒恃其末이요 又當深探其本也[6]
니라

⊙ 내가 생각하건대, 政(法制)은 정치를 하는 도구이고 刑罰은 정치를 돕는 법이며, 德과 禮
는 정치를 내는 근본이고 德은 또 禮의 근본이다. 이것은 서로 終과 始가 되어 비록 어느 한 쪽
도 폐할 수 없으나, 법제와 형벌은 백성들로 하여금 죄를 멀리하게 할 뿐이요, 德과 禮의 효과는
백성들로 하여금 날로 改過遷善하면서 스스로 알지 못하게 할 수 있다. 그러므로 백성을 다스리
는 자는 한갓 지엽적인 법제와 형벌만을 믿어서는 안 되고, 또 마땅히 그 근본인 德과 禮를 깊이
탐구해야 하는 것이다.

4-1. 子曰 吾十有五而志于學하고

孔子께서 말씀하셨다. "나는 열다섯 살에 學問에 뜻하였고,

---

6 不可徒恃其末 又當深探其本也: '末'은 政과 刑을 이르고, '本'은 德과 禮를 이른다.

••• 格 이를 격, 바를 격 躬 몸소 궁 率 거느릴 솔 淺 얕을 천 深 깊을 심 厚 두터울 후 薄 엷을 박 非 그를 비
　輔 도울 보 偏 한쪽 편 廢 폐할 폐 遷 옮길 천 徒 한갓 도 恃 믿을 시 探 더듬을 탐 有 또 유

古者에 十五而入大學이라 心之所之를 謂之志[7]라 此所謂學은 卽大學之道也니 志乎此면 則念念在此而爲之不厭矣리라

옛날에 15세에 大學에 입학하였다. 마음이 가는 것을 '志'라고 한다. 여기에서 말한 '學'은 곧 《大學》의 道이다. 여기(大學)에 뜻을 둔다면 늘 잊지 않고 생각함이 여기에 있어서 하기를(배우기를) 싫어하지 않을 것이다.

4-2. 三十而立하고

서른 살에 自立하였고,

有以自立이면 則守之固而無所事志矣리라

스스로 섬이 있으면 지킴이 견고해져서 뜻함을 일삼을 것이 없을 것이다.

4-3. 四十而不惑하고

마흔 살에 事理에 의혹하지 않았고,

於事物之所當然에 皆無所疑면 則知之明而無所事守矣리라

사물의 당연한 것(도리)에 대하여 모두 의혹하는 바가 없다면 아는 것이 분명하여 지킴을 일삼을 것이 없을 것이다.

4-4. 五十而知天命하고

쉰 살에 天命을 알았고,

天命은 卽天道之流行而賦於物者니 乃事物所以當然之故也라 知此면 則知極其精하여 而不惑을 又不足言矣리라

---

7 心之所之 謂之志 : '志'자가 '之'와 '心'으로 이루어져 있기 때문에 이렇게 설명한 것이다. 《說文解字》에는 "志는 意이니, 의미 부분은 '心'이고 발음 부분은 '之'로 이루어진 형성자이다." 하였다.

··· 厭 싫어할 염 守 지킬 수 固 견고할 고 惑 의혹할 혹 疑 의심할 의 賦 줄 부, 받을 부 精 정미할 정

'天命'은 天道가 유행하여 사물에 부여한 것이니, 바로 사물에 당연한 바(道理)의 所以然이다. 이것을 안다면 앎이 그 精함을 지극히 하여 의혹하지 않음을 또 굳이 말할 것이 없을 것이다.

4-5. 六十而耳順하고

예순 살에 귀로 들으면 그대로 이해되었고,

聲入心通하여 **無所違逆**이니 **知之之至**하여 **不思而得也**라

소리가 들어오면 마음이 깨달아져서 어긋나거나 거슬림이 없는 것이니, 앎이 지극하여 생각하지 않아도 아는 것이다.

4-6. 七十而從心所欲하되 不踰矩[8]호라

일흔 살에 마음에 하고자 하는 바를 따라도 法度를 넘지 않았노라."

從은 **隨也**라 **矩**는 **法度之器**[9]니 **所以爲方者也**라 **隨其心之所欲**이로되 **而自不過於法度**니 **安而行之**하여 **不勉而中也**라

'從'은 따름이다. '矩'는 法度의 기물이니, 모난 것을 만드는 것이다. 그 마음에 하고자 하는 바를 따라도 저절로 법도에 넘지 않는 것이니, 편안히 행하여 힘쓰지 않아도 저절로 道에 맞는 것이다.

⊙ **程子曰 孔子**는 **生而知者也**로되 **言亦由學而至**는 **所以勉進後人也**라 **立**은 **能自立於斯道也**요 **不惑**은 **則無所疑矣**요 **知天命**은 **窮理盡性也**요 **耳順**은 **所聞皆通也**요 **從心所欲不踰矩**는 **則不勉而中矣**니라

---

8 七十而從心所欲 不踰矩 : 官本諺解에는 '欲하는바를 조차 矩에 넘디 아니호라'로 되어 있으나 栗谷諺解를 따라 위와 같이 해석하였다. 이 장의 말씀을 따라 일반적으로 15세를 '志學之年', 30세를 '立年', 40세를 '不惑', 50세를 '知命', 60세를 '耳順'으로 표기하기도 하는데, 70세는 '從心所欲不踰矩'를 그대로 따를 수 없으므로 杜甫의 〈曲江〉詩에 '人生七十古來稀'라고 한 것에서 유래한 '古稀', 또는 '稀年'이라고 칭한다.

9 矩 法度之器 : '법도의 기물'이란 표준이 되는 물건으로 度·量·衡과 五音·六律, 規·矩·準(수평기)·繩(먹줄)을 이르는바, 사람에게 있어서는 眞理와 禮法을 의미한다.

··· 順 순할 순 違 어길 위, 떠날 위 逆 거스를 역 從 좇을 종 踰 넘을 유 矩 법구 度 자 도, 법도 도 方 모 방 隨 따를 수 勉 힘쓸 면 中 맞을 중

又曰 孔子自言其進德之序如此者는 聖人이 未必然이요 但爲學者立法하여 使之盈科而後進하고 成章而後達[10]耳니라

胡氏曰 聖人之敎亦多術이라 然이나 其要는 使人不失其本心而已라 欲得此心者는 惟志乎聖人所示之學하여 循其序而進焉하여 至於一疵不存, 萬理明盡之後면 則其日用之間에 本心瑩然하여 隨所意欲호되 莫非至理니 蓋心卽體요 欲卽用이며 體卽道요 用卽義[11]하여 聲爲律而身爲度矣[12]라

又曰 聖人言此하여 一以示學者當優游涵泳[13]이요 不可躐等而進이며 二以示學者當日就月將이요 不可半途而廢也니라

愚謂 聖人은 生知安行하여 固無積累之漸이라 然이나 其心에 未嘗自謂已至此也라 是其日用之間에 必有獨覺其進而人不及知者라 故로 因其近似以自名[14]하여 欲學者以是爲則(칙)而自勉이요 非心實自聖而姑爲是退託也라 後凡言謙辭之屬은 意皆放此하니라

⊙ 程子(伊川)가 말씀하였다. "孔子는 나면서부터 아신 자이다. 그런데도 배움으로 말미암아 이르렀다고 말씀하신 것은 後人을 권면하여 나아가게 하신 것이다. '立'은 이 道에 자립하는 것이요, '不惑'은 의심하는 바가 없는 것이요, '知天命'은 理를 궁구하여 性을 다하는 것이요, '耳順'은 들은 것을 모두 깨닫는 것이요, '마음에 하고자 하는 바를 따라도 법도에 넘지 않았다[從

---

10 盈科而後進 成章而後達:'科'는 구덩이로 '盈科而後進'은 《孟子》〈離婁下〉18章에 보이며, 〈盡心上〉 24章에는 "흐르는 물은 구덩이에 차지 않으면 흘러가지 않으니, 君子가 道에 뜻을 둘 적에도 文章을 이루지 않으면 達하지 않는다.〔流水之爲物也 不盈科不行 君子之志於道也 不成章不達〕"라고 하였는데, 《集註》에 "成章은 쌓기를 많이 하여 文章이 겉으로 드러난 것이요, 達은 여기에 충족하여 저기에 통하는 것이다." 하였다. 여기의 문장은 학문을 하여 겉으로 나타나는 아름다움을 말한 것이다

11 體卽道 用卽義:新安陳氏(陳櫟)는 "道는 渾淪한 體를 말하고, 義는 일에 따라 마땅함에 맞게 하는 用을 말한 것이다."라고 설명하였다. 이 말은 道와 義의 體用 관계가 어떻게 성립될 수 있는지를 설명하는 것으로, 이 말에 따르면, 여기의 '道'는 仁·義·禮·智 전체를 아우르는 渾淪한 體이며, '義'는 仁·義·禮·智 본성의 義가 아니라 행실 면에서의 用인 '마땅하게 함(宜)'을 가리킨 것이다.

12 蓋心卽體……聲爲律而身爲度矣:本心과 欲望이 서로 體와 用이 되면, 마음은 바로 道가 되고 욕망 역시 義에 배치되지 아니하여, 소리를 내어 말을 하면 模範이 되고 몸을 움직여 행하면 法度(표준)가 된다는 의미로서, 一動一靜이 모두 道에 부합함을 말한 것이다. '欲卽用'의 '欲'은 '從心所欲'의 '欲'이다.

13 優游涵泳:'優游'는 오랫동안 하는 것이고 '涵泳'은 물속에 잠기듯이 푹 빠져 무젖음을 말한 것이다.

14 因其近似以自名:'近似'는 비슷한 것으로, '三十而立', '四十而不惑', '五十而知天命' 등을 이른다. 學問이 어떤 관문을 통과하듯이 분명한 경계가 있는 것은 아니지만, 孔子께서 70 평생을 되돌아 보셨을 적에 대체로 '서른 살에 자립하고 마흔 살에 의혹하지 않고 쉰 살에 天命을 알았다.'고 생각되시어 이러한 명칭을 붙이셨음을 말한 것이다.

••• 窮 궁구할 궁 盈 찰 영 科 구덩이 과, 등급 과 術 방법 술 循 따를 순 疵 흠 자 瑩 밝을 형 律 음률 률
優 넉넉할 우 遊 놀 유 涵 담글 함 泳 헤엄칠 영 躐 건너뛸 렵 將 자라날 장 積 쌓을 적 累 포갤 루
姑 우선 고 託 맡길 탁 放 같을 방

心所欲 不踰矩]'는 것은 힘쓰지 않아도 道에 맞는 것이다."

또 말씀하였다. "孔子께서 德을 진전한 순서가 이와 같다고 스스로 말씀하신 것은, 聖人이 반드시 그러한 것은 아니요, 다만 배우는 자들을 위하여 法(표준)을 세워서 그들로 하여금 구덩이를 채운 뒤에 나아가고 文章을 이룬 뒤에 達하게 하신 것일 뿐이다."

胡氏(胡寅)가 말하였다. "聖人의 가르침은 또한 방법이 많으나 그 요점은 사람들로 하여금 本心을 잃지 않게 할 뿐이다. 이 본심을 얻고자 하는 자는 오직 聖人이 제시하신 배움에 뜻을 두어, 그 차례를 따라 나아가서 한 가지 흠도 남아있지 않고 모든 理를 밝게 깨달은 뒤에 이르면 일상생활하는 사이에 본심이 밝아져서, 하고자 하는 바를 따라도 지극한 道理가 아님이 없을 것이다. 이는 마음은 곧 體이고 欲은 곧 用이며, 體는 곧 道이고 用은 곧 義(마땅함)가 되어, 소리를 내면 音律이 되고 몸을 움직이면 法度가 되는 것이다."

또 말하였다. "聖人이 이것을 말씀하여 한편으로는 배우는 자들이 마땅히 優游하고 涵泳하여야 할 것이요 등급을 뛰어넘어 나아가서는 안됨을 보여주셨고, 또 한편으로는 배우는 자들이 마땅히 나날이 나아가고 다달이 진보하여야 할 것이요 중도에 폐지해서는 안됨을 보여주신 것이다."

내가 생각하건대, 聖人은 태어나면서부터 알고 편안히 행하여 진실로 차츰차츰 쌓아나가는 것이 없다. 그러나 그 마음에 일찍이 스스로 이미 이 경지(聖人의 경지)에 이르렀다고 생각하지 않는다. 이는 일상생활하시는 사이에 반드시 그 진전을 홀로 깨달으셨으나 다른 사람은 미처 알지 못함이 있었을 것이다. 그러므로 그 近似함을 인하여 스스로 이름해서 배우는 자들이 이것을 법칙으로 삼아 스스로 힘쓰게 하고자 하신 것이요, 마음속으로는 실제로 스스로 聖人이라고 생각하면서 짐짓(우선) 이렇게 謙辭하신 것은 아니다. 뒤에 무릇 겸사를 말씀한 등속은 뜻이 모두 이와 같다.

5-1. 孟懿子問孝한대 子曰 無違니라

孟懿子가 孝를 묻자, 孔子께서 "어김이 없어야 한다."고 대답하셨다.

孟懿子는 魯大夫니 仲孫氏요 名何忌[15]라 無違는 謂不背於理라

孟懿子는 魯나라 大夫이니, 仲孫氏이고 이름은 何忌이다. '無違'는 道理에 위배되지 않음을 이른다.

---

15 孟懿子……名何忌 : 본인의 이전 번역에서는 '魯大夫仲孫氏니 名何忌라'로 懸吐하고 이에 따라 번역하였다. 그러나 壺山은 魯大夫 아래에 '句'자(句를 뗀다는 의미)를 붙였고, 日本의 漢文大系本도 魯大夫에 표점을 가하였으므로 위와 같이 修正하였다.

••• 懿 아름다울 의 違 어길 위 忌 꺼릴 기 魯 나라이름 로 仲 버금 중 背 위반할 패(배)

5-2. 樊遲御러니 子告之曰 孟孫이 問孝於我어늘 我對曰 無違라호라

樊遲가 수레를 몰고 있었는데, 孔子께서 말씀하셨다. "孟孫氏가 나에게 孝를 묻기에 내가 '어김이 없어야 한다.'고 대답하였다."

樊遲는 孔子弟子니 名須라 御는 爲孔子御車也라 孟孫은 卽仲孫也[16]라 夫子以懿子未達而不能問하니 恐其失指而以從親之令爲孝라 故로 語樊遲以發之하시니라

樊遲는 孔子의 제자이니, 이름은 須이다. '御'는 孔子를 위하여 수레를 모는 것이다. '孟孫'은 곧 仲孫이다. 夫子(孔子)께서는 孟懿子가 이해하지 못하여 더이상 묻지 못하였으니, 그 본뜻을 잃고 부모의 명령을 따르는 것을 孝로 여길까 염려하셨다. 그러므로 번지에게 말씀하여 그 뜻을 발명하신 것이다.

5-3. 樊遲曰 何謂也잇고 子曰 生事之以禮하며 死葬之以禮하며 祭之以禮니라

번지가 "무슨 말씀입니까?" 하고 묻자, 孔子께서 말씀하셨다. "살아 계실 적에는 禮로써 섬기고, 돌아가셨을 적에는 禮로써 장사지내고 禮로써 제사지내는 것이다."

生事葬祭는 事親之始終이 具矣라 禮는 卽理之節文也라 人之事親을 自始至終히 一於禮而不苟면 其尊親也至矣라 是時에 三家僭禮라 故로 夫子以是警之라 然이나 語意渾然[17]하여 又若不專爲三家發者하시니 所以爲聖人之言也니라

---

16 孟孫 卽仲孫也: 孟孫이 仲孫이 되는 이유에 대하여 《大全》에는 다음과 같은 說이 소개되어 있다. "胡氏가 말하였다. '三家는 모두 魯나라 桓公의 庶子이다. 처음에는 仲·叔·季로 氏를 삼았다가, 뒤에 '孫'자를 붙였으니, 公子의 아들을 公孫이라 한다. '仲'을 '孟'으로 고친 것은 庶子끼리 별도로 少長을 삼아서 감히 莊公과 함께 伯·仲·叔·季를 하지 않은 것이니, 公孫은 감히 諸侯를 조상으로 삼지 못한다. 그러므로 庶長子로부터 孟을 삼는 것이다.' 杜預가 지은 《公子譜》에는, '仲慶父가 임금을 시해했으므로 孟으로 고쳤다.' 하였다." 春秋時代 魯 桓公의 네 아들 중에 큰 아들인 同은 즉위하여 莊公이 되고, 세 아우인 慶父, 牙, 友는 大夫가 되었다. 이들이 모두 大夫가 되어 魯나라의 世卿이 되었으므로 이들을 가리켜 三家라 하고, 이들의 후손을 孟孫·叔孫·季孫이라 하였으며, 또한 모두 桓公의 후손이므로 三桓이라고도 칭하였다. 옛날에는 형제가 넷이면 孟(혹은 伯)·仲·叔·季로 나누었는바, 孟孫氏는 莊公을 넣으면 둘째여서 仲이 되고 莊公을 빼면 맏이여서 孟이 되므로, 孟孫 혹은 仲孫이라 칭한 것이다. 杜預의 說 역시 일리가 있는 것으로 보인다.

17 語意渾然: '渾然'은 둥근 것으로 모가 나지 않고 완곡함을 이른다.

··· 樊 울타리 번 遲 더딜지 御 말몰 어, 어거할 어 須 모름지기 수 指 가리킬 지 葬 장사지낼 장 祭 제사 제
　　苟 구차할 구 僭 참람할 참 警 경계할 경 渾 혼후할 혼, 둥글 혼 專 오로지 전

살아 계실 적에 섬기고 돌아가셨을 적에 장사지내고 제사지냄은 어버이를 섬기는 처음과 끝이 갖추어진 것이다. '禮'는 곧 理의 節文이다. 사람이 어버이를 섬기는 것을 처음부터 끝까지 한결같이 禮대로 하고 구차히 하지 않는다면 어버이를 높임이 지극한 것이다. 이 때에 三家가 禮를 참람하였으므로 夫子께서 이것으로써 경계하신 것이다. 그러나 말씀한 뜻이 渾然하여 또 오로지 三家만을 위해 말씀하시지 않은 듯하니, 이 때문에 聖人의 말씀이 되는 것이다.

⊙ 胡氏曰 人之欲孝其親은 心雖無窮이나 而分則有限이니 得爲而不爲와 與不得爲而爲之[18]는 均於不孝라 所謂以禮者는 爲其所得爲者而已矣니라

⊙ 胡氏(胡寅)가 말하였다. "사람이 어버이에게 효도하고자 함은, 마음은 비록 끝이 없으나 신분에 따른 分數는 한계가 있으니, 신분상 할 수 있는데도 하지 않는 것과 〈분수에〉 할 수 없는데도 하는 것은 똑같이 不孝이다. 이른바 '禮로써 한다.'는 것은 〈자기의 분수에〉 할 수 있는 것을 할 뿐인 것이다."

6. 孟武伯이 問孝한대 子曰 父母는 唯其疾之憂시니라

孟武伯이 孝를 묻자, 孔子께서 대답하셨다. "부모는 혹여 자식이 병들까 근심하신다."

武伯은 懿子之子니 名彘라 言父母愛子之心이 無所不至로되 唯恐其有疾病하여 常以爲憂也라 人子體此하여 而以父母之心爲心이면 則凡所以守其身者 自不容於不謹矣리니 豈不可以爲孝乎[19]아 舊說[20]에 人子能使父母로 不以其陷於不義爲憂하고 而獨以其疾爲憂[21]라야 乃可爲孝라하니 亦通이니라

孟武伯은 孟懿子의 아들이니, 이름은 彘이다. 부모가 자식을 사랑하는 마음이 이르지(지극하

---

18 得爲而不爲 與不得爲而爲之 : '得爲而不爲'는 신분상 할 수 있는데도 하지 않는 것으로 구차하게 간략하고 누추하게 하는 자를 이르고, '不得爲而爲之'는 신분상 할 수 없는데도 하는 것으로 禮를 참람하는 자를 이른다.

19 豈不可以爲孝乎 : '爲'를 '謂'의 뜻으로 보아 '孝라고 이르지 않을 수 있겠는가.'로 해석하기도 한다.

20 舊說 : 예전의 해석이라는 뜻으로, 何晏의《論語集解》, 邢昺의《論語注疏》, 皇侃의《論語集解義疏》등을 가리킨다.

21 人子能使父母……乃可爲孝 : 자식이 평소에 의롭지 않은 일을 절대로 하지 아니하여, 부모로 하여금 최소한 자식이 의롭지 못한 일에 빠지는 것을 걱정하지 않게 하고, 오직 몸이 허약하여 병에 걸릴까만을 걱정하도록 하여야 孝가 될 수 있다는 뜻이다. 질병은 아무리 조심하여도 뜻밖에 침입하여 어쩔 수 없는 측면이 있다.

··· 限 한계 한 均 같을 균 唯 오직 유 憂 근심할 우 懿 아름다울 의 彘 돼지 체 體 본받을 체 陷 빠질 함

지) 않는 바가 없으나 행여 자식이 질병이 있을까 염려해서 항상 근심함을 말한 것이다. 자식이 이것을 체득하여 부모의 마음을 자신의 마음으로 삼는다면 그 몸을 지키는 모든 것이 스스로 삼가지 않음을 용납하지 않을 것이니, 어찌 孝가 되지 않겠는가. 옛 주석〔舊說〕에 "자식이 부모로 하여금 자식이 不義에 빠짐을 근심하게 하지 않고, 오직 자식의 질병을 근심하게 하여야 孝가 될 수 있다." 하였으니, 이 역시 통한다.

7. 子游問孝한대 子曰 今之孝者는 是謂能養이니 至於犬馬하여도 皆能有養이니 不敬이면 何以別乎리오

子游가 孝를 묻자, 孔子께서 말씀하셨다. "지금의 효라는 것은 能養(봉양만 잘함)이라고 이를 수 있다. 개와 말에게도 모두 길러줌이 있으니, 공경하지 않는다면 〈부모를 봉양함과 犬馬를 기름이〉 무엇으로써 분별하겠는가."

子游는 孔子弟子니 姓言이요 名偃이라 養은 謂飮食供奉也라 犬馬는 待人而食하니 亦若養然이라 言人畜(휵)犬馬에도 皆能有以養之하니 若能養其親而敬不至면 則與養犬馬者何異리오 甚言不敬之罪하니 所以深警之也시니라

子游는 孔子의 제자이니, 성은 言이요 이름은 偃이다. '養'은 음식으로 供養함을 이른다. 犬馬도 사람에게 의뢰하여 먹으니, 또한 공양하는 것과 비슷하다. "사람이 犬馬를 기름에도 모두 음식으로 길러줌이 있으니, 만약 그 어버이를 봉양하기만 하고 공경함이 지극하지 않다면 犬馬를 기르는 것과 무엇이 다르겠는가."라고 말씀하신 것이다. 이는 不敬의 죄를 심히 말씀하신 것이니, 깊이 경계하신 것이다.

⊙ 胡氏曰 世俗事親에 能養足矣라하여 狎恩恃愛하여 而不知其漸流於不敬이면 則非小失也라 子游는 聖門高弟니 未必至此로되 聖人이 直恐其愛踰於敬이라 故로 以是深警發之也시니라

⊙ 胡氏(胡寅)가 말하였다. "세속에서 어버이를 섬김에 봉양만 잘하면 충분하다고 여겨서 은혜에 익숙하고 사랑을 믿어 점점 不敬으로 흐르게 되면 작은 잘못이 아님을 알지 못한다. 子游는 聖門의 高弟이니, 반드시 이에 이르지는 않을 것이나 聖人이 다만 그 사랑이 공경을 넘을까 염려하셨다. 그러므로 이것으로 깊이 경계하여 일깨우신 것이다."

••• 游 헤엄칠 유 養 봉양할 양, 기를 양 犬 개 견 敬 공경 경 別 분별 별 偃 누울 언 供 이바지할 공 畜 기를 휵
異 다를 이 狎 친압할 압 恃 믿을 시 漸 점점 점 直 다만 직 踰 넘을 유

8. 子夏問孝한대 **子曰 色難**이니 **有事**어든 **弟子服其勞**하고 **有酒食**(사)어든 **先生饌**이 **曾是以爲孝乎**아

子夏가 孝를 묻자, 孔子께서 말씀하셨다. "얼굴빛을 온화하게 하는 것이 어려우니, 〈父兄에게 일이 있으면〉弟子(子弟)가 그 수고로움을 대신하고, 술과 밥이 있으면 先生(父兄)을 잡숫게 하는 것을 일찍이 孝라고 할 수 있겠는가."

　色難은 謂事親之際에 惟色爲難也라 食(사)는 飯也라 先生은 父兄也[22]라 饌은 飮食(임사)之也라 曾은 猶嘗也라 蓋孝子之有深愛者는 必有和氣하고 有和氣者는 必有愉色하고 有愉色者는 必有婉容이라 故로 事親之際에 惟色爲難耳니 服勞奉養은 未足爲孝也라 舊說에 承順父母之色이 爲難이라하니 亦通이니라

　'色難'은 어버이를 섬기는 즈음에 얼굴빛을 온화하게 하는 것이 어려움이 됨을 이른다. '食'는 밥이다. '先生'은 父兄이다. '饌'은 마시게 하고 먹게 하는 것이다. '曾'은 嘗(일찍이)과 같다. 孝子로서 깊은 사랑이 있는 자는 반드시 和氣가 있고, 和氣가 있는 자는 반드시 柔順한 얼굴빛이 있고, 유순한 얼굴빛이 있는 자는 반드시 恭順한 용모가 있다. 그러므로 부모를 섬길 때에 오직 얼굴빛을 온화하게 하는 것이 어려움이 되는 것이니, 수고로운 일을 대신하고 음식을 봉양하는 것은 孝가 될 수 없는 것이다.(孝라고 할 수 없는 것이다.) 옛 주석에 "부모의 얼굴빛을 받들어 順從하는 것이 어렵다." 하였으니, 이 역시 통한다.

　⊙ **程子曰 告懿子**는 **告衆人者也**요 **告武伯者**는 **以其人多可憂之事**요 **子游**는 **能養而或失於敬**이요 **子夏**는 **能直義而或少溫潤之色**이니 **各因其材之高下**와 **與其所失而告之**라 故로 **不同也**니라

　⊙ 程子(伊川)가 말씀하였다. "孟懿子에게 말씀한 것은 일반인에게 말씀한 것이요, 孟武伯에게 말씀한 것은 그 사람이 〈무리한 짓을 자행하여〉 근심시킬 만한 일이 많았기 때문이요, 子游는 봉양은 잘하나 혹 공경에 잘못되었고, 子夏는 강직하고 의로우나 온화한 얼굴빛이 혹 부족하였으니, 각각 그 재질의 높고 낮음과 그의 결함(잘못)에 따라서 말씀해 주셨다. 그러므로 말씀이 똑같지 않은 것이다."

---

22 先生 父兄也 : 옛날에는 先生을 스승의 뜻으로 사용하지 않고 먼저 낳았다는 뜻으로 父兄을 가리켰으며, 弟子 또한 師生간의 弟子가 아니고 子弟의 뜻으로 사용하였다.

… 難 어려울 난 服 일할 복 饌 먹을 찬 飮 마시게할 임 食 먹일 사, 밥 사 嘗 일찍이 상 愉 화할 유 婉 순할 완
承 받들 승 懿 아름다울 의 潤 온화할 윤

9. 子曰 吾與回言終日에 不違如愚러니 退而省其私한대 亦足以發하나니 回也不愚로다

孔子께서 말씀하셨다. "내가 顏回와 더불어 온종일 이야기를 함에 내 말을 어기지 않아 어리석은 사람처럼 보이더니, 물러간 뒤의 사생활을 살펴보건대 또한 충분히 發明하니, 顏回는 어리석지 않구나!"

回는 孔子弟子니 姓顏이요 字子淵이라 不違者는 意不相背하여 有聽受而無問難也라 私는 謂燕居獨處요 非進見(현)請問之時라 發은 謂發明所言之理라 愚聞之師[23]호니 曰 顏子深潛純粹하여 其於聖人에 體段已具하니 其聞夫子之言에 默識心融하여 觸處洞然하여 自有條理라 故로 終日言에 但見其不違如愚人而已러니 及退省其私하니 則見其日用動靜語默之間에 皆足以發明夫子之道하여 坦然由之而無疑하니 然後에 知其不愚也시니라

回는 孔子의 제자이니, 성은 顏이요 자는 子淵이다. '不違'는 의견이 서로 위배되지 않아 받아들이기만 하고 질문과 논란이 없는 것이다. '私'는 한가로이 혼자 거처함을 이르니, 나아가 뵙고 묻는 때가 아니다. '發'은 말씀한 바의 이치를 發明함을 이른다.

내가 스승에게 들으니, 다음과 같이 말씀하였다. "顏子는 자품이 沈潛하고 純粹하여, 聖人(孔子)에 대해서 體段(體裁)이 이미 갖추어졌다. 그리하여 夫子의 말씀을 들음에 묵묵히 이해되고 마음에 깨달아져서 닿는 곳마다 〈막힘이 없이〉 환하여 스스로 條理가 있었다. 그러므로 종일토록 말씀함에 다만 어기지 않아 어리석은 사람과 같음을 볼 뿐이었는데, 물러간 뒤에 그의 사사로이 거처함을 살펴보니, 일상생활에서 動하고 靜하며 말하고 침묵하는 사이에 모두 충분히 夫子의 道를 발명하여 평탄히 행해서 의심이 없음을 볼 수 있었다. 그런 뒤에야 그가 어리석지 않음을 아신 것이다."

10-1. 子曰 視其所以하며

孔子께서 말씀하셨다. "그 하는 것을 보며,

---

23 愚聞之師:'愚'는 朱子가 자신을 겸칭한 것으로, '愚聞之師'는 그의 스승인 延平 李侗에게 들었음을 뜻한다. 글로 쓰여 있지 않고 오직 말씀으로만 들었기 때문에 이렇게 칭한 것이다.

••• 回 돌 회 終 마칠 종 愚 어리석을 우 私 사사 사 發 밝힐 발 顏 얼굴 안 淵 못 연 難 힐난할 난 燕 편안할 연
潛 잠길 잠 粹 순수할 수 段 구분 단, 조각 단 默 잠잠할 묵 融 화할 융, 알 융 觸 닿을 촉 洞 밝을 통
坦 평평할 탄 疑 의심할 의 視 볼 시

以는 爲也니 爲善者爲君子요 爲惡者爲小人이라

'以'는 하는 것이니, 善을 행하는 자는 君子가 되고, 惡을 행하는 자는 小人이 된다.

10-2. 觀其所由하며

그 말미암은 바(이유)를 살피며,

觀은 比視爲詳矣라 由는 從也라 事雖爲善이나 而意之所從來者 有未善焉이면 則亦
不得爲君子矣라
或曰 由는 行也니 謂所以行其所爲者也라

'觀'은 視에 비하여 더 자세한 것이다. '由'는 따름(부터)이다. 일은 비록 善을 한다 하더라도
마음의 所從來(所由來)가 善하지 못함이 있다면 또한 君子가 될 수 없는 것이다.
혹자가 말하였다. "'由'는 행함이니, 그 하는 바를 실행하는 것을 이른다."

10-3. 察其所安이면

그 편안히 여김을 살펴본다면

察은 則又加詳矣라 安은 所樂也라 所由雖善이나 而心之所樂者 不在於是면 則亦僞
耳니 豈能久而不變哉리오

'察'은 觀보다 더 자세한 것이다. '安'은 즐거워하는 것이다. 所由來가 비록 善하나 마음에 즐
거워하는 것이 여기에 있지 않다면 또한 거짓일 뿐이니, 어찌 오래고서도 변하지 않을 수 있겠
는가.

10-4. 人焉廋哉리오 人焉廋哉리오

사람들이 어떻게 〈자신을〉 숨길 수 있겠는가. 사람들이 어떻게 〈자신을〉 숨길 수 있겠는가."

焉은 何也요 廋는 匿也니 重言以深明之하시니라

'焉'은 어찌이고 '廋'는 숨김이니, 거듭 말씀하여 깊이 밝히신 것이다.

••• 觀 볼관 比 견줄비 詳 자세할상 察 살필찰 雖 비록수 豈 어찌기 焉 어찌언 廋 숨길수 匿 숨길닉 重 거듭중

⊙ 程子曰 在己者를 能知言窮理면 則能以此察人을 如聖人也니라

⊙ 程子(明道)가 말씀하였다. "자신에게 있는 것[眞理]을 知言하고 窮理한다면 이것으로써 남을 관찰하기를 聖人과 같이 할 수 있는 것이다."

11. 子曰 溫故而知新이면 可以爲師矣니라

孔子께서 말씀하셨다. "옛 것을 때때로 익혀서 새로운 이치를 안다면 스승이 될 수 있다."

溫은 尋繹也라 故者는 舊所聞이요 新者는 今所得이라 言學能時習舊聞而每有新得이면 則所學在我하여 而其應不窮이라 故로 可以爲人師라 若夫記問之學[24]은 則無得於心하여 而所知有限이라 故로 學記에 譏其不足以爲人師하니 正與此意로 互相發也니라

'溫'은 찾고 演繹(연역)하는 것이다. '故'는 예전에 들은 것이고, '新'은 지금에 새로 터득한 것이다. 배움에 있어 예전에 들은 것을 때때로 익히면서 매양 새로 터득함이 있으면 배운 것이 나에게 있어서 그 응용이 끝이 없다. 그러므로 남의 스승이 될 수 있는 것이다. 記問의 학문으로 말하면 마음에 터득함이 없어서 아는 것이 한계가 있다. 그러므로 《禮記》〈學記〉에 "〈記問의 배움은〉 남의 스승이 될 수 없다."고 비판하였으니, 바로 이 뜻과 서로 발명된다.

12. 子曰 君子는 不器니라

孔子께서 말씀하셨다. "君子는 그릇처럼 국한되지 않는다."

器者는 各適其用而不能相通이라 成德之士는 體無不具라 故로 用無不周하니 非特爲一才一藝而已니라

'器'는 각각 그 용도에만 적합하여 서로 통용될 수 없는 것이다. 成德(완성된 덕)한 선비는 體가 갖추어지지 않음이 없으므로 用이 두루하지 않음이 없으니, 다만 한 재주, 한 技藝가 될 뿐만이 아니다.

---

24 記問之學 : 다른 사람의 난해한 질문에 대답하기 위하여 옛 책의 잡박한 지식을 암기하는 학문을 이른다.

··· 溫 따뜻할온, 익힐온 故 옛고 師 스승사 尋 찾을심 繹 찾을역, 생각할역 應 응할응 窮 다할궁
記 기억할기 限 한계한 譏 비탄할기 器 그릇기 適 맞을적 具 갖출구 周 두루주 特 다만특

13. 子貢이 問君子한대 子曰 先行其言이요 而後從之니라

子貢이 君子에 대해서 묻자, 孔子께서 말씀하셨다. "먼저 그 말할 것을 실행하고, 그 뒤에 〈말이 행동을〉 따르게 하는 것이다."

周氏曰 先行其言者는 行之於未言之前이요 而後從之者는 言之於旣行之後라

周氏(周孚先)가 말하였다. "'先行其言'은 말하기 전에 실행하는 것이요, '而後從之'는 이미 실행한 뒤에 말하는 것이다."

⊙ 范氏曰 子貢之患은 非言之艱이요 而行之艱이라 故로 告之以此하시니라

⊙ 范氏(范祖禹)가 말하였다. "子貢의 병통은 말함이 어려운 것이 아니요 실행함이 어려웠다. 그러므로 이것으로 말씀해주신 것이다."

14. 子曰 君子는 周而不比하고 小人은 比而不周니라

孔子께서 말씀하셨다. "君子는 두루 사랑하고 偏黨하지 않으며, 小人은 偏黨하고 두루 사랑하지 않는다."

周는 普徧也요 比는 偏黨也니 皆與人親厚之意로되 但周公而比私爾라

'周'는 널리 사랑(普徧)하는 것이요 '比'는 偏黨하는 것이니, 모두 사람(남)과 친하고 두터이 하는 뜻이나 다만 周는 公이고 比는 私이다.

⊙ 君子小人이 所爲不同하여 如陰陽, 晝夜하여 每每相反이라 然이나 究其所以分이면 則在公私之際毫釐之差耳라 故로 聖人이 於周比, 和同, 驕泰之屬에 常對擧而互言之하시니 欲學者察乎兩間而審其取舍之幾也시니라

⊙ 君子와 小人이 행하는 바가 똑같지 않아서 陰·陽과 晝·夜와 같아 매양 相反된다. 그러나 그 나누어지는 까닭을 궁구해 보면 公과 私의 사이로 털끝만한 차이에 달려 있을 뿐이다. 그러므로 聖人이 周와 比, 和와 同, 驕와 泰의 등속에 있어 항상 對로 들어 서로 말씀하셨으니, 배우는 자들이 이 두 가지 사이를 관찰하여 取捨選擇의 기미를 살피게 하고자 하신 것이다.

••• 艱 어려울 간 周 두루 주, 친밀할 주 比 친할 비 普 넓을 보 徧 두루 변(편)(遍通) 偏 치우칠 편 黨 편벽할 당, 무리 당 晝 낮 주 毫 터럭 호 釐 털끝 리 驕 교만할 교 泰 교만할 태, 태연할 태 互 서로 호 審 살필 심 舍 버릴 사 幾 기미 기

15. 子曰 學而不思[25]則罔하고 思而不學則殆니라

孔子께서 말씀하셨다. "배우기만 하고 생각(연구)하지 않으면 얻음이 없고, 생각하기만 하고 배우지 않으면 위태롭다."

不求諸心이라 故로 **昏而無得**하고 **不習其事**라 故로 **危而不安**이라

〈배우기만 하고 생각하지 않으면〉 자기 마음에 구하지 않으므로 어두워서 얻음이 없고, 〈생각하기만 하고 배우지 않으면〉 그 일을 익히지 않으므로 위태로워 편안하지 못한 것이다.

⊙ 程子曰 博學, 審問, 愼思, 明辨, 篤行[26]五者에 廢其一이면 非學也니라

⊙ 程子(伊川)가 말씀하였다. "널리 배우고[博學] 자세히 묻고[審問] 신중히 생각하고[愼思] 밝게 분별하고[明辨] 독실히 행하는[篤行] 이 다섯 가지 중에 하나만 폐지하여도 學問이 아니다."

16. 子曰 攻乎異端이면 斯害也已니라

孔子께서 말씀하셨다. "異端을 專攻하면 이 해롭다."

范氏曰 攻은 **專治也**라 故로 **治木石金玉之工曰攻**이라 **異端**은 **非聖人之道而別爲一端**이니 **如楊墨**이 **是也**라 **其率天下**하여 **至於無父無君**하니 **專治而欲精之**면 **爲害甚矣**니라

范氏(范祖禹)가 말하였다. "'攻'은 專的으로 다루는 것이다. 그러므로 나무와 돌, 金과 玉을 다루는 工人을 攻이라 한다. '異端'은 聖人의 道가 아니고 별도로 一端(한 가지)이 된 것이니, 楊朱와 墨翟 같은 이가 이것이다. 이들은 天下를 거느려 無父·無君의 지경에 이르게 하였으니, 전적으로 다루어(연구하여) 정밀히 하고자 하면 해됨이 심하다."

⊙ 程子曰 佛氏之言은 比之楊墨에 尤爲近理하니 所以其害爲尤甚이라 學者 當如淫聲美色以遠之니 不爾면 則駸駸然入於其中矣리라

---

25 學而不思 : '學'과 '思'가 대조 구분된다. 學과 思는 모두 공부의 방법이라 할 수 있는데, 이 둘의 차이는 學이 남에게 배우고 質正하여 일에 나아가 이해하는 데 반해, 思는 혼자서 사색하여 일에 나아가지 않고 오로지 자신의 마음에서만 연구하는 차이가 있다.

26 博學審問愼思明辨篤行 : 이 다섯 가지는 《中庸》 20장에 보이는 내용으로, 앞의 네 가지는 知工夫이고, 맨 끝의 篤行은 行工夫이다.

··· 罔 없을 망, 어두울 망 殆 위태할 태 昏 어두울 혼 審 살필 심 篤 도타울 독 廢 폐할 폐 攻 다스릴 공
端 끝 단 斯 이 사 害 해칠 해 已 어조사 이 專 오로지 전 楊 버들 양 墨 먹 묵 率 거느릴 솔 佛 부처 불
爾 그럴 이 駸 달릴 침

⊙ 程子(明道)가 말씀하였다. "佛氏의 말은 楊朱·墨翟에 비하면 더욱 近理하니, 이 때문에 그 해로움이 더욱 심하다. 배우는 자들은 마땅히 음탕한 音樂과 아름다운 女色처럼 멀리해야 할 것이다. 그렇지 않으면 차츰차츰 그 속으로 빠져 들어갈 것이다."

17. 子曰 由아 誨女(汝)知之乎인저 知之爲知之요 不知爲不知 是知也니라

孔子께서 말씀하셨다. "由야! 너에게 아는 것을 가르쳐 주겠다. 아는 것을 안다고 하고 모르는 것을 모른다고 하는 것이, 이것이 아는 것이다."

由는 孔子弟子니 姓仲이요 字子路라 子路好勇하니 蓋有强其所不知以爲知者라 故로 夫子告之曰 我敎女以知之之道乎인저 但所知者則以爲知하고 所不知者則以爲不知 니 如此면 則雖或不能盡知라도 而無自欺之蔽요 亦不害其爲知矣[27]라 況由此而求之 면 又有可知之理乎아

由는 孔子의 제자이니, 성은 仲이고 자는 子路이다. 子路는 勇을 좋아하였으니, 아마도 알지 못하는 것을 억지로 우겨서 안다고 하는 일이 있었을 것이다. 그러므로 夫子께서 그에게 고하시기를 "내가 너에게 아는 방법을 가르쳐 주겠다. 다만 아는 것을 안다고 하고 모르는 것을 모른다고 하라." 하신 것이다. 이와 같이 하면 비록 혹 다 알지 못하더라도 스스로 속이는 가리움이 없을 것이요, 또한 그 앎이 됨에 해롭지 않다. 하물며 이로 말미암아 구한다면 또 알 수 있는 이치가 있음에랴.

18-1. 子張이 學干祿한대

子張이 祿을 구하는 방법을 배우려고 하자,

子張은 孔子弟子니 姓顓(전)孫이요 名師라 干은 求也요 祿은 仕者之奉(俸)也라

子張은 孔子의 제자이니, 성은 顓孫이요 이름은 師이다. '干'은 구함이요, '祿'은 벼슬하는 자의 祿俸이다.

---

27 亦不害其爲知矣 : '不害'는 無妨과 같은바, 곧 아는 것을 안다 하고 모르는 것을 모른다고 솔직히 말하는 것이 아는 부분에 있어서는 전혀 해가 되지 않음을 말한 것이다.

••• 誨 가르칠 회 汝 너 여 仲 버금 중 路 길 로 强 억지로할 강 欺 속일 기 蔽 가릴 폐 況 하물며 황 張 베풀 장 干 구할 간 祿 녹봉 록 顓 어리석을 전 奉 녹봉 봉 (俸通)

18-2. 子曰 多聞闕疑요 愼言其餘則寡尤며 多見闕殆요 愼行其餘則寡悔니 言寡尤하며 行寡悔면 祿在其中矣니라

孔子께서 말씀하셨다. "많이 듣고서 의심나는 것을 제쳐놓고 그 나머지(자신이 있는 것)를 삼가서 말하면 허물이 적고, 많이 보고서 위태로운 것을 제쳐놓고 그 나머지(불안하지 않은 것)를 삼가서 행하면 뉘우침(후회하는 일)이 적을 것이니, 말에 허물이 적으며 행실에 뉘우침이 적으면 祿은 그 가운데에 있다."

呂氏曰 疑者는 所未信이요 殆者는 所未安이라
程子曰 尤는 罪自外至者也요 悔는 理自內出者也[28]라
愚謂 多聞見者는 學之博이요 闕疑殆者는 擇之精이요 謹言行者는 守之約이라 凡言在其中者는 皆不求而自至之辭니 言此以救子張之失而進之也시니라

呂氏(呂大臨)가 말하였다. "'疑'는 아직 자신할 수 없는 것이요, '殆'는 불안한 것이다."
程子(伊川)가 말씀하였다. "'尤'는 죄가 밖으로부터 이르는 것이요, '悔'는 이치가 안(마음속)으로부터 나오는 것이다."
내가 생각하건대, 듣고 보는 것을 많이 함은 배우기를 넓게 하는 것이요, 의심나고 위태로운 것을 제쳐놓음은 가리기를 정밀히 하는 것이요, 말과 행실을 삼감은 지키기를 요약하게 하는 것이다. 무릇 '그 가운데에 있다.'고 말한 것은 모두 구하지 않아도 저절로 이른다는 말이니, 이것을 말씀해서 子張의 잘못(단점)을 바로잡아 나아가게 하신 것이다.

⊙ 程子曰 修天爵則人爵至하니 君子言行能謹은 得祿之道也라 子張學干祿이라 故로 告之以此하사 使定其心而不爲利祿動하시니 若顏閔則無此問矣리라 或疑如此라도 亦有不得祿者한대 孔子蓋曰 耕也에 餒在其中[29]이라하시니 惟理可爲者를 爲之而已矣[30]니라

---

28 尤……理自內出者也 : '죄가 밖에서 이른다' 함은 남으로부터 꾸짖음을 받거나 형벌을 받음을 이르며, 이와 반대로 뉘우침은 양심상 자기 마음에서 나오므로 '이치가 안으로부터 나온다'고 말한 것이다.

29 孔子蓋曰……餒在其中 : 아래〈衛靈公〉31장에 "밭을 갊에 굶주림이 그 가운데에 있고 학문을 함에 祿이 그 가운데 있으니, 군자는 道를 걱정하고 가난을 걱정하지 않는다.〔耕也 餒在其中矣 學也 祿在其中矣 君子憂道 不憂貧〕"라고 보인다.

30 程子曰……爲之而已矣 : 壺山은 "'若顏閔則無此問矣' 이전은 伊川의 말씀이고, '或疑如此' 이후는 明道의 말씀이다." 하였다.

··· 闕 빼놓을 궐 疑 의심할 의 寡 적을 과 尤 허물 우 殆 위태할 태 悔 뉘우칠 회 擇 가릴 택 精 정밀할 정
約 요약할 약 救 바로잡을 구 爵 작위 작 閔 성 민 耕 밭갈 경 餒 굶주릴 뇌

⊙ 程子(伊川)가 말씀하였다. "天爵을 닦으면 人爵이 이르니, 君子가 말과 행실을 삼가는 것은 祿을 얻는 방법이다. 子張이 祿을 구하는 방법을 배우려 하였으므로 이것을 말씀하여 그 마음을 안정시켜 利祿에 동요되지 않게 하신 것이다. 顔子와 閔子騫(건)이라면 이러한 질문이 없었을 것이다. 혹자는 이와 같이 하고도 祿을 얻지 못하는 자가 있음을 의심한다. 그러나 孔子께서 '농사를 지음에 굶주림이 그 가운데에 있다.'라고 말씀하셨으니, 오직 이치상 할 만한 것을 할 뿐이다."

19. 哀公이 問曰 何爲則民服이니잇고 孔子對曰 擧直錯(조)諸枉[31]則民服하고 擧枉錯諸直則民不服이니이다

哀公이 "어떻게 하면 백성들이 복종합니까?" 하고 묻자, 孔子께서 대답하셨다. "정직한 사람을 들어 쓰고 모든 굽은 사람(정직하지 못한 사람)을 버려두면 백성들이 복종하고, 굽은 사람을 들어 쓰고 모든 정직한 사람을 버려두면 백성들이 복종하지 않습니다."

哀公은 魯君이니 名蔣이라 凡君問에 皆稱孔子對曰者는 尊君也[32]라 錯는 捨置也라 諸는 衆也라

程子曰 擧錯得義(의)면 則人心服이니라

哀公은 魯나라 임금이니, 이름은 蔣이다. 대체로 임금의 물음에 모두 '孔子對曰'이라고 칭한 것은 임금을 높인 것이다. '錯'는 버려둠이다. '諸'는 모두이다.
程子(伊川)가 말씀하였다. "들어 쓰고 버려둠이 마땅함을 얻으면 사람들의 마음이 복종한다."

⊙ **謝氏曰 好直而惡(오)枉은 天下之至情也니 順之則服하고 逆之則去는 必然之理也라 然이나 或無道以照之면 則以直爲枉하고 以枉爲直者 多矣라 是以로 君子大居敬而貴窮理也**니라

---

31 擧直錯諸枉: '錯'를 加의 뜻으로, '諸'를 之於의 생략으로 보아 "정직한 사람을 들어 써서 굽은 사람의 위에 올려놓다."로 해석하기도 한다. 아래의 '擧枉錯諸直'도 이와 같다.

32 凡君問……尊君也: '子'는 선생님이라는 뜻으로, 孔子를 특별히 지칭하지 않고 보편적으로 높여 칭한 것인데, 군주의 앞에서 姓을 밝히지 않고 子라고 칭할 수 없어 '孔子'라고 칭한 것이다. 季氏 역시 魯나라의 실권자였으므로 季氏와의 문답에서도 '孔子'라 칭하였다. 그러나 이러한 例는 〈鄕黨〉까지만 지켜졌고 그 이후는 제자와의 문답에도 孔子라고 칭한 곳이 자주 보인다.

••• 服 복종할 복 擧 들 거 錯 버려둘 조, 올려놓을 조 諸 모두 제, 어조사 저 枉 굽을 왕 蔣 과장풀 장 尊 높을 존 捨 버릴 사 惡 미워할 오 逆 거스를 역 照 비출 조 大 중히여길 대

⊙ 謝氏(謝良佐)가 말하였다. "정직함을 좋아하고 굽음을 미워함은 天下의 지극한 情이니, 이 지극한 情을 따르면 歸服하고 거스르면 이반하는 것은 필연적인 이치이다. 그러나 혹 道로써 밝히지 않는다면, 정직한 사람을 굽다 하고 굽은 사람을 정직하다고 여기는 자가 많을 것이다. 그러므로 君子는 居敬을 크게(중요하게) 여기고 窮理를 귀하게 여기는 것이다."

20. 季康子問 使民敬忠以勸호되 如之何잇고 子曰 臨之以莊則敬하고 孝慈則忠하고 擧善而敎不能則勸이니라

季康子가 "백성들로 하여금 윗사람에게 공경하고 충성하게 하며 이것을 勸勉하게 하려는데, 어찌하면 되겠습니까?" 하고 묻자, 孔子께서 말씀하셨다. "〈爲政者가 백성을〉 대하기를 莊嚴함으로써 하면 백성들이 공경하고, 부모에게 효도하고 아랫사람을 사랑하면 백성들이 충성하고, 잘하는 자를 등용하고 잘못하는 자를 가르치면 권면될 것이다."

季康子는 魯大夫니 季孫氏요 名肥라 莊은 謂容貌端嚴也라 臨民以莊이면 則民敬於己하고 孝於親, 慈於衆이면 則民忠於己하고 善者擧之而不能者敎之면 則民有所勸而樂於爲善이니라

季康子는 魯나라 大夫이니, 季孫氏이고 이름은 肥이다. '莊'은 용모가 단정하고 엄숙한 것이다. 〈爲政者가〉 백성을 대하기를 장엄함으로써 하면 백성들이 자신(윗사람)에게 공경하고, 부모에게 효도하고 백성을 사랑하면 백성들이 자신에게 충성하고, 잘하는 자를 등용하고 잘못하는 자를 가르치면 백성들이 권면되는 바가 있어 善을 하기를 즐거워할 것이다.

⊙ 張敬夫曰 此皆在我所當爲요 非爲欲使民敬忠以勸而爲之也라 然이나 能如是면 則其應이 蓋有不期然而然者矣[33]니라

⊙ 張敬夫(張栻)가 말하였다. "이것은 모두 자신에게 있어 마땅히 해야 할 것이요, 백성들로 하여금 자신에게 공경하고 충성하게 하며 권면되게 하고자 해서 하는 것은 아니다. 그러나 이와 같이 하면 그 호응이 그러하기를 기약하지 않아도 그렇게 됨이 있는 것이다."

---

33 其應 蓋有不期然而然者矣 : '應'은 효험 또는 호응, 반응으로, 백성들이 공경하고 충성하고 권면함을 이르며, '不期然而然'은 그러한 효과가 나타나기를 기대하지 않아도 자연적으로 이루어지는 것을 이른다.

··· 勸 권할 권 臨 대할 림 莊 장엄할 장 慈 사랑할 자 肥 살찔 비 端 바를 단 嚴 엄할 엄 應 응할 응 期 기약할 기

21-1. 或謂孔子曰 子는 奚不爲政이시닛고

혹자가 孔子에게 이르기를 "선생께서는 어찌하여 政事를 하지 않으십니까?" 하자,

定公初年에 孔子不仕라 故로 或人이 疑其不爲政也라

定公 초년에 孔子께서 벼슬하지 않으셨다. 그러므로 혹자가 정사를 하지 않음을 의심한 것이다.

21-2. 子曰 書云孝乎인저 惟孝[34]하며 友于兄弟하여 施於有政이라하니 是亦爲政이니 奚其爲爲政[35]이리오

孔子께서 말씀하셨다. "《書經》에 孝에 대하여 말하였다. '孝하며 형제간에 友愛하여 정사에 베푼다.'고 하였으니, 이 또한 정사를 하는 것이니, 어찌 〈지위에 있어야만〉 정사를 하는 것이 되겠는가."

書는 周書君陳篇이라 書云孝乎者는 言書之言孝如此也라 善兄弟曰友라 書言 君陳이 能孝於親하고 友於兄弟하며 又能推廣此心하여 以爲一家之政이라하니 孔子引之하사 言如此면 則是亦爲政矣니 何必居位라야 乃爲爲政乎아하시니라 蓋孔子之不仕를 有難以語或人者라 故로 託此以告之하시니 要之컨대 至理亦不外是니라

《書經》은 〈周書 君陳〉이다. '書云孝乎'라는 것은 《書經》에 孝를 말함이 이와 같음을 말씀한

---

34 書云 孝乎 惟孝 : 이에 대한 이견이 분분한데, 이는 《書經》에는 '孝乎'라는 말이 없기 때문이다. 따라서 朱子는 《書經》〈周書 君陳〉에 '惟孝 友于兄弟'로 되어 있는 것에 근거하여 '書云孝乎'에서 句를 떼어 "《書經》에 孝에 대하여 말하였다. '孝하며'"로 해석하였다. 그러나 이 글은 '書云 孝乎惟孝'로 句를 떼어 《書經》에 '孝한다. 孝하여'"의 뜻으로 풀이하여야 한다는 說이 타당한 것으로 보인다. 淸代 考證學者들은 梅賾(색)이 《論語》 등을 참고하여 《僞古文尙書》를 지을 적에 잘못 인용한 것으로 보아 '孝乎惟孝'가 맞는 것으로 보았으며, 茶山도 '孝乎惟孝'를 '효도한다. 효도하며'로 해석하고, 앞의 '孝乎'는 孝를 감탄한 것이라고 설명하였다.
'施於有政'의 '有政'을 朱子는 '爲政'으로 해석하였는데, 茶山은 "'爲政'은 한 나라를 전담하여 주관하는 것'을 이르고, '有政'은 '여러 관원이 분담한 정사'를 이른다."하여 '爲政'과 '有政'을 구분하였다.

35 奚其爲爲政 : 官本諺解에는 "엇디 ᄒᆞ야아 그 政을 ᄒᆞ다 ᄒᆞ리오"라 하여 앞의 '爲'자의 해석을 분명하게 하지 않았다. 壺山은 이 諺解의 풀이가 분명하지 않음을 지적하고, 앞의 '爲'자와 뒤의 '爲'자는 그 뜻이 서로 다르다 하였다. 《集註》에서는 '何必居位' 네 글자를 추가하고 '爲爲政' 앞에 '乃'자를 놓아 經文의 뜻을 해석하고 있는바, 壺山과 《集註》의 說을 따라 '어찌〔奚〕 〈지위에 있어야만〉 정사를 하는 것〔爲政〕이 되겠는가〔爲〕'로 번역하였다.

··· 奚 어찌 해 疑 의심할 의 友 우애할 우 施 베풀 시 陳 베풀 진 善 잘할 선 託 가탁할 탁

것이다. 형제간에 잘 지내는 것을 '友'라 한다. 《書經》에 "君陳이 능히 어버이에게 孝하고 형제간에 友愛하며, 또 능히 이 마음을 미루어 넓혀서 한 집안의 政事를 했다."고 하였다. 孔子께서 이를 인용하여 말씀하시기를 "이와 같이 하면 이 또한 정사를 하는 것이니, 어찌 반드시 지위에 있어야만 정사를 함이 되겠는가."라고 하신 것이다. 孔子께서 벼슬하지 않으신 것을 혹자에게 말씀하기 어려운 점이 있었을 것이다. 그러므로 여기에 가탁하여 말씀하신 것이니, 요컨대 지극한 이치가 또한 여기에서 벗어나지 않는다.

22. 子曰 人而無信이면 不知其可也로라 大車無輗(예)하며 小車無軏(월)이면 其何以行之哉리오

孔子께서 말씀하셨다. "사람으로서 信(성실함)이 없으면 그 可함을 알지 못하겠다. 큰 수레에 수레채마구리가 없고 작은 수레에 멍에막이가 없다면 어떻게 갈 수 있겠는가."

大車는 謂平地任載之車라 輗는 轅端橫木이니 縛軛以駕牛者라 小車는 謂田車, 兵車, 乘車[36]라 軏은 轅端上曲이니 鉤衡以駕馬者라 車無此二者면 則不可以行이니 人而無信이면 亦猶是也라

'大車'는 평지에 짐을 싣는 수레를 이른다. '輗'는 멍에 끝에 가로댄 나무이니, 멍에에 묶어서 소에게 멍에하는 것이다. '小車'는 田車와 兵車, 乘車이다. '軏'은 멍에 끝에 위로 굽은 것이니, 가로댄 멍에에 걸어서 말에 멍에하는 것이다. 수레에 이 두 가지가 없으면 길을 갈 수가 없으니, 사람으로서 信이 없으면 또한 이와 같은 것이다.

23-1. 子張이 問 十世를 可知也잇가

子張이 "〈지금으로부터〉 10世(열 王朝 뒤의 일)를 미리 알 수 있습니까?" 하고 묻자,

陸氏[37]曰 也는 一作乎라

---

36 田車……乘車 : '田車'는 사냥하는 수레이고, '兵車'는 전투할 때에 쓰는 수레이며, '乘車'는 乘用하는 수레이다. 짐수레인 大車는 소가 끄는 반면, 이들 수레는 말이 끈다.

37 陸氏 : 이름이 元朗이고 字가 德明인데, 字로 행세하여 陸德明으로 알려져 있다. 唐나라 사람으로 國子博士가 되어 여러 經書의 音讀을 달고 《經典釋文》 30권을 저술하였다.

··· 輗 수레끌채끝 예 軏 끌채끝 월 任 짐 임 載 실을 재 轅 멍에 원 橫 가로 횡 縛 묶을 박 軛 멍에 액 駕 멍에 가 田 사냥 전 鉤 갈구리 구, 걸 구 衡 멍에 형 猶 같을 유

○³⁸ 王者易姓受命이 爲一世라 子張問 自此以後十世之事를 可前知乎잇가

陸氏(陸元朗)가 말하였다. "也는 一本에 乎로 되어 있다."

○ 王者가 姓을 바꾸어 天命을 받는 것을 一世라 한다. 子張이 "지금으로부터 10世 뒤의 일을 미리 알 수 있습니까?" 하고 물은 것이다.

23-2. 子曰 殷因於夏禮하니 所損益을 可知也며 周因於殷禮하니 所損益을 可知也니 其或繼周者면 雖百世라도 可知也니라

孔子께서 말씀하셨다. "殷나라가 夏나라의 禮를 인습하였으니 損益(加減)한 것을 알 수 있으며, 周나라가 殷나라의 禮를 인습하였으니 損益한 것을 알 수 있다. 혹시라도 周나라를 계승하는 자가 있다면 비록 百世 뒤의 일이라도 알 수 있을 것이다."

馬氏曰 所因은 謂三綱五常이요 所損益은 謂文質三統이라

愚按 三綱은 謂君爲臣綱이요 父爲子綱이요 夫爲妻綱이며 五常은 謂仁義禮智信이라 文質은 謂夏尚忠, 商尚質, 周尚文³⁹이요 三統은 謂夏正建寅하니 爲人統이요 商正建丑하니 爲地統이요 周正建子하니 爲天統⁴⁰이라 三綱, 五常은 禮之大體니 三代相繼하여 皆因之而不能變하고 其所損益은 不過文章制度의 小過不及之間이어늘 而其已然之迹을 今皆可見하니 則自今以往으로 或有繼周而王者면 雖百世之遠이라도 所因所革이 亦不過此라 豈但十世而已乎아 聖人所以知來者 蓋如此하시니 非若後世讖(참)緯術

---

38 ○ :이 권점은 章下註를 표시하는 것이 아니라, 《集註》의 說을 陸氏의 말과 구분하기 위한 것이다.

39 文質……周尚文 :'忠'은 본바탕이고 '質'은 형질을 이룸이고 '文'은 문식을 가하는 것이다. 예를 들면 玉 그 자체는 忠이고, 玉을 다듬어 물건의 형체를 이루는 것은 質이고, 곱게 다듬고 조각을 가하는 것은 文이다.

40 三統……爲天統 :'建寅'은 북두칠성의 자루가 寅方을, '建丑'은 丑方을, '建子'는 子方을 가리키는 달을 이른다. 북두칠성의 자루란 북두칠성 가운데에 정사각형으로 있는 네 별을 제외하고 나머지 일직선으로 있는 세 별을 가리키는 바, 一晝夜에 한 바퀴를 돌고 조금 더 돌아 1년에 366번을 돈다. 그리하여 옛날에는 초저녁에 북두칠성의 자루가 어느 방향을 가리키는가를 보아 春·夏·秋·冬을 알았는데, 夏나라는 寅方을, 殷나라는 丑方을, 周나라는 子方을 가리키는 달을 정월로 삼았으므로, 이 曆法을 각각 夏正, 商正, 周正이라 한 것이다. 建子月은 음력의 동짓달, 建丑月은 음력의 섣달, 建寅月은 음력의 정월에 해당하는데, 이를 天統·地統·人統이라 한 것은 옛 기록에 "하늘은 子에서 열리고, 땅은 丑에서 열리고, 사람은 寅에서 생겨났다."고 한 데에서 온 것이다. 지금의 음력은 夏正을 그대로 사용하여 寅月을 정월, 卯月을 2월, 辰月을 3월로 칭하고 있다. '統'은 統紀, 또는 本의 뜻으로 본다.

··· 殷 은나라 은 因 인습할 인 損 덜 손 益 더할 익 繼 이을 계 綱 벼리 강 統 벼리 통 尚 높일 상, 숭상할 상 質 질박할 질 建 가리킬 건 變 변할 변 革 고칠 혁 讖 비결 참 緯 씨줄 위

數之學[41]也니라

馬氏(馬融)가 말하였다. "인습한 것은 三綱과 五常을 이르고, 損益한 것은 文·質과 三統을 이른다."

내가 생각하건대, 三綱은 임금은 신하의 벼리가 되고 아버지는 자식의 벼리가 되고 남편은 아내의 벼리가 됨을 이른다. 五常은 仁·義·禮·智·信을 이른다. 文·質은 夏나라는 忠을 숭상하고 商나라는 質을 숭상하고 周나라는 文을 숭상함을 이른다. 三統은 夏나라는 〈北斗星 자루가〉 寅方을 가리키는 달을 正月로 삼았으니 人統이 되고, 商나라는 丑方을 가리키는 달을 正月로 삼았으니 地統이 되고, 周나라는 子方을 가리키는 달을 正月로 삼았으니 天統이 됨을 이른다. 三綱과 五常은 禮의 大體이니, 三代가 서로 계승하여 모두 그대로 因襲하고 변경하지 않았으며, 損益한 것은 文章과 制度上의 약간 지나치거나 미치지 못함에 불과할 따름이었는데, 이미 그러한 자취를 이제 다 볼 수 있으니, 그렇다면 지금 이후로 혹 周나라를 계승하여 왕 노릇 하는 자가 있다면 비록 百世 뒤의 먼 것이라도 인습하고 變革하는 것은 이에 불과할 뿐이니, 어찌 10世 뿐이겠는가. 聖人이 미래를 미리 아신 것은 이와 같으셨으니, 후세의 讖緯(圖讖說)나 術數學과는 같지 않은 것이다.

⊙ 胡氏曰 子張之問은 蓋欲知來어늘 而聖人이 言其旣往者以明之也라 夫自修身으로 以至於爲天下에 不可一日而無禮니 天敍天秩[42]은 人所共由니 禮之本也라 商不能改乎夏하고 周不能改乎商하니 所謂天地之常經也요 若乃制度文爲는 或太過則當損하고 或不足則當益하여 益之損之를 與時宜之요 而所因者不壞하니 是古今之通義也[43]라 因往推來면 雖百世之遠이라도 不過如此而已矣니라

⊙ 胡氏(胡寅)가 말하였다. "子張의 물음은 아마도 미래를 알고자 한 것이었는데, 聖人은 이

---

41 讖緯術數之學 : '讖'은 미래를 예언한 圖讖이고, '緯'는 緯書로 經書와 대칭되는바, 《周易》을 풀이한 《乾鑿度》와 같은 책이며, '術數'는 天文을 관찰하고 미래를 점치는 등의 방법을 이른다.

42 天敍天秩 : 《書經》 〈皐陶謨〉에 "하늘이 차례로 펴서 法을 두시니 우리 五典(五倫)을 바로잡아 다섯 가지를 후하게 하며, 하늘이 차례하여 禮를 두시니 우리 五禮로부터 시작하여 다섯 가지를 떳떳하게 한다.〔天敍有典 勅我五典 五惇哉 天秩有禮 自我五禮 五庸哉〕" 하였는바, 이 내용을 축약한 것이다. '敍'는 君臣·父子·兄弟·夫婦·長幼·朋友의 윤리이고, '秩'은 尊卑와 貴賤의 등급에 따른 차례이다.

43 夫自修身……是古今之通義也 : 胡氏는 '天地之常經'과 '古今之通義'로 나누어 '所因'과 '所損益'을 설명하고 있는데, '天地之常經'은 三代가 인습한 것으로 經과 같고, '古今之通義'는 三代가 덜어내거나 더하여 고친 것으로 權과 같다. 곧 常經은 不變의 經道이고, 通義는 時宜에 맞게 加減하여 통행되는 마땅함이다.

••• 胡 클 호 敍 차례 서 秩 차례 질 由 행할 유 經 법 경 推 밀 추 遠 멀 원

미 지나간 것을 말씀하여 밝히신 것이다. 修身으로부터 天下를 다스림에 이르기까지 단 하루라도 禮가 없을 수 없으니, 하늘이 만든 天敍와 天秩은 사람이 함께 행해야 하는 것이니, 禮의 근본이다. 商나라가 夏나라의 것을 고칠 수 없고 周나라가 商나라의 것을 고칠 수 없었으니, 이른바 '天地의 떳떳한 벼리〔天地之常經〕'라는 것이다. 制度와 文爲(文章의 일)로 말하면 혹 너무 지나치면 덜어내야 하고 혹 부족하면 더해야 한다. 그리하여 더하고 덜어내는 것을 시대에 따라 마땅하게 하고 인습하는 것(禮)은 무너뜨리지 않았으니, 이것은 '古今에 통용되는 義〔古今之通義〕'이다. 지나간 것을 인하여 미래를 추측하면 비록 百世 뒤의 먼 것이라도 이와 같음에 불과할 따름이다."

24-1. 子曰 非其鬼而祭之 諂也요

孔子께서 말씀하셨다. "귀신(자기가 제사지내야 할 귀신)이 아닌 것을 제사하는 것이 아첨이요,

非其鬼는 謂非其所當祭之鬼라 諂은 求媚也라

'非其鬼'는 마땅히 제사지내야 할 귀신이 아님을 이른다. '諂'은 잘 보이려고 하는 것이다.

24-2. 見義不爲 無勇也니라

의로운 일을 보고 하지 않음은 용맹이 없는 것이다."

知而不爲면 是無勇也라

알면서 하지 않으면 이것은 용맹이 없는 것이다.

••• 鬼 귀신 귀 祭 제사 제 諂 아첨할 첨 媚 아첨할 미, 친할 미 勇 날랠 용, 용맹 용

八佾 第三

凡二十六章이라 通前篇末二章하여 皆論禮樂之事하니라

모두 26章이다. 前篇 끝의 두 章을 통합하여 모두 禮樂의 일을 논하였다.

1. 孔子謂季氏하사되 八佾로 舞於庭하니 是可忍也은 孰不可忍也리오

孔子께서 季氏를 두고 평하셨다. "〈天子의〉八佾舞를 뜰에서 추니, 이 일을 차마 한다면 무슨 일을 차마 하지 못하겠는가."

季氏는 魯大夫니 季孫氏也라 佾은 舞列也니 天子八이요 諸侯六이요 大夫四요 士二며 每佾人數는 如其佾數[1]라 或曰 每佾八人[2]이라하니 未詳孰是라 季氏以大夫而僭用天子之禮樂하니 孔子言 其此事를 尚忍爲之면 則何事不可忍爲리오하시니라 或曰 忍은 容忍也니 蓋深疾之之辭[3]라하니라

季氏는 魯나라 大夫이니, 季孫氏이다. '佾'은 춤추는 列이니, 天子는 8열, 諸侯는 6열, 大夫는 4열, 士는 2열이며, 각 열의 인원수는 그 열의 수와 같다. 혹자는 "매 열마다 8명이다."라고

---

1 佾……如其佾數 : '佾'은 춤추는 列로, 天子는 한 열에 8명씩 8줄이어서 모두 64명이 되고, 諸侯는 6열에 6명씩이어서 모두 36명이고, 大夫는 4열에 4명씩이어서 16명이고, 士는 2열에 2명씩이어서 4명이다.

2 或曰 每佾八人 : 혹자의 說대로 하면, 天子는 64명, 諸侯는 48명, 大夫는 32명, 士는 16명이 된다.

3 或曰……蓋深疾之之辭 : 혹자의 說대로 經文[是可忍也 孰不可忍也]을 해석하면, '이런 짓을 용인해준다면 무슨 짓인들 용인해줄 수 없겠는가.'의 뜻이 되는바, 이는 孔子의 입장에서 말씀한 것이다.

… 佾 춤추는줄 일 舞 춤출 무 庭 뜰 정 忍 차마할 인, 참을 인 孰 무엇 숙 僭 참람할 참 尚 오히려 상
    疾 미워할 질

하니, 어느 것이 옳은지는 자세하지 않다. 季氏가 大夫로서 天子의 禮樂을 참람하게 사용하였다. 孔子께서는 "그가 이 일을 오히려 차마 한다면 무슨 일을 차마 하지 못하겠는가."라고 말씀하신 것이다. 혹자는 "忍은 容忍하는 것이니, 이는 그를 깊이 미워하신 말씀이다." 하였다.

⊙ 范氏曰 樂舞之數 自上而下하여 降殺(쇄)以兩而已라 故로 兩之間에 不可以毫髮僭差也라 孔子爲政에 先正禮樂하시니 則季氏之罪는 不容誅矣니라

謝氏曰 君子於其所不當爲에 不敢須臾處는 不忍故也어늘 而季氏忍此矣면 則雖弑父與君이라도 亦何所憚而不爲乎[4]리오

⊙ 范氏(范祖禹)가 말하였다. "음악에 舞列의 數는 위로부터 내려와 둘씩 줄어들 뿐이다. 그러므로 둘의 사이는 털끝만큼도 참람하여 어긋나게 해서는 안 되는 것이다. 孔子께서 정사를 하실 적에 먼저 禮樂을 바로잡으셨으니, 그렇다면 季氏의 죄는 誅戮을 당하여도 용서받지 못할 것이다."

謝氏(謝良佐)가 말하였다. "君子가 하지 말아야 할 일에 잠시[須臾]도 처하지 않는 것은 차마 못하기 때문이다. 그런데 季氏는 이 일을 차마 하였으니, 그렇다면 비록 父母와 君主를 시해하는 일이라도 어찌 꺼려서 하지 못하겠는가."

2. 三家者 以雍徹이러니 子曰 相維辟公이어늘 天子穆穆을 奚取於三家之堂고

三家들이 〈제사를 마치고 《詩經》의〉 〈雍〉시를 노래하면서 철상(제기를 거둠)을 하였는데, 孔子께서 〈이에 대하여〉 말씀하셨다. "'諸侯들이 제사를 돕거늘 天子는 엄숙하게 계시다.'는 가사(歌詩)를 어찌해서 三家의 사당에서 취하여 쓰는가."

三家는 魯大夫孟孫, 叔孫, 季孫之家也[5]라 雍은 周頌篇名이라 徹은 祭畢而收其俎也라 天子宗廟之祭에는 則歌雍以徹하나니 是時에 三家僭而用之라 相은 助也요 辟公은 諸

---

4 范氏曰……亦何所憚而不爲乎:慶源輔氏(輔廣)는 "范氏는 制度上에서 말하였기 때문에 '忍'을 容忍의 뜻으로 보았고, 謝氏는 마음에 나아가 말하였기 때문에 敢忍(감히 차마 하다)의 뜻으로 본 것이다." 하였다.

5 三家 魯大夫孟孫叔孫季孫之家也:孟孫은 바로 仲孫으로, 앞의 〈爲政〉 5장의 주석에 자세히 보인다.

··· 降 내릴 강 殺 줄일 쇄 僭 참람할 참 差 어긋날 차 誅 벨 주 須 잠깐 수 臾 잠깐 유 憚 꺼릴 탄 雍 화할 옹 徹 거둘 철 相 도울 상 辟 임금 벽 穆 심원(深遠)할 목 奚 어찌 해 頌 기릴 송 畢 마칠 필 俎 제기 조

侯也라 穆穆은 深遠之意니 天子之容也라 此는 雍詩之辭니 孔子引之하사 言三家之堂에
非有此事어늘 亦何取於此義而歌之乎아하시니 譏其無知妄作하여 以取僭竊之罪하시니라

三家는 魯나라 大夫인 孟孫·叔孫·季孫의 세 집안이다. '雍'은 《詩經》〈周頌〉의 篇名이다.
'徹'은 제사가 끝나 俎(희생을 담는 祭器)를 거두는 것이다. 天子의 宗廟 제사에는 〈雍〉시를 노래
하면서 제기를 거두는데, 이때 三家에서 참람하게 이를 사용하였다. '相'은 도움이요 '辟公'은
諸侯이다. ''穆穆'은 深遠한 뜻이니, 天子의 〈온화하고 엄숙한〉 容貌이다. 이것은 〈雍〉詩의 가
사인데, 孔子께서 인용하여 "三家의 사당에는 이러한 일이 있지 않은데, 또한 어찌 이 뜻을 취
하여 노래하는가."라고 말씀하신 것이다. 이는 무지해서 망령되이 행동하여 참람히 盜用하는 죄
를 취함을 기롱(비판)하신 것이다.

⊙ 程子曰 周公之功이 固大矣나 皆臣子之分所當爲니 魯安得獨用天子禮樂哉아
成王之賜와 伯禽之受 皆非也[6]라 其因襲之弊가 遂使季氏僭八佾하고 三家僭雍徹이라
故로 仲尼譏之하시니라

⊙ 程子(伊川)가 말씀하였다. "周公의 功이 진실로 크지만 모두 신하의 직분상 마땅히 해야
할 바이니, 魯나라만이 어찌 홀로 天子의 禮樂을 쓸 수 있겠는가. 成王이 〈天子의 禮樂을 魯나
라에〉 준 것과 〈周公의 아들인〉 伯禽이 이것을 받은 것은 모두 잘못이다. 그 因襲의 폐단이 마
침내 季氏로 하여금 八佾舞를 참람하게 사용하고, 三家로 하여금 〈雍〉詩를 노래하면서 제기를
거두게 하였다. 그러므로 仲尼께서 기롱하신 것이다."

3. 子曰 人而不仁이면 如禮何[7]며 人而不仁이면 如樂何리오

孔子께서 말씀하셨다. "사람으로서 仁하지 못하면 禮를 어떻게 하며, 사람으로서 仁
하지 못하면 樂을 어떻게 할 수 있겠는가."

---

6 成王之賜……皆非也 : 伯禽은 周公의 아들이다. 成王은 叔父인 周公이 국가에 큰 공로가 있다 하여 伯
禽을 魯나라에 봉할 적에 天子의 禮樂으로 周公을 제사할 수 있는 특권을 주었는바, 이 내용은 《禮記》
의 〈明堂位〉와 〈祭統〉에 보인다.

7 如禮何 : 官本諺解의 吐는 '如禮에 何며'로 되어 있다. 그러나 이 글은 '如何爲禮(어떻게 禮를 하겠는
가)'의 도치로 보이기 때문에 官吐를 따르지 않았다. 이와 같은 文型은 아래 〈述而〉 22장의 "桓魋其如
予何"에도 보인다.

••• 譏 나무랄 기 妄 망령될 망 竊 훔칠 절 襲 인습할 습

游氏曰 人而不仁이면 則人心亡矣니 其如禮樂何哉리오 言雖欲用之나 而禮樂이 不
爲之用也라

游氏(游酢)가 말하였다. "사람으로서 仁하지 못하면 사람의 마음(本心)이 없어진 것이니, 그 禮樂을 어떻게 하겠는가. 비록 禮樂을 쓰려고 하더라도 禮樂이 그를 위해 쓰여지지 않음을 말씀하신 것이다."

⊙ 程子曰 仁者는 天下之正理니 失正理면 則無序而不和[8]니라

李氏曰 禮樂은 待人而後行이니 苟非其人이면 則雖玉帛交錯하고 鍾鼓鏗鏘(갱장)이라도 亦將如之何哉리오 然이나 記者序此於八佾雍徹之後하니 疑其爲僭禮樂者發也니라

⊙ 程子(伊川)가 말씀하였다. "仁은 天下의 바른 이치이니, 바른 이치를 잃으면 질서가 없고 和하지 못한다."

李氏(李郁)가 말하였다. "禮樂은 〈훌륭한〉 사람을 기다린(만난) 뒤에 행해지니, 만일 적당한 사람이 아니면 비록 玉과 비단이 서로 오가고 종과 북이 울리더라도 또한 장차 〈禮樂을〉 어떻게 하겠는가. 그러나 기록한 자가 이것을 八佾과 雍徹의 뒤에 차례하였으니, 아마도 禮樂을 참람하게 사용하는 자 때문에 발언하신 듯하다."

4-1. 林放이 問禮之本한대

林放이 禮의 근본을 묻자,

林放은 魯人이니 見世之爲禮者 專事繁文하고 而疑其本之不在是也라 故로 以爲問이라

林放은 魯나라 사람이다. 그는 세상에서 禮를 행하는 자들이 오로지 번거로운 文飾만을 일삼는 것을 보고, 禮의 근본이 여기에 있지 않을 것이라고 의심하였다. 그러므로 물은 것이다.

4-2. 子曰 大哉라 問이여

孔子께서 말씀하셨다. "훌륭하다, 너의 질문이여!

---

8 無序而不和 : 禮는 질서이고 樂은 和이므로, '無序'는 禮가 없음을 이르고 '不和'는 樂이 없음을 이른 것이다.

··· 待 기다릴 대 錯 번갈아 착 鼓 북 고 鏗 금속소리 갱 鏘 울리는소리 장 疑 의심할 의 放 놓을 방 繁 번거로울 번

孔子以時方逐末이어늘 而放獨有志於本이라 故로 大其問이라 蓋得其本이면 則禮之全
體 無不在其中矣니라

孔子는 당시 사람들은 지엽적인 것만을 따르는데 林放만이 유독 근본에 뜻을 두었기 때문에
그 질문을 훌륭하게 여기신 것이다. 그 근본을 얻으면 禮의 전체가 이 가운데에 있지 않음이 없
는 것이다.

4-3. 禮는 與其奢也론 寧儉[9]이요 喪은 與其易(이)也론 寧戚이니라

禮는 사치하기보다는 차라리 검소하여야 하고, 喪은 형식적으로 잘 다스려지기보다는
차라리 슬퍼하여야 한다."

易는 治也라 孟子曰 易其田疇라하니 在喪禮면 則節文習熟而無哀痛慘怛之實者也
라 戚은 則一於哀而文不足耳[10]라 禮貴得中하니 奢易則過於文이요 儉戚則不及而質이니
二者皆未合禮라 然이나 凡物之理는 必先有質而後有文하니 則質乃禮之本也라

'易'는 다스림이다. 《孟子》〈盡心上〉에 "그 밭두둑을 다스린다." 하였으니, 喪禮에 있어서는
節文은 익숙하나 애통하고 서글퍼하는 실제가 없는 것이다. '戚'은 애통함에 전일하고 文이 부
족한 것이다. 禮는 中을 얻음을 귀중하게 여기니, 奢와 易는 文에 지나치고 儉과 戚은 미치지
못해서 質(질박)하니, 이 두 가지는 모두 禮에 합하지 못한다. 그러나 모든 사물의 이치는 반드
시 먼저 質이 있은 뒤에 文이 있으니, 그렇다면 質은 바로 禮의 근본이다.

⊙ 范氏曰 夫祭는 與其敬不足而禮有餘也론 不若禮不足而敬有餘也요 喪은 與其

9　禮……寧儉 : 禮와 喪은 어떻게 구분하는가? 朱子는 《語類》에서 冠·婚과 제사가 모두 禮이다. 그러므
로 冠禮·婚禮·祭禮는 모두 사치하기보다는 차라리 검소하여야 한다고 말할 수 있는 것이요, 오직 喪禮
만은 이렇게 할 수 없다. 그러므로 형식적으로 잘 다스려지기보다는 차라리 슬퍼해야 한다고 말씀한 것이
다.(冠婚祭祀 皆是禮 故皆可謂與其奢也寧儉 惟喪禮獨不可 故言與其易也寧戚) 하여, '禮'는 四禮
중에 冠·婚·祭의 세 가지를 가리키고 '喪'은 喪禮 한 가지를 가리키는 것으로 보았다.

10　戚 則一於哀而文不足耳 : '戚則'을 '戚하면'으로 풀이하는 사람도 있으나, 이 경우 '슬퍼하면 이와 같은 결
과가 온다.'는 뜻이 되어 訓이 아니라 釋義에 해당하게 된다. 여기서는 經文의 '易'자와 '戚'자의 뜻을 풀이
한 것으로, 壺山 역시 여기에 "訓이 끝났다."고 註를 달았다. 이와 같이 글자를 訓하면서 '則'자를 쓰는 경
우는 여러 곳에 보이니, 《中庸章句》序에 "精은 則察夫二者之間而不雜也요 一은 則守其本心之正而
不離也라"고 보이고, 뒤의 〈陽貨〉 16장 《集註》에 "肆는 謂不拘小節이요 蕩은 則踰大閑矣라"고 보이며,
《孟子》〈萬章上〉 2장 《集註》에 "圄圄는 困而未舒之貌요 洋洋은 則稍縱矣라"고 보인다.

••• 逐 쫓을 축 奢 사치할 사 寧 차라리 녕 儉 검소할 검 易 다스릴 이 戚 슬플 척 疇 밭두둑 주 慘 슬플 참
恒 슬플 달 質 질박할 질, 바탕 질 范 성 범

哀不足而禮有餘也론 不若禮不足而哀有餘也니 禮失之奢와 喪失之易는 皆不能反本而隨其末故也라 禮奢而備가 不若儉而不備之愈也요 喪易而文이 不若戚而不文之愈也니 儉者는 物之質이요 戚者는 心之誠이라 故로 爲禮之本이니라

楊氏曰 禮는 始諸飮食이라 故로 汙尊(와준)而抔(부)飮이러니 爲之簠簋籩豆罍(뢰)爵之飾은 所以文之也니 則其本은 儉而已요 喪은 不可以徑情而直行일새 爲之衰(최)麻哭踊之數는 所以節之也니 則其本은 戚而已라 周衰에 世方以文滅質이어늘 而林放이 獨能問禮之本이라 故로 夫子大之而告之以此하시니라

⊙ 范氏(范祖禹)가 말하였다. "제사는 敬이 不足하고 禮가 有餘(충분함)하기보다는 禮가 부족하고 敬이 유여함만 못하며, 喪은 슬픔이 부족하고 禮가 유여하기보다는 禮가 부족하고 슬픔이 유여함만 못하다. 禮가 사치함으로 잘못됨과 喪이 형식적으로 다스려짐에 잘못됨은 모두 근본으로 돌이키지 못하고 그 지엽만을 따르기 때문이다. 禮는 사치하여 잘 갖추어짐이 검소하면서 덜 갖추어짐의 나음만 못하고, 喪은 형식적으로 잘 다스려 문채나는 것이 슬퍼하면서 덜 문채나는 것의 나음만 못하다. 검소함은 사물의 바탕이고 슬퍼함은 마음의 정성이다. 그러므로 禮의 근본이 되는 것이다."

楊氏(楊時)가 말하였다. "禮는 마시고 먹는 데에서 비롯되었다. 그러므로 〈옛날에는〉 웅덩이를 술동이로 삼고 손으로 움켜 마셨는데, 〈후대에〉 簠簋(보궤)·籩豆(변두)·罍爵(뇌작)의 꾸밈을 만든 것은 文飾을 하기 위한 것이었으니, 그렇다면 그 근본은 검소할 뿐이다. 喪은 감정을 그대로 나타내어 곧바로 행할 수 없기 때문에 衰麻(최마)와 곡하고 발구르기의 數를 제정한 것은 이를 절제하기 위한 것이었으니, 그렇다면 그 근본은 슬픔일 뿐이다. 周나라가 쇠약해지자, 세속이 文으로 質을 없앴는데도 林放만은 홀로 禮의 근본을 물었다. 그러므로 夫子께서 그것을 훌륭하게 여기시고 이것으로 말씀하신 것이다."

5. 子曰 夷狄之有君이 不如諸夏之亡(無)也니라

孔子께서 말씀하셨다. "夷狄(오랑캐)의 君主가 있음이, 諸夏(中國의 여러 諸侯國)에 없는 것과는 같지 않다."

吳氏曰 亡는 古無字通用이라
程子曰 夷狄도 且有君長하니 不如諸夏之僭亂하여 反無上下之分也니라

••• 隨 따를 수 備 갖출 비 愈 나을 유 汙 웅덩이 와 尊 술그릇 준 抔 움켜쥘 부 簠 제기이름 보 簋 제기이름 궤
籩 제기변 豆 제기두 罍 술그릇 뢰 爵 술잔 작 飾 꾸밀 식 徑 곧바로 경 衰 상복 최 踊 뛸용 滅 멸할 멸
夷 오랑캐 이 狄 오랑캐 적 夏 클 하 僭 참람할 참 亂 어지러울 란

吳氏(吳棫)가 말하였다. "'亡'는 옛날에 無字와 통용되었다."

程子(伊川)가 말씀하였다. "夷狄에게도 君主가 있으니, 諸夏의 참람하고 어지러워 도리어 上下의 구분이 없는 것과는 같지 않다."

⊙ 尹氏曰 孔子傷時之亂而歎之也시니 無는 非實無也요 雖有之나 不能盡其道爾니라

⊙ 尹氏(尹焞)가 말하였다. "孔子께서 당시의 어지러움을 서글퍼하여 탄식하신 것이다. '없다'는 것은 진실로 없는 것이 아니고, 비록 있더라도 그 도리를 다하지 못할 뿐이다."

6. 季氏旅於泰山이러니 子謂冉有曰 女(汝)弗能救與아 對曰 不能이로소이다 子曰 嗚呼라 曾謂泰山이 不如林放乎아

季氏가 〈大夫로서 諸侯의 禮를 참람하여〉泰山에 旅祭를 지내려고 하였다. 孔子께서 冉有에게 "네가 그것을 바로잡을 수 없느냐?"고 하시자, 冉有가 "불가능합니다." 하고 대답하였다. 孔子께서 "아, 일찍이 泰山의 신령이 〈禮의 근본을 물은〉林放만도 못하다고 생각하느냐." 하셨다.

旅는 祭名이라 泰山은 山名이니 在魯地라 禮에 諸侯祭封內山川하니 季氏祭之는 僭也라 冉有는 孔子弟子니 名求니 時爲季氏宰라 救는 謂救其陷於僭竊之罪라 嗚呼는 歎辭라 言神不享非禮하니 欲季氏知其無益而自止요 又進林放以厲冉有也시니라

'旅'는 제사 이름이다. 泰山은 山 이름이니, 魯나라 땅에 있다. 禮에 諸侯가 封內(국경 안)의 山川에 제시하니, 季氏가 旅祭를 지낸 것은 참람한 짓이다. 冉有는 孔子의 弟子로 이름이 求이니, 이때에 계씨의 家臣이 되었다. '救'는 참람히 盜用하는 죄에 빠짐을 구원함(바로잡음)을 이른다. '嗚呼'는 탄식하는 말이다. 神은 禮가 아닌 것을 흠향하지 않음을 말씀하였으니, 계씨가 〈旅祭를 지내는 것이〉無益함을 알아서 스스로 그만두게 하려고 하셨고, 또 林放을 추켜세워 冉有를 勉勵하신 것이다.

⊙ 范氏曰 冉有從季氏하니 夫子豈不知其不可告也리오 然而聖人이 不輕絶人하여

··· 傷 상심할 상 歎 탄식할 탄 旅 산제지낼 려 冉 성 염 救 바로잡을 구 曾 일찍 증 封 봉할 봉, 국경 봉
     宰 읍재 재, 가신 재 竊 훔칠 절 享 흠향할 향 厲 권면할 려(勵通)

盡己之心하시니 安知冉有之不能救와 季氏之不可諫也[11]리오 旣不能正이면 則美林放
以明泰山之不可誣하시니 是亦敎誨之道也[12]니라

⊙ 范氏(范祖禹)가 말하였다. "冉有는 季氏를 〈바로잡지 못하고 그가 시키는 대로〉 따랐으
니, 夫子께서 어찌 염유가 고할 수 없음을 모르셨겠는가. 그러나 聖人은 가볍게 사람을 끊지 않
아 자기의 마음을 다하시니, 염유가 바로잡을 수 없음과 계씨가 간할 수 없는 人物임을 어찌 알
겠는가(따지셨겠는가). 이미 바로잡을 수 없다면 林放을 찬미하여 泰山의 神을 속일 수 없음을
밝히셨으니, 이 또한 가르치는 방도이다."

7. 子曰 君子無所爭이나 必也射乎인저 揖讓而升하여 下而飮(임)[13]하나니 其
爭也君子니라

孔子께서 말씀하셨다. "君子는 경쟁하는(다투는) 것이 없으나 반드시 활쏘기에서는
경쟁을 한다. 상대방에게 揖하고 사양하며 올라갔다가 〈활을 쏜 뒤에는〉 내려와서 〈진
자에게 술을〉 마시게 하니, 이러한 경쟁이 군자다운 경쟁이다."

揖讓而升者는 大射之禮에 耦進三揖而後에 升堂也라 下而飮은 謂射畢揖降하여 以
俟衆耦皆降하여 勝者乃揖하면 不勝者升하여 取觶立飮(음)也라 言君子恭遜하여 不與
人爭하고 惟於射而後에 有爭이라 然이나 其爭也雍容揖遜이 乃如此하니 則其爭也君子
而非若小人之爭也라

'揖하고 사양하고 올라간다'는 것은 〈大射禮〉에 짝지어 나아가 세 번 읍한 뒤에 堂에 오르는
것이다. '내려와 술을 마신다.'는 것은 활쏘기를 마치면 읍하고 내려와 여러 짝이 다 내려오기를
기다려 이긴 자가 마침내 읍하면 이기지 못한 자가 올라가 술잔을 잡아 서서 마심을 이른다. 君

---

11 安知冉有之不能救 季氏之不可諫也 : '冉有가 季氏를 바로잡을 수 없음과 季氏가 간할 수 없는 인물임
을 어찌 따지겠는가.'라는 뜻으로, 經文의 '네가 그것을 바로잡을 수 없느냐.'는 뜻을 해석한 것이다.

12 是亦敎誨之道也 : 직설적으로 冉有의 잘못을 지적하여 가르치지 않고, 禮의 근본을 물은 林放을 찬미하
여 우회적으로 말씀한 것 또한 가르치는 한 방도임을 말한 것이다.

13 下而飮(임) : 官本諺解와 栗谷諺解에는 모두 '下而飮'의 音을 '하이음'으로 표기하여 '飮'을 去聲으로
읽지 않았다. 다만 관본언해에는 "ᄂ려와 머키ᄂ니"라고 하여 '飮'을 '음'으로 읽었으면서도 '마시게 할 임'
으로 해석한 것으로 보이는데, 율곡언해에는 "下호매 음ᄒᄂ니"라고 하여 '飮'을 '마시다'의 뜻으로 해석
하였다.
이 〈八佾〉편은 옛날의 禮를 논한 것이 많아 자세한 내용은 알 길이 없다. 朱子 역시 文理와 事理에 입각
해서 해석하였을 뿐임을 알아야 할 것이다.

••• 諫 간할 간 誣 속일 무 誨 가르칠 회 爭 다툴 쟁 射 쏠 사 揖 읍할 읍 升 오를 승 飮 마시게할 임, 마실 음
耦 짝 우 畢 마칠 필 觶 술잔 치 遜 겸손할 손 雍 화할 옹

子는 공손하여 남과 경쟁하지 않지만 오직 활쏘기에는 경쟁이 있다. 그러나 그 경쟁이 온화하여 읍하고 겸손함이 마침내 이와 같으니, 그렇다면 그 경쟁은 君子다운 것이어서 小人의 〈힘으로 다투는〉 경쟁과는 같지 않음을 말씀한 것이다.

8-1. 子夏問曰 巧笑倩(천)兮며 美目盼(변)兮여 素以爲絢(현)兮[14]라하니 何謂也잇고

子夏가 물었다. "'예쁜 웃음에 보조개가 예쁘며 아름다운 눈에 눈동자가 선명함이여! 흰 비단으로 채색을 한다.' 하였으니, 무엇을 말한 것입니까?"

此는 逸詩也[15]라 倩은 好口輔也요 盼은 目黑白分也라 素는 粉地니 畫(화)之質也요 絢은 采色이니 畫之飾也라 言人有此倩盼之美質하고 而又加以華采之飾이니 如有素地而加采色也라 子夏疑其反謂以素爲飾이라 故로 問之하니라

이것은 逸詩이다. '倩'은 口輔(보조개)가 예쁜 것이요, '盼'은 눈동자에 黑白이 분명한 것이다. '素'는 분칠을 하는 자리이니 그림의 바탕이며, '絢'은 채색이니 그림의 꾸밈이다. 사람이 예쁜 보조개와 흑백이 분명한 눈동자의 아름다운 바탕을 가지고 있고, 또 화려한 채색의 꾸밈을 더하는 것이니, 마치 흰 바탕이 있고 채색을 더하는 것과 같음을 말씀한 것이다. 子夏는 도리어 "흰 비단으로 채색을 한다."고 말한 것으로 생각하였으므로 물은 것이다.

8-2. 子曰 繪事後素니라

孔子께서 말씀하셨다. "그림 그리는 일은 흰 비단을 마련하는 것보다 뒤에 하는 것이다."

繪事는 繪畫之事也라 後素는 後於素也라 考工記曰 繪畫之事後素功이라하니 謂先以粉地爲質而後에 施五采하니 猶人有美質然後에 可加文飾이라

---

14 '素以爲絢兮'의 본래 뜻은 흰 비단에다가 채색을 加한다는 내용인데, 子夏는 흰 비단으로 채색을 한다는 것으로 잘못 알고 의문한 것이다.

15 此 逸詩也:散佚된 詩로 곧 《詩經》에 수록되지 않은 詩를 이른다. 다만 '巧笑倩兮'와 '美目盼兮' 두 句는 《詩經》〈衛風 碩人〉에 보이는데, 이 때문에 혹자는 〈碩人〉에 본래 '素以爲絢兮' 한 句가 더 있었는데 孔子에 의해 산삭된 것이라고 주장한다. 그러나 '素以爲絢兮'가 갖는 의미의 중요성을 생각할 때 산삭되었다고 보기 어려우며, 《詩經》에는 같은 語句가 서로 다른 詩에 사용된 경우가 많으므로 이 詩는 散逸된 것으로 보아야 할 것이다.

••• 倩 예쁠 천　盼 아름다운눈 변(반)　素 흰비단 소　絢 문채날 현　逸 빠질 일　輔 광대뼈 보　粉 분바를 분　畫 그림 화　采 채색 채　飾 꾸밀 식　繪 그림 회　畫 그림 화　功 일 공

'繪事'는 그림 그리는 일이다. '後素'는 흰 비단을 마련하는 것보다 뒤에 하는 것이다. 《周禮》〈冬官考工記〉에 '그림 그리는 일은 흰 비단을 마련하는 일보다 뒤에 한다.' 하였으니, 먼저 粉地(흰 비단)로 바탕을 삼은 뒤에 五色의 채색을 칠함을 말한 것이니, 마치 사람이 아름다운 자질이 있은 뒤에야 文飾을 가할 수 있음과 같은 것이다.

8-3. 曰 禮後乎인저 子曰 起予者는 商也로다 始可與言詩已矣[16]로다

〈子夏가〉 "禮가 〈忠信보다〉 뒤이겠군요." 라고 말하자, 孔子께서 말씀하셨다. "나를 興起시키는 자는 商(子夏)이로구나! 비로소 함께 詩를 말할 만하다."

禮는 必以忠信爲質[17]이니 猶繪事必以粉素爲先이라 起는 猶發也니 起予는 言能起發我之志意라
謝氏曰 子貢은 因論學而知詩[18]하고 子夏는 因論詩而知學이라 故로 皆可與言詩니라

禮는 반드시 忠信을 바탕으로 삼으니, 이는 그림 그리는 일에 반드시 흰 비단을 우선으로 삼는 것과 같다. '起'는 發(奮發, 感發)과 같으니, '起予'는 능히 나의 志意를 감발시킴을 이른다.
謝氏(謝良佐)가 말하였다. "앞의 〈學而〉에서 子貢은 학문을 논함으로 인하여 詩를 알았고, 〈여기에서〉 子夏는 詩를 논함으로 인하여 학문을 알았다. 그러므로 모두 함께 詩를 말할 만한 것이다."

⊙ 楊氏曰 甘受和하고 白受采하고 忠信之人이라야 可以學禮라 苟無其質이면 禮不虛行이니 此繪事後素之說也라 孔子曰 繪事後素라하신대 而子夏曰 禮後乎인저하니 可謂

---

16 禮後乎……始可與言詩已矣 : 楊伯峻은 '起予者'의 '起'의 의미를 설명하면서 孫楷第의 "무릇 사람이 병으로 고생하다가 낫는 것을 起라 하고, 뜻이 막혀서 폐쇄되어 있다가 통달하게 되는 것도 역시 起라 한다."는 말을 인용하였다.
한편 栗谷諺解에는 '禮] 後乎] 잇가 子曰 起予者는 商也] 라'로 懸吐하였다.

17 禮 必以忠信爲質 : 여기에서의 禮는 형식적인 禮를 의미한다. 忠信이 禮의 바탕이자 근본이 된다는 것은 《禮記》〈禮器〉에 "先王이 禮를 세우신 것은 本이 있고 文이 있으니, 忠信은 禮의 本이고 義理는 禮의 文이다. 本이 없으면 禮가 세워지지 않고 文이 없으면 禮가 행해지지 않는다.〔先王之立禮也 有本有文 忠信禮之本也 義理禮之文也 無本不立 無文不行〕"라고 보인다.

18 子貢 因論學而知詩 : 앞의 〈學而〉 15장에 子貢이 "가난하면서 아첨하지 않고 부유하면서 교만하지 않으면 어떻습니까?〔貧而無諂 富而無驕 何如〕" 하고 물은 것이 바로 '論學'이며, 그 뒤에 《詩經》의 '如切如磋 如琢如磨'를 들었으므로 '知詩'라고 말한 것이다.

••• 起 일으킬 기 商 헤아릴 상 施 베풀 시 采 채색 채 飾 꾸밀 식 發 일어날 발 和 조미 화, 섞을 화 虛 빌 허

能繼其志矣로다 非得之言意之表[19]者면 能之乎아 商, 賜可與言詩者는 以此라 若夫
玩心於章句之末이면 則其爲詩也固而已矣[20]니라 所謂起予는 則亦相長之義[21]也니라

⊙ 楊氏(楊時)가 말하였다. "단맛은 調味를 받아들이고 흰 것은 채색을 받아들이며, 忠信한 사
람이라야 禮를 배울 수 있다. 만일 그 바탕이 없다면 禮가 헛되이 행해지지 않으니, 이것이 '그림
그리는 일은 흰 비단을 마련하는 것보다 뒤에 한다'는 말씀이다. 孔子께서 '그림 그리는 일은 흰
비단을 마련하는 것보다 뒤에 한다.'고 말씀하시자, 子夏가 '禮가 뒤이겠군요.'라고 말하였으니,
그 뜻을 잘 계승하였다고 말할 만하다. 이것은 말씀한 뜻의 밖에서 터득한 자가 아니면 가능하겠
는가. 商(子夏)과 賜(子貢)가 함께 詩를 말할 만했던 것은 이 때문이다. 만약 章句의 지엽적인
것에만 마음을 몰두한다면 그 詩를 해석함이 고루할 뿐이다. 이른바 '起予'라는 것은 또한 〈스승
과 弟子가 서로 學問이 진전된다는〉 敎學相長의 뜻이다."

9. 子曰 夏禮를 吾能言之나 杞不足徵也[22]며 殷禮를 吾能言之나 宋不足徵也는 文獻이 不足故也니 足則吾能徵之矣로리라

孔子께서 말씀하셨다. "夏나라의 禮를 내가 말할 수 있으나 〈그 후손의 나라인〉 杞나
라에서 충분히 증명하지 못하며, 殷나라의 禮를 내가 말할 수 있으나 〈그 후손의 나라
인〉 宋나라에서 충분히 증명하지 못함은 文獻이 부족하기 때문이다. 〈文獻이〉 충분
하다면 내가 〈내 말을〉 증명할 수 있을 것이다."

---

19 得之言意之表 : '言意之表'는 '말씀한 뜻의 밖'이라는 의미로, '得之言意之表'는 말씀한 뜻 안에서 찾지
않고, 그 뜻을 더욱 확대하고 유추하여 앎을 말한 것이다.

20 若夫玩心於章句之末 則其爲詩也固而已矣 : '玩心'은 專心致志와 같은 뜻이며, '章句之末'은 詩의 本
義가 아닌 章句의 해석으로, 지엽적인 章句의 해석에 마음을 둔다면 詩를 해설함이 고루할 뿐임을 말한
것이다. '爲詩'는 詩를 배우거나 해설하는 것으로, 《孟子》〈告子下〉 3章에 "고루하다, 고수의 시를 설명함
이여.[固哉 高叟之爲詩也]"라고 보인다.

21 相長之義 : '相長'은 《禮記》〈學記〉의 '敎學相長'을 인용한 것으로, 가르치는 스승과 배우는 제자가 서로
도움을 주어 함께 발전함을 이른다.

22 杞不足徵也 : 官本諺解에는 "杞에 足히 徵치 못하며"로 해석한 반면 栗谷諺解에는 "杞를 足히 徵치
못하며"로 해석하였다. 《備旨》에 夏나라 禹王이 처음 만든 禮를 내가 그 뜻을 말하여 講明할 수 있으나
杞나라가 夏나라의 후손인데도 夏나라의 禮를 보존하지 못하여 내 말을 증명하지 못한다.[夏禹所創之
禮 吾能言其意而講明之 然杞爲夏之後 而莫能存夏之禮 不足以證吾言也]라고 부연 설명하였으므로
《備旨》를 따라 위와 같이 해석하였음을 밝혀둔다.
여기의 文獻은 오늘날 말하는 典籍의 의미에 한정되지 않는다. 《集註》는 '文'을 典籍으로, '獻'을 賢者
로 訓하였으니, 여기의 文獻은 典籍과 賢者를 함께 의미하는 것이다.

••• 繼 이을 계 賜 줄 사 玩 익힐 완, 구경할 완 爲 다스릴 위 杞 나라이름 기 徵 징험할 징 獻 문헌 헌, 어질 헌

杞는 夏之後요 宋은 殷之後라 徵은 證也라 文은 典籍也요 獻은 賢也라 言二代之禮를 我能言之나 而二國에 不足取以爲證은 以其文獻不足故也라 文獻이 若足이면 則我能取之하여 以證吾言矣리라

杞는 夏나라의 후손이고, 宋은 殷나라의 후손이다. '徵'은 증명하는 것이다. '文'은 典籍이고, '獻'은 어진 사람이다. 두 王朝의 禮를 내가 말할 수 있으나 두 나라에서 취하여 증거로 삼을 수 없으니, 이는 文獻이 부족하기 때문이다. 문헌이 만일 충분하다면 내가 그것을 취하여 내 말을 증명할 수 있다고 말씀하신 것이다.

10. 子曰 禘自旣灌而往者는 吾不欲觀之矣로라

孔子께서 말씀하셨다. "禘제사는 鬱鬯(울창)酒를 따라 降神한 뒤로부터는 내 보고 싶지 않다."

趙伯循曰 禘는 王者之大祭也라 王者旣立始祖之廟하고 又推始祖所自出之帝하여 祀之於始祖之廟하고 而以始祖配之也[23]라하니라

成王以周公有大勳勞라하여 賜魯重祭라 故로 得禘於周公之廟하고 以文王爲所出之帝而周公配之라 然이나 非禮矣라 灌者는 方祭之始에 用鬱鬯(울창)之酒하여 灌地以降神也라 魯之君臣이 當此之時하여는 誠意未散하여 猶有可觀이요 自此以後는 則浸以懈怠而無足觀矣라 蓋魯祭非禮니 孔子本不欲觀이요 至此면 而失禮之中에 又失禮焉이라 故로 發此歎也하시니라

趙伯循(趙匡)이 말하기를 "禘제사는 王者의 큰 제사이다. 王者가 이미 始祖의 廟를 세우고, 또 시조가 부터 나온 바[所自出]의 임금을 미루어 시조의 廟에 제사하고 시조로써 配享한다." 하였다.

成王은 周公이 〈王室에〉 큰 공로가 있다 하여 魯나라에 重祭(융숭한 제사)를 내려주었다. 그러므로 周公의 廟에 禘제사를 지내고 文王을 부터 나온 바의 임금으로 삼아 周公을 配享하였다. 그러나 禮가 아니다. '灌'은 제사하는 초기에 鬱鬯酒를 땅에 부어 神을 降臨하게 하는 것이

---

23 王者旣立始祖之廟……而以始祖配之也 : '始祖'는 그 나라의 國祖를 이르며, '所自出'은 그 분이 어디로부터 나왔는가의 뜻으로 원래의 始祖를 이른다. 그리하여 周나라는 文王을 始祖(國祖)로 后稷을 所自出의 시조로 삼았고, 魯나라는 周公을 시조(國祖)로 文王을 所自出의 시조로 삼았다.

••• 證 증명할증 典 책전 籍 문서적 禘 큰제사체 灌 강신제지낼관 循 따를순 廟 사당묘 祀 제사사
配 짝할배 勳 공훈 勞 공로 鬱 아가위울 鬯 술이름창 降 내릴강 猶 오히려유 浸 점점침 懈 게으를해
怠 게으를태

다. 魯나라의 임금과 신하가 이때를 당해서는 誠意가 아직 흩어지지 않아 그래도 볼 만한 것이 있었고, 이로부터 이후는 점차 게을러져서 볼만한 것이 없었다. 魯나라의 禘제사는 禮가 아니니 孔子께서 본래 보고 싶어 하지 않으셨고, 이때에 이르러서는 失禮한 가운데 또 失禮를 하였기 때문에 이러한 탄식을 하신 것이다.

⊙ 謝氏曰 夫子嘗曰 我欲觀夏道하여 是故之杞而不足證也요 我欲觀商道하여 是故之宋而不足證也라하시고 又曰 我觀周道하니 幽厲傷之라 吾舍魯何適矣리오 魯之郊禘는 非禮也니 周公이 其衰矣라하시니 考之杞, 宋에 已如彼하고 考之當今에 又如此하니 孔子所以深歎也시니라

⊙ 謝氏(謝良佐)가 말하였다. "夫子께서 일찍이 말씀하시기를 '내가 夏나라의 道를 보려고 하여 이 때문에 杞나라에 갔으나 기나라가 증거를 대주지 못하였고, 내가 商나라의 道를 보려고 하여 이 때문에 宋나라에 갔으나 송나라가 증거를 대주지 못하였다.' 하셨으며, 또 말씀하시기를 '내가 周나라의 道를 보니, 幽王과 厲王이 손상시켰다. 내가 魯나라를 버리고 어디로 가겠는가. 〈그러나〉魯나라의 郊祭와 禘祭는 禮가 아니니, 周公의 예법도 쇠하였다.' 하셨다. 杞나라와 宋나라를 살펴봄에 이미 저와 같았고 당시를 살펴봄에 또 이와 같았으니, 孔子께서 이 때문에 깊이 탄식하신 것이다."

11. 或이 問禘之說한대 子曰 不知也로라 知其說者之於天下也에 其如示諸斯乎[24]인저하시고 指其掌하시다

혹자가 禘제사의 내용(이론)을 묻자, 孔子께서 "알지 못하겠다. 그 내용을 아는 자는 天下를 다스림에 있어 여기에다가 올려놓고 보는 것과 같을 것이다." 하시고, 그 손바닥을 가리키셨다.

先王報本追遠之意가 莫深於禘하니 非仁孝誠敬之至면 不足以與此니 非或人之所及也요 而不王不禘之法은 又魯之所當諱者라 故로 以不知答之하시니라 示는 與視同이라 指其掌은 弟子記夫子言此而自指其掌이니 言其明且易也라 蓋知禘之說이면 則理

---

24 其如示諸斯乎 : 官本諺解에 '그 이룰 봄 ᄀ튼뎌(그 이를 보는 것 같다)'로 풀이하였으나, '諸'가 之於의 줄임말임을 근거하여 '그것(천하)을 손바닥에다가 올려놓고 보는 것과 같다〔其如示之於斯乎〕'로 해석한 艮齋(田愚)의 說을 따랐다.

••• 幽 그윽할 유 厲 엄할 려 適 갈 적 郊 교제사 교 示 볼 시, 보일 시 指 가리킬 지 掌 손바닥 장 追 쫓을 추 遠 멀 원 諱 숨길 휘

無不明하고 誠無不格하여 而治天下不難矣리니 聖人於此에 豈眞有所不知也哉시리오

先王이 근본에 보답하고 먼 조상을 추모하는 뜻이 禘제사보다 더 깊은 것이 없다. 仁孝와 誠敬이 지극한 이가 아니면 여기에 참여할 수 없으니 혹자가 미칠 수 있는 바가 아니며, 王者가 아니면 禘제사를 지내지 않는 법은 또 魯나라에서 마땅히 諱하여야 할 일이었으므로 알지 못한다고 대답하신 것이다. '示'는 視와 같다. '그 손바닥을 가리키셨다.'는 것은 弟子가 夫子께서 이를 말씀하시고 스스로 그 손바닥을 가리키심을 기록한 것이니, 분명하고 또 쉬움을 말씀한 것이다. 禘제사의 내용을 알면 이치가 밝지 않음이 없고 정성이 감동시키지 않음이 없어서 天下를 다스림이 어렵지 않을 것이니, 聖人이 이 禘제사에 있어 어찌 참으로 알지 못하시는 바가 있으셨겠는가.

12-1. 祭如在하시며 祭神如神在러시다

先祖를 제사 지내실 적에는 〈先祖가〉 계신 듯이 하셨으며, 外神을 제사지낼 적에는 外神이 계신 듯이 하셨다.

程子曰 祭는 祭先祖也요 祭神은 祭外神也라 祭先은 主於孝하고 祭神은 主於敬이니라
愚謂 此는 門人이 記孔子祭祀之誠意니라

程子(伊川)가 말씀하였다. "'祭'는 先祖에게 제사함이요, '祭神'은 外神(先祖 이외의 神)에게 제사함이다. 先祖를 제사함은 孝를 위주로 하고, 外神을 제사함은 敬을 위주로 한다."
내가 생각하건대 이는 門人들이 孔子께서 제사지낼 때의 정성스러운 뜻을 기록한 것이다.

12-2. 子曰 吾不與(예)祭면 如不祭니라

孔子께서 말씀하셨다. "내가 제사에 참예하지 못하면 제사를 지내지 않은 것과 같다."

又記孔子之言以明之라 言己當祭之時하여 或有故不得與하여 而使他人攝之면 則不得致其如在之誠이라 故로 雖已祭나 而此心缺然하여 如未嘗祭也라

다시 孔子의 말씀을 기록하여 밝혔다. 자신이 제사지낼 때를 당하여 혹 연고가 있어서 참예하지 못하시고 다른 사람으로 대신하게 하면 선조가 계신 듯이 하는 정성을 다할 수 없었다. 그러므로 비록 이미 제사를 지냈으나 이 마음이 缺然(서운)하여 일찍이 제사지내지 않은 것과 같다

··· 格 감동할 격, 이를 격 祭 제사 제 與 참여할 예 攝 대신할 섭 致 다할 치 缺 모자랄 결 嘗 일찍이 상

고 말씀하신 것이다.

⊙ 范氏曰 君子之祭에 七日戒하고 三日齊하여 必見所祭者[25]는 誠之至也라 是故로 郊則天神格하고 廟則人鬼享하니 皆由己以致之也라 有其誠則有其神이요 無其誠則無其神이니 可不謹乎아 吾不與祭면 如不祭는 誠爲實이요 禮爲虛也니라

⊙ 范氏(范祖禹)가 말하였다. "君子가 제사함에 7일 동안 경계하고 3일 동안 재계하여 반드시 제사지내는 대상을 보게 되는 것은 정성이 지극하기 때문이다. 그러므로 郊祭를 지내면 天神이 이르고 廟에서 제사지내면 사람의 귀신이 흠향하는 것이니, 이는 모두 자기로 말미암아 이루어지는 것이다. 그 정성이 있으면 그 神이 있고 그 정성이 없으면 그 神이 없는 것이니, 삼가지 않을 수 있겠는가. '내가 제사에 참예하지 않으면 제사지내지 않은 것과 같은 것'은, 정성이 실제가 되고 禮가 형식이 되기 때문이다."

13-1. 王孫賈問曰 與其媚於奧론 寧媚於竈(조)라하니 何謂也잇고

王孫賈가 물었다. "아랫목 神에게 잘 보이기보다는 차라리 부엌 神에게 잘 보이라 하니, 무슨 말입니까?"

王孫賈는 衛大夫라 媚는 親順也라 室西南隅爲奧라 竈者는 五祀之一이니 夏所祭也[26]라 凡祭五祀에 皆先設主而祭於其所하고 然後迎尸而祭於奧하니 略如祭宗廟之儀라 如祀竈면 則設主於竈陘(형)하고 祭畢而更設饌於奧하여 以迎尸也라 故로 時俗之語에 因以奧有常尊이나 而非祭之主요 竈雖卑賤이나 而當時用事라하여 喩自結於君이 不如阿附權臣也라 賈는 衛之權臣이라 故로 以此諷孔子하니라

王孫賈는 衛나라 大夫이다. '媚'는 친하고 순종하는 것이다. 방의 서남쪽 모퉁이를 '奧'라 한다. '竈'는 다섯 제사[五祀]의 하나로서 여름에 제사하는 곳이다. 무릇 五祀에 제사지낼 때에는 모두 먼저 神主를 설치하여 그(해당되는) 곳에 제사하고 그런 뒤에 尸童을 맞이하여 奧에서 제

---

25 君子之祭……必見所祭者 : 所祭는 제사하는 대상(先祖)을 이른다.

26 竈者……夏所祭也 : 五祀는 집의 다섯 神에 제사하는 것으로, 《禮記》〈月令〉에 孟春에는 작은 문[戶]에, 孟夏에는 부엌[竈]에, 中央인 季夏에는 中霤(류)에, 孟秋에는 큰 문[門]에, 孟冬에는 길[行]에 제사한다고 하였다. 中霤는 방 안의 들보가 있는 위쪽으로, 成造의 神인 집안 神을 이른다.

••• 戒 경계할 계 齊 재계할 재 郊 교제사 교 格 감동할 격, 이를 격 享 흠향할 향 謹 삼갈 근 虛 빌 허 賈 성 가 媚 아첨할 미 奧 아랫목 오 寧 차라리 녕 竈 부엌 조 隅 모퉁이 우 尸 시동 시 儀 예식(禮式) 의 陘 부뚜막 형 更 다시 갱 饌 음식 찬 喩 비유할 유 阿 아첨할 아 諷 빗대어말할 풍

사하는데, 대략 宗廟의 제사 의식과 같다. 예컨대 竈에 제사지낼 경우에는 神主를 부엌 뜰에 설치하고, 제사가 끝나면 다시 奧에 제수를 진설하여 尸童을 맞이한다. 그러므로 당시 세속의 말에 인하여 '奧는 항상 높음이 있으나 제사의 주체가 아니요, 竈는 비록 낮고 천하나 당시에 用事한다' 하여 직접 임금에게 결탁하는 것이 權臣에게 아부하는 것만 못함을 비유하였다. 王孫賈는 衛나라의 權臣이었다. 그러므로 이 말로써 孔子를 諷(넌지시 타이름)한 것이다.

13-2. 子曰 不然하다 獲罪於天이면 無所禱也니라

孔子께서 말씀하셨다. "그렇지 않다. 하늘에 죄를 얻으면 빌 곳이 없다."

天은 卽理也[27]니 其尊無對하여 非奧竈之可比也라 逆理則獲罪於天矣니 豈媚於奧竈하여 所能禱而免乎아 言但當順理니 非特不當媚竈라 亦不可媚於奧也니라

'天'은 곧 理이니, 그 높음이 상대가 없어 아랫목 神과 부엌 神이 비할 수 있는 것이 아니다. 이치를 거스르면 하늘에 죄를 얻게 되니, 어찌 아랫목 神과 부엌 神에게 아첨하여 빌어서 면할 수 있는 것이겠는가. 다만 마땅히 이치를 따라야 하니, 단지 부엌 神에게 아첨하지 않아야 할 뿐만 아니라, 또한 아랫목 神에게도 아첨하지 않아야 함을 말씀한 것이다.

⊙ 謝氏曰 聖人之言이 遜而不迫하시니 使王孫賈而知此意면 不爲無益이요 使其不知라도 亦非所以取禍니라

⊙ 謝氏(謝良佐)가 말하였다. "聖人의 말씀이 공손하고 박절하지 않으니, 가령 王孫賈가 이 뜻을 알았다면 유익함이 없지 않았을 것이요, 가령 그가 알지 못했다 하더라도 孔子 자신이 〈王孫賈의 노여움을 범하여〉 禍를 취하는 것은 아니다."

14. 子曰 周監於二代하니 郁郁乎文哉[28]라 吾從周호리라

孔子께서 말씀하셨다. "周나라는 夏·殷 二代를 보고 가감하였으니, 찬란하게 문채롭

---

27 天 卽理也:天은 理氣合物의 하늘을 의미한 경우도 있고, 天이 天이 되는 所以, 즉 理를 의미한 경우도 있다. 이 장 또한 天을 理로 말하였으니, 天命이나 天道, 天理의 天이 모두 이러한 의미이며, '惟天爲大' 〈泰伯〉19장)나 '天不可階'(〈子張〉25장)의 따위는 天을 理氣合物의 하늘로 말한 것이다.

28 郁郁乎文哉:栗谷諺解에는 '郁郁혼 文인디라'로 되어 있으나, 官本諺解를 따라 위와 같이 해석하였다.

··· 獲 얻을 획 禱 빌 도 對 상대 대 逆 거스를 역 免 면할 면 特 다만 특 遜 공손할 손 迫 절박할 박 監 볼 감 郁 빛날 욱

다. 나는 周나라를 따르겠다."

監은 視也요 二代는 夏, 商也니 言其視二代之禮而損益之라 郁郁은 文盛貌라

'監'은 봄이요 '二代'는 夏나라와 商(殷)나라이니, 〈周나라는〉二代의 禮를 보아 損益(加減)
하였음을 말씀한 것이다. '郁郁'은 文(문채, 문화)이 성대한 모양이다.

⊙ 尹氏曰 三代之禮가 至周大備하니 夫子美其文而從之시니라

⊙ 尹氏(尹焞)가 말하였다. "三代의 禮가 周나라에 이르러 크게 갖추어지니, 夫子께서 그 文
을 찬미하고 따르신 것이다."

15. 子入大(太)廟하사 每事問하신대 或曰 孰謂鄹(추)人之子를 知禮乎아 入大廟하여 每事問이온여 子聞之하시고 曰 是禮也니라

孔子께서 太廟에 들어가 每事를 물으시니, 혹자가 말하기를 "누가 鄹땅 사람의 아들
(孔子)을 일러 禮를 안다고 하는가. 太廟에 들어가 每事를 묻는구나." 하였다. 孔子
께서 이 말을 들으시고 말씀하시기를 "이것이 바로 禮이다." 하셨다.

大廟는 魯周公廟라 此는 蓋孔子始仕之時에 入而助祭也라 鄹는 魯邑名이니 孔子父
叔梁紇(흘)이 嘗爲其邑大夫하니라 孔子自少로 以知禮聞이라 故로 或人이 因此而譏之
라 孔子言是禮者는 敬謹之至가 乃所以爲禮也라

'大廟'는 魯나라 周公의 사당이니. 이는 아마도 孔子께서 저음 벼슬할 때에 太廟에 들어가 제
사를 도운 것인 듯하다. 鄹는 魯나라 邑의 이름인데, 孔子의 아버지 叔梁紇이 일찍이 이 邑의
大夫(邑宰)가 되었었다. 孔子는 젊어서부터 禮를 잘 안다고 소문났으므로 혹자가 이를 인하여
비아냥거린 것이다. 孔子께서 "이것이 바로 禮이다."라고 말씀하신 것은 공경과 삼감이 지극한
것이 바로 禮를 행하는 것이기 때문이다.

⊙ 尹氏曰 禮者는 敬而已矣니 雖知나 亦問은 謹之至也라 其爲敬이 莫大於此어늘 謂
之不知禮者 豈足以知孔子哉리오

··· 損 덜 손 備 갖출 비 廟 사당 묘 孰 누구 숙 鄹 나라이름 추(鄒同) 仕 벼슬할 사 助 도울 조 魯 나라이름 로
梁 들보 량 紇 묶을 흘 聞 소문날 문 譏 비웃을 기 豈 어찌 기

⊙ 尹氏(尹焞)가 말하였다. "禮는 敬일 뿐이니, 비록 알더라도 또한 묻는 것은 삼감이 지극한 것이다. 그 敬을 함이 이보다 더 큰 것이 없는데, 이를 일러 禮를 알지 못한다고 말한 자가 어찌 孔子를 알 수 있겠는가."

16. 子曰 射不主皮는 爲力不同科니 古之道也니라

孔子께서 말씀하셨다. "활을 쏨에 과녁의 가죽을 뚫는 것을 주장하지 않음은 힘이 동등하지 않기 때문이니, 옛날의 〈활 쏘는〉 道이다."

射不主皮는 鄕射禮文이라 爲力不同科는 孔子解禮之意如此也라 皮는 革也니 布侯而棲革於其中하여 以爲的이니 所謂鵠也라 科는 等也라 古者에 射以觀德[29]하여 但主於中하고 而不主於貫革하니 蓋以人之力이 有强弱하여 不同等也라 記曰 武王이 克商하시고 散軍郊射에 而貫革之射息이라하니 正謂此也라 周衰에 禮廢하고 列國兵爭하여 復尙貫革이라 故로 孔子歎之하시니라

'활을 쏨에 과녁의 가죽을 뚫는 것을 주장하지 않는다.'는 것은 《儀禮》〈鄕射禮〉의 글이다. '힘이 동등하지 않기 때문'이라는 것은 孔子께서 〈鄕射禮〉의 뜻을 해석하기를 이와 같이 하신 것이다. '皮'는 가죽이니 侯(과녁판)를 베로 만들고 그 가운데에 가죽을 붙여서 표적으로 삼은 것이니, 이른바 '鵠(곡)'이라는 것이다. '科'는 등급이다. 옛날에는 활쏘기로써 德을 관찰하여, 다만 적중시키는 것만을 주장하고 가죽을 뚫는 것을 주장하지 않았으니, 이는 사람의 힘이 强弱이 있어 동등하지 않기 때문이다. 《禮記》〈樂記〉에 "武王이 商나라를 이기신 뒤 군대를 해산하고 郊學에서 활쏘기를 익히자 가죽을 뚫는 활쏘기가 종식되었다." 하였으니, 바로 이것을 말한다. 周나라가 쇠퇴하여 禮가 폐지되고 列國이 무력으로 다투어 다시 가죽을 뚫는 것을 숭상하였으므로 孔子께서 한탄하신 것이다.

⊙ 楊氏曰 中은 可以學而能이어니와 力은 不可以强而至니 聖人言古之道는 所以正今之失이시니라

⊙ 楊氏(楊時)가 말하였다. "적중시키는 것은 배워서 능할 수 있으나 힘은 억지로 이르게 할 수 없으니, 聖人께서 옛날의 道를 말씀하신 것은 지금의 잘못을 바로잡으려고 하신 것이다."

---

29 古者 射以觀德:《禮記》〈射義〉에 "활쏘기는 盛德을 관찰하는 것이다.〔射者 所以觀盛德也〕" 하였다.

••• 科 등급 과 革 가죽 혁 侯 과녁 후 棲 깃들일 서 的 표적 적 鵠 정곡 곡 貫 꿰뚫을 관 散 흩을 산 郊 성밖 교 息 그칠 식 廢 폐할 폐

17-1. 子貢이 欲去告(곡)朔之餼(희)羊한대

子貢이 초하룻날〈太廟에〉告하면서 바치는 희생羊을 없애려고 하자,

告朔之禮는 古者에 天子常以季冬에 頒來歲十二月之朔于諸侯어든 諸侯受而藏之
祖廟라가 月朔則以特羊告廟하여 請而行之라 餼는 生牲也라 魯自文公으로 始不視朔이
로되 而有司猶供此羊이라 故로 子貢欲去之하니라

告朔의 禮는 옛날에 天子가 항상 季冬(섣달)에 다음해 열두 달의 月朔(초하루가 표기된 달력)
을 諸侯들에게 반포하면 諸侯들은 이것을 받아서 祖廟에 보관하였다가 매월 초하룻날이 되면 特
羊(한 마리의 羊)을 가지고 祖廟에 告하고 청하여 시행하였다. '餼'는 날고기 희생이다. 魯나라
는 文公 때부터 비로소 視朔(초하루에 군주가 친히 告由하는 것)을 하지 않았으나 有司(담당 관
원)가 아직도 이 羊을 바쳤다. 그러므로 子貢이 이를 없애려고 한 것이다.

17-2. 子曰 賜也아 爾愛其羊가 我愛其禮하노라

孔子께서 말씀하셨다. "賜야! 너는 그 羊을 아까워하느냐? 나는 그 禮를 아까워하노라."

愛는 猶惜也라 子貢이 蓋惜其無實而妄費라 然이나 禮雖廢라도 羊存이면 猶得以識(지)
之[30]而可復焉이어니와 若幷去其羊이면 則此禮遂亡矣니 孔子所以惜之시니라

'愛'는 惜과 같다. 子貢은 그 실상이 없이 함부로 낭비함을 아까워한 것이다. 그러나 禮가 비
록 폐지되었더라도 羊이 남아 있으면 오히려 기억할 수 있어서 복구될 수 있거니와, 만약 그 羊
마저 함께 없애버린다면 이 禮가 마침내 없어질 것이니, 孔子께서 이 때문에 아까워하신 것이다.

⊙ 楊氏曰 告朔은 諸侯所以稟命於君親이니 禮之大者라 魯不視朔矣라 然이나 羊存
이면 則告朔之名이 未泯하여 而其實을 因可擧니 此夫子所以惜之也시니라

⊙ 楊氏(楊時)가 말하였다. "告朔은 諸侯가 임금(천자)과 어버이(조상)에게 명을 稟(여쭈어
허락을 받음)하는 것이니, 禮의 큰 것이다. 이때 魯나라는 君主가 초하루에 친히 告하지 않았으
나 羊이라도 남아 있으면 告朔이란 명칭이 없어지지 않아 그 실상을 이로 인해 거행할 수 있으

---

30 猶得以識之: '識'의 음은 '지'로, 기억한다는 의미이다. '識之'는 '이것이 告朔의 羊임을 기억하다'의 뜻
이다.

••• 告 아뢸 곡 朔 초하루 삭 餼 희생 희 頒 나눌 반 特 하나 특 牲 희생 생 視 살펴볼 시 供 이바지할 공
愛 아낄 애 惜 아낄 석 妄 함부로 망 費 허비할 비 識 기억할 지 復 회복할 복 幷 아우를 병 稟 아뢸 품
泯 없어질 민

니, 이것이 夫子께서 아까워하신 까닭이다."

18. 子曰 事君盡禮를 人以爲諂也로다

孔子께서 말씀하셨다. "임금을 섬김에 禮를 다함을 사람들이 아첨한다고 말하는구나."

黃氏曰 孔子於事君之禮에 非有所加也요 如是而後에 盡爾어늘 時人不能하고 反以爲諂이라 故로 孔子言之하사 以明禮之當然也하시니라

黃氏(黃祖舜)가 말하였다. "孔子께서 임금을 섬기는 禮에 〈특별히〉 더한 바가 있었던 것이 아니요, 이와 같이 한 뒤에야 극진한 것이었다. 그런데 당시 사람들은 능히 하지 못하고 도리어 아첨한다고 말하였다. 그러므로 孔子께서 이를 말씀하여 道理의 당연함을 밝히신 것이다."

⊙ 程子曰 聖人事君盡禮를 當時以爲諂이라하니 若他人言之면 必曰 我事君盡禮어늘 小人以爲諂[31]이로되 而孔子之言이 止於如此하시니 聖人道大德宏을 此亦可見이니라

⊙ 程子(伊川)가 말씀하였다. "聖人께서 임금을 섬김에 禮를 다하심을 당시 사람들이 아첨한다고 말하였으니, 만일 다른 사람이 말하였다면 반드시 '내가 임금을 섬김에 禮를 다함을 小人들이 아첨한다고 말하는구나.'라고 하였을 것이다. 그런데 孔子의 말씀은 〈小人이란 말씀을 하지 않고〉 이와 같음에 그치셨으니, 聖人의 道가 크고 德이 넓음을 여기에서 또한 볼 수 있다."

19. 定公이 問 君使臣하며 臣事君호되 如之何잇고 孔子對曰 君使臣以禮하며 臣事君以忠이니이다

定公이 묻기를 "군주가 신하를 부리며 신하가 군주를 섬기되 어찌 해야 합니까?" 하자, 孔子께서 대답하셨다. "군주는 신하를 부리되 禮로써 하고, 신하는 군주를 섬기되 충성으로써 해야 합니다."

定公은 魯君이니 名宋이라 二者는 皆理之當然이니 各欲自盡而已니라

---

31 我事君盡禮 小人以爲諂 : 이 말에는 '我'자와 '小'자 두 글자만이 첨가되었지만 事君盡禮의 주체가 자신이 되고 그것을 욕하는 사람이 小人이 되어 글의 어감이 전혀 달라진다. 壺山은 "'事君盡禮' 네 글자는 스스로를 지칭한 것이 아닌 듯하다." 하였다.

••• 諂 아첨할 첨 盡 다할 진 反 도리어 반 宏 넓을 굉 對 대답할 대 使 부릴 사 事 섬길 사

定公은 魯나라 임금이니, 이름은 宋이다. 이 두 가지는 모두 道理의 당연함이니, 각각 스스로 다하고자 할 뿐이다.

⊙ 呂氏曰 使臣에 不患其不忠이요 患禮之不至하며 事君에 不患其無禮요 患忠之不足이니라

尹氏曰 君臣은 以義合者也[32]라 故로 君使臣以禮면 則臣事君以忠[33]이니라

⊙ 呂氏(呂大臨)가 말하였다. "〈군주가〉 신하를 부릴 적에는 〈신하가〉 충성하지 않음을 걱정하지 말고 〈자신의〉 禮가 지극하지 못함을 걱정해야 하며, 〈신하가〉 군주를 섬길 적에는 〈군주가〉 禮가 없음을 걱정하지 말고 〈자신의〉 충성이 부족함을 걱정해야 한다."

尹氏(尹焞)가 말하였다. "군주와 신하는 義로써 결합된 것이므로, 군주가 신하를 부리기를 禮로써 하면 신하가 군주를 섬기기를 충성으로써 하는 것이다."

20. 子曰 關雎는 樂而不淫하고 哀而不傷[34]이니라

孔子께서 말씀하셨다. "《詩經》〈關雎〉는 즐거워하되 지나치지 않고, 슬퍼하되 和를 해치지 않는다."

關雎는 周南國風이니 詩之首篇也라 淫者는 樂之過而失其正者也요 傷者는 哀之過而害於和者也라 關雎之詩는 言后妃之德이 宜配君子[35]하니 求之未得이면 則不能無

---

32 君臣 以義合者也 : 君臣 간은 원래 혈연이 있는 친족이 아니고 남남끼리 만나 맺어졌으므로 '義로써 결합된 것'이라고 말한 것이다. 五倫 가운데 父子 간과 長幼(兄弟) 간은 혈연관계여서 끊으려고 해도 끊을 수 없고, 君臣 간과 朋友 간은 완전히 남남 사이이며, 夫婦 간은 서로 함께 살 때에는 혈연관계이고 헤어지면 역시 남남 사이여서 중간에 있다 할 것이다.

33 尹氏曰……則臣事君以忠 :《集註》는 "二者 皆理之當然 各欲自盡而已"라 하여 원문의 '君使臣以禮'와 '臣事君以忠'을 대등한 병렬 구조로 설명하였는데, 尹氏는 '君使臣以禮'를 '臣事君以忠'의 先在 조건으로 보아 '則'자를 놓았다. '君使臣以禮'와 '臣事君以忠'은 일반적인 의미에서는 병렬 구조로 보아야 하므로《集註》의 설명이 正意라 할 수 있지만, 이 말씀은 定公을 위한 것이므로 定公의 입장에서 본다면 尹氏의 해석 또한 의미가 있을 것이다.

34 樂而不淫 哀而不傷 : 栗谷諺解에는 '樂고 淫티 아니하며'로 되어 있으나 官本諺解를 따라 위와 같이 해석하였다.

35 后妃之德 宜配君子 : '后妃'는 太姒이고 '君子'는 文王이다.

••• 患 근심 환 至 지극할 지 關 빗장 관 雎 물수리 저 樂 즐길 락 淫 지나칠 음 傷 해칠 상 后 임금 후 妃 왕비 비 配 짝 배

寤寐反側之憂요 求而得之면 則宜其有琴瑟[36]鍾鼓之樂이니 蓋其憂雖深이나 而不害 於和하고 其樂雖盛이나 而不失其正이라 故로 夫子稱之如此하시니 欲學者玩其辭하고 審其音하여 而有以識其性情之正也시니라

〈關雎〉는 〈國風 周南〉이니, 《詩經》의 첫 번째 편이다. '淫'은 즐거움이 지나쳐 그 바름을 잃는 것이요, '傷'은 슬픔이 지나쳐 和를 해치는 것이다. 〈關雎〉의 詩는 后妃의 德이 마땅히 君子에 짝할 만하니, 구하여 얻지 못하면 자나 깨나 생각하며 몸을 뒤척거리는 근심이 없을 수 없고, 구하여 얻으면 마땅히 琴瑟과 鍾鼓의 악기로 즐거워함이 있어야 한다고 말하였다. 그리하여 그 근심이 비록 깊으나 和를 해치지 않고, 그 즐거움이 비록 성대하나 그 바름을 잃지 않았다. 그러므로 夫子께서 칭찬하시기를 이와 같이 하셨으니, 배우는 자들이 그 말(글)을 음미해 보고 그 音을 살펴서 性情의 바름을 알 수 있게 하고자 하신 것이다.

21-1. 哀公이 問社於宰我한대 宰我對曰 夏后氏는 以松이요 殷人은 以柏 이요 周人은 以栗이니 曰 使民戰栗(慄)이니이다

哀公이 宰我에게 社에 대하여 물으니, 宰我가 대답하기를 "夏后氏는 소나무를 〈심어 社의 神主로〉 사용하였고, 殷나라 사람들은 잣나무를 사용하였고, 周나라 사람들은 밤나무를 사용하였으니, 〈밤나무를 사용한 이유는〉 백성들로 하여금 戰慄하게 하려고 해서였습니다." 하였다.

宰我는 孔子弟子니 名予라 三代之社不同者는 古者立社에 各樹其土之所宜木하여 以爲主也라 戰栗은 恐懼貌라 宰我又言周所以用栗之意如此하니 豈以[37]古者戮人於 社라 故로 附會其說與아

宰我는 孔子의 弟子이니, 이름은 予이다. 三代의 社가 똑같지 않은 것은 옛날 社를 세울 적에 각각 그 토질에 적당한 나무를 심어 社의 神主로 삼은 것이다. '戰慄'은 두려워하는 모양이다. 宰我는 또 周나라가 밤나무를 사용한 이유의 뜻이 이와 같다고 말하였으니, 아마도 옛날 社에서

---

36 琴瑟:《千字文》과 玉篇에 琴은 거문고로, 瑟은 비파로 訓하였다. 그러나 이는 본래의 뜻이 아니라 한다. 그리하여 번역문에서는 琴 또는 瑟로 직접 표기하였으나 字訓에서는 어쩔 수 없이 '거문고'와 '비파'로 표기하였다.

37 豈以:'豈'는 어쩌면 또는 아마도의 뜻이다. 또한 豈不의 줄임말로 보아 '어찌……한 것이 아니겠는가.'라고 해석한다.

··· 寤 잠깰 오 寐 잠잘 매 反 뒤척일 반 側 곁 측 玩 익힐 완, 구경할 완 審 살필 심 琴 거문고 금 瑟 비파 슬 鍾 쇠북 종 鼓 북 고 社 토지신 사 宰 재상 재 柏 측백나무 백 栗 두려울 률, 밤나무 률 戰 두려울 전 樹 심을 수 宜 마땅할 의 恐 두려워할 공 懼 두려워할 구 戮 죽일 륙 附 붙일 부

사람을 죽였기 때문에 그 말을 附會한 것일 것이다.

21-2. 子聞之하시고 曰 成事라 不說[38]하며 遂事라 不諫하며 旣往이라 不咎로라

孔子께서 이를 들으시고 말씀하셨다. "내 이루어진(끝난) 일이라 말하지 않으며, 다 된 일이라 간하지 않으며, 이미 지나간 일이라 탓하지 않는다."

遂事는 謂事雖未成이나 而勢不能已者라 孔子以宰我所對 非立社之本意요 又啓時 君殺伐之心이나 而其言已出하여 不可復救라 故로 歷言此以深責之하시니 欲使謹其後 也[39]시니라

'遂事'는 일이 비록 이루어지지는 않았으나 형세가 그만둘 수 없는 것이다. 孔子는 宰我가 대답한 것이 社를 세운 본뜻이 아니요, 또 당시 임금의 殺伐한 마음을 열어 주었으나 그 말이 이미 입에서 나와 다시 바로잡을 수 없으므로 이것을 차례로 말씀하여 깊이 꾸짖으셨으니, 그로 하여금 그 뒤를 삼가게 하고자 하신 것이다.

⊙ 尹氏曰 古者에 各以所宜木名其社하니 非取義於木也어늘 宰我不知而妄對라 故로 夫子責之하시니라

⊙ 尹氏(尹焞)가 말하였다. "옛날에는 각각 토질에 적당한 나무로써 그 社를 이름하였고, 나무에서 뜻을 취한 것이 아니었다. 宰我가 이것을 알지 못하고 함부로 대답하였다. 이 때문에 夫子께서 꾸짖으신 것이다."

22-1. 子曰 管仲之器 小哉라

孔子께서 말씀하셨다. "管仲의 器局이 작구나."

---

38 成事 不說 : 栗谷諺解에는 '成事ᄂᆞᆫ 說티 몯ᄒᆞ며'로 되어 있고 官本諺解에는 '成ᄒᆞᆫ 일이라 說티 몯ᄒᆞ며'로 되어 있는바, 《集註》에 '不可復救 故歷言此'라 하였으므로 官本諺解를 따라 위와 같이 해석하였다. 다만 두 언해에는 《集註》의 '不可'를 반영하여 세 '不'자를 '못하다'로 풀이하였으나, '不可說, 不可諫, 不可咎'로 풀이 하는 것은 지나치다고 생각되어 '않다'로 번역하였다.

39 欲使謹其後也 : '宰我가 이후에는 말을 조심하게 하려고 하신 것이다.'라는 뜻이다.

··· 遂 이룰 수 諫 간할 간 咎 탓할 구 勢 형세 세 已 그칠 이 啓 열 계 殺 죽일 살 救 바로잡을 구 謹 삼갈 근 名 이름할 명 義 뜻 의 管 대롱 관 器 그릇 기

管仲은 齊大夫로 名夷吾니 相桓公하여 霸諸侯하니라 器小는 言其不知聖賢大學之道라 故로 局量褊淺하고 規模卑狹하여 不能正身修德以致主於王道라

管仲은 齊나라 大夫로 이름은 夷吾이니, 桓公을 도와 諸侯의 霸者가 되게 하였다. '器局이 작다는 것'은 聖賢의 大學의 道를 알지 못했기 때문에 국량이 좁고 얕으며 규모가 낮고 협소하여 몸을 바루고 덕을 닦아 君主를 王道에 이르게 하지 못함을 말씀한 것이다.

22-2. 或曰 管仲은 儉乎잇가 曰 管氏有三歸하며 官事를 不攝하니 焉得儉이리오

혹자가 "管仲은 검소했습니까?" 하고 묻자, 孔子께서 말씀하셨다. "管氏는 三歸를 두었으며 家臣의 일을 겸직시키지 않았으니, 어찌 검소하다고 할 수 있겠는가."

或人은 蓋疑器小之爲儉이라 三歸는 臺名이니 事見(현)說苑[40]하니라 攝은 兼也니 家臣은 不能具官하고 一人常兼數事어늘 管仲不然하니 皆言其侈라

혹자는 器局이 작은 것이 검소함이 되는가 하고 의심한 것이다. '三歸'는 臺의 이름이니, 이에 대한 일이 《說苑》에 보인다. '攝'은 겸하는 것이니, 〈卿大夫의〉 家臣은 官屬을 다 갖출 수 없어서 한 사람이 항상 몇 가지 일을 겸하는데, 管仲은 그렇지 않았으니, 모두 그 사치함을 말씀한 것이다.

22-3. 然則管仲은 知禮乎잇가 曰 邦君이야 樹塞(색)門이어늘 管氏亦樹塞門하며 邦君이야 爲兩君之好에 有反坫이어늘 管氏亦有反坫하니 管氏而知禮면 孰不知禮리오

---

40 三歸……事見說苑:《說苑》은 前漢 말기 劉向이 지은 책이다. '三歸'를 包咸은 "三歸는 세 姓氏의 여자에게 장가든 것이니, 부인이 시집가는 것을 일러 歸라 한다.〔三歸 娶三姓女 婦人謂嫁曰歸〕" 하였고, 《晏子春秋》〈內雜下〉에는 "옛날에 先君인 桓公이 管仲의 공로를 치하하여 그가 늙자 三歸를 賞으로 주어서 은택이 자손에 미치게 했다.〔昔先君桓公 有管仲恤勞齊國 身老 賞之以三歸 澤及子孫〕" 하여 三歸를 지명으로 보았는데, 朱子는 이 두 說을 모두 취하지 않고 《說苑》을 따라 '三歸'를 臺의 이름으로 보았다. 《說苑》에는 "築三歸之臺 以自傷於民"이라고 보인다. 한편 楊伯峻은 《管子》〈山至數〉편의 '民之三有歸於上矣'를 인용하여, 三歸는 市場의 租稅로 원래 公家의 收入인데, 이것을 管仲에게 賞으로 준 것이라고 하였는바, 이는 淸나라 郭嵩燾의 설을 따른 것이다.

••• 夷 오랑캐 이 相 도울 상 桓 군셀 환 霸 으뜸 패 褊 좁을 편 淺 얕을 천 狹 좁을 협 儉 검소할 검 攝 겸할 섭 苑 나라동산 원 具 갖출 구 侈 사치할 치 樹 병풍 수 塞 막을 색 反 돌이킬 반 坫 잔대 점

"그러면 管仲은 禮를 알았습니까?" 하고 묻자, 孔子께서 말씀하셨다. "나라의 임금이어야 병풍으로 문을 가리는데 管氏도 병풍(나무판자)으로 문을 가렸으며, 나라의 임금이어야 두 임금이 友好로 만날 적에 술잔을 되돌려 놓는 자리를 두는데 管氏도 술잔을 되돌려 놓는 자리를 두었으니, 管氏가 禮를 안다면 누가 禮를 알지 못하겠는가."

或人은 又疑不儉爲知禮라 屛을 謂之樹요 塞은 猶蔽也니 設屛於門하여 以蔽內外也라 好는 謂好會요 坫은 在兩楹之間하니 獻酬飮畢이면 則反爵於其上이라 此皆諸侯之禮어늘 而管仲僭之하니 不知禮也라

혹자는 또 검소하지 않은 것이 禮를 아는 것인가 하고 의심한 것이다. 병풍을 '樹'라 하고 '塞'은 蔽(가림)와 같으니, 병풍을 문에 설치하여 안과 밖을 가리는 것이다. '好'는 友好적인 회맹을 이르고 '坫'은 두 기둥 사이에 있으니, 술잔을 주고받아 마시기를 마치면 술잔을 그 위에 되돌려 놓는 것이다. 이는 모두 諸侯의 禮인데 管仲이 참람하게 썼으니, 禮를 알지 못한 것이다.

⊙ 愚謂孔子譏管仲之器小하시니 其旨深矣라 或人이 不知而疑其僭이라 故로 斥其奢하여 以明其非儉하시고 或又疑其知禮라 故로 又斥其僭하여 以明其不知禮하시니 蓋雖不復明言小器之所以然이나 而其所以小者를 於此에 亦可見矣라 故로 程子曰 奢而犯禮하니 其器之小를 可知라 蓋器大면 則自知禮而無此失矣라하시니 此言을 當深味也니라

蘇氏曰 自修身正家로 以及於國이면 則其本深하고 其及者遠이니 是謂大器라 揚雄所謂大器는 猶規矩準繩하여 先自治而後治人者 是也라 管仲은 三歸反坫하고 桓公은 內嬖六人[41]하여 而霸天下하니 其本이 固已淺矣라 管仲死하고 桓公薨에 天下不復宗齊하니라

楊氏曰 夫子大管仲之功而小其器하시니 蓋非王佐之才면 雖能合諸侯 正天下라도 其器를 不足稱也라 道學不明하여 而王霸之略을 混爲一途라 故로 聞管仲之器小면 則疑其爲儉하고 以不儉告之면 則又疑其知禮하니 蓋世方以詭遇爲功하여 而不知爲之範[42]하니 則不悟其小宜矣로다

---

41 內嬖六人:《春秋左傳》僖公 17년에 "齊侯의 夫人이 셋이었는데, 王姬, 徐嬴, 蔡姬는 모두 아들이 없었다. 齊侯는 女色을 좋아하여 총애하는 여자가 많아, 부인처럼 총애하는 여자가 6명이었다. 長衛姬는 武孟을 낳고 少衛姬는 惠公을 낳고 鄭姬는 孝公을 낳고 葛嬴는 昭公을 낳고 密姬는 懿公을 낳고 宋華子는 公子 雍을 낳았다." 하였다.

42 蓋世方以詭遇爲功 而不知爲之範:'詭遇'는 사냥할 때에 말(수레)을 法式대로 몰지 아니하여 짐승을 만나게 해서 잡는 것으로, 부정한 방법으로 성공함을 비유하며, '爲之範'은 爲之範我馳驅의 줄임말로 말

··· 屛 병풍 병 蔽 가릴 폐 楹 기둥 영 獻 드릴 헌 酬 잔돌릴 수, 술권할 수 爵 술잔 작 譏 나무랄 기 旨 뜻 지
斥 가리킬 척, 배척할 척 規 그림쇠 규 矩 곡척(曲尺) 구 準 수준기 준 繩 먹줄 승 嬖 사랑할 폐 薨 죽을 훙
宗 높일 종 略 계략 략, 길 략, 지경 략 混 섞을 혼 詭 속일 궤 範 법 범 悟 깨달을 오

⊙ 내가 생각하건대, 孔子께서 管仲의 器局이 작다고 비판하셨으니 그 뜻이 깊다. 그런데 혹자는 이를 알지 못하고 그가 검소하다고 의심하였기 때문에 〈孔子께서〉 그의 사치함을 지적하여 검소하지 않음을 밝히셨으며, 혹자는 또 그가 禮를 알았다고 의심하였기 때문에 〈孔子께서〉 그의 참람함을 지적하여 그가 禮를 알지 못함을 밝히신 것이다. 이는 비록 器局이 작은 所以然(까닭)을 다시 분명하게 말씀하지는 않았으나 그 작은 까닭을 여기에서 또한 볼 수 있다. 그러므로 程子(伊川)가 말씀하기를 '사치하고 禮를 범하였으니, 그 器局이 작음을 알 만하다. 기국이 컸다면 스스로 禮를 알아 이러한 잘못이 없었을 것이다.' 하셨으니, 이 말씀을 마땅히 깊이 음미해야 한다.

蘇氏(蘇軾)가 말하였다. "자기 몸을 닦고 집안을 바르게 하여 나라에 미치면 그 근본이 깊고 그 미침이 원대하니, 이를 큰 기국이라고 한다. 揚雄의 이른바 '큰 기국은 마치 規 · 矩 · 準 · 繩과 같아 먼저 자신을 다스린 뒤에 남을 다스린다.'고 한 것이 이것이다. 管仲은 三歸와 反坫을 두었고, 桓公은 안으로 여섯 명의 女人을 사랑하면서 천하에 패자가 되었으니, 그 근본이 진실로 이미 얕았다. 〈그리하여〉 管仲이 죽고 桓公이 죽자, 天下가 다시는 齊나라를 宗主로 삼지 않은 것이다."

楊氏(楊時)가 말하였다. "夫子께서 管仲의 공로를 크게 여기셨으나 그 기국을 작게 여기셨으니, 王者를 보좌할 만한 재주가 아니면 비록 諸侯를 규합하여 天下를 바로잡았더라도 그 器局은 칭찬할 것이 못되기 때문이다. 道學이 밝지 못하여 王道와 霸道의 구분을 뒤섞어 한 길로 삼았다. 이 때문에 管仲의 기국이 작다는 말씀을 들으면 검소한가 하고 의심하고, 검소하지 않았음을 말씀해 주면 또 그가 禮를 알았는가 하고 의심하였으니, 이는 세상이 부정한 방법으로 목적을 달성함을 功으로 여겨 법칙대로 할 줄을 알지 못해서이니, 그 기국이 작음을 깨닫지 못한 것이 당연하다."

23. 子語魯大(太)師樂曰 樂은 其可知也니 始作에 翕(흡)如也⁴³하여 從(縱)之에 純如也하며 皦(교)如也하며 繹如也하여 以成이니라

孔子께서 魯나라 太師에게 음악을 말씀하셨다. "음악은 알 수 있으니, 처음 시작할 적

을 몰 때에 법식에 맞게 하는 것을 뜻하는바, 《孟子》〈滕文公下〉 1장에 자세히 보인다.

43 翕如也 : 官本諺解에는 '翕듯ᄒᆞ야'라고 해석하여 '如'를 모두 '같다'로 해석하였으나 如가 아래에 있을 경우 然의 뜻이지 '같다'의 뜻이 아니므로 栗谷諺解를 따랐음을 밝혀둔다. 특히 〈鄕黨〉편에 如자가 아래에 있는 경우가 많은바, 이 또한 모두 그러하다.

••• 作 일어날 작 翕 합할 흡 從 풀어놓을 종(縱同) 純 화(和)할 순 皦 분명할 교 繹 이을 역 成 끝날 성

에는 〈五音을〉 합하여, 풀어놓을 때에는 조화를 이루며 분명하며 연속되어서 한 장을
끝마쳐야 한다."

語는 告也라 大師는 樂官名이라 時에 音樂廢缺이라 故로 孔子敎之라 翕은 合也요 從은
放也요 純은 和也요 皦는 明也요 繹은 相續不絶也라 成은 樂之一終也[44]라

'語'는 말씀해준 것이다. '太師'는 樂官의 명칭이다. 당시에 음악이 폐지되고 망가졌다. 이 때
문에 孔子께서 그에게 가르쳐 주신 것이다. '翕'은 합함이요, '從'은 풀어놓음이요, '純'은 調和
로움이요, '皦'는 분명함이요, '繹'은 서로 이어져 끊이지 않음이다. '成'은 음악이 한 번 끝나는
것이다.

⊙ 謝氏曰 五音六律[45]이 不具면 不足以言樂이니 翕如는 言其合也라 五音이 合矣면
淸濁高下如五味[46]之相濟而後和라 故로 曰純如요 合而和矣면 欲其無相奪倫이라 故
로 曰皦如라 然이나 豈宮自宮而商自商乎아 不相反而相連하여 如貫珠 可也라 故로 曰
繹如也하여 以成이라하시니라

⊙ 謝氏(謝良佐)가 말하였다. "五音과 六律이 갖추어지지 않으면 음악이라 말할 수 없다.
'翕如'는 그 합함을 말한다. 五音이 합하였으면 淸濁(맑은 音과 탁한 音)과 高下(높은 音과 낮
은 音)가 마치 五味가 서로 도와 준 뒤에 조화되는 것과 같기 때문에 '純如'라고 말한 것이요,
합하여 조화를 이루었으면 서로 차례를 빼앗음이 없고자 하므로 '皦如'라고 말한 것이다. 그러
나 어찌 宮音은 宮音대로 商音은 商音대로 따로 연주하겠는가. 서로 반대되지 않고 서로 연결
됨이 마치 구슬을 꿴 것과 같아야 한다. 그러므로 '연속하여 음악을 끝낸다[繹如以成]'라고 말
씀한 것이다."

---

44 成 樂之一終也 : '成'은 음악의 한 章(마당)이 끝나는 것으로,《書經》〈皐陶謨〉에 이른바 '韶(舜임금의 음
악)의 九成'과《禮記》〈樂記〉에서 이른바 '武(武王의 음악)의 六成'이 이것이다. 음악은 모두 아홉 章으
로 끝나는바, 이것을 '集大成'이라 한다.

45 五音六律 : '五音'은 五聲인 宮·商·角·徵·羽이고, '六律'은 六律과 六呂의 十二律을 이르는바, 六律은
黃鐘, 太簇(태주), 姑洗(고선), 蕤賓(유빈), 夷則(이칙), 無射(무역)이고 六呂는 大呂, 夾鐘, 仲呂, 林鐘,
南呂, 應鐘이다. 이 十二律을 음력 12개 월에 배합시켜 黃鐘은 동짓달, 大呂는 섣달, 太簇는 정월, 夾鐘
은 2월의 순서로 배열하는바, 즉 11월·정월·3월·5월·7월·9월은 六律, 12월·2월·4월·6월·8월·10월은
六呂에 해당한다.

46 五味 : 다섯 가지 맛으로 신맛(酸), 짠맛(鹹), 매운맛(辛), 단맛(甘), 쓴맛(苦)이다.

••• 廢 폐할 폐 缺 이지러질 결 放 놓을 방 續 이을 속 濁 흐릴 탁 奪 빼앗을 탈 倫 차례 륜 貫 꿸 관 珠 구슬 주

24. 儀封人이 請見(현)曰 君子之至於斯也에 吾未嘗不得見也로라 從者
見(현)之한대 出曰 二三子는 何患於喪乎리오 天下之無道也 久矣라 天將
以夫子로 爲木鐸이시리라

儀 땅의 封人이 뵙기를 청하며 말하기를 "君子가 이곳에 이르렀을 적에 내 일찍이 만나
보지 못한 적이 없었다." 하였다. 從者(孔子의 隨行者)가 뵙게 해주자, 〈그가 뵙고〉 나
와서 말하였다. "그대들은 어찌 〈孔子께서〉 벼슬을 잃음을 걱정할 것이 있겠는가. 天下
에 道가 없은 지 오래되었다. 하늘이 장차 夫子로써 목탁을 삼으실 것이다."

儀는 衛邑이라 封人은 掌封疆之官이니 蓋賢而隱於下位者也라 君子는 謂當時賢者니
至此에 皆得見之는 自言其平日不見絶於賢者하여 而求以自通也라 見之는 謂通使得
見이라 喪은 謂失位去國이니 禮曰 喪欲速貧이 是也라 木鐸은 金口木舌이니 施政教時에
所振以警衆者也라 言亂極當治하니 天必將使夫子로 得位設教하여 不久失位也라 封
人이 一見夫子하고 而遽以是稱之하니 其得於觀感之間者深矣라 或曰 木鐸은 所以徇
于道路니 言天使夫子失位하고 周流四方하여 以行其教를 如木鐸之徇于道路也라

'儀'는 衛나라 邑이다. '封人'은 국경을 관장하는 관원이니, 아마도 어질면서 낮은 벼슬자리
에 숨은 자일 것이다. '君子'는 당시의 賢者를 이르니, '이곳에 이르렀을 적에 모두 만나보았다.'
는 것은 스스로 평소에 賢者에게 거절당하지 않았음을 말하여, 스스로 孔子에게 통하기를 구한
것이다. '見之'는 〈孔子에게〉 使者를 통하여 封人으로 하여금 뵙게 함을 말한다. '喪'은 벼슬을
잃고 나라(國都)를 떠남을 이르니, 《禮記》에 "벼슬을 잃으면 빨리 가난해지려고 한다.〔喪欲速
貧〕"라고 한 것이 이것이다. '木鐸'은 쇠로 입을 만들고 나무로 혀를 만든 것이니, 政教를 베풀
때에 이를 흔들어서 사람들을 깨우치는 것이다.
'어지러움(혼란)이 극에 달하면 마땅히 다스려지니, 하늘이 반드시 장차 夫子로 하여금 벼슬을
얻어 교화를 베풀게 해서 오랫동안 벼슬을 잃게 하지 않을 것이다.'라고 말한 것이다. 封人이 한
번 夫子를 뵙고서 대번에 이 말로써 일컬었으니, 보고 느끼는 사이에 얻은 것이 깊다. 혹자는 "木
鐸은 길에 순행하는 것이니, 하늘이 夫子로 하여금 벼슬을 잃고 四方을 두루 돌아다니면서 그
가르침을 행하게 하기를 마치 목탁이 길에 순행하는 것과 같이 할 것임을 말한 것이다." 하였다.

... 封 국경봉 見 뵐현 喪 잃을상 鐸 방울탁 衛 나라이름위 掌 맡을장 疆 지경강, 국경강 隱 숨을은
速 빠를속 舌 혀설 振 떨칠진 遽 갑자기거 徇 돌순, 따를순

25. 子謂韶하사되 盡美矣요 又盡善也[47]라하시고 謂武하사되 盡美矣요 未盡善也라하시다

孔子께서 韶樂을 평하시되 "극진히 아름답고 극진히 좋다." 하셨고, 武樂을 평하시되 "극진히 아름답지만 극진히 좋지는 못하다." 하셨다.

韶는 舜樂이요 武는 武王樂이라 美者는 聲容之盛이요 善者는 美之實也라 舜은 紹堯致治하고 武王은 伐紂救民하니 其功이 一也라 故로 其樂이 皆盡美라 然이나 舜之德은 性之也요 又以揖遜而有天下하고 武王之德은 反之也[48]요 又以征誅而得天下라 故로 其實이 有不同者하니라

'韶'는 舜임금의 음악이고, '武'는 武王의 음악이다. '美'는 소리(음악)와 모양(춤추는 모습)의 성대함이요, '善'은 아름다움의 실제이다. 舜임금은 堯임금을 이어 훌륭한 정치를 이룩하였고 武王은 紂王을 정벌하여 백성을 구제하였으니, 그 功이 똑같다. 그러므로 그 음악이 모두 극진히 아름다운 것이다. 그러나 舜임금의 德은 천성대로 한 것이고 또 揖하고 사양함으로써 天下를 얻었으며, 武王의 德은 〈本性을〉 되찾은 것이고 또 征伐하고 誅殺함으로써 天下를 얻었다. 그러므로 그 실제에 같지 않음이 있는 것이다.

⊙ 程子曰 成湯放桀에 惟有慙德하시니 武王亦然이라 故로 未盡善이라 堯, 舜, 湯, 武 其揆一也니 征伐은 非其所欲이요 所遇之時 然爾니라

⊙ 程子(?)가 말씀하였다. "成湯이 桀王을 내침(幽閉시킴)에 부끄러워하는 마음이 있으셨는데, 武王 또한 그러하였다. 이 때문에 극진히 좋지는 못한 것이다. 堯·舜과 湯·武가 그 법은 한 가지이니, 정벌함은 그 하고자 해서가 아니요 만난 때가 그러했기 때문이었다."

---

47 盡美矣 又盡善也 : 栗谷諺解에는 '美를 盡하며 또 善을 盡타 하시고'로 해석하였다.

48 舜之德……反之也 : '性之'는 본성을 받은 그대로 간직하여 행함을 이르며, '反'은 復(되찾다)의 뜻으로 '反之'는 本性을 잃었다가 다시 회복함을 뜻한다. '性之'는 生而知之 安而行之의 聖人이고, '反之'는 學而知之 利而行之의 賢人이다. 이 내용은 《孟子》〈盡心上〉 30장에 "堯·舜은 本性대로 하신 것이요, 湯·武는 몸으로 실천하신 것이요, 五霸는 빌린 것이다.〔堯舜性之也 湯武身之也 五霸假之也〕"라고 보이며, 또 〈盡心上〉 33장에 "堯舜性者也 湯武反之也"라고 보인다.

••• 韶 순임금음악 소 盡 극진할 진 舜 순임금 순 紹 이을 소 紂 주(紂)임금 주 揖 읍할 읍 遜 사양할 손 反 돌이킬 반 放 내칠 방, 유치할 방 慙 부끄러울 참 揆 법도 규, 헤아릴 규

26. 子曰 居上不寬하며 爲禮不敬하며 臨喪不哀면 吾何以觀之哉리오

孔子께서 말씀하셨다. "윗자리에 있으면서 너그럽지 않으며, 禮를 행하되 敬하지 않으며, 초상에 임하여 슬퍼하지 않는다면 내가 무엇으로 그를 관찰하겠는가."

居上엔 主於愛人이라 故로 以寬爲本이요 爲禮엔 以敬爲本이요 臨喪엔 以哀爲本이니 旣無其本이면 則以何者而觀其所行之得失哉아

윗자리에 있을 적에는 사람을 사랑함을 주장하기 때문에 너그러움을 근본으로 삼고, 禮를 행함에는 敬을 근본으로 삼고, 초상에 임해서는 슬픔을 근본으로 삼으니, 이미 그 근본이 없다면 무엇으로 그 행하는 바의 잘잘못을 관찰하겠는가.

··· 寬 너그러울 관 臨 임할 림 喪 잃을 상

里仁 第四

凡二十六章이라

모두 26장이다.

1. 子曰 里仁이 爲美하니 擇不處仁[1]이면 焉得知(智)리오

孔子께서 말씀하셨다. "마을의 〈인심이〉 仁厚한 것이 아름다우니, 가려서 仁에 처하지 않는다면 어찌 지혜롭다 하겠는가."

里有仁厚之俗이 爲美하니 擇里而不居於是焉이면 則失其是非之本心[2]하여 而不得爲知矣라

마을에 仁厚한 풍속이 있는 것이 아름다우니, 마을을 가려서 여기(仁)에 거하지 않는다면 이는 是非의 本心을 잃은 것이어서 지혜가 될 수 없다.

---

1 擇不處仁 : 朱子는 마을을 가리면서 仁厚한 마을에 거하지 않는 것'으로 해석하는 것이 《論語》의 본뜻에 맞다고 생각한 듯하다. 松潭(李柘淳)과 屛洲(李鍾洛) 등의 번역에도 '處仁'을 '인한 마을에 처하다'로 해석하였다. 그러나 瑞巖(金熙鎭)선생은 경문을 "좋은 마을을 가려 살더라도 자신이 仁에 처하지 않으면 어찌 지혜롭다 하겠는가."의 뜻으로 해석하였다. 아무리 인후한 풍속이 있는 마을에 살더라도 자신이 仁하지 못하면 지혜가 될 수 없으며, 인후한 마을에 살지 않는 것을 가지고 지혜를 논한다면 智의 의미가 축소되기 때문이다. 본인 역시 이 해석을 지지한다.

2 是非之本心 : 옳고 그름을 구별하는 본심으로 本性의 智를 가리킨다.

··· 爲 될 위 知 지혜 지(智通) 擇 가릴 택 處 살 처 焉 어찌 언 厚 두터울 후 俗 풍속 속

2. 子曰 不仁者는 不可以久處約이며 不可以長處樂이니 仁者는 安仁하고 知(智)者는 利仁이니라

孔子께서 말씀하셨다. "仁하지 못한 자는 오랫동안 곤궁함에 처할 수 없으며 장구하게 즐거움에 처할 수 없으니, 仁者는 仁을 편안히 여기고 智者는 仁을 이롭게 여긴다."

約은 窮困也라 利는 猶貪也니 蓋深知篤好而必欲得之也라 不仁之人은 失其本心하여 久約必濫하고 久樂必淫이라 惟仁者則安其仁而無適不然하고 知者則利於仁而不易 所守하니 蓋雖深淺之不同이나 然皆非外物所能奪矣니라

'約'은 곤궁함이다. '利'는 貪과 같으니, 깊이 알고 독실히 좋아해서 반드시 그것(仁)을 얻고자 하는 것이다. 不仁한 사람은 그 本心을 잃어서 오랫동안 곤궁하면 반드시 넘치고, 오랫동안 즐거우면 반드시 빠진다. 오직 仁者만이 仁을 편안히 여겨서 가는 곳마다 그렇지 않음이 없고, 智者만이 仁을 이롭게 여겨서(탐하여서) 지키는 바를 바꾸지 않으니, 비록 깊고 얕음이 똑같지 않으나 모두 外物이 빼앗을 수 있는 바가 아니다.

⊙ 謝氏曰 仁者는 心無內外遠近精粗之間하여 非有所存而自不亡하고 非有所理而 自不亂하니 如目視而耳聽하고 手持而足行也라 知者는 謂之有所見則可커니와 謂之有 所得則未可하니 有所存이라야 斯不亡하고 有所理라야 斯不亂하여 未能無意也라 安仁則 一이요 利仁則二[3]라 安仁者는 非顏閔以上去聖人爲不遠이면 不知此味也니 諸子雖有 卓越之才나 謂之見道不惑則可커니와 然이나 未免於利之也니라

⊙ 謝氏(謝良佐)가 말하였다. "仁者는 마음에 內와 外, 遠과 近, 精과 粗의 간격이 없어서 보존하려는 마음이 있지 않아도 저절로 없어지지 않고 다스리려는 마음이 있지 않아도 저절로 혼란해지지 않으니, 마치 눈이 저절로 보고 귀가 저절로 듣고 손이 저절로 잡고 발이 저절로 걸어가는 것과 같은 것이다. 智者는 所見이 있다고 이르는 것은 可하나 얻은 바가 있다고 이르는 것은 不可하다. 보존하려는 마음이 있어야 없어지지 않고 다스리려는 마음이 있어야 혼란해지지 않아서 意識이 없지 못하다. 安仁은 하나요, 利仁은 둘인 것이다. 仁을 편안히 여기는 것은 顏子와 閔子 이상으로 聖人과의 거리가 멀지 않은 자가 아니면 이러한 맛을 알지 못한다. 여러

---

3 安仁則一 利仁則二:'安仁'은 聖人의 마음이 道(仁)와 하나가 되어 간격이 없음을 이르고, '利仁'은 이 러한 경지에 이르지 못하여 억지로 힘써 하기 때문에 둘이라 한 것이다.

••• 久 오랠 구 約 곤궁할 약 樂 즐길 락 利 이로울 리 貪 탐할 탐 濫 넘칠 람 淫 빠질 음 適 갈 적 奪 빼앗을 탈
　　精 정미할 정 粗 거칠 조 理 다스릴 리 持 잡을 지 卓 높을 탁 越 넘을 월

弟子들은 비록 탁월한 才質이 있으나 道를 봄에 의혹하지 않았다고 이르는 것은 可하지만 그러나 이것을 이롭게 여김을 면치 못하였다."

3. 子曰 惟仁者아 能好人하며 能惡(오)人이니라

孔子께서 말씀하셨다. "오직 仁者여야 사람을 제대로 좋아하고 사람을 제대로 미워할 수 있다."

惟之爲言은 獨也라 蓋無私心然後에 好惡當於理니 程子所謂得其公正이 是也라

'惟'란 말은 홀로라는 뜻이다. 私心이 없은 뒤에야 좋아하고 미워함이 이치에 맞을 수 있으니, 程子(伊川)가 말씀하신 '그 公正함을 얻었다.'는 것이 이것이다.

⊙ 游氏曰 好善而惡惡(오악)은 天下之同情이라 然이나 人每失其正者는 心有所繫而不能自克也라 惟仁者는 無私心하니 所以能好惡也라

⊙ 游氏(游酢)가 말하였다. "善을 좋아하고 惡을 미워함은 天下의 똑같은 심정이다. 그러나 사람이 매양 그 올바름을 잃는 것은 마음이 매여 있는 바가 있어서 스스로 극복하지 못하기 때문이다. 오직 仁者만이 私心이 없으니, 이 때문에 제대로 좋아하고 미워할 수 있는 것이다."

4. 子曰 苟志於仁矣면 無惡也⁴리라

孔子께서 말씀하셨다. "진실로 仁에 뜻을 두면 惡함이 없을 것이다."

苟는 誠也라 志者는 心之所之也라 其心이 誠在於仁이면 則必無爲惡之事矣리라

'苟'는 '진실로'이다. '志'란 마음이 가는 것이다. 그 마음이 진실로 仁에 있으면 반드시 惡을 하는 일이 없을 것이다.

⊙ 楊氏曰 苟志於仁이라도 未必無過擧也라 然而爲惡則無矣리라

⊙ 楊氏(楊時)가 말하였다. "진실로 仁에 뜻을 두었다 하더라도 반드시 지나친 행동이 없지

---

4 無惡也 : 官本諺解에는 '無惡也니라'로 되어 있으나 栗谷諺解를 따랐음을 밝혀둔다.

··· 惟 오직 유 惡 미워할 오 獨 홀로 독 繫 맬 계 克 이길 극 苟 진실로 구, 만일 구 誠 진실로 성 過 지나칠 과
擧 행동 거

는 못하다. 그러나 惡을 하는 일은 없을 것이다."

5-1. 子曰 富與貴 是人之所欲也나 不以其道로 得之어든 不處也하며 貧與賤이 是人之所惡(오)也나 不以其道로 得之라도 不去也니라

孔子께서 말씀하셨다. "富와 貴는 사람들이 바라는 것이나 정상적인 방법으로 얻지 않았으면 처하지 않으며, 貧과 賤은 사람들이 싫어하는 것이나 정상적인 방법으로 얻지 않았다 하더라도 버리지 않아야 한다.

不以其道得之는 謂不當得而得之[5]라 然이나 於富貴則不處하고 於貧賤則不去하니 君子之審富貴而安貧賤也如此니라

'그 道(정상적인 방법)로 얻지 않았다.'는 것은 마땅히 얻어서는 안 되는데 얻음을 이른다. 그러나 富貴에 있어서는 처하지 않고 貧賤에 있어서는 버리지 않으니, 君子가 富貴를 살피고 貧賤을 편안히 여김이 이와 같은 것이다.

5-2. 君子去仁이면 惡(오)乎成名이리오

君子가 仁을 떠나면 어찌 군자라는 이름을 이룰 수 있겠는가.

言君子所以爲君子는 以其仁也니 若貪富貴而厭貧賤이면 則是自離其仁하여 而無君子之實矣니 何所成其名乎아

'君子가 君子가 된 까닭은 그 仁 때문이니, 만일 富貴를 탐하고 貧賤을 싫어한다면 이것은 스스로 그 仁을 떠나서 君子의 실제가 없는 것이다. 어떻게 군자라는 이름을 이룰 수 있겠는가.'라고 말씀한 것이다.

---

5 不以其道得之 謂不當得而得之 : '不以其道得之'는 富貴에 있어서는 道德과 仁義, 경륜과 실력을 쌓지 않고 권력자에게 아첨하거나 不正한 방법으로 富貴를 얻은 것을 이르고, 貧賤에 있어서는 酒色雜技를 하지 않고 도덕과 인의를 행하며 근검절약하게 생활하였는데도 貧賤을 얻음을 이른다.

6 子曰 富與貴……必於是 : 이 章은 모두 세 節로 구성되어 있는데, 富貴와 貧賤을 논한 첫 번째 節은 두 번째, 세 번째 節과 의미가 잘 이어지지 않는다. 그렇기 때문에 朱子는 두 번째와 세 번째 節의 註에 富貴 貧賤을 언급하여 하나의 맥락을 만들고, 章下註에 또다시 통합 해석하여 세 節의 연계를 드러내었다. 壺山도 章下註의 앞에 註를 달기를 본문의 세 節은 약간 뜻이 연결되지 않는 혐의가 있다. 그러므로 節 밑

••• 處 살 처 去 버릴 거 貧 가난할 빈 賤 천할 천 審 살필 심 惡 어찌 오 厭 싫어할 염 離 떠날 리

5-3. 君子無終食之間을 違仁이니 造次에 必於是하며 顚沛(전패)에 必於是⁶니라

君子는 밥 한 번 먹는 동안에도 仁을 떠남이 없으니, 경황 중에도 이 仁에 반드시 하며, 위급한 상황에도 이 仁에 반드시 한다."

終食者는 一飯之頃이라 造次는 急遽苟且之時요 顚沛는 傾覆流離之際라 蓋君子之不去乎仁이 如此하니 不但富貴貧賤取舍(捨)之間而已也니라

'終食'이란 한 번 밥 먹는 시간이다. '造次'는 급하고 구차한 때이고, '顚沛'는 傾覆을 당하고 流離하는 즈음이다. 君子가 仁을 떠나지 않음이 이와 같으니, 단지 富貴와 貧賤을 취하고 버리는 사이일 뿐만이 아닌 것이다.

⊙ **言君子爲仁이 自富貴貧賤取舍之間으로 以至於終食造次顚沛之頃에 無時無處而不用其力也⁷라 然이나 取舍之分이 明然後에 存養之功이 密이니 存養之功이 密이면 則其取舍之分이 益明矣리라**

⊙ 君子가 仁을 함은 富貴와 貧賤을 취하고 버리는 사이로부터 終食·造次·顚沛의 시간(상황)에 이르기까지 어느 때, 어느 곳이든 그 힘을 쓰지 않음이 없음을 말씀한 것이다. 그러나 取捨의 구분이 분명한 뒤에 存養의 공부가 치밀해지니, 存養의 공부가 치밀해지면 取捨의 구분이 더욱 분명해질 것이다.

6-1. 子曰 我未見好仁者와 惡(오)不仁者로라 好仁者는 無以尙之요 惡不仁者는 其爲仁矣에 不使不仁者로 加乎其身이니라

孔子께서 말씀하셨다. "나는 仁을 좋아하는 자와 不仁을 미워하는 자를 보지 못하였다. 仁을 좋아하는 자는 이(仁)보다 더 좋은 것이 없고, 不仁을 미워하는 자는 그가 仁

의 註를 반드시 서로 대조하여 해석하고, 권점 아래(장하주)에 또 통합하여 해석한 것이다.[本文三節 微有意不相屬之嫌 故逐節之註 必相照釋之 圈下又統而論之]하였다. 본인의 생각에는 '君子居仁' 이하를 나누어 다른 장으로 만드는 것이 더 좋을 듯하다.

7 無時無處而不用其力也 : '無時而不用其力 無處而不用其力(때마다 그 힘을 쓰지 않음이 없고 곳마다 그 힘을 쓰지 않음이 없음)'을 축약하여 쓴 것으로, 해석할 때에 不用其力을 두 번 새기거나 그렇지 않으면 無字를 하나 빼고 해석해야 한다.

··· 違 떠날 위 造 창졸(倉卒) 조, 갑자기 조 顚 넘어질 전 沛 자빠질 패頃 잠깐 경 遽 급할 거 傾 기울 경
     覆 뒤엎을 복 舍 버릴 사 捨 버릴 사 密 빽빽할 밀 尙 더할 상

을 행할 적에 不仁한 것으로 하여금 자기 몸에 가해지지 못하게 한다.

夫子自言 未見好仁者와 惡不仁者로라 蓋好仁者는 眞知仁之可好라 故로 天下之物이 無以加之요 惡不仁者는 眞知不仁之可惡라 故로 其所以爲仁者에 必能絶去不仁之事하여 而不使少有及於其身이니 此皆成德之事라 故로 難得而見之也니라

夫子께서 스스로 말씀하기를 "仁을 좋아하는 자와 不仁을 미워하는 자를 보지 못하였다. 仁을 좋아하는 자는 仁이 좋아할 만한 것임을 참으로 안다. 그러므로 天下의 사물중에 이보다 더 좋은 것이 없고, 不仁을 미워하는 자는 不仁이 미워할만 한 것임을 참으로 안다. 그러므로 그 仁을 행할 적에 반드시 不仁한 일을 완전히 끊어버려서 조금이라도 자기 몸에 미침이 있지 않게 한다." 하셨다. 이것은 모두 成德(완성된 덕)의 일이다. 그러므로 이런 사람을 얻어서 보기가 어려운 것이다.

6-2. 有能一日用其力於仁矣乎아 我未見力不足者로라

하루라도 그 힘을 仁에 쓴 자가 있는가? 나는 〈이렇게 하고서〉 힘이 부족한 자를 아직 보지 못하였노라.

言好仁. 惡不仁者를 雖不可見이나 然或有人果能一旦奮然用力於仁이면 則我又未見其力有不足者라 蓋爲仁在己라 欲之則是니 而志之所至에 氣必至焉이라 故로 仁雖難能이나 而至之亦易也라

'仁을 좋아하고 不仁을 미워하는 자를 비록 볼 수 없으나 혹시라도 어떤 사람이 과연 하루아침에 분발하여 仁에 힘을 쓴다면 내 또한 그 힘이 부족함이 있는 자를 보지 못하였다.'라고 말씀하신 것이다. 仁을 함은 자신에게 달려 있다. 하고자 하면 바로 되는 것이니, 志가 이르는 바에 氣도 반드시 이른다. 그러므로 仁이 비록 능하기 어려우나 이르기가 또한 쉬운 것이다.

6-3. 蓋有之矣어늘 我未之見也로라

아마도 그런 사람이 있을 터인데 내가 아직 보지 못하였나 보다."

••• 旦 아침 단 奮 분발할 분 蓋 아마도 개

蓋는 疑辭라 有之는 謂有用力而力不足者라 蓋人之氣質不同이라 故로 疑亦容或有此昏弱之甚하여 欲進而不能者어늘 但我偶未之見耳라 蓋不敢終以爲易하고 而又歎人之莫肯用力於仁也시니라

'蓋'는 의심하는 말이다. '有之'는 힘을 쓰는데도 힘이 부족한 자가 있음을 이른다. 사람의 기질은 똑같지 않다. 그러므로 '혹시라도 이 昏弱함이 심하여 전진하고자 하여도 능하지 못한 자가 있을 터인데, 다만 내가 우연히 그를 보지 못하였나 보다.'라고 의심하신 것이다. 감히 끝내 이것(仁)을 쉽게 여기지 않으시고, 또 사람들이 仁에 힘쓰기를 즐겨하는 이가 없음을 탄식하신 것이다.

⊙ 此章은 言仁之成德이 雖難其人이나 然學者苟能實用其力이면 則亦無不可至之理라 但用力而不至者를 今亦未見其人焉하니 此夫子所以反覆而歎息之也시니라

⊙ 이 장은 '仁의 成德이 비록 그러한 사람을 만나기 어려우나, 배우는 자가 진실로 그 힘을 실제로 쓴다면 또한 이르지 못할 리가 없다. 다만 힘을 쓰는데도 이르지 못하는 자를 지금 또한 그러한 사람을 보지 못하였다.'고 말씀하셨으니, 이것이 夫子께서 반복하여 탄식하신 까닭이다.

7. 子曰 人之過也 各於其黨이니 觀過면 斯知仁矣니라

孔子께서 말씀하셨다. "사람의 過失은 각기 그 類(부류)대로 하니, 그 사람의 과실을 보면 仁한지 仁하지 않은지를 알 수 있다."

黨은 類也라 程子曰 人之過也 各於其類니 君子는 常失於厚하고 小人은 常失於薄하며 君子는 過於愛하고 小人은 過於忍이니라
尹氏曰 於此觀之면 則人之仁不仁을 可知矣니라

'黨'은 類이다.
程子(伊川)가 말씀하였다. "사람의 과실은 각기 그 類대로 하니, 君子는 항상 厚한 데에 잘못되고 小人은 항상 薄한 데에 잘못되며, 君子는 사랑에 지나치고 小人은 잔인함에 지나치다."
尹氏(尹焞)가 말하였다. "여기에서 관찰한다면 사람이 仁한지 仁하지 않은지를 알 수 있을 것이다."

••• 疑 의심할 의 昏 어두울 혼 弱 약할 약 偶 우연 우 肯 즐길 긍 苟 진실로 구 反 반복할 반 覆 반복할 복
黨 무리 당 斯 이 사 類 종류 류 忍 잔인할 인

⊙ 吳氏曰 後漢吳祐 謂 掾以親故로 受汚辱之名[8]이라하니 所謂觀過知仁이 是也니라

愚按此亦但言人雖有過나 猶可卽此而知其厚薄이요 非謂必俟其有過而後에 賢否可知也니라

⊙ 吳氏(吳棫)가 말하였다. "後漢 때에 吳祐가 말하기를 '관리가 어버이 연고 때문에 汚辱의 이름을 받았다.' 하였으니, 이것이 이른바 '과실을 보면 仁한지 仁하지 않은지를 안다.'는 것이다."

내가 살펴보건대, 이 또한 다만 사람이 비록 과실이 있으나 오히려 이것을 가지고 그의 厚薄을 알 수 있음을 말씀하였을 뿐이요, 반드시 과실이 있기를 기다린 뒤에 어질고 어질지 않음을 알 수 있다고 말씀한 것은 아니다.

8. 子曰 朝聞道면 夕死라도 可矣니라

孔子께서 말씀하셨다. "아침에 道를 들으면 저녁에 죽어도 괜찮다."

道者는 事物當然之理니 苟得聞之면 則生順死安[9]하여 無復(부)遺恨矣라 朝夕은 所以甚言其時之近이라

'道'는 事物의 當然한 이치이니, 진실로 이것을 얻어 들는다면 살아서는 順하고 죽어서는 편안해서 다시 遺恨(餘恨)이 없을 것이다. '朝夕'은 그때의 가까움을 심히 말씀한 것이다.

⊙ 程子曰 言人不可以不知道니 苟得聞道면 雖死라도 可也니라

又曰 皆實理也니 人知而信者爲難이라 死生亦大矣니 非誠有所得이면 豈以夕死爲可乎아

---

8 後漢吳祐…… 受汚辱之名 : 인자하고 청렴하기로 이름 높았던 吳祐가 膠東侯의 相으로 있을 때의 일이다. 그의 밑에 嗇夫라는 下級官吏로 있던 孫性이 은밀히 백성들에게 세금을 더 거두어 옷 한 벌을 장만해서 그의 아버지에게 바쳤다. 그의 아버지가 이 사실을 알고는 孫性을 꾸짖고 옷을 돌려주며 上官을 찾아가 사실대로 아뢰고 벌을 받게 하였다. 이러한 사실을 들은 吳祐는 "孫性이 부친에게 옷을 만들어 드리기 위하여 부정한 일을 했으니, 이는 바로 '觀過知人'이다.[掾以親故 受汚穢之名 所謂觀過斯知人矣]"라 하고 그 옷을 다시 그의 부친에게 갖다 드리게 하였다.
楊伯峻은 '斯知仁矣'의 '仁'을 '人'으로 보았는데, 그 근거로《後漢書》〈吳祐傳〉에서 이 문장을 인용하면서 "所謂觀過斯知人矣"라고 한 것을 들었다. 章下註의 吳氏의 說 역시《後漢書》〈吳祐傳〉을 전거로 한 것이다.
9 生順死安 : 新安陳氏(陳櫟)는 "'生順死安' 네 글자는〈西銘〉의 '살아있으면 내 순히 하늘을 섬기고 죽으면 내 편안하다[存吾順事 沒吾寧也]'에 근본한 것이다." 하였다.

••• 祐 도울 우 掾 아전 연 汚 더러울 오 按 살펴볼 안, 상고할 안 卽 나아갈 즉 俟 기다릴 사 聞 들을 문 夕 저녁 석 復 다시 부 遺 남을 유 恨 한할 한 甚 심할 심 誠 진실로 성 豈 어찌 기

⊙ 程子(伊川)가 말씀하였다. "사람이 道를 알지 않으면 안 되니, 만일 道를 얻어 듣는다면 비록 죽더라도 可하다고 말씀하신 것이다."

〈程子(明道)가〉 또 말씀하였다. "道는 모두 진실한 이치이니, 사람이 이것을 알아서 믿는 것이 어렵다. 죽고 사는 것이 또한 큰 일이니, 진실로 얻는(깨닫는) 바가 있지 않다면 어찌 저녁에 죽는 것을 可하다고 하겠는가."

9. 子曰 士志於道而恥惡衣惡食者는 未足與議也니라

孔子께서 말씀하셨다. "선비가 道에 뜻을 두고서 나쁜 옷과 나쁜 음식을 부끄러워하는 자는 더불어 道를 의논할 수 없다."

心欲求道로되 而以口體之奉不若人으로 爲恥면 其識趣之卑陋 甚矣니 何足與議於道哉리오

마음은 道를 구하고자 하나 口體의 奉養이 남만 못한 것을 가지고 부끄러워한다면 그 知識과 趣向의 鄙陋함이 심한 것이니, 어찌 더불어 道를 의논할 수 있겠는가.

⊙ 程子曰 志於道而心役乎外면 何足與議也리오

⊙ 程子(伊川)가 말씀하였다. "道에 뜻을 두었으나 마음이 外物에 使役을 당한다면 어찌 더불어 의논할 수 있겠는가."

10. 子曰 君子之於天下也에 無適也하며 無莫也하여 義之與比니라

孔子께서 말씀하셨다. "君子는 天下의 〈일에〉 있어 오로지 주장함도 없고 그렇지 않음도 없어서 義를 따른다."

適은 專主也니 春秋傳曰 吾誰適從이 是也라 莫은 不肯也라 比는 從也라

'適'은 오로지 주장함이니, 《春秋左傳》僖公 5年에 "내 오로지 누구를 따를까?〔吾誰適從〕" 한 것이 이것이다. '莫'은 즐겨하지 않음이다. '比'는 따름이다.

••• 恥 부끄러울 치 惡 나쁠 악 議 의논할 의 趣 향할 취 卑 낮을 비 陋 좁을루, 더러울 루 役 부릴 역
   適 주장할 적 莫 불가할 막, 즐겨하지않을 막 比 따를 비 肯 즐길 긍

⊙ 謝氏曰 適은 可也요 莫은 不可也니 無可, 無不可[10]하여 苟無道以主之면 不幾於猖狂自恣乎아 此佛老之學이 所以自謂心無所住而能應變이라하나 而卒得罪於聖人也라 聖人之學은 不然하여 於無可, 無不可之間에 有義存焉하니 然則君子之心이 果有所倚乎아

⊙ 謝氏(謝良佐)가 말하였다. "適은 可함이요 莫은 不可함이니, 可함도 없고 不可함도 없어서 만일 道로써 주장함이 없다면 猖狂하여 스스로 放肆함에 가깝지 않겠는가. 이는 佛·老의 學問이 스스로 마음에 머무르는(집착하는) 바가 없어서 변화에 응할 수 있다고 말하나 마침내 聖人에게 죄를 얻게 된 이유이다. 聖人의 學問은 그렇지 않아서 可함도 없고 不可함도 없는 사이에 義가 존재해 있으니, 그렇다면 君子의 마음이 과연 치우치는 바가 있겠는가."

11. 子曰 君子는 懷德하고 小人은 懷土하며 君子는 懷刑하고 小人은 懷惠니라

孔子께서 말씀하셨다. "군자는 德을 생각하고 소인은 처한 바의 편안함을 생각하며, 군자는 刑(法)을 생각하고 소인은 이익을 생각한다."

懷는 思念也라 懷德은 謂存其固有之善이요 懷土는 謂溺其所處之安이라 懷刑은 謂畏法이요 懷惠는 謂貪利라 君子小人趣向不同은 公私之間而已矣니라

'懷'는 생각하는 것이다. '懷德'은 고유한 善을 보존함을 이르고, '懷土'는 처한 곳의 편안함에 빠짐을 이른다. '懷刑'은 法을 두려워함을 이르고, '懷惠'는 이익을 탐함을 이른다. 君子와 小人의 취향이 같지 않음은 公과 私의 사이일 뿐이다.

⊙ 尹氏曰 樂善, 惡(오)不善은 所以爲君子요 苟安, 務得은 所以爲小人이니라

⊙ 尹氏(尹焞)가 말하였다. "善을 좋아하고〔懷德〕 不善을 싫어함〔懷刑〕은 君子가 되는 까닭이요, 구차히 편안하려 하고〔懷土〕 얻기를 힘씀〔懷惠〕은 小人이 되는 까닭이다."

---

10 無可 無不可 : '可'는 可하게 여겨 반드시 하는 것이고 '不可'는 不可하게 여겨 반드시 하지 않는 것으로, 아래의 〈微子〉 8장에 "나는 이와 달라서 可함도 없고 不可함도 없다.〔我則異於是 無可無不可〕"라고 보인다.

••• 猖 미칠 창 狂 미칠 광 恣 방자할 자 往 갈 왕 卒 마침내 졸 倚 치우칠 의, 기댈 의 懷 생각할 회 溺 빠질 닉 畏 두려워할 외 趣 향할 취

12. 子曰 放於利而行이면 多怨이니라

孔子께서 말씀하셨다. "이익에 따라 행동하면 원망이 많다."

孔氏曰 放은 依也요 多怨은 謂多取怨이라

孔氏(孔安國)가 말하였다. "'放'은 의지함이요, '多怨'은 원망을 많이 취함을 이른다."

⊙ 程子曰 欲利於己면 必害於人이라 故로 多怨이니라

⊙ 程子(伊川)가 말씀하였다. "자신에게 이롭게 하고자 하면 반드시 남에게 해를 끼친다. 그러므로 원망이 많은 것이다."

13. 子曰 能以禮讓이면 爲國乎에 何有며 不能以禮讓爲國이면 如禮何오

孔子께서 말씀하셨다. "능히 禮와 謙讓으로써 한다면 나라를 다스림에 무슨 어려움이 있으며, 禮와 謙讓으로써 나라를 다스리지 못한다면 禮를 어찌하겠는가."

讓者는 禮之實也라 何有는 言不難也라 言有禮之實以爲國이면 則何難之有리오 不然이면 則其禮文雖具나 亦且無如之何矣리니 而況於爲國乎아

'讓'은 禮의 실제이다. '何有'는 어렵지 않음을 말한다. '禮의 실제를 두어 나라를 다스리면 무슨 어려움이 있겠는가. 그렇지 않다면 禮의 형식이 비록 갖추어져 있더라도 또한 장차 어찌할 수 없을 것이니, 하물며 나라를 다스림에 있어서이겠는가.'라고 말씀한 것이다.

14. 子曰 不患無位요 患所以立하며 不患莫己知요 求爲可知也니라

孔子께서 말씀하셨다. "지위가 없음을 걱정하지 말고 지위에 설 수 있는 까닭을 걱정하며, 자신을 알아주는 이가 없음을 걱정하지 말고 알려질 만한 사람이 되기를 구해야 한다."

所以立은 謂所以立乎其位者[11]요 可知는 謂可以見知之實이라

---

11 所以立乎其位者 : 그 지위에 설 수 있는 까닭(이유)이란 뜻으로, 학문과 도덕·경륜 따위를 이른다.

··· 放 따를 방 怨 원망할 원 依 따를 의 害 해칠 해 讓 사양할 양 爲 다스릴 위 實 실제 실

'所以立'은 그 지위에 설 수 있는 까닭을 말하고, '可知'는 남에게 인정을 받을 만한 실제를 이른다.

⊙ 程子曰 君子는 求其在己者而已矣니라

⊙ 程子(伊川)가 말씀하였다. "君子는 자신에게 있는 것을 구할 뿐이다."

15-1. 子曰 參乎아 吾道는 一以貫之니라 曾子曰 唯라

孔子께서 말씀하시기를 "參아! 나의 道는 한 가지 理가 만 가지 일을 꿰뚫고 있다." 하시니, 曾子가 "예." 하고 대답하였다.

參乎者는 呼曾子之名而告之라 貫은 通也라 唯者는 應之速而無疑者也라 聖人之心은 渾然一理而泛應曲當하여 用各不同이라 曾子於其用處에 蓋已隨事精察而力行之로되 但未知其體之一爾러니 夫子知其眞積力久[12]하여 將有所得이라 是以로 呼而告之하시니 曾子果能默契其指하여 卽應之速而無疑也시니라

'參乎'는 曾子의 이름을 부르고 말씀해주신 것이다. '貫'은 通함이다. '唯'는 應하기를 속히 하여 의심이 없는 것이다. 聖人의 마음은 渾然히 한 理여서 널리 應하고 곡진히 마땅하여 用이 각기 같지 않다. 曾子는 그 用의 곳(부분)에 있어서는 이미 일을 따라 정밀히 살피고 힘써 행하였으나 다만 그 體가 하나임을 알지 못하였을 뿐이었는데, 夫子께서 그가 眞誠을 많이 쌓고 力行을 오래해서 장차 터득함이 있을 줄을 아셨다. 이 때문에 이름을 부르고 말씀해 주시니, 曾子가 과연 그 뜻을 묵묵히 알고 즉시 應하기를 속히 하여 의심이 없으셨던 것이다.

15-2. 子出커시늘 門人이 問曰 何謂也잇고 曾子曰 夫子之道는 忠恕而已矣시니라

孔子께서 나가시자, 門人들이 "무슨 말씀입니까?" 하고 물으니, 曾子가 대답하셨다. "夫子의 道는 忠과 恕일 뿐이다."

---

12 眞積力久:《荀子》〈勸學〉편에, "眞誠이 쌓이고 力行이 오래되면 배움에 들어간다[眞積力久則入]"라고 보이는바, '眞積力久'는 眞誠이 쌓이고 用力이 오래 되었음을 이른다.

••• 難 어려울 난 具 갖출 구 患 근심 환 參 사람이름 삼 貫 꿸 관 唯 빨리대답할 유 渾 온전할 혼 泛 넓을 범 曲 간곡할 곡 默 잠잠할 묵 契 합할 계

盡己之謂忠이요 推己之謂恕라 而已矣者는 竭盡而無餘之辭也라 夫子之一理 渾然而泛應曲當은 譬則天地之至誠無息而萬物各得其所也라 自此之外엔 固無餘法이요 而亦無待於推矣라 曾子有見於此而難言之라 故로 借學者盡己推己之目하여 以著明之하시니 欲人之易曉也라 蓋至誠無息者는 道之體也니 萬殊之所以一本也요 萬物各得其所者는 道之用也니 一本之所以萬殊也라 以此觀之하면 一以貫之之實을 可見矣라라 或曰 中心爲忠이요 如心爲恕[13]라하니 於義에 亦通이니라

자기 마음을 다하는 것을 '忠'이라 이르고, 자기 마음을 미루는 것을 '恕'라 이른다. '而已矣'라는 것은 다해서 남음이 없는 말이다. 夫子의 한 理가 渾然하여 널리 응하고 곡진히 마땅함은 비유하면 天地가 至誠無息하여 萬物이 각기 제자리를 얻음과 같은 것이다. 이밖에는 진실로 남은(다른) 방법이 없고 또한 미룸을 기다릴 것이 없다. 曾子가 이것을 봄(앎)이 있었으나 말씀하기 어려웠다. 그러므로 배우는 자들의 자기 마음을 다하고 자기 마음을 미루는 조목[忠恕]을 빌어서 드러내어 밝히셨으니, 사람들이 쉽게 깨닫게 하려고 하신 것이다.

至誠無息은 道의 體이니 萬殊가 一本인 것이요, 萬物이 각기 제자리를 얻음은 道의 用이니 一本이 萬殊가 되는 것이다. 이것으로써 관찰한다면 一以貫之의 실제를 볼 수 있을 것이다. 혹자는 말하기를 "中心이 忠이 되고 如心이 恕가 된다." 하니, 뜻에 또한 통한다.

⊙ 程子曰 以己及物은 仁也요 推己及物은 恕也니 違道不遠이 是也라 忠恕 一以貫之니 忠者는 天道요 恕者는 人道며 忠者는 無妄이요 恕者는 所以行乎忠也라 忠者는 體요 恕者는 用이니 大本達道[14]也라 此與違道不遠異者는 動以天[15]爾니라

又曰 維天之命이 於(오)穆不已는 忠也요 乾道變化하여 各正性命은 恕也라

---

13 中心爲忠 如心爲恕 : 이는 글자를 분석하여(破字하여) 訓한 것으로, 이 말은 《周禮》의 疏에 보인다.

14 大本達道 : 《中庸》 1장에 "中은 천하의 大本이며 和는 천하의 達道이다.〔中也者 天下之大本也 和也者 天下之達道也〕" 하였는데, '大本'은 큰 근본이란 뜻으로 仁·義·禮·智의 本性(中)을 가리키며, '達道'는 누구나 공통으로 행해야 할 道란 뜻으로 情이 過하거나 不及하지 않고 모두 節度에 맞음(和)을 이르며, 또한 父子有親 등의 五倫을 가리키기도 한다. 여기에서는 '忠'은 大本에, '恕'는 達道에 배합하였다.

15 動以天 : '天'은 天道로 자연스러움을 이르는바, 聖人의 '不思而得 不勉而中'을 이른다. 이는 動以人과 상대되는 것으로 《中庸》의 忠恕는 배우는 자들이 억지로 힘쓰는 人道인 반면, 孔子의 忠恕는 자연스레 이루어지는 것이기 때문에 이렇게 말한 것이다. 天道는 天理의 本然을 이르고 人道는 인간이 당연히 해야 할 일을 이르는바, 《中庸》에 "성실한 자는 하늘의 道이고 성실히 하려는 자는 사람의 道이니, 성실한 자는 힘쓰지 않고도 道에 맞으며 생각하지 않고도 알아서 從容히 道에 맞으니 聖人이요, 성실히 하려는 자는 善을 택하여 굳게 잡는(지키는) 자이다.〔誠者 天之道也 誠之者 人之道也 誠者 不勉而中 不思而得 從容中道 聖人也 誠之者 擇善而固執之者也〕"라고 보인다.

••• 竭 다할 갈 譬 비유할 비 待 기다릴 대 借 빌릴 차 曉 깨달을 효 殊 다를 수 物 남을 물 違 거리 위 遠 멀 원
妄 거짓 망 於 감탄할 오 穆 심원할 목, 공경할 목

又曰 聖人敎人에 各因其才하시니 吾道一以貫之는 惟曾子爲能達此니 孔子所以告之也라 曾子告門人曰 夫子之道는 忠恕而已矣라하시니 亦猶夫子之告曾子也[16]라 中庸所謂忠恕違道不遠은 斯乃下學上達之義니라

⊙ 程子(明道)가 말씀하였다. "자신으로써 남에게 미침은 仁이요, 자기 마음을 미루어서 남에게 미침은 恕이니,《中庸》의 '忠과 恕는 道와 거리가 멀지 않다.'는 것이 이것이다. 忠과 恕는 一以貫之이니, 忠은 天道이고 恕는 人道이며, 忠은 無妄(詐妄함이 없는 것)이고 恕는 忠을 행하는 것이다. 忠은 體요 恕는 用이니, 大本과 達道이다. 이것이《中庸》의 '忠恕違道不遠'과 다른 것은 動하기를 天(自然)으로 하기 때문이다."

〈程子(伊川)가 또 말씀하였다. "'하늘의 命이 아! 深遠하여 그치지 않는다.'는 것은 忠이요, '乾道가 變化하여 각기 性命을 바루고 있다.'는 것은 恕이다."

또 말씀하였다. "聖人이 사람을 가르침에 각기 그 才質을 따르셨다. 우리 道가 一以貫之라는 것은 오직 曾子만이 이것을 통달할 수 있었으니, 孔子께서 이 때문에 曾子에게 말씀해 주신 것이다. 曾子가 門人에게 말씀하기를 '夫子의 道는 忠恕일 뿐이다.' 하셨으니, 이 또한 夫子께서 曾子에게 말씀하신 것과 같다.《中庸》의 이른바 忠恕違道不遠이란 것은 바로 '아래로 人間의 일을 배우면서 위로 天理를 통달'하는 뜻이다."

16. 子曰 君子는 喩於義하고 小人은 喩於利니라

孔子께서 말씀하셨다. "君子는 義에 밝고(밝게 알고) 小人은 利에 밝다."

喩는 猶曉也라 義者는 天理之所宜요 利者는 人情之所欲이라

'喩'는 曉(밝게 앎)와 같다. '義'는 天理의 마땅함이요 '利'는 人情의 하고자 하는 바이다.

⊙ 程子曰 君子之於義는 猶小人之於利也니 惟其深喩라 是以篤好니라

楊氏曰 君子有舍生而取義者하니 以利言之하면 則人之所欲이 無甚於生하고 所惡(오) 無甚於死하니 孰肯舍生而取義哉아 其所喩者義而已요 不知利之爲利故也라 小人은 反是니라

---

16 亦猶夫子之告曾子也:夫子가 曾子의 수준과 자질에 맞게 '一以貫之'를 말씀해주신 것처럼 曾子도 門人들의 수준과 자질을 고려하여 孔子의 가르침을 '忠恕'라는 말로 바꾸어 가르쳐 주었음을 이른다.

··· 猶 같을 유 喩 깨달을 유 曉 깨달을 효 舍 버릴 사 肯 즐길 긍

⊙ 程子(伊川)가 말씀하였다. "君子가 義에 있어서는 小人이 利에 있어서와 같다. 오직 깊이 알기 때문에 독실히 좋아하는 것이다."

楊氏(楊時)가 말하였다. "君子는 生命을 버리고 義를 취하는 경우가 있으니, 이익을 가지고 말한다면 사람의 바라는 바가 삶보다 더 심한 것이 없고, 싫어함이 죽음보다 더 심한 것이 없으니, 누가 기꺼이 生命을 버리고 義를 취하겠는가. 밝게 아는 것이 義일 뿐이요, 利가 利가 됨을 알지 못하기 때문이다. 小人은 이와 반대이다."

17. 子曰 見賢思齊焉하며 見不賢而內自省也니라

孔子께서 말씀하셨다. "어진이의 훌륭한 행실을 보고는 그와 같기를 생각하며, 어질지 못한 이의 나쁜 행실을 보고는 안으로 스스로 반성해야 한다."

思齊者는 冀己亦有是善이요 內自省者는 恐己亦有是惡이라

'思齊'는 자신도 이러한 善이 있기를 바라는 것이요, '內自省'은 자신도 이러한 惡이 있을까 두려워하는 것이다.

⊙ 胡氏曰 見人之善惡不同而無不反諸身者면 則不徒羨人而甘自棄요 不徒責人而忘自責矣[17]라

⊙ 胡氏(胡寅)가 말하였다. "사람의 善과 惡이 똑같지 않음을 보고서 자신에게 돌이키지 않음이 없다면 단지 남을 부러워하기만 하고 스스로 버림을 달갑게 여기지는 않을 것이요, 단지 남을 꾸짖기만 하고 自責함을 잊지는 않을 것이다."

---

17 見人之善惡不同……不徒責人而忘自責矣: '見人之善惡不同'을 '사람의 善과 惡이 똑같지 않음을 보고서'로 해석하였으나 '사람의 善과 惡을 보는 것이 똑같지 않으나'로 해석하기도 한다. 胡氏의 이 말은 讀者들이 이해하기 어려운바, 이 글의 句마다 無와 不을 빼서 '見人之善惡不同而不能反諸身者 則徒羨人而甘自棄 徒責人而忘自責矣'로 만들면 도리어 쉽게 이해할 수 있을 것이다. 이 말을 해석하면 "남의 善과 惡이 똑같지 않음을 보고서 자기 몸에 돌이키지 못한다면 한갓 善한 사람의 훌륭한 행실을 부러워하기만 하고 스스로 포기하는 것을 달갑게 여길 것이요 한갓 惡한 사람의 나쁜 행실을 꾸짖기만 하고 스스로 꾸짖는 것을 잊을 것이다."가 된다. 이를 반대로 생각하면 胡氏의 말의 의미를 이해할 수 있을 것이다.

••• 齊 같을 제 冀 바랄 기 徒 한갓 도 羨 부러워할 선

18. 子曰 事父母호되 幾諫이니 見志不從하고 又敬不違하며 勞而不怨이니라

孔子께서 말씀하셨다. "부모를 섬기되 은미하게(살며시) 諫해야 하니, 부모의 뜻이 내 말을 따르지 않음을 보더라도(당하더라도) 더욱 공경하고 어기지 않으며, 수고로워도 원망하지 않아야 한다."

　此章은 與內則(칙)之言相表裏라 幾는 微也니 微諫은 所謂父母有過어든 下氣[18]怡色柔聲以諫也요 見志不從하고 又敬不違는 所謂諫若不入이어든 起敬起孝[19]하여 悅則復諫也요 勞而不怨은 所謂與其得罪於鄕黨州閭[20]론 寧孰(熟)諫이니 父母怒不悅而撻之流血이라도 不敢疾怨이요 起敬起孝也[21]니라

　이 章은 《禮記》〈內則〉의 내용과 서로 表裏가 된다. '幾'는 隱微함이니, '은미하게 간한다.'는 것은 〈內則〉에 이른바 "부모가 잘못이 있거든 氣를 내리고 얼굴빛을 온화하게 하고 음성을 부드럽게 하여 간한다."는 것이다. '부모의 마음이 내 말을 따르지 않음을 보더라도 더욱 공경하고 어기지 않는다.'는 것은 〈內則〉에 이른바 "간하는 말이 만일 받아들여지지 않더라도 더욱 공경하고 더욱 효도하여 기뻐하시면 다시 간한다."는 것이다. '수고로워도 원망하지 않는다.'는 것은 〈內則〉에 이른바 "부모가 鄕·黨·州·閭에서 죄를 얻게 하기보다는 차라리 익숙히 간해야 하니, 부모가 노하여 기뻐하지 않아서 종아리를 쳐 피가 흐르더라도 감히 부모를 미워하고 원망하지 말 것이요, 더욱 공경하고 더욱 효도하라."는 것이다.

19. 子曰 父母在어시든 不遠遊하며 遊必有方이니라

孔子께서 말씀하셨다. "부모가 생존해 계시거든 멀리 놀지(가지) 말며, 부득이하여 놀 경우에는 반드시 일정한 方所가 있어야 한다."

18　下氣 : 上氣와 반대되는 말로, 흥분하거나 상기하지 않음을 이른다.

19　起敬起孝 : 鄭玄은 "'起'는 更(다시)과 같다." 하였으며, 西山眞氏(眞德秀)는 "'起'는 竦然히 흥기하는 뜻이다." 하였다.

20　鄕黨州閭 : 고대의 행정 단위로, 鄕은 12,500가호이고 黨은 500가호이며 州는 2,500가호이고 閭는 25가호이다.

21　所謂父母有過……起敬起孝也 : 《禮記》〈內則〉의 原文은 다음과 같다. "父母有過 下氣怡色 柔聲以諫 諫若不入 起敬起孝 說則復諫 不說 與其得罪於鄕黨州閭 寧孰諫 父母怒不說 而撻之流血 不敢疾怨 起敬起孝"

···　幾 은미할 기　諫 간할 간　違 떠날 위　則 본받을 칙　裏 속 리　怡 화할 이　閭 마을 려　寧 차라리 녕　孰 익을 숙　撻 종아리칠 달　疾 미워할 질　遊 놀 유　方 방소 방

遠遊면 **則去親遠而爲日久**하고 **定省曠而音問疎**하니 **不惟己之思親不置[22]**라 **亦恐親之念我不忘也**라 **遊必有方**은 **如已告云之東**이면 **則不敢更**(경)**適西**니 **欲親必知己之所在而無憂**하고 **召己則必至而無失也**라

范氏曰 子能以父母之心爲心이면 **則孝矣**니라

멀리 놀면 어버이를 멀리 떠나가서 날짜가 오래되며, 昏定晨省을 비우게 되어 음성으로 問安하는 것이 드물게 되니, 단지 자신이 어버이를 그리워하여 그대로 있지 못할 뿐만 아니라, 또한 어버이가 자신을 생각하여 잊지 못하실까 두려워하는 것이다. '놀 경우에는 반드시 方所가 있다.'는 것은 이미 동쪽으로 간다고 아뢰었으면 감히 바꾸어(변경하여) 서쪽으로 가지 못함과 같은 것이니, 어버이가 반드시 자신의 소재를 알아서 근심함이 없고 자신을 부르면 반드시 도착하여 실수가 없고자 해서이다.

范氏(范祖禹)가 말하였다. "자식이 능히 부모의 마음을 자신의 마음으로 삼는다면 孝가 될 것이다."

20. 子曰 三年을 無改於父之道라야 可謂孝矣니라

孔子께서 말씀하셨다. "3년 동안 아버지의 道(행실)를 고침이 없어야 孝라고 이를 수 있다."

胡氏曰 已見(현)**首篇**하니 **此蓋複出而逸其半也**라

胡氏(胡寅)가 말하였다. "이미 머리 篇(學而篇)에 보이니, 이것은 중복하여 나왔는데, 그 절반이 빠져 있다."

21. 子曰 父母之年은 不可不知也니 一則以喜요 一則以懼니라

孔子께서 말씀하셨다. "부모의 나이는 알지(기억하지) 않으면 안 되니, 〈부모의 나이를 기억하고 있으면〉 한편으로는 기쁘고 한편으로는 두렵다."

知는 猶記憶也[23]라 **常知父母之年**이면 **則旣喜其壽**하고 **又懼其衰**하여 **而於愛日之**

---

22 不惟己之思親不置 : '不惟'는 非但, 不獨과 같으며 '置'는 방치함을 이르는바, 곧 자기가 어버이를 그리워하여 잊지 못할 뿐만이 아니라는 뜻이다.

23 知 猶記憶也 : 胡氏(胡寅)는 "생각하고 생각함이 늘 여기에 있어서 잊지 않는 것을 말한다." 하였다.

••• 曠 비울 광 疎 성길 소 置 버려둘 치 更 바꿀 경 適 갈 적 김 부를 소 見 나타날 현 逸 빠질 일 喜 기쁠 희 懼 두려워할 구 記 기억할 기 憶 기억할 억 衰 쇠할 쇠 愛 아낄 애

誠²⁴에 自有不能已者리라

'知'는 記憶과 같다. 항상 부모의 나이를 기억하여 알고 있으면 이미 장수하심을 기뻐하고, 또 노쇠하신 것을 두려워하여 날짜를 아끼는 정성에 있어 저절로 그만둘 수 없게 될 것이다.

22. 子曰 古者에 言之不出은 恥躬之不逮也니라

孔子께서 말씀하셨다. "옛날에 말을 함부로 내지 않은 것은 躬行이 미치지 못함을 부끄러워해서였다."

言古者하여 以見(현)今之不然이라 逮는 及也라 行不及言은 可恥之甚이니 古者에 所以 不出其言은 爲此故也니라

'옛날'이라고 말씀하여 지금은 그렇지 않음을 나타내신 것이다. '逮'는 미침이다. 행실이 말에 미치지 못함은 부끄러울 만함이 심한 것이니, 옛날에 말을 함부로 내지 않은 까닭은 이 때문이었다.

⊙ 范氏曰 君子之於言也에 不得已而後에 出之하나니 非言之難이요 而行之難也라 人惟其不行也라 是以輕言之하니 言之를 如其所行하고 行之를 如其所言이면 則出諸 其口에 必不易(이)矣리라

⊙ 范氏(范祖禹)가 말하였다. "君子는 말을 함에 있어 부득이한 뒤에 하니, 말하기가 어려운 것이 아니요 행하기가 어렵기 때문이다. 사람들은 행하지 않는다. 이 때문에 가볍게 말하는 것이니, 말하는 것을 그 행하는 바와 같이 하고 행하는 것을 그 말하는 바와 같이 한다면 말을 입에서 낼 때에 반드시 쉽게 하지 못할 것이다."

23. 子曰 以約失之者 鮮矣니라

孔子께서 말씀하셨다. "約으로써 〈道를〉 잃는 자는 거의 없다."

謝氏曰 不侈然以自放之謂約이라

---

24 愛日之誠 : '愛'는 '아끼다'의 뜻으로, 父母를 섬길 수 있는 날짜가 적음을 안타까워하여 하루라도 더 정성 껏 봉양하려고 노력하는 孝誠을 이른다.

••• 恥 부끄러울 치 躬 몸 궁 逮 미칠 체 輕 가벼울 경 約 묶을 약 鮮 드물 선 侈 잘난체할 치 放 방자할 방

尹氏曰 凡事約則鮮失이니 非止謂儉約也니라

謝氏(謝良佐)가 말하였다. "잘난(큰) 체하여 스스로 放肆하지 않음을 約이라 이른다."

尹氏(尹焞)가 말하였다. "모든 일에 約하면 잃는 경우가 적으니, 다만 儉約만을 말한 것이 아니다."

24. 子曰 君子는 欲訥於言而敏於行이니라

孔子께서 말씀하셨다. "君子는 말은 어눌하고자 하고, 행실은 민첩하고자 한다."

謝氏曰 放言易[25]라 故로 欲訥이요 力行難이라 故로 欲敏이니라

謝氏(謝良佐)가 말하였다. "함부로 말함은 쉽다. 그러므로 어눌하고자 하고, 힘써 행함은 어렵다. 그러므로 민첩하고자 하는 것이다."

⊙ 胡氏曰 自吾道一貫으로 至此十章은 疑皆曾子門人所記也라

⊙ 胡氏(胡寅)가 말하였다. "吾道一貫으로부터 여기까지의 열 章은 의심컨대 모두 曾子의 門人이 기록한 것인 듯하다."

25. 子曰 德不孤라 必有鄰이니라

孔子께서 말씀하셨다. "德은 외롭지 않아 반드시 이웃이 있다."

鄰은 猶親也라 德不孤立하여 必以類應이라 故로 有德者는 必有其類從之니 如居之有鄰也라

'鄰'은 親과 같다. 德은 고립되지 않아 반드시 같은 類가 응한다. 그러므로 德이 있는 자는 반드시 그 同類가 따름이 있으니, 거주하는 곳에 이웃이 있는 것과 같다.

---

25 放言易 : '放言'은 함부로 흰소리 침을 이르는바, 아래 〈微子〉 8장에 "虞仲과 夷逸을 評하시되 '숨어 살면서 말을 함부로 하였으나 몸은 깨끗함에 맞았고 폐함(벼슬하지 않음)은 權道에 맞았다. 나는 이와 달라서 可함도 없고 不可함도 없다.' 하셨다.〔謂虞仲夷逸 隱居放言 身中淸 廢中權 我則異於是 無可無不可〕"라고 보인다.

••• 止 다만 지 儉 검소할 검 訥 어눌할 눌 敏 민첩할 민 放 함부로할 방 孤 외로울 고 鄰 이웃 린 類 종류 류

26. 子游曰 事君數(삭)이면 斯辱矣요 朋友數이면 斯疏矣니라

子游가 말하였다. "임금을 섬김에 자주 간하면 辱을 당하고, 朋友間에 자주 충고하면 소원해진다."

程子曰 數은 煩數也라

胡氏曰 事君에 諫不行則當去요 導友에 善不納則當止니 至於煩瀆이면 則言者輕하고 聽者厭矣라 是以로 求榮而反辱하고 求親而反疏也니라

范氏曰 君臣朋友는 皆以義合²⁶이라 故로 其事同也니라

程子(明道)가 말씀하였다. "數은 번거롭고 자주하는 것이다."

胡氏(胡寅)가 말하였다. "임금을 섬김에 간하는 말이 행해지지 않으면 마땅히 떠나야 하고, 벗을 인도함에 착한 말이 받아들여지지 않으면 마땅히 중지해야 하니, 번독함에 이르면 말한 자는 가벼워지고 듣는 자는 싫어한다. 이 때문에 영화를 구하다가 도리어 욕을 당하고, 친하기를 구하다가 도리어 소원해지는 것이다."

范氏(范祖禹)가 말하였다. "君臣과 朋友는 모두 義로써 합하였다. 그러므로 그 일이 똑같은 것이다."

---

26 君臣朋友 皆以義合 : 부자간과 형제간은 血緣으로 맺어진 반면 군신간과 붕우간은 남남이 만나서 義理로 맺어졌기 때문에 말한 것이다.

••• 數 자주 삭 疏 소원할 소 煩 번거로울 번 納 받아들일 납 瀆 번거로울 독 厭 싫어할 염 榮 영화 영 辱 욕될 욕

公冶長 第五

此篇은 皆論古今人物賢否得失하니 蓋格物窮理之一端也니
凡二十七章이라 胡氏以爲疑多子貢之徒所記云이라

이 篇은 모두 古今의 인물에 대한 賢否와 得失을 평론하였으니, 格物·窮理의 한 가지이다.
모두 27章이다. 胡氏(胡寅)는 "이 篇은 子貢의 門徒들이 기록한 것이 많은 듯하다." 하였다.

1-1. 子謂公冶長하사되 可妻也로다 雖在縲絏(루설)之中이나 非其罪也라하시고 以其子로 妻之하시다

孔子께서 公冶長을 두고 평하시기를 "사위 삼을(딸을 시집보낼) 만하다. 비록 포승으로 묶여 獄中에 있었으나 그의 죄가 아니었다." 하시고, 당신의 딸을 그에게 시집보내셨다.

公冶長은 孔子弟子라 妻는 爲之妻也라 縲는 黑索(삭)也요 絏은 攣(련)也니 古者獄中에以黑索拘攣罪人이라 長之爲人은 無所考나 而夫子稱其可妻하시니 其必有以取之矣요又言 其人이 雖嘗陷於縲絏之中이나 而非其罪라하시니 則固無害於可妻也[1]라 夫有罪無罪는 在我而已니 豈以自外至者로 爲榮辱哉리오

公冶長은 孔子의 弟子이다. '妻'는 〈딸을 시집보내어〉 그의 아내가 되게 하는 것이다. '縲'는

---

1 固無害於可妻也 : '無害'는 不害 또는 無妨과 같은 말로, 딸을 시집보낼만함에 하등 문제될 것이 없음을이른다.

··· 冶 풀무 야 妻 시집보낼 처 縲 끈 루 絏 묶을 설 索 새끼줄 삭 攣 묶을 련 獄 감옥 옥 拘 잡아맬 구 陷 빠질 함辱 욕될 욕

검정색의 새끼줄(포승)이고 '絏'은 결박이니, 옛날 獄中에서는 검정색의 포승으로 죄인을 결박하였다. 公冶長의 사람됨은 상고할 곳이 없으나 夫子께서 '사위 삼을 만하다.'고 칭찬하셨으니, 그에게 반드시 취할 만한 점이 있었을 것이다. 또 '그 사람이 비록 일찍이 포승으로 묶이는 가운데에 빠졌으나 그의 죄가 아니었다.'고 말씀하셨으니, 그렇다면 진실로 사위 삼는 데에 나쁠 것이 없는 것이다. 죄가 있고 없음은 자신에게 달려 있을 따름이니, 어찌 밖으로부터 이른 것을 가지고 榮辱을 삼겠는가.

1-2. 子謂南容하사되 邦有道에 不廢하며 邦無道에 免於刑戮이라하시고 以其兄之子로 妻之하시다

孔子께서 南容을 두고 평하시기를 "나라에 道가 있을 때에는 버려지지 않을 것이요 나라에 道가 없을 때에는 형벌을 면할 것이다." 하시고, 형의 딸(조카딸)을 그에게 시집보내셨다.

南容은 孔子弟子니 居南宮하고 名縚요 又名适(괄)이요 字子容이며 諡敬叔이니 孟懿子之兄也라 不廢는 言必見用也라 以其謹於言行이라 故로 能見用於治朝하고 免禍於亂世也니 事又見(현)第十一篇²하니라

南容은 孔子의 弟子이니, 南宮(남쪽에 있는 궁궐)에 거주하였으며 이름은 縚이고 또 适이라고도 하였다. 자는 子容, 시호는 敬叔이니, 孟懿子의 兄이다. '不廢'는 반드시 쓰여짐을 말한 것이다. 그가 言行을 삼갔으므로 잘 다스려지는 조정에서는 쓰여지고 亂世에는 禍를 면할 수 있었던 것이다. 이에 대한 일은 또 제11편 〈先進〉에 보인다.

⊙ 或曰 公冶長之賢이 不及南容이라 故로 聖人이 以其子妻長하고 而以兄子妻容하시니 蓋厚於兄而薄於己也라한대 程子曰 此는 以己之私心으로 窺聖人也라 凡人避嫌者는 皆內不足也라 聖人은 自至公하시니 何避嫌之有리오 況嫁女는 必量其才而求配니 尤不當有所避也라 若孔子之事는 則其年之長幼와 時之先後를 皆不可知어니와 惟以爲避嫌은 則大不可라 避嫌之事는 賢者且不爲온 況聖人乎아

---

2 事又見第十一篇 : 아래 〈先進〉 5장에 "南容이 白圭를 읊은 詩를 〈하루에〉 세 번 반복해서 외우니, 孔子께서 그 형의 딸을 그에게 시집보내셨다.〔南容三復白圭 孔子以其兄之子妻之〕"라고 보인다.

••• 邦 나라 방 廢 폐할 폐 戮 죽일 륙 縚 실띠 도 适 빠를 괄 諡 시호 시 懿 아름다울 의 厚 두터울 후 薄 엷을 박 窺 엿볼 규 避 피할 피 嫌 혐의 혐 嫁 시집갈 가

⊙ 혹자가 말하기를 "公冶長의 어짊이 南容에 미치지 못하였다. 그러므로 聖人이 자기 딸을 公冶長에게 시집보내고 형의 딸을 南容에게 시집보냈으니, 이는 형에게 후하게 하고 자신에게 박하게 한 것이다." 하였다.

程子(伊川)가 이에 대하여 말씀하였다. "이는 자신의 私心을 가지고 聖人을 엿본 것이다. 무릇 사람들이 혐의를 피하는 것은 모두 내면이 부족하기 때문이다. 聖人은 본래 지극히 공정하시니, 어찌 혐의를 피할 일이 있겠는가. 하물며 딸을 시집보내는 일은 반드시 딸의 재질을 헤아려서 배필을 구해야 하니, 더욱 피하는 바가 있어서는 안 된다. 孔子의 이 일로 말하면 그 나이의 長幼(차이)와 시집간 시기의 先後를 모두 알 수 없지만, 다만 혐의를 피했다고 말하는 것은 크게 옳지 않다. 혐의를 피하는 일은 賢者도 하지 않는데 하물며 聖人에 있어서이겠는가."

2. 子謂子賤하사되 君子哉라 若人이여 魯無君子者면 斯焉取斯리오

孔子께서 子賤을 두고 평하셨다. "君子답다, 이 사람이여. 魯나라에 君子가 없었다면 이 사람이 어디에서 이러한 德을 취했겠는가."

子賤은 孔子弟子니 姓宓(복)이요 名不齊라 上斯斯는 此人이요 下斯斯는 此德이라 子賤이 蓋能尊賢取友하여 以成其德者라 故로 夫子旣歎其賢하시고 而又言 若魯無君子면 則此人이 何所取以成此德乎아하시니 因以見(현)魯之多賢也시니라

子賤은 孔子의 弟子이니, 성은 宓이고, 이름은 不齊이다. '斯焉取斯'의 앞의 '斯'자는 이 사람(子賤)이고, 뒤의 '斯'자는 이러한 德이다. 子賤은 아마도 어진이를 높이고 훌륭한 벗을 취하여 德을 이룬 사람인 듯하다. 그러므로 夫子께서 이미 그의 어짊을 감탄하시고, 또 '만약 魯나라에 君子가 없었다면 이 사람이 어디에서 취하여 이러한 德을 이루었겠는가?'라고 말씀하셨으니, 이로 인하여 魯나라에 君子가 많음을 나타내신 것이다.

⊙ 蘇氏曰 稱人之善에 必本其父兄師友는 厚之至也니라

⊙ 蘇氏(蘇軾)가 말하였다. "사람의 善을 칭찬할 적에 반드시 그 父兄과 師友를 근본하여 말하는 것은 厚함이 지극한 것이다."

••• 焉 어찌 언 宓 성 복 歎 탄식할 탄 蘇 깨어날 소

3. 子貢이 問曰 賜也는 何如하니잇고 子曰 女(汝)는 器也니라 曰 何器也잇고 曰 瑚璉(호련)也니라

子貢이 "저(賜)는 어떻습니까?" 하고 묻자, 孔子께서 "너는 그릇이다." 하셨다. "어떤 그릇입니까?" 하고 다시 묻자, "瑚·璉이다." 하고 대답하셨다.

器者는 有用之成材라 夏曰瑚요 商曰璉이요 周曰簠簋[3](보궤)니 皆宗廟盛黍稷之器而飾以玉하니 器之貴重而華美者也라 子貢이 見孔子以君子許子賤이라 故로 以己爲問에 而孔子告之以此하시니 然則子貢이 雖未至於不器[4]나 其亦器之貴者歟인저

'器'란 쓰임이 있는 완성된 재질이다. 夏나라에서는 瑚라 하고 商나라에서는 璉이라 하고 周나라에서는 簠簋라 하였는바, 모두 宗廟에서 黍稷을 담는 그릇인데 玉으로 장식하였으니, 그릇 중에 귀중하고 화려한 것이다. 子貢은 孔子께서 子賤을 君子라고 허여하심을 보았다. 이 때문에 자기를 가지고 질문함에 孔子께서 이것으로 답하셨으니, 그렇다면 子貢이 비록 '不器'의 경지에는 이르지 못하였으나 또한 그릇 중에 귀한 자일 것이다.

4-1. 或曰 雍也는 仁而不佞(영)이로다

혹자가 말하기를 "雍은 仁하나 말재주가 없습니다." 하였다.

雍은 孔子弟子니 姓冉(염)이요 字仲弓이라 佞은 口才也라 仲弓은 爲人이 重厚簡默이어늘 而時人이 以佞爲賢이라 故로 美其優於德而病其短於才也라

雍은 孔子의 弟子이니, 성은 冉이고 자는 仲弓이다. '佞'은 말재주이다. 仲弓은 사람됨이 중후하고 소탈〔簡〕 과묵하였는데, 당시 사람들은 말을 잘하는 것을 훌륭하게 여겼으므로 그가 德에 뛰어남을 讚美하고 말재주에 부족함을 흠으로 여긴 것이다.

---

3 夏曰瑚……周曰簠簋 : 新安倪氏(倪士毅)는 "살펴보건대, 《禮記》〈明堂位〉에 '夏后氏의 四璉, 殷의 六瑚, 周의 八簋'라고 하여, 夏나라에서 璉이라 하고 商나라에서 瑚라 하였다. 그런데 여기에서 반대로 쓴 것은 鄭玄 등의 舊註를 인습한 것인데, 아마도 瑚가 앞에 있고 璉이 뒤에 있어서 잘못된 듯하다. 밖이 네모나고 안이 둥근 것을 簠라고 하고, 밖이 둥글고 안이 네모난 것을 簋라고 한다." 하였다.

4 不器 : 앞의 〈爲政〉에 '君子不器'라고 보이는바, 그릇은 한 가지에만 유용하게 쓰일 뿐이요 서로 통하지 못한다. 君子는 德이 구비되어 어디에든 유용하게 쓰이기 때문에 君子는 그릇처럼 쓰임에 국한되지 않음을 말한 것이다.

••• 女 너 여(汝通) 器 그릇 기 瑚 제기호 璉 제기련 簠 제기보 簋 제기궤 盛 담을 성 黍 기장서 稷 피직
飾 꾸밀 식 雍 화락할 옹 佞 말잘할 녕 冉 나아갈 염 簡 간략할 간 默 잠잠할 묵 優 넉넉할 우 短 부족할 단

4-2. 子曰 焉用佞이리오 禦人以口給하여 屢憎於人하나니 不知其仁이어니와 焉用佞이리오

孔子께서 말씀하셨다. "말재주를 어디에다 쓰겠는가. 구변으로 남의 말을 막아서 자주 남에게 미움을 받으니, 그가 仁한지는 모르겠으나 말재주를 어디에다 쓰겠는가."

禦는 當也니 猶應答也라 給은 辦(辯)[5]也라 憎은 惡(오)也라 言何用佞乎리오 佞人所以應答人者는 但以口取辦而無情實하여 徒多爲人所憎惡爾라 我雖未知仲弓之仁이나 然其不佞은 乃所以爲賢이요 不足以爲病也라 再言焉用佞은 所以深曉之시니라

'禦'는 當(상대, 또는 막음)하는 것이니, 〈남의 말에〉應答함과 같다. '給'은 말을 잘하는 것이다. '憎'은 미워함이다. "말재주를 어디에다 쓰겠는가. 구변 좋은 사람이 남과 응답하는 것은 단지 입으로 말하여 변명을 취할 뿐이요 實情이 없어서, 한갓 남들에게 미움을 받음이 많을 뿐이다. 내 비록 仲弓이 仁한지는 알지 못하겠으나, 그의 말재주 없음은 바로 훌륭함이 되는 것이요 흠될 것이 없다."고 말씀하신 것이다. '말재주를 어디에다 쓰겠는가.'라고 다시 말씀하신 것은 깊이 그를 깨우치신 것이다.

⊙ 或疑仲弓之賢으로도 而夫子不許其仁은 何也오 曰 仁道至大하여 非全體而不息者면 不足以當之라 如顔子亞聖으로도 猶不能無違於於三月之後어든 況仲弓雖賢이나 未及顔子하니 聖人이 固不得而輕許之也시니라

⊙ 혹자가 의심하기를 "仲弓의 어짊으로도 夫子께서 그의 仁을 허여하지 않으심은 어째서인가?" 하였다. 나(朱子)는 다음과 같이 대답하였다. "仁의 道는 지극히 커서 전체이고 그치지 않는 자가 아니면 이에 해당될 수 없다. 顔子와 같은 亞聖으로서도 오히려 3개월이 지난 뒤에는 仁을 떠남이 없지 못하였다. 더구나 仲弓이 비록 어질지만 顔子에 미치지 못하였으니, 聖人이 참으로 가볍게 허여하실 수 없는 것이다."

5. 子使漆雕開로 仕하신대 對曰 吾斯之未能信이로소이다 子說(열)하시다

孔子께서 漆雕開에게 벼슬을 하도록 권하시자, 그가 대답하기를 "저는 이것(벼슬함)

---

5 給 辦也 : 대부분의 판본에 辨으로 표기되어 있는바, 옛날에 辦은 辨, 辯과 통용되었다.

··· 禦 막을 어 給 말잘할 급 屢 여러 루 憎 미워할 증 當 당할 당 應 응할 응 答 대답할 답 辯 말잘할 변
徒 한갓 도 曉 깨우칠 효 亞 버금 아 違 떠날 위 輕 가벼울 경 漆 옻칠 칠 雕 새길 조 開 열 개

에 대해 아직 자신할 수 없습니다." 하니, 孔子께서 기뻐하셨다.

漆雕開는 孔子弟子니 字子若이라 斯는 指此理而言이라 信은 謂眞知其如此하여 而無
毫髮之疑也라 開自言未能如此하여 未可以治人이라 故로 夫子說其篤志하시니라

漆雕開는 孔子의 弟子이니, 자는 子若이다. '斯'는 이 이치를 가리켜 말한 것이다. '信'은 참
으로 그러함을 알아 털끝만한 의심도 없음을 이른다. 漆雕開가 스스로 말하기를 "아직 이와 같
지 못하여 사람을 다스릴 수 없습니다." 하였다. 그러므로 孔子께서 그의 뜻이 돈독함을 기뻐하
신 것이다.

⊙ 程子曰 漆雕開已見大意라 故로 夫子說之하시니라 又曰 古人은 見道分明이라 故로
其言이 如此하니라
謝氏曰 開之學을 無可考라 然이나 聖人이 使之仕하시니 必其材可以仕矣어니와 至於
心術之微하여는 則一毫不自得이면 不害其爲未信[6]이라 此는 聖人所不能知어늘 而開自
知之하니 其材可以仕로되 而其器不安於小成하니 他日所就를 其可量乎아 夫子所以
說之也시니라

⊙ 程子(明道)가 말씀하였다. "漆雕開가 이미 大意를 보았다. 그러므로 夫子께서 기뻐하신
것이다."
또 말씀하였다. "옛사람은 道를 봄이 분명하였다. 그러므로 그 말씀이 이와 같은 것이다."
謝氏(謝良佐)가 말하였다. "漆雕開의 學問은 상고할 수 없다. 그러나 聖人께서 그로 하여금
벼슬하게 하셨으니, 반드시 그의 재주가 벼슬할 만하였을 것이다. 그러나 마음의 隱微함에 이르
러서는 털끝만큼이라도 自得(스스로 만족함)하지 못함이 있으면 자신할 수 없다고 말하는데 無
妨(不害)하니, 이것은 聖人(孔子)도 알지 못하셨는데, 漆雕開가 스스로 안 것이다. 그 재질이
벼슬할 만한데도 그 그릇이 작은 성취에 안주하지 않았으니, 후일에 성취할 바를 어찌 헤아릴 수
있겠는가. 夫子께서 이 때문에 기뻐하신 것이다."

---

6 不害其爲未信 : '不害'는 無妨과 같은 뜻으로, 자신할 수 없다고 말해도 무방함을 이른 것이다.

••• 毫 터럭 호 考 상고할 고 仕 벼슬할 사 微 은미할 미 就 이룰 취

6. 子曰 道不行[7]이라 乘桴하여 浮于海호리니 從我者는 其由與인저 子路聞之하고 喜한대 子曰 由也는 好勇이 過我나 無所取材(裁)로다

孔子께서 말씀하시기를 "〈나의〉道가 행해지지 않는다. 〈내〉뗏목을 타고 바다를 항해하려 하노니, 나를 따라올 사람은 아마도 由일 것이다." 하셨다. 子路가 이 말씀을 듣고 기뻐하자, 孔子께서는 "由는 용맹을 좋아함이 나보다 나으나 사리를 헤아려 義에 맞게 하는 것이 없다." 하셨다.

桴는 筏也라 程子曰 浮海之歎은 傷天下之無賢君也라 子路勇於義라 故로 謂其能從己하시니 皆假設之言耳어늘 子路以爲實然하여 而喜夫子之與己라 故로 夫子美其勇하시고 而譏其不能裁度(탁)事理以適於義也시니라

'桴'는 뗏목이다.

程子(伊川)가 말씀하였다. " 바다를 항해하겠다는 탄식은 天下에 어진 임금이 없음을 서글퍼하신 것이다. 子路가 義理에 용감하였으므로 그가 자신을 따라올 것이라고 하신 것이니, 이는 모두 假設해서 하신 말씀일 뿐이다. 그런데 子路는 이것을 실제라고 생각하여 夫子께서 자기를 허여해 주심을 기뻐하였다. 그러므로 夫子께서 그의 용맹을 찬미하시고, 그가 사리를 헤아려 義에 맞게 하지 못함을 기롱하신 것이다."

7-1. 孟武伯이 問 子路仁乎잇가 子曰 不知也로라

孟武伯이 "子路는 仁합니까?" 하고 묻자, 孔子께서 "알지 못하겠다." 하고 대답하셨다.

子路之於仁에 蓋日月至焉者[8]니 或在或亡(무)하여 不能必其有無라 故로 以不知告之하시니라

子路는 仁에 있어 하루에 한 번이나 한 달에 한 번 이른 자이니, 혹은 있기도 하고 혹은 없기도

---

7 道不行 : 栗谷諺解에는 '道不行하니'로 懸吐, 해석하였으나 뒤에 '호리니'의 토씨가 있으므로 官本諺解를 따랐음을 밝혀둔다.

8 日月至焉者 : 하루에 한 번 仁에 이르거나 한 달에 한 번 仁에 이르는 것으로, 뒤의〈雍也〉5장에 "顔回는 그 마음이 석 달 동안 仁을 떠나지 않고, 그 나머지는 하루에 한 번, 한 달에 한 번 이를 뿐이다.〔回也 其心 三月不違仁 其餘則日月至焉而已矣〕"라고 보인다.

··· 乘 탈 승 桴 뗏목 부 浮 뜰 부 材 마름질할 재 (裁通) 筏 뗏목 벌 傷 상심할 상 假 빌릴 가 與 허여할 여 譏 비웃을 기, 비판할 기 度 헤아릴 탁 適 맞을 적 路 길 로 亡 없을 무

하여 그 有無를 기필할 수 없었다. 그러므로 "알지 못하겠다."고 말씀하신 것이다.

7-2. 又問한대 子曰 由也는 千乘之國에 可使治其賦也어니와 不知其仁也로라

다시 묻자, 孔子께서 대답하셨다. "由는 千乘의 나라에 軍을 다스리게 할 수는 있거니와 그가 仁한지는 알지 못하겠다."

賦는 兵也라 古者에 以田賦出兵이라 故로 謂兵爲賦하니 春秋傳所謂悉索敝賦 是也라 言子路之才는 可見者如此요 仁則不能知也라

'賦'는 兵(軍)이다. 옛날에는 토지의 세금에 따라 군사를 내었으므로 軍을 일러 賦라 하였으니, 《春秋左傳》에 이른바 "저희 나라의 軍을 모두 모았다(동원하였다).〔悉索敝賦〕"는 것이 이 것이다. 子路의 재주는 볼 수 있는 것이 이와 같을 뿐이요, 仁한지는 알지 못하겠다고 말씀한 것이다.

7-3. 求也는 何如하니잇고 子曰 求也는 千室之邑과 百乘之家에 可使爲之宰也어니와 不知其仁也로라

"求(冉有)는 어떻습니까?" 하고 묻자, 孔子께서 말씀하셨다. "求는 千室(千戶)의 큰 邑과 百乘(卿大夫)의 집안에 宰가 되게 할 수는 있거니와 그가 仁한지는 알지 못하겠다."

千室은 大邑이요 百乘은 卿大夫之家라 宰는 邑長家臣之通號라

'千室'은 큰 邑이요, '百乘'은 卿大夫의 집안이다. '宰'는 邑長과 家臣의 통칭이다.

7-4. 赤也는 何如하니잇고 子曰 赤也는 束帶立於朝하여 可使與賓客言也어니와 不知其仁也로라

"赤은 어떻습니까?" 하고 묻자, 孔子께서 말씀하셨다. "赤은 〈禮服을 입고〉 띠를 묶고

··· 乘 수레 승 賦 군사 부 悉 다할 실 索 찾을 색 敝 해질 폐 宰 읍재 재, 가신 재 卿 벼슬 경 束 묶을 속 帶 띠 대

조정에 서서 賓客을 맞아 말하게 할 수는 있거니와 그가 仁한지는 알지 못하겠다."

赤은 孔子弟子니 姓公西요 字子華라

赤은 孔子의 弟子이니, 성은 公西이고 자는 子華이다.

8-1. 子謂子貢曰 女與回也로 孰愈오

孔子께서 子貢에게 이르시기를 "너는 顔回와 더불어 누가 나으냐?" 하셨다.

愈는 勝也라

'愈'는 나음이다.

8-2. 對曰 賜也 何敢望回리잇고 回也는 聞一以知十하고 賜也는 聞一以知二하노이다

대답하기를 "제가 어찌 감히 顔回를 바라겠습니까. 顔回는 하나(一)를 들으면 (듣고서) 열(十)을 알고, 저는 하나(一)를 들으면 둘(二)을 압니다." 하였다.

一은 數之始요 十은 數之終이라 二者는 一之對也라 顔子는 明睿所照에 即始而見終하고 子貢은 推測而知하여 因此而識彼하니 無所不說[9]과 告往知來[10]가 是其驗矣니라

'一'은 數의 시작이고 '十'은 數의 끝이다. '二'는 一의 상대이다. 顔子는 밝은 지혜가 비추는 바에 시작에 나아가면 끝을 알았고, 子貢은 추측하여 알아서 이것을 인하여 저것을 알았다. 〈先進〉에 孔子께서 "나의 말에 대해 기뻐하지 않는 것이 없다.〔無所不說〕"고 顔子를 칭찬한 것과 〈學而〉에 "지나간 것을 말해주자 말하지 않은 것을 안다.〔告往知來〕"고 子貢을 칭찬한 것이 그 증거이다.

---

9 無所不說：아래 〈先進〉 3장에 "顔回는 나를 돕는 자가 아니다. 나의 말에 대해 기뻐하지 않는 것이 없구나.〔回也非助我者也 於吾言無所不說〕"라고 보인다.

10 告往知來：위 〈學而〉 15장에 "賜(子貢)는 비로소 더불어 詩를 말할 만하구나. 지나간 것을 말해주면 말하지 않은 것을 아는구나.〔賜也始可與言詩已矣 告諸往而知來者〕"라고 보인다.

··· 孰 누구 숙 愈 나을 유 望 바랄 망 睿 밝을 예 照 비출 조 即 나아갈 즉 測 헤아릴 측 彼 저 피 驗 징험할 험

8-3. 子曰 弗如也니라 吾與女의 弗如也하노라

孔子께서 말씀하셨다. "네가 顔回만 못하다. 나는 네가 그만 못하다 함을 허여(인정)
한다."

與는 許也라

'與'는 허여함이다.

⊙ 胡氏曰 子貢方人에 夫子旣語以不暇[11]하시고 又問其與回孰愈하여 以觀其自知
之如何하시니라 聞一知十은 上知(智)之資니 生知之亞也요 聞一知二는 中人以上之資
니 學而知之之才也라 子貢平日에 以己方回하여 見其不可企及이라 故로 喩之如此하니
夫子以其自知之明而又不難於自屈이라 故로 旣然之하시고 又重許之하시니 此其所以
終聞性與天道[12]요 不特聞一知二而已也니라

⊙ 胡氏(胡寅)가 말하였다. "〈憲問〉편에 子貢이 사람들을 비교하자, 夫子께서 '나는 그럴 겨
를이 없다.' 하셨으며, 또 '너는 顔回와 누가 나으냐?'고 물어 그가 자기 자신을 앎이 어떠한가
를 살펴보신 것이다. '聞一知十'은 上智의 자질이니 태어나면서부터 아는〔生而知之〕이(聖
人)의 다음이요, '聞一知二'는 中人 이상의 자질이니 배워서 아는〔學而知之〕재주이다. 子貢
이 평소 자신을 顔回에 견주어 바라고 미칠 수 없음을 보았으므로 비유하기를 이와 같이 한 것
이다. 夫子는 子貢이 자신을 앎이 분명하고 또 자신을 굽히는 것을 어렵게 여기지 않았으므로
그 말을 옳게 여기시고 또 거듭 허여하신 것이다. 〈子貢은〉이 때문에 끝내 性과 天道를 들었고,
단지 하나를 들으면 둘을 알 뿐만이 아니었던 것이다."

9-1. 宰予晝寢이어늘 子曰 朽木은 不可雕也요 糞土之墻은 不可杇(오)也
니 於予與에 何誅리오

---

11 子貢方人 夫子旣語以不暇 : 아래 〈憲問〉 31장에 "子貢이 사람을 비교하였는데, 孔子께서 말씀하셨다. '賜
(子貢)는 어진가보다. 나는 그럴 겨를이 없노라.'〔子貢方人 子曰 賜也賢乎哉 夫我則不暇〕"라고 보인다.

12 所以終聞性與天道 : 아래 〈公冶長〉 12장에 "子貢이 말하였다. '夫子의 文章은 얻어 들을 수 있으나 부
자께서 性과 天道를 말씀하심은 얻어 들을 수 없다.'〔子貢曰 夫子之文章 可得而聞也 夫子之言性與天
道 不可得而聞也〕"라고 보인다.

••• 與 허여할 여　暇 겨를 가　資 바탕 자　喩 깨우칠 유　屈 굽힐 굴　特 다만 특　予 나 여　晝 낮 주　寢 잠잘 침
　朽 썩을 후　雕 새길 조　糞 거름 분　墻 담 장　杇 흙손질할 오　誅 꾸짖을 주

宰予가 낮잠을 자자, 孔子께서 말씀하셨다. "썩은 나무는 조각할 수 없고, 거름흙으로 쌓은 담장은 흙손질할 수가 없다. 내 宰予에 대하여 어찌 꾸짖을 것이 있겠는가."

畫寢은 謂當晝而寐라 朽는 腐也요 雕는 刻畫也요 杇는 鏝也니 言其志氣昏惰하여 敎無所施也라 與는 語辭라 誅는 責也니 言不足責은 乃所以深責之시니라

'晝寢'은 낮을 당하여 잠을 이른다. '朽'는 썩음이요 '雕'는 조각이요 '杇'는 흙손질이니, 그 뜻과 기운이 흐리고 게을러서 가르침을 베풀 곳이 없음을 말씀한 것이다. '與'는 어조사이다. '誅'는 꾸짖음이니, 꾸짖을 것이 없다고 말씀한 것은 바로 그를 깊이 꾸짖으신 것이다.

9-2. 子曰 始吾於人也에 聽其言而信其行이러니 今吾於人也에 聽其言而觀其行하노니 於予與에 改是로라

孔子께서 말씀하셨다. "내가 처음에는 남에 대하여 그의 말을 듣고 그의 행실을 그대로 믿었는데, 지금 나는 남에 대하여 그의 말을 듣고 다시 그의 행실을 살펴보노니, 나는 宰予에게서 이것을 고치게 되었노라."

宰予能言而行不逮라 故로 孔子自言於予之事而改此失이라하시니 亦以重警之也시니라 胡氏曰 子曰은 疑衍文이라 不然이면 則非一日之言也니라

宰予가 말을 잘하였으나 행실이 미치지 못하였다. 그러므로 孔子께서 宰予의 일로 인하여 나의 이러한 잘못을 고쳤다고 말씀하셨으니, 거듭 깨우치신 것이다.
胡氏(胡寅)가 말하였다. "'子曰'은 衍文인 듯하다. 그렇지 않다면 한 때의 말씀이 아닐 것이다."

⊙ 范氏曰 君子之於學에 惟日孜孜하여 斃而後已하여 惟恐其不及也어늘 宰予晝寢하니 自棄孰甚焉고 故로 夫子責之하시니라
胡氏曰 宰予不能以志帥(솔)氣하여 居然而倦하니 是는 宴安之氣勝하고 儆戒之志惰也라 古之聖賢이 未嘗不以懈惰荒寧爲懼하고 勤勵不息自彊하니 此孔子所以深責宰予也시니라 聽言觀行은 聖人이 不待是而後能이요 亦非緣此而盡疑學者라 特因此立敎하여 以警群弟子하여 使謹於言而敏於行耳시니라

··· 寐 잠잘 매 腐 썩을 부 刻 새길 각 晝 그림 화 鏝 흙손질할 만 惰 게으를 타 逮 미칠 체 警 일깨울 경
衍 넘칠 연 孜 부지런할 자 斃 죽을 폐 帥 거느릴 솔 倦 게으를 권 宴 편안할 연 儆 경계할 경 懈 게으를 해
勵 힘쓸 려 緣 인연 연, 연유할 연 群 무리 군

⊙ 范氏(范祖禹)가 말하였다. "君子는 學問에 있어 날로 부지런히 힘써서 죽은 뒤에야 그만 두어, 행여 미치지 못할까 두려워한다. 그런데 宰予는 낮잠을 잤으니, 스스로 포기함이 무엇이 이보다 심하겠는가. 그러므로 夫子께서 그를 책망하신 것이다."

胡氏(胡寅)가 말하였다. "宰予가 의지로 기운을 통솔하지 못해서 편안하여[居然] 나태하였 다. 이는 안락하려는 기운이 우세하고 경계하는 의지가 태만해진 것이다. 옛 聖賢은 일찍이 게 으름과 편안히 지내는 것을 두렵게 여기고 부지런히 힘쓰며 쉬지 않는 것으로 스스로 노력하지 않은 적이 없었으니, 이것이 孔子께서 宰予를 깊이 꾸짖으신 이유이다. '말을 듣고 행실을 살펴 본다.'는 것은 聖人이 이 일을 기다린 뒤에 그렇게 하신 것도 아니요, 또한 이로 말미암아 배우 는 자들을 모두 의심하신 것도 아니다. 다만 이를 인하여 가르침을 세워서 弟子들을 깨우쳐 말 을 삼가고 행실을 민첩하게 하려고 하신 것일 뿐이다."

10. 子曰 吾未見剛者로라 或對曰 申棖(정)이니이다 子曰 棖也는 慾이어니 焉得剛이리오

孔子께서 "나는 아직 剛한 자를 보지 못하였다."고 하시자, 혹자가 "申棖입니다." 하고 대답하였다. 孔子께서 말씀하셨다. "〈申棖은〉嗜慾이니, 어찌 剛할 수 있겠는가."

剛은 堅彊不屈之意니 最人所難能者라 故로 夫子歎其未見이라 申棖은 弟子姓名이라 慾은 多嗜慾也니 多嗜慾이면 則不得爲剛矣니라

'剛'은 굳세고 강하여 굽히지 않는 뜻이니, 사람이 가장 능하기 어려운 것이다. 그러므로 夫子 께서 아직 보지 못하였다고 탄식하신 것이다. 申棖은 弟子의 姓名이다. '慾'은 嗜慾이 많은 것 이니, 嗜慾이 많으면 剛함이 될 수 없다.

⊙ 程子曰 人有慾則無剛하고 剛則不屈於慾이니라

謝氏曰 剛與慾은 正相反이니 能勝物之謂剛이라 故로 常伸於萬物之上하고 爲物揜之 謂慾이라 故로 常屈於萬物之下라 自古로 有志者少하고 無志者多하니 宜夫子之未見 也라 棖之慾은 不可知나 其爲人이 得非悻悻自好者[13]乎아 故로 或者疑以爲剛이라 然이

---

13 悻悻自好者 : '悻悻'은 고집이 세고 성을 잘 내는 것으로 《孟子》〈公孫丑下〉12장에 "내 어찌 이 小丈夫 와 같이 君主에게 간하다가 받아주지 않으면 노하여 悻悻하게 그 얼굴빛에 〈노기를〉 나타내어, 떠나면 하루 종일 갈 수 있는 힘을 다한 뒤에 留宿하는 것처럼 하겠는가.[予豈若是小丈夫然哉 諫於其君而不

••• 剛 굳셀 강 棖 문설주 정 慾 욕심 욕 堅 굳을 견 屈 굽힐 굴 嗜 즐길 기 伸 펼 신 揜 가릴 엄 悻 고집셀 행 好 아낄 호 疑 의심할 의

나 **不知此其所以爲慾耳**니라

⊙ 程子(伊川)가 말씀하였다. "사람이 기욕이 있으면 剛할 수 없고, 剛하면 기욕에 굽히지 않는다."
謝氏(謝良佐)가 말하였다. "剛과 慾은 서로 정반대이다. 물건을 이길 수 있는 것을 剛이라 한
다. 그러므로 항상 萬物의 위에 펴 있고, 물건에 가리워지는 것을 慾이라 한다. 그러므로 항상
萬物의 아래에 굽히는 것이다. 예로부터 의지가 있는 자가 적고 의지가 없는 자가 많으니, 夫子
께서 剛한 자를 보지 못하심이 당연하다. 申棖의 慾은 어떤 것인지 알 수 없으나 그 사람됨이 고
집세고 자기 지조를 아끼는 자가 아니었겠는가. 이 때문에 혹자가 剛하다고 여긴 듯하다. 그러나
이것이 바로 慾이 되는 것임을 알지 못한 것이다."

11. **子貢曰 我不欲人之加諸我**[14]**也**를 **吾亦欲無加諸人**하노이다 **子曰 賜也**아 **非爾所及也**니라

子貢이 말하기를 "저는 남이 나(저)에게 加하기를 원하지 않는 일을 저도 남에게 加
하지 않으려고 합니다." 하자, 孔子께서 말씀하셨다. "賜야, 이것은 네가 미칠 바가
아니다."

子貢言 我所不欲人加於我之事를 **我亦不欲以此加之於人**이라하니 **此仁者之事**니
不待勉强이라 故로 **夫子以爲非子貢所及**이시니라

子貢이 말하기를 "저는 남이 나에게 加하기를 원하지 않는 일을 나도 남에게 加하지 않으려고
한다." 하였으니, 이는 仁者의 일로서 억지로 힘씀을 기다리지(필요로 하지) 않는다. 그러므로
夫子께서 子貢이 미칠 바가 아니라고 하신 것이다.

⊙ **程子曰 我不欲人之加諸我**를 **吾亦欲無加諸人**은 **仁也**요 **施諸己而不願**을 **亦勿**

受則怒 悻悻然見於其面 去則窮日之力而後宿哉)"라고 보이며, '自好'는 자신의 지조를 아끼는 것으로,
《孟子》〈萬章上〉9장에 "스스로 팔려가서 군주를 〈霸者로〉 만드는 것은 鄕黨의 자기 지조를 아끼는 자들
도 하지 않는데, 하물며 賢者가 이런 짓을 한다고 이르겠는가.〔自鬻以成其君 鄕黨自好者不爲 而謂賢者
爲之乎〕"라고 보이는바, 《集註》에 "'自好'는 그 몸(지조)을 스스로 아끼는 사람이다.〔自好 自愛其身之人
也〕" 하였다.

14 加諸我 : '加'는 남이 나에게 加하는 것으로, 모욕이나 폐해를 加함을 이른다. 官本諺解에는 '加홈이 업
고져'로, 栗谷諺解에는 '加호물 업고져'로 풀이하였으나 큰 차이가 없으므로 위와 같이 해석하였다.

··· 爾 너 이 勉 힘쓸 면 强 힘쓸 강 施 베풀 시

施於人은 恕也니 恕則子貢或能勉之어니와 仁則非所及矣니라

愚謂 無者는 自然而然이요 勿者는 禁止之謂니 此所以爲仁恕之別이니라

⊙ 程子(伊川)가 말씀하였다. "내가 남이 나에게 加하기를 원하지 않는 일을 나도 남에게 加하지 않는 것은 仁이요, 자신에게 베풀어서 원하지 않는 것을 나 역시 남에게 베풀지 않으려고 하는 것은 恕이다. 恕는 子貢이 혹 힘쓸 수 있으나 仁은 미칠 수 있는 것이 아니다."

내(朱子)가 생각하건대 '無加諸人'의 無는 자연히 그러한 것이요, '勿施於人'의 勿은 금지하는 말이니, 이것이 仁과 恕의 구별이 되는 것이다.

12. 子貢曰 夫子之文章은 可得而聞也어니와 夫子之言性與天道는 不可得而聞也니라

子貢이 말하였다. "夫子의 文章은 얻어 들을 수 있으나 夫子께서 性과 天道를 말씀하심은 얻어 들을 수 없다."

文章은 德之見(현)乎外者니 威儀文辭皆是也라 性者는 人所受之天理요 天道者는 天理自然之本體니 其實은 一理也라 言夫子之文章은 日見(현)乎外하여 固學者所共聞이어니와 至於性與天道하여는 則夫子罕言之하사 而學者有不得聞者라 蓋聖門에 敎不躐等하여 子貢이 至是에 始得聞之하고 而歎其美也니라

'文章'은 德이 밖으로 나타나는 것이니, 威儀와 文辭가 모두 이것이다. '性'은 사람이 부여받은 天理이고 '天道'는 天理自然의 본체이니, 그 실상은 한 이치이다.

'夫子의 文章은 날마다 밖으로 드러나 진실로 배우는 자들이 함께 들을 수 있으나, 性과 天道에 이르러서는 드물게 말씀하시어 배우는 자들이 들을 수 없음'을 말하였다. 이는 聖人의 門下에 가르침이 등급을 뛰어넘지 않아서 子貢이 이 때에 이르러서야 비로소 얻어듣고는 그 아름다움을 감탄한 것이다.

⊙ 程子曰 此는 子貢이 聞夫子之至論而歎美之言也니라

⊙ 程子(伊川)가 말씀하였다. "이는 子貢이 夫子의 지극하신 말씀을 듣고 歎美한 말이다."

··· 恕 용서할 서 禁 금할 금 與 및 여 威 위엄 위 儀 거동 의 罕 드물 한 躐 건너뛸 렵 歎 감탄할 탄

13. 子路는 有聞이요 未之能行[15]하얀 唯恐有聞하더라

子路는 좋은 말을 듣고 아직 그것을 실행하지 못했으면 행여 다른 말을 들을까 두려워하였다.

前所聞者를 旣未及行이라 故로 恐復有所聞而行之不給也라

전에 들은 것을 이미 미처 행하지 못하였으므로 다시 들음이 있어 그것을 실행함에 충분하지 못할까 두려워한 것이다.

⊙ **范氏曰 子路聞善하고 勇於必行하니 門人이 自以爲弗及也라 故로 著之라 若子路면 可謂能用其勇矣로다**

⊙ 范氏(范祖禹)가 말하였다. "子路는 좋은 말을 듣고 반드시 실행하는 데 용감하니, 門人들이 스스로 따라갈 수 없다고 여겼다. 그러므로 이것을 드러낸 것이다. 子路와 같다면 그 용맹을 잘 썼다고 이를 만하다."

14. 子貢이 問曰 孔文子를 何以謂之文也잇고 子曰 敏而好學하며 不恥下問이라 是以로 謂之文也니라

子貢이 "孔文子를 어찌하여 文이라고 시호하였습니까?" 하고 묻자, 孔子께서 다음과 같이 대답하셨다. "明敏하면서도 배우기를 좋아하였으며 아랫사람에게 묻기를 부끄러워하지 않았다. 이 때문에 文이라 시호한 것이다."

孔文子는 衛大夫니 名圉(어)라 凡人性敏者는 多不好學하고 位高者는 多恥下問이라 故로 諡法에 有以勤學好問爲文者하니 蓋亦人所難也라 孔圉得諡爲文은 以此而已니라

孔文子는 衛나라 大夫이니, 이름은 圉이다. 대체로 사람은 성품(재주)이 明敏한 자는 배우기를 좋아하지 않는 이가 많고, 지위가 높은 자는 아랫사람에게 묻기를 부끄러워하는 이가 많다. 그러므로 시호를 내리는 법에 배우기를 부지런히 하고 묻기를 좋아하는 것을 文이라 한 경우가 있으니, 이 역시 사람이 하기 어려운 것이다. 孔圉가 文이라는 시호를 얻은 것은 이 때문일 뿐이다.

---

15 未之能行 : 官本諺解에는 '未之能行하야셔'로 懸吐하였으나 栗谷諺解를 따라 '하얀'으로 懸吐하였다.

••• 唯 오직 유, 행여 유 給 넉넉할 급 勇 용감할 용 著 드러날 저 敏 민첩할 민 圉 변방 어 諡 시호 시

⊙ 蘇氏曰 孔文子使太叔疾로 出其妻而妻之러니 疾이 通於初妻之娣어늘 文子怒하여 將攻之할새 訪於仲尼한대 仲尼不對하시고 命駕而行하시다 疾이 奔宋한대 文子使疾弟遺로 室孔姞(길)하니라 其爲人如此로되 而諡曰文하니 此子貢之所以疑而問也라 孔子不沒其善하사 言能如此면 亦足以爲文矣라하시니 非經天緯地之文也니라

⊙ 蘇氏(蘇轍)가 말하였다. "孔文子가 太叔疾로 하여금 본부인을 쫓아내게 하고는 자신의 딸인 孔姞을 그에게 시집보내었다. 그후 太叔疾이 본부인의 여동생과 정을 통하자, 孔文子가 노하여 장차 太叔疾을 치려 하면서 仲尼에게 물으니, 仲尼는 대답하지 않으시고 수레를 재촉하여 떠나가셨다. 太叔疾이 宋나라로 달아나자, 孔文子는 太叔疾의 아우인 遺로 하여금 孔姞을 아내로 맞이하게 하였다. 〈孔文子는〉 사람됨이 이와 같았는데도 〈죽은 뒤에〉 시호를 文이라 하니, 이 때문에 子貢이 의심하여 물은 것이다. 孔子께서 그의 善한 점을 없애지 아니하여, 말씀하시기를 '이와 같으면 또한 文이라고 시호할 수 있다.' 하셨으니, 經天緯地의 文이 아니다."

15. 子謂子産하사되 有君子之道四焉하니 其行己也恭하며 其事上也敬하며 其養民也惠하며 其使民也義니라

孔子께서 子産을 두고 평하셨다. "君子의 道가 네 가지가 있었으니, 몸가짐이 공손하며, 윗사람을 섬김에 공경하며, 백성을 기름이 은혜로우며, 백성을 부림에 의로웠다."

子産은 鄭大夫公孫僑라 恭은 謙遜也요 敬은 謹恪也요 惠는 愛利也라 使民義는 如都鄙有章하고 上下有服하며 田有封洫(혁)하고 廬井有伍之類[16]라

子産은 鄭나라 大夫 公孫僑이다. '恭'은 겸손함이요, '敬'은 삼감이요, '惠'는 사랑하고 이롭게 하는 것이다. 백성을 부림에 의롭다는 것은, 예를 들면 도시와 지방에 따라 법도의 차이가 있고, 계급의 上下에 따라 車服이 다르며, 土地에는 두둑과 도랑을 두고, 사는 집과 마을〔井〕에는 다섯 가호가 한 組가 되게 한 것과 같다.

---

16 如都鄙有章……廬井有伍之類:이 내용은 《春秋左傳》 襄公 30年條에 보인다. '都'는 도성이고 '鄙'는 시골로, 君臣과 上下의 분별에 따라 성곽도 大小와 廣狹의 차등이 있었다. 朱子는 "'章'은 章程과 條法이다." 하였는데,(《語類》) '章程'은 제도와 법규 또는 규정을 이르며 '條法'은 조약 따위를 이른다. 一說에는 '上下有服'의 服을 직책과 일로 보기도 한다.

••• 娣 여동생 제 訪 물을 방 尼 여승 니 駕 멍에 가 室 아내 실 姞 성 길 沒 없앨 몰 經 날 경, 다스릴 경 緯 씨 위, 다스릴 위 惠 은혜 혜 使 부릴 사 鄭 나라이름 정 僑 높을 교 恪 삼갈 각 鄙 시골 비 封 지경 봉 洫 도랑 혁 廬 집 려

⊙ 吳氏曰 數其事而責之者는 其所善者多也니 臧文仲不仁者三, 不知(智)者三[17]이 是也요 數其事而稱之者는 猶有所未至也니 子産有君子之道四焉이 是也라 今或以 一言蓋一人하고 一事蓋一時하니 皆非也니라

⊙ 吳氏(吳棫)가 말하였다. "그 일을 하나하나 열거하여 꾸짖은 것은 善하게 여김이 많은 것 이니, 臧文仲이 仁하지 못한 것이 세 가지이고 지혜롭지 못한 것이 세 가지라고 한 것이 이것이 다. 그 일을 하나하나 열거하여 칭찬한 것은 오히려 미진하게 여김이 있는 것이니, 子産은 君子 의 道가 네 가지가 있었다는 것이 이것이다. 오늘날 혹 한 마디 말로써 한 사람을 덮고(총평하 고), 한 가지 일을 가지고 한 때를 덮으니, 이것은 모두 잘못이다."

16. 子曰 晏平仲은 善與人交로다 久而敬之온여

孔子께서 말씀하셨다. "晏平仲은 남과 사귀기를 잘하도다. 오래되어도 공경하는구나."

晏平仲은 齊大夫니 名嬰이라 程子曰 人交久則敬衰하나니 久而能敬은 所以爲善이니라

晏平仲은 齊나라의 大夫니, 이름이 嬰이다.
程子(伊川)가 말씀하였다. "사람은 사귐이 오래되면 공경이 쇠해지니, 오래되어도 공경함은 사귀기를 잘함이 되는 것이다."

17. 子曰 臧文仲이 居蔡호되 山節藻梲(절)하니 何如其知也리오

孔子께서 말씀하셨다. "臧文仲이 占卜에 쓰는 큰 거북 껍질을 보관하되 보관하는 집 기둥머리의 斗栱에는 山을 소삭하고 늘보 위의 농자기둥에는 水草인 마름을 그렸으 니, 어찌 그가 지혜롭다 하는가."

---

17 臧文仲不仁者三 不知者三 : '仁하지 못한 것이 세 가지'란, 현자인 展禽을 등용하지 않은 것과 여섯 개의 관문을 廢한 것과 妻妾을 시켜 갈대자리를 짜게 한 것이며, '지혜롭지 못한 것이 세 가지'란, 쓸데없는 기 물을 만든 것과 잘못된 제사를 바로잡지 않은 것과 爰居라는 새에게 제사한 것으로, 이 내용은 《春秋左 傳》 文公 2年條와 《國語》〈魯語〉에 자세히 보인다. 展禽은 魯나라의 어진 大夫인 柳下惠로, 뒤의 〈衛靈 公〉 13장에 "臧文仲은 지위를 제대로 수행하지 못한 자일 것이다. 柳下惠의 어짊을 알고서도 더불어 조 정에 서지 않았다.〔臧文仲其竊位者與 知柳下惠之賢 而不與立也〕"라고 평한 孔子의 말씀이 보인다. 관 문은 옛날 통행하는 자들을 조사하여 수상한 사람의 출입을 금하기 위해 설치한 것으로, 후대에는 통행자 들에게 세금을 거두었다. 여섯 개의 관문을 폐지하였다는 것은 통행자를 조사하지 않았음을 이른다. 그러 나 《孔子家語》에는 廢字가 置字로 되어 있어 여섯 개의 관문을 설치하고 세금을 받은 것으로 되어 있다.

••• 數 셀 수 臧 착할 장 稱 칭찬할 칭 蓋 덮을 개 非 그를 비 晏 늦을 안 仲 버금 중 嬰 어릴 영 衰 쇠할 쇠 居 보관할 거, 안치할 거 蔡 거북 채 節 기둥 절 藻 마름풀 조 梲 동자기둥 절

臧文仲은 魯大夫臧孫氏니 名辰이라 居는 猶藏也요 蔡는 大龜也라 節은 柱頭斗栱也라 藻는 水草名이요 梲은 梁上短柱也니 蓋爲藏龜之室而刻山於節하고 畫(畵)藻於梲也라 當時에 以文仲爲知하니 孔子言其不務民義하고 而諂瀆鬼神이 如此하니 安得爲知리오 하시니 春秋傳所謂作虛器가 卽此事也라

臧文仲은 魯나라 大夫 臧孫氏이니 이름은 辰(신)이다. '居'는 藏(보관함)과 같고, '蔡'는 큰 거북껍질이다. '節'은 기둥머리의 斗栱이다. '藻'는 水草의 이름이다. '梲'은 들보 위의 동자기둥이다. 이는 〈점칠 때 사용하는〉 거북껍질을 보관해 두는 집을 만들면서 기둥머리의 斗栱에는 山을 조각하고 들보 위의 동자기둥에는 마름을 그려놓은 것이다. 당시에 臧文仲을 지혜롭다고 하니, 孔子께서 '그가 사람의 道義를 힘쓰지 않고 귀신에게 아첨하고 친압함이 이와 같았으니, 어떻게 지혜롭다 하겠는가.'라고 말씀하신 것이다. 《春秋左傳》에 "쓸데없는 기물을 만들었다." 는 것이 곧 이 일이다.

⊙ 張子曰 山節藻梲하여 爲藏龜之室은 祀爰居[18]之義로 同歸於不知 宜矣로다

⊙ 張子(張橫渠)가 말씀하였다. "두공에 山을 조각하고 동자기둥에 마름을 그려 거북껍질을 보관하는 집을 만든 것은 爰居라는 새에게 제사한 意義와 함께 지혜롭지 못함에 돌아감이 마땅하다."

18-1. 子張이 問曰 令尹子文이 三仕爲令尹호되 無喜色하며 三已之호되 無慍色하여 舊令尹之政을 必以告新令尹하니 何如하니잇고 子曰 忠矣니라 曰 仁矣乎[19]잇가 曰 未知로라 焉得仁이리오

子張이 묻기를 "令尹인 子文이 세 번 벼슬하여 令尹이 되었으나 기뻐하는 기색이 없었고, 세 번 벼슬을 그만두었으나 서운해 하는 기색이 없어서 옛날 자신이 맡아보던 令尹의 정사를 반드시 새로 부임해온 令尹에게 일러주었으니, 어떻습니까?" 하고 묻자, 孔子께서 "충성스럽다."라고 대답하셨다. "仁이라고 할 만합니까?" 하고 다시 묻자, "모

---

18 祀爰居:《國語》〈魯語〉에 "海鳥를 爰居라 한다. 爰居가 魯나라 東門 밖에 사흘 동안 머무니, 臧文仲이 國人을 시켜 제사지내게 했다.〔海鳥曰爰居 止於魯東門之外三日 臧文仲使國人祭之〕" 하였는데, 註에 "臧文仲이 그 새를 神으로 여긴 것이다." 하였다.

19 無慍色……未知:栗谷諺解에는 '無慍色하고……未知어니와'로 懸吐, 해석하였다.

••• 藏 보관할 장 龜 거북 귀 栱 기둥머리 공 畵 그림 화 諂 아첨할 첨 瀆 번거로울 독 爰 새이름 원 居 새이름 거 慍 성낼 온 舊 옛 구

르겠다. 어찌 仁이 될 수 있겠는가." 하셨다.

令尹은 官名이니 楚上卿執政者也라 子文은 姓鬪요 名穀於菟(누오도)라 其爲人也 喜
怒不形하고 物我無間하여 知有其國하고 而不知有其身하니 其忠이 盛矣라 故로 子張疑
其仁이라 然이나 其所以三仕三已而告新令尹者 未知其皆出於天理而無人欲之私也
라 是以로 夫子但許其忠하시고 而未許其仁也시니라

'令尹'은 벼슬 이름이니, 楚나라의 上卿으로 정권을 잡은 자이다. 子文은 姓이 鬪이고 이름이
穀於菟이다. 그의 사람됨이 기쁨과 성냄을 나타내지 않았고 남과 내가 간격이 없어서 국가가 있
음만 알고 자신이 있음을 알지 못하였으니, 그의 충성이 盛大(거룩)하다. 그러므로 子張이 仁인
가 하고 의심한 것이다. 그러나 그가 세 번 벼슬하였다가 세 번 그만두면서 새로 부임해온 令尹
에게 옛 정사를 말해준 것이 모두 天理에서 나와 人慾의 사사로움이 없었는지는 알 수 없다. 이
때문에 夫子께서 다만 그의 忠만을 허여하시고 그의 仁은 허여하지 않으신 것이다.

18-2. 崔子弑齊君이어늘 陳文子有馬十乘이러니 棄而違之하고 至於他邦하여 則曰 猶吾大夫崔子也[20]라하고 違之하며 之一邦하여 則又曰 猶吾大夫崔子也라하고 違之하니 何如하니잇고 子曰 淸矣니라 曰 仁矣乎잇가 曰 未知로라 焉得仁이리오

"崔子가 齊나라 임금을 弑害하자, 陳文子가 말 10乘을 소유하고 있었는데, 이것을
버리고 그 곳을 떠나 다른 나라에 이르러서 말하기를 '이 사람도 우리나라 大夫 崔子
와 같다.' 하고 그 곳을 떠났으며, 다른 한 나라에 이르러서 또 말하기를 '이 사람 역시
우리나라 大夫 崔子와 같다.' 하고 떠났으니, 어떻습니까?" 하고 묻자, 孔子께서 "깨끗
하다." 하고 대답하셨다. "仁이라고 할 만합니까?" 하고 다시 묻자, "모르겠다. 어찌 仁
이 될 수 있겠는가." 하셨다.

崔子는 齊大夫니 名杼(저)라 齊君은 莊公이니 名光이라 陳文子는 亦齊大夫니 名須無라
十乘은 四十匹也라 違는 去也라 文子潔身去亂하니 可謂淸矣라 然이나 未知其心果見

---

20 猶吾大夫崔子也：그 나라에도 우리 齊나라 大夫 崔子처럼 悖逆한 자가 있음을 말한 것이다.

••• 卿 벼슬 경 鬪 싸움 투 穀 기를 누 菟 범 도 形 드러낼 형 物 남 물 弑 죽일 시 棄 버릴 기 違 떠날 위
猶 같을 유 淸 깨끗할 청 杼 북 저 須 모름지기 수 潔 깨끗할 결

義理之當然하여 而能脫然無所累乎아 抑不得已於利害之私하여 而猶未免於怨悔也라 故로 夫子特許其淸하시고 而不許其仁하시니라

崔子는 齊나라 大夫이니, 이름이 杼이다. '齊君'은 莊公이니, 이름이 光이다. 陳文子는 또한 齊나라 大夫이니, 이름이 須無이다. '十乘'은 40필이다. '違'는 떠남이다. 文子가 자기 몸을 깨끗이 하고 어지러운 나라를 떠났으니, 깨끗하다고 이를 만하다. 그러나 그의 마음이 과연 義理의 당연함을 보아서 〈脫然히 훌훌 벗어버려〉 얽매인 바가 없었는지, 아니면 利害의 사사로움에 부득이 떠난 것이어서 오히려 원망과 후회를 면치 못하였는지 알 수 없다. 이 때문에 夫子께서 다만 그의 깨끗함만을 허여하시고 그의 仁은 허여하지 않으신 것이다.

⊙[21] 愚聞之師호니 曰 當理而無私心이면 則仁矣라하시니 今以是而觀二子之事하면 雖其制行之高가 若不可及이라 然이나 皆未有以見其必當於理而眞無私心也라 子張이 未識仁體하고 而悅於苟難하여 遂以小者로 信其大者[22]하니 夫子之不許也宜哉인저 讀者於此에 更以上章不知其仁과 後篇仁則吾不知之語와 幷與三仁夷齊之事[23]觀之하면 則彼此交盡[24]하여 而仁之爲義를 可識矣리라 今以他書考之하면 子文之相楚에 所謀者 無非僭王猾(활)夏之事요 文子之仕齊에 旣失正君討賊之義하고 又不數歲而復反於齊焉하니 則其不仁을 亦可見矣니라

⊙ 내(朱子)가 스승(延平 李侗)께 들으니 "이치에 합당하고 私心이 없으면 仁이다." 하셨다. 이제 이 말씀을 가지고 두 사람의 일을 관찰해 보면 그 制行(행실)의 높음이 따라갈 수 없을 듯 하다. 그러나 이것이 모두 이치에 꼭 합당하고 참으로 私心이 없었는지를 볼 수 없다. 子張이 仁

---

21 ⊙:內閣本에는 章下註 표시인 圈點이 없으나 中國本(上海古籍)을 참고하여 章下註로 처리하였다.

22 遂以小者 信其大者:'小'는 작은 것으로 令尹子文의 忠과 陳文子의 淸을 가리키며, '大'는 큰 것으로 仁을 가리킨다.

23 三仁夷齊之事:'三仁'은 세 仁者로, 微子·箕子·比干을 가리키는바, 뒤의 〈微子〉 1장에 "微子는 殷나라를 떠나가고 箕子는 종이 되고 比干은 간하다가 죽었다. 孔子께서 말씀하셨다. '殷나라에 세 仁者가 있었다.'[微子去之 箕子爲之奴 比干諫而死 孔子曰 殷有三仁焉]"라고 보이며, 伯夷·叔齊에 관한 일은 뒤의 〈述而〉 14장에 "子貢이 들어가서 '伯夷와 叔齊는 어떠한 사람입니까?' 하고 묻자, 孔子께서 '옛날의 賢人이시다.' 하고 대답하셨다. '후회하였습니까?' 하고 묻자, '仁을 구하여 仁을 얻었으니, 또 어찌 후회하였겠는가.'라고 대답하셨다.[入曰 伯夷叔齊何人也 曰 古之賢人也 曰 怨乎 曰 求仁而得仁 又何怨]"라고 보인다.

24 彼此交盡:'彼'는 앞에 나열한 여러 篇에 仁을 허여하지 않은 일이고 '此'는 三仁과 夷齊에게 仁을 허여한 일이며, '交'는 서로의 뜻이다.

••• 脫 벗을 탈 累 얽맬 루 悔 뉘우칠 회 特 다만 특 難 어려울 난 夷 오랑캐 이 齊 가지런할 제 僭 참람할 참 猾 어지럽힐 활 討 칠 토 夏 클 하, 중국 하

의 體를 알지 못하고 예의에 부합하지 않는 어려운 일을 하는 것을 좋아하여 끝내 작은 것을 큰 것이라 믿었으니, 夫子께서 허여하지 않으심이 당연하다. 이것을 읽는 자가 이에 대해서 다시 윗장의 '그가 仁한지는 모르겠다.〔不知其仁〕'라고 하신 말씀과 뒷편(〈憲問〉)의 '그가 仁한지는 내가 모르겠다.'라고 하신 말씀과, 아울러 〈微子〉의 三仁과 伯夷·叔齊의 일을 가지고 본다면, 저 仁을 허여하지 않은 사례와 이 仁을 허여한 사례가 서로 다하여 仁의 뜻을 알 수 있을 것이다. 지금 다른 책을 가지고 살펴보면 子文은 楚나라의 재상으로 있을 적에 도모한 것이 모두 王(天子)을 참칭하고 중국(諸夏)을 어지럽히는 일 아님이 없었으며, 文子는 齊나라에 벼슬할 적에 이미 임금을 바로잡고 역적을 토벌하는 의리를 잃었고, 또 몇 년이 못 되어 다시 齊나라로 돌아왔으니, 그 仁하지 못함을 또한 볼 수 있다.

19. 季文子三思而後에 行하더니 子聞之하시고 日 再斯可矣니라

季文子가 세 번 생각한 뒤에 행하였는데, 孔子께서 이 말을 들으시고 말씀하셨다. "두 번이면 可하다."

季文子는 魯大夫니 名行父(보)라 每事를 必三思而後에 行하니 若使(시)晉而求遭喪之禮以行²⁵이 亦其一事也라 斯는 語辭라

程子曰 爲惡之人은 未嘗知有思하나니 有思則爲善矣라 然이나 至於再則已審이요 三則私意起而反惑矣라 故로 夫子譏之하시니라

季文子는 魯나라 大夫이니, 이름이 行父이다. 매사를 반드시 세 번 생각한 뒤에 행하였으니, 예를 들면 晉나라에 使臣으로 가면서 〈晉나라 임금이 병을 앓는다는 말을 듣고〉 喪을 당할 경우 使臣으로서 행해야 힐 禮를 미리 찾아보고 간 것과 같은 것이 그 한 가시 事例이나. '斯'는 어소사이다.

程子(伊川)가 말씀하였다. "惡을 하는 사람은 일찍이 생각함이 있음을 알지 못하니, 생각함이 있으면 善을 한다. 그러나 두 번에 이르면 이미 자세하고, 세 번 하면 사사로운 뜻이 일어나 도리어 현혹된다. 그러므로 夫子께서 비판하신 것이다.

---

25 若使晉而求遭喪之禮以行:季文子는 晉나라에 사신가기에 앞서 晉나라 군주인 襄公이 병중이라는 말을 듣고, 그 나라 군주가 죽었을 경우 사신이 행해야 할 禮를 미리 강구하여 갔었다. 그 결과 魯나라는 禮儀의 나라로 더욱 인식되어 국가의 위신을 세울 수 있었는바, 이 내용은《春秋左傳》文公 6年條에 보인다.

••• 侗 클 통 季 끝 계 父 남자의미칭 보(甫通) 使 사신갈 시 遭 만날 조 審 살필 심

⊙ 愚按 季文子慮事如此하니 可謂詳審而宜無過擧矣로되 而宣公篡立에 文子乃不能討하고 反爲之使齊而納賂焉하니 豈非程子所謂私意起而反惑之驗歟아 是以로 君子務窮理而貴果斷이요 不徒多思之爲尙이니라

⊙ 내가 살펴보건대 季文子가 일을 생각함이 이와 같았으니, 자세히 살폈다고 말할 만하여 당연히 잘못한 일이 없어야 할 것이다. 그러나 宣公이 찬탈하여 즉위하자, 季文子는 마침내 토벌하지 못하고 도리어 宣公을 위해 齊나라에 사신으로 가서 뇌물을 바쳤으니, 이 어찌 程子가 말씀한 '사사로운 뜻이 일어나 도리어 현혹된다.'는 증험이 아니겠는가. 이 때문에 君子는 窮理를 힘쓰면서도 果斷함을 귀하게 여기고, 한갓 생각만 많이 하는 것을 숭상하지 않는 것이다.

20. 子曰 甯武子邦有道則知(智)하고 邦無道則愚하니 其知는 可及也어니와 其愚는 不可及也니라

孔子께서 말씀하셨다. "甯武子는 나라에 道가 있을 적에는 지혜로웠고, 나라에 道가 없을 적에는 어리석었으니, 그 지혜는 미칠 수 있으나 그 어리석음은 미칠 수 없다."

甯武子는 衛大夫니 名兪라 按春秋傳컨대 武子仕衛는 當文公成公之時하니 文公有道어늘 而武子無事可見하니 此其知之可及也요 成公無道하여 至於失國이어늘 而武子周旋其間하여 盡心竭力하여 不避艱險하니 凡其所處 皆智巧之士所深避而不肯爲者로되 而能卒保其身하고 以濟其君하니 此其愚之不可及也니라

甯武子는 衛나라 大夫이니, 이름이 兪이다. 《春秋左傳》을 상고해 보면 甯武子가 衛나라에서 벼슬한 것은 文公과 成公의 때에 해당하는데, 文公은 道가 있었으나 甯武子가 볼만한 일이 없었으니, 이는 그 지혜를 미칠 수 있는 것이다. 成公은 無道하여 나라를 잃는 지경에 이르렀는데, 甯武子가 그 사이에서 주선하여 몸과 마음을 다 바쳐서 어려움과 험함을 피하지 않았으니, 그의 처한 바는 모두 지혜롭고 재주있는 사람들이 깊이 피하고 즐겨 하지 않는 것이었는데, 마침내 자기 몸을 보전하고 그 임금을 구제하였으니, 이 때문에 그의 어리석음을 미칠 수 없는 것이다.

⊙ 程子曰 邦無道에 能沈晦以免患이라 故로 曰不可及也라하시니라 亦有不當愚者하니 比干이 是也[26]니라

---

26 有不當愚者 比干是也 : 比干은 紂王의 叔父로, 군주의 잘못을 보고 직접 간해야 하고 甯武子처럼 뒤에

··· 篡 빼앗을 찬 略 뇌물 뢰 驗 징험할 험 尙 숭상할 상 甯 편안 녕(녕) 愚 어리석을 우 兪 그렇게여길 유
衛 나라이름 위 旋 돌 선 竭 다할 갈 艱 어려울 간 險 험할 험 避 피할 피 肯 즐길 긍 卒 마침내 졸
濟 구제할 제 沈 잠길 침 晦 어두울 회 免 면할 면 患 근심 환

⊙ 程子(伊川)가 말씀하였다. "나라에 道가 없을 때에 沈晦(자신을 드러내지 않음)하여 禍를 면하였다. 그러므로 미칠 수 없다고 하신 것이다. 또한 어리석어서는 안 될 경우가 있으니, 比干이 이에 해당한다."

21. 子在陳하사 曰 歸與歸與인저 吾黨之小子狂簡하여 斐然成章이요 不知所以裁之로다

孔子께서 陳나라에 계시면서 말씀하셨다. "돌아가야겠다, 돌아가야겠다. 吾黨의 小子들이 뜻은 크나 일에는 소략하여, 찬란하게 文章을 이루었고 이것을 마름질할 줄을 알지 못하는구나."

此는 孔子周流四方하사되 道不行而思歸之歎也라 吾黨小子는 指門人之在魯者라 狂簡은 志大而略於事也라 斐는 文貌요 成章은 言其文理成就하여 有可觀者라 裁는 割正也라 夫子初心은 欲行其道於天下러시니 至是而知其終不用也라 於是에 始欲成就後學하여 以傳道於來世하시고 又不得中行(항)之士하여 而思其次²⁷하시니 以爲狂士志意高遠하여 猶或可與進於道也라 但恐其過中失正而或陷於異端耳라 故로 欲歸而裁之也시니라

이것은 孔子께서 四方을 두루 돌아다니셨으나 道가 행해지지 않자, 돌아갈 것을 생각하신 탄식이다. '吾黨의 小子'는 魯나라에 있는 門人을 가리킨다. '狂簡'은 뜻은 크나 일에는 소략한 것이다. '斐'는 문채나는 모양이요, '成章'은 文理(威儀와 學問)가 성취되어 볼 만함이 있음을 말한다. '裁'는 베어서 바르게 하는 것이다. 夫子의 처음 마음은 그 道를 天下에 펴려고 하셨는데, 이 때에 이르러 끝내 쓰여지시 못할 줄을 아셨다. 이에 비로소 後學을 성취시켜 後世에 道를 전하고자 하셨고, 또 中行(中道)의 선비를 얻지 못하여 그 다음 사람을 생각하셨으니, 생각하시기를 '狂士는 뜻이 高遠하여 혹 그와 더불어 道에 나아갈 수 있다.'고 여기신 것이었다. 다만 그 中道를 넘고 正道를 잃어 혹 異端에 빠질까 염려하셨다. 그러므로 돌아가 바로잡고자 하신 것이다.

숨어서 할 수 있는 처지가 아님을 말한 것이다.

27 不得中行之士 而思其次 : '中行'은 中道의 선비로 《孟子》〈盡心下〉37장에 "孔子께서 中道의 선비를 얻어 더불지 못할진댄 반드시 狂者와 獧者와 하겠다.……孔子께서 어찌 中道의 인물을 얻기를 원하지 않으셨겠는가마는 반드시 얻을 수는 없었다. 이 때문에 그 다음을 생각하신 것이다.〔孔子不得中道而與之 必也狂獧乎……孔子豈不欲中道哉 不可必得 故思其次也〕"라고 보인다.

••• 黨 무리 당, 마을 당 狂 미칠 광 簡 간략할 간 斐 문채날 비 裁 마름질할 재 割 벨 할 行 길 항 陷 빠질 함 端 끝 단

22. 子曰 伯夷, 叔齊는 不念舊惡이라 怨是用希니라

孔子께서 말씀하셨다. "伯夷와 叔齊는 〈사람들이〉 옛날에 저지른 악행을 생각하지 않았다. 이 때문에 원망하는 사람이 드물었다."

伯夷, 叔齊는 孤竹君之二子라 孟子稱其不立於惡人之朝하고 不與惡人言하며 與鄉人立에 其冠不正이어든 望望然去之하여 若將浼焉이라하시니 其介如此하니 宜若無所容矣라 然이나 其所惡(오)之人이 能改卽止라 故로 人亦不甚怨之也라

伯夷와 叔齊는 孤竹國 임금의 두 아들이다. 孟子는 "〈伯夷〉가 악한 사람(임금)의 조정에서 벼슬하지 않았고, 악한 사람과 함께 말하지 않았으며, 무식한 시골사람과 서 있을 적에 그의 갓(冠)이 바르지 않으면 뒤도 돌아보지 않고 떠나버려, 마치 자기 몸을 오염시킬 것처럼 여겼다." 하셨다. 그 꼿꼿한 志操가 이와 같았으니, 마땅히 (의심컨대) 포용하는 바가 없을 듯하다. 그러나 미워하던 사람이 잘못을 고치면 즉시 미워하는 마음을 그쳤다. 그러므로 사람들 또한 심히 그를 원망하지 않은 것이다.

⊙ 程子曰 不念舊惡은 此淸者之量이니라
又曰 二子之心을 非夫子면 孰能知之리오

⊙ 程子(伊川)가 말씀하였다. "옛날에 저지른 악행을 생각하지 않은 것은 淸者의 도량이다." 또 말씀하였다. "두 사람의 마음을 夫子가 아니셨다면 누가 알았겠는가."

23. 子曰 孰謂微生高直고 或이 乞醯(걸혜)焉이어늘 乞諸其鄰而與之온여

孔子께서 말씀하셨다. "누가 微生高를 正直하다 하는가. 어떤 사람이 초(醯)를 빌리자, 그의 이웃집에서 빌어다가 주는구나."

微生은 姓이요 高는 名이니 魯人이니 素有直名者라 醯는 醋(초)也라 人來乞時에 其家無有라 故로 乞諸鄰家以與之라 夫子言此는 譏其曲意徇物하고 掠美市恩[28]하여 不得爲

---

28 掠美市恩 : '市'는 사다, 팔다의 뜻이 있으므로 남의 아름다움을 가로채어 자신의 은혜로 삼음을 말한 것이다.

••• 念 생각할 념 希 드물 희 浼 더럽힐 매 介 절개 개 量 도량 량 微 작을 미 乞 빌 걸 醯 초 혜 鄰 이웃 린
醋 초 초 譏 비판할 기 徇 따를 순 掠 노략질할 략 市 팔 시

直也니라

微生은 姓이요 高는 이름이니, 魯나라 사람으로 평소에 正直하다는 이름이 있는 자였다. '醯' 는 식초이다. 어떤 사람이 빌리러 왔을 때 그의 집에 식초가 없으므로 이웃집에서 빌어다 준 것이 다. 夫子께서 이를 말씀하신 것은 뜻을 굽혀 남의 비위를 맞추고 아름다움을 빼앗아 은혜를 팔아서 正直함이 될 수 없음을 기롱하신 것이다.

⊙ **程子曰 微生高所枉雖小**나 **害直爲大**니라
范氏曰 是曰是하고 **非曰非**하며 **有謂有**하고 **無謂無**를 **曰直**이라 **聖人**은 **觀人於其一介之 取予**에 **而千駟萬鍾**[29]을 **從可知焉**이라 **故**로 **以微事斷之**하시니 **所以敎人不可不謹也**시니라

⊙ 程子(伊川)가 말씀하였다. "微生高가 굽힌 것은 비록 작으나 正直함을 해침은 크다."
范氏(范祖禹)가 말하였다. "옳은 것은 옳다 하고 그른 것은 그르다 하며, 있으면 있다고 하고 없으면 없다고 하는 것이 正直이다. 聖人은 사람을 관찰할 적에 물건 하나를 주고 받는 것에서 千駟(千乘의 兵車)와 萬鍾을 따라서 아셨다. 그러므로 작은 일을 가지고 단정하신 것이니, 사 람들에게 〈작은 일이라 하여〉 삼가지 않아서는 안 됨을 가르치신 것이다."

24. 子曰 巧言令色足(주)恭을 左丘明이 恥之러니 丘亦恥之하노라 匿怨而 友其人을 左丘明이 恥之러니 丘亦恥之하노라

孔子께서 말씀하셨다. "말을 듣기 좋게 하고 얼굴빛을 곱게 하고 공손을 지나치게 함을 옛날 左丘明이 부끄러워하였는데, 나 또한 이것을 부끄러워하노라. 원망을 감추고 그 사 람과 사귐을(친한 체 하는 것을) 左丘明이 부끄러워하였는데, 나 또한 이것을 부끄러워 하노라."

足는 **過也**라
程子曰 左丘明은 **古之聞人也**라
謝氏曰 二者之可恥 有甚於穿窬(천유)**也**어늘 **左丘明**이 **恥之**하니 **其所養**을 **可知矣**라

---

29 千駟萬鍾 : '千駟'는 말 4천 마리로 수레 1천 乘을 가리키며, '萬鍾'은 《孟子》〈公孫丑下〉 10장의 註에 "萬鍾은 녹봉의 數이다. 鍾은 量의 이름이니, 6斛 4斗가 들어간다." 하였다.

··· 枉 굽을 왕 駟 사마 사 足 지나칠 주 匿 숨길 닉 穿 뚫을 천 窬 넘을 유

夫子自言丘亦恥之라하시니 蓋竊比老彭之意[30]요 又以深戒學者하여 使察乎此而立心
以直也시니라

'足'는 지나침이다.

程子(伊川)가 말씀하였다. "左丘明은 유명한 옛날 사람이다."

謝氏(謝良佐)가 말하였다. "두 가지의 부끄러워할 만함은 벽을 뚫고 담을 뛰어넘는 도둑질보
다 심한데 左丘明이 이것을 부끄러워하였으니, 그가 기른(수양한) 바를 알 수 있다. 夫子께서
'나 또한 부끄러워한다.'고 스스로 말씀하셨으니, 이는 '적이 老彭에게 비한다.〔竊比老彭〕'는 뜻
이요, 또 배우는 자들을 깊이 경계해서 이것을 살펴 正直함으로써 마음을 세우게 하신 것이다."

25-1. 顏淵季路侍러니 子曰 盍(합)各言爾志오

顏淵과 季路(子路)가 孔子를 모시고 있었는데, 孔子께서 "어찌 각기 너희들의 뜻을
말하지 않는가." 하셨다.

盍은 何不也라

'盍'은 어찌 않는가의 뜻이다.

25-2. 子路曰 願車馬衣輕裘를 與朋友共하여 敝之而無憾하노이다

子路가 말하였다. "수레와 말과 가벼운 갖옷 입는 것을 친구들과 함께 해서 해지더라도
유감이 없고자 합니다."

衣는 服之也라 裘는 皮服이라 敝는 壞也요 憾은 恨也라

'衣'는 입는 것이다. '裘'는 갖옷이다. '敝'는 해짐이요, '憾'은 한(유감)스러워 하는 것이다.

---

30 竊比老彭之意 : 아래 〈述而〉 1장에 보이는 말로, '竊比'는 남몰래 견준다는 뜻이고 老彭은 商나라의 어
진 大夫인바, 곧 감히 드러내 놓고 옛 賢人에게 자신을 견주지 못하는 뜻이다.

··· 彭 성 팽 盍 어찌아니 합 裘 갖옷 구 敝 해질 폐 憾 한스러울 감 壞 무너질 괴

25-3. 顔淵曰 願無伐善하며 無施勞하노이다

顔淵이 말하였다. "자신의 잘함을 자랑함이 없으며 공로를 과장함이 없고자 합니다."

伐은 誇也요 善은 謂有能이라 施亦張大之意라 勞는 謂有功이니 易曰 勞而不伐이 是也라 或曰 勞는 勞事也니 勞事는 非己所欲이라 故로 亦不欲施之於人이라하니 亦通이라

'伐'은 자랑함이요, '善'은 능함이 있음을 이른다. '施' 또한 張大(부풀리고 과장함)의 뜻이다. '勞'는 공로가 있음을 이르니, 《周易》〈繫辭傳上〉에 "공로가 있어도 과장하지 않는다."는 것이 이것이다. 혹자는 "'勞'는 수고로운 일이니, 수고로운 일은 자기가 하고 싶은 것이 아니므로 또한 남에게 베풀려고 하지 않는 것이다." 하니, 이 역시 통한다.

25-4. 子路曰 願聞子之志하노이다 子曰 老者를 安之하며 朋友를 信之하며 少者를 懷之니라

子路가 "선생님의 뜻을 듣고자 합니다." 하자, 孔子께서 말씀하셨다. "늙은이를 편안하게 해주고, 朋友를 미덥게 해주고, 젊은이를 감싸주는 것이다."

老者를 養之以安하고 朋友를 與之以信하고 少者를 懷之以恩이라 一說에 安之는 安我也요 信之는 信我也요 懷之는 懷我也라하니 亦通[31]이라

늙은이를 편안함으로 길러주고, 朋友를 信(믿음)으로써 대하고, 젊은이를 은혜로 감싸주는 것이다. 一說에는 '安之'는 나를 편안하게 하는 것이요, '信之'는 나를 믿는 것이요, '懷之'는 나를 사모하는 것이라 하니, 역시 통한다.

⊙ 程子曰 夫子는 安仁이요 顔淵은 不違仁이요 子路는 求仁이니라

又曰 子路, 顔淵, 孔子之志 皆與物共者也니 但有小大之差爾니라

又曰 子路는 勇於義者니 觀其志하면 豈可以勢利拘之哉아 亞於浴沂者也라 顔子는 不自私己라 故로 無伐善하고 知同於人이라 故로 無施勞하니 其志可謂大矣라 然이나 未

---

31 一說……亦通:《大全》에 "두 설을 합해야 그 뜻이 비로소 갖추어진다. 늙은이를 내가 편안함으로 길러준 이후에 비로소 나를 편안히 여긴다." 하였다.

⋯ 伐 자랑할 벌 施 자랑할 시, 베풀 시 勞 공로 誇 자랑할 과 張 넓힐 장 懷 품을 회, 그리워할 회 養 기를 양 違 떠날 위 差 어긋날 차 亞 버금 아 浴 목욕할 욕 沂 물이름 기

免於有意也요 至於夫子하여는 則如天地之化工이 付與萬物而己不勞焉하니 此聖人之所爲也라 今夫羈靮(기적)以御馬하고 而不以制牛하나니 人皆知羈靮之作이 在乎人하고 而不知羈靮之生이 由於馬하니 聖人之化 亦猶是也라 先觀二子之言하고 後觀聖人之言하면 分明天地氣象이니 凡看論語에 非但欲理會文字라 須要識得聖賢氣象이니라

⊙ 程子(伊川)가 말씀하였다. "夫子는 仁을 편안하게(힘쓰지 않고 자연스럽게) 행하신 것이요, 顏淵은 仁을 떠나지 않은 것이요, 子路는 仁을 구한 것이다."

또 말씀하였다. "子路·顏淵·孔子의 뜻은 모두 남과 함께 하는 것인데, 다만 작고 큰 차이가 있을 뿐이다."

또 말씀하였다. "子路는 義理에 용감한 자이니, 그 뜻을 살펴보면 어찌 세력과 이익으로 속박할 수 있겠는가. '沂水에 목욕하겠다.'고 한 曾點에 버금가는 자이다. 顏子는 자신을 사사로이 여기지 않았다. 그러므로 자신의 잘함을 자랑함이 없었고, 남과 같음을 알았으므로 〈남에게〉 수고로운 일을 베풂이 없었으니, 그 뜻이 크다고 할 만하다. 그러나 意識이 있음을 면치 못하였다. 夫子에 이르러서는 마치 天地의 化工(造物主)이 모든 물건에 맡겨주고 자신은 수고롭지 않은 것과 같으니, 이는 聖人의 하시는 바이다. 지금 굴레와 고삐로써 말을 제어하고 소를 제어하지는 않으니, 사람들은 모두 굴레와 고삐를 만든 것이 사람에게 있음만 알고, 이 굴레와 고삐가 생겨난 것이 말에게서 말미암은 줄은 알지 못한다. 聖人의 敎化도 이와 같다. 먼저 두 사람(顏淵과 子路)의 말을 살펴보고 뒤에 聖人(孔子)의 말씀을 살펴보면 분명 하늘과 땅의 氣象이다. 《論語》를 볼(읽을) 때에는 비단 글자의 뜻만 理會하려고 할 것이 아니라, 모름지기 聖賢의 氣象을 알려고 하여야 한다."

26. 子曰 已矣乎[32]라 吾未見能見其過而內自訟者也로라

孔子께서 말씀하셨다. "어쩔 수 없구나! 나는 아직 자신의 허물을 보고서 안(마음)으로 自責하는 자를 보지 못하였다."

已矣乎者는 恐其終不得見而歎之也라 內自訟者는 口不言而心自咎也라 人有過而能自知者 鮮矣요 知過而能內自訟者 爲尤鮮이라 能內自訟이면 則其悔悟(오)深切而能改 必矣라 夫子自恐終不得見而歎之하시니 其警學者 深矣로다

---

32 已矣乎 : 체념하는 말로 '그만두자' 또는 '끝장이다'라는 뜻과 같다.

··· 羈 굴레 기 靮 고삐 적 御 제어할 어 已 그칠 이 訟 꾸짖을 송 咎 허물할 구 鮮 드물 선 尤 더욱 우
悟 깨달을 오 切 간절할 절

'已矣乎'는 끝내 그러한 사람을 만나보지 못할까 염려하여 탄식하신 것이다. '內自訟'은 입으로 말하지 않고 內心으로 自責(自咎)하는 것이다. 사람이 허물이 있을 때에 스스로 아는 자가 드물고, 허물을 알고서 능히 內心으로 自責하는 자는 더더욱 드물다. 능히 內心으로 自責한다면 그 뉘우침과 깨달음이 깊고 간절하여 능히 허물을 고칠 것이 틀림없다. 夫子께서 스스로 끝내 만나보지 못할까 염려하여 탄식하셨으니, 배우는 자들을 깨우치심이 깊다.

27. 子曰 十室之邑에 必有忠信如丘者焉이어니와 不如丘之好學也니라

孔子께서 말씀하셨다. "10室의 작은 邑에도 반드시 나(丘)처럼 忠信한 자가 있지만 나처럼 배우기를 좋아하지는 못할 것이다."

十室은 小邑也라 忠信如聖人은 生質之美者也라 夫子生知而未嘗不好學이라 故로 言此以勉人이라 言美質易得이나 至道難聞이니 學之至則可以爲聖人이요 不學則不免爲鄕人而已니 可不勉哉아

'十室'은 작은 邑이다. 忠信이 聖人과 같음은 타고난 자질이 아름다운 자이다. 夫子께서는 태어나면서부터 아셨으나 일찍이 배우기를 좋아하지 않은 적이 없었다. 그러므로 이것을 말씀하여 사람들을 힘쓰게 하신 것이다. 아름다운 자질은 얻기 쉬우나 지극한 道는 듣기 어려움을 말씀하신 것이다. 배움이 지극하면 聖人이 될 수 있고, 배우지 않으면 시골 사람이 됨을 면치 못하니, 노력하지 않을 수 있겠는가.

··· 勉 권면할 면 鄕 시골 향

雍也 第六

凡二十八章이라 篇內第十四章以前은 大意與前篇同[1]이라
모두 28章이다. 篇 안의 14章 이전은 大意가 前篇과 같다.

1-1. 子曰 雍也는 可使南面이로다

孔子께서 말씀하셨다. "雍(仲弓)은 南面(군주의 位에 앉음)하게 할 만하다."

南面者는 人君聽治之位니 言仲弓이 寬洪簡重하여 有人君之度也라

'南面'은 人君이 정사를 다스리는 자리이니, 仲弓이, 성품이 너그럽고 도량이 넓으며 간략(대범·소탈)하고 重厚하여 人君의 도량이 있음을 말씀한 것이다.

1-2. 仲弓이 問子桑伯子한대 子曰 可也簡[2]이니라

仲弓이 子桑伯子에 대하여 물으니, 孔子께서 대답하셨다. "그의 간략함도 괜찮다.〔可〕"

子桑伯子는 魯人이니 胡氏以爲疑卽莊周所稱子桑戶者是也라 仲弓以夫子許己南面이라 故로 問伯子如何라 可者는 僅可而有所未盡之辭요 簡者는 不煩之謂라

---

1 大意與前篇同:이 篇의 앞부분 역시 古今의 人物을 논하였으므로 말한 것이다.

2 可也簡:栗谷諺解에는 '可也ㅣ니 簡이니라'로 懸吐하고 '可ㅎ니 簡ㅎ니라'로 해석하였다.

⋯ 雍 화락할 옹 聽 다스릴 청 寬 너그러울 관 簡 간략할 간 度 도량 도 桑 뽕나무 상 僅 겨우 근 煩 번거로울 번

子桑伯子는 魯나라 사람이니, 胡氏(胡寅)는 "莊周가 칭한 子桑戶라는 자가 그인 듯하다." 하였다. 仲弓은 夫子께서 자신에게 南面할 수 있다고 許與하셨으므로 '子桑伯子는 어떠합니까?' 하고 물은 것이다. '可'는 겨우 괜찮아서 未盡함이 있는 말이요, '簡'은 번거롭지(까다롭지) 않은 것이다.

1-3. 仲弓曰 居敬而行簡하여 以臨其民이면 不亦可乎잇가 居簡而行簡이면 無乃大(太)簡乎잇가

仲弓이 말하였다. "자신이 〈마음이〉 敬에 있으면서 간략함을 행하여 人民을 대한다면 可하지 않겠습니까. 자신이 간략함에 처하고 다시 간략함을 행한다면 너무 간략한 것이 아니겠습니까."

言自處以敬이면 則中有主而自治嚴이니 如是而行簡以臨民이면 則事不煩而民不擾하리니 所以爲可어니와 若先自處以簡이면 則中無主而自治疎矣요 而所行又簡이면 豈不失之大簡하여 而無法度之可守乎아 家語에 記伯子不衣冠而處한대 夫子譏其欲同人道於牛馬라하니 然則伯子蓋大簡者니 而仲弓이 疑夫子之過許與인저

'스스로 처하기를 敬으로써 한다면 中心에 주장이 있어 스스로를 다스림이 엄격할 것이다. 이와 같이 하고서 간략함을 행하여 人民을 대한다면 정사가 번거롭지 않아 인민들이 소요하지 않을 것이니 可함이 될 수 있거니와, 만약 먼저 간략함으로써 自處한다면 中心에 주장이 없어 스스로를 다스림이 소홀해질 것이요, 행하는 바가 또 간략하다면 어찌 너무 간략함에 잘못되어 지킬 만한 法度가 없는 것이 아니겠는가.'라고 말한 것이다.

《孔子家語》에 "伯子가 衣冠을 하지 않고 거처하자, 夫子께서 그가 사람의 道理를 牛馬와 같게 하려 한다고 비판하셨다." 하였으니, 그렇다면 伯子는 아마도 너무 간략한 자일 것이니, 仲弓이 夫子께서 지나치게 허여하심을 의심한 것이리라.

1-4. 子曰 雍之言이 然하다

孔子께서 말씀하셨다. "雍의 말이 옳다."

仲弓이 蓋未喩夫子可字之意나 而其所言之理 有默契焉者라 故로 夫子然之하시니라

••• 臨 임할 임 太 너무 태 擾 시끄러울 요 疎 성길 소 譏 비탄할 기 然 옳게여길 연 喩 깨달을 유 契 합할 계

仲弓이 비록 夫子의 '可'字의 뜻을 깨닫지 못하였으나 그가 말한 이치는 묵묵히(은연중) 합함이 있었으므로 夫子께서 옳다고 하신 것이다.

⊙ 程子曰 子桑伯子之簡은 雖可取나 而未盡善이라 故로 夫子云可也라하시니라 仲弓이 因言內主於敬而簡이면 則爲要直[3]이요 內存乎簡而簡이면 則爲疏略이라하니 可謂得其旨矣로다

又曰 居敬則心中無物이라 故로 所行이 自簡이요 居簡則先有心於簡하여 而多一簡字矣라 故로 曰大簡이라하시니라

⊙ 程子(伊川)가 말씀하였다. "子桑伯子의 간략함은 비록 취할 만하나 극진히 善하지는 못하였다. 그러므로 夫子께서 괜찮다〔可〕고 말씀하신 것이다. 仲弓이 인하여 말하기를 "안(마음)에 敬을 주장하면서 간략하면 긴요하고 바름이 되지만, 안에 간략함을 두고서 간략하면 疏略함이 된다."고 하였으니, 그 뜻을 알았다고 할 만하다."

또 말씀하였다. "敬에 처하면 心中에 아무런 일이 없으므로 행하는 바가 저절로 간략해지는 것이요, 간략함에 처하면 먼저 간략함에 마음이 있어 한 簡字가 많게 된다. 그러므로 너무 간략하다고 말한 것이다."

2. 哀公이 問 弟子孰爲好學이니잇고 孔子對曰 有顔回者好學하여 不遷怒하며 不貳過하더니 不幸短命死矣라 今也則亡(無)하니 未聞好學者也니이다

哀公이 "제자 중에 누가 배움을 좋아합니까?" 하고 묻자, 孔子께서 대답하셨다. "顔回라는 자가 배움을 좋아하여 노여움을(화난 것을) 남에게 옮기지 않으며 같은 잘못을 두 번 다시 하지 않았는데, 불행히도 命이 짧아 죽었습니다. 지금은 없으니, 배움을 좋아한다는 자를 아직 듣지 못하였습니다."

遷은 移也요 貳는 復(부)也니 怒於甲者를 不移於乙하고 過於前者를 不復於後라 顔子克己之功이 至於如此하니 可謂眞好學矣라 短命者는 顔子三十二而卒也라 旣云今也

---

3 要直:壺山은 "요약되면서도 정직한 것이다." 하였다.

••• 疏 소략할 소 略 간략할 략 孰 누구 숙 遷 옮길 천 貳 다시할 이 短 짧을 단 移 옮길 이 復 다시 부

則亡하고 又言未聞好學者는 蓋深惜之하시고 又以見(현)眞好學者之難得也시니라

'遷'은 옮김이요 '貳'는 다시 함이니, 甲에게 怒한 것을 乙에게 옮기지 않고 전에 잘못한 것을 뒤에 다시 하지 않는 것이다. 顏子의 克己하는 공부가 이와 같음에 이르렀으니, 참으로 배움을 좋아한다고 이를 만하다. '命이 짧다'는 것은 顏子가 32세에 죽었기 때문이다. 이미 지금은 없다고 말씀하고, 또 배움을 좋아한다는 자를 듣지 못했다고 말씀하신 것은 깊이 애석해 하시고, 또 참으로 배움을 좋아하는 자를 얻기 어려움을 나타내신 것이다.

⊙ 程子曰 顏子之怒 在物不在己라 故로 不遷이요 有不善이면 未嘗不知하시고 知之면 未嘗復行하시니 不貳過也니라

又曰 喜怒在事면 則理之當喜怒者也요 不在血氣면 則不遷이라 若舜之誅四凶也[4]에 可怒在彼하니 己何與(예)焉이리오 如鑑之照物에 妍媸在彼하여 隨物應之而已니 何遷之有리오

又曰 如顏子地位에 豈有不善이리오 所謂不善은 只是微有差失이니 纔差失이면 便能知之요 纔知之면 便更不萌作이니라

張子曰 慊於己者를 不使萌於再니라

或曰 詩書六藝를 七十子非不習而通也로되 而夫子獨稱顏子爲好學하시니 顏子之所好는 果何學歟아 程子曰 學以至乎聖人之道也니라 學之道奈何오 曰 天地儲精에 得五行之秀者爲人이니 其本也眞而靜이라 其未發也에 五性具焉[5]하니 曰仁義禮智信이요 形旣生矣에 外物이 觸其形而動於中矣라 其中動而七情出焉하니 曰喜怒哀懼愛惡欲이니 情旣熾而益蕩하면 其性이 鑿矣라 故로 覺者는 約其情하여 使合於中하고 正其心하여 養其性而已라 然이나 必先明諸心하여 知所往이니 然後에 力行以求至焉이라 若顏子之非禮勿視聽言動과 不遷怒貳過者는 則其好之篤而學之得其道也라 然이나 其

---

4 舜之誅四凶也 : '四凶'은 共工과 驩兜, 三苗의 군주와 鯀을 이른다. 《書經》〈虞書 舜典〉에 "共工을 幽洲에 유배하고 驩兜를 崇山에 유치하고 三苗를 三危에 몰아내고 鯀을 羽山에 가두어 네 사람을 처벌하시자, 천하가 크게 복종했다.〔流共工于幽洲 放驩兜于崇山 竄三苗于三危 殛鯀于羽山 四罪 而天下咸服〕"라고 보인다.

5 其本也眞而靜……五性具焉 : 朱子는 "本은 本體이며, 眞은 人僞가 섞이지 않은 것이다.……五性이 곧 眞이고 未發할 때가 곧 靜이다.〔本是本體 眞是不雜人僞……五性便是眞 未發時便是靜〕"하였고, 《語類》에 또 "靜은 처음에 사물에 감응하지 않은 때를 말한다.〔靜則但言其初未感物耳〕"하였다.《朱子大全 答胡廣仲》

⋯ 惜 애석할 석 物 남을 물 與 참여할 예 鑑 거울 감 妍 고울 연 媸 추악할 치 隨 따를 수 差 어긋날 차 纔 잠깐 재 萌 싹 맹 慊 만족할 겸 儲 쌓을 저 觸 닿을 촉 熾 성할 치 蕩 방탕할 탕 鑿 뚫을 착

未至於聖人者는 守之也요 非化之也니 假之以年이면 則不日而化矣리라 今人은 乃謂聖本生知요 非學可至라하여 而所以爲學者 不過記誦文辭之間하니 其亦異乎顏子之學矣로다

⊙ 程子(伊川)가 말씀하였다. "顏子의 노여움은 상대방에게 있었고 자신에게(자신의 감정에) 있지 않았다. 그러므로 옮기지 않은 것이다. 善하지 않음이 있으면 일찍이 알지 못한 적이 없고 알면 일찍이 다시 행한 적이 없으셨으니, 잘못을 다시 하지 않은 것이다."

또 말씀하였다. "기뻐하고 노여워함이 〈자신의 감정에 있지 않고 상대방의 행한〉 일에 있으면 이것은 도리상 마땅히 기뻐하고 노여워해야 하는 것이요, 血氣에 있지 않으면 옮기지 않는다. 예컨대 舜임금이 四凶을 처벌할 적에 노여워할 만함이 저들에게 있었으니, 자신이 무슨 상관이 있었겠는가. 마치 거울이 물건을 비춤에 아름다움과 추함이 저쪽에 달려 있는 것과 같아서 물건에 따라 응할 따름이니, 어찌 옮김이 있겠는가."

또 말씀하였다. "顏子와 같은 지위(경지)에 어찌 善하지 않음이 있겠는가. 이른바 '善하지 않다.'는 것은 다만 약간의 잘못이 있는 것이니, 조금이라도 잘못이 있으면 곧 알았고 알면 곧 다시는 싹터 나오지 않게 한 것이다."

張子(張橫渠)가 말씀하였다. "자신의 마음에 부족하게(만족스럽지 못하게) 느낀 것을 두 번 다시 싹트지 않게 한 것이다."

혹자가 말하기를 "《詩》·《書》와 六藝(禮·樂·射·御·書·數)를 70弟子가 익혀서 통달하지 않은 것이 아니었는데, 夫子께서 유독 顏子만이 배우기를 좋아했다고 칭찬하셨으니, 顏子가 좋아한 것은 과연 어떤 배움인가?" 하니, 程子(伊川)가 말씀하였다. "배워서 聖人에 이르는 방법이었다. 배우는 방법은 어떻게 하는 것인가? 말하였다. 天地가 精氣를 쌓아 〈만물을 낳았는데〉 五行의 빼어난 精氣를 얻은 것이 사람이니, 그 본체는 참되고 고요하다. 未發했을 때에는 五性이 구비되어 있으니, 仁·義·禮·智·信이다. 그리고 형체가 이미 생기고 나면 外物이 그 형체에 접촉되어 마음이 움직인다. 마음이 움직여 七情이 나오니, 喜·怒·哀·懼·愛·惡·欲이다. 감정이 이미 치성해져 더욱 방탕해지면 그 本性이 해롭게 된다. 그러므로 선각자는 情을 단속(절제)하여 中道에 합하게 하고, 그 마음을 바루어 本性을 기를 뿐이다. 그러나 반드시 먼저 마음을 밝혀서 갈 곳을 알아야 하니, 이렇게 한 뒤에야 힘써 행하여 道에 이르기를 구하는 것이다. 예를 들면 顏子의 禮가 아니면 보고 듣고 말하고 動하지 않은 것과 노여움을 남에게 옮기지 않고 잘못을 다시 되풀이하지 않음과 같은 것은, 좋아함이 독실하고 배움에 그 방법을 얻은 것이다. 그러나 聖人의 경지에 도달하지 못한 것은 지킨 것이고 저절로 化한 것이 아니기 때문

··· 誦 읠 송

이니, 몇 년만 수명을 연장해 주었다면 며칠이 되지 않아 저절로 化하였을 것이다. 지금 사람들은 마침내 생각하기를 '聖人은 본래 태어나면서부터 아는 것이요 배워서 이를 수 있는 것이 아니다'라고 여겨, 배우는 것이 단지 글을 기억하거나 외우며 문장을 짓는 데에 지나지 않으니, 이 또한 顔子의 배움과는 다른 것이다."

3-1. 子華使(시)於齊러니 冉子爲其母請粟한대 子曰 與之釜하라 請益한대 曰 與之庾하라하여시늘 冉子與之粟五秉한대

子華가 〈孔子를 위하여〉 齊나라에 심부름을 가자, 冉子가 그의 어머니를 위해 곡식을 줄 것을 요청하니, 孔子께서 "釜(6斗 4升)를 주어라." 하셨다. 더 줄 것을 청하자, 孔子께서 "庾(16斗)를 주어라." 하셨는데, 冉子가 5秉(800斗)을 주었다.

　子華는 公西赤也라 使는 爲孔子使也라 釜는 六斗四升이요 庾는 十六斗요 秉은 十六斛(곡)[6]이라

　子華는 公西赤이다. '使'는 孔子를 위하여 심부름을 간 것이다. '釜'는 6斗 4升이고, '庾'는 16斗이며, '秉'은 16斛이다.

3-2. 子曰 赤之適齊也에 乘肥馬하며 衣輕裘하니 吾聞之也호니 君子는 周急이요 不繼富라호라

孔子께서 말씀하셨다. "赤(子華)이 齊나라에 갈 적에 살진 말을 타고 가벼운 갖옷을 입었다. 내가 들으니, '君子는 곤궁한 사를 보조해 주고 부유한 자를 계속 대주지 않는다.' 하였다."

　乘肥馬, 衣輕裘는 言其富也라 急은 窮迫也라 周者는 補不足이요 繼者는 續有餘라

　'살진 말을 타고 가벼운 갖옷을 입은 것'은 부유함을 말한 것이다. '急'은 곤궁함이다. '周'는 부족한 이를 보조해 주는 것이요, '繼'는 여유가 있는 이를 계속 대주는 것이다.

6　秉 十六斛：斛은 10斗로, 《儀禮》〈聘禮〉에 "10斗를 斛이라 한다.[十斗曰斛]"라고 보인다. 그러나 후세에는 10斗를 石, 5斗를 斛이라 하였다.

···　使 심부름갈 시 粟 곡식 속 釜 여섯말네되 부 庾 열엿말 유 秉 열엿섬 병 斛 열말 곡 適 갈 적 肥 살찔 비
　　裘 갖옷 구 周 구휼할 주 迫 급할 박

3-3. 原思爲之宰러니 與之粟九百이어시늘 辭한대

原思가 〈孔子의〉 宰(家臣)가 되었는데, 〈孔子께서〉 그에게 곡식 9百을 주시자, 사양하였다.

原思는 孔子弟子니 名憲이라 孔子爲魯司寇時에 以思爲宰라 粟은 宰之祿也라 九百은 不言其量하니 不可考라

原思는 孔子의 弟子이니, 이름이 憲이다. 孔子께서 魯나라 司寇가 되었을 때에 原思를 家臣으로 삼으셨다. '粟'은 家臣의 녹봉이다. '9百'은 그 量을 말하지 않았으니, 상고할 수 없다.

3-4. 子曰 毋하여 以與爾鄰里鄕黨乎인저

孔子께서 말씀하셨다. "사양하지 말고서 너의 이웃집과 마을 및 鄕黨에 주려무나."

毋는 禁止辭라 五家爲鄰이요 二十五家爲里요 萬二千五百家爲鄕이요 五百家爲黨이라 言常祿은 不當辭니 有餘어든 自可推之하여 以周貧乏이라 蓋鄰里鄕黨에는 有相周之義하니라

'毋'는 禁止하는 말이다. 5家를 '鄰'이라 하고, 25家를 '里'라 하고, 1만 2천 5백家를 '鄕'이라 하고, 5백家를 '黨'이라 한다. '떳떳한 녹봉〔常祿〕은 사양할 것이 없으니, 남음이 있으면 스스로 미루어 가난한 사람을 구휼하라.'고 말씀한 것이다. 이웃집과 마을 및 거주하는 鄕黨에는 서로 구휼해 주는 義理가 있는 것이다.

⊙ 程子曰 夫子之使子華와 子華之爲夫子使(시)는 義也어늘 而豈有乃爲之請하니 聖人寬容하여 不欲直拒人이라 故로 與之少하시니 所以示不當與也요 請益而與之亦少하시니 所以示不當益也어늘 求未達而自與之多하니 則已過矣라 故로 夫子非之하시니라 蓋赤苟至乏이면 則夫子必自周之요 不待請矣리라 原思爲宰면 則有常祿이어늘 思辭其多라 故로 又敎以分諸鄰里之貧者하시니 蓋亦莫非義也니라
張子曰 於斯二者에 可見聖人之用財矣니라

⊙ 程子(伊川)가 말씀하였다. "夫子께서 子華를 심부름 보낸 것과 子華가 夫子의 使者가 된

··· 宰 읍재 재, 가신 재 寇 도적 구 毋 말 무 與 줄 여 鄰 이웃 린 乏 가난할 핍 使 부릴 사, 심부름갈 시
拒 막을 거

것은 당연한 義이다. 그런데, 冉有가 그를 위해 곡식을 줄 것을 요청하자, 聖人은 너그럽게 용납하여 남의 말을 곧바로 거절하려고 하지 않기 때문에 조금 주라고 하셨으니, 주지 않아야 함을 보여 주신 것이다. 더 줄 것을 요청하자 역시 조금 주라고 하셨으니, 이는 더 주어서는 안 됨을 보여 주신 것인데, 冉求가 이를 깨닫지 못하고서 스스로 주기를 많이 하였으니, 이것은 너무 지나치다. 그러므로 夫子께서 그르다고 하신 것이다. 公西赤이 만일 궁핍함에 이르렀다면 夫子께서 반드시 스스로 구휼해 주셨을 것이요, 요청하기를 기다리지 않았을 것이다. 原思가 家臣이 되었으면 떳떳한 녹봉이 있는데, 原思가 그 많음을 사양하였다. 그러므로 또 이웃집과 마을의 가난한 자에게 나누어주라고 가르쳐 주셨으니, 이 또한 義理 아님이 없는 것이다."

張子가 말씀하였다. "이 두 가지에서 聖人의 재물 쓰심을 볼 수 있다."

4. 子謂仲弓曰 犂(리)牛之子 騂(성)且角이면 雖欲勿用이나 山川이 其舍諸아

孔子께서 仲弓을 평하여 말씀하셨다. "얼룩소〔犂牛〕 새끼가 색깔이 붉고〔騂〕 또 뿔이 제대로 났다면 비록 山川의 제사에 쓰지 않고자 하나 山川의 神이 어찌 그것을 버려두겠는가."

犂는 雜文이요 騂은 赤色이니 周人은 尙赤하여 牲用騂하니라 角은 角周正하여 中犧牲也라 用은 用以祭也라 山川은 山川之神也라 言人雖不用이나 神必不舍也라 仲弓父賤而行惡이라 故로 夫子以此譬之하시니 言父之惡이 不能廢其子之善이니 如仲弓之賢은 自當見用於世也라 然이나 此論仲弓云爾요 非與仲弓言也니라

'犂'는 여러 무늬가 섞인 것이요 '騂'은 붉은 색이니, 周나라 사람은 赤色을 숭상하여 犧牲을 붉은 것을 썼다. '角'은 뿔이 완전하고 단정하여 희생의 규격에 알맞은 것이다. '用'은 써서 제사함이다. '山川'은 山川의 神이니, 사람이 비록 제사에 쓰지 않으려 하나 神이 반드시 버려두지 않을 것임을 말씀한 것이다.

仲弓은 아버지가 미천하고 행실이 惡하였으므로 夫子께서 이로써 비유하셨으니, 아버지의 惡함이 그 자식의 善함을 버릴 수 없으니, 仲弓과 같이 어진 인물은 스스로 마땅히 세상에 쓰여져야 한다고 말씀하신 것이다. 그러나 이것은 仲弓을 평하신 것일 뿐이요, 仲弓과 함께 말씀하신 것은 아니다.

••• 犂 얼룩소 리 騂 붉을 성 角 뿔 각 牲 짐승 생 犧 짐승 희 譬 비유할 비

⊙ 范氏曰 以瞽瞍(瞍)爲父而有舜하고 以鯀(곤)爲父而有禹하니 古之聖賢이 不係於世類 尚矣[7]라 子能改父之過하여 變惡以爲美면 則可謂孝矣니라

⊙ 范氏(范祖禹)가 말하였다. "瞽瞍를 아버지로 두고도 舜임금이 있었고, 鯀을 아버지로 두고도 禹임금이 있었으니, 옛날 聖賢이 가문과 族類에 매이지 않음이 오래되었다. 자식이 아버지의 허물을 고쳐 惡을 변화시켜 아름답게 만든다면 孝라고 이를 만하다."

5. 子曰 回也는 其心이 三月不違仁이요 其餘則日月至焉而已矣니라

孔子께서 말씀하셨다. "顔回는 그 마음이 3개월 동안 仁을 떠나지 않고, 그 나머지 사람들은 하루나 한 달에 한 번 仁에 이를 뿐이다."

三月은 言其久라 仁者는 心之德이니 心不違仁者는 無私欲而有其德也라 日月至焉者는 或日一至焉하고 或月一至焉하여 能造其域而不能久也라

'三月'은 오램을 말한 것이다. '仁'은 마음의 德이니, 마음이 仁을 떠나지 않는다는 것은 私慾이 없어 그 德을 간직한 것이다. '日月至焉'은 혹 하루에 한 번 仁에 이르고, 혹 한 달에 한 번 仁에 이르러서, 능히 그 경지에 나아가기는 하나 오래하지 못하는 것이다.

⊙ 程子曰 三月은 天道小變之節이니 言其久也니 過此則聖人矣라 不違仁은 只是無纖毫私欲이니 少有私欲이면 便是不仁이니라

尹氏曰 此는 顔子於聖人에 未達一間者也니 若聖人則渾然無間斷矣니라

張子曰 始學之要는 當知三月不違와 與日月至焉의 內外賓主之辨[8]하여 使心意勉勉循循而不能已니 過此면 幾非在我者[9]니라

---

7 不係於世類 尚矣 : 壺山은 "'尚'은 '古'와 같으니, '父祖에 관계되지 않는 것이 예로부터 그러하였다.'는 말이다." 하였다. '尚'은 일로써 말한 경우에는 '훌륭하다'의 뜻이 되고, 시대로 말하면 '오래되었다'의 뜻이 된다.

8 三月不違……內外賓主之辨 : 勉齋黃氏(黃幹)는 "3개월 동안 仁을 떠나지 않으면 마음이 主가 되어 仁의 안에 있고, 하루나 한 달에 한 번 이르면 마음이 賓이 되어 仁의 바깥에 있는 것이다." 하였다.

9 過此 幾非在我者 : '過此'는 '使心意勉勉循循而不能已'의 단계를 넘어섬을 말한 것이고, '幾非在我者'는 이 단계를 지나면 크게 힘쓰지 않아도 저절로 마음이 仁을 떠나지 않게 되므로 나의 노력을 크게 쓸 필요가 없다는 뜻에서 한 말씀이다. 朱子는 이를 비유하여 "마치 수레를 미는 것과 비슷하여, 밀고 나가면 굴러가서 滔滔히 저절로 가는 것과 같다.[如推箇輪車相似 才推得轉了 他便滔滔自去]" 하였다.(《語類》)

••• 瞽 봉사 고   瞍 늙은이 수   瞍 봉사 수   鯀 이름 곤   違 떠날 위   造 나아갈 조   域 지경 역   纖 가늘 섬   毫 터럭 호   渾 온전할 혼   循 따를 순

⊙ 程子(伊川)가 말씀하였다. "3개월은 天道가 조금 변하는 節期이니, 그 오램을 말씀한 것이다. 이를 지나면 聖人이다. '不違仁'은 다만 털끝만한 私慾도 없는 것이니, 조금이라도 私慾이 있다면 곧 이는 仁하지 않은 것이다."

尹氏(尹焞)가 말하였다. "이는 顔子가 聖人(孔子)에 비하여 한 사이(칸)[間]를 도달하지 못한 것이다. 聖人이라면 渾然하여 間斷이 없다."

張子가 말씀하였다. "처음 배우는 자의 요점은 마땅히 3개월 동안 仁을 떠나지 않음과 하루나 한 달에 한 번 仁에 이름의 안팎[內外]과 賓主의 구별을 알아야 한다. 그리하여 마음으로 하여금 힘쓰고 힘쓰며 순서에 따라 그치지 않게 해야 할 것이니, 이것을 지나면 거의 자신에게 있는 것이 아니다."

6. 季康子問 仲由는 可使從政也與잇가 子曰 由也는 果하니 於從政乎에 何有리오 曰賜也는 可使從政也與잇가 曰賜也는 達하니 於從政乎에 何有리오 曰求也는 可使從政也與잇가 曰求也는 藝하니 於從政乎에 何有리오

季康子가 "仲由는 〈大夫를 삼아〉 정사에 종사하게[從政] 할 만합니까?" 하고 물으니, 孔子께서 "由는 果斷性이 있으니 정사에 종사함에 무슨 어려움이 있겠는가." 하셨다. "賜(子貢)는 정사에 종사하게 할 만합니까?" 하고 물으니, "賜는 사리에 통달했으니 정사에 종사함에 무슨 어려움이 있겠는가." 하셨다. "冉求는 정사에 종사하게 할 만합니까?" 하고 물으니, "求는 다재다능[藝]하니 정사에 종사함에 무슨 어려움이 있겠는가." 하셨다.

從政은 謂爲大夫라 果는 有決斷이요 達은 通事理요 藝는 多才能이라

'從政'은 大夫가 됨을 이른다. '果'는 과단성이 있는 것이요, '達'은 事理에 통달함이요, '藝'는 才能이 많음이다.

⊙ 程子曰 季康子問 三子之才可以從政乎아한대 夫子答以各有所長하시니 非惟三子라 人各有所長하니 能取其長이면 皆可用也니라

⊙ 程子(伊川)가 말씀하였다. "季康子가 '세 사람의 재능이 정사에 종사할 만합니까?' 하고 묻자, 夫子께서 각기 所長이 있다고 대답하셨으니, 비단 세 사람 뿐만 아니라 사람마다 각기 所

••• 果 결단할 과 達 통달할 달 斷 끊을 단 藝 재주 예

長이 있으니, 그 장점을 취한다면 모두 쓸 수 있는 것이다."

7. 季氏使閔子騫으로 爲費宰한대 閔子騫曰 善爲我辭焉하라 如有復(부)我者면 則吾必在汶上矣로리라

季氏가 閔子騫을 費邑의 邑宰로 삼으려 하자, 閔子騫이 〈使者에게〉 말하였다. "나를 위해 잘 말해다오. 만일 다시 나를 부르러 온다면 나는 반드시 〈魯나라를 떠나 齊나라의〉 汶水가에 있을 것이다."

閔子騫은 孔子弟子니 名損이라 費는 季氏邑이라 汶은 水名이니 在齊南魯北竟(境)上이라 閔子不欲臣季氏하여 令使者善爲己辭하라 言若再來召我면 則當去之齊라하니라

閔子騫은 孔子의 弟子이니 이름이 損이다. 費는 季氏의 食邑이다. 汶은 물 이름이니, 齊나라 남쪽과 魯나라 북쪽의 경계에 있다. 閔子가 季氏에게 신하 노릇하고 싶지 아니하여 심부름 온 사람으로 하여금 자신을 위해 잘 말하게 한 것이다. "만일 다시 와서 자신을 부른다면 마땅히 魯나라를 떠나 齊나라로 가겠다."고 말한 것이다.

⊙ 程子曰 仲尼之門에 能不仕大夫之家者는 閔子曾子數人而已니라
謝氏曰 學者能少知內外之分이면 皆可以樂道而忘人之勢라 況閔子 得聖人하여 爲之依歸하니 彼其視季氏不義之富貴를 不啻犬彘(체)하니 又從而臣之 豈其心哉리오 在聖人則有不然者하니 蓋居亂邦, 見惡人은 在聖人則可커니와 自聖人以下는 剛則必取禍하고 柔則必取辱하나니 閔子豈不能早見而豫待之乎아 如由也는 不得其死[10]하고 求也는 爲季氏附益하니 夫豈其本心哉리오 蓋旣無先見之知하고 又無克亂之才故也라 然則閔子其賢乎인저

⊙ 程子(伊川)가 말씀하였다. "仲尼의 門下에서 大夫의 집안에 벼슬하지 않은 자는 閔子와 曾子 몇 사람 뿐이었다."
謝氏(謝良佐)가 말하였다. "배우는 자가 안팎의 구분을 조금만 알면 모두 道를 즐기고 남의 權勢를 잊을 수 있다. 하물며 閔子는 聖人을 얻어 依歸處로 삼았으니, 季氏의 의롭지 못한 부

---

10 由也 不得其死 : '不得其死'는 정상적으로 죽지 못하고 비명횡사함을 이르는바, 子路는 衛나라에서 벼슬하다가 孔悝의 亂에 창을 맞아 죽었으므로 말한 것이다.

••• 騫 이지러질 건 費 땅이름 비 汶 물이름 문 損 덜 손 竟 지경 경(境同) 啻 뿐 시 彘 돼지 체 豫 미리 예

귀를 보기를 개돼지처럼 여길 뿐만이 아니었다. 그런데 또 따라서 신하 노릇함이 어찌 그의 마음이었겠는가. 聖人에게 있어서는 그렇지 않으니, 어지러운 나라에 살고 惡人을 만남은 聖人에게 있어서는 괜찮지만, 聖人 이하는 剛直하면 반드시 禍를 취하고 弱하면 반드시 辱을 취하니, 閔子가 어찌 일찍 보고 미리 대비하지 않겠는가. 仲由(子路)는 제대로 죽음을 얻지 못하였고 冉求는 季氏를 위해 財産을 증식시켜 주었으니, 이것이 어찌 그들의 본심이었겠는가. 이미 앞을 내다보는 지혜가 없고, 또 亂을 극복할 才能이 없었기 때문이다. 그렇다면 閔子는 어질다 할 것이다."

8. 伯牛有疾이어늘 子問之하실새 自牖(유)로 執其手하시고 曰 亡(無)之러니 命矣夫인저 斯人也 而有斯疾也[11]온여 斯人也 而有斯疾也온여

伯牛가 병을 앓자, 孔子께서 문병하실 적에 남쪽 창문으로부터 그의 손을 잡고 말씀하셨다. "이런 병에 걸릴 리가 없는데, 天命인가보다. 이런 사람이 이런 병에 걸리다니. 이런 사람이 이런 병에 걸리다니."

伯牛는 孔子弟子니 姓冉(염)이요 名耕이라 有疾은 先儒以爲癩也라 牖는 南牖也라 禮에 病者居北牖下하나니 君視之면 則遷於南牖下하여 使君得以南面視己라 時에 伯牛家以此禮尊孔子하니 孔子不敢當이라 故로 不入其室하고 而自牖執其手하시니 蓋與之永訣也라 命은 謂天命이라 言此人이 不應有此疾이어늘 而今乃有之하니 是乃天之所命也라 然則非其不能謹疾而有以致之를 亦可見矣니라

伯牛는 孔子의 弟子이니, 성이 冉이고 이름이 耕이다. '有疾'은 先儒들이 문둥병이라고 하였다. '牖'는 남쪽 창이다. 禮에 "병이 심하면 病者가 북쪽 창 아래에 있는데, 임금이 문병하러 오면 남쪽 창 아래로 옮겨 놓아서 임금으로 하여금 남쪽을 향하여 자신을 볼 수 있게 한다." 하였다. 당시 伯牛의 집에서 이 禮로 孔子를 높이자, 孔子께서 감히 감당할 수 없으므로 그 방에 들어가지 않고 창에서 그의 손을 잡으셨으니, 아마도 그와 永訣한 듯하다. '命'은 天命을 이른다. 이 사람이 이런 병에 걸릴 리가 없는데 지금 마침내 이런 병에 걸렸으니, 이는 곧 하늘이 명한 것이라고 말씀한 것이다. 그렇다면 그가 병을 조심하지 않아서 병에 걸린 것이 아님을 또한 알 수 있다.

---

11 斯疾也:官本諺解와 栗谷諺解에 모두 '斯疾也' 아래에 '홀셔'로 현토하였으나 적절하지 않다고 생각되어 '온여'로 바꾸었다.

••• 疾 병 질 自 부터 자 牖 창문 유 執 잡을 집 耕 밭갈 경 癩 문둥병 라(뢰) 遷 옮길 천 訣 이별할 결 應 응당 응

⊙ 侯氏曰 伯牛以德行稱하여 亞於顔閔이라 故로 其將死也에 孔子尤痛惜之하시니라

⊙ 侯氏(侯仲良)가 말하였다. "伯牛는 德行으로 알려져 顔子와 閔子 다음이었다. 그러므로 그가 장차 죽으려 할 적에 孔子께서 더욱 애통해 하고 애석해 하신 것이다."

9. 子曰 賢哉라 回也여 一簞食(사)와 一瓢飮으로 在陋巷을 人不堪其憂어늘 回也不改其樂하니 賢哉라 回也여

孔子께서 말씀하셨다. "어질다, 顔回여! 한 대그릇의 밥과 한 표주박의 음료로 누추한 골목(시골)에 있는 것을 딴 사람들은 그 근심을 견뎌내지 못하는데, 顔回는 그 즐거움을 변치 않으니, 어질다, 顔回여!"

簞은 竹器요 食는 飯也요 瓢는 瓠也라 顔子之貧이 如此로되 而處之泰然하여 不以害其樂이라 故로 夫子再言賢哉回也하여 以深嘆美之하시니라

'簞'은 대나무로 만든 그릇이다. '食'는 밥이요, '瓢'는 바가지(표주박)이다. 顔子의 가난함이 이와 같았으나 처하기를 태연히 하여 그 즐거움을 해치지 않았다. 그러므로 夫子께서 '어질다, 顔回여!'라고 거듭 말씀하여 깊이 감탄하고 아름답게 여기신 것이다.

⊙ 程子曰 顔子之樂은 非樂簞瓢陋巷也요 不以貧窶(구)累其心而改其所樂也라 故로 夫子稱其賢하시니라

又曰 簞瓢陋巷은 非可樂이요 蓋自有其樂爾니 其字當玩味니 自有深意니라

又曰 昔受學於周茂叔할새 每令尋仲尼顔子樂處하시니 所樂何事[12]오

愚按 程子之言이 引而不發[13]하시니 蓋欲學者深思而自得之니 今亦不敢妄爲之說하노라 學者但當從事於博文約禮之誨하여 以至於欲罷不能而竭其才하면 則庶乎有以得之矣리라

---

12 每令尋……所樂何事 : 본인의 초기 번역에는 이 두 句 사이에 '之'자의 뜻이 있는 것으로 보아 '每令尋'의 의미가 '所樂何事'까지 가는 것으로 해석하였다. 그러나 壺山은 이 두 句의 사이에 '曰'자의 뜻이 있다고 하였는바, 이 견해를 따라 '所樂何事'는 伊川이 스스로 한 말씀으로 보았다.

13 引而不發 : 활시위를 당기기만 하고 발사하지 않는 것으로 질문만 있고 이에 대한 해설이 없음을 비유하는바, 《孟子》〈盡心上〉 41장에 "君子는 활시위를 당기기만 하고 쏘지 않으나 躍如하여 中道에 서 있거든 능한 자가 따르게 된다.〔君子引而不發 躍如也 中道而立 能者從之〕"라고 보인다.

••• 亞 버금 아 簞 대그릇 단 食 밥 사 瓢 표주박 표 陋 좁을 루 巷 골목 항 堪 견딜 감 瓠 박 호 窶 가난할 구 累 얽맬 루 茂 무성할 무 尋 찾을 심 約 요약할 약 誨 가르칠 회 罷 그만둘 파

⊙ 程子(伊川)가 말씀하였다. "顔子의 즐거움은 한 대그릇의 밥과 한 표주박의 음료와 누추한 시골을 즐거워한 것이 아니요, 가난으로 마음을 얽매지 않아 그 즐거워함을 변치 않은 것이다. 그러므로 夫子께서 그의 어짊을 칭찬하신 것이다."

〈程子(明道)가〉 또 말씀하였다. "한 대그릇의 밥과 한 표주박의 음료와 누추한 시골은 즐거워할 만한 것이 아니요, 별도로(따로) 그 즐거움이 있는 것이다. '其'字를 마땅히 완미하여야 하니, 진실로 깊은 뜻이 있다."

또 말씀하였다. "옛날 周茂叔(周敦頤)에게 가르침을 받을 적에 매양 孔子와 顔子가 즐거워한 곳을 찾게 하셨으니, 즐거워하신 것은 무슨 일인가?"

내가 생각하건대, 程子의 말씀이 활시위를 당기기만 하고(문제만 제기하여 주고) 발사하지 않았으니, 이는 배우는 자들로 하여금 깊이 생각하여 스스로 터득하게 하고자 하신 것이니, 지금 나 역시 감히 함부로 설명할 수 없다. 배우는 자들이 다만 博文·約禮의 가르침에 종사하여 그만두고자 하여도 그만둘 수 없어 자신의 재주를 다함에 이른다면 거의 터득함이 있을 것이다.

10. 冉求曰 非不說(열)子之道언마는 力不足也로이다 子曰 力不足者는 中道而廢하나니 今女는 畫(획)이로다

冉求가 말하였다. "저는 夫子의 道를 좋아하지 않는 것은 아니나 힘이 부족합니다." 孔子께서 말씀하셨다. "힘이 부족한 자는 中道에 그만두니, 지금 너는 〈스스로〉 한계를 긋는 것이다."

力不足者는 欲進而不能이요 畫者는 能進而不欲이니 謂之畫者는 如畫地以自限也라

'힘이 부족하다.'는 것은 나아가려고 해도 능하지 못한 것이요, '畫'은 나아갈 수 있는데도 나아가려고 하지 않는 것이니, 이것을 畫이라고 이른 것은 마치 땅에 금을 그어놓고 스스로 한계 짓는 것과 같기 때문이다.

⊙ 胡氏曰 夫子稱顔回不改其樂하시니 冉求聞之라 故로 有是言이라 然이나 使求說夫子之道를 誠如口之說芻豢[14]이면 則必將盡力以求之리니 何患力之不足哉아 畫而不

---

14 誠如口之說芻豢: '芻'는 꼴을 먹고 자라는 소와 양을 이르고 '豢'은 곡식을 먹고 자라는 돼지와 개를 이르는바, 사람의 입이 고기를 좋아하는 것처럼 義理를 좋아함을 비유한 것으로, 《孟子》〈告子上〉 7장에 "理義가 우리 마음을 기쁘게 함이 芻豢(고기)이 우리 입을 기쁘게 함과 같은 것이다.〔理義之悅我心 猶

••• 廢 폐할 폐 畫 그을 획 限 한계 한 誠 진실로 성 芻 꼴 추 豢 기를 환

進이면 則日退而已矣니 此冉求之所以局於藝也니라

⊙ 胡氏(胡寅)가 말하였다. "夫子께서 顔回가 그 즐거움을 변치 않는다고 칭찬하시니, 冉求가 그 말씀을 들었으므로 이 말을 한 것이다. 그러나 가령 冉求가 夫子의 道를 좋아하기를 진실로 입이 芻豢(고기)를 좋아하듯이 하였다면 반드시 장차 힘을 다해 구했을 것이니, 어찌 힘이 부족함을 근심했겠는가. 한계를 긋고 나아가지 않으면 날로 후퇴할 따름이니, 이는 冉求가 才藝에 국한된 이유이다."

11. 子謂子夏曰 女爲君子儒요 無爲小人儒하라

孔子께서 子夏에게 말씀하셨다. "너는 君子의 學者가 되고 小人의 學者가 되지 말라."

儒는 學者之稱이라
程子曰 君子儒는 爲己요 小人儒는 爲人[15]이니라

'儒'는 學者의 칭호이다.
程子(伊川)가 말씀하였다. "君子의 學者는 자신을 위하고, 小人의 學者는 남을 위한다."

⊙ 謝氏曰 君子小人之分은 義與利之間而已라 然이나 所謂利者는 豈必殖貨財之謂리오 以私滅公하고 適己自便하여 凡可以害天理者 皆利也라 子夏文學雖有餘나 然意其遠者大者[16]或昧焉이라 故로 夫子語之以此하시니라

⊙ 謝氏(謝良佐)가 말하였다. "君子와 小人의 구분은 義와 利의 사이일 뿐이다. 그러나 이른바 '利'라는 것이 어찌 반드시 財貨를 증식하는 것만을 말하겠는가. 사사로움으로 公正함을 없애고 자신에게만 맞게 하여 스스로 편케 해서 무릇 天理를 해칠 수 있는 것은 모두 利이다. 子夏가 文學은 비록 有餘하였으나, 짐작하건대 그 遠大한 것에는 혹 어두운 듯하다. 그러므로 夫子께서 이 말씀으로 가르쳐 주신 것이다."

芻豢之悅我口"라고 보인다.

15 君子儒爲己 小人儒爲人: '爲己'는 자신의 몸과 마음을 닦기 위한 학문을 하는 것이고, '爲人'은 남에게 인정을 받기 위한 학문을 하는 것으로, 아래 〈憲問〉 25章에 "옛날에 배우는 자들은 자신을 위해 공부하였는데 오늘날 배우는 자들은 남을 위해 공부한다.〔古之學者爲己 今之學者爲人〕"라고 한 孔子의 말씀이 보인다.

16 遠者大者: 壺山은 "원대한 것은 義理이다." 하였다.

··· 局 얽매일 국 儒 선비 유 殖 번식할 식 適 맞을 적 便 편할 편 昧 어두울 매

12. 子游爲武城宰러니 **子曰 女得人焉爾乎**아 **曰 有澹臺滅明者**하니 **行不由徑**하며 **非公事**어든 **未嘗至於偃之室也**니이다

子游가 武城의 邑宰가 되었는데, 孔子께서 "너는 人物을 얻었느냐?"라고 물으시자, 子游가 대답하였다. "澹臺滅明이라는 자가 있으니, 다닐 적에 지름길로 다니지 않으며 公的인 일〔公事〕이 아니면 일찍이 저의 집(집무실)에 이른 적이 없습니다."

武城은 **魯下邑**이라 **澹臺**는 **姓**이요 **滅明**은 **名**이니 **字子羽**라 **徑**은 **路之小而捷者**라 **公事**는 **如飮射讀法之類**라 **不由徑**이면 **則動必以正**하여 **而無見小欲速之意**를 **可知**요 **非公事**어든 **不見邑宰**면 **則其有以自守**하여 **而無枉己徇人之私**를 **可見矣**니라

武城은 魯나라 下邑이다. 澹臺는 성이고 滅明은 이름이니 字는 子羽이다. '徑'은 길이 작으면서 빠른 것이다. '公事'는 鄕飮酒, 鄕射禮와 讀法 따위 같은 것이다. 지름길로 다니지 않는다면 모든 행동을 반드시 바르게 해서 작은 것을 보고 빨리 하려고 하는 뜻이 없음을 알 수 있고, 公的인 일이 아닐 경우에는 邑宰를 만나보지 않는다면 스스로 지조를 지킴이 있어서 자기를 굽혀 남을 따르는 사사로움이 없음을 볼 수 있다.

⊙ **楊氏曰 爲政**은 **以人才爲先**이라 **故**로 **孔子以得人爲問**하시니 **如滅明者**는 **觀其二事之小**면 **而其正大之情**을 **可見矣**라 **後世**에 **有不由徑者**면 **人必以爲迂**하고 **不至其室**이면 **人必以爲簡**하리니 **非孔氏之徒**면 **其孰能知而取之**리오

愚謂 持身을 **以滅明爲法**이면 **則無苟賤之羞**요 **取人**을 **以子游爲法**이면 **則無邪媚之惑**이니라

⊙ 楊氏(楊時)가 말하였다. "정치를 함에는 人物을 얻는 것을 최우선으로 하므로 孔子께서 人物을 얻었느냐고 물으신 것이니, 滅明과 같은 자는 이 두 가지의 작은 일을 보면 그의 公明正大한 실정을 알 수 있다. 後世에는 지름길로 다니지 않는 자가 있으면 사람들이 반드시 迂闊(우활)하다고 할 것이요, 그의 집에 이르지 않으면 사람들이 반드시 거만하다고 할 것이니, 孔氏의 門徒가 아니라면 그 누가 이것을 알아 취했겠는가."

내가 생각하건대, 몸가짐을 滅明으로 법을 삼는다면 구차하고 천한 부끄러움이 없을 것이요, 사람을 취함을 子游로 법을 삼는다면 간사함과 아첨함에 의혹됨이 없을 것이다.

••• 宰 읍재 재, 가신 재 澹 담박할 담 臺 대 대 滅 멸할 멸 徑 지름길 경 偃 누울 언 捷 빠를 첩 徇 따를 순
迂 멀 우 羞 부끄러울 수 媚 아첨할 미

13. 子曰 孟之反은 不伐이로다 奔而殿하여 將入門할새 策其馬曰 非敢後也라 馬不進也라하니라

孔子께서 말씀하셨다. "孟之反은 功을 자랑하지 않았다. 패주하면서 후미에 처져 있다가 장차 도성 문을 들어오려 할 적에 말을 채찍질하며 '내 감히 〈용감하여〉 뒤에 있었던 것이 아니요, 말이 전진하지 못한 것이다.' 하였다."

孟之反은 魯大夫니 名側[17]이라 胡氏曰 反은 卽莊周所稱孟子反者是也라 伐은 誇功也요 奔은 敗走也라 軍後曰殿이라 策은 鞭也라 戰敗而還(선)에 以後爲功하니 反이 奔而殿이라 故로 以此言으로 自揜其功也니 事在哀公十一年하니라

孟之反은 魯나라 大夫이니, 이름이 側이다. 胡氏(胡寅)는 "反은 곧 莊周가 말한 孟子反이라는 자가 그이다." 하였다. '伐'은 공로를 자랑함이요, '奔'은 패주함이다. 군대의 후미를 '殿'이라 한다. '策'은 채찍질이다. 싸움에 패해 돌아올 적에는 군대의 후미에 있는 것을 功으로 여기니, 反이 패주하면서 뒤에 있었으므로 이 말로써 스스로 자신의 功을 은폐한 것이다. 이 사실이 《春秋左傳》哀公 11年條에 있다.

⊙ 謝氏曰 人能操無欲上人之心이면 則人欲日消하고 天理日明하여 而凡可以矜己誇人者를 皆無足道矣라 然이나 不知學者는 欲上人之心이 無時而忘也니 若孟之反은 可以爲法矣로다

⊙ 謝氏(謝良佐)가 말하였다. "사람이 남보다 위가 되려고 하지 않는 마음을 갖는다면 人欲이 날로 사라지고 天理가 날로 밝아져서 자신을 자랑하고 남에게 뽐낼 수 있는 모든 것을 다 굳이 말할 것이 없다. 그러나 배움을 알지 못하는 자는 남보다 위가 되려는 마음을 한시도 잊지 못하니, 孟之反과 같은 이는 법(모범)으로 삼을 만하다."

---

17 孟之反⋯⋯名側 : '之'는 姓 밑에 쓰는 조사로 '孟氏姓인 反'이라는 말과 같은바, 《孟子》〈離婁下〉 24장에 보이는 "庾公之斯 尹公之他"의 경우와 같다. 孟之反은 그의 字가 본래 子反인데 子를 빼고 孟反이라 한 것으로, 顔回의 字가 子淵인데 顔淵이라 하는 것과 같다.

⋯ 伐 자랑할 벌 奔 패주할 분 殿 뒤 전 策 채찍질할 책 側 곁 측 誇 자랑할 과 鞭 채찍 편 還 돌아올 선(旋同)
揜 가릴 엄 消 사라질 소 矜 자랑할 긍 道 말할 도 忘 잊을 망

14. 子曰 不有祝鮀(타)之佞이며 而有宋朝之美면 難乎免於今之世矣니라

孔子께서 말씀하셨다. "祝官인 鮀의 말재주와 宋나라의 朝와 같은 美貌를 갖고 있지 않으면 지금 세상에 患難을 면하기 어렵다."

祝은 宗廟之官이라 鮀는 衛大夫니 字子魚니 有口才라 朝는 宋公子니 有美色이라 言衰世好諛悅色하여 非此難免하니 蓋傷之也시니라

'祝'은 宗廟의 관원이다. 鮀는 衛나라 大夫이니, 字가 子魚로 말재주가 있었다. 朝는 宋나라 公子이니, 美貌가 있었다. 이는 쇠미한 세상에서는 아첨을 좋아하고 美貌를 좋아하여 이것이 아니면 患難을 면하기 어려움을 말씀한 것이니, 세상을 서글퍼하신 것이다.

15. 子曰 誰能出不由戶리오마는 何莫由斯道也오

孔子께서 말씀하셨다. "누가 밖을 나갈 적에 門을 경유하지 않겠는가. 그런데 어찌하여 이 道를 따르는 이는 없는가."

言人不能出不由戶언마는 何故로 乃不由此道耶아하시니 怪而歎之之辭라

사람이 밖에 나갈 적에 門을 경유하지 않는 이가 없는데, 무슨 까닭으로 마침내 이 道를 따르지 않는가라고 말씀하신 것이니, 괴이하게 여겨 탄식하신 말씀이다.

⊙ 洪氏曰 人知出必由戶로되 而不知行必由道하니 非道遠人이요 人自遠爾니라

⊙ 洪氏(洪興祖)가 말하였다. "사람이 나갈 적에 반드시 門을 경유해야 할 줄은 알면서도 행할 적에 반드시 道를 따라야 함은 알지 못하니, 道가 사람을 멀리 하는 것이 아니라 사람이 스스로 道를 멀리 할 뿐이다."

16. 子曰 質勝文則野요 文勝質則史니 文質이 彬彬然後에 君子니라

孔子께서 말씀하셨다. "質(본바탕)이 文(아름다운 외관)을 이기면 野人이요, 文이 質을 이기면 史(겉치레만 잘함)이니, 文과 質이 적절히 배합된 뒤에야 君子이다."

⋯ 祝 빌 축 鮀 모래무지 타 佞 말잘할 녕 免 면할 면 廟 사당 묘 衰 쇠할 쇠 諛 아첨할 유 傷 상심할 상 誰 누구 수 由 경유할 유, 따를 유 怪 기이할 괴 野 들 야 史 아전 사 彬 빛날 빈

野는 野人이니 言鄙略也요 史는 掌文書[18]니 多聞習事而誠或不足也라 彬彬은 猶班班이니 物相雜而適均之貌라 言學者當損有餘하고 補不足이니 至於成德이면 則不期然而然矣리라

'野'는 野人(촌사람)이니 비루하고 소략함을 말하고, '史'는 文書를 맡은 자이니 見聞이 많고 일에 익숙하나 誠實性이 혹 부족한 것이다. '彬彬'은 班班과 같으니, 물건이 서로 섞여 적당한 모양이다. 배우는 자는 마땅히 有餘한 것을 덜어내고 不足한 것을 補充해야 함을 말씀한 것이니, 德을 이룬 君子에 이른다면 이렇게 되기를 기약하지 않아도 이렇게 될 것이다.

⊙ 楊氏曰 文質은 不可以相勝이라 然이나 質之勝文은 猶之甘可以受和요 白可以受采也어니와 文勝而至於滅質이면 則其本亡矣니 雖有文이나 將安施乎아 然則與其史也론 寧野니라

⊙ 楊氏(楊時)가 말하였다. "文과 質은 서로 이겨서는 안 된다. 그러나 質이 文을 이김은 그래도 단맛이 調味를 받을 수 있고 흰색이 采色을 받을 수 있는 것과 같지만, 文이 이겨 質을 없앰에 이른다면 그 根本이 없어지니, 비록 文이 있은들 장차 어디에 베풀겠는가. 그렇다면 史보다는 차라리 野人이 나은 것이다."

17. 子曰 人之生也直하니 罔之生也는 幸而免이니라

孔子께서 말씀하셨다. "사람이 사는 이치는 正直하니, 정직하지 않으면서도 사는 것은 〈죽음을〉 요행히 면한 것이다."

程子曰 生理[19]本直하니 罔은 不直也로되 而亦生者는 幸而免耳니라

程子(明道)가 말씀하였다. "生理는 본래 正直하니, '罔'은 정직하지 않은 것인데 그러면서도 사는 것은 요행히 면한 것일 뿐이다."

---

18 史 掌文書: '史'는 府史·胥徒의 史로, 《周禮》〈天官冢宰 宰夫〉에 "여섯째가 史이니 관청의 문서를 관장하여 정치를 돕는다.〔六日史 掌官書以贊治〕"라고 보인다. 程伊川은 "〈史는〉 문서가 비록 많으나 그 뜻을 알지 못하니, '文이 이김'이 바로 이와 같은 것이다.〔文雖多而不知其意 文勝正如此也〕" 하였다.《精義》

19 生理: 사람이 태어난 이치로 사람이 된 道, 또는 性을 이르며, '罔之生也'의 '生'은 '生存'의 뜻이다.

••• 鄙 비루할 비 班 아롱질 반 適 알맞을 적 均 고를 균 損 덜 손 期 기약할 기 采 채색 채 安 어찌 안
   寧 차라리 녕 直 곧을 직 罔 속일 망 幸 요행 행

18. 子曰 知之者 不如好之者요 好之者 不如樂(락)之者니라

孔子께서 말씀하셨다. "〈道를〉 아는 자가 좋아하는 자만 못하고, 좋아하는 자가 즐거워하는 자만 못하다."

尹氏曰 知之者는 知有此道也요 好之者는 好而未得也요 樂之者는 有所得而樂之也니라

尹氏(尹焞)가 말하였다. "'안다는 것'은 이 道가 있음을 아는 것이요, '좋아한다는 것'은 좋아하나 아직 얻지 못한 것이요, '즐거워한다는 것'은 얻음이 있어 즐거워하는 것이다."

⊙ 張敬夫曰 譬之五穀하면 知者는 知其可食者也요 好者는 食而嗜之者也요 樂者는 嗜之而飽者也라 知而不能好면 則是知之未至也요 好之而未及於樂이면 則是好之未至也니 此古之學者 所以自彊而不息者與인저

⊙ 張敬夫(張栻)가 말하였다. "五穀에 비유하면, 아는 자는 그것이 먹을 수 있음을 아는 자이고, 좋아하는 자는 먹고서 좋아하는 자이고, 즐거워하는 자는 좋아하여 배불리 먹은 자이다. 알기만 하고 좋아하지 못하면 이는 앎이 지극하지 못한 것이요, 좋아하기만 하고 즐거워함에 이르지 못하면 이는 좋아함이 지극하지 못한 것이니, 이는 옛날 배우는 자들이 스스로 힘써 쉬지 않은 이유일 것이다."

19. 子曰 中人以上은 可以語上也어니와 中人以下는 不可以語上也니라

孔子께서 말씀하셨다. "中人(중등 인물) 이상은 높은 것을 말해줄 수 있으나, 中人 이하는 높은 것을 말해줄 수 없다."

語는 告也라 言敎人者 當隨其高下而告語之면 則其言易入하여 而無躐等之弊也라

'語'는 말해주는 것이다. 사람을 가르치는 자는 마땅히 상대방의 높고 낮음에 따라 말해 주어야 하니, 이렇게 하면 그 말이 들어가기가 쉬워 등급을 뛰어 넘는 폐단이 없음을 말씀한 것이다.

⊙ 張敬夫曰 聖人之道 精粗雖無二致나 但其施敎는 則必因其材而篤焉하니 蓋中人以下之質은 驟而語之太高면 非惟不能以入이라 且將妄意躐等하여 而有不切於身

••• 譬 비유할 비 穀 곡식 곡 嗜 즐길 기 飽 배부를 포 彊 힘쓸 강 弊 폐단 폐 精 정미할 정 粗 거칠 조
　　驟 별안간 취, 급할 취 躐 건너뛸 렵

之弊하여 亦終於下而已矣라 故로 就其所及而語之하시니 是乃所以使之切問近思하여 而漸進於高遠也니라

⊙ 張敬夫(張栻)가 말하였다. "聖人의 道는 精과 粗(거침, 대강)가 비록 두 이치가 없으나 다만 가르침을 베푸는 것은 반드시 그 材質에 따라 돈독히 한다. 中人 이하의 자질은 갑자기 너무 높은 것을 말해주면 그 말이 제대로 들어갈 수 없을 뿐만 아니라, 또한 장차 망녕된 생각으로 等級을 뛰어넘어 자기 몸에 절실하지 못한 폐단이 있게 되어 또한 下等에 그치고 말 뿐이다. 그러므로 미칠 수 있는 바에 나아가 말씀해주셨으니, 이것이 바로 간절히 묻고 가까이 생각하여 점차 높고 먼 데로 나아가게 하는 것이다."

20. 樊遲問知(智)한대 子曰 務民之義요 敬鬼神而遠之면 可謂知矣니라 問仁한대 曰 仁者先難而後獲이면 可謂仁矣니라

樊遲가 智에 대하여 묻자, 孔子께서 말씀하셨다. "사람이 지켜야 할 도의를 힘쓰고 鬼神을 공경하되 멀리한다면 智라 말할 수 있다."
다시 仁에 대하여 묻자, 또 말씀하셨다. "仁者는 어려운 일을 먼저 하고 얻는 것을 뒤에 하니, 이렇게 한다면 仁이라고 말할 수 있다."

民은 亦人也라 獲은 謂得也라 專用力於人道之所宜하고 而不惑於鬼神之不可知는 知者之事也요 先其事之所難하고 而後其效之所得은 仁者之心也니 此는 必因樊遲之失而告之시리라

'民' 또한 사람이다. '獲'은 얻음을 이른다. 오로지 人道의 마땅한 바에 힘을 쓰고 鬼神의 알 수 없는 것에 혹하지 않는 것은 智者의 일이요, 일의 어려운 것을 먼저 하고 그 효과의 얻음을 뒤에 함은 仁者의 마음이니, 이는 반드시 樊遲의 결함에 따라 말씀해주신 것일 것이다.

⊙ 程子曰 人多信鬼神하니 惑也요 而不信者는 又不能敬하니 能敬能遠이면 可謂知矣니라
又曰 先難은 克己也니 以所難爲先하고 而不計所獲은 仁也니라
呂氏曰 當務爲急이요 不求所難知하며 力行所知요 不憚所難爲니라

••• 就 나아갈 취 漸 점점 점 樊 울타리 번 遲 더딜 지 獲 얻을 획 惑 의혹할 혹 效 공효 효 憚 꺼릴 탄

⊙ 程子(伊川)가 말씀하였다. "사람들이 鬼神을 많이 믿으니 이는 미혹된 것이요, 귀신을 믿지 않는 자는 또 恭敬하지 않으니, 능히 恭敬하되 멀리할 수 있다면 智라고 말할 수 있다."

또 말씀하였다. "어려운 일을 먼저 함은 克己의 일이니, 어려운 일을 먼저 하고 얻음을 헤아리지 않음은 仁이다."

呂氏(呂大臨)가 말하였다. "마땅히 해야 할 일을 급하게 여기고 알기 어려운 것(귀신)을 구하지 않아야 하며, 아는 바를 힘써 행하고 하기 어려운 바를 꺼리지 말아야 한다."

21. 子曰 知(智)者는 樂(요)水하고 仁者는 樂山이니 知者는 動하고 仁者는 靜하며 知者는 樂(락)하고 仁者는 壽니라

孔子께서 말씀하셨다. "智者는 물을 좋아하고 仁者는 山을 좋아하니, 智者는 動的이고 仁者는 靜的이며, 智者는 樂天的이고 仁者는 長壽한다."

樂(요)는 喜好也라 知者는 達於事理而周流無滯하여 有似於水라 故로 樂水하고 仁者는 安於義理而厚重不遷하여 有似於山이라 故로 樂山이라 動靜은 以體言이요 樂(락)壽는 以效言也라 動而不括故로 樂이요 靜而有常故로 壽라

'樂'는 기뻐하고 좋아함이다. 智者는 事理에 통달하여 두루 流通하고 막힘이 없어서 물과 비슷함이 있으므로 물을 좋아하고, 仁者는 義理에 편안하여 厚重하고 옮기지 않아서 山과 비슷함이 있으므로 山을 좋아하는 것이다. '動'과 '靜'은 體(형체)로 말하였고, '樂'과 '壽'는 效果로 말하였다. 動하여 맺히지(막히지) 않으므로 즐거워하고, 靜하여 일정함이 있으므로 長壽하는 것이다.

⊙ 程子曰 非體仁知之深者면 不能如此形容之니라

⊙ 程子(伊川)가 말씀하였다. "仁과 智를 體得하기를 깊이한 자가 아니면 이처럼 형용하지 못한다."

22. 子曰 齊一變이면 至於魯하고 魯一變이면 至於道니라

孔子께서 말씀하셨다. "齊나라가 한 번 변하면 魯나라에 이르고, 魯나라가 한 번 변하면 先王의 道에 이를 것이다."

··· 樂 좋아할 요 靜 고요할 정 周 두루 주 滯 막힐 체 遷 옮길 천 括 맺힐 괄 變 변할 변

孔子之時에 齊俗은 急功利하고 喜夸詐하니 乃霸政之餘習이요 魯則重禮敎하고 崇信義하여 猶有先王之遺風焉이라 但人亡政息하여 不能無廢墜耳라 道는 則先王之道也라 言二國之政俗이 有美惡[20]이라 故로 其變而之道에 有難易하니라

孔子 당시에 齊나라의 風俗은 功利를 급히(우선으로) 여기고 과장과 속임을 좋아했으니, 바로 패도정치[霸政]의 남은 습속이요, 魯나라는 禮敎를 중히 여기고 信義를 숭상하여 아직도 先王의 遺風이 남아 있었다. 다만 어진 사람이 죽고 훌륭한 정치가 그쳐 폐지됨과 실추됨이 없지 못하였다. '道'는 先王의 道이다. 두 나라의 정사와 풍속에 아름답고 나쁜 차이가 있으므로 변하여 先王의 道로 감에 어려움과 쉬움이 있음을 말씀한 것이다.

⊙ 程子曰 夫子之時에 齊强魯弱하니 孰不以爲齊勝魯也리오 然이나 魯猶存周公之法制하고 齊由桓公之霸하여 爲從簡尙功之治하여 太公之遺法이 變易盡矣라 故로 一變이라야 乃能至魯요 魯則修擧廢墜而已니 一變則至於先王之道也라

愚謂 二國之俗을 惟夫子爲能變之로되 而不得試라 然이나 因其言以考之하면 則其施爲緩急之序를 亦略可見矣[21]니라

⊙ 程子(伊川)가 말씀하였다. "夫子 당시에 齊나라는 강하고 魯나라는 약했으니, 누군들 齊나라가 魯나라보다 낫다고 생각하지 않았겠는가. 그러나 魯나라는 아직도 周公의 法制가 남아 있었고, 齊나라는 桓公의 霸道로 말미암아 간략함을 따르고 功을 숭상하는 정치를 하여 太公의 遺法이 모두 변해 버렸다. 그러므로 한 번 변하여야 魯나라에 이를 수 있고, 魯나라는 폐지되고 실추된 것만 거행하면 되니, 한 번 변하면 先王의 道에 이를 수 있는 것이다."

내가 생각하건대, 두 나라의 風俗은 오직 夫子만이 변화시킬 수 있었는데, 등용되어 시험해보지 못하였다. 그러나 이 말씀을 가지고 살펴본다면 시행함에 있어 緩急의 順序를 또한 대략 볼 수 있다.

---

20 二國之政俗 有美惡:지난 번 번역에는 '二國之政이 俗有美惡'으로 句를 떼었으나, 慶源輔氏(輔廣)의 "풍속은 정사로써 고치고 정사는 道로써 화해지니, 정사에 좋고 나쁨이 있기 때문에 풍속에 순수함과 하자가 있는 것이다.〔俗以政革 政以道協 政有美惡 故俗有醇疵〕"라는 말을 따라 수정하였다.

21 其施爲緩急之序 亦略可見:'施爲'는 정사를 시행하는 것으로 禮敎와 信義를 급하게 여겨 우선하고 富國强兵을 뒤에 하셨을 것임을 알 수 있다고 말한 것이다.

··· 夸 과장할 과 詐 속일 사 霸 으뜸 패 墜 떨어질 추 勝 나을 승 遺 남을 유 試 시험할 시 緩 늦을 완

23. 子曰 觚(고)不觚면 觚哉觚哉아

孔子께서 말씀하셨다. "모난 술그릇[觚]이 모가 나지 않으면 모난 술그릇이라고 할 수 있겠는가. 모난 술그릇이라고 할 수 있겠는가."

觚는 棱也니 或曰 酒器[22]요 或曰 木簡이라하니 皆器之有棱者也라 不觚者는 蓋當時失其制而不爲棱也라 觚哉觚哉는 言不得爲觚也라

'觚'는 모난 물건이니, 혹자는 술그릇이라 하고 혹자는 木簡이라 하니, 모두 器物에 모가 있는 것이다. '不觚'는 당시에 그 制度를 잃어 모가 나지 않은 것이다. '觚哉觚哉'는 모난 술그릇이 될 수 없음을 말씀한 것이다.

⊙ 程子曰 觚而失其形制면 則非觚也니 擧一器에 而天下之物이 莫不皆然이라 故로 君而失其君之道면 則爲不君이요 臣而失其臣之職이면 則爲虛位니라

范氏曰 人而不仁이면 則非人이요 國而不治면 則不國矣니라

⊙ 程子(伊川)가 말씀하였다. "모난 그릇이 그 모양의 제도를 잃으면 모난 그릇이 아니니, 한 기물을 듦에 天下의 事物이 그렇지 않음이 없는 것이다. 그러므로 임금으로서 임금의 道理를 잃으면 임금답지 않음이 되고, 신하로서 신하의 직분을 잃으면 빈자리가 되는 것이다."

范氏(范祖禹)가 말하였다. "사람으로서 仁하지 않으면 사람이 아니요, 나라로서 다스려지지 않으면 나라가 아닌 것이다."

24. 宰我問曰 仁者는 雖告之曰 井有(仁)〔人〕焉이라도 其從之也로소이다 子曰 何爲其然也리오 君子는 可逝也언정 不可陷也며 可欺也언정 不可罔也니라

宰我가 물었다. "仁者는 비록 〈어떤 사람이〉 그에게 우물에 사람이 빠졌다고 말해주더라도 〈우물에 빠진 사람을 구출하고자 하여 그를〉 따라 우물로 들어가겠습니다."

---

22 觚……酒器 : 酒器로서의 觚는 몸체는 원통형이면서 주둥이와 받침이 넓고 가운데가 좁은 모양의 잔인데, 그림1-1과 1-2에서 보는 것처럼 가운데에 棱이 돌출되어 있어 觚라고 한 것이다. 그런데 시간이 지나면서 그림2와 같이 棱이 없는 觚가 만들어지고 유통되었던 것으로 보인다.《商周彝器通考》

그림 1-1   그림 1-2   그림 2

··· 觚 모난그릇 고 棱 모날 릉 器 그릇 기 簡 죽간 간 井 우물 정 逝 갈 서 陷 빠질 함 欺 속일 기 罔 속일 망

孔子께서 말씀하셨다. "어찌 그렇겠는가. 君子는 〈딴 사람이 그 君子를 우물까지〉 가게 할 수는 있으나 빠지게 할 수는 없으며, 〈이치가 있는 말로〉 속일[欺] 수는 있으나 〈터무니 없는 말로〉 속일[罔] 수는 없는 것이다."

劉聘君[23]曰 有仁之仁은 當作人이라하니 今從之라 從은 謂隨之於井而救之也라 宰我信道不篤하여 而憂爲仁之陷害라 故로 有此問이라 逝는 謂使之往救요 陷은 謂陷之於井이라 欺는 謂誑之以理之所有요 罔은 謂昧之以理之所無라 蓋身在井上이라야 乃可以救井中之人이니 若從之於井이면 則不復能救之矣라 此理甚明하여 人所易曉하니 仁者雖切於救人而不私其身이나 然不應如此之愚也니라

劉聘君(劉勉之)이 말하기를 "'有仁'의 仁은 마땅히 人字가 되어야 한다." 하였으니, 지금 이것을 따른다. '從'은 우물에 따라 들어가 구제함을 말한다. 宰我는 道를 믿음이 독실하지 못하여, 仁을 행하다가 害에 빠질까 근심하였다. 그러므로 이러한 물음이 있었던 것이다. '逝'는 가서 구제하게 함을 이르고, '陷'은 우물에 빠트림을 이른다. '欺'는 이치가 있는 것으로 속임을 이르고, '罔'은 이치가 없는 것으로 속임을 이른다. 몸이 우물 밖에 있어야 우물 안에 빠진 사람을 구제할 수 있는 것이니, 만일 함께 우물로 따라 들어간다면 다시는 구제할 수 없는 것이다. 이 이치가 매우 明白하여 사람이 깨닫기 쉬우니, 仁者가 비록 사람을 구제함에 간절하여 자기 몸을 사사로이 돌보지 않으나 응당 이와 같이 어리석지는 않을 것이다.

25. 子曰 君子博學於文이요 約之以禮면 亦可以弗畔(叛)矣夫인저

孔子께서 말씀하셨다. "君子가 文에 널리 배우고 禮로써 요약[約]한다면 또한 〈道에〉 어긋나지(위배되지) 않을 것이다."

約은 要也요 畔은 背也라 君子 學欲其博故로 於文에 無不考하고 守欲其要故로 其動을 必以禮하니 如此면 則可以不背於道矣리라

'約'은 요약함이요, '畔'은 위배됨이다. 君子는 배움이 넓고자 하므로 文에 있어 고찰하지 않음이 없고, 지킴은 요약하고자 하므로 그 행동을 반드시 禮로써 하는 것이니, 이와 같이 하면 道

---

23 劉聘君 : '聘君'은 군주의 초빙을 받고도 벼슬하지 않은 사람을 이르는바, 이름은 勉之이고 字는 致中, 號는 草堂이다. 朱子의 丈人이므로 혹자는 聘君을 聘父로 잘못 알기도 한다.

··· 劉 묘금도 유, 성 유 聘 맞이할 빙 隨 따를 수 救 구원할 구 誑 속일 광 曉 깨달을 효 約 요약할 약
畔 배반할 반(叛通) 背 위반할 배

에 위배되지 않을 것이다.

⊙ 程子曰 博學於文而不約之以禮면 必至於汗漫이니 博學矣요 又能守禮而由於規矩면 則亦可以不畔道矣라

⊙ 程子(明道)가 말씀하였다. "널리 文을 배우고 禮로 요약하지 않으면 반드시 汗漫함에 이를 것이니, 널리 배우고 또 능히 禮를 지켜 規矩(법도)를 따르면 또한 道에 위배되지 않을 것이다."

26. 子見南子하신대 子路不說(열)이어늘 夫子矢之曰 予所否者[24]인댄 天厭之, 天厭之시리라

孔子께서 南子를 만나보시자, 子路가 기뻐하지 않으니, 夫子께서 맹세하여 말씀하셨다. "내 맹세코 잘못된 짓을 하였다면 하늘이 나를 싫어하시리라. 하늘이 나를 싫어하시리라."

南子는 衛靈公之夫人이니 有淫行이라 孔子至衛에 南子請見한대 孔子辭謝라가 不得已而見之라 蓋古者에 仕於其國이면 有見其小君之禮어늘 而子路以夫子見此淫亂之人爲辱이라 故로 不悅이라 矢는 誓也요 所는 誓辭也니 如云所不與崔慶者[25]之類라 否는 謂不合於禮하고 不由其道也라 厭은 棄絶也라 聖人은 道大德全하여 無可不可[26]하니 其見惡人에 固謂在我有可見之禮면 則彼之不善이 我何與(예)焉이리오 然이나 此豈子路所能測哉아 故로 重言以誓之하시니 欲其姑信此而深思以得之也시니라

南子는 衛나라 靈公의 夫人이니 음란한 행실이 있었다. 孔子께서 衛나라에 이르자, 南子가 만나기를 청하니, 孔子께서 사절하시다가 부득이 만나신 것이다. 옛날에는 그 나라에 벼슬하면 그 小君(임금의 부인)을 뵙는 禮가 있었는데, 子路는 夫子께서 이 음란한 사람을 만나보는 것

---

24 予所否者：諺解에는 '내 否할 바인댄'으로 해석하였으나 集註와 부합하지 않으며, '내 맹세하는 말이 禮에 부합하지 못한다면'으로 해석하기도 한다.

25 所不與崔慶者：崔·慶은 齊나라 莊公을 시해한 崔杼와 이에 가담한 慶封을 가리킨다. 이 내용은 《春秋左傳》 襄公 25년조에 보인다.

26 無可不可：'可'는 가하다고 여겨 반드시 하는 것이고, '不可'는 불가하다고 여겨 반드시 하지 않는 것으로, 아래 〈微子〉 8장에 "虞仲과 夷逸을 評하시되 '숨어 살면서 말을 함부로 하였으나 몸은 깨끗함에 맞았고 폐함(벼슬하지 않음)은 權道에 맞았다. 나는 이와 달라서 可함도 없고 不可함도 없다.' 하셨다.〔謂虞仲夷逸 隱居放言 身中淸 廢中權 我則異於是 無可無不可〕"라고 보인다.

••• 汗 물질펀할 한 漫 물질펀할 만 規 법규 矩 법구 矢 맹세할 시 所 맹세할 소 厭 싫어할 염 衛 나라이름 위
靈 신령 령 淫 음란할 음 辭 사양할 사 謝 사절할 사 誓 맹세할 서 測 헤아릴 측 姑 우선 고

을 치욕으로 여겼다. 그러므로 기뻐하지 않은 것이다.

'矢'는 맹세요 '所'는 맹세하는 말이니, 예컨대 "맹세코 崔·慶과 함께 하지 않겠다.〔所不與 崔慶者〕"고 말한 따위와 같은 것이다. '否'는 禮에 합당하지 않고 도리를 따르지 않음을 이른다. '厭'은 버리고 끊는 것이다.

聖人은 道가 크고 德이 온전하여 可함도 없고 不可함도 없으니, 악한 사람을 만나볼 적에 진실로 생각하기를, '나에게 있어 만나볼 만한 禮가 있다면 저 사람의 악행이 나와 무슨 상관이 있겠는가.'라고 여기신다. 그러나 이것이 어찌 子路가 헤아릴 수 있는 것이겠는가. 그러므로 거듭 말씀하고 맹세하신 것이니, 그가 우선 이것을 믿고 깊이 생각하여 터득하게 하고자 하신 것이다.

27. 子曰 中庸之爲德也 其至矣乎[27]인저 民鮮이 久矣니라

孔子께서 말씀하셨다. "中庸의 德이 지극하구나. 사람들이 〈이 德을〉 소유한 이가 적은 지 오래되었다."

中者는 無過不及之名也요 庸은 平常也라 至는 極也요 鮮은 少也니 言民少此德이 今 已久矣라

'中'은 지나치거나 미치지 못함이 없는 것의 명칭이요, '庸'은 平常이다. '至'는 극진함이요 '鮮'은 적음이니, 사람들이 이 德을 소유한 이가 적은 지 지금 이미 오래되었음을 말씀한 것이다.

⊙ 程子曰 不偏之謂中이요 不易之謂庸이니 中者는 天下之正道요 庸者는 天下之定 理라 自世敎衰로 民不興於行하여 少有此德이 久矣니라

⊙ 程子(伊川)가 말씀하였다. "치우치지 않음을 中이라 하고 변치 않음을 庸이라 하니, 中은 天下의 바른 道이고 庸은 천하의 정해진 理다. 세상의 가르침이 쇠퇴한 후부터 사람들이 〈中庸의 道를〉 행하는데 흥기하지 않아서 이 德을 간직한 이가 적은 지 오래된 것이다."

---

27 中庸之爲德也 其至矣乎 : 官本諺解에는 '中庸의 德이로옴이 그 至ᄒᆞ뎌'로, 栗谷諺解에는 '中庸의 德 이론 디 그 지극ᄒᆞ뎌'로 해석하여 '爲'를 '謂'로 본 듯하다. 그러나 '爲德'은 爲人과 같은 구조로 '德됨이'로 해석해야 할 것이다.
'民鮮 久矣'를 朱子와 달리 '鮮久矣'를 이어지는 것으로 보아 '백성은 오래하는 이가 적다.'로 해석하기도 한다.

··· 庸 떳떳 용, 평소 용 鮮 적을 선 偏 치우칠 편 衰 쇠할 쇠

28-1. 子貢曰 如有博施於民이요 而能濟衆[28]인댄 何如하니잇고 可謂仁乎 잇가 子曰 何事於仁이리오 必也聖乎인저 堯舜도 其猶病諸시니라

子貢이 말하였다. "만일 백성들에게 은혜를 널리 베풀고〔博施〕 많은 사람을 구제한다면〔濟衆〕 어떻습니까? 仁하다고 할 만합니까?"

孔子께서 말씀하셨다. "어찌 仁에만 그치겠는가. 반드시 聖人일 것이다. 堯·舜도 오히려 이것을 부족하게 여기셨을 것이다.

博은 廣也라 仁은 以理言이니 通乎上下하고 聖은 以地言이니 則造其極之名也라 乎者 는 疑而未定之辭라 病은 心有所不足也라 言 此何止於仁이리오 必也聖人能之乎신저 則雖堯舜之聖이라도 其心이 猶有所不足於此也라 以是求仁이면 愈難而愈遠矣리라

'博'은 넓음이다. '仁'은 이치로 말하였으니 위(聖人)와 아래(衆人)에 통하고, '聖'은 지위로 말하였으니 그 극에 도달한 것의 명칭이다. '乎'는 의심하여 정하지 않는 말이다. '病'은 마음에 부족하게 여기는 바가 있음이다.

'이것이 어찌 仁에만 그치겠는가. 반드시 聖人이라야 능할 것이다. 그렇다면 비록 堯·舜의 聖人이라도 그 마음에 오히려 이에 대해 부족하게 여기는 바가 있을 것이다.'라고 말씀한 것이다. 이런 식으로 仁을 구한다면 더욱 어렵고 더욱 멀어질 것이다.

28-2. 夫仁者는 己欲立而立人하며 己欲達而達人이니라

仁者는 자신이 서고자 함에 남도 서게 하며, 자신이 통달하고자 함에 남도 통달하게 하는 것이다.

以己及人은 仁者之心也니 於此觀之면 可以見天理之周流而無間矣라 狀仁之體가 莫切於此하니라

자기로써 남에게 미침은 仁者의 마음이니, 여기에서 살펴본다면 天理가 두루 流行하여 간격이 없음을 볼 수 있다. 仁의 本體를 형상(형용)함이 이보다 더 절실한 것이 없다.

---

28 如有博施於民而能濟衆 : 官本諺解에는 '如有博施於民而能濟衆혼댄'으로 懸吐하고 '만일에 民에게 施홈을 너비하고 能히 濟홈이 衆혼댄'으로 해석하였으나 栗谷諺解를 따라 위와 같이 懸吐하고 번역하였다.

••• 病 부족할 병 廣 넓을 광 造 나아갈 조 愈 더욱 유

28-3. 能近取譬면 可謂仁之方也已니라

가까운 데에서 취해 비유할 수 있다면 仁하는 방법이라고 이를 만하다.

譬는 喩也요 方은 術也라 近取諸身하여 以己所欲으로 譬之他人이면 知其所欲亦猶是也니 然後에 推其所欲하여 以及於人이면 則恕之事而仁之術也라 於此勉焉이면 則有以勝其人欲之私하여 而全其天理之公矣리라

'譬'는 비유이고, '方'은 방법이다. 가까이 자신에게서 취하여 자기가 하고자 하는 것을 가지고 他人에게 비유하면 그가 하고자 하는 것도 나와 같음을 알 것이니, 그런 뒤에 자기가 하고자 하는 바를 미루어 남에게 미친다면 이는 恕의 일이며 仁하는 방법이다. 여기에 힘쓴다면 人欲의 사사로움을 이겨내어 天理의 公正함을 온전히 할 수 있을 것이다.

⊙ 程子曰 醫書에 以手足痿痺(위비)로 爲不仁하니 此言이 最善名狀이라 仁者는 以天地萬物爲一體하니 莫非己也라 認得爲己면 何所不至리오 若不屬己면 自與己不相干이니 如手足之不仁에 氣已不貫하여 皆不屬己라 故로 博施濟衆은 乃聖人之功用이라 仁至難言이라 故로 止曰 己欲立而立人하며 己欲達而達人이니 能近取譬면 可謂仁之方也已라하시니 欲令如是觀仁하여 可以得仁之體니라

又曰 論語에 言堯舜其猶病諸者二[29]니 夫博施者 豈非聖人之所欲이리오 然이나 必五十乃衣帛하고 七十乃食肉하니 聖人之心이 非不欲少者亦衣帛食肉也언마는 顧其養有所不贍爾니 此는 病其施之不博也라 濟衆者 豈非聖人之所欲이리오 然이나 治不過九州하니 聖人이 非不欲四海之外亦兼濟也언마는 顧其治有所不及爾니 此는 病其濟之不衆也라 推此以求하면 修己以安百姓[30]이 則爲病을 可知니 苟以吾治已足이면 則便

---

29 堯舜其猶病諸者二 : 아래 〈憲問〉 45장에 "子路가 君子에 대하여 물으니, 孔子께서 '敬으로써 몸을 닦는 것이다.' 하셨다. 〈子路가〉 '이와 같을 뿐입니까?' 하고 묻자, '몸을 닦아서 사람을 편안하게 하는 것이다.' 하셨다. 다시 '이와 같을 뿐입니까?' 하고 묻자, 다음과 같이 말씀하셨다. '몸을 닦아서 백성을 편안하게 하는 것이니, 몸을 닦아서 백성을 편안하게 함은 堯舜께서도 오히려 부족하게 여기셨다.'〔子路問君子 子曰 修己以敬 曰 如斯而已乎 曰 修己以安人 曰 如斯而已乎 曰 修己以安百姓 修己以安百姓 堯舜其猶病諸〕"라고 보인다.

30 推此以求 修己以安百姓 : '推此以求'에서 句를 뗀 本도 있고 '修己以安百姓'까지 한 句로 본 本도 있다. 본인의 지난번 번역은, 初刊本은 '推此以求하면'으로 떼었다가 修訂本에는 다시 붙였으나 瑞巖(金熙鎭)先生의 口訣을 따라 다시 修正하였음을 밝혀둔다. '修己以安百姓'은 위 '堯舜其猶病諸者'의 각주에 보인다.

••• 譬 비유할 비 喩 비유할 유 術 방법 술 醫 의술 의 痿 늘어질 위, 시들 위 痺 마비할 비 狀 형상 상 屬 연결할 촉 干 간여할 간 帛 명주비단 백 顧 다만 고 贍 넉넉할 섬 爾 뿐 이 兼 겸할 겸 便 문득 변, 곧 변

不是聖人이니라

呂氏曰 子貢이 有志於仁이나 徒事高遠하여 未知其方일새 孔子敎以於己取之하시니 庶近而可入이라 是乃爲仁之方이니 雖博施濟衆이라도 亦由此進이니라

⊙ 程子(明道)가 말씀하였다. "醫書에 손발이 마비된 것을 不仁이라 하니, 이 말이 仁을 가장 잘 형용하였다. 仁者는 天地의 萬物을 한 몸으로 여기니, 自己 아닌 것이 없다. 萬物이 모두 自己가 됨을 인식한다면 어찌 지극하지 못함이 있겠는가. 만약 자신에게 소속되지 않으면 자연 자기와 상관이 없게 되니, 마치 손발의 不仁(마비)함이 氣가 이미 貫通하지 않아 모두 자신에게 소속되지 않는 것과 같다. 그러므로 널리 은혜를 베풀고 많은 사람을 구제하는 것은 바로 聖人의 功用인 것이다. 仁은 지극히 말하기 어려우므로 다만 말씀하기를 '자기가 서고자 함에 남도 서게 하며 자기가 통달하고자 함에 남도 통달하게 하니, 능히 가까운 데에서 취해 비유하면 仁을 하는 方法이라고 이를 만하다.'라고 하신 것이니, 이는 배우는 자들로 하여금 이와 같이 仁을 함을 관찰하여 仁의 本體를 터득하게 하고자 하신 것이다."

〈程子(伊川)가〉 또 말씀하였다. "《論語》에 '堯舜도 부족하게 여기셨다.'고 말씀한 곳이 두 군데이니, 널리 베풂이 어찌 聖人께서 하고자 하는 바가 아니겠는가. 그러나 반드시 50세가 되어야 비단 옷을 입고 70세가 되어야 고기를 먹을 수 있었으니, 聖人의 마음에 젊은 자 역시 비단 옷을 입고 고기를 먹게 하고 싶지 않은 것은 아니었으나 다만 기름(급양)에 부족한 바가 있기 때문이니, 이는 그 베풂이 넓지 못함을 부족하게 여기신 것이다. 많은 사람을 구제하는 것이 어찌 聖人께서 하고자 하는 바가 아니겠는가. 그러나 다스림이 九州를 지나지 못하였으니, 聖人께서 四海 밖까지 함께 구제하고자 하지 않은 것은 아니었으나 다만 다스림에 미치지 못하는 바가 있기 때문이니, 이는 구제함이 많지 못함을 부족하게 여기신 것이다. 이것을 미루어 찾아보면 몸을 닦아 백성을 편안하게 하는 것이 부족함이 됨을 알 수 있을 것이다. 만일 나의 다스림이 이미 충분하다고 생각한다면 곧 聖人이 아니다."

呂氏(呂大臨)가 말하였다. "子貢은 仁에 뜻을 두었으나 한갓 高遠한 것을 일삼아 그 方法을 알지 못하였다. 그러므로 孔子께서 자신에게서 취하는 것으로 가르쳐 주신 것이니, 행여 가까워서 들어갈 수 있기를 바라신 것이다. 이것이 바로 仁을 하는 방법이니, 비록 널리 베풀고 많은 사람을 구제하는 것이라도 또한 이로부터 나아가는 것이다."

••• 徒 한갓 도 庶 거의 서

述而 第七

此篇은 多記聖人謙己誨人之辭와 及其容貌行事之實하니 凡三十七章이라
이 篇은 聖人이 자신을 겸손히 하고 남을 가르치신 말씀과
그 容貌와 行事의 실제를 많이 기록하였으니, 모두 37章이다.

1. 子曰 述而不作하며 信而好古를 竊比於我老彭하노라

孔子께서 말씀하셨다. "傳述하기만 하고 創作하지 않으며 믿고 옛것을 좋아함을 내가
속으로 우리 老彭에게 견주노라."

　述은 傳舊而已요 作은 則創始也라 故로 作은 非聖人이면 不能이요 而述則賢者可及이
라 竊比는 尊之之辭요 我는 親之之辭라 老彭은 商賢大夫니 見(현)大戴禮하니 蓋信古而
傳述者也라 孔子刪詩書하고 定禮樂하며 贊周易하고 修春秋하사 皆傳先王之舊하시고
而未嘗有所作也라 故로 其自言이 如此하시니 蓋不惟不敢當作者之聖[1]이요 而亦不敢
顯然自附於古之賢人[2]이니 蓋其德愈盛而心愈下[3]하여 不自知其辭之謙也라 然이나 當
是時하여 作者略備어늘 夫子蓋集群聖之大成而折衷之하시니 其事雖述이나 而功則倍
於作矣니 此又不可不知也니라

1　不惟不敢當作者之聖 : '不惟'는 非但과 같으며 '當'은 자처하는 것으로, 곧 '비단 作者의 聖人을 당하지
　못할 뿐만 아니라'의 뜻이다.
2　不敢顯然自附於古之賢人 : '顯然'은 드러내 놓는 것으로 '공공연'과 같으며, '自附'는 스스로 자신을 붙
　이는 것으로, 곧 감히 드러내 놓고 옛 賢人에게 자신을 붙이지 못한다는 뜻이다.
3　心愈下 : '下'는 자신을 낮추는 것으로 謙과 같다.

•••　誨 가르칠 회 竊 몰래 절 彭 성 팽 創 비롯할 창 見 나타날 현 戴 일 대 刪 깎을 산 贊 도울 찬 附 붙일 부
　　愈 더욱 유 下 겸손할 하 略 간략할 략 備 갖출 비 衷 가운데 충

'述'은 옛것을 傳述할 뿐이요, '作'은 처음으로 創作하는 것이다. 그러므로 作은 聖人이 아니면 불가능하고 述은 賢者도 미칠 수 있는 것이다. '竊比'는 그를 높이는 말이요, '我'는 그를 친근하게 여기는 말이다. 老彭은 商나라의 어진 大夫로《大戴禮》에 보이니, 아마도 옛것을 믿고 傳述한 자인 듯하다.

孔子는《詩》·《書》를 删削하고 禮·樂을 정하였으며,《周易》을 贊述(부연설명)하고《春秋》를 編修하시어, 모두 先王의 옛것을 傳述하셨고 일찍이 創作한 것이 있지 않았다. 그러므로 스스로 말씀하시기를 이와 같이 하셨으니, 이는 감히 創作하는 聖人을 당하지(자처하지) 못했을 뿐만 아니라, 또한 감히 드러내놓고 옛 賢人에게도 스스로 붙이지 못하신 것이니, 그 德이 더욱 높아질수록 마음이 더욱 겸손해져서 스스로 그 말씀이 겸손함을 알지 못하신 것이다. 그러나 이때를 당하여 創作은 대략 갖추어졌으므로 夫子께서 여러 聖人을 集大成하여 折衷하신 것이니, 일은 비록 傳述이나 그 功은 創作보다 곱절이나 된다. 이 또한 알지 않으면 안 된다.

2. 子曰 默而識(지)之하며 學而不厭[4]하며 誨人不倦이 何有於我哉오

孔子께서 말씀하셨다. "묵묵히 기억하며, 배우고 싫어하지 않으며, 사람 가르치기를 게을리 하지 않는 것, 이 중에 어느 것이 나에게 있겠는가."

識는 記也니 默識는 謂不言而存諸心也라 一說에 識(식)은 知也니 不言而心解也라하니 前說이 近是라 何有於我는 言何者能有於我也라 三者는 已非聖人之極至로되 而猶不敢當하시니 則謙而又謙之辭也니라

'識'는 기억함이니, 묵묵히 기억함은 말하지 않고 마음에 간직함을 이른다. 一說에 '識'은 앎이니, 말하지 않고 마음속에 이해하는 것이라 하는데, 前說이 옳은 듯하다. '何有於我'는 '어느 것이 나에게 있겠는가.'라는 말씀이다. 세 가지는 聖人의 지극한 일이 아닌데도 오히려 감히 자처하지 않으셨으니, 겸손하고 또 겸손한 말씀이다.

---

4 默而識之 學而不厭:官本諺解에는 '默ᄒ야 識ᄒ며 學ᄒ야 厭티 아니ᄒ며'로, 栗谷諺解에는 '默고 識ᄒ며 學고 厭티 아니ᄒ며'로 풀이하였다.

··· 默 잠잠할 묵 識 기억할 지, 알 식 厭 싫어할 염 誨 가르칠 회

3. 子曰 德之不修와 學之不講과 聞義不能徙⁵와 不善不能改가 是吾憂也니라

孔子께서 말씀하셨다. "德이 닦아지지 못함과 학문이 講習되지 못함과 義를 듣고 옮겨가지 못함과 不善을 고치지 못하는 것이 바로 나의 걱정거리이다."

尹氏曰 德必修而後에 成하고 學必講而後에 明하며 見善能徙하고 改過不吝이니 此四者는 日新之要也라 苟未能之면 聖人猶憂어든 況學者乎아

尹氏(尹焞)가 말하였다. "德은 반드시 닦은 뒤에야 이루어지고 학문은 반드시 講習한 뒤에야 밝아지며 善을 보면 능히 옮기고 허물을 고침에 인색하지 않는 이 네 가지는 나날이 새롭게 하는 要諦(요점)이다. 만일 이에 능하지 못하면 聖人도 오히려 근심하셨으니, 하물며 배우는 자에 있어서랴."

4. 子之燕居에 申申如也하시며 夭夭如也⁶러시다

孔子께서 한가로이 거처하실 적에 申申(활짝 폄)하시며 夭夭(온화함)하셨다.

燕居는 閒暇無事之時라
楊氏曰 申申은 其容舒也요 夭夭는 其色愉也라

'燕居'는 한가하여 일이 없는 때이다.
楊氏(楊時)가 말하였다. "'申申'은 용모가 펴진 것이요, '夭夭'는 얼굴빛이 온화한 것이다."

⊙ 程子曰 此는 弟子善形容聖人處也니 爲申申字說不盡이라 故로 更著(착)夭夭字라 今人은 燕居之時에 不怠惰放肆면 必太嚴厲하니 嚴厲時에 著此四字不得이요 怠惰放肆時에 亦著此四字不得이니 惟聖人이라야 便自有中和之氣하니라

---

5 聞義不能徙 : 官本諺解에는 '聞義不能徙하며'로 懸吐하였으나 栗谷諺解에는 '聞義不能徙와'로 懸吐하였는바, 並列구조로 볼 때 이것이 맞는 것으로 생각되어 이를 따랐다.

6 申申如也 夭夭如也 : 官本諺解에는 '申申툿 ᄒ시며 夭夭툿 ᄒ더시다'로 해석하였으나 栗谷諺解에는 '申申히 하시며 夭夭히 하시다'로 해석하였다. 이때의 '如'는 형용사로 然이나 焉과 같이 쓰이는바, 아래 〈鄕黨〉의 '恂恂如也'와 '鞠躬如也'가 모두 그러하다.

••• 徙 옮길 사 吝 인색할 린 苟 만일 구 燕 편안할 연 申 펼 신(伸通) 夭 얼굴빛화할 요 舒 펼 서 愉 즐거울 유 著 둘 착, 붙일 착 惰 게으를 타 肆 방자할 사 厲 엄할 려

⊙ 程子(伊川)가 말씀하였다. "이것은 弟子가 聖人(孔子)을 잘 형용한 부분이니, 申申이라는 글자가 설명이 극진하지 못하므로 다시 夭夭라는 글자를 놓은 것이다. 지금 사람들은 한가로이 거처할 때에 게으르고 放肆하지 않으면 반드시 지나치게 엄하니, 지나치게 엄할 때에는 이 네 글자(申申夭夭)를 놓을 수 없으며, 게으르고 放肆할 때에도 이 네 글자를 놓을 수 없으니, 오직 聖人이어야 저절로 中和의 기상이 있는 것이다."

5. 子曰 甚矣라 吾衰也여 久矣라 吾不復夢見周公이로다

孔子께서 말씀하셨다. "심하도다. 나의 쇠함이여! 오래되었다. 내 다시는 꿈속에서 周公을 뵙지 못하였다."

孔子盛時에 志欲行周公之道라 故로 夢寐之間에 如或見之러니 至其老而不能行也하사는 則無復(부)是心하여 而亦無復是夢矣라 故로 因此而自歎其衰之甚也하시니라

孔子께서 젊었을 때에는 마음에 周公의 道를 행하고자 하셨다. 이 때문에 꿈속에서 혹 周公을 뵙는 듯하였는데, 늙어서 道를 행할 수 없음에 이르러서는 더 이상 이러한 마음이 없어져 또한 이러한 꿈이 없으셨다. 그러므로 이로 인하여 자신의 쇠함이 심함을 自歎하신 것이다.

⊙ 程子曰 孔子盛時에 寤寐常存行周公之道러니 及其老也하사는 則志慮衰而不可以有爲矣라 蓋存道者心이니 無老少之異어니와 而行道者身이니 老則衰也니라

⊙ 程子(伊川)가 말씀하였다. "孔子께서 젊었을 때에는 자나깨나 항상 周公의 道를 행하려는 마음을 두셨는데, 늙음에 이르러서는 의지와 생각이 쇠하여 훌륭한 정치를 할 수가 없었다. 道를 보존하는 것은 마음이니 마음은 老少의 차이가 없지만, 道를 행하는 것은 몸이니 몸은 늙으면 쇠하는 것이다."

6-1. 子曰 志於道하며

孔子께서 말씀하셨다. "道에 뜻하며,

志者는 心之所之之謂요 道는 則人倫日用之間所當行者 是也라 知此而心必之焉이면 則所適者正하여 而無他歧之惑矣리라

••• 衰 쇠할 쇠 夢 꿈 몽 寐 잘 매 寤 잠깰 오 異 다를 이 適 갈 적 歧 두갈래길 기

'志'는 마음이 지향해 가는 것을 이르고, '道'는 인륜과 일상생활 사이에 마땅히 행하여야 할
것이 이것이다. 이것을 알아서 마음이 반드시 거기에 간다면 나아감이 올발라서 딴 길로 향하는
미혹이 없을 것이다.

6-2. 據於德하며

德을 굳게 지키며,

據者는 執守之意요 德은 則行道而有得於心者也라 得之於心하여 而守之不失이면 則
終始惟一하여 而有日新之功矣리라

'據'는 잡아 지키는 뜻이고, '德'은 道를 행하여 마음에 얻는 것이다. 道를 마음에 얻고 잘 지
켜서 잃지 않는다면 始終 한결같아서 날로 새로워지는 功夫가 있을 것이다.

6-3. 依於仁하며

仁에 의지하며(仁을 따르며),

依者는 不違之謂요 仁은 則私欲盡去而心德之全也라 工夫至此하여 而無終食之違
면 則存養之熟하여 無適而非天理之流行矣리라

'依'는 떠나지 않음을 이르고, '仁'은 곧 私慾이 모두 없어져 心德이 온전한 것이다. 工夫가
여기에 이르러 밥 한 그릇 먹는 사이에도 仁을 떠남이 없다면 存養이 익숙해져서 가는 곳마다
天理의 流行 아님이 없을 것이다.

6-4. 游於藝니라

藝에 노닐어야 한다."

游者는 玩物適情之謂요 藝는 則禮樂之文과 射御書數之法이니 皆至理所寓하여 而日
用之不可闕者也라 朝夕游焉하여 以博其義理之趣면 則應務有餘하고 而心亦無所放
矣리라

··· 據 웅거할 거 違 떠날 위 游 놀 유 藝 재주 예 玩 구경할 완 寓 붙일 우 闕 빠질 궐 趣 취미 취

'游'는 사물을 玩賞하여 性情에 알맞게 함을 이르고 '藝'는 곧 禮·樂의 文과 射·御·書·數의 法이니, 모두 지극한 이치가 들어있어서 일상생활에 빼놓을 수 없는 것이다. 아침저녁으로 六藝에 노닐어 義理의 旨趣를 넓힌다면 事務를 대응함에 여유가 있고 마음도 放失되는 바가 없을 것이다.

⊙ 此章은 言人之爲學이 當如是也라 蓋學莫先於立志하니 志道則心存於正而不他요 據德則道得於心而不失이요 依仁則德性常用而物欲不行이요 游藝則小物不遺而動息有養이라 學者於此에 有以不失其先後之序와 輕重之倫焉[7]이면 則本末兼該하고 內外交養하여 日用之間에 無少間隙而涵泳從容하여 忽不自知其入於聖賢之域矣라

⊙ 이 章은 사람이 學問을 함에 있어 마땅히 이와 같아야 함을 말씀한 것이다. 學問은 뜻을 세우는 것보다 먼저 할 것이 없으니, 道에 뜻하면 마음이 올바름에 보존되어 있어서 다른 데로 가지 않을 것이요, 德을 굳게 지키면 道가 마음에 얻어져서 떠나지 않을 것이요, 仁에 의지하면 德性이 항상 쓰여져서 物慾이 행해지지 않을 것이요, 藝에 노닐면 작은 일도 빠뜨리지 않아서 動息(動靜)함에 기름이 있을 것이다. 배우는 자가 여기에 있어 그 先後의 순서와 輕重의 등급을 잃지 않는다면 本末이 겸비되고 內外(心身)가 서로 길러져서, 일상생활하는 사이에 조금의 틈(間斷)도 없어 涵泳(이 속에 배어 있음)하고 從容하여, 어느덧 자신이 聖賢의 경지에 들어감을 스스로 알지 못할 것이다.

7. 子曰 自行束脩以上은 吾未嘗無誨焉이로라

孔子께서 말씀하셨다. "脯(포) 한 束 이상을 가지고 와서 執贄(집지)의 禮를 행한 자에게는 내 일찍이 가르쳐 주지 않은 적이 없었다."

脩는 脯也니 十脡爲束이라 古者相見에 必執贄以爲禮하니 束脩는 其至薄者라 蓋人之有生이 同具此理라 故로 聖人之於人에 無不欲其入於善이로되 但不知來學이면 則無

---

7 有以不失其先後之序 輕重之倫焉 : 慶源輔氏(輔廣)은 "'선후의 순서'는 道·德·仁·藝의 순서를 말하고, '경중의 등급'은 志·據·依·游의 등급을 말한 것이니, 앞에 있는 것이 중하고 뒤에 있는 것이 가볍다." 하였는데, 이에 대하여 農巖(金昌協)은 "'선후'는 志·據·依·游를 가리켜 말한 것이고, '경중'은 道·德·仁·藝를 가리켜 말한 것이니, 小註의 여러 說은 옳지 않은 듯하다." 하였다. 《農巖雜識 內篇三》

··· 遺 빠뜨릴 유 該 겸할 해 隙 틈 극 涵 담글 함 泳 헤엄칠 영 忽 갑자기 홀 域 지경 역 束 묶을 속 脩 포 수
脯 포 포 脡 포 정 贄 폐백 지

往敎之禮라 故로 苟以禮來면 則無不有以敎之也니라

'脩'는 脯이니 10개를 束이라 한다. 옛날 서로 만나볼 적에 반드시 禮物을 들고 가서 禮儀로 삼았으니, '한 束의 脯'는 지극히 적은 것이다. 사람이 태어날 적에 똑같이 이 性理를 갖추었다. 그러므로 聖人이 사람에 대하여 善에 들기를 바라지 않음이 없으나 다만 상대방이 찾아와서 배울 줄을 모르면 가서 가르쳐 주는 禮는 없다. 그러므로 만일 禮를 갖추고 찾아오면 가르쳐 주지 않음이 없으신 것이다.

8. 子曰 不憤이어든 不啓하며 不悱(비)어든 不發호되 擧一隅에 不以三隅反이어든 則不復(부)也니라

孔子께서 말씀하셨다. "마음속으로 통하려고(알려고) 노력하지 않으면 열어주지 않으며, 애태워하지 않으면 말해주지 않으나 한 귀퉁이를 들어 보여줌에 이것을 가지고 남은 세 귀퉁이를 反證하지 못하거든 다시(더 이상) 일러주지 않는다."

憤者는 心求通而未得之意요 悱者는 口欲言而未能之貌라 啓는 謂開其意요 發은 謂達其辭라 物之有四隅者는 擧一이면 可知其三이라 反者는 還以相證之義라 復는 再告也라 上章에 已言聖人誨人不倦之意하고 因幷記此하여 欲學者勉於用力하여 以爲受敎之地也니라

'憤'은 마음에 통하려고 하나 되지 않아 애태우는 뜻이요, '悱'는 입으로 말하려고 하나 능하지 못하여 애태우는 모양이다. '啓'는 그 뜻을 열어줌을 이르고, '發'은 그 말문을 열어줌을 이른다. 네 귀퉁이가 있는 물건은 그 하나만 들면 나머지 세 귀퉁이를 알 수 있다. '反'은 돌이켜서 서로 증거하는 뜻이다. '復'는 다시 말해주는 것이다.

윗장(7장)에서 이미 聖人이 사람을 가르치기를 게을리하지 않음을 말씀하였고, 이로 인하여 함께 이것을 기록해서 배우는 자들이 힘을 씀에 부지런하여 가르침을 받을 수 있는 터전을 마련하게 하고자 한 것이다.

⊙ 程子曰 憤悱는 誠意之見(현)於色辭者也니 待其誠至而後에 告之요 旣告之면 又必待其自得하여 乃復告爾니라

又曰 不待憤悱而發이면 則知之不能堅固요 待其憤悱而後發이면 則沛然矣리라

··· 憤 답답해할 분, 화낼 분 啓 열 계 悱 답답해할 비, 화낼 비 隅 모퉁이 우 證 증명할 증 再 다시 재 沛 성할 패

⊙ 程子(伊川)가 말씀하였다. "憤悱는 誠意가 顔色과 말에 나타나는 것이니, 성의가 지극하기를 기다린 뒤에 알려주고, 알려주었으면 또 반드시 스스로 터득하기를 기다려서 비로소 다시 알려주는 것이다."

또 말씀하였다. "憤悱함을 기다리지 않고 말해주면 아는 것이 견고하지 못하고, 憤悱하기를 기다린 뒤에 알려주면 沛然(확연히 깨달음)할 것이다."

9-1. 子食於有喪者之側에 未嘗飽也러시다

孔子께서는 喪이 있는 자의 곁에서 음식을 먹을 적에 일찍이 배불리 먹은 적이 없으셨다.

臨喪哀하여 不能甘也라

喪에 임해 슬퍼하여 달게 먹을 수가 없어서이다.

9-2. 子於是日에 哭則不歌러시다

孔子께서는 이 날에 弔哭을 하시면 노래 부르지 않으셨다.

哭은 謂弔哭이니 一日之內에 餘哀未忘하여 自不能歌也라

'哭'은 弔喪하여 곡함을 이르니, 그 날 하룻 동안에는 남은 슬픔이 잊혀지지 않아서 저절로 노래 부를 수 없는 것이다.

⊙ 謝氏曰 學者於此二者에 可見聖人情性之正也니 能識聖人之情性然後에 可以學道니라

⊙ 謝氏(謝良佐)가 말하였다. "배우는 자가 이 두 가지에서 聖人의 올바른 性情을 볼 수 있으니, 聖人의 性情을 제대로 안 뒤에야 道를 배울 수 있는 것이다."

10-1. 子謂顔淵曰 用之則行하고 舍(捨)之則藏을 惟我與爾 有是夫인저

孔子께서 顔淵에게 일러 말씀하셨다. "써주면 道를 행하고 버리면 은둔하는 것을 오직 나와 너만이 이것을 가지고 있다."

••• 側 곁 측 飽 배부를 포 哭 울 곡 歌 노래할 가 弔 조상할 조 舍 버릴 사(捨通) 藏 감출 장 爾 너 이

尹氏曰 用舍는 無與(예)於己하고 行藏은 安於所遇하니 命不足道也라 顔子幾於聖人이라 故로 亦能之니라

尹氏(尹焞)가 말하였다. "써주거나 버리는 것은 나에게 관여됨이 없고, 道를 행하거나 은둔하는 것은 만나는 바(상황)에 편안히 처하는 것이니, 運命은 말할 것이 못된다. 顔子는 聖人에 가까웠기 때문에 또한 이에 능하신 것이다."

10-2. 子路曰 子行三軍이면 則誰與시리잇고

子路가 말하였다. "夫子께서 三軍을 출동(통솔)하신다면 누구와 함께 하시겠습니까?"

萬二千五百人이 爲軍이니 大國은 三軍이라 子路見孔子獨美顔淵하고 自負其勇하여 意夫子若行三軍이면 必與己同하니라

1만 2천 5백 명을 1軍이라 하니, 〈제후국의〉 큰 나라는 三軍을 둔다. 子路는 孔子께서 유독 顔淵만 讚美하는 것을 보고, 자신의 용맹을 自負하여 夫子께서 만약 三軍을 출동하신다면 반드시 자기와 함께 하실 것이라고 생각한 것이다.

10-3. 子曰 暴(포)虎馮(빙)河하여 死而無悔者를 吾不與也니 必也臨事而懼하며 好謀而成者也니라

孔子께서 말씀하셨다. "맨손으로 범을 때려 잡으려 하고 맨몸으로 江河를 건너려 하여 죽어도 후회함이 없는 자를 나는 함께 하지 않을 것이니, 반드시 일에 임하여 두려워하며(조심하며) 도모하기를 좋아하여 成功하는 자와 함께 할 것이다."

暴虎는 徒搏이오 馮河는 徒涉[8]이라 懼는 謂敬其事요 成은 謂成其謀라 言此는 皆以抑其勇而敎之라 然이나 行師之要 實不外此하니 子路蓋不知也라

'暴虎'는 맨손으로 범을 때려 잡는 것이요, '馮河'는 맨몸으로 江河를 건너는 것이다. '懼'는 그 일을 공경함을 이르고, '成'은 그 계책을 이룸을 이른다. 이것을 말씀한 것은 모두 그의 용맹

---

8 暴虎……徒涉：'馮'은 '憑'과 같은데, 허공을 날아감을 '憑虛'라 하므로 '맨몸으로 江河를 건넌다.'고 주석한 것이다.

••• 幾 가까울 기 誰 누구 수 負 질 부 暴 맨손으로칠 포 虎 범 호 馮 걸어서건널 빙(馮通) 悔 뉘우칠 회
徒 맨손 도, 맨발 도 搏 칠 박 涉 건널 섭 師 군대 사 外 벗어날 외

을 억제하여 가르치려고 하신 것이다. 그러나 군대를 출동하는 요점이 실로 여기에서 벗어나지 않으니, 子路는 이것을 알지 못한 듯하다.

⊙ 謝氏曰 聖人이 於行藏⁹之間에 無意無必하여 其行이 非貪位요 其藏이 非獨善也라 若有欲心이면 則不用而求行하고 舍之而不藏矣리라 是以로 惟顏子爲可以與(예)於此라 子路는 雖非有欲心者나 然未能無固必也요 至以行三軍爲問하여는 則其論이 益卑矣라 夫子之言은 蓋因其失而救之시니라 夫不謀無成하고 不懼必敗는 小事尙然이온 而況於行三軍乎아

⊙ 謝氏(謝良佐)가 말하였다. "聖人은 行·藏의 사이에 뜻함도 없고 期必함도 없어서, 道를 행함이 자리(지위)를 탐하는 것이 아니요, 은둔함이 자기 혼자만 善하게 하려는 것이 아니다. 만약 욕심이 있다면 등용해주지 않는데도 행해지기를 구하고, 버리는데도 은둔하지 못할 것이다. 이러므로 顏子만이 이에 참예할 수 있는 것이다. 子路는 비록 욕심이 있는 자는 아니나 집착함과 期必함이 없지 못하였고, 三軍을 출동함을 가지고 질문함에 이르러는 그 의론이 더욱 卑陋하다. 夫子의 말씀은 그의 잘못을 인하여 바로잡으신 것이다. 도모하지 않으면 이룰 수 없고 조심하지 않으면 반드시 패하는 것은 작은 일도 오히려 그러한데, 하물며 三軍을 출동함에 있어서이겠는가."

11. 子曰 富而可求也¹⁰인댄 雖執鞭之士라도 吾亦爲之어니와 如不可求인댄 從吾所好호리라

孔子께서 말씀하셨다. "富를 만일 구해서 될 수 있다면 말채찍을 잡는 자의 일이라도 내 또한 하겠다. 그러나 만일 구하여 될 수 없다면 내가 좋아하는 바를 따르겠다."

執鞭은 賤者之事라 設言富若可求인댄 則雖身爲賤役以求之라도 亦所不辭라 然이나 有命焉하여 非求之可得也면 則安於義理而已矣니 何必徒取辱哉아

'말채찍을 잡는 것'은 천한 자의 일이다. 가설하여 말씀하기를 '富를 만일 구해서 될 수 있다면

---

9 行藏 : '行'은 세상에 나와서 道를 행하는 것이고, '藏'은 은둔하여 숨는 것이다.
10 富而可求也 : '而'는 如와 통하므로 '만일'로 읽는 것이 옳다고 생각된다. 《集註》에도 '富若可求'라 한 것을 보면 알 수 있다.

··· 藏 감출 장 必 기필할 필 貪 탐할 탐 卑 낮을 비 執 잡을 집 鞭 채찍 편 如 만일 여

내 몸소 천한 일을 해서 구하더라도 사양하지 않겠으나 天命에 달려있어 구한다고 될 수 있는 것이 아니라면 義理에 편안히 할 뿐이니, 어찌 반드시 한갓 욕만 취하겠는가.'라고 하신 것이다.

⊙ 蘇氏曰 聖人이 未嘗有意於求富也시니 豈問其可不可哉시리오 爲此語者는 特以明其決不可求爾시니라

楊氏曰 君子非惡(오)富貴而不求라 以其在天하여 無可求之道也일새니라

⊙ 蘇氏(蘇軾)가 말하였다. "聖人이 일찍이 富를 구함에 마음을 두신 적이 없으니, 어찌 가능함과 불가능함을 따지셨겠는가. 이러한 말씀을 하신 것은 다만 결코 구해서 될 수 없음을 밝히셨을 뿐이다."

楊氏(楊時)가 말하였다. "君子가 富貴를 싫어하여 구하지 않는 것이 아니라, 하늘에 달려 있어서 구할 수 있는 方道가 없기 때문이다."

12. 子之所愼은 齊(齋), 戰, 疾이러시다

孔子께서 조심하신 것(삼가신 것)은 재계와 전쟁과 질병이셨다.

齊(재)之爲言은 齊(제)也니 將祭而齊其思慮之不齊者하여 以交於神明也니 誠之至與不至와 神之享與不享이 皆決於此라 戰은 則衆之死生과 國之存亡이 繫焉이요 疾은 又吾身之所以死生存亡者니 皆不可以不謹也니라

'齊'란 말은 가지런히 한다는 뜻이니, 장차 제사지내려 하면서 가지런하지 못한 思慮를 가지런하게 하여 神明과 交接하는 것이니, 정성이 지극하고 지극하지 못함과 鬼神이 흠향하고 흠향하지 않음이 다 여기에서 판가름 난다. '戰爭'은 여러 사람의 死生과 國家의 存亡이 달려있고, '疾病'은 또 내 몸이 사느냐 죽느냐 보존되느냐 없어지느냐가 달려 있는 것이니, 모두 조심하지 않을 수 없다.

⊙ 尹氏曰 夫子無所不謹하시니 弟子記其大者耳니라

⊙ 尹氏(尹焞)가 말하였다. "夫子께서는 조심하지 않으신 것이 없었으니, 이는 弟子가 그 큰 것만을 기록했을 뿐이다."

··· 決 결단할 결 齊 재계할 재, 가지런할 제 疾 병 질 慮 생각할 려 享 흠향할 향 繫 맬 계

13. 子在齊聞韶하시고 三月을 不知肉味하사 曰 不圖爲樂之至於斯也호라

孔子께서 齊나라에 계시면서 韶樂(순임금의 음악)을 들으시고, 〈배우는〉 3개월 동안 고기맛을 모르시며 말씀하시기를 "음악을 만든 것이 이러한 경지에 이를 줄은 생각하지 못했다." 하셨다.

史記엔 三月上에 有學之二字라 不知肉味는 蓋心一於是하여 而不及乎他也라 曰 不意舜之作樂이 至於如此之美라하시니 則有以極其情文之備하여 而不覺其歎息之深也라 蓋非聖人이면 不足以及此니라

《史記》에는 '三月' 앞에 '學之(배우다)' 두 글자가 있다. '고기맛을 몰랐다.'는 것은 마음이 여기에 專一해서 다른 것에 미치지 못한 것이다. '舜임금이 음악을 만든 것이 이처럼 아름다움에 이를 줄을 생각하지 못했다.'고 말씀하셨으니, 이는 내용〔情〕과 문채의 갖춤을 지극히 하여 감탄함이 깊어짐을 깨닫지 못하신 것이다. 聖人이 아니면 이에 미칠 수 없다.

⊙ 范氏曰 韶는 盡美又盡善[11]하니 樂之無以加此也라 故로 學之三月을 不知肉味하사 而歎美之如此하시니 誠之至요 感之深也니라

⊙ 范氏(范祖禹)가 말하였다. "韶는 극진히 아름답고 또 극진히 좋으니, 음악으로서 이보다 더한 것이 없다. 그러므로 배우는 3개월 동안 고기맛을 모르시고 감탄하기를 이와 같이 하신 것이니, 정성이 지극하고 감동함이 깊은 것이다."

14-1. 冉有曰 夫子爲衛君乎아 子貢曰 諾다 吾將問之호리라

冉有가 말하기를 "夫子께서 衛나라 임금을 도우실까?"라고 하자, 子貢이 말하기를 "좋다. 내 장차 여쭈어 보리라." 하였다.

爲는 猶助也라 衛君은 出公輒(첩)也라 靈公이 逐其世子蒯聵[12](괴외)러니 公薨에 而國人

---

11 韶 盡美又盡善 : 위 〈八佾〉 25장에 "孔子께서 韶樂을 평하시되 '극진히 아름답고 극진히 좋다.' 하셨고, 武樂을 평하시되 '극진히 아름답지만 극진히 좋지는 못하다.' 하셨다.〔子謂韶 盡美矣 又盡善也 謂武 盡美矣 未盡善也〕"라고 보인다.

12 逐其世子蒯聵 : 靈公은 美貌의 南子라는 妾을 얻고는 그녀를 夫人으로 우대하고 총애하였다. 南子는

••• 韶 풍류이름 소 肉 고기 육 味 맛 미 圖 도모할 도 衛 나라이름 위 諾 허락할 락 輒 문득 첩 逐 쫓을 축
蒯 기령풀 괴 聵 귀머거리 외 薨 죽을 훙

이 立蒯聵之子輒이라 於是에 晉納蒯聵而輒拒之하니라 時에 孔子居衛하시니 衛人以蒯
聵得罪於父하고 而輒嫡孫當立이라 故로 冉有疑而問之라 諾은 應辭也라

'爲'는 助(돕다)와 같다. '衛나라 임금'은 出公 輒이다. 靈公이 世子인 蒯聵를 내쫓았는데, 靈
公이 죽자, 國人들이 괴외의 아들인 輒을 세웠다. 이때 晉나라에서 괴외를 본국에 들여보내자,
輒이 그를 막았다. 이때에 孔子가 衛나라에 계시니, 衛나라 사람들은 괴외는 아버지에게 죄를
얻었고 輒은 嫡孫이므로 마땅히 서야(즉위해야) 한다고 여겼다. 그러므로 冉有가 의심하여 물
은 것이다. '諾'은 대답하는 말이다.

14-2. 入曰 伯夷叔齊는 何人也잇고 曰 古之賢人也니라 曰 怨乎잇가 曰 求
仁而得仁이어니 又何怨이리오 出曰 夫子不爲也시리라

子貢이 들어가서 "伯夷와 叔齊는 어떠한 사람입니까?" 하고 묻자, 孔子께서 "옛날의
賢人이시다." 하고 대답하셨다. "후회하였습니까?" 하고 묻자, "仁을 구하여 仁을 얻었
으니, 또 어찌 후회하였겠는가."라고 대답하셨다. 子貢이 나와서 말하기를 "夫子께서는
돕지 않으실 것이다." 하였다.

伯夷, 叔齊는 孤竹君之二子[13]라 其父將死에 遺命立叔齊러니 父卒에 叔齊遜伯夷한대
伯夷曰父命也라하고 遂逃去어늘 叔齊亦不立而逃之하니 國人이 立其中子하니라 其後
武王伐紂에 夷齊扣馬而諫이러니 武王滅商한대 夷齊恥食周粟하여 去隱于首陽山이라
가 遂餓而死하니라 怨은 猶悔也라 君子居是邦에 不非其大夫어든 況其君乎아 故로 子貢
이 不斥衛君하고 而以夷齊爲問한대 夫子告之如此하시니 則其不爲衛君을 可知矣라 蓋
伯夷以父命爲尊하고 叔齊以天倫爲重하니 其遜國也 皆求所以合乎天理之正而卽乎
人心之安이요 旣而各得其志焉하여는 則視棄其國을 猶敝蹝(폐사)爾니 何怨之有리오 若
衛輒之據國拒父而唯恐失之는 其不可同年而語[14]가 明矣니라

伯夷와 叔齊는 孤竹君의 두 아들이다. 아버지(孤竹君)가 장차 죽을 적에 叔齊를 세우라고 遺

淫行이 있었으므로 蒯聵가 이를 수치로 여겨 그녀를 살해하려 하였는데 결국 미수에 그쳤고, 이 일로 인
해 靈公이 노하여 蒯聵를 축출한 것이다.

13 孤竹君之二子 : 孤竹은 國名으로 孤竹國 임금의 두 아들을 이른다.

14 其不可同年而語 : '同年'은 同日과 같은 말로, 똑같이 놓고 말할 수 없다는 뜻이다.

··· 嫡 맏 적 遺 남길 유 遜 사양할 손 逃 도망할 도 扣 두드릴 고(구) 諫 간할 간 粟 곡식 속, 녹봉 속 隱 숨을 은
餓 굶주릴 아 邦 나라 방 斥 배척할 척 卽 나아갈 즉 敝 해질 폐 蹝 신 사

命하였는데, 아버지가 죽자 叔齊가 伯夷에게 양보하였다. 伯夷가 "아버지의 遺命이다." 하고 마침내 도망가니, 叔齊도 君位에 서지 않고 도망갔다. 이에 國人들은 둘째 아들을 세웠다. 그 뒤에 武王이 紂王을 征伐하니 伯夷와 叔齊가 말고삐를 잡고 간하였는데, 武王이 商나라를 멸망시키자 伯夷와 叔齊는 周나라의 곡식(祿)을 먹는 것을 부끄러워하여 周나라를 떠나 首陽山에 숨어살다가 끝내 굶어 죽었다. '怨'은 悔(후회)와 같다.

君子가 그 고을에 거주할 때에는 그 고을의 大夫(邑宰)를 비난하지 않는데, 하물며 임금에 있어서이겠는가. 그러므로 子貢이 衛나라 君主를 곧바로 指斥하지 않고 伯夷와 叔齊를 들어 질문한 것인데 夫子의 대답이 이와 같았으니, 그렇다면 孔子께서 衛나라 임금을 돕지 않으실 것을 알 수 있다. 伯夷는 아버지의 遺命을 존중하였고 叔齊는 天倫을 중시하였으니, 이들이 나라를 사양한 것은 모두 天理의 바름에 합하고 人心의 편안함에 나아가기를 구한 것이요, 이윽고 각각 자신의 뜻을 얻고서는 그 나라를 버리기를 헌신짝처럼 여겼으니, 어찌 후회함이 있었겠는가. 衛나라의 輒이 나라를 점거하고 아비를 막아서 행여 나라를 잃을까 두려워한 것으로 말하면 한 자리에 놓고 거론할 수 없음이 분명하다.

⊙ 程子曰 伯夷, 叔齊 遜國而逃하고 諫伐而餓호되 終無怨悔하니 夫子以爲賢이라 故로 知其不與輒也니라

⊙ 程子(伊川)가 말씀하였다. "伯夷와 叔齊는 나라를 사양하다가 도망하였고 征伐을 간하다가 굶주려 죽었으나 끝내 원망과 후회가 없었으니, 夫子께서 이것을 어질게 여기셨다. 그러므로 衛나라의 輒을 돕지 않으실 줄을 안 것이다."

15. 子曰 飯疏食(사)飮水하고 曲肱(굉)而枕之라도 樂亦在其中矣니 不義而富且貴는 於我에 如浮雲이니라

孔子께서 말씀하셨다. "거친 밥을 먹고 물(냉수)을 마시며 팔을 굽혀 베더라도 樂이 또한 이 가운데 있으니, 의롭지 못하고서 富하고 또 貴함은 나에게 있어 뜬구름과 같다."

飯은 食(식)之也요 疏食(사)는 麤飯也라 聖人之心이 渾然天理하여 雖處困極이나 而樂亦無不在焉이라 其視不義之富貴를 如浮雲之無有하여 漠然無所動於其中也시니라

'飯'은 먹음이요, '疏食'는 거친 밥이다. 聖人의 마음은 渾然히(온전히) 天理여서 비록 지극

••• 飯 밥먹을 반 疏 거칠 소 食 밥사, 먹을 식 肱 팔뚝 굉 枕 벨 침 浮 뜰 부 麤 거칠 추 飯 밥 반 渾 온전할 혼 漠 아득할 막

히 困窮함에 처하더라도 樂이 또한 있지 않음이 없다. 저 의롭지 못한 富貴 보기를 마치 뜬구름이 없는 것처럼 여겨 막연해서 그 마음에 동요됨이 없으신 것이다.

⊙ 程子曰 非樂疏食飮水也라 雖疏食飮水라도 不能改其樂也니 不義之富貴를 視之輕如浮雲然이니라

又曰 須知所樂者何事니라

⊙ 程子(伊川)가 말씀하였다. "거친 밥을 먹고 물을 마심을 즐거워한 것이 아니라, 비록 거친 밥을 먹고 물을 마시더라도 그 樂을 바꿀 수 없는 것이니, 의롭지 못한 富貴를 보기를 뜬구름처럼 가볍게 여기신 것이다."

〈程子(明道)가〉 또 말씀하였다. "모름지기 즐기신 것이 무슨 일인가를 알아야 한다."

16. 子曰 加〔假〕我數年하여 (五十)〔卒〕以學易[15]이면 可以無大過矣리라

孔子께서 말씀하셨다. "〈하늘이〉 나에게 몇 년의 수명을 빌려주어 마침내《周易》을 배우게 한다면 큰 허물이 없을 것이다."

劉聘君이 見元城劉忠定公[16]한대 自言 嘗讀他論하니 加는 作假하고 五十은 作卒이라하니 蓋加假는 聲相近而誤讀이요 卒與五十은 字相似而誤分也라 愚按 此章之言을 史記에 作假我數年하여 若是면 我於易則彬彬矣라하여 加正作假하고 而無五十字하니 蓋是時에 孔子年已幾七十矣니 五十字誤 無疑也라 學易이면 則明乎吉凶消長之理와 進退存亡之道라 故로 可以無大過라 蓋聖人이 深見易道之無窮하시고 而言此以敎人하사 使知其不可不學이요 而又不可以易(이)而學也시니라

劉聘君(劉勉之)이 "元城 劉忠定公(劉安世)을 뵈웠는데, 스스로 말씀하기를 '일찍이 다른 本의《論語》를 읽어보니, '加'는 假로 되어 있고 '五十'은 卒로 되어 있었다.' 하였으니, 아마도 加와 假는 음이 서로 비슷해서 잘못 읽은 것이고, 卒과 五十은 글자가 서로 비슷해서 잘못 나눈

---

15 (五十)〔卒〕以學易:朱子는 '五十'을 卒의 誤記로 보았으므로 이를 따라 수정하였으나, 五十세로 보는 자가 많으며 茶山과 楊伯峻도 이 說을 주장하였다.

16 劉聘君 見元城劉忠定公:'聘君'은 군주의 초빙을 받고도 出仕하지 않은 자로 朱子의 聘丈인 劉勉之를 가리키며, 劉忠定公은 劉安世로 忠定公은 시호이고 字는 器之인데 元城 사람이므로 앞에 元城을 놓은 것이다.

••• 假 빌릴 가 劉 성 유 聘 맞이할 빙 誤 그르칠 오 彬 빛날 빈 幾 가까울 기

것인 듯하다." 하였다.

내가 살펴보건대, 이 章의 내용이 《史記》〈孔子世家〉에는 "나에게 몇 년의 수명을 빌려주어 이와 같이 하면 내 《周易》에 彬彬할 것이다.〔假我數年 若是 我於易則彬彬矣〕"라고 되어 있어, '加'는 바로 假로 되어 있고 '五十'이란 글자는 없다. 이때에 孔子의 나이가 이미 70세에 가까웠을 것이니, '五十'이라는 글자가 誤字임은 틀림없다. 《周易》을 배우면 吉凶·消長의 이치와 進退·存亡의 道에 밝아진다. 그러므로 큰 허물이 없을 수 있는 것이다. 이는 聖人이 易理(《周易》의 이치)의 無窮함을 깊이 관찰하시고, 이것을 말씀하여 사람들을 가르쳐서 《周易》을 배우지 않으면 안 되고 또 쉽게 배울 수 없음을 알게 하신 것이다.

17. 子所雅言은 詩, 書, 執禮 皆雅言也러시다

孔子께서 평소 늘 말씀하신 것은 《詩》와 《書》와 지키는(執行하는) 禮가 모두 평소에 늘 하시는 말씀이셨다.

雅는 常也요 執은 守也라 詩以理情性하고 書以道政事하고 禮以謹節文하니 皆切於日用之實이라 故로 常言之라 禮獨言執者는 以人所執守而言이요 非徒誦說而已也라

'雅'는 항상이고 '執'은 지킴이다. 《詩》로써 性情을 다스리고 《書》로써 政事를 말하고 禮로써 節文을 삼가니, 모두 일상생활의 실제에 절실하다. 그러므로 평소에 항상 이것을 말씀하신 것이다. 禮에만 '지킨다〔執〕'고 말씀한 것은 사람들이 잡아서 지켜야 함을 가지고 말씀한 것이요, 비단 외우고 말할 뿐만이 아니기 때문이다.

⊙ 程子曰 孔子雅素之言이 止於如此하시고 若性與天道는 則有不可得而聞者하니 要在默而識之也니라

謝氏曰 此는 因學易之語而類記之니라

⊙ 程子(明道)가 말씀하였다. "孔子께서 평소에 늘 하신 말씀이 이와 같음에 그치셨고, 性과 天道로 말하면 〈말씀하지 않으셔서 弟子들이〉 들을 수가 없었으니, 요컨대 이것을 묵묵히 터득함에 달려 있는 것이다."

謝氏(謝良佐)가 말하였다. "이는 앞의 《周易》을 배운다는 말씀을 인하여 같은 종류끼리 기록한 것이다."

••• 雅 평소 아, 바를 아 執 잡을 집 理 다스릴 리 誦 욀 송

18-1. 葉(섭)公이 問孔子於子路어늘 子路不對한대

葉公이 子路에게 孔子의 인물됨을 물었는데, 子路가 대답하지 않았다.

葉公은 楚葉縣尹沈(심)諸梁이니 字子高니 僭稱公也라 葉公이 不知孔子하여 必有非所問而問者라 故로 子路不對리라 抑亦以聖人之德이 實有未易名言者與아

葉公은 楚나라 葉縣(섭현)의 尹인 沈諸梁으로 字가 子高이니, 참람하여 公이라 칭한 것이다. 葉公이 孔子를 알지 못하여 반드시 묻지 않아야 할 것을 물었을 것이다. 그러므로 子路가 대답하지 않은 것이리라. 아니면 또한 聖人의 德이 실로 쉽게 형용하여 말하기 어려움이 있기 때문인가?

18-2. 子曰 女奚不曰 其爲人也 發憤忘食하고 樂以忘憂[17]하여 不知老之將至云爾오

孔子께서 말씀하셨다. "너는 어찌 그의 사람됨이 〈알지 못하면〉 분발하여 먹는 것도 잊고, 〈깨달으면〉 즐거워 근심을 잊어서 늙음이 장차 닥쳐오는 줄도 모른다고 말하지 않았느냐."

未得則發憤而忘食하고 已得則樂之而忘憂하여 以是二者로 俛(면)焉하여 日有孶孶하여 而不知年數之不足이니 但自言其好學之篤爾라 然이나 深味之하면 則見其全體至極하여 純亦不已之妙가 有非聖人이면 不能及者라 蓋凡夫子之自言이 類如此하니 學者宜致思焉이니라

진리를 터득하지 못하면 분발하여 먹는 것도 잊고, 이미 터득하면 즐거워하여 근심을 잊어서 이 두 가지를 가지고 힘써 날마다 꾸준히 노력해서 年數가 부족함을 알지 못하니, 이는 다만 學問을 좋아함이 독실함을 스스로 말씀했을 뿐이다. 그러나 깊이 음미해 보면 그 전체가 지극하여 純粹함이 또한 그치지 않는 妙가 聖人이 아니면 미칠 수 없는 것을 볼 수 있다. 무릇 夫子께서

---

17 發憤忘食 樂以忘憂:官本諺解에는 '憤을 발ᄒ야 食을 니즈며 樂ᄒ야 뻐 시름을 니저' 하였고, 栗谷諺解에는 '憤을 발ᄒ면 食을 닛고 樂ᄒ면 뻐 憂를 忘ᄒ야'로 해석하였다. 《集註》에 '已得'과 '未得'을 보충하였으므로 번역문에 이를 보충하고, 官本諺解를 따라 위와 같이 번역하였다.
   壺山은 "'云爾'의 '爾'는 '이와 같음〔如此〕'이니, '奚不曰'이 '云爾'와 서로 호응이 된다."라고 하였다. 그러나 '云爾'를 助辭로 보아도 될 듯하다.

••• 葉 땅이름 섭 縣 고을 현 尹 맡을 윤, 다스릴 윤 沈 성 심 僭 참람할 참 憤 분발할 분 忘 잊을 망 俛 힘쓸 면 孶 부지런할 자 篤 도타울 독 已 그칠 이 類 대개 류

스스로 말씀하신 것이 대체로 이와 같으니, 배우는 자들이 마땅히 생각을 다해야 한다.

19. 子曰 我非生而知之者라 好古敏以求之者也로라

孔子께서 말씀하셨다. "나는 나면서부터 안 자가 아니라 옛것을 좋아하여 汲汲히 구한 자이다."

生而知之者는 氣質淸明하고 義理昭著하여 不待學而知也라 敏은 速也니 謂汲汲也라

'나면서부터 안다.'는 것은 氣質이 淸明하고 義理가 밝게 드러나서 배우기를 기다리지 않고 아는 것이다. '敏'은 빠름이니, 汲汲히 함을 이른다.

⊙ 尹氏曰 孔子以生知之聖으로 每云好學者는 非惟勉人也라 蓋生而可知者는 義理爾니 若夫禮樂名物古今事變은 亦必待學而後에 有以驗其實也니라

⊙ 尹氏(尹焞)가 말하였다. "孔子께서는 나면서부터 저절로 안 聖人으로서 매양 배우기를 좋아한다고 말씀하신 것은 비단 사람들을 勉勵하려 해서일 뿐만 아니다. 나면서부터 알 수 있는 것은 義理일 뿐이니, 禮樂과 물건에 대한 명칭과 古今의 事變으로 말하면 또한 반드시 배우기를 기다린 뒤에야 그 실제를 징험할 수 있는 것이다."

20. 子는 不語怪, 力, 亂, 神이러시다

孔子께서는 怪異함과 勇力과 悖亂과 鬼神을 말씀하지 않으셨다.

怪異, 勇力, 悖亂之事는 非理之正이니 固聖人所不語요 鬼神은 造化之迹이니 雖非不正이나 然非窮理之至면 有未易明者라 故로 亦不輕以語人也시니라

怪異함과 勇力과 悖亂의 일은 이치의 바른 것(올바른 이치)이 아니니 진실로 聖人이 말씀하지 않는 것이요, 鬼神은 造化의 자취이니 비록 바르지 않은 것은 아니나 이치를 궁구함이 지극한 자가 아니면 쉽게 밝힐 수 없다. 그러므로 또한 가벼이 사람들에게 말씀하지 않으신 것이다.

···　敏 민첩할 민　昭 밝을 소　著 드러날 저　速 빠를 속　汲 급급할 급　驗 징험할 험　怪 괴이할 괴　悖 어그러질 패
　　固 진실로 고　迹 자취 적

⊙ 謝氏曰 聖人은 語常而不語怪하고 語德而不語力하고 語治而不語亂하고 語人而不語神하시니라

⊙ 謝氏(謝良佐)가 말하였다. "聖人은 떳떳함을 말씀하고 괴이함을 말씀하지 않으며, 德을 말씀하고 힘을 말씀하지 않으며, 다스려짐을 말씀하고 悖亂의 일을 말씀하지 않으며, 人間의 일을 말씀하고 鬼神의 일을 말씀하지 않는다."

21. 子曰 三人行에 必有我師焉이니 擇其善者而從之요 其不善者而改之니라

孔子께서 말씀하셨다. "세 사람이 길을 감에 반드시 나의 스승이 있으니, 그 중에 善한 자를 가려서 따르고, 善하지 못한 자를 고쳐야 한다."

三人同行에 其一은 我也니 彼二人者 一善一惡이어든 則我從其善而改其惡焉이면 是二人者 皆我師也라

세 사람이 함께 길을 갈 적에 그 중의 하나는 나이니, 저 두 사람 가운데 한 사람은 善하고 한 사람은 惡하거든 내가 그 善한 사람의 善行을 따르고 그 惡한 사람의 惡行을 고친다면 이것은 두 사람이 모두 나의 스승이 되는 것이다.

⊙ 尹氏曰 見賢思齊하고 見不賢而內自省이면 則善惡이 皆我之師니 進善이 其有窮乎아

⊙ 尹氏(尹焞)가 말하였다. "어진이의 행동을 보고서 나도 그와 같기를 생각하고 어질지 못한 이의 행동을 보고서 안으로 살펴본다면 善과 惡이 모두 나의 스승이 되니, 善에 나아감이 어찌 다함이 있겠는가."

22. 子曰 天生德於予시니 桓魋(환퇴)其如予何리오

孔子께서 말씀하셨다. "하늘이 나에게 德을 주셨으니, 桓魋가 나를 어찌하겠는가."

桓魋는 宋司馬向(상)魋也니 出於桓公이라 故로 又稱桓氏라 魋欲害孔子한대 孔子言

··· 常 떳떳할 상 擇 가릴 택 齊 같을 제 窮 다할 궁 桓 굳셀 환 魋 이름 퇴 向 성상

天旣賦我以如是之德하시니 則桓魋其奈我何리오하시니 言必不能違天害己라

桓魋는 宋나라 司馬인 向魋이니, 桓公에게서 나왔으므로 桓氏라고도 칭한다. 桓魋가 孔子를 해치려 하자, 孔子께서 말씀하시기를 "하늘이 이미 나에게 이와 같은 德을 주셨으니, 桓魋가 나를 어찌 하겠는가." 하셨으니, 이는 반드시 하늘의 뜻을 어기고 자신을 해칠 수 없음을 말씀한 것이다.

23. 子曰 二三子는 以我爲隱乎아 吾無隱乎爾[18]로라 吾無行而不與二三子者 是丘也니라

孔子께서 말씀하셨다. "그대들은 내가 숨긴다고 여기는가? 나는 그대들에게 숨기는 것이 없노라. 행하고서 그대들에게 보여주지 않음이 없는 자가 바로 나(丘)이다."

諸弟子以夫子之道高深하여 不可幾及[19]이라 故로 疑其有隱하니 而不知聖人作止語默이 無非敎也라 故로 夫子以此言曉之하시니라 與는 猶示也라

弟子들은 夫子의 道가 높고 깊어서 따라갈 수 없다고 여겼다. 그러므로 숨기는 것이 있는가 의심하였으니, 聖人의 作止(動靜)와 語默이 가르침 아닌 것이 없음을 알지 못하였다. 그러므로 夫子께서 이 말씀으로 깨우쳐 주신 것이다. '與'는 示(보여줌)와 같다.

⊙ 程子曰 聖人之道猶天然하여 門弟子親炙(자)而冀及之然後에 知其高且遠也라 使誠以爲不可及이면 則趨向之心이 不幾於怠乎아 故로 聖人之敎 常俯而就之如此하시니 非獨使資質庸下者로 勉思企及이라 而才氣高邁者 亦不敢躐易(렵이)而進也니라
呂氏曰 聖人이 體道無隱하여 與天象昭然하여 莫非至敎라 常以示人이로되 而人自不察이니라
⊙ 程子(伊川)가 말씀하였다. "聖人의 道가 하늘과 같아서 門下의 弟子들이 직접 가르침을 받아서 바라 미치려고 한 뒤에야 그 높고 멂을 알 수 있었다. 만일 〈弟子들로 하여금〉 진실로 따라갈 수 없다고 여기게 한다면 〈弟子들의〉 道를 趨向하는 마음이 〈자포자기하여〉 태만해지는 데 가깝

---

18 吾無隱乎爾 : '爾'를 官本諺解와 栗谷諺解에 모두 '너'로 풀이하였는데, 《詩經》의 "俟我於著乎而"와 《孟子》의 "然而無有乎爾"에서의 '乎爾'와 같은 것으로 보아 助辭로 풀이하기도 한다.
19 不可幾及 : '幾'은 바라서 미치는 것으로 冀及, 企及, 跂及과 같다.

··· 賦 줄 부 畀 어찌 내 隱 숨길 은 爾 너 이 與 보여줄 여 幾 바랄 기 默 잠잠할 묵 炙 구울 자 冀 바랄 기
　　誠 진실로 성 趨 향할 추 幾 가까울 기 俯 구부릴 부 庸 용렬할 용 企 바랄 기 邁 갈 매 躐 뛰어넘을 렵

지 않겠는가. 그러므로 聖人의 가르침은 항상 낮추어서 나아가기를 이와 같이 하신 것이다. 이는 비단 자질이 용렬하고 낮은 자로 하여금 힘쓰고 생각하여 바라서 미치게 할 뿐만 아니라, 才氣가 高邁한 자도 감히 등급을 건너뛰고 쉽게 여겨 나아가지 못하게 하신 것이다."

呂氏(呂大臨)가 말하였다. "聖人은 道를 體行함에 숨김이 없어 마치 天象과 같이 밝아서 지극한 가르침 아닌 것이 없다. 항상 사람들에게 보여주나 사람들이 스스로 살피지 못할 뿐이다."

24. 子以四教하시니 文, 行, 忠, 信[20]이러시다

孔子께서는 네 가지로써 가르치셨으니, 文·行·忠·信이었다.

程子曰 教人以學文修行而存忠信也니 忠信이 本也니라

程子(伊川)가 말씀하였다. "사람을 가르치기를, 글을 배우고 행실을 닦으며 忠·信을 마음에 보존하는 것으로 한 것이니, 이 중에 忠·信이 근본이다."

25-1. 子曰 聖人을 吾不得而見之矣어든 得見君子者면 斯可矣니라

孔子께서 말씀하셨다. "聖人을 내 얻어볼 수 없으면 君子라도 얻어보면 괜찮다."

聖人은 神明不測之號요 君子는 才德出衆之名이라

'聖人'은 神明하여 헤아릴 수 없는 이의 칭호이고, '君子'는 才德이 출중한 이의 이름이다.

25-2. 子曰 善人을 吾不得而見之矣어든 得見有恒者면 斯可矣니라

孔子께서 말씀하셨다. "善人을 내 얻어볼 수 없으면 恒心(떳떳한 마음)이 있는 자라도 얻어보면 괜찮다.

子曰字는 疑衍文[21]이라 恒은 常久之意라

---

20 文行忠信 : 官本諺解에는 '文行忠信이니라'로 되어 있으나 栗谷諺解를 따라 '文行忠信이러시다'로 현토하였다.

21 子曰字 疑衍文 : 茶山은 '子曰'을 衍文으로 보지 않고 여기에서 章을 나누었다. 그는 "살펴보건대, 古本

··· 測 헤아릴 측　恒 떳떳할 항　衍 넘칠 연, 남을 연

張子曰 有恒者는 不二其心이요 善人者는 志於仁而無惡이니라

'子曰' 두 글자는 衍文인 듯하다. '恒'은 항상하고 오래하는 뜻이다.

張子가 말씀하였다. "'恒心이 있는 자'란 그 마음을 이랬다저랬다 하지 않는 것이요, '善人'이란 仁에 뜻을 두어 惡함이 없는 명칭이다."

25-3. 亡(無)而爲有하며 虛而爲盈하며 約而爲泰면 難乎有恒矣니라

없으면서 있는 체하며 비었으면서 가득한 체하며 적으면서 많은 체하면(곤궁하면서 부유한 체하면) 恒心이 있기 어려울 것이다."

三者는 皆虛夸之事니 凡若此者는 必不能守其常也라

이 세 가지는 모두 허황되게 과장하는 일이니, 무릇 이와 같은 자는 반드시 떳떳함(항상함)을 지킬 수 없다.

⊙ 張敬夫曰 聖人, 君子는 以學言이요 善人, 有恒者는 以質言이라

愚謂 有恒者之與聖人은 高下固懸絶矣라 然이나 未有不自有恒而能至於聖者也라 故로 章末에 申言有恒之義하시니 其示人入德之門이 可謂深切而著明矣로다

⊙ 張敬夫(張栻)가 말하였다. "'聖人'과 '君子'는 學問으로써 말씀하였고, '善人'과 '恒心이 있는 자'는 資質로써 말씀한 것이다."

내가 생각하건대, 恒心이 있는 자와 聖人과의 관계는 그 高下가 진실로 현격하다. 그러나 恒心이 있는 것으로부터 시작하지 않고서 聖人의 경지에 이르는 자는 있지 않다. 그러므로 章의 끝에 恒心이 있는 뜻을 거듭 말씀하신 것이니, 사람들에게 德에 들어가는 門을 보여주심이 깊고 간절하고 매우 분명하다고 이를 만하다.

에는 이 아래의 구절과 따로 나누어 두 章으로 하였으니, 이제 그에 따른다. 만약 한 장이라면, 응당 '君子를 내가 만날 수 없으면 善人이라도 만날 수 있으면 괜찮다.'고 해야 한다. 그런데 지금 여기에 君子와 善人을 서로 끌어 연결시키지 않았고, 또 '子曰'이란 자구가 중간에 끼어 있으니, 이것이 한 장이 아님을 알 수 있다. 文勢가 서로 유사하기 때문에 기록하는 자가 이처럼 序次한 것이다.〔案古本 與下節別爲二章 今從之 若是一章 當云君子吾不得而見之 得見善人斯可矣 今君子善人 不相牽連 而又有子曰字以間之 其非一章可知 以其文勢相類 故記者序次如是〕하였다. 그러나 壺山은 "윗절과 아랫절 사이에 '君子를 내 만나볼 수 없으면 善人이라도 만나보면 괜찮다.'의 뜻이 있다."고 하였다.

··· 盈 찰 영 約 적을 약 泰 클 태 夸 자랑할 과 懸 매달 현 絶 끊을 절 申 거듭 신 著 드러날 저

26. 子는 釣而不綱하시며 弋不射(석)宿이러시다

孔子께서는 낚시질은 하시되 큰 그물질은 하지 않으시며, 주살질은 하시되 잠자는 새를
쏘아 잡지는 않으셨다.

綱은 以大繩屬網(촉망)하여 絶流而漁者也요 弋은 以生絲繫矢而射也라 宿은 宿鳥라

'綱'은 굵은 노끈으로 그물을 연결하여 흐르는 물을 가로질러 막아서 물고기를 잡는 것이요,
'弋'은 生絲를 화살에 매어서 쏘는 것이다. 宿은 잠자는 새이다.

⊙ **洪氏曰 孔子少貧賤**하사 **爲養與祭**하여 **或不得已而釣弋**하시니 **如獵較[22]이 是也라
然이나 盡物取之와 出其不意[23]는 亦不爲也시니 此可見仁人之本心矣라 待物如此면 待
人可知요 小者如此면 大者可知**니라

⊙ 洪氏(洪興祖)가 말하였다. "孔子가 젊었을 적에 貧賤하여 부모의 봉양과 조상의 제사를
위해 혹 마지못해 낚시질하고 주살질을 하셨으니, 獵較(엽각)과 같은 것이 그것이다. 그러나 그
물로 물고기를 모조리 잡는 것과 잠자는 새를 쏘아 잡는 것은 또한 하지 않으셨으니, 여기에서
仁人의 本心을 볼 수 있다. 微物을 대함이 이와 같으면 사람 대하는 것을 알 수 있고, 작은 일에
이와 같으면 큰일을 알 수 있다."

27. 子曰 蓋有不知而作之者아 我無是也로라 多聞하여 擇其善者而從之하며 多見而識(지)之 知之次也니라

孔子께서 말씀하셨다. "혹여 알지 못하면서 〈함부로〉 행동하는 자가 있는가? 나는 이러
한 것이 없노라. 많이 듣고서 그 중에 좋은 것을 가려 따르며, 많이 보고서 〈그 善惡을〉

---

22 獵較 : 사냥하면서 서로 다투는 것이라 하기도 하고, 사냥한 다음 사냥한 짐승의 많고 적음을 비교하는 것
이라 하는바, '다툰다'로 해석할 경우 較의 음을 '각'으로 읽고 '비교한다'로 해석할 경우 '교'로 읽는다.
《孟子》〈萬章下〉 4장에 "孔子께서 魯나라에서 벼슬하실 적에 魯나라 사람들이 獵較을 하자 孔子 또한
獵較을 하셨으니, 獵較하는 것도 오히려 可한데 하물며 그 주는 것을 받음에 있어서이겠는가.〔孔子之仕
於魯也 魯人獵較 孔子亦獵較 獵較猶可 而況受其賜乎〕"라고 보인다.

23 盡物取之 出其不意 : '盡物取之'는 물건을 남김없이 잡는 것으로, 그물을 연결시켜 물고기를 잡는 것을
이르며, '出其不意'는 상대방이 전혀 예상하지 못한 틈을 타서 공격을 가하는 것으로, 잠자는 새를 활로
쏘아 잡는 것을 이른다.

••• 釣 낚시 조 綱 그물질할 강 弋 주살질할 익 射 쏘아맞출 석 宿 잘 숙 繩 노끈 승 屬 연결할 촉 網 그물 망
漁 고기잡을 어 繫 맬 계 矢 화살 시 獵 사냥 렵 較 다툴 각 識 기억할 지

기억하는 것이 아는 것의 다음이 된다."

不知而作은 不知其理而妄作也라 孔子自言未嘗妄作하시니 蓋亦謙辭라 然이나 亦可見其無所不知也라 識는 記也라 所從은 不可不擇이요 記則善惡을 皆當存之하여 以備參考니 如此者는 雖未能實知其理라도 亦可以次於知之者也니라

'不知而作'은 그 이치를 알지 못하면서 함부로 행동하는 것이다. 孔子께서 스스로 "나는 일찍이 함부로 행동한 적이 없다."고 말씀하셨으니, 이 또한 謙辭이다. 그러나 또한 알지 못함이 없음을 볼 수 있다. '識'는 기억함〔記〕이다. 따르는 바는 가리지 않을 수 없고, 기억함은 善과 惡을 다 마음속에 기억해 두어서 참고에 대비하는 것이니, 이와 같이 하는 자는 비록 실제로 그 이치를 알지 못한다 하더라도 아는 자의 다음이 될 수 있다.

28-1. 互鄕은 難與言이러니 童子見(현)커늘 門人이 惑한대

互鄕 사람과는 더불어 말하기가 어려웠는데, 〈互鄕의〉 童子가 〈찾아와 孔子를〉 보니, 門人들이 의혹하였다.

互鄕은 鄕名이니 其人이 習於不善하여 難與言善이라 惑者는 疑夫子不當見之也라

互鄕은 鄕의 이름이니, 그곳 사람들이 不善을 익혀서 함께 善을 말하기 어려웠다. '惑'이란 夫子께서 그를 만나보아서는 안 된다고 의심한 것이다.

28-2. (子曰 與其進也 不與其退也 唯何甚 人潔己以進 與其潔也 不保其往也)
子曰 人이 潔己以進이어든 與其潔也요 不保其往也며 與其進也요 不與其退也니 唯何甚[24]이리오

孔子께서 말씀하셨다. "사람이 몸을 깨끗이 하고서 찾아오거든 그 몸을 깨끗이 한 것을 허여할 뿐이요 지난날의 잘잘못을 보장할 수는 없으며, 그 찾아옴을 허여할 뿐이요

---

24 人潔己以進……唯何甚：朱子는 이 章에 錯簡이 있는 것으로 보았는바, 괄호 안의 經文이 본래의 순서이고 그 아래가 朱子의 견해대로 재구성한 것이다.

••• 妄 함부로 망 作 지을 작 互 서로 호 與 더불어 여, 허여할 여 惑 의혹할 혹 潔 깨끗할 결

물러간 뒤에 잘못하는 것을 허여하는 것은 아니다. 어찌 심하게 할 것이 있겠는가."

疑此章有錯簡하니 人潔至往也十四字는 當在與其進也之前이라 潔은 修治也요 與는 許也요 往은 前日也라 言人潔己而來면 但許其能自潔耳요 固不能保其前日所爲之善惡也며 但許其進而來見耳요 非許其旣退而爲不善也라 蓋不追其旣往하고 不逆其將來[25]하여 以是心至면 斯受之耳라 唯字上下에 疑又有闕文하니 大抵亦不爲已甚之意니라

의심컨대 이 章에 錯簡이 있는 듯하니, '人潔'로부터 '往也'까지의 열 네 글자는 마땅히 '與其進也'의 앞에 있어야 한다. '潔'은 닦아 다스림이요, '與'는 허여함이며, '往'은 지난날이다.

'사람이 몸을 깨끗이 하고 찾아오면 다만 그 스스로 깨끗이 한 것을 허여할 뿐이요 지난날의 善惡을 보장할 수는 없으며, 다만 그 찾아와 뵙는 것을 허여할 뿐이요 물러간 뒤에 다시 不善을 하는 것을 허여하는 것은 아님'을 말씀한 것이다. 이는 지난날의 잘잘못을 追論하지 않고 장래(미래)의 악행을 미리 예측하지 아니하여, 이러한 마음을 갖고 찾아오면 그대로 받아들일 뿐인 것이다. '唯'字의 앞뒤에 또 빠진 글자가 있는 듯하니, 대체로 너무 심하게 하지 않는다는 뜻일 듯하다.

⊙ 程子曰 聖人待物之洪이 如此하시니라

⊙ 程子(伊川)가 말씀하였다. "聖人이 남을 대함에 도량의 넓음이 이와 같으시다."

29. 子曰 仁遠乎哉아 我欲仁이면 斯仁이 至矣니라

孔子께서 말씀하셨다. "仁이 멀리 있겠는가. 내가 仁을 하고자 하면 仁이 당장 이르게 된다."

仁者는 心之德이니 非在外也로되 放而不求라 故로 有以爲遠者라 反而求之면 則卽此而在矣니 夫豈遠哉리오

仁은 마음의 德이니 밖에 있는 것이 아니나 잃어버리고 찾지 않으므로 멀다고 여기는 자가 있는 것이다. 돌이켜 찾는다면 여기에 바로 있으니, 어찌 멀리 있겠는가.

---

25 不追其旣往 不逆其將來 : '不追其旣往'은 '不保其往'의 해석이고, '不逆其將來'는 '不與其退'의 해석이다. '不逆'은 미리 逆探하는 것으로 아래 〈憲問〉 33장에 "남이 나를 속일까 逆探(미리 짐작)하지 않고 남이 나를 믿어주지 않을까 臆測하지 않으나 또한 먼저 깨닫는 자가 어진 것이다.〔不逆詐 不億不信 抑亦先覺者 是賢乎〕"라고 보인다.

••• 錯 뒤바뀔 착 簡 죽간 간, 대쪽 간 逆 미리 역 抵 대강 저 已 너무할 이

⊙ 程子曰 爲仁由己라 欲之則至니 何遠之有리오

⊙ 程子(伊川)가 말씀하였다. "仁을 행하는 것은 자신에게 달려 있다. 하고자 하면 이르니, 어찌 멂이 있겠는가."

30-1. 陳司敗問 昭公이 知禮乎잇가 孔子曰 知禮시니라

陳나라 司敗가 "昭公이 禮를 알았습니까?" 하고 묻자, 孔子께서 "禮를 아셨다." 하고 대답하셨다.

陳은 國名이요 司敗는 官名이니 卽司寇也[26]라 昭公은 魯君이니 名稠(주)니 習於威儀之節하여 當時以爲知禮라 故로 司敗以爲問에 而孔子答之如此하시니라

陳은 나라 이름이고, '司敗'는 官名이니 곧 司寇이다. 昭公은 魯나라 임금으로 이름이 稠이니, 威儀의 禮節에 익숙하여 당시에 禮를 잘 안다고 여겼다. 그러므로 司敗가 이것을 가지고 질문하자, 孔子께서 대답하시기를 이와 같이 하신 것이다.

30-2. 孔子退어시늘 揖巫馬期而進之하여 曰 吾聞君子不黨이라하니 君子亦黨乎아 君取(娶)於吳하니 爲同姓이라 謂之吳孟子라하니 君而知禮면 孰不知禮리오

孔子께서 물러가시자, 司敗가 巫馬期에게 揖하여 나오게 하고서 말하였다. "내가 들으니 君子는 黨(偏黨)하지 않는다 하였는데, 君子도 黨을 하는가? 임금(昭公)이 吳나라에서 부인을 맞이하였으니, 同姓이 되기에 〈그 부인을〉 吳孟子라고 불렀으니, 이러한 임금으로서 禮를 알았다면 누가 禮를 알지 못하겠는가."

巫馬는 姓이요 期는 字니 孔子弟子로 名施라 司敗揖而進之也[27]라 相助匿非曰黨이라

---

26 司敗……卽司寇也:《春秋左傳》杜預의 註에 "陳나라와 楚나라에서는 司寇를 司敗라 했다." 하였다.

27 司敗揖而進之也:옛날에는 상대방의 앞에 가서 읍하면 상대방 역시 읍하여 답례하고 따라 나왔는바, 이는 司敗가 평소 알고 지내던 巫馬期를 불러내어 자신의 불평하는 말을 전한 것으로 보인다. 다만 불러낼 적에 언어를 사용하지 않고 읍으로 대신한 것이다.

••• 敗 패할 패 司 맡을 사 寇 도적 구 稠 빽빽할 주 揖 읍할 읍 巫 무당 무 黨 편벽될 당 匿 숨길 닉 非 그를 비

禮에 不取同姓이어늘 而魯與吳皆姬姓이니 謂之吳孟子[28]者는 諱之하여 使若宋女子姓者然[29]이라

巫馬는 姓이고 期는 字이니, 孔子의 弟子로 이름이 施이다. 司敗가 그에게 읍하여 앞으로 나오게 한 것이다. 서로 도와 나쁜 짓을 숨겨주는 것을 '黨'이라 한다. 禮에 "同姓에게는 장가들지 않는다." 하였는데, 魯나라와 吳나라는 다 姬姓이었으니, 〈그 부인을〉 吳孟子라 칭한 것은 이것을 숨겨 마치 宋나라 〈임금의〉 여자(딸자식)로 子氏姓인 것처럼 한 것이다.

30-3. 巫馬期以告한대 子曰 丘也幸이로다 苟有過어든 人必知之온여

巫馬期가 이것을 아뢰자, 孔子께서 말씀하셨다. "나(丘)는 다행이다. 만일 잘못이 있으면 남들이 반드시 아는구나."

孔子不可自謂諱君之惡이요 又不可以取同姓爲知禮라 故로 受以爲過而不辭하시니라

孔子께서 임금의 나쁜 일을 숨겼다고 스스로 말씀할 수도 없고, 또 同姓에게 장가든 것을 禮를 안다고 할 수도 없었다. 그러므로 받아들여 허물로 삼고 사양하지 않으신 것이다.

⊙ 吳氏曰 魯는 蓋夫子父母之國이요 昭公은 魯之先君也라 司敗又未嘗顯言其事하고 而遽以知禮爲問하니 其對之 宜如此也라 及司敗以爲有黨하여는 而夫子受以爲過하시니 蓋夫子之盛德이 無所不可也라 然이나 其受以爲過也에 亦不正言其所以過하여 初若不知孟子之事者하시니 可以爲萬世之法矣로다

⊙ 吳氏(吳棫)가 말하였다. "魯나라는 夫子의 父母之國(고향 나라)이고, 昭公은 魯나라의 先君(선대의 임금)이다. 司敗가 또 그 일을 드러내어 말하지 않고 갑자기 禮를 알았는가 하고

---

28 謂之吳孟子：春秋時代 제후의 부인은 모두 제후의 딸이어서 國姓이었는바, 그 姓을 칭호 밑에 붙여 姜姓인 齊나라의 경우에는 文姜·成姜이라 하고, 子姓인 宋나라의 경우에는 孟子·仲子·南子 등으로 칭하였다. 吳나라는 姬姓이므로 끝에 姬를 붙여야 하나 魯나라와 同姓임을 휘하여 姬 대신 子를 붙이고 또 宋나라 여자로 오인할까 염려하여 앞에 吳를 붙인 것이다.

29 禮……使若宋女子姓者然：《禮記》〈坊記〉에 "아내를 취하되 同姓에게 장가들지 않는 것은 분별을 厚하게 하려고 해서이다. 그러므로 妾을 사되 姓을 알지 못하면 그 길흉을 점쳤으니, 이것을 가지고 백성을 방비하여도 《魯春秋》에 오히려 夫人의 姓을 빼고 '吳'라고 하였고, 그가 죽자 '孟子가 죽었다.'라고 하였다.〔取妻 不取同姓 以厚別也 故買妾 不知其姓則卜之 以此防民 魯春秋 猶去夫人之姓曰吳 其死曰 孟子卒〕"라고 보인다.

··· 取 장가들 취(娶通) 施 베풀 시 匿 숨길 닉 非 그를 비 姬 성 희 諱 숨길 휘 顯 드러낼 현 遽 급할 거

질문하였으니, 이에 대답함은 마땅히 이와 같아야 하는 것이다. 司敗가 黨한다고 말함에 미쳐서는 夫子께서 그대로 받아들여 허물로 삼으셨으니, 夫子의 盛大한 德이 不可함이 없는 것이다. 그러나 받아들여 허물로 삼으실 적에 또한 허물을 짓게 된 까닭을 바로 말씀하지 않아서 애당초 巫馬子의 일을 알지 못한 것처럼 하셨으니, 萬世의 法이 될 만하다."

31. 子與人歌而善이어든 必使反之하시고 而後和之러시다

孔子는 남과 함께 노래를 부를 적에 잘하거든 반드시 반복해서 부르게 하시고 그 뒤에 따라 부르셨다.

反은 復(복)也라 必使復(부)歌者는 欲得其詳而取其善也요 而後和之者는 喜得其詳而與其善也라 此見聖人氣象從容하고 誠意懇至하며 而其謙遜審密하여 不掩人善이 又如此하니 蓋一事之微에 而衆善之集을 有不可勝旣者焉이니 讀者宜詳味之니라

'反'은 反復(거듭)함이니, 반드시 다시 노래부르게 하신 것은 그 상세함을 알아 그 좋음을 취하고자 하신 것이요, 뒤에 따라 부르신 것은 자세한 것을 앎을 기뻐하고 그의 좋은 점을 許與(인정)해 주신 것이다. 이는 聖人의 氣象이 從容하고 誠意가 간절하며 겸손하고 살피고 치밀하여 남의 좋은 점을 가리지 않음이 또 이와 같음을 볼 수 있으니, 한 가지 일의 작은 것에 온갖 善이 모인 것을 이루 다 말할 수 없다. 읽는 자가 마땅히 자세히 음미하여야 할 것이다.

32. 子曰 文莫吾猶人也아 躬行君子는 則吾未之有得호라

孔子께서 말씀하셨다. "文은 내 남과 같지 않겠는가. 君子의 道를 몸소 행함은 내 아직 얻음이 있지 못하다."

莫은 疑辭라 猶人은 言不能過人而尚可以及人이요 未之有得은 則全未有得이니 皆自謙之辭로되 而足以見言行之難易緩急이니 欲人之勉其實也시니라

'莫'은 의심하는 말이다. '남과 같다.'는 것은 남보다 낫지는 못하나 그래도 남에게 미칠 수 있음을 말씀한 것이요, '얻음이 있지 못하다.'는 것은 전혀 얻음이 없는 것이다. 모두 스스로 겸양하신 말씀이나 言·行의 難易와 緩急을 족히 볼 수 있으니, 사람들이 그 實行을 힘쓰게 하려고 하신 것이다.

··· 歌 노래할 가 反 반복할 반 復 반복할 복 懇 간곡할 간 遜 사양할 손 審 살필 심 密 빽빽할 밀 掩 가릴 엄
　　旣 다할 기 躬 몸소 궁 緩 늦을 완 急 급할 급

⊙ 謝氏曰 文은 雖聖人이나 無不與人同이라 故로 不遜하시고 能躬行君子는 斯可以入
聖이라 故로 不居하시니 猶言君子道者三에 我無能焉이니라

⊙ 謝氏(謝良佐)가 말하였다. "文은 비록 聖人이라도 일반인과 같지 않음이 없으므로 겸손
해 하지 않으셨고, 君子의 道를 몸소 실행함은 聖人의 경지에 들어갈 수 있으므로 자처하지 않
으신 것이니, 〈憲問〉에 '君子의 道가 셋인데 나는 능하지 못하다.'는 내용과 같은 것이다."

33. 子曰 若聖與仁은 則吾豈敢이리오 抑爲之不厭하며 誨人不倦은 則可
謂云爾已矣니라 公西華曰 正唯弟子不能學也로소이다

孔子께서 말씀하시기를 "聖과 仁으로 말하면 내 어찌 감히 자처하겠는가. 그러나
〈仁·聖의 道를〉 행하기를 싫어하지 않으며 〈이것을 가지고〉 남을 가르치기를 게을리하
지 않는 것은 그렇다고 말할 수 있을 뿐이다." 하셨다. 公西華가 말하였다. "바로 저희
弟子들이 배울 수 없는 점입니다."

此亦夫子之謙辭也라 聖者는 大而化之[30]요 仁은 則心德之全而人道之備也라 爲之
는 謂爲仁聖之道요 誨人은 亦謂以此敎人也라 然이나 不厭不倦은 非己有之면 則不能
이니 所以弟子不能學也니라

이 또한 夫子의 謙辭이다. '聖'은 大人으로서 化한 것이요, '仁'은 마음의 德이 온전하고 人
道가 갖추어진 것이다. '爲之'는 仁·聖의 道를 행함을 이르고, '誨人'은 또한 이 仁·聖의 道
로 사람을 가르침을 이른다. 그러나 '싫어하지 않고 게을리하지 않는 것'은 자기가 仁·聖의 道
를 소유한 자가 아니면 할 수 없으니, 이 때문에 弟子들이 배울 수 없는 것이다.

⊙ 晁氏曰 當時에 有稱夫子聖且仁者라 以故로 夫子辭之하시니 苟辭之而已焉이면
則無以進天下之材하고 率天下之善하여 將使聖與仁爲虛器하여 而人終莫能至矣라
故로 夫子雖不居仁聖이나 而必以爲之不厭과 誨人不倦으로 自處也라 可謂云爾已矣
者는 無他之辭也라 公西華仰而歎之하니 其亦深知夫子之意矣로다

---

30 聖者 大而化之: '大'는 大人이며 '化'는 힘쓰지 않고 저절로 되는 것으로, 《孟子》〈盡心下〉 25章에 "大人
으로서 化한 것을 聖人이라 한다.〔大而化之之謂聖〕"라고 보인다.

••• 抑 반어사 억, 그러나 억 厭 싫어할 염 誨 가르칠 회 倦 게으를 권 爾 그럴 이 晁 성 조(鼂同) 率 거느릴 솔
　　 仰 우러를 앙

⊙ 晁氏(晁說之)가 말하였다. "당시에 夫子를 聖人이고 또 仁者라고 칭하는 자가 있었다. 이 때문에 夫子께서 사양하신 것이니, 만일 사양하기만 할 뿐이면 천하의 인재를 진취시키고 천하의 善을 솔선할 수가 없어서, 장차 聖과 仁으로 하여금 虛器(빈 그릇이나 빈 자리)가 되게 하여 사람들이 마침내 이르지 못하게 될 것이다. 그러므로 夫子께서 비록 仁과 聖으로 自處하지 않으셨으나 반드시 행하기를 싫어하지 않고 남을 가르치기를 게을리 하지 않는 것으로 자처하신 것이다. '可謂云爾已矣'라는 것은 딴 것이 없다는 말씀이다. 公西華가 우러러 탄식하였으니, 그 또한 夫子의 뜻을 깊이 안 것이다."

34. 子疾病이어시늘 子路請禱한대 子曰 有諸아 子路對曰 有之하니 誄曰 禱爾于上下神祇(기)라하나이다 子曰 丘之禱久矣니라

孔子께서 病患이 위중하시자, 子路가 기도할 것을 청하였다. 孔子께서 "이처럼 기도하는 이치가 있는가?" 하고 묻자, 子路가 대답하기를 "있습니다. 誄文(祭文)에 '너를 上下의 神祇에게 기도하였다.'고 하였습니다." 하였다. 孔子께서 "나는 기도한 지가 오래이다." 하셨다.

禱는 謂禱於鬼神이라 有諸는 問有此理否라 誄者는 哀死而述其行之辭也라 上下는 謂天地니 天曰神이요 地曰祇(기)라 禱者는 悔過遷善하여 以祈神之佑也라 無其理면 則不必禱요 旣曰有之면 則聖人이 未嘗有過하사 無善可遷하여 其素行이 固已合於神明이라 故로 曰丘之禱久矣라하시니라 又士喪禮에 疾病이어든 行禱五祀라하니 蓋臣子迫切之至情이 有不能自已者요 初不請於病者而後禱也라 故로 孔子之於子路에 不直拒之하시고 而但告以無所事禱[31]之意하시니라

'禱'는 鬼神에게 기도하는(비는) 것을 이른다. '有諸'는 '이러한 이치가 있는가?' 하고 물은 것이다. '誄'는 죽은 이를 애도하여 그의 행실을 서술한 글이다. '上下'는 하늘과 땅을 이르니, 하늘의 神을 '神'이라 하고 땅의 神을 '祇'라 한다. 기도는 잘못을 뉘우치고 善으로 옮겨가 神의 도움을 비는 것이다. 이러한 이치가 없다면 기도할 필요가 없으며, 이미 이런 이치가 있다면 聖人은 일찍이 잘못이 없어 옮겨갈 만한 善이 없어서 평소의 행실이 진실로 이미 神明에 합한다. 그러므로 '나는 기도한 지가 오래이다.'라고 말씀한 것이다. 또 《禮記》〈士喪禮〉에 "병이 위

---

31 無所事禱 : '事禱'는 기도를 삼는다는 뜻으로, 기도할 필요가 없음을 이른다.

••• 禱 빌 도   誄 제문 뢰   祇 땅귀신 기   遷 옮길 천   祈 빌 기   佑 도울 우   素 평소 소   祀 제사 사   迫 핍박할 박

독하면 五祀의 神에게 기도한다." 하였으니, 이는 臣子의 절박한 情이 그대로(가만히) 있을 수 없어서이고 애당초 病者에게 청한 뒤에 기도하는 것이 아니다. 그러므로 孔子께서 子路에게 곧바로 거절하지 않으시고, 다만 기도를 일삼을 것이 없는 뜻으로 말씀하신 것이다.

35. 子曰 奢則不孫(遜)하고 儉則固니 與其不孫也론 寧固니라

孔子께서 말씀하셨다. "사치하면 공순하지 못하고 검소하면 고루하니, 공순하지 못하기보다는 차라리 고루하여야 한다."

孫은 順也요 固는 陋也라 奢儉이 俱失中이나 而奢之害大라

'孫'은 공순함이요 '固'는 고루함이다. 사치와 검소는 모두 中道를 잃었으나 사치의 해가 더 크다.

⊙ 晁氏曰 不得已而救時之弊也시니라

⊙ 晁氏(晁說之)가 말하였다. "부득이하여 당시의 폐단을 바로잡으신 것이다."

36. 子曰 君子는 坦蕩蕩이요 小人은 長戚戚이니라

孔子께서 말씀하셨다. "君子는 평탄하여 여유가 있고, 小人은 늘 근심한다."

坦은 平也라 蕩蕩은 寬廣貌라
程子曰 君子는 循理故로 常舒泰하고 小人은 役於物故로 多憂戚하나니라

'坦'은 평탄함이다. '蕩蕩'은 너그럽고 넓은 모양이다.
程子(伊川)가 말씀하였다. "君子는 天理를 따르므로 〈몸과 마음이〉 항상 펴지고 태연하며, 小人은 外物에 使役을 당하므로 걱정과 근심이 많은 것이다."

⊙ 程子曰 君子坦蕩蕩은 心廣體胖이니라

⊙ 程子(明道)가 말씀하였다. "'君子坦蕩蕩'은 마음이 넓고 몸이 펴지는 것이다."

··· 奢 사치할 사 孫 공손할 손(遜同) 寧 차라리 녕 俱 함께 구 坦 평탄할 탄 蕩 넓을 탕 戚 근심할 척
寬 너그러울 관 舒 펼 서 胖 펴질 반

37. 子는 溫而厲하시며 威而不猛하시며 恭而安이러시다

孔子께서는 온화하면서도 엄숙하시며, 위엄이 있으면서도 사납지 않으시며, 공손하면서도 편안(자연스러움)하셨다.

　厲는 嚴肅也라 人之德性이 本無不備로되 而氣質所賦는 鮮有不偏[32]하니 惟聖人은 全體渾然하여 陰陽合德이라 故로 其中和之氣 見(현)於容貌之間者 如此라 門人이 熟察而詳記之하니 亦可見其用心之密矣라 抑非知(智)足以知聖人而善言德行者면 不能記라 故로 程子以爲曾子之言이라하시니 學者所宜反復而玩心也니라

　'厲'는 엄숙함이다. 사람의 德性은 본래 갖추어지지 않은 것이 없으나 氣質에 부여받은 것은 편벽되지 않은 자가 드물다. 오직 聖人은 전체가 渾然(완전)하고 陰陽(剛柔)의 德이 합하였다. 그러므로 中和의 기운이 용모의 사이에 나타남이 이와 같은 것이다. 門人들이 익히 관찰하여 상세히 기록하였으니, 또한 그 마음씀이 치밀함을 볼 수 있다. 그러나 지혜가 聖人을 알 만하고 德行을 잘 표현할 수 있는 자가 아니면 기록하지 못한다. 그러므로 程子(伊川)는 曾子의 말씀이라고 하였으니, 배우는 자가 마땅히 반복하여 마음에 새겨야 할 것이다.

---

32 人之德性……鮮有不偏 : 慶源輔氏(輔廣)는 "德性은 無極의 眞(형체가 없는 궁극적 원리)에 뿌리를 둔 것이니, 이 때문에 본디 갖추어지지 않음이 없는 것이다. 그러나 氣質은 陰陽伍行의 氣로부터 품부받은 것이어서 剛과 柔, 過와 不及의 차이가 있으니, 이 때문에 치우치지 않은 경우가 드문 것이다."라고 설명하였다.

••• 厲 엄할 려　猛 사나울 맹　賦 받을 부　鮮 드물 선　偏 치우칠 편　渾 온전할 혼　玩 익힐 완, 살펴볼 완

泰伯 第八

凡二十一章이라
모두 21章이다.

1. 子曰 泰伯은 其可謂至德也已矣로다 三以天下讓호되 民無得而稱焉
이온여

孔子께서 말씀하셨다. "泰伯은 지극한 德이라고 이를 만하다. 세 번 天下를 사양하였
으나 백성들이 그 德을 칭송할 수 없게 하였구나."

泰伯은 周大(太)王之長子라 至德은 謂德之至極하여 無以復加者也라 三讓은 謂固遜
也라 無得而稱은 其遜이 隱微하여 無迹可見也라 蓋大王三子에 長은 泰伯이요 次는 仲
雍이요 次는 季歷이라 大王之時에 商道浸衰하고 而周日彊大하며 季歷이 又生子昌하니
有聖德이라 大王이 因有翦商之志어늘 而泰伯이 不從하니 大王이 遂欲傳位季歷하여 以
及昌이라 泰伯이 知之하고 卽與仲雍으로 逃之荊蠻하다 於是에 大王이 乃立季歷하여 傳
國至昌하여 而三分天下에 有其二[1]하니 是爲文王이요 文王崩하고 子發立하여 遂克商而
有天下하니 是爲武王이라 夫以泰伯之德으로 當商周之際하여 固足以朝諸侯有天下矣

---

1 三分天下 有其二 : 아래 20장에 "三分天下 有其二 以服事殷 周之德 其可謂至德也已矣"라고 보인다.

••• 固 굳이 고 遜 사양할 손 迹 자취 적 雍 화락할 옹 浸 점점 침 彊 강할 강(强同) 翦 칠 전 荊 가시 형 蠻 오랑캐 만
崩 죽을 붕 際 사이 제

어늘 乃棄不取하고 而又泯其迹焉하니 則其德之至極이 爲如何哉아 蓋其心은 卽夷齊扣馬之心이나 而事之難處는 有甚焉者하니 宜夫子之歎息而贊美之也라 泰伯不從은 事見(현)春秋傳하니라

　泰伯은 周나라 太王의 長子이다. '至德'은 德이 지극하여 다시 더할 수 없음을 이른다. '세 번 사양함'은 군이 사양함을 이른다. '칭송할 수가 없게 하였다' 함은 그 사양함이 은미하여 자취를 볼 수 없는 것이다. 太王은 세 아들이 있었는데, 長子는 泰伯이고 다음은 仲雍이고 다음은 季歷이다. 太王의 때에 商나라의 道(정치)가 점차 쇠퇴하고 周나라는 날로 강대해졌으며, 또 季歷이 아들 昌을 낳았는데 聖德이 있었다. 이에 太王은 이로 인하여 商나라를 칠 생각이 있었는데 泰伯이 따르지 않으니, 太王은 마침내 王位를 季歷에게 전하여 昌에게 미치고자 하였다. 泰伯은 이것을 알고 곧 仲雍과 함께 荊蠻으로 도망하였다. 太王은 마침내 季歷에게 나라를 물려주어 昌에 이르러 天下를 셋으로 나눔에 3분의 2를 소유하게 되었으니 이가 바로 文王이요, 文王이 죽고 아들 發이 즉위하여 마침내 商나라를 이기고 天下를 소유하니 이가 바로 武王이다.

　泰伯의 德으로, 商나라와 周나라의 교체시기를 당하여 진실로 제후들에게 조회받고 天下를 소유할 수 있었는데, 마침내 버리고 취하지 않았으며 또 그 자취를 泯滅하였으니, 그 德의 지극함이 어떠한가. 그 마음은 바로 伯夷와 叔齊가 〈武王의〉 말고삐를 잡고 商나라 征伐을 諫하던 심정이었으나 일의 난처함은 그보다 더 심하였으니, 夫子께서 탄식하고 찬미하심이 마땅하다. 泰伯이 太王의 뜻에 따르지 않은 사실은 《春秋左傳》에 보인다.

2-1. 子曰 恭而無禮則勞하고 愼而無禮則葸(시)하고 勇而無禮則亂하고 直而無禮則絞니라

孔子께서 말씀하셨다. "공손하기만 하고 禮가 없으면 수고롭고, 삼가기만 하고 禮가 없으면 두렵고, 용맹하기만 하고 禮가 없으면 난을 일으키고, 강직하기만 하고 禮가 없으면 너무 급하다.

葸는 畏懼貌요 絞는 急切也라 無禮則無節文이라 故로 有四者之弊라

　'葸'는 두려워하는 모양이요, '絞'는 매우 급한 것이다. 禮가 없으면 節文이 없으므로 네 가지의 폐단이 있는 것이다.

··· 泯 없앨민 扣 두드릴 고(구) 愼 삼갈 신 葸 두려울 시 絞 급할 교 畏 두려워할 외 弊 폐단 폐

2-2. 君子篤於親이면 則民興於仁하고 故舊를 不遺면 則民不偸(투)니라

君子(爲政者)가 친척에게 후하면 백성들이 仁을 興起하고, 故舊(친구나 아는 사람) 를 버리지 않으면 백성들이 야박해지지 않는다."

君子는 謂在上之人也라 興은 起也요 偸는 薄也라

'君子'는 위에 있는 사람을 이른다. '興'은 興起함이고 '偸'는 야박함이다.

⊙ 張子曰 人道에 知所先後면 則恭不勞하고 愼不葸하고 勇不亂하고 直不絞하여 民化 而德厚矣리라

○² 吳氏曰 君子以下는 當自爲一章이니 乃曾子之言也라

愚按 此一節은 與上文不相蒙³하고 而與首篇謹終追遠之意로 相類하니 吳說이 近是 니라

⊙ 張子(張橫渠)가 말씀하였다. "사람의 도리에 먼저 할 것과 뒤에 할 것(禮)을 알면 공손해 도 수고롭지 않고 삼가도 두렵지 않고 용맹스러워도 난을 일으키지 않고 곧아도 급하지 않아, 백 성들이 敎化되어 德이 후해질 것이다."

○ 吳氏(吳棫)가 말하였다. "'君子' 이하는 마땅히 별도로 한 章이 되어야 하니, 이것은 바로 曾子의 말씀이다."

내가 살펴보건대, 이 한 節은 〈뜻이〉 윗글과 서로 연결되지 않고 首篇(學而篇)의 "喪을 삼가 고 옛 조상을 추모한다.〔謹終追遠〕"는 뜻과 서로 유사하니, 吳氏의 말이 옳은 듯하다.

3. 曾子有疾하사 召門弟子曰 啓予足하며 啓予手하라 詩云 戰戰兢兢하 여 如臨深淵하며 如履薄氷이라하니 而今而後에야 吾知免夫로라 小子아

曾子가 병환이 있으시자, 門下의 弟子들을 불러 말씀하였다. "이불을 헤쳐 나의 발을 보고 나의 손을 보아라. 《詩經》에 이르기를 '戰戰하고 兢兢하여 깊은 못에 임한 듯이

---

2   ○:壺山은 "이 권점은 아마도 傳寫할 때 쓸데없이 잘못 들어간 듯하다." 하였다.

3   與上文不相蒙:'蒙'은 윗글을 이어 받는 것으로, 내용이 윗글과 서로 이어지지 않음을 말한다.

••• 遺 버릴 유 偸 박할 투 薄 엷을 박, 야박할 박 蒙 무릅쓸 몽 類 비슷할 류 啓 열 계 戰 두려울 전 兢 조심할 긍 臨 임할 림 淵 못 연 履 밟을 리 薄 얇을 박 氷 얼음 빙

하고 얇은 얼음을 밟는 듯이 하라.' 하였으니, 이제야 나는 〈이 몸을 훼손할까 하는 근심에서〉 면한 것을 알겠노라. 小子(제자)들아!"

啓는 開也라 曾子平日에 以爲身體受於父母하니 不敢毀傷이라 故로 於此에 使弟子로 開其衾而視之라 詩는 小旻之篇이라 戰戰은 恐懼요 兢兢은 戒謹이라 臨淵은 恐墜요 履冰은 恐陷也라 曾子以其所保之全으로 示門人하시고 而言其所以保之之難如此하여 至於將死而後에 知其得免於毁傷也라 小子는 門人也니 語畢而又呼之하여 以致反復丁寧之意하시니 其警之也 深矣로다

'啓'는 엶(걷어 헤침)이다. 曾子는 평소에 "신체는 父母에게 받았으니, 감히 훼손할 수 없다." 하였다. 그러므로 이때에 弟子들로 하여금 이불을 헤쳐 〈자신의 손과 발을〉 보게 한 것이다. 詩는 〈小雅 小旻篇〉이다. '戰戰'은 두려워함이고 '兢兢'은 경계하고 삼감이다. '못에 임한 듯이 한다'함은 떨어질까 두려워하는 것이고, '얼음을 밟는 듯이 한다'함은 빠질까 두려워하는 것이다. 曾子는 자신이 온전히 보전한 것을 門人들에게 보여주시고, 그 보전함의 어려움이 이와 같아서 장차 죽음에 이른 뒤에야 훼손함을 면할 수 있음을 알았다고 말씀한 것이다. '小子'는 門人이니, 말씀을 마치고 다시 〈문인들을〉 불러서 반복하고 정녕(간곡)한 뜻을 다하셨으니, 그 경계함이 깊다.

⊙ 程子曰 君子曰終이요 小人曰死니 君子保其身以沒을 爲終其事也라 故로 曾子以全歸爲免矣시니라

尹氏曰 父母全而生之하시니 子全而歸之니 曾子臨終而啓手足은 爲是故也라 非有得於道면 能如是乎아

范氏曰 身體도 猶不可虧也온 況虧其行하여 以辱其親乎아

⊙ 程子(伊川)가 말씀하였다. "君子의 죽음을 '終'이라 하고 小人의 죽음을 '死'라 하니, 君子는 몸을 보전하고 죽는 것을 자신의 일을 마치는 것으로 여긴다. 그러므로 曾子께서 몸을 온전히 보전하고 돌아가는 것을 면했다고 여기신 것이다."

尹氏(尹焞)가 말하였다. "父母가 이 몸을 온전히 낳아 주셨으니, 자식이 온전히 보전하고 돌아가야 하니, 曾子께서 臨終時에 이불을 헤쳐 손과 발을 보여 주심은 이 때문이었다. 道에 얻음이 있는 자가 아니면 이와 같을 수 있겠는가."

··· 衾 이불 금 旻 하늘 민 墜 떨어질 추 陷 빠질 함 毁 헐 훼, 훼손할 훼 畢 다할 필 沒 죽을 몰 虧 이지러질 휴

范氏(范祖禹)가 말하였다. "身體도 오히려 훼손할 수 없는데, 하물며 그 행실을 훼손하여 어버이를 욕되게 하겠는가."

4-1. 曾子有疾이어시늘 孟敬子問之러니

曾子가 병환이 있자, 孟敬子가 問病을 갔는데,

孟敬子는 魯大夫니 仲孫氏요 名捷이라 問之者는 問其疾也라

孟敬子는 魯나라 大夫이니 仲孫氏이고 이름이 捷이다. '問之'는 그 병을 물은 것이다.

4-2. 曾子言曰 鳥之將死에 其鳴也哀하고 人之將死에 其言也善이니라

曾子가 말씀하였다. "새가 장차 죽을 적에는 그 울음소리가 애처롭고, 사람이 장차 죽을 적에는 그 말이 善하다.

言은 自言也⁴라 鳥畏死故로 鳴哀하고 人窮反本故로 言善이라 此는 曾子之謙辭니 欲敬子知其所言之善而識(지)之也라

'言'은 스스로 말하는 것이다. 새는 죽음을 두려워하므로 울음소리가 애처롭고, 사람은 궁하면 근본으로 돌아가므로 말이 착한 것이다. 이는 曾子의 겸사이니, 敬子가 자신이 말하는 것이 善함을 알아서 기억하게 하려고 한 것이다.

4-3. 君子所貴乎道者三이니 動容貌에 斯遠暴慢矣며 正顔色에 斯近信矣며 出辭氣에 斯遠鄙倍(패)矣⁵니 籩豆之事則有司存이니라

---

4 言 自言也 : 程伊川은 "〈상대방이〉 묻지 않는데도 스스로 말씀한 것이므로 '言曰'이라 한 것이다.〔不問而自言 故曰言曰〕" 하였다. 《精義》

5 君子……鄙倍矣 : 程子(明道)는 위의 經文을 해석함에 있어 "容貌를 엄숙히 동하면 거칠고 태만함이 저절로 멀어지며, 얼굴빛을 바르게 하면 성실함에 저절로 가까우며, 말소리를 잘 내면 비루하고 도리에 위배되는 말이 저절로 멀어진다." 하여, 앞의 세 句를 공부로, 뒤의 세 句를 功效로 보았다. 이에 반하여 朱子는 "용모를 동할 적에는 거칠고 방자함을 멀리 해야 하며, 얼굴빛을 바룰 적에는 성실함에 가깝게 해야 하며, 말소리를 낼 적에는 비루함과 도리에 위배되는 말을 멀리 해야 한다."로 풀이하여, 뒤의 세 句를 공부로 보았다. 이에 대하여 退溪(李滉)는 朱子는 아래의 네 글자를 工夫로 보았기 때문에 위의 세 글자를

··· 捷 빠를 첩 鳴 울 명 識 기억할 지 暴 사나울 포, 거칠 포 慢 방자할 만 信 성실할 신 鄙 비루할 비
     倍 배반할 배(패) 籩 제기 변 豆 제기 두

君子가 道에 귀하게 여기는 것(귀중히 여기는 道)이 세 가지이니, 용모를 움직일 때에는 거칠고 방자함을 멀리하며, 얼굴빛을 바룰 때에는 誠實함에 가깝게 하며, 말과 소리를 낼 때에는 비루함과 도리에 위배됨을 멀리하는 것이다. 籩豆의 소소한 일은 〈따로 맡은〉 有司(담당자)가 있다."

貴는 猶重也라 容貌는 擧一身而言이라 暴는 粗厲也요 慢은 放肆也라 信은 實也니 正顔色而近信이면 則非色莊也라 辭는 言語요 氣는 聲氣也라 鄙는 凡陋也요 倍는 與背同하니 謂背理也라 籩은 竹豆요 豆는 木豆라 言道雖無所不在나 然君子所重者는 在此三事而已라 是皆修身之要요 爲政之本이니 學者所當操存省察이요 而不可有造次顚沛之違者也라 若夫籩豆之事는 器數之末이니 道之全體 固無不該나 然其分則有司之守요 而非君子之所重矣라

程子曰 動容貌는 擧一身而言也니 周旋中禮면 暴慢斯遠矣요 正顔色이면 則不妄이니 斯近信矣요 出辭氣에 正由中出이면 斯遠鄙倍라 三者는 正身而不外求라 故로 曰 籩豆之事則有司存이라하시니라

尹氏曰 養於中이면 則見(현)於外라 曾子蓋以修己로 爲爲政之本하시니 若乃器用事物之細는 則有司存焉이니라

'貴'는 重(귀중)과 같다. '容貌'는 온몸을 들어 말한 것이다. '暴'는 거칠고 사나움이요, '慢'은 放肆함이다. '信'은 성실함이니, 안색을 바룰 적에는 성실함에 가깝게 한다면 이는 얼굴빛만 장엄한 것이 아니다. '辭'는 言語이고 '氣'는 소리와 숨이다. '鄙'는 비루함이고 '倍'는 背와 같으니, 이치에 위배됨을 이른다. '籩'은 대나무로 만든 豆(제기)이고, '豆'는 나무로 만든 豆이다. 道가 비록 있지 않은 데가 없으나 君子가 귀중히 여기는 것은 이 세 가지 일에 있을 뿐이다. 이는 모두 修身하는 요점이요 정치하는 근본이니, 배우는 자가 마땅히 操存하고 省察하여야 할 것이요, 경황중(造次)이거나 위급한 상황(顚沛)이라 하여 떠남이 있어서는 안 된다. 籩豆의 일로 말하면 器數의 지엽적인 것이니, 道의 全體가 진실로 포함하지 않음이 없으나, 그 직분은 有司가 맡은 것이고 君子(위정자)가 귀중히 여기는 바가 아님을 말씀한 것이다.

등한시하였고, 程子는 위의 세 글자를 工夫로 보았기 때문에 아래의 네 글자를 등한시했다.〔朱子則於下四字 作工夫看故 上三字虛看了 程子則於上三字 作工夫看 而下四字閑看了〕하였다. 程子의 說대로 하면 '動容貌면', '正顔色이면', '出辭氣면'으로 懸吐해야 할 것이다. 아래의 程子의 말씀은 章下註로 싣는 것이 더 적절해 보인다.

••• 粗 거칠 조 厲 사나울 려 放 방자할 방 肆 방자할 사 陋 좁을 루, 더러울 루 顚 넘어질 전 沛 자빠질 패
違 떠날 위 該 다할 해 旋 돌 선

程子(明道)가 말씀하였다. "'용모를 움직임'은 온몸을 들어 말한 것이니 周旋(행동)함에 禮에 맞으면 〈저절로〉暴慢이 멀어지고, 얼굴빛을 바루면 망령되지 않으니 〈저절로〉성실함에 가까워지고, 말과 소리를 낼 때에 바로 中心에서 나오면 〈저절로〉鄙背함이 멀어지게 된다. 이 세 가지는 몸을 바루는 것이고 밖에서 구하지 않는다. 그러므로 '籩豆의 일은 有司가 있다.'고 말씀한 것이다."

尹氏(尹煒)가 말하였다. "心中에 涵養하면 外貌에 드러난다. 曾子는 修身으로써 政治하는 根本을 삼았으니, 籩豆 등의 기물〔器用〕과 사물의 소소한 것으로 말하면 이것을 맡은 有司가 따로 있는 것이다."

5. 曾子曰 以能으로 問於不能하며 以多로 問於寡하며 有若無하며 實若虛하며 犯而不校를 昔者에 吾友嘗從事於斯矣러니라

曾子가 말씀하였다. "능하면서 능하지 못한 이에게 물으며, 많으면서 적은 이에게 물으며, 있어도 없는 것처럼 여기며, 가득해도 빈 것처럼 여기며, 남이 잘못을 범해도 計較(따지지)하지 않는 것을, 옛날에 내 벗이 일찍이 이 일에 종사했었다."

校는 計校也라 友는 馬氏以爲顏淵이라하니 是也라 顏子之心은 惟知義理之無窮하고 不見物我之有間이라 故로 能如此하시니라

'校'는 計較이다. '友'는 馬氏(馬融)가 顏淵이라 하였는데, 그 말이 옳다. 顏子의 마음은 오직 義理의 無窮함만을 알고, 남과 나의 간격이 있음을 알지 못하였다. 이 때문에 능히 이와 같았던 것이다.

⊙ 謝氏曰 不知有餘在己, 不足在人하며 不必得爲在己, 失爲在人하여 非幾於無我者면 不能也니라

⊙ 謝氏(謝良佐)가 말하였다. "有餘함이 자신에게 있고 부족함이 남에게 있음을 알지 못하며, 得(잘함)이 자신에게 있고 失(잘못)이 남에게 있다고 기필하지 않아서, 無我의 경지에 가까운 자가 아니면 능하지 못한다."

··· 寡 적을 과 犯 범할 범 校 계교할 교 窮 다할 궁 物 남 물 幾 가까울 기

6. 曾子曰 可以託六尺之孤하며 可以寄百里之命이요 臨大節而不可奪也면 君子人與아 君子人也니라

曾子가 말씀하였다. "六尺의 어린 군주를 맡길 만하고 百里(諸侯國)의 命을 부탁할 만하며 大節에 임해서 〈그 절개를〉 빼앗을 수 없다면 君子다운 사람인가? 君子다운 사람이다."

其才 可以輔幼君, 攝國政이요 其節이 至於死生之際而不可奪이면 可謂君子矣라 與는 疑辭요 也는 決辭니 設爲問答은 所以深著其必然也라

그 재주가 어린 군주를 보필하고 國政을 代行할 만하고 그 절개가 죽고 사는 즈음에 이르러서도 빼앗을 수 없다면 君子라고 이를 수 있다. '與'는 의심하는 말이고 '也'는 결단하는 말이니, 假設하여 問答하는 형식을 한 것은 반드시 그러함을 깊이 나타낸 것이다.

⊙ 程子曰 節操如是면 可謂君子矣니라

⊙ 程子(伊川)가 말씀하였다. "節介와 志操가 이와 같으면 君子라고 할 만하다."

7-1. 曾子曰 士不可以不弘毅니 任重而道遠이니라

曾子가 말씀하였다. "선비는 마음이 넓고 의지가 굳세지 않으면 안 되니, 임무가 무겁고 길이 멀기 때문이다.

弘은 寬廣也요 毅는 强忍也라 非弘이면 不能勝其重이요 非毅면 無以致其遠이라

'弘'은 너그럽고 넓은 것이요 '毅'는 强하고 참는 것이다. 넓은 마음이 아니면 무거운 임무를 감당하지 못하고, 굳센 의지가 아니면 먼 곳에 이를 수 없다.

7-2. 仁以爲己任이니 不亦重乎아 死而後已니 不亦遠乎아

仁으로써 자신의 임무를 삼으니 무겁지 않은가. 죽은 뒤에야 끝나니 멀지 않은가."

··· 託 맡길 탁　孤 어린임금 고　寄 맡길 기　奪 빼앗을 탈　與 의문사 여　攝 대신할 섭　操 잡을 조, 지조 조　弘 넓을 홍　寬 너그러울 관　毅 굳셀 의　任 맡을 임, 짐 임

仁者는 人心之全德이어늘 而必欲以身體而力行之하니 可謂重矣요 一息尙存이라도 此 志不容少懈하니 可謂遠矣니라

仁은 사람 마음의 온전한 德인데, 반드시 몸으로써 體行하여 힘써 행하고자 하니 임무가 무겁 다고 이를 만하며, 한 숨이 아직 남아 있을 때까지라도 이 뜻이 조금도 해이함을 용납하지 않으 니 멀다고 이를 만하다.

⊙ 程子曰 弘而不毅면 則無規矩而難立이요 毅而不弘이면 則隘陋而無以居之니라 又曰 弘大剛毅然後에 能勝重任而遠到니라

⊙ 程子(伊川)가 말씀하였다. "마음이 넓기만 하고 의지가 굳세지 못하면 規矩(法度)가 없어 서기 어렵고, 의지가 굳세기만 하고 마음이 넓지 못하면 좁고 비루하여 〈仁에〉 처할 수가 없다." 또 말씀하였다. "마음이 넓고 의지가 굳센 뒤에야 능히 무거운 임무를 감당하고 먼 곳에 이를 수 있다."

8-1. 子曰 興於詩하며

孔子께서 말씀하셨다. "詩에서 〈善을 좋아하고 惡을 싫어하는 마음을〉 興起시키며,

興은 起也라 詩本性情하여 有邪有正하여 其爲言이 旣易知요 而吟詠之間에 抑揚反覆 하여 其感人이 又易入이라 故로 學者之初에 所以興起其好善惡惡(오악)之心而不能自 已者를 必於此而得之니라

'興'은 興起함이다. 詩는 性情에 근본하여 邪도 있고 正도 있어서 그 말한 것이 이미 알기 쉽 고, 읊는 사이에 抑揚하고 反覆하여 사람을 감동시킴이 또 들어가기 쉽다. 그러므로 배우는 자 가 초기에 善을 좋아하고 惡을 미워하는 마음을 흥기하여 저절로 그칠 수 없게 하는 것을 반드 시 이 詩에서 얻게 되는 것이다.

8-2. 立於禮하며

禮에 서며,

⋯ 息 숨쉴 식 懈 게으를 해 規 법 규 矩 법도 구 隘 좁을 애 陋 좁을 루, 더러울 루 剛 굳셀 강 吟 읊을 음 詠 읊을 영

禮는 以恭敬辭遜爲本하고 而有節文度數之詳하여 可以固人肌膚之會, 筋骸之束이라 故로 學者之中에 所以能卓然自立而不爲事物之所搖奪者를 必於此而得之니라

禮는 공경과 사양을 근본으로 삼고 節文과 度數의 상세함이 있어서, 사람의 肌膚(살과 피부)의 모임과 筋骸(힘줄과 뼈)의 묶임을 견고하게 할 수 있다. 그러므로 배우는 자가 중간에 卓然히 자립하여 事物에 흔들리고 빼앗김을 당하지 않는 것을 반드시 이 禮에서 얻게 되는 것이다.

8-3. 成於樂이니라

樂에서 完成 한다.”

樂有五聲十二律하여 更(경)唱迭和하여 以爲歌舞八音之節[6]하니 可以養人之性情하여 而蕩滌其邪穢하고 消融其查滓라 故로 學者之終에 所以至於義精仁熟[7]而自和順於道德者를 必於此而得之니 是는 學之成也니라

樂에는 五聲과 十二律이 있어 번갈아 唱하고 번갈아 화답하여 歌舞와 八音의 節度를 삼으니, 사람의 性情을 함양해서 간사하고 더러운 것을 깨끗이 씻어내고 찌꺼기를 말끔히 녹여낸다(정화시킨다). 그러므로 배우는 자가 마지막에 義가 精해지고 仁이 완숙해져서 저절로 道德에 和順함에 이르는 것을 반드시 이 樂에서 얻게 되니, 이는 학문의 완성이다.

⊙ 按內則(칙)컨대 十歲에 學幼儀하고 十三에 學樂誦詩하고 二十而後에 學禮하니 則此三者는 非小學傳授之次요 乃大學終身所得之難易先後淺深也니라

程子曰 天下之英才 不爲少矣로되 特以道學不明이라 故로 不得有所成就라 夫古人之詩는 如今之歌曲하여 雖閭里童稚라도 皆習聞之而知其說이라 故로 能興起러니 今엔 雖老師宿儒라도 尙不能曉其義온 況學者乎아 是不得興於詩也라 古人은 自灑掃應對로 以至冠昏喪祭히 莫不有禮러니 今皆廢壞라 是以로 人倫不明하고 治家無法하니 是不

---

6 樂有五聲十二律……以爲歌舞八音之節: '五聲'은 五音으로 宮·商·角·徵(치)·羽이고 '十二律'은 12개의 音律로 12개월에 배합시키는바, 앞의 〈八佾〉 23章 각주에 자세히 보인다. '八音'은 金·石·絲·竹·匏·土·革·木의 여덟 가지 재료로 만든 악기에서 나오는 음을 이르는바, 金은 종(鍾), 石은 경쇠(磬), 絲는 현악기(絃), 竹은 관(管), 匏는 생황(笙), 土는 훈(塤:질나발), 革은 북(鼓), 木은 축어(柷敔)이다.

7 義精仁熟: '義精'은 의리가 정밀해지는 것으로 知工夫에 속하고, '仁熟'은 仁이 익숙해지는 것으로 行工夫에 속한다.

··· 辭 사양할 사 遜 사양할 손 度 법도 도 固 견고할 고 肌 살 기 膚 살 부 筋 힘줄 근 骸 뼈 해 搖 흔들 요
奪 빼앗을 탈 更 바꿀 경 唱 노래부를 창 迭 갈마들 질 舞 춤출 무 蕩 쓸어버릴 탕 滌 씻을 척 穢 더러울 예
消 사라질 소 融 녹을 융 查 찌꺼기 사 滓 찌꺼기 재 儀 거동 의 閭 마을 려 稚 어릴 치 曉 깨달을 효
灑 물뿌릴 쇄 掃 쓸 소 壞 무너질 괴

得立於禮也라 古人之樂은 聲音은 所以養其耳요 采色은 所以養其目이요 歌詠은 所以養其性情이요 舞蹈는 所以養其血脈이러니 今皆無之하니 是不得成於樂也라 是以로 古之成材也易하고 今之成材也難하니라

⊙ 《禮記》〈內則〉을 상고해 보면 "10세에 어린이의 거동을 배우고 13세에 音樂을 배우고 詩를 외며 20세가 된 뒤에야 禮를 배운다."하였으니, 그렇다면 이 세 가지는 小學에서 전수하는 차례가 아니고, 바로 大學에서 종신토록 행하여 얻는 바의 難易와 先後와 淺深인 것이다.

程子(伊川)가 말씀하였다. "天下에 英才가 적지 않으나 다만 道學이 밝지 못하기 때문에 성취한 바가 있지 못한 것이다. 옛사람들의 詩는 지금 사람들의 歌曲과 같아 마을의 어린아이들도 모두 익히 들어서 그 내용을 알고 있었다. 이 때문에 능히 善한 마음을 흥기할 수 있었는데, 지금은 老師와 宿儒들도 오히려 古詩의 뜻을 깨닫지 못하니, 하물며 배우는 자들이겠는가. 이는 詩에서 興起하지 못하는 것이다. 옛사람들은 물을 뿌리고 청소하며 應對하는 것으로부터 冠 · 婚 · 喪 · 祭에 이르기까지 모두 禮가 있었는데, 지금은 모두 폐지되고 파괴되었다. 이 때문에 人倫이 밝지 못하고 집을 다스림에 法度가 없는 것이니, 이는 禮에 서지 못하는 것이다. 옛사람의 음악은, 소리는 귀를 기르고 채색은 눈을 기르고 歌詠(노래와 읊음)은 性情을 기르고 舞蹈는 혈맥을 기르는 것이었는데 지금은 모두 없어졌으니, 이는 樂에서 완성하지 못하는 것이다. 이러므로 옛날에 인재를 이루기는 쉬웠고 지금에 인재를 이루기는 어려운 것이다."

9. 子曰 民은 可使由之요 不可使知之니라

孔子께서 말씀하셨다. "백성은 〈道理에〉 따르게 할 수는 있어도 〈그 原理를〉 알게 할 수는 없다."

民은 可使之由於是理之當然이요 而不能使之知其所以然也니라

백성은 이 당연한 道理를 따르게 할 수는 있어도 그 이치의 所以然을 알게 할 수는 없다.

⊙ 程子曰 聖人設敎에 非不欲人家喩而戶曉也언마는 然이나 不能使之知요 但能使之由之爾라 若曰聖人不使民知라하면 則是後世朝四暮三之術[8]也니 豈聖人之心乎아

---

8 後世朝四暮三之術 : '朝四暮三'은 중국 宋나라 狙公의 故事로, 원숭이에게 먹이를 주되 아침에 세 개, 저녁에 네 개씩 주겠다고 말하자 원숭이들이 모두 적다고 화를 내었으나, 아침에 네 개, 저녁에 세 개씩 주겠

··· 采 채색 채 蹈 뛸 도 脈 줄기 맥 由 따를 유 喩 깨우칠 유 曉 깨우칠 효 暮 저물 모

⊙ 程子(伊川)가 말씀하였다. "聖人이 가르침을 베풀 적에 사람에게 집집마다 깨우쳐 주려고 하지 않는 것은 아니다. 그러나 그 진리를 모두 알게 할 수는 없고 다만 따르게 할 수 있을 뿐이다. 만일 '聖人이 백성들로 하여금 알지 못하게 했다.'고 한다면 이는 후세의 朝四暮三의 속임수이니, 어찌 聖人의 마음이겠는가."

10. 子曰 好勇疾貧이 亂也요 人而不仁을 疾之已甚이 亂也니라

孔子께서 말씀하셨다. "용맹을 좋아하고 가난을 싫어하는 것이 亂을 일으키고, 사람으로서 仁하지 못한 것을 너무 미워하는 것도 亂을 일으킨다."

好勇而不安分이면 則必作亂이요 惡(오)不仁之人하여 而使之無所容이면 則必致亂이니 二者之心은 善惡雖殊나 然其生亂則一也니라

용맹을 좋아하고 분수를 편안히 여기지 않으면 반드시 亂을 일으키고, 仁하지 못한 사람을 미워하여 용납할 곳이 없게 하면 반드시 亂을 초래하니, 이 두 가지의 마음은 善과 惡이 비록 다르나 亂을 일어나게 하는 것은 똑같다.

11. 子曰 如有周公之才之美라도 使驕且吝이면 其餘는 不足觀也已니라

孔子께서 말씀하셨다. "만일 周公의 재주와 같은 아름다움을 갖고 있더라도 가령 교만하고 또 인색하다면 그 나머지는 볼 것이 없다."

才美는 謂智能技藝之美라 驕는 矜夸(誇)요 吝은 鄙嗇也라

'才美'는 지능과 기예의 아름다움을 이른다. '驕'는 자랑함이고, '吝'은 비루하고 인색함이다.

⊙ 程子曰 此는 甚言驕吝之不可也라 蓋有周公之德이면 則自無驕吝이어니와 若但有周公之才而驕吝焉이면 亦不足觀矣니라
又曰 驕는 氣盈이요 吝은 氣歉이라
愚謂 驕吝은 雖有盈歉之殊나 然其勢常相因하니 蓋驕者는 吝之枝葉이요 吝者는 驕

다고 말하자 모두 좋아하였다는 데서 유래하였는바, 백성들을 속여 알지 못하게 하는 權謀術數를 이른다.

••• 疾 미워할 질 已 너무 이 容 용납할 용 殊 다를 수 驕 교만할 교 吝 인색할 인 盈 가득찰 영 歉 부족할 겸

之本根이라 故로 嘗驗之天下之人컨대 未有驕而不吝하고 吝而不驕者也로라

⊙ 程子(伊川)가 말씀하였다. "이는 교만함과 인색함의 불가함을 심히 말씀한 것이다. 周公의 德이 있으면 자연 교만함과 인색함이 없겠지만, 만일 단지 周公과 같은 才藝만 있고, 교만하고 인색하다면 또한 족히 볼 것이 없는 것이다."

또 말씀하였다. "驕는 기운이 차 있고, 吝은 기운이 부족하다."

내가 생각하건대, 驕와 吝은 비록 기운이 차고 부족한 차이가 있으나 그 형세가 항상 서로 연관된다. 교만은 인색함의 지엽이고, 인색은 교만함의 근본이다. 그러므로 일찍이 天下 사람들에게 징험해 보니, 교만하고서 인색하지 않은 자가 없고, 인색하고서 교만하지 않은 자가 없었다.

12. 子曰 三年學에 不至〔志〕於穀을 不易(이)得也니라

孔子께서 말씀하셨다. "三年을 배우고서 녹봉〔穀〕에 뜻을 두지 않는 자를 쉽게 얻지 못한다."

穀은 祿也라 至는 疑當作志라 爲學之久而不求祿은 如此之人을 不易得也라

'穀'은 녹봉이다. '至'는 의심컨대 마땅히 '志'字가 되어야 할 듯하다. 학문을 오래하고서 녹봉을 구하지 않는 것은 이러한 사람을 쉽게 얻을 수 없는 것이다.

⊙ 楊氏曰 雖子張之賢으로도 猶以干祿爲問하니 況其下者乎아 然則三年學而不至於穀을 宜不易得也니라

⊙ 楊氏(楊時)가 말하였다. "子張의 어짊으로도 오히려 녹봉을 구하는 것으로 질문하였으니, 하물며 그보다 못한 자이겠는가. 그렇다면 3년을 배우고도 녹봉에 뜻을 두지 않는 자를 쉽게 얻지 못함이 마땅하다."

13-1. 子曰 篤信好學하며 守死善道니라

孔子께서 말씀하셨다. "독실하게 믿으면서도 배움을 좋아하며, 죽음으로써 지키면서도 道를 잘해야 한다.

⋯ 驗 징험할 험 穀 녹봉 곡 祿 녹봉 록 干 구할 간 篤 도타울 독

篤은 厚而力也라 不篤信이면 則不能好學이라 然이나 篤信而不好學이면 則所信이 或非其正이요 不守死면 則不能以善其道라 然이나 守死而不足以善其道면 則亦徒死而已라 蓋守死者는 篤信之效요 善道者는 好學之功이니라

'篤'은 독실하여 힘쓰는 것이다. 독실하게 믿지 않으면 배움을 좋아하지 못한다. 그러나 독실하게 믿기만 하고 배움을 좋아하지 않으면 믿는 바가 혹 正道가 아닐 수 있으며, 죽음으로써 지키지 않으면 道를 잘할 수 없다. 그러나 죽음으로써 지키기만 하고 道를 잘하지 못하면 이 또한 헛된(무의미한) 죽음이 될 뿐이다. 죽음으로 지키는 것은 독실히 믿는 功效이고, 道를 잘하는 것은 배움을 좋아한 功效이다.

13-2. 危邦不入하고 亂邦不居하며 天下有道則見(현)하고 無道則隱이니라

위태로운 나라에는 들어가지 않고 어지러운 나라에는 살지 않으며, 天下에 道가 있으면 나타나고 道가 없으면 숨어야 한다.

君子見危授命하니 則仕危邦者는 無可去之義어니와 在外則不入이 可也라 亂邦은 未危而刑政紀綱紊矣라 故로 潔其身而去之라 天下는 擧一世而言이니 無道則隱其身而不見也라 此는 惟篤信好學하고 守死善道者라야 能之니라

君子가 위태로움을 보면 목숨을 바치니, 그렇다면 위태로운 나라에서 벼슬하는 자는 떠날 수 있는 義가 없으나 밖에 있을 경우에는 들어가지 않는 것이 옳다. '亂邦'은 아직 위태롭지는 않으나 刑政과 紀綱이 문란한 것이다. 그러므로 그 몸을 깨끗이 하고 떠나는 것이다. 天下는 온 세상을 들어 말한 것이니, 道가 없으면 자기 몸을 숨기고 나타나지 않는 것이다. 이는 오직 독실하게 믿으면서도 배움을 좋아하고, 죽음으로 지키면서도 道를 잘하는 자만이 능할 수 있는 것이다.

13-3. 邦有道에 貧且賤焉이 恥也며 邦無道에 富且貴焉이 恥也니라

나라에 道가 있을 때에 가난하고 또 천한 것이 부끄러운(수치스러운) 일이며, 나라에 道가 없을 때에 富하고 또 귀한 것이 부끄러운 일이다."

世治而無可行之道하고 世亂而無能守之節이면 碌碌庸人이라 不足以爲士矣니 可恥之甚也라

··· 厚 두터울 후 徒 한갓 도 危 위태할 위 邦 나라 방 授 줄 수 紀 벼리 기 綱 벼리 강 紊 문란할 문 碌 용렬할 록 庸 용렬할 용

세상이 다스려지는데도 행할 만한 道가 없고, 세상이 어지러운데도 지킬 만한 節介가 없으면 녹록한(보잘 것 없는) 용렬한 사람이어서 선비가 될 수 없으니, 부끄러워할 만함이 심한 것이다.

⊙ 晁氏曰 有學有守而去就之義 潔하고 出處之分이 明이니 然後에 爲君子之全德也라

⊙ 晁氏(晁說之)가 말하였다. "학문도 있고 절개도 있으면서 去就의 의리가 깨끗하고 出處의 분별이 명백한 뒤에야 君子의 온전한 德이 된다."

14. 子曰 不在其位하여는 不謀其政이니라

孔子께서 말씀하셨다. "그 지위에 있지 않으면 그 政事를 도모하지 않는다."

程子曰 不在其位는 則不任其事也라 若君大夫問而告者는 則有矣니라

程子(伊川)가 말씀하였다. "그 지위에 있지 않음은 그 일을 맡지 않은 것이다. 그러나 만일 군주와 大夫가 물으면 대답하는 경우는 있다."

15. 子曰 師摯之始에 關雎之亂이 洋洋乎盈耳哉라

孔子께서 말씀하셨다. "樂師인 摯가 처음 벼슬할 때에 연주하던 〈關雎〉의 마지막 樂章이 아직까지도 洋洋하게 귀에 가득하구나."

師摯는 魯樂師니 名摯也라 亂은 樂之卒章也니 史記曰 關雎之亂이 以爲風始라하니라 洋洋은 美盛意라 孔子自衛反魯而正樂하시니 適師摯在官之初라 故로 樂之美盛이 如此하니라

師摯는 魯나라 樂師이니, 이름이 摯이다. '亂'은 樂의 마지막 장이다. 《史記》에 "〈關雎〉의 마지막 章은 〈國風〉의 시작이 된다." 하였다. '洋洋'은 아름답고 성한 뜻이다. 孔子께서 衛나라에서 魯나라로 돌아오시어 樂을 바로잡으셨는데, 이때 마침 樂師인 摯가 樂官에 임명된 초기였다. 그러므로 樂의 아름답고 성함이 이와 같았던 것이다.

16. 子曰 狂而不直하며 侗而不愿하며 悾悾而不信을 吾不知之矣로라

••• 晁 성조 就 나아갈 취 潔 깨끗할 결 謀 꾀할 모 摯 도타울 지 關 새우는소리 관 雎 물수리 저 亂 풍류끝장단 란 盈 가득찰 영 適 마침 적 狂 미칠 광 侗 미련할 동 愿 삼갈 원 悾 무식할 공

孔子께서 말씀하셨다. "狂이면서 곧지 못하며, 無知하면서 謹厚하지 못하며, 無能하면서 信實하지 못한 사람을 나는 알지 못하겠다."

侗은 無知貌요 愿은 謹厚也라 悾悾은 無能貌라 吾不知之者는 甚絶之之辭니 亦不屑之敎誨⁹也라

'侗'은 無知한 모양이요 '愿'은 謹厚함이다. '悾悾'은 無能한 모양이다. '나는 알지 못한다.'는 것은 심히 끊는 말씀이니, 또한 좋게 여기지 않은 가르침이다.

⊙ 蘇氏曰 天之生物에 氣質不齊하니 其中材以下는 有是德이면 則有是病이요 有是病이면 必有是德이라 故로 馬之蹄齧(설)者는 必善走하고 其不善者는 必馴하나니 有是病而無是德이면 則天下之棄才也니라

⊙ 蘇氏(蘇軾)가 말하였다. "하늘이 萬物을 낳을 적에 氣質이 똑같지 않으니, 中材 이하는 이 德이 있으면 이 병통이 있고, 이 병통이 있으면 반드시 이 德이 있게 마련이다. 그러므로 발로 차고 입으로 무는 말〔馬〕은 반드시 잘 달리고, 잘 달리지 못하는 말은 반드시 순하다. 그런데 이러한 병통만 있고 이러한 德이 없다면 天下에 버림받을 재질이다."

17. 子曰 學如不及이요 猶恐失之니라

孔子께서 말씀하셨다. "배움은(학문을 함은) 따라가지 못할 듯이 하고도 오히려 잃을까 (따라잡지 못할까) 두려워하여야 한다."

言 人之爲學에 旣如有所不及矣요 而其心猶悚然하여 惟恐其或失之니 警學者當如是也니라

사람의 배움은 이미 따라가지 못할 듯이 여기면서도 그 마음에 오히려 두려워하여 혹시라도 잃을까 염려해야 함을 말씀한 것이니, 배우는 자가 마땅히 이처럼 해야 함을 일깨워 주신 것이다.

---

9 不屑之敎誨:《孟子》〈告子下〉 16장에 "가르침은 또한 방법이 많으니, 내 좋게 여기지 아니하여 거절함으로써 가르쳐줌은 이 또한 그를 가르치는 것일 뿐이다.〔敎亦多術矣 予不屑之敎誨也者 是亦敎誨之而已矣〕"라고 보인다.

••• 屑 깨끗할 설 蹄 말발굽 제 齧 물 설 馴 길들 순, 순할 순 猶 오히려 유 恐 두려울 공 悚 두려울 송

⊙ 程子曰 學如不及이요 猶恐失之하여 不得放過니 才(纔)說姑待明日이면 便不可也니라

⊙ 程子(伊川)가 말씀하였다. "배움은 따라가지 못할 듯이 〈부지런히〉 하면서도 오히려 잃을까 두려워하여 放過할 수 없으니, 잠시라도(조금이라도) 우선 내일을 기다린다고 말한다면 不可한 것이다."

18. 子曰 巍巍乎舜禹之有天下也而不與(예)焉이여

孔子께서 말씀하셨다. "높고 크다. 舜임금과 禹임금이 天下를 소유하시고도 관여치 않으심이여!"

巍巍는 高大之貌라 不與는 猶言不相關이니 言其不以位爲樂也라

'巍巍'는 높고 큰 모양이다. '不與'는 서로 관여하지 않는다는 말과 같으니, 그 지위를 즐거움으로 삼지 않음을 말씀한 것이다.

19-1. 子曰 大哉라 堯之爲君也여 巍巍乎唯天이 爲大어시늘 唯堯則(칙)之[10]하시니 蕩蕩乎民無能名焉이로다

孔子께서 말씀하셨다. "위대하시다, 堯의 임금 노릇 하심이여! 높고 커서 오직 하늘이 위대하시거늘 오직 堯임금만이 그와 같으셨으니, 〈그 功德이〉 넓고 넓어 백성들이 형용하지 못하는구나.

唯는 猶獨也요 則은 猶準也라 蕩蕩은 廣遠之稱也라 言物之高大 莫有過於天者어늘 而獨堯之德이 能與之準이라 故로 其德之廣遠이 亦如天之不可以言語形容也라

---

10 唯堯則之 : '則之'는 일반적으로 본받음을 이르나 朱子는 '則'을 '準'으로 보아 '같다'로 해석하였고, 雙峰 饒氏(饒魯)는 "〈則之〉는 그(하늘)와 더불어 평등한 것이니, 만약 하늘을 본받는다고 말한다면 다만 賢君의 일일 뿐이다.〔與之平等 若言法天 特賢君之事耳〕" 하였다. 이 내용은 《孟子》〈滕文公上〉 4장에 "孔子께서 말씀하시기를 '위대하다, 堯의 임금노릇하심이여! 오직 하늘이 위대하거늘 堯임금이 이것을 법 받으셨으니, 蕩蕩하여 백성들이 능히 德을 형용할 수가 없도다. 인군답다, 舜이여! 巍巍하여 천하를 소유하고도 관여하지 않았다.' 하셨다.〔孔子曰 大哉 堯之爲君 惟天爲大 惟堯則之 蕩蕩乎民無能名焉 君哉 舜也 巍巍乎有天下而不與焉〕"라고 보이는데, 《孟子集註》에는 '則'을 '법받다〔則 法也〕'로 주석하여 《論語》와 차별을 두었다. 한편 壺山 朴文鎬는 "마땅히 《論語集註》를 定論으로 삼아야 한다.〔當以語註爲定論〕"고 하였다.

••• 放 놓을 방 才 겨우 재 姑 우선 고 巍 높을 외 關 관계할 관 則 같을 칙 蕩 넓을 탕 獨 홀로 독 準 평평할 준

'唯'는 獨(홀로)과 같고, '則'은 準(같음)과 같다. '蕩蕩'은 넓고 원대한 칭호이다. 물건 중에 높고 큰 것은 하늘보다 더한 것이 없는데, 오직 堯임금의 德이 하늘과 같았다. 이 때문에 그 德의 넓고 원대함이 또한 하늘을 言語로 형용할 수 없는 것과 같음을 말씀한 것이다.

19-2. 巍巍乎其有成功也여 煥乎其有文章이여

높고 크도다! 그 功業이여! 찬란하도다. 그 문장이여!"

成功은 事業也라 煥은 光明之貌라 文章은 禮樂法度也라 堯之德이 不可名이요 其可見者 此爾니라

'成功'은 事業이다. '煥'은 찬란히 빛나는 모양이다. '文章'은 禮樂과 法度(制度)이다. 堯임금의 德은 형용(이름)할 수 없고, 볼 수 있는 것은 이것뿐이다.

⊙ 尹氏曰 天道之大 無爲而成이어늘 唯堯則之하여 以治天下라 故로 民無得而名焉이요 所可名者는 其功業文章이 巍然煥然而已니라

⊙ 尹氏(尹焞)가 말하였다. "天道의 위대함은 함이 없이 이루는데, 오직 堯임금만이 이것을 본받아서 天下를 다스렸다. 그러므로 백성들이 그 德을 형용할 수 없었고, 형용할 수 있는 것은 그 功業과 문장이 드높고 찬란한 것 뿐이다."

20-1. 舜이 有臣五人而天下治하니라

舜임금이 어진 신하 다섯 사람을 두심에 天下가 다스려졌다.

五人은 禹, 稷, 契(설), 皐陶(고요), 伯益이라

다섯 사람은 禹·稷·契·皐陶·伯益이다.

20-2. 武王曰 予有亂臣十人호라

武王이 말씀하셨다. "나는 다스리는 신하 열 사람을 두었노라."

••• 煥 빛날 환, 찬란할 환 契 이름 설 皐 언덕 고 陶 즐길 요

書泰誓之辭라

馬氏曰 亂은 治也라 十人은 謂周公旦, 召公奭, 太公望, 畢公, 榮公, 太顚, 閎夭, 散
宜生, 南宮适이요 其一人은 謂文母라

劉侍讀은 以爲子無臣母之義하니 蓋邑姜[11]也니 九人은 治外하고 邑姜은 治內라

或曰 亂은 本作乿하니 古治字也라

이것은 《書經》〈周書 泰書〉의 말이다.

馬氏(馬融)가 말하였다. "'亂'은 다스림이다. '十人'은 周公 旦·召公 奭·太公 望·畢公·
榮公·太顚·閎夭·散宜生·南宮适이요, 한 사람은 文母(文王의 妃)이다."

劉侍讀(劉敞)이 말하였다. "자식으로서 어머니를 신하로 삼는 義理가 없으니, 아마도 邑姜
(武王의 妃)일 것이다. 아홉 사람은 밖을 다스리고 邑姜은 안을 다스렸다."

혹자는 말하였다. "'亂'은 본래 乿字이니, 治字의 古字이다."

20-3. 孔子曰 才難이 不其然乎아 唐虞之際 於斯爲盛[12]하나 有婦人焉이
라 九人而已니라

孔子께서 말씀하셨다. "인재를 얻기 어렵다는 말이 맞는(옳은) 말이 아니겠는가. 唐
(堯)·虞(舜)의 즈음만이 이때(周나라)보다 성하였으나 〈열 사람 중에〉 부인이 있으니,
아홉 사람일 뿐이다.

稱孔子者는 上係武王하니 君臣之際라 記者謹之[13]라 才難은 蓋古語而孔子然之也라
才者는 德之用也라 唐虞는 堯舜有天下之號라 際는 交會之間이라 言周室人才之多는
惟唐虞之際 乃盛於此요 降自夏商으로는 皆不能及이라 然이나 猶但有此數人爾니 是
才之難得也라

孔子라 칭함은 위에서 武王의 뒤에 붙였으니, 君臣間이라서 기록하는 자가 삼간 것이다. '인
재를 얻기 어렵다.〔才難〕함은 아마도 옛말인데, 孔子께서 그 말을 옳게 여기신 듯하다. 才는 德

---

11 邑姜:《大全》에 "〈邑姜은〉 武王의 后로 太公의 따님이다." 하였다.

12 唐虞之際 於斯爲盛:'際'는 '사이'로 唐末·虞初를 이른다. 일반적으로 '於斯爲盛'은 '이 때에 가장 성하
였다.'로 해석하나, 朱子는 '斯'를 '周나라'로 보아 周나라보다 성한 것으로 해석하였다.

13 上係武王……記者謹之:이 글이 '武王曰'의 아래에 붙어 있으므로 기록하는 자가 武王을 높이기 위하
여 孔子를 子라고 칭하지 않고 孔子라고 칭하였음을 말한 것이다.

••• 亂 다스릴 란 旦 아침 단 奭 클 석 畢 마칠 필 顚 넘어질 전 閎 클 굉 夭 어릴 요 适 빠를 괄 乿 다스릴 치
際 사이 제 降 내릴 강

의 쓰임이다. 唐·虞는 堯·舜이 天下를 소유한 칭호이다. '際'는 서로 만나는 사이이다. 周나라 왕실에 인재가 많아 오직 唐·虞의 즈음만이 이 周나라보다 성하였고, 내려와서 夏·商 이하는 모두 미치지 못하였다. 그런데도 다만 이 몇 사람이 있었을 뿐이니, 이는 인재를 얻기가 어려운 것이다.

20-4. 三分天下에 有其二하사 以服事殷하시니 周之德은 其可謂至德也已矣로다

〈文王은〉天下를 三分함에 그 둘을 소유하시고도 복종하여 殷나라를 섬기셨으니, 周나라〈文王의〉德은 지극한 德이라고 이를 만하다."

春秋傳曰 文王이 率商之畔國하여 以事紂라하니 蓋天下에 歸文王者六州니 荊, 梁, 雍, 豫, 徐, 揚也요 惟靑, 兗, 冀 尙屬紂耳라

范氏曰 文王之德이 足以代商하여 天與之하고 人歸之로되 乃不取而服事焉하시니 所以爲至德也라 孔子因武王之言하사 而及文王之德하시고 且與泰伯으로 皆以至德稱之하시니 其指微矣로다

或曰 宜斷三分以下하여 別以孔子曰起之하여 而自爲一章이라하니라

《春秋左傳》에 "文王이 商나라를 배반한 나라를 거느리고서 紂王을 섬겼다." 하였으니, 天下에서 文王에게 귀속한 州가 여섯이니, 荊州·梁州·雍州·豫州·徐州·揚州이고, 오직 靑州·兗州·冀州만이 아직도 紂王에게 소속해 있었다.

范氏(范祖禹)가 말하였다. "文王의 德은 충분히 商나라를 대신할 만하여 하늘이 주고 사람들이 귀의하였는데도 마침내 취하지 않고 복종하여 섬기셨으니, 이 때문에 지극한 德이 되는 것이다. 孔子께서 武王의 말씀을 인하여 文王의 德을 언급하셨고, 또 泰伯과 함께 모두 지극한 德으로 칭하셨으니, 그 뜻이 은미하다."

혹자는 말하였다. "마땅히 '三分' 이하를 끊어 별도로 '孔子曰'로 시작해서 따로 한 장을 만들어야 한다."

21. 子曰 禹는 吾無間然矣로다 菲飮食而致孝乎鬼神하시며 惡衣服而致美乎黻冕(불면)하시며 卑宮室而盡力乎溝洫(혁)하시니 禹는 吾無間然矣로다

••• 畔 배반할 반(叛通) 雍 땅이름 옹 豫 땅이름 예 兗 땅이름 연 冀 땅이름 기 間 흠잡을 간 菲 박할 비 致 다할 치 黻 슬갑 불 冕 면류관 면 溝 봇도랑 구 洫 도랑 혁

孔子께서 말씀하셨다. "禹임금은 내 흠잡을 데가 없으시다. 평소의 飮食은 간소하게 하시면서도 〈祭祀에는〉 鬼神에게 孝誠을 다하시고, 평소의 衣服은 검소하게 하시면서도 黻·冕의 祭服에는 아름다움을 다하시고, 宮室은 낮게 하시면서도 〈도랑을 만드는〉 治水 사업에는 힘을 다하셨으니, 禹임금은 내 흠잡을 데가 없으시다."

間은 罅隙(하극)也니 謂指其罅隙而非議之也라 菲는 薄也라 致孝鬼神은 謂享祀豐潔이라 衣服은 常服이라 黻은 蔽膝也니 以韋爲之하고 冕은 冠也니 皆祭服也라 溝洫은 田間水道니 以正疆界하고 備旱潦(로)者也라 或豐, 或儉이 各適其宜하니 所以無罅隙之可議也라 故로 再言以深美之하시니라

'間'은 틈(흠)이니, 그 틈을 지적하여 비난하는 것이다. '菲'는 薄함이다. '鬼神에게 孝誠을 다한다' 함은 先祖의 제사를 풍성하고 깨끗하게 함을 이른다. '의복'은 平常服이다. '黻'은 무릎을 가리는 것이니 가죽으로 만들고, '冕'은 冠이니, 모두 祭服이다. '溝洫'은 田畓 사이의 물길〔水道〕이니, 경계를 바르게 하고 가뭄과 장마를 대비한 것이다. 혹 풍성하게 하고, 혹 검소하게 함이 각각 그 마땅함에 맞았으니, 이 때문에 비난할(흠잡을) 만한 틈이 없는 것이다. 그러므로 두 번 말씀하시어 깊이 贊美하신 것이다.

⊙ 楊氏曰 薄於自奉而所勤者 民之事요 所致飾者 宗廟朝廷之禮니 所謂有天下而不與(예)也[14]라 夫何間然之有리오

⊙ 楊氏(楊時)가 말하였다. "자기를 받드는 데는 간소하게 하면서도 부지런히 한 것은 백성을 위한 일이었고, 꾸밈을 지극히 한 것은 宗廟와 朝廷의 禮였으니, 이른바 '天下를 소유하고도 관여하지 않았다.'는 것이다. 어찌 흠잡을 만한 것이 있겠는가."

---

14 所謂有天下而不與也 : 위 18장에 "巍巍乎舜禹之有天下也而不與焉." 라고 보인다.

··· 罅 틈 하 隙 틈 극 薄 엷을 박 蔽 가릴 폐 膝 무릎 슬 韋 가죽 위 疆 지경 강 旱 가물 한 潦 장마 로 飾 꾸밀 식

子罕 第九

凡三十章이라
모두 30章이다.

1. 子는 罕言利與命與仁이러시다

孔子께서는 利와 命과 仁을 드물게 말씀하셨다.

罕은 少也라

程子曰 計利則害義하고 命之理微하고 仁之道大하니 皆夫子所罕言也라

'罕'은 적음이다.

程子(伊川)가 말씀하였다. "利를 따지면 義를 해치고 命의 理致는 은미하고 仁의 道는 크니, 모두 夫子께서 드물게 말씀하신 것이다."

2-1. 達巷黨人이 曰 大哉라 孔子여 博學而無所成名이로다

達巷黨 사람이 말하기를 "위대하다. 孔子여! 博學하였으나 〈한 가지 잘하는 것으로〉 이름을 이룬 것이 없구나." 하였다.

••• 罕 드물 한 與 및 여 微 은미할 미 巷 골목 항 黨 마을 당

達巷은 黨名이니 其人姓名은 不傳[1]이라 博學而無所成名은 蓋美其學之博而惜其不成一藝之名也라

達巷은 黨(지역단위)의 이름이니, 그 사람의 姓名은 전하지 않는다. '博學하였으나 〈한 가지 잘하는 것으로〉이름을 이룬 것이 없다.'는 것은 學問이 넓음을 찬미하였으나 한 가지 技藝로 이름을 이루지 못했음을 애석히 여긴 것이다.

2-2. 子聞之하시고 謂門弟子曰 吾何執고 執御乎아 執射乎아 吾執御矣로리라

孔子께서 이를 들으시고 門下의 弟子들에게 다음과 같이 말씀하셨다. "내 무엇을 專的으로 잡아야 하겠는가? 말 모는 일을 잡아야 하겠는가? 활 쏘는 일을 잡아야 하겠는가? 내 말 모는 일을 잡겠다."

執은 專執也라 射御皆一藝로되 而御爲人僕하여 所執尤卑라 言欲使我何所執以成名乎아 然則吾將執御矣라하시니 聞人譽己하고 承之以謙也시니라

'執'은 專的으로 잡는 것이다. '射'와 '御'는 모두 한 가지 技藝인데, '御'는 남의 마부가 되어서 잡는 일이 더욱 卑賤하다. '나로 하여금 무엇을 전적으로 잡아서 이름을 이루게 하려고 하는가? 그렇다면 내 장차 말 모는 일을 잡겠다.'고 말씀하셨으니, 남이 자신을 칭찬하는 것을 들으시고 謙辭로써 받으신 것이다.

⊙ 尹氏曰 聖人은 道全而德備하여 不可以偏長目之也라 達巷黨人이 見孔子之大하고 意其所學者博이나 而惜其不以一善得名於世하니 蓋慕聖人而不知者也라 故로 孔子曰 欲使我何所執而得爲名乎아 然則吾將執御矣라하시니라

⊙ 尹氏(尹焞)가 말하였다. "聖人은 道가 온전하고 德이 완비되어 어느 한 가지 所長으로 지목할 수 없다. 達巷黨 사람이 孔子의 위대함을 보고, 생각하기를 배운 것이 넓으나 한 가지 잘함으로 세상에 이름을 얻지 못했음을 애석히 여겼으니, 聖人을 흠모하였으나 알지 못한 자이다. 그러므로 孔子께서 말씀하시기를 '나로 하여금 무슨 일을 전적으로 잡아서 이름을 내게 하려고

---

1 其人姓名 不傳:《前漢書》〈董仲舒傳〉에 실린 董仲舒의〈對策〉에 "이는 達巷黨人이 배우지 않고도 스스로 아는 것과 다름이 없다."라 하였는데, 이에 대한 孟康의 註에 "達巷黨人은 項橐(탁)이다." 하였다.

••• 惜 아낄 석 藝 재주 예 執 잡을 집 御 말몰 어 僕 마부 복

하는가? 그렇다면 내 장차 말 모는 일을 잡겠다.'고 하신 것이다."

3-1. 子曰 麻冕이 禮也어늘 今也純하니 儉이라 吾從衆호리라

孔子께서 말씀하셨다. "麻冕(祭冠)이 〈본래의〉 禮인데 지금은 生絲로 만드니, 儉約하다. 나는 사람들(時俗)을 따르겠다.

麻冕은 緇布冠也라 純은 絲也[2]라 儉은 謂省(생)約이라 緇布冠은 以三十升布爲之하니 升八十縷[3]니 則其經이 二千四百縷矣라 細密難成하니 不如用絲之省約이라

'麻冕'은 緇布冠(검정 베로 만든 冠)이다. '純'은 생사이다. '儉'은 省約(省略)됨을 이른다. 緇布冠은 30새[升]의 베로 만드는데 1새는 80올이니, 그 날실[經]이 2천 4백 올이 된다. 가늘고 촘촘하여 만들기가 어려우니, 生絲를 사용하여 〈手工이〉 생략됨만 못하다.

3-2. 拜下 禮也어늘 今拜乎上하니 泰也라 雖違衆이나 吾從下호리라

〈堂〉 아래에서 절하는 것이 〈본래의〉 禮인데 지금에는 〈堂〉 위에서 절하니, 교만하다. 나는 비록 사람들과 어긋나더라도 〈堂〉 아래에서 절하는 것을 따르겠다."

臣與君行禮에 當拜於堂下니 君辭之면 乃升成拜라 泰는 驕慢也라

신하가 군주와 禮를 행할 적에 마땅히 堂 아래에서 절해야 하니, 군주가 사양하면 그제야 堂 위로 올라가서 절을 끝낸다. '泰'는 교만함이다.

⊙ 程子曰 君子處世에 事之無害於義者는 從俗이 可也어니와 害於義면 則不可從也니라

⊙ 程子(伊川)가 말씀하였다. "君子가 處世함에 있어서 일이 義理에 해롭지 않은 것은 時俗을 따르는 것이 괜찮지만, 義理에 해로울 경우에는 時俗을 따를 수 없는 것이다."

---

2 純 絲也:鄭玄은 "'純(緇)'는 검은 비단[黑緇]이다." 하였다.

3 以三十升布爲之 升八十縷:茶山은 "지금 민간의 풍속으로는 40올(縷)을 1새(升)로 하는데, 지극히 섬세한 것도 15새를 넘지 않는다. 그러니 80올의 30새라고 한 朱子의 說은 본시 先儒들에게 서로 전승된 잘못이지만, 지금은 이를 고증할 수 없다.[今俗以四十縷爲一升 而其極細者 無踰於十五升 則八十縷三十升之說 本是先儒相承之誤 今不可攷]" 하였다. 그러나 中國의 布帛은 넓이가 우리나라 것에 비해 넓지 않았나 생각된다.

··· 麻 삼 마 冕 면류관 면 純 실 순 儉 줄일 검, 검소할 검 緇 검을 치 省 덜 생 升 새 승 縷 올 루 經 날 경
  泰 거만할 태 違 어길 위 驕 교만할 교

4. 子絶四러시니 毋意, 毋必, 毋固, 毋我러시다

孔子는 네 가지가 완전히 없으셨으니, 사사로운 뜻이 없으셨으며 기필함이 없으셨으며 집착(고집)함이 없으셨으며 사사로움(이기심)이 없으셨다.

絶은 無之盡者라 毋는 史記에 作無하니 是也라 意는 私意也요 必은 期必也요 固는 執滯也요 我는 私己也라 四者相爲終始하여 起於意하여 遂於必하고 留於固하여 而成於我也라 蓋意必은 常在事前하고 固我는 常在事後하니 至於我又生意면 則物欲牽引하여 循環不窮矣리라

'絶'은 완전히 없는 것이다. '毋'는《史記》에 無로 되어 있으니, 이것이 옳다. '意'는 사사로운 뜻이요, '必'은 기필함이요, '固'는 執滯함이요, '我'는 私己(사사로움)이다. 이 네 가지는 서로 終과 始가 되어서 사사로운 뜻에서 시작되어 기필함에 이루어지고, 고집함에 머물러 私我에서 완성된다. 意와 必은 항상 일의 앞에 있고, 固와 我는 항상 일의 뒤에 있으니, 我가 다시 私意를 내게 되면 物慾에 이끌려 끊임없이 순환하게 된다.

⊙ 程子曰 此毋字는 非禁止之辭라 聖人이 絶此四者에 何用禁止리오
張子曰 四者에 有一焉이면 則與天地不相似니라
楊氏曰 非知(智)足以知聖人이요 詳視而默識之면 不足以記此니라

⊙ 程子(伊川)가 말씀하였다. "여기의 '毋'字는 금지하는 말이 아니다. 聖人은 이 네 가지를 없앰에 어찌 금지할 필요가 있겠는가."
張子가 말씀하였다. "이 네 가지 중에 하나라도 있으면 이는 天地와 서로 같지 못한 것이다."
楊氏(楊時)가 말하였다. "지혜가 충분히 聖人을 알 수 있고 자세히 살펴보아 묵묵히 아는 자가 아니면 이것을 기록할 수 없다."

5-1. 子畏於匡이러시니

孔子께서 匡땅에서 경계심을 품으셨는데,

畏者는 有戒心之謂라 匡은 地名이라 史記云 陽虎曾暴於匡이러니 夫子貌似陽虎라 故로 匡人圍之라하니라

··· 滯 막힐 체 遂 이룰 수 留 머무를 류 牽 끌 견 循 돌 순 環 돌 환 匡 바로잡을 광 曾 일찍 증 暴 사나울 포 貌 모양 모 圍 에워쌀 위

'畏'는 경계하는 마음이 있음을 이른다. 匡은 地名이다. 《史記》에 "陽虎가 일찍이 匡땅에서 포악한 짓을 했었는데, 夫子의 모습이 陽虎와 비슷했으므로 匡땅 사람들이 〈孔子를 陽虎로 오인하여〉 포위했다." 하였다.

5-2. 曰 文王이 旣沒하시니 文不在玆乎아

孔子께서 말씀하셨다. "文王이 이미 별세하셨으니, 文이 이 몸에 있지 않겠는가.

道之顯者를 謂之文이니 蓋禮樂制度之謂라 不曰道而曰文은 亦謙辭也라 玆는 此也니 孔子自謂라

道가 드러난 것을 '文'이라 하니, 禮樂과 制度를 이른다. 道라고 말씀하지 않고 文이라고 한 것은 또한 謙辭이다. '玆'는 이것이니, 孔子께서 자신을 일컬으신 것이다.

5-3. 天之將喪斯文也신댄 後死者 不得與(예)於斯文也어니와 天之未喪斯文也⁴시니 匡人이 其如予何리오

하늘이 장차 이 文을 없애려 하셨다면 뒤에 죽는 사람(나 자신)이 이 文에 참예하지 못하였을 것이나 하늘이 이 文을 없애려 하지 않으시〈어 내가 이 文에 참예하였으〉니, 匡땅 사람들이 나를 어찌 하겠는가."

馬氏曰 文王旣沒이라 故로 孔子自謂後死者라
言 天若欲喪此文인댄 則必不使我得與於此文이어니와 今我旣得與於此文하니 則是天未欲喪此文也라 天旣未欲喪此文이면 則匡人이 其奈我何리오하시니 言必不能違天害己也라

馬氏(馬融)가 말하였다. "文王이 이미 별세했기 때문에 孔子께서 자신을 일러 '뒤에 죽는 사람'이라 하신 것이다."

---

4 天之未喪斯文也 : 栗谷諺解에는 '天之未喪斯文也인댄'으로 懸吐하였으나, 官本諺解를 따라 위와 같이 懸吐하고 번역하였다. 《集註》의 '今我旣得'과 '天旣'를 보면 過去型인 '시니'가 합당하고, '未欲喪此文'을 보면 未來型인 '인댄'이 합당한 것으로 보인다.

··· 沒 죽을 몰 玆 이 자 喪 잃을 상, 망할 상 斯 이 사 奈 어찌 내

'하늘이 만약 이 文을 없애려고 하셨다면 반드시 나로 하여금 이 文에 참예하지 못하게 하였을 것이나 이제 내가 이미 이 文에 참예하였으니, 그렇다면 이는 하늘이 아직 이 文을 없애려고 하지 않으신 것이다. 하늘이 이미 이 文을 없애려고 하지 않으셨다면 匡땅 사람들이 나를 어찌 하겠는가.'라고 말씀하신 것이다. 이는 반드시 하늘의 뜻을 어기고 자신을 해칠 수 없음을 말씀한 것이다.

6-1. 大(太)宰問於子貢曰 夫子는 聖者與아 何其多能也오

太宰가 子貢에게 물었다. "夫子는 聖者이신가. 어쩌면 그리도 능한 것이 많으신가."

孔氏曰 大宰는 官名이니 或吳, 或宋은 未可知也라
與者는 疑辭라 大宰蓋以多能爲聖也라

孔氏(孔安國)가 말하였다. "太宰는 官名이니, 吳나라인지 혹은 宋나라인지는 알 수 없다."
'與'는 의심하는 말이다. 太宰는 능함이 많은 것을 '聖'이라고 여긴 것이다.

6-2. 子貢曰 固天縱之將聖이시고 又多能也시니라

子貢이 말하였다. "〈선생님은〉 진실로 하늘이 풀어놓으신 聖人이실 것이고, 또 능함이 많으시다."

縱은 猶肆也니 言不爲限量也라 將은 殆也니 謙若不敢知之辭라 聖은 無不通이니 多能은 乃其餘事라 故로 言又以兼之하니라

'縱'은 肆(풀어놓다)와 같으니, 한량할 수 없음을 말한다. '將'은 殆(거의, 아마도)의 뜻이니, 겸손하여 감히 알지 못하는 것처럼 한 말이다. '聖'은 통달하지 않음이 없으니, '능함이 많음'은 바로 餘事(부수적인 일)이다. 그러므로 '또'라고 말하여 겸한 것이다.

6-3. 子聞之하시고 曰 大宰知我乎인저 吾少也에 賤이라 故로 多能鄙事호니 君子는 多乎哉아 不多也니라

孔子께서 이 말을 들으시고 말씀하셨다. "太宰가 나를 아는구나. 내 젊었을 적에 미천

··· 固 진실로 고 縱 풀어놓을 종 將 아마도 장 肆 풀어놓을 사 殆 거의 태 鄙 천할 비

했기 때문에 鄙賤한 일에 능함이 많으니, 君子는 〈능함이〉 많은가? 많지 않다."

言 由少賤故로 多能이나 而所能者鄙事爾요 非以聖而無不通也라 且多能은 非所以率(律)人[5]이라 故로 又言君子不必多能以曉之하시니라

'젊어서 미천했기 때문에 능함이 많으나 능한 것은 천한 일일 뿐이요, 聖人이라서 통달하지 않음이 없는 것은 아니다.'라고 말씀한 것이다. 또 능함이 많은 것은 사람을 본받게 하는 것이 아니다. 그러므로 君子는 굳이 능함이 많을 필요가 없다고 다시 말씀하여 깨우치신 것이다.

6-4. 牢曰 子云 吾不試라 故로 藝라하시니라

牢가 말하였다. "선생께서 말씀하시기를 '내가 등용되지 못했기 때문에 〈여러 가지〉 재주를 익혔다.'고 하셨다."

牢는 孔子弟子니 姓琴이요 字子開요 一字子張이라 試는 用也라 言由不爲世用故로 得以習於藝而通之라

牢는 孔子의 弟子이니 姓이 琴이고 字가 子開이며, 또 다른 字는 子張이다. '試'는 등용됨이다. 세상에 등용되지 못하였기 때문에 재주를 익혀 통달할 수 있었음을 말씀한 것이다.

⊙ 吳氏曰 弟子記夫子此言之時에 子牢因言昔之所聞이 有如此者라하니 其意相近이라 故로 幷記之하니라

⊙ 吳氏(吳棫)가 말하였다. "弟子들이 夫子의 이 말씀을 기록할 때에 子牢가 '옛날에 〈夫子에게〉 들은 것이 이와 같은 것이 있다.'고 말하였는데, 그 뜻이 서로 비슷하므로 〈여기에〉 아울러 기록한 것이다."

---

5 非所以率人 : 沙溪(金長生)는 "'率'은 律과 통한다. 小註에 朱子가 '不可以律人'이라 하였으니, 마땅히 律로 읽어야 한다." 하였으며, 慶源輔氏(輔廣)는 "재능이 많은 것을 가지고 사람을 본받게 하면 사람들이 모두 재주를 숭상하고 덕을 힘쓰지 않을 것이다." 하였다.

··· 牢 굳을 뢰 試 등용될 시 琴 거문고 금

7. 子曰 吾有知乎哉아 無知也⁶어니와 有鄙夫問於我호되 空空如也라도 我叩其兩端而竭焉하노라

孔子께서 말씀하셨다. "내가 아는 것이 있는가? 나는 아는 것이 없지만 鄙陋한 사람이 나에게 묻되 그가 아무리 무식하다 하더라도 나는 그 兩端(양쪽)을 들어서 다 말해주노라."

孔子謙言 己無知識이요 但其告人에 雖於至愚라도 不敢不盡耳라 叩는 發動也라 兩端은 猶言兩頭니 言終始, 本末, 上下, 精粗가 無所不盡이라

孔子께서 겸사로 말씀하시기를 '자신은 知識이 없고 다만 남에게 알려줄 때에 〈상대방이〉 비록 지극히 어리석더라도 감히 다 말해주지 않을 수 없다.'고 하신 것이다. '叩'는 發動함이다. '兩端'은 兩頭(양쪽 머리)라는 말과 같으니, 始와 終, 本과 末, 上과 下, 精과 粗가 극진하지 않음이 없음을 말한다.

⊙ 程子曰 聖人之敎人에 俯就之若此로되 猶恐衆人以爲高遠而不親也라 聖人之道는 必降而自卑하니 不如此則人不親이요 賢人之言은 則引而自高하니 不如此則道不尊이니 觀於孔子孟子면 可見矣리라

尹氏曰 聖人之言은 上下兼盡하니 卽其近이면 衆人이 皆可與(예)知요 極其至면 則雖聖人이라도 亦無以加焉이니 是之謂兩端이라 如答樊遲之問仁智에 兩端竭盡하사 無餘蘊矣⁷라 若夫語上而遺下하고 語理而遺物이면 則豈聖人之言哉아

⊙ 程子(伊川)가 말씀하였다. "聖人이 사람들을 가르치실 적에 굽혀 나아감이 이와 같았으나 오히려 사람들이 高遠하다고 여겨 가까이 하지 않을까 염려하셨다. 聖人의 道는 반드시 내려서 스스로 낮추니 이렇게 하지 않으면 사람들이 가까이 하지 않고, 賢人의 말씀은 끌어올려 스스로 높이니 이렇게 하지 않으면 道가 높아지지 않는다. 孔子와 孟子에게서 관찰해보면 알 수 있을 것이다."

尹氏(尹焞)가 말하였다. "聖人의 말씀은 上下에 극진하니, 그 淺近한 데 나아가면 보통사람

---

6 無知也:官本諺解에는 '無知也'아래에 '로라'로 懸吐하였으나 栗谷諺解를 따라 위와 같이 懸吐하고 해석하였다.

7 如答樊遲之問仁智……無餘蘊矣:이는 아래 〈顔淵〉 22장에 보이는 내용이다.

••• 叩 두드릴 고 端 끝 단 竭 다할 갈 精 정미할 정 粗 거칠 조 俯 구부릴 부 兼 겸할 겸 卽 나아갈 즉
樊 울타리 번 遲 더딜 지 蘊 쌓을 온 遺 빠뜨릴 유

들도 모두 앎에 참예할 수 있고, 그 지극한 것을 다하면 비록 聖人이라도 또한 더할 수 없으니, 이를 일러 兩端이라 한다. 예컨대 樊遲가 仁과 智를 물었을 적에 〈孔子의 대답이〉 兩端을 다하여 더 이상 남김이 없었던 것과 같다. 만약 上(形而上)만 말하고 下(形而下)를 빠뜨리며, 理만 말하고 事物을 빠뜨린다면 어찌 聖人의 말씀이겠는가."

8. 子曰 鳳鳥不至하며 河不出圖하니 吾已矣夫인저

孔子께서 말씀하셨다. "鳳鳥가 오지 않으며 黃河에서 河圖가 나오지 않으니, 나는 끝났구나."

鳳은 靈鳥니 舜時來儀하고 文王時鳴於岐山이라 河圖는 河中龍馬負圖니 伏羲時出[8]하니 皆聖王之瑞也라 已는 止也라

'鳳'은 신령스러운 새이니, 舜임금 때에 와서 춤을 추었고 文王 때에 岐山에서 울었다. '河圖'는 黃河에서 나온 龍馬의 등에 그려진 그림으로 伏羲 때에 나왔으니, 모두 聖王의 祥瑞이다. '已'는 그침(끝남)이다.

⊙ 張子曰 鳳至圖出은 文明之祥이어늘 伏羲舜文之瑞不至하니 則夫子之文章[9]이 知其已矣니라

⊙ 張子가 말씀하였다. "봉새가 나오고 河圖가 나옴은 文明의 祥瑞인데, 伏羲와 舜임금과 文王의 祥瑞가 나타나지 않았으니, 그렇다면 夫子의 文章이 끝남(행해지지 않음)을 알 수 있다."

9. 子見齊衰(자최)者와 冕衣裳者와 與瞽者하시고 見之에 雖少나 必作하시며 過之에 必趨러시다

---

8 河圖……伏羲時出 : 伏羲氏 때에 龍馬가 黃河에서 나왔는데, 그 등에 1에서부터 10까지의 그림이 그려져 있었는바, 伏羲氏가 이것을 보고 《周易》의 八卦를 그었다고 한다. 《周易》〈繫辭傳上〉 11장에 "하늘이 神妙한 물건을 내자 聖人이 법받았으며, 天地가 변화하자 聖人이 본받았으며, 하늘이 象을 드리워 吉凶을 나타내자 聖人이 형상하였으며, 河水에서 圖가 나오고 洛水에서 書가 나오자 聖人이 법받았다.〔天生神物 聖人則之 天地變化 聖人效之 天垂象 見吉凶 聖人象之 河出圖 洛出書 聖人則之〕"라고 보인다.

9 文章 : 慶源輔氏(輔廣)는 "文章은 禮樂과 制度의 따위이다." 하였다.

••• 鳳 봉새 봉 儀 춤출 의 岐 산이름 기 負 질 부 羲 복희씨 희 瑞 상서 서 齊 옷자락 자 衰 상복 최 冕 면류관 면 裳 치마 상 瞽 봉사 고 作 일어날 작 趨 빨리갈 추, 추창할 추

孔子께서는 齊衰를 입은 자와 冕冠을 쓰고 衣裳을 차려 입은 자와 봉사를 보시고, 이들을 만날 적에는 비록 나이가 적더라도 반드시 일어나시며, 그 곁을 지나실 적에는 반드시 종종걸음으로 가셨다.

齊衰는 喪服이라 冕은 冠也요 衣는 上服이요 裳은 下服이니 冕而衣裳은 貴者之盛服也라 瞽는 無目者라 作은 起也요 趨는 疾行也라 或曰 少는 當作坐라

'齊衰'는 喪服이다. '冕'은 冠이요, '衣'는 上衣이고 '裳'은 下服(아랫도리)이니, 冕冠을 쓰고 衣裳을 차려 입은 것은 귀한 자의 盛服(盛裝)이다. '瞽'는 눈이 없는 자이다. '作'은 일어남이요, '趨'는 종종걸음으로 달려감이다. 혹자는 "少字는 마땅히 坐字가 되어야 한다." 하였다.

⊙ 范氏曰 聖人之心이 哀有喪하고 尊有爵하고 矜不成人하시니 其作與趨는 蓋有不期然而然者니라

尹氏曰 此는 聖人之誠心이 內外一者也라

⊙ 范氏(范祖禹)가 말하였다. "聖人의 마음은 喪이 있는 이를 슬퍼하고 官爵이 있는 이를 높이고 불구자[不成人]를 가엾게 여기시니, 일어나고 종종걸음으로 달려 가신 것은 그렇게 하기를 기약하지 않아도 저절로 그렇게 되신 것이다."

尹氏(尹焞)가 말하였다. "이것은 聖人의 성실한 마음이 內外가 똑같은 것이다."

10-1. 顔淵이 喟然歎曰 仰之彌高하며 鑽之彌堅하며 瞻之在前이러니 忽焉在後로다

顔淵이 크게 탄식하며 말하였다. "〈夫子의 道는〉 우러러볼수록 더욱 높고 뚫을수록 더욱 견고하며, 바라봄에 앞에 있더니 홀연히 뒤에 있도다.

喟는 歎聲이라 仰彌高는 不可及이요 鑽彌堅은 不可入이라 在前在後는 恍惚不可爲象이니 此는 顔淵이 深知夫子之道無窮盡, 無方體하고 而歎之也시니라

'喟'는 탄식하는 소리이다. '우러러볼수록 더욱 높다.'는 것은 미칠 수 없는 것이요, '뚫을수록 더욱 견고하다.'는 것은 들어갈 수 없는 것이요, '앞에 있다가 홀연히 뒤에 있다.'는 것은 황홀하

··· 疾 빠를 질 爵 벼슬 작 矜 불쌍할 긍 喟 한숨쉴 위 彌 더할 미 鑽 뚫을 찬 堅 굳을 견 瞻 볼 첨 忽 갑자기 홀
恍 황홀할 황 惚 황홀할 홀

여 어떻게 형상할 수 없는 것이니, 이는 顔淵이 夫子의 道가 무궁무진하고 또 方所와 형체가 없음을 깊이 알고 감탄하신 것이다.

10-2. 夫子循循然善誘人하사 博我以文하시고 約我以禮하시니라

夫子께서 차근차근히 사람을 잘 이끄시어 文으로써 나의 지식을 넓혀주고 禮로써 나의 행실을 요약하게(묶게) 해주셨다.

循循은 有次序貌라 誘는 引進也라 博文, 約禮는 敎之序也라 言夫子道雖高妙나 而敎人有序也라

'循循'은 次序가 있는 모양이다. '誘'는 이끌어 나아가게 하는 것이다. 文으로써 지식을 넓혀주고 禮로써 행실을 요약하게 함은 가르침의 순서이다. 夫子의 道가 비록 높고 묘하나 사람들을 가르침에 순서가 있음을 말씀한 것이다.

○侯氏曰 博我以文은 致知格物也요 約我以禮는 克己復禮也니라
程子曰 此는 顔子稱聖人最切當處니 聖人敎人이 唯此二事而已니라

○侯氏(侯仲良)가 말하였다. "'文으로써 나의 지식을 넓혀주었다.'는 것은 致知·格物이요, '禮로써 나의 행실을 요약하게 해주었다.'는 것은 克己復禮(私慾을 이겨 禮로 돌아감)이다."
程子(伊川)가 말씀하였다. "이는 顔子가 聖人을 일컬음에 가장 적절하고 합당한 곳(부분)이다. 聖人이 사람을 가르침은 오직 이 두 가지 일 뿐이다."

10-3. 欲罷不能하여 旣竭吾才호니 如有所立이 卓爾라 雖欲從之나 末由也已로다

〈공부를〉 그만두고자 해도 그만둘 수 없어서 이미 나의 재주를 다하니, 〈夫子의 道가〉 마치 내 앞에 우뚝 서 있는 듯하다. 〈그리하여〉 비록 이것을 따르고자 하나 말미암을 데가 없도다."

卓은 立貌라 末은 無也라 此는 顔子自言其學之所至也니 蓋悅之深而力之盡하여 所

··· 誘 인도할 유 約 요약할 약 復 돌아올 복 罷 그만둘 파 卓 높을 탁 末 없을 말

見益親이나 而又無所用其力也라

吳氏曰 所謂卓爾는 亦在乎日用行事之間이요 非所謂窈冥昏黙[10]者니라

程子曰 到此地位면 工夫尤難하니 直是峻絶이요 又大段著(착)力不得[11]이니라

楊氏曰 自可欲之謂善으로 充而至於大는 力行之積也어니와 大而化之[12]는 則非力行所及矣니 此는 顔子所以未達一間也니라

'卓'은 우뚝이 서 있는 모습이다. '末'은 없음이다. 이는 顔子가 그 배움이 이른 경지를 스스로 말씀한 것이니, 기쁨이 깊고 힘씀이 극진하여 道를 봄이 더욱 가까우나 또한 그 힘을 쓸 데가 없는 것이다.

吳氏(吳棫)가 말하였다. "이른바 '卓爾(우뚝히 서 있다)'라는 것은 일상의 행하는 일 사이에 있는 것이요, 이른바 '깊고 어두워 말로 표현할 수 없다.'는 것이 아니다."

程子(伊川)가 말씀하였다. "이러한 지위(경지)에 이르면 공부가 더욱 어려우니, 바로 〈벼랑처럼〉 峻絶하고, 또 대단히 힘을 쓰려고 해도 될 수가 없는 것이다."

楊氏(楊時)가 말하였다. "사람들이 좋아할 만한 善人에서부터 채워서 大人에 이르기까지는 力行을 쌓아서 될 수 있지만, 大人이면서 化한 聖人으로 말하면 力行으로 미칠 수 있는 것이 아니니, 이는 顔子가 〈聖人의 경지에〉 한 사이(칸)를 이르지 못한 이유이다."

⊙ 程子曰 此는 顔子所以爲深知孔子而善學之者也니라

胡氏曰 無上事而喟然歎하니 此顔子學旣有得이라 故로 述其先難之故와 後得之由하고 而歸功於聖人也라 高堅前後는 語道體也요 仰鑽瞻忽은 未領其要也라 惟夫子循循善誘하사 先博我以文하여 使我知古今, 達事變하고 然後에 約我以禮하여 使我尊所聞, 行所知하여 如行者之赴家와 食者之求飽라 是以로 欲罷不能하여 盡心盡力하여 不

---

10 窈冥昏黙 : 아득하고 깊으며 말로 형용할 수 없는 것으로 老莊에서 말하는 道인바, 《莊子》〈在宥〉에 "지극한 道의 精은 窈窈冥冥하고, 지극한 道의 極은 昏昏黙黙하다.〔至道之精 窈窈冥冥 至道之極 昏昏黙黙〕"라고 보인다.

11 又大段著力不得 : '著力'은 힘을 쓰는 것으로, 壺山은 "크게 힘을 쓰려고 해도 될 수 없음을 말한 것이다." 하였다.

12 自可欲之謂善……大而化之 : 孟子는 사람의 등급을 논하면서 "사람들이 좋아할 만한 사람을 善人이라 하고, 자기 몸에 善을 소유한 것을 信人이라 하고, 善이 充實한 것을 美人이라 하고, 充實하여 빛남이 있는 것을 大人이라 하고, 大人이면서 저절로 化한 것을 聖人이라 하고, 聖人이면서 측량할 수 없는 것을 神人이라 한다.〔可欲之謂善 有諸己之謂信 充實之謂美 充實而有光輝之謂大 大而化之之謂聖 聖而不可知之之謂神〕" 하였으므로, 이것을 인용한 것이다.《孟子 盡心下》 '可欲'은 可憎과 반대되는 말로, 可憎은 사람들이 미워할 만한 짓을 하는 사람이며, 可欲은 사람들이 누구나 좋아할 만한 사람을 이른다.

··· 窈 그윽할 요 冥 어두울 명 昏 어두울 혼 黙 잠잠할 묵 峻 클 준 著 붙일 착 領 알 령 赴 달려갈 부
　　飽 배부를 포

少休廢하니 然後에 見夫子所立之卓然하고 雖欲從之나 末由也已라 是는 蓋不怠所從하여 必求至乎卓立之地也라 抑斯歎也는 其在請事斯語之後, 三月不違[13]之時乎인저

⊙ 程子(伊川)가 말씀하였다. "이것은 顔子가 孔子를 깊이 알고 잘 배운 것이다."

胡氏(胡寅)가 말하였다. "顔子가 〈앞에〉 아무 일이 없이 깊이 감탄하였으니, 이는 顔子가 배움에 이미 터득한 바가 있었으므로, 먼저 어려웠던 까닭과 뒤에 터득하게 된 연유를 말씀하고 그 功을 聖人에게 돌린 것이다. 높고 견고하며 앞에 있고 뒤에 있다는 것은 道의 本體를 말한 것이요, 우러러보고 뚫으며 바라보고 홀연하다는 것은 그 要點을 알지 못한 것이다. 夫子께서 차근차근히 잘 이끄시어 먼저 나를 文으로써 博學하게 하시어 나로 하여금 古今의 역사를 알고 일의 변고를 통달하게 해주셨고, 그런 뒤에 나의 행실을 禮로써 要約하게 하시어 나로 하여금 배운 것을 높이고 아는 것을 행하게 하여, 마치 길을 떠난 자가 집에 달려오고 밥 먹는 자가 배부르기를 구하는 것과 같게 하셨다. 이 때문에 그만두고자 해도 그만둘 수가 없어 마음을 다하고 힘을 다하여 조금도 쉬지 않았다. 이렇게 한 뒤에야 夫子의 선 바가 우뚝함을 보고 비록 따르고자 하였으나 말미암을 데가 없었던 것이다. 이는 따르는 바를 게을리 하지 않아 반드시 우뚝이 서 있는 경지에 이르기를 구한 것이다. 〈顔子의〉 이 탄식은 '이 말씀에 종사하겠습니다.[請事斯語]'라고 한 뒤와 '3개월을 仁을 떠나지 않았다.[三月不違仁]'고 한 때에 있었을 것이다."

11-1. 子疾病이어시늘 子路使門人으로 爲臣이러니

孔子께서 病이 심해지자, 子路가 門人으로 하여금 家臣이 되게 하였다.

夫子時已去位하여 無家臣이어늘 子路欲以家臣治其喪하니 其意實尊聖人이나 而未知所以尊也라

夫子가 이때에 이미 벼슬에서 떠나 家臣이 없었는데, 子路가 家臣으로 喪을 치르고자 하였으니, 그 뜻은 실로 聖人을 높인 것이나 높이는 방법을 알지 못하였다.

---

13 其在請事斯語之後 三月不違:'請事斯語'는 뒤의 〈顔淵〉 1장에 孔子께서 '非禮勿視聽言動'을 말씀하시자 顔子가 대답하신 말씀이고, '三月不違仁'은 앞의 〈雍也〉 5장에 보인다. 雙峰饒氏(饒魯)는 "請事斯語는 '나를 禮로써 요약하는[約我以禮]' 일이요, 三月不違仁은 '마치 내 앞에 우뚝 서 있는 듯한[如有所立卓爾]' 때의 일이다." 하였다.

··· 休 쉴 휴 違 떠날 위

11-2. 病間에 曰 久矣哉라 由之行詐也여 無臣而爲有臣하니 吾誰欺오 欺 天乎인저

병이 좀 차도가 있으시자, 말씀하셨다. "오래되었구나. 由가 거짓을 행함이여! 나는 家 臣이 없는데 家臣을 두었으니, 내 누구를 속였는가? 하늘을 속였구나!

病間은 少差也라 病時不知라가 旣差에 乃知其事라 故로 言我之不當有家臣을 人皆 知之하여 不可欺也어늘 而爲有臣하니 則是欺天而已라 人而欺天은 莫大之罪어늘 引以 自咎하시니 其責子路 深矣로다

'病間'은 병이 조금 차도가 있는 것이다. 병이 심할 때에는 알지 못했다가 차도가 있은 뒤에야 비로소 그 일을 아셨다. 그러므로 '내가 家臣을 두어서는 안 됨을 사람들이 모두 알고 있어서 속 일 수가 없거늘 家臣을 두었으니, 이는 하늘을 속일 뿐이다.'라고 말씀하신 것이다. 사람이 하 늘을 속임은 이보다 더 큰 죄가 없는데 이를 끌어다가 自咎(自責)하셨으니, 子路를 꾸짖으심이 깊도다.

11-3. 且予與其死於臣之手也론 無寧死於二三子之手乎아 且予縱不 得大葬이나 予死於道路乎아

또 내가 家臣의 손에서 죽기보다는 차라리 자네들 손에서 죽는 것이 낫지 않겠는가. 또 내가 비록 큰 葬禮는 얻지 못한다 하더라도 내 설마 죽어서 길거리에 버려지겠는가."

無寧은 寧也[14]라 大葬은 謂君臣禮葬이요 死於道路는 謂棄而不葬이니 又曉之以不必 然之故하시니라

'無寧'은 차라리이다. '大葬'은 君·臣의 禮葬을 이르고, '死於道路'는 시신이 길거리에 버 려져서 장례하지 않음을 이르니, 또 굳이 그러할 필요가 없는 이유로써 깨우쳐 주신 것이다.

⊙ 范氏曰 曾子將死에 起而易簀曰 吾得正而斃焉이면 斯已矣라하시니 子路欲尊夫

---

14 無寧 寧也 : '無寧死於二三子之手乎'의 앞에 있는 '無'字와 끝에 있는 '乎'字를 빼어 의문하는 글로 된 문장을 평서문으로 해석해서 '차라리 二三子의 손에서 죽겠다.'로 풀이한 것이다.

••• 間 뜸할 간 詐 속일 사 誰 누구 수 欺 속일 기 差 병나을 차 咎 허물 구 寧 차라리 녕 縱 비록 종 簀 깔자리 책 斃 죽을 폐

子로되 而不知無臣之不可爲有臣이라 是以로 陷於行詐하여 罪至欺天하니 君子之於言動에 雖微나 不可不謹이니 夫子深懲子路는 所以警學者也시니라

楊氏曰 非知至而意誠이면 則用智自私하여 不知行其所無事하여 往往自陷於行詐欺天而莫之知也하니 其子路之謂乎인저

⊙ 范氏(范祖禹)가 말하였다. "曾子가 장차 별세하려 할 적에 일어나서 깔고 있던 자리를 바꾸도록 하면서 말씀하시기를 '내가 바름을 얻고 죽으면 그뿐이다.' 하셨다. 子路가 夫子를 높이고자 하였으나 家臣이 없어야 할 경우에 家臣을 두어서는 안 됨을 알지 못하였다. 이 때문에 속임을 행함에 빠져서 죄가 하늘을 속임에 이르렀으니, 君子는 말과 행동에 있어 비록 하찮은 것이라도 삼가지 않을 수 없다. 夫子께서 子路를 깊이 징계하신 것은 배우는 자들을 경계하신 것이다."

楊氏(楊時)가 말하였다. "앎이 지극하고 뜻이 誠實한 자가 아니면 지혜를 써서 스스로 사사롭게 하여, 無事한 것을 행할 줄을 알지 못한다. 그리하여 왕왕 속임수를 행하여 하늘을 속임에 빠지면서도 알지 못하니, 子路를 말함일 것이다."

12. 子貢曰 有美玉於斯하니 韞匵(온독)而藏諸잇가 求善賈(價)而沽諸잇가 子曰 沽之哉, 沽之哉나 我는 待賈者也로라

子貢이 말하기를 "아름다운 玉이 여기에 있다면, 이것을 궤 속에 넣어 두어 보관만 하시겠습니까? 좋은 값을 구하여 파시겠습니까?" 하자, 孔子께서 대답하셨다. "팔아야지, 팔아야지. 그러나 나는 좋은 값을 기다리는 자이다."

韞은 藏也요 匵은 匱也라 沽는 賣也라 子貢이 以孔子有道不仕라 故로 設此二端以問也라 孔子言固當賣之나 但當待賈요 而不當求之耳라하시니라

'韞'은 보관함이요 '匵'은 궤이다. '沽'는 파는 것이다. 子貢은 孔子가 道를 지니고 계시면서도 벼슬하지 않으셨기 때문에 위의 두 가지를 假設하여 물은 것이다. 孔子께서는 '진실로 팔아야 하겠으나 다만 값을 기다려야 할 것이요, 〈팔리기를〉 구해서는 안 된다.'고 말씀하신 것이다.

⊙ 范氏曰 君子未嘗不欲仕也언마는 又惡(오)不由其道하니 士之待禮는 猶玉之待賈也라 若伊尹之耕於野와 伯夷太公之居於海濱에 世無成湯文王이면 則終焉而已요 必

··· 陷 빠질 함 懲 징계할 징 韞 감출 온 匵 궤독 賈 값 가 沽 팔 고 待 기다릴 대 匱 궤 궤 惡 미워할 오 濱 물가 빈

不枉道以從人하고 衒玉而求售也리라

⊙ 范氏(范祖禹)가 말하였다. "君子가 일찍이 벼슬하려고 하지 않는 것은 아니지만 또 그 道(정당한 방법)를 따르지 않음을 싫어하니, 선비가 禮를 기다림은 玉이 값을 기다리는 것과 같다. 예컨대 伊尹이 莘野(有莘의 들)에서 농사짓고 伯夷와 太公이 바닷가에서 은거할 때에 세상에 湯王과 文王이 없었다면 그대로 일생을 마칠 뿐이요, 반드시 道를 굽혀 남을 따르고 玉을 자랑하여 팔리기를 구하지 않았을 것이다."

13-1. 子欲居九夷러시니

孔子께서 九夷에 살려고 하시니,

東方之夷 有九種이라 欲居之者는 亦乘桴浮海之意라

東方의 夷族은 아홉 종족이 있다. 九夷에 살려고 하신 것은 또한 〈公冶長〉의 뗏목을 타고 바다를 항해하려고 하신 뜻과 같은 것이다.

13-2. 或曰 陋어니 如之何잇고 子曰 君子居之면 何陋之有리오

혹자가 말하기를 "〈그 곳은〉 누추하니, 어떻게 하시렵니까?" 하자, 孔子께서 대답하셨다. "君子가 거주한다면 무슨 누추함이 있겠는가."

君子所居則化니 何陋之有리오

君子가 사는 곳은 敎化되니, 무슨 누추함이 있겠는가.

14. 子曰 吾自衛反魯然後에 樂正하여 雅頌이 各得其所하니라

孔子께서 말씀하셨다. "내가 衛나라에서 魯나라로 돌아온 뒤에 음악이 바루어져서 雅와 頌이 각기 제자리를 얻게 되었다."

魯哀公十一年冬에 孔子自衛反魯하시니 是時에 周禮在魯라 然이나 詩樂이 亦頗殘缺失次라 孔子周流四方하여 參互考訂하여 以知其說이러시니 晩知道終不行이라 故로 歸而正之하시니라

⋯ 衒 팔 현, 자랑할 현 售 팔 수 夷 오랑캐 이 桴 뗏목 부 浮 뜰 부 陋 좁을 루, 더러울 루 雅 바를 아 頌 기릴 송 頗 자못 파 殘 쇠잔할 잔 缺 모자랄 결 參 참고할 참 訂 고칠 정

魯나라 哀公 11年 겨울에 孔子가 衛나라에서 魯나라로 돌아오시니, 이때에 周나라의 禮가 魯나라에 남아 있었다. 그러나 詩와 樂이 또한 많이 殘缺(손상되고 빠짐)되어 순서를 잃었다. 孔子께서 사방을 周流하시어 이리저리 상고하고 바로잡아 그 내용을 아셨는데, 만년에 道가 끝내 행해질 수 없음을 아셨기 때문에 魯나라로 돌아와 음악을 바로잡으신 것이다.

15. 子曰 出則事公卿하고 入則事父兄하며 喪事를 不敢不勉하며 不爲酒困이 何有於我哉오

孔子께서 말씀하셨다. "나가서는 公卿을 섬기고 들어와서는 父兄을 섬기며, 喪事를 감히 힘쓰지 않음이 없으며, 술에 곤함(크게 취함)을 당하지 않는 것, 이 중에 어느 것이 나에게 있겠는가."

說見(현)第七篇[15]이라 然이나 此則其事愈卑而意愈切矣니라

이에 대한 해설은 제7편(述而)에 보인다. 그러나 이것은 그 일이 더욱 낮고 뜻이 더욱 간절하다.

16. 子在川上曰 逝者如斯夫인저 不舍晝夜로다

孔子께서 시냇가에 계시면서 말씀하셨다. "가는 것이 이와 같구나. 밤낮을 그치지 않도다."

天地之化 往者過하고 來者續하여 無一息之停하니 乃道體之本然也라 然이나 其可指而易見者 莫如川流라 故로 於此에 發以示人하시니 欲學者時時省察하여 而無毫髮之間斷也시니라

天地의 造化가 가는 것은 지나가고 오는 것은 이어져서 한 순간의 그침도 없으니, 바로 道體의 本然이다. 그러나 지적하여 쉽게 볼 수 있는 것은 냇물의 흐름만한 것이 없다. 그러므로 여기에서 말씀하여 사람들에게 보여주셨으니, 배우는 자가 때때로 성찰하여 털끝만한 間斷도 없게 하고자 하신 것이다.

---

15 說見第七篇 : '何有於我哉'에 대한 설명이 위 〈述而〉에 보인다는 말이다. 〈述而〉 2장에 "묵묵히 기억하며 배우고 싫어하지 않으며 사람 가르치기를 게을리 하지 않는 것, 이 중에 어느 것이 나에게 있겠는가.(默而識之 學而不厭 誨人不倦 何有於我哉)"라고 보인다.

••• 愈 더욱 유 逝 갈 서 舍 쉴 사, 그칠 사 晝 낮 주 夜 밤 야 續 이을 속 息 숨쉴 식, 쉴 식 停 머무를 정

⊙ 程子曰 此道體也니 天運而不已하여 日往則月來하고 寒往則暑來하며 水流而不息하고 物生而不窮하여 皆與道爲體하여 運乎晝夜하여 未嘗已也라 是以로 君子法之하여 自强不息하나니 及其至也엔 純亦不已焉이니라

又曰 自漢以來로 儒者皆不識此義하니 此見聖人之心이 純亦不已也니 純亦不已는 乃天德也라 有天德이라야 便可語王道[16]니 其要只在謹獨이니라

愚按 自此至終篇은 皆勉人進學不已之辭니라

⊙ 程子(伊川)가 말씀하였다. "이는 道體이니, 하늘이 운행하여 그침이 없어서 해가 가면 달이 오고 추위가 가면 더위가 오며, 물이 흘러 끊임이 없고 물건이 생겨나 다하지 아니하여, 모두 道와 一體가 되어 밤낮으로 운행해서 일찍이 그침이 없다. 그러므로 君子가 이를 본받아서 스스로 힘쓰고 쉬지 않으니, 그 지극한 경지에 이르면 순수함이 또한 그침이 없는 것이다."

〈程子(明道)가〉 또 말씀하였다. "漢나라 이래로 儒者들이 모두 이 뜻을 알지 못하였다. 여기에서 聖人의 마음이 순수함이 또한 그침이 없음을 볼 수 있으니, 순수함이 또한 그침이 없음은 바로 天德이다. 天德이 있어야 王道를 말할 수 있으니, 그 요점은 오직 謹獨에 있을 뿐이다."

내가 상고해 보건대, 이 章으로부터 이 篇의 끝까지는 모두 사람들에게 학문을 진전하여 그치지 않을 것을 勉勵하신 말씀이다.

17. 子曰 吾未見好德을 如好色者也로라

孔子께서 말씀하셨다. "나는 德을 좋아하기를 女色을 좋아하는 것과 같이 하는 자를 보지 못하였다."

謝氏曰 好好色, 惡惡(오악)臭는 誠也니 好德을 如好色이면 斯誠好德矣라 然이나 民鮮能之니라

謝氏(謝良佐)가 말하였다. "아름다운 女色을 좋아하고 惡臭를 싫어함은 誠實(진실)함이니, 德을 좋아하기를 女色을 좋아하듯이 한다면 이는 진실로 德을 좋아하는 것이다. 그러나 백성(일반인)들은 이에 능한 이가 드물다."

---

16 有天德 便可語王道 : '天德'은 자신의 德을 닦는 것으로《大學》의 明明德에 해당하고, '王道'는 王道政治를 실행하는 것으로《大學》의 新民에 해당한다.

··· 暑 더울 서 强 힘쓸 강 臭 냄새 취 誠 진실로 성 鮮 드물 선

○ 史記에 孔子居衛하실새 靈公이 與夫人同車하고 使孔子爲次乘하여 招搖市過之한대 孔子醜之라 故로 有是言이라하니라

○《史記》에 "孔子가 衛나라에 계실 적에 靈公이 부인(南子)과 수레를 함께 타고서 孔子로 하여금 다음 수레를 타게 하고는 의기양양[招搖]하게 市內를 지나가자, 孔子께서 이를 추하게 여기셨다. 그러므로 이러한 말씀을 하신 것이다." 하였다.

18. 子曰 譬如爲山에 未成一簣(蕢)하여 止도 吾止也며 譬如平地에 雖覆(복)一簣나 進도 吾往也니라

孔子께서 말씀하셨다. "〈學問을〉 비유하면 山을 만듦에 마지막 흙 한 삼태기를 〈쏟아 붓지 않아 산을〉 못 이루고서 중지함도 내가 중지하는 것이며, 비유하면 〈산을 만드는 데〉 평지에 흙 한 삼태기를 처음 쏟아 붓더라도 나아감은 내가 나아가는 것이다."

簣는 土籠也라 書曰 爲山九仞에 功虧一簣라하니 夫子之言이 蓋出於此라 言 山成而但少一簣하여 其止者도 吾自止耳요 平地而方覆一簣나 其進者도 吾自往耳라 蓋學者 自强不息이면 則積少成多하고 中道而止면 則前功을 盡棄니 其止, 其往이 皆在我而不在人也라

'簣'는 흙을 담는 그릇(삼태기)이다.《書經》〈周書 旅獒〉에 "山을 아홉 길을 만드는데, 功이 흙 한 삼태기 때문에 무너진다." 하였으니, 夫子의 말씀은 여기에서 나온 듯하다. 山이 다 이루어졌는데 다만 〈마지막〉 흙 한 삼태기가 모자라 중지함도 내가 스스로 중지하는 것일 뿐이요, 평지에 〈산을 만들려고〉 막 흙 한 삼태기를 쏟아 부으나 나아감도 내가 스스로 나아가는 것일 뿐임을 말씀한 것이다. 배우는 자가 스스로 힘쓰고 쉬지 않으면 작은 것을 쌓아 많은 것을 이루고, 中道에 그만두면 예전의 功力을 모두 버리는 것이니, 그 중지함과 그 나아감이 모두 자신에게 달려 있고 남에게 달려 있지 않은 것이다.

19. 子曰 語之而不惰者는 其回也與인저

孔子께서 말씀하셨다. "〈道를〉 말해주면 게을리하지 않는 자는 顔回일 것이다."

··· 招 부를 초, 흔들 초 搖 흔들 요 醜 추악할 추 譬 비유할 비 簣 삼태기 궤 覆 뒤엎을 복 籠 대그릇 롱 仞 길 인
虧 이지러질 휴 惰 게으를 타

惰는 懈怠也라

范氏曰 顏子聞夫子之言하고 而心解力行하여 造次顚沛라도 未嘗違之하니 如萬物得時雨之潤하여 發榮滋長하니 何有於惰리오 此群弟子所不及也니라

'惰'는 게으름이다.

范氏(范祖禹)가 말하였다. "顏子가 夫子의 말씀을 듣고는 마음에 이해되고 힘써 행하여 경황 중이거나 위급한 상황이라도 일찍이 어긴 적이 없었다. 마치 만물이 단비〔時雨〕의 적셔줌을 만나 꽃을 피우고 자라는 것과 같으니, 어찌 태만함이 있겠는가. 이는 여러 弟子들이 미치지 못한 바이다."

20. 子謂顏淵曰 惜乎라 吾見其進也요 未見其止也로라

孔子께서 顏淵을 두고 평하셨다. "애석하구나, 〈그의 죽음이여!〉 나는 그가 진전하는 것만을 보았고 중지하는 것을 보지 못하였다."

進止二字는 說見上章[17]이라 顏子旣死에 而孔子惜之하사 言其方進而未已也하시니라

'進'과 '止' 두 글자는 해설이 윗장(18장)에 보인다. 顏子가 죽자, 孔子께서 이를 애석히 여기시어 그가 진전하고 그치지 않았음을 말씀하신 것이다.

21. 子曰 苗而不秀者 有矣夫며 秀而不實者 有矣夫인저

孔子께서 말씀하셨다. "싹이 나고서 꽃이 피지 못하는 자도 있으며, 꽃이 피고서 열매를 맺지 못하는 자도 있다."

穀之始生曰苗요 吐華曰秀요 成穀曰實이라 蓋學而不至於成이 有如此者라 是以로 君子貴自勉也니라

곡식이 처음 난 것을 '苗'라 하고 꽃이 핀 것을 '秀'라 하고 곡식이 된 것을 '實'이라 한다. 배우더라도 완성에 이르지 못함이 이와 같은 것이 있다. 이 때문에 君子가 스스로 힘씀을 귀하게 여기는 것이다.

---

17 進止二字 說見上章:위 18장에 '止吾止也'와 '進吾往也'를 가리킨 것이다.

••• 顚 넘어질 전 沛 자빠질 패 榮 꽃 영 滋 불어날 자 苗 싹 묘 秀 이삭팰 수 穀 곡식 곡 吐 토할 토 華 꽃 화

22. 子曰 後生이 可畏니 焉知來者之不如今也리오 四十五十而無聞焉이면 斯亦不足畏也已니라

孔子께서 말씀하셨다. "後生이 두려울 만하니 〈後生의〉 장래가 〈나의〉 지금만 못할 줄을 어찌 알겠는가. 〈그러나〉 40, 50세가 되고도 들음이 없으면 이 또한 두려울 것이 없다."

孔子言 後生은 年富力强하여 足以積學而有待하니 其勢可畏라 安知其將來不如我之今日乎아 然이나 或不能自勉하여 至於老而無聞이면 則不足畏矣니 言此以警人하여 使及時勉學也시니라 曾子曰 五十而不以善聞이면 則不聞矣라하시니 蓋述此意니라

尹氏曰 少而不勉하고 老而無聞이면 則亦已矣어니와 自少而進者는 安知其不至於極乎아 是可畏也니라

孔子께서 "後生은 나이가 젊고 힘이 강하여 충분히 학문을 쌓아 기대할 수 있으니, 그 형세가 두려워할 만하다. 그의 장래가 나의 오늘날만 못할 줄을 어찌 알겠는가. 그러나 혹 스스로 힘쓰지 못하여 늙어도 들음이 없음에 이르면 두려워할 것이 없다."고 말씀하신 것이다. 이것을 말씀하여 사람들을 경계해서 제때에 미쳐 학문에 힘쓰게 하신 것이다. 曾子가 말씀하시기를 "50세가 되어도 善을 듣지 못하면 영영 듣지 못한다." 하셨는데, 이 뜻을 서술한 것이다.

尹氏(尹焞)가 말하였다. "젊어서 학문을 힘쓰지 않고 늙어서 들음이 없으면 또한 끝장이지만, 젊어서부터 전진하는 자는 그가 지극한 경지에 이르지 못할 줄을 어찌 알겠는가. 이는 두려워할 만한 것이다."

23. 子曰 法語之言은 能無從乎아 改之爲貴니라 巽與之言은 能無說(열)乎아 繹之爲貴니라 說而不繹하며 從而不改면 吾末如之何也已矣니라

孔子께서 말씀하셨다. "예법에 맞는 바른 말은 따르지 않을 수 있겠는가. 〈자신의〉 잘못을 고치는 것이 중요하다. 완곡하게 해주는 말은 기뻐하지 않을 수 있겠는가. 그 실마리를 찾는 것이 중요하다. 기뻐하기만 하고 실마리를 찾지 않으며, 따르기만 하고 잘못을 고치지 않는다면 내 그를 어찌할 수가 없다."

法語者는 正言之也요 巽言者는 婉而導之也라 繹은 尋其緖也라 法言은 人所敬憚故

··· 焉 어찌 언　聞 알려질 문　安 어찌 안　巽 공손할 손　繹 찾을 역　末 없을 말　婉 공손할 완　尋 찾을 심　憚 꺼릴 탄

로 必從이라 然이나 不改면 則面從而已요 異言은 無所乖忤故로 必說이라 然이나 不繹이면 則又不足以知其微意之所在也니라

'法語'란 바르게 말해 주는 것이요, '巽言'이란 완곡하게 인도해 주는 것이다. '繹'은 그 실마리를 찾는 것이다. 法言은 사람들이 공경하고 두려워하는 바이므로 반드시 따른다. 그러나 잘못을 고치지 않는다면 외면으로만 따르는 것일 뿐이다. 巽言은 마음에 어긋나거나 거슬리는 바가없으므로 반드시 기뻐한다. 그러나 실마리를 찾지 않는다면 또 은미한 뜻의 소재를 알 수 없는 것이다.

⊙ 楊氏曰 法言은 若孟子論行王政之類是也요 巽言은 若其論好貨好色[18]之類是也라 語之而不達하고 拒之而不受는 猶之可也어니와 其或喩焉이면 則尙庶幾其能改繹矣어늘 從且說矣로되 而不改繹焉이면 則是終不改繹也已니 雖聖人이라도 其如之何哉리오

⊙ 楊氏(楊時)가 말하였다. "法言은 孟子께서 王道政治를 시행할 것을 논한 것과 같은 것이 이것이요, 巽言은 〈孟子께서〉 재물을 좋아하고 女色을 좋아함을 논한 것과 같은 것이 이것이다. 말해주는데도 통달하지 못하거나 거절하고 받아들이지 않는 것은 오히려 괜찮지만, 혹 깨달았다면 거의 잘못을 고치고 또 실마리를 찾아 은미한 뜻을 알기를 기대할 수 있다. 그런데 따르고 또 기뻐하면서도 잘못을 고치거나 은미한 뜻을 찾지 않는다면 이는 끝내 잘못을 고치고 실마리를 찾아 은미한 뜻을 알지 못할 것이니, 비록 聖人인들 어떻게 할 수 있겠는가."

24. 子曰 主忠信하며 毋友不如己者요 過則勿憚改니라

孔子께서 말씀하셨다. "忠信을 주장하며 자기보다 못한 사람을 벗삼으려 하지 말것이

---

18 論好貨好色: 《孟子》〈梁惠王下〉 5장에 "王(齊宣王)이 말씀하였다. '寡人은 병통이 있으니, 寡人은 재물을 좋아합니다.' 孟子께서 대답하셨다. '옛적에 公劉가 재물을 좋아하였습니다. ……집에서 거하는 자들은 노적과 창고가 있으며 길을 떠나는 자들은 싸놓은 양식이 있은 뒤에야 이에 비로소 길을 떠날 수 있는 것입니다. 王께서 만일 재물을 좋아하시거든 백성과 더불어 함께 하신다면 왕 노릇 하심에 무슨 어려움이 있겠습니까.' 王이 말씀하였다. '寡人은 병통이 있으니, 寡人은 女色을 좋아합니다.' 孟子께서 대답하셨다. '옛적에 太王이 女色을 좋아하시어 그 后妃를 사랑하였습니다. ……이 때를 당하여 안에는 원망하는 여자가 없었으며 밖에는 홀아비가 없었으니, 王께서 만일 女色을 좋아하시거든 백성과 더불어 함께 하신다면 왕 노릇 하심에 무슨 어려움이 있겠습니까.'〔王曰 寡人有疾 寡人好貨 對曰 昔者 公劉好貨 ……居者有積倉 行者有裹糧也然後 可以爰方啓行 王如好貨 與百姓同之 於王何有 王曰 寡人有疾 寡人好色 對曰 昔者 大(太)王好色 愛厥妃 ……當是時也 內無怨女 外無曠夫 王如好色 與百姓同之 於王何有〕"라고 보인다.

••• 乖 어그러질 괴 忤 거스를 오 喩 깨우칠 유

요, 잘못이 있으면 고치기를 꺼리지 말아야 한다."

重出而逸其半[19]이라

거듭 나왔는데, 그중 반절이 빠져 있다.

25. 子曰 三軍은 可奪帥(수)也어니와 匹夫는 不可奪志也니라

孔子께서 말씀하셨다. "三軍의 將帥는 빼앗을 수 있으나 匹夫의 뜻은 빼앗을 수 없다."

侯氏曰 三軍之勇은 在人[20]**하고 匹夫之志는 在己라 故로 帥可奪이나 而志不可奪이니 如可奪이면 則亦不足謂之志矣니라**

侯氏(侯仲良)가 말하였다. "三軍의 용맹은 남에게 달려 있고 匹夫의 뜻은 자신에게 있다. 그러므로 장수는 빼앗을 수 있으나 匹夫의 뜻은 빼앗을 수 없는 것이니, 만약 빼앗을 수 있다면 또한 뜻이라고 이를 수 없는 것이다."

26-1. 子曰 衣敝縕袍하여 與衣狐貉者로 立而不恥者는 其由也與인저

孔子께서 말씀하셨다. "해진 솜옷을 입고서 여우나 담비의 가죽으로 만든 갖옷을 입은 자와 같이 서 있으면서도 부끄러워하지 않는 자는 아마도 由(子路)일 것이다.

敝는 壞也라 縕은 枲著也요 袍는 衣有著者也니 蓋衣之賤者라 狐貉은 以狐貉之皮爲裘니 衣之貴者라 子路之志如此면 則能不以貧富動其心하여 而可以進於道矣라 故로 夫子稱之하시니라

'敝'는 해짐이다. '縕'은 수삼으로 만든 솜이요 '袍'는 옷에 솜을 둔 것이니, 옷 중의 천한(값싼) 것이다. '狐貉'은 여우나 담비의 가죽으로 갖옷을 만든 것이니, 옷 중의 귀한 것이다. 子路

---

19 重出而逸其半 : 앞의 〈學而〉8장에 "君子不重則不威 學則不固 主忠信 無友不如己者 過則勿憚改"라고 보인다. 이에 대해 新安陳氏(陳櫟)는 "弟子들이 각자 들은 바를 기록했기에 상세한 것이 있고 소략한 것이 있다." 하였다.

20 三軍之勇 在人 : 壺山은 "將帥를 위주하여 '남'이라고 말하였으니, '남'은 바로 三軍이다." 하였다.

••• 逸 빠질 일 奪 빼앗을 탈 帥 장수 수 匹 짝 필 敝 해질 폐 縕 헌솜 온, 솜옷 온 袍 솜옷 포 狐 여우 호
貉 담비 학 枲 수삼 시 著 솜 저 裘 갖옷 구

의 뜻이 이와 같다면 貧富로써 그 마음을 동요하지 않아서 道에 나아갈 수 있다. 그러므로 夫子
께서 그를 칭찬하신 것이다.

26-2. 不忮不求면 何用不臧이리오

남을 해치지 않고 남의 것을 탐하지 않는다면 어찌 不臧(不善)을 행하겠는가.

忮는 害也요 求는 貪也요 臧은 善也라 言能不忮不求면 則何爲不善乎리오 此는 衛風雄
雉之詩[21]니 孔子引之하여 以美子路也시니라
呂氏曰 貧與富交에 强者는 必忮하고 弱者는 必求니라

'忮'는 해침이요, '求'는 탐함이요, '臧'은 善함이다. 능히 해치지 않고 탐하지 않는다면 어찌
不善한 짓을 하겠는가라고 말씀한 것이다. 이는 《詩經》〈衛風 雄雉〉의 詩句이니, 孔子께서 이
를 인용하여 子路를 찬미하신 것이다.
呂氏(呂大臨)가 말하였다. "가난한 자가 부자와 사귈 적에 강한 자는 반드시 〈부자를〉 해치
고, 약한 자는 반드시 탐한다."

26-3. 子路終身誦之한대 子曰 是道也 何足以臧이리오

子路가 〈위의 詩句를〉 終身토록 외우자, 孔子께서 말씀하셨다. "이 道(방법)가 어찌
족히 善할 수 있겠는가."

終身誦之면 則自喜其能하여 而不復求進於道矣라 故로 夫子復言此以警之하시니라

終身토록 외운다면 스스로 자신의 능함을 기뻐하여 다시 道에 나아가기를 구하지 않을 것이
다. 그러므로 夫子께서 다시 이를 말씀하여 일깨우신 것이다.

⊙ 謝氏曰 恥惡衣惡食은 學者之大病이니 善心不存이 蓋由於此라 子路之志如此하
니 其過人이 遠矣라 然이나 以衆人而能此면 則可以爲善矣어니와 子路之賢은 宜不止此

---

21 衛風雄雉之詩 : 이 詩는 《詩經》〈邶風〉에 실려 있는데, 여기서 〈衛風〉이라고 한 것은 《詩經》에 나오는
邶와 鄘이 모두 衛나라에 병합되었기 때문이다. 현재 《詩經》에는 〈邶風〉·〈鄘風〉·〈衛風〉이 있으나 詩의
내용은 모두 衛나라가 邶와 鄘을 병합한 뒤의 일이다.

··· 忮 해칠 기 臧 착할 장 雉 꿩 치 誦 욀 송

어늘 而終身誦之하니 則非所以進於日新也라 故로 激而進之하시니라

⊙ 謝氏(謝良佐)가 말하였다. "나쁜 옷과 나쁜 음식을 부끄러워함은 배우는 자들의 큰 병통이니, 善한 마음이 보존되지 못함은 이에 말미암는다. 子路의 뜻이 이와 같았으니, 보통 사람들보다 크게 뛰어난다. 그러나 보통사람으로서 이에 능하다면 훌륭하다 하겠지만, 子路의 어짊은 마땅히 여기에 그쳐서는 안 되는데 종신토록 〈이 詩句만을〉 외웠으니, 그렇다면 이는 날로 새롭게 함에 나아가는 것이 아니다. 그러므로 〈孔子께서〉 격동시켜 나아가게 하신 것이다."

27. 子曰 歲寒然後에 知松柏之後彫(凋)也니라

孔子께서 말씀하셨다. "날씨가 추워진 뒤에야 소나무와 측백나무가 뒤늦게 시듦을 알 수 있다."

范氏曰 小人之在治世엔 或與君子無異요 惟臨利害, 遇事變然後에 君子之所守를 可見也니라

范氏(范祖禹)가 말하였다. "小人이 治世(태평성세)에 있어서는 혹 君子와 다름이 없을 수 있고, 오직 利害를 당하고 事變을 만난 뒤에야 君子의 지킴을 볼 수 있다."

⊙ 謝氏曰 士窮에 見節義하고 世亂에 識忠臣이니 欲學者必周于德이니라

⊙ 謝氏(謝良佐)가 말하였다. "선비가 궁함에 節義를 볼 수 있고 세상이 어지러움에 忠臣을 알 수 있으니, 배우는 자들이 반드시 德에 완비하게 하고자 한 것이다."

28. 子曰 知(智)者는 不惑하고 仁者는 不憂하고 勇者는 不懼니라

孔子께서 말씀하셨다. "지혜로운 자는 의혹하지 않고, 仁한 자는 근심하지 않고, 용맹한 자는 두려워하지 않는다."

明足以燭理故로 不惑하고 理足以勝私故로 不憂하고 氣足以配道義故로 不懼하니 此는 學之序也라

지혜의 밝음이 事理를 밝힐 수 있기 때문에 의혹하지 않고, 天理가 私慾을 이길 수 있기 때문

⋯ 激 격할 격 歲 해 세, 세월 세 柏 측백나무 백 彫 시들 조(凋通) 周 두루 주, 완비할 주 惑 의혹할 혹
懼 두려워할 구 燭 밝을 촉 配 짝할 배

에 근심하지 않고, 氣가 道와 義에 배합되기 때문에 두려워하지 않는 것이니, 이는 學問의 順序이다.

29. 子曰 可與共學이라도 未可與適道며 可與適道라도 未可與立이며 可與立이라도 未可與權[22]이니라

孔子께서 말씀하셨다. "더불어 함께 배울 수는 있어도 함께 道에 나아갈 수는 없으며, 함께 道에 나아갈 수는 있어도 함께 설 수는 없으며, 함께 설 수는 있어도 함께 權道를 행할 수는 없다."

可與者는 言其可與共爲此事也라
程子曰 可與共學은 知所以求之也요 可與適道는 知所往也요 可與立者는 篤志固執而不變也라 權은 稱錘也니 所以稱物而知輕重者也라 可與權은 謂能權輕重하여 使合義也라

'可與'는 더불어 함께 이 일을 할 만함을 말한다.
程子(伊川)가 말씀하였다. "'더불어 함께 배운다.'는 것은 구할 바를 아는 것이요, '함께 道에 나아간다.'는 것은 나아갈 바를 아는 것이요, '함께 선다.'는 것은 뜻을 독실히 하고 굳게 지켜 변하지 않는 것이다. '權'은 저울의 추이니, 물건을 저울질하여 輕重을 아는 것이다. '함께 權道를 행한다.'는 것은 일의 輕重을 저울질하여 義理에 합하게 함을 이른다."

⊙ 楊氏曰 知爲己면 則可與共學矣요 學足以明善然後에 可與適道요 信道篤然後에 可與立이요 知時措之宜然後에 可與權이니라
洪氏曰 易九卦 終於巽以行權[23]하니 權者는 聖人之大用이니 未能立而言權이면 猶人

---

22 未可與權:'權'은 저울의 추로, 물건을 저울질하여 물건의 輕重을 아는 것인데, 이로써 權道를 비유한 것이다. 權道란 처리하기 어려운 일을 당해서 비록 正道는 아니지만 事理를 저울질하여 時宜適切하게 처리함을 이른다.

23 易九卦 終於巽以行權:아홉 괘는 履, 謙, 復, 恒, 損, 益, 困, 井, 巽을 이른다.《周易》〈繫辭傳下〉에 "履로써 행함을 和하게 하고, 謙으로써 禮를 따르고, 復으로써 스스로 알고, 恒으로써 德을 한결같이 하고, 損으로써 해로움을 멀리하고, 益으로써 이로움을 일으키고, 困으로써 원망을 적게 하고, 井으로써 義를 분변하고, 巽으로써 權道를 행한다.〔履以和行 謙以制禮 復以自知 恒以一德 損以遠害 益以興利 困以寡怨 井以辨義 巽以行權〕"라고 보인다.

··· 適 갈 적 權 저울추 권, 저울질할 권 稱 저울 칭, 저울질할 칭 錘 저울추 추 措 조처할 조 卦 점괘 괘

未能立而欲行하여 鮮不仆矣니라

程子曰 漢儒以反經合道爲權이라 故로 有權變權術之論하니 皆非也라 權은 只是經
也니 自漢以下로 無人識權字하니라

愚按 先儒誤以此章으로 連下文偏其反而하여 爲一章이라 故로 有反經合道之說하니
程子非之 是矣라 然이나 以孟子嫂溺援之以手[24]之義로 推之하면 則權與經은 亦當有
辨이니라

⊙ 楊氏(楊時)가 말하였다. "자신을 위한 학문[爲己之學]을 알면 더불어 함께 배울 수 있고,
학문이 충분히 善을 밝게 알 수 있은 뒤에야 함께 道에 나아갈 수 있고, 道에 대한 믿음이 돈독한
뒤에야 함께 설 수 있고, 때에 맞게 조처할 줄을 안 뒤에야 함께 權道를 행할 수 있는 것이다."

洪氏(洪興祖)가 말하였다. "《周易》의 아홉 卦가 '巽으로 權道를 행한다.'는 말로 끝마쳤으
니, 權道는 聖人의 큰 用이다. 능히(제대로) 서지 못하면서 權道를 말하는 것은 마치 사람이 서
지도 못하면서 걷고자 하는 것과 같아서 넘어지지 않는 자가 드물다."

程子(伊川)가 말씀하였다. "漢나라 儒者들은 經道(常道)를 뒤집어 道에 합하는 것을 權道
라고 하였다. 이러므로 權變·權術(권모술수)의 말이 있었으니, 이는 모두 잘못이다. 權道는 다
만 經道일 뿐이니, 漢나라 이후로 權字의 뜻을 안 사람이 없다."

내(朱子)가 살펴보건대, 先儒들이 잘못하여 이 章을 아래의 '偏其反而'와 연결시켜서 한 章
으로 삼았다. 그러므로 '經道를 뒤집어 道에 합한다.'는 말이 있게 되었으니, 程子가 이를 잘못
이라 하신 것이 옳다. 그러나《孟子》에 '嫂(형수와 제수)가 물에 빠졌을 경우에는 손으로 구원해
준다.'는 뜻으로 미루어 본다면 權道와 經道는 또한 마땅히 분별이 있어야 할 것이다.

30-1. 唐棣之華여 偏其反(번)而로다 豈不爾思리오마는 室是遠而니라

唐棣(산사나무)의 꽃이여! 바람에 흔들리는구나. 어찌 너를 생각하지 않으리오마는 집
이 멀기 때문이다.

唐棣는 郁李也[25]라 偏은 晉書作翩하니 然則反亦當與翻同이니 言華之搖動也라 而는

---

24 孟子嫂溺援之以手:《孟子》〈離婁上〉 17章에 "남녀 간에 주고받기를 친히 하지 않음은 禮이고, 嫂(형수
와 제수)가 물에 빠졌으면 손으로 구원함은 權道이다.〔男女授受不親 禮也 嫂溺援之以手者 權也〕"라
고 보인다.

25 唐棣 郁李也:丁學游의《詩名多識》에 "唐棣(산사나무)를 郁李(산앵두나무)라고 한 것은 잘못일 것이

••• 仆 쓰러질 부 儒 선비 유 偏 펄럭일 편 嫂 형수 수, 제수 수 溺 빠질 닉 援 도울 원 棣 아가위(산사) 체
華 꽃 화 偏 펄럭일 편 反 뒤집힐 번 爾 너 이 郁 성할 욱 翩 나부낄 편 翻 뒤집힐 번

助語也라 此는 逸詩也니 於六義에 屬興[26]이라 上兩句는 無意義하고 但以起下兩句之辭耳라 其所謂爾는 亦不知其何所指也로라

'唐棣'는 郁李(산앵두나무)이다. '偏'은 《晉書》에는 翩으로 되어 있으니, 그렇다면 '反'도 또한 마땅히 翻과 같아야 할 것이니, 꽃의 흔들림(되침)을 말한 것이다. '而'는 어조사이다. 이 詩는 逸詩이니, 六義에 있어 興에 속한다. 앞의 두 句는 뜻이 없고, 다만 아래 두 句의 말을 일으켰을 뿐이다. 여기에 이른바 '너'란 것은 또한 누구를 가리킨 것인지 알 수 없다.

30-2. 子曰 未之思也언정 夫何遠之有리오

孔子께서 말씀하셨다. "생각하지 않을지언정 어찌 멂이 있겠는가."

夫子借其言而反之하시니 蓋前篇仁遠乎哉[27]之意니라

夫子께서 詩의 말을 빌어 뒤집어(반대로) 말씀하신 것이니, 이는 앞 篇에 "仁이 멀리 있는가?"라는 뜻이다.

⊙ 程子曰 聖人이 未嘗言易(이)以驕人之志하고 亦未嘗言難以阻人之進하시고 但曰 未之思也언정 夫何遠之有리오하시니 此言이 極有涵蓄하여 意思深遠하니라

⊙ 程子(伊川)가 말씀하였다. "聖人은 일찍이 쉬움을 말씀하여 사람들의 뜻(마음)을 교만하게 하지도 않고, 또한 어려움을 말씀하여 사람들의 진전을 가로막지도 않으시고, 다만 말씀하시기를 '생각하지 않을지언정 어찌 멂이 있겠는가.'라고 하셨으니, 이 말씀이 지극히 함축성이 있어서 뜻이 深遠하다."

다." 하였다.

26 逸詩也……屬興 : '逸詩'는 《詩經》에 누락된 詩를 이른다. 六義는 《詩經》의 여섯 가지 大義로 風·雅·頌의 三經과 興·賦·比의 三緯를 이르는바, 風·雅·頌은 詩의 내용과 성질을 말하고 興·賦·比는 詩의 體裁와 서술방식을 말한다. 風은 마치 물건이 바람의 움직임에 따라 소리가 나고 그 소리가 또다시 물건을 움직이는 것과 같다 하여 붙인 이름으로 閭巷의 가요이고, 雅는 正樂의 노래인데 大雅와 小雅로 나뉘고 또 正大雅와 變大雅, 正小雅와 變小雅로 나뉜다. 頌은 先王의 훌륭한 덕을 찬미한 것으로 神明에게 성공을 알리는 樂章이다. 興은 물건에 가탁하여 말을 시작하는 것이고, 賦는 있는 사실을 그대로 읊는 것이며, 比는 비유하여 읊는 것을 이른다.

27 前篇仁遠乎哉 : 위 〈述而〉 29장에 "仁이 멀리 있는가? 내가 仁을 하고자 하면 仁이 당장 이른다.〔仁遠乎哉 我欲仁 斯仁至矣〕"라고 보인다.

··· 逸 빠질 일 遠 멀 원 借 빌릴 차 驕 교만할 교 阻 막힐 조 涵 담글 함 蓄 쌓을 축

鄕黨 第十

楊氏曰 聖人之所謂道者는 不離乎日用之間也라 故로 夫子之平日에 一動一靜을 門人이 皆審視而詳記之하니라

尹氏曰 甚矣라 孔門諸子之嗜學也여 於聖人之容色言動에 無不謹書而備錄之하여 以貽後世하니 今讀其書하고 卽其事하면 宛然如聖人之在目也라 雖然이나 聖人이 豈拘拘而爲之者哉시리오 蓋盛德之至에 動容周旋이 自中乎禮耳라 學者欲潛心於聖人인댄 宜於此求焉이니라

舊說에 凡一章이러니 今分爲十七節하노라

楊氏(楊時)가 말하였다. "聖人의 이른바 道라는 것은 日用(일상생활)의 사이에서 벗어나지 않는다. 그러므로 夫子의 平日(평소)의 一動一靜을 門人들이 모두 살펴보고 자세히 기록한 것이다."

尹氏(尹焞)가 말하였다. "아, 심하다! 孔門의 여러 弟子들이 배움을 좋아함이여. 聖人의 용모와 얼굴빛과 말씀과 행동을 모두 삼가 쓰고 자세히 기록해서 後世에 남겨 주었으니, 이제 그 글을 읽고 그 일에 나아가 보면 완연히 聖人이 눈앞에 계신 듯하다. 그러나 聖人이 어찌 얽매여서 이것을 하셨겠는가. 훌륭한 德이 지극함에 행동하고 주선함이 자연히 禮에 맞았을 뿐이다. 배우는 자들이 聖人에 潛心하려고 한다면 마땅히 여기에서 찾아야 할 것이다."

옛 주석에는 모두 한 章이었으나 이제 나누어 17節로 만들었다.

··· 離 떠날 리 審 살필 심 詳 자세할 상 嗜 즐길 기 貽 줄 이 宛 완연할 완 拘 거리낄 구 旋 돌 선 潛 잠길 잠

1-1. 孔子於鄕黨에 恂恂如也하사 似不能言者러시다

孔子께서 鄕黨(지방)에 계실 적에는 信實하게 하시어 말씀을 잘하지 못하는 것처럼 하셨다.

恂恂은 信實之貌라 似不能言者는 謙卑遜順하여 不以賢知(智)先人也라 鄕黨은 父兄 宗族之所在라 故로 孔子居之에 其容貌辭氣如此하시니라

'恂恂'은 信實한 모양이다. '말씀을 잘하지 못하는 것처럼 한다'는 것은 겸손하고 낮추고 순순하여 어짊과 지혜로써 남에게 앞서려고 하지 않는 것이다. 鄕黨은 父兄과 宗族이 계신 곳이므로 孔子께서 居하실 적에 그 용모와 말씀이 이와 같으셨던 것이다.

1-2. 其在宗廟朝廷하사는 便便言하사되 唯謹爾러시다

孔子께서 宗廟와 朝廷에 계실 적에는 말씀을 잘하시되 다만 삼가셨다.

便便은 辯也라 宗廟는 禮法之所在요 朝廷은 政事之所出이니 言不可以不明辨이라 故로 必詳問而極言之로되 但謹而不放爾시니라

'便便'은 말을 잘하는 것이다. '宗廟'는 禮法이 있는 곳이요 '朝廷'은 政事가 나오는 곳이니, 말을 명확하게 하지 않을 수 없다. 그러므로 반드시 자세히 묻고 극진히 말씀하되 다만 삼가서 함부로 하지 않으셨을 뿐이다.

⊙ 此一節은 記孔子在鄕黨宗廟朝廷言貌之不同하니라

⊙ 이 한 節은 孔子께서 鄕黨과 宗廟와 朝廷에 계실 때의 言語와 容貌가 똑같지 않음을 기록한 것이다.

2-1. 朝에 與下大夫言에 侃(간)侃如也하시며 與上大夫言에 誾(은)誾如也러시다

朝廷에서 下大夫와 말씀하실 적에는 剛直하게 하셨으며, 上大夫와 말씀하실 적에는 和樂하게 하셨다.

••• 恂 성실할 순 遜 겸손할 손 廟 사당 묘 便 말잘할 변 放 함부로할 방 侃 강직할 간 誾 화할 은

此는 君未視朝時也라 王制에 諸侯의 上大夫는 卿이요 下大夫는 五人[1]이라 許氏說文에 侃侃은 剛直也요 誾誾은 和悅而諍也라

이것은 군주가 朝會를 보지 않을 때이다. 《禮記》〈王制〉에는 "諸侯의 上大夫는 卿이요, 下大夫는 다섯 사람이다." 하였다. 許氏(許愼)의 《說文解字》에 "'侃'은 剛直함이요, '誾'은 和悅하면서 간하는 것이다." 하였다.

2-2. 君在어시든 踧踖(축적)如也하시며 與與如也러시다

군주가 계시거든 공경하여 편안치 않은 모습이셨고, 위의가 알맞은 모습이셨다.

君在는 視朝也라 踧踖은 恭敬不寧之貌요 與與는 威儀中適之貌라 張子曰 與與는 不忘向君也라하니 亦通이라

'君在'는 군주가 朝會를 볼 때이다. '踧踖'은 공경하여 편안치 않은 모양이고, '與與'는 威儀가 알맞은 모양이다. 張子(張橫渠)는 "'與與'는 군주에게 향하는 마음을 잊지 않는 것이다." 하였으니, 이 또한 통한다.

⊙ 此一節은 記孔子在朝廷事上接下之不同也니라

⊙ 이 한 節은 孔子께서 朝廷에 계실 적에 윗사람을 섬기고 아랫사람을 대하심에 있어 똑같지 않음을 기록한 것이다.

3-1. 君召使擯(빈)이어든 色勃如也하시며 足躩(확)如也러시다

군주가 불러 擯을 시키시면 낯빛을 변하시며 발걸음을 조심하셨다.

---

1 王制……五人 : 원래 《禮記》〈王制〉에는 "諸侯의 上大夫인 卿과 下大夫와 上士와 中士와 下士 모두 다섯 등급이다.〔諸侯之上大夫卿 下大夫上士中士下士 凡五等〕"라고 하였고, 그 뒤에 "天子는 三公과 九卿, 27명의 大夫와 81명의 元士가 있으며, 큰 제후국은 三卿을 모두 天子에게서 임명받고 下大夫가 5명이다.〔天子三公 九卿 二十七大夫 八十一元士 大國三卿皆命於天子 下大夫五人〕"라고 하였는데, 이를 축약하여 쓴 것이다.

⋯ 卿 벼슬 경 諍 간할 쟁 踧 조심하여걸을 축 踖 조심하여걸을 적(척) 適 알맞을 적 擯 손님맞는사신 빈 勃 낯변할 발 躩 발굽힐 확(곽)

擯은 主國之君이 所使出接賓者라 勃은 變色貌요 躩은 盤辟(躄)貌²니 皆敬君命故也라

'擯'은 주인된 나라의 군주가 나가서 손님을 접대하게 한 자이다. '勃'은 낮빛을 변하는 모양이요, '躩'은 발자국을 〈마음대로 떼지 못하고〉 조심하는 모양이니, 모두 군주의 명령을 공경하기 때문이다.

3-2. 揖所與立하사되 左右手러시니 衣前後 襜如也러시다

함께 서 있는 동료의 擯에게 揖하시되 손을 좌로 하고 우로 하셨는데, 옷의 앞뒷자락이 가지런하셨다.

所與立은 謂同爲擯者也라 擯은 用命數之半하니 如上公九命이면 則用五人하여 以次傳命이라 揖左人則左其手하고 揖右人則右其手³라 襜은 整貌라

'함께 서있는 바'란 함께 擯이 된 자를 이른다. 擯은 命數의 반절을 쓰니, 예를 들면 9命인 上公이면 다섯 사람을 써서 차례로 命을 전달한다. 왼쪽 사람에게 揖할 적에는 손을 왼쪽으로 하고, 오른쪽 사람에게 揖할 적에는 손을 오른쪽으로 하는 것이다. '襜'은 가지런한 모양이다.

3-3. 趨進에 翼如也러시다

빨리 걸어 나아가실 적에 새가 날개를 편 듯하셨다.

疾趨而進에 張拱⁴端好하여 如鳥舒翼이라

빨리 추창하여(종종걸음으로 달려) 나아갈 적에 팔을 펴고 손을 모은 것이 단정하고 아름다워, 마치 새가 날개를 편 것과 같은 것이다.

---

2 躩 盤辟貌:'盤辟'은 두려워서 발걸음을 경쾌하게 내디뎌 나아가지 못하고 머뭇거리며 약간 저는 듯함을 이른다. 그러나 楊伯峻은 皇侃의 《義疏》 중 '한가하게 걷지 않는 것을 躩이라 하니, 빠른 모양이다.'라고 한 江熙의 설을 취하였다.

3 揖左人則左其手 揖右人則右其手:朱子는 왼쪽 사람에게 읍하는 것은 傳命이 나가는 것이고, 오른쪽 사람에게 읍하는 것은 傳命이 들어오는 것이라고 하였다.《語類》

4 張拱:張臂拱手의 줄임말로 팔을 펴고 손을 모은 것이다.

··· 盤 서릴 반 辟 절뚝거릴 벽 揖 읍할 읍 襜 가지런할 첨 整 가지런할 정 趨 빨리갈 추 舒 펼 서 翼 날개 익

3-4. 賓退어든 必復命⁵日 賓不顧矣라하더시다

손님(국빈)이 물러가면 반드시 復命하시기를 "손님이 돌아보지 않고 잘 갔습니다." 하셨다.

紓君敬⁶也라

군주의 공경을 풀게 한 것이다.

⊙ 此一節은 記孔子爲君擯相⁷之容하니라

⊙ 이 한 節은 孔子께서 군주를 위하여 擯相이 되셨을 때의 모양을 기록한 것이다.

4-1. 入公門하실새 鞠躬如也하사 如不容이러시다

公門(궁문)에 들어가실 적에 몸을 굽히시어 용납하지 못하는 듯이 하셨다.

鞠躬은 曲身也라 公門이 高大로되 而若不容은 敬之至也라

'鞠躬'은 몸을 굽힘이다. 公門이 높고 큰데도 용납하지 못하는 듯이 하신 것은 공경하기를 지극히 하신 것이다.

4-2. 立不中門하시며 行不履閾(역)이러시다

서 있을 때에는 문 가운데에 서지 않으시고, 다니실 때에는 閾을 밟지 않으셨다.

---

5 復命 : 茶山은 "'復命'은 命을 받들어 擯이 되었다가 그 일이 모두 끝났기 때문에 復命한 것이다.〔復命者 承命作擯 其事已畢 故復命也〕" 하였다.

6 紓君敬 : 國賓이 떠난 후에 혹시라도 未盡한 일이 있어 되돌아올까 염려하여 君主가 서 있기 때문에 "손 님이 뒤돌아보지 않고 잘 갔다."고 말함으로써 군주의 공경을 풀게 한 것이다.

7 擯相 : 朱子는 "'相'은 禮儀를 돕는 것이고, '擯'은 言語를 전달하는 것이다.〔相是相其禮儀 擯是傳道 言語〕" 하였다.《語類》. 鄭玄은 "나가서 賓을 맞이할 경우에는 '擯', 들어와서 禮를 도울 경우에는 '相' 이라고 한다.〔出接賓曰擯 入贊禮曰相〕" 하였다.《周禮 秋官司寇 司儀 注》).

··· 拱 두손마주잡을 공 舒 풀 서 顧 돌아볼 고 紓 펼 서 鞠 굽힐 국 躬 몸 궁 履 밟을 리 閾 문지방 역

中門은 中於門也니 謂當棖闑(정얼)之間[8]이니 君出入處也라 闑은 門限也라 禮에 士大夫出入公門에 由闑右하고 不踐闑이라

謝氏曰 立中門則當尊이요 行履闑則不恪이니라

'中門'은 문의 한가운데에 서는 것이다. 棖과 闑의 사이를 이르니, 군주가 출입하는 곳이다. '闑'은 문의 한계이다. 禮에 "士大夫가 公門을 출입할 적에는 闑의 오른쪽으로 다니고 闑을 밟지 않는다." 하였다.

謝氏(謝良佐)가 말하였다. "설 때에 문 한가운데에 서면 尊者의 자리에 서는 것이고, 闑을 밟으면 조심스럽지 못한 것이다."

4-3. 過位하실새 色勃如也하시며 足躩如也하시며 其言이 似不足者러시다

〈군주가 계시던〉 자리를 지나실 적에 낯빛을 변하시고 발을 조심하시며, 말씀이 부족한 듯이 하셨다.

---

8 中門……謂當棖闑之間：棖闑에 대하여는 해설이 각기 다르다. 첫 번째 說은 "闑을 문의 중앙에 세운 짧은 나무라 하여, 문 중간에 한 짧은 나무를 세우고 동쪽을 闑東, 서쪽을 闑西라 한다." 하였다. 두 번째 說은 "옛날에 문에 두 闑이 있으며 두 얼 가운데를 中門이라 하고 두 얼의 곁을 모두 棖이라 하니, 반드시 이것을 설치하는 까닭은 높은 사람과 낮은 사람이 출입하는 절도로 삼기 위해서이다. 한 문을 반드시 셋으로 나누어 두 얼로 한계를 지어서 가운데를 중문이라 하고 동쪽을 闑東이라 하고 서쪽을 闑西라 한다." 하였다. 朱子는 "문 양곁에 棖이 있다. 棖은 지금의 袞頭와 유사하며, 闑은 문의 한가운데에 있어 문을 막는 것이니 지금의 城門에 있다.〔扉之兩旁有棖……棖 如今袞頭相似 闑 當中礙門者 今城門有之〕" 하고,《語類》또 "문의 좌우 쪽에는 각기 가운데가 있

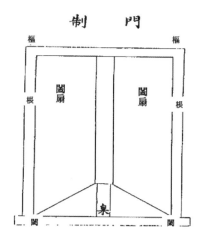

으니,《禮記》〈玉藻〉에 이른바 '문의 왼쪽을 닫고 그 가운데에 선다.'라고 한 것이 이것이다.〔門之左右扉 各有中 所謂闔門左扉 立於其中 是也〕" 하였다.《或問》雙峰饒氏(饒魯)는 "棖은 대문 양 곁의 나무이니, 지금의 壁尺과 서로 유사하다." 하였다. 茶山은 "임금이 출입할 적에 闑의 오른쪽으로 하는 것은, 이웃나라의 임금이 來聘하면 賓은 闑의 서쪽으로 통행하고 主君은 闑의 동쪽(오른쪽)으로 통행하기 때문이다. 신하가 闑의 오른쪽으로 통행하는 것은, 감히 賓禮로 자처할 수 없어서이다. 그렇다면 이른바 '立不中門'은 闑 오른쪽의 중앙에 서지 않는다는 것이지, 두 문짝의 중앙을 이르는 것이 아니다.〔君出入由闑右者 鄰國之君來聘 則賓由闑西 主君由闑東故也 人臣由闑右者 不敢自居以賓禮也 則所謂立不中門者 不中於闑右之中央 非謂兩扉之中央也〕" 하였다. 위의 그림은《欽定儀禮義疏》에 실려 있는 것으로 一闑의 제도이다.

••• 棖 문설주 정 闑 문지방 얼 恪 조심할 각

位는 君之虛位니 謂門屛之間, 人君宁(저)立之處니 所謂宁也[9]라 君雖不在나 過之必敬은 不敢以虛位而慢之也라 言似不足은 不敢肆也라

'位'는 군주의 빈자리인바, 문과 屛의 사이로 人君이 〈조회볼 때에 신하들을〉 기다리며 서 있는 곳을 이르니, 이른바 '宁'라는 것이다. 군주가 계시지 않더라도 지날 때에 반드시 공경함은 감히 빈자리라고 해서 함부로 하지 않은 것이다. '말씀이 부족한 듯이 한다.'는 것은 감히 함부로 하지 않은 것이다.

4-4. 攝齊(자)升堂하실새 鞠躬如也하시며 屛氣하사 似不息者러시다

옷자락을 잡고 堂에 오르실 적에 몸을 굽히시며 숨을 죽이시어 숨 쉬지 않는 것처럼 하셨다.

攝은 摳也요 齊는 衣下縫也라 禮에 將升堂할새 兩手摳衣하여 使去地尺하니 恐躡之而傾跌失容也라 屛은 藏也요 息은 鼻息出入者也니 近至尊에 氣容肅也라

'攝'은 걷어잡음이요, '齊'는 옷 아래의 꿰맨 곳이다. 禮에 "장차 堂에 오르려고 할 적에 두 손으로 옷자락을 걷어잡아 땅에서 한 자쯤 떨어지게 한다." 하였으니, 옷자락을 밟아 몸이 기울고 넘어져서 용모를 잃을까 두려워해서이다. '屛'은 감춤이요 '息'은 코의 숨이 나가고 들어오는 것이니, 至尊을 가까이 함에 숨 쉬는 모양이 엄숙한 것이다.

4-5. 出降一等하사는 逞(령)顔色하사 怡怡如也하시며 沒階하사는 趨(進)翼如也하시며 復其位하시는 踧踖如也리시다

나와서 한 층계를 내려서서는 얼굴빛을 펴서 화평하게 하시며, 층계를 다 내려와서는 종종걸음으로 걸으시되 새가 날개를 편 듯이 하시며, 자기 자리로 돌아와서는 공경하여 편안치 않은 모습이셨다.

---

9 位……所謂宁也: 《禮記》 〈曲禮下〉에 "天子가 依(屛)를 마주하여 서 있을 때 諸侯가 北面하여 天子를 뵙는 것을 '覲'이라 하고, 天子가 宁를 마주하여 서 있을 때 諸公은 東向을 하고 諸侯는 西向하여 뵙는 것을 '朝'라 한다.〔天子當依而立 諸侯北面而見天曰覲 天子當宁而立 諸公東面 諸侯西面曰朝〕" 하였다. 《爾雅》에 "門과 屛 사이를 宁라 한다." 하였고, '依'는 扆(병풍 의)와 통한다.

••• 屛 병풍 병　宁 기다릴 저　慢 거만할 만　肆 방자할 사　攝 잡을 섭　齊 옷자락 자　屛 감출 병　息 숨쉴 식
　　摳 잡을 구　縫 꿰맬 봉　升 오를 승　躡 밟을 섭　傾 기울 경　跌 넘어질 질　降 내릴 강　逞 풀 령　怡 화할 이
　　沒 다할 몰　階 섬돌 계　趨 달려갈 추, 추창할 추

陸氏曰 趨下에 本無進字어늘 俗本에 有之하니 誤也라

⊙ 等은 階之級也라 逞은 放也라 漸遠所尊하니 舒氣解顔이라 怡怡는 和悅也라 沒階는 下盡階也라 趨는 走就位也라 復位踧踖은 敬之餘也라

陸氏(陸德明)가 말하였다. "趨字 아래에 본래 進字가 없는데 俗本에 있으니, 이는 잘못이다."

⊙ '等'은 계단의 등급(층계)이다. '逞'은 폄이다. 높이는 곳을 점점 멀리 하니 기운을 펴고 〈긴장되었던〉 얼굴을 펴는 것이다. '怡怡'는 화평하고 기쁜 것이다. '沒階'는 계단을 다 내려온 것이다. '趨'는 종종걸음으로 걸어서 자기 자리로 나아가는 것이다. 자기 자리로 돌아와서 공경하여 편안치 않은 모습이셨던 것은 공경이 아직 남은 것이다.

⊙ 此一節은 記孔子在朝之容하니라

⊙ 이 한 節은 孔子께서 朝廷에 계실 때의 모습을 기록한 것이다.

5-1. 執圭하사되 鞠躬如也하사 如不勝하시며 上如揖하시고 下如授하시며 勃如戰色하시며 足蹜蹜如有循이러시다

命圭를 잡으시되 몸을 굽히시어 이기지(감당하지) 못하는 듯이 하셨으며, 〈命圭를 잡는 위치는〉 위로는 서로 揖할 때와 같게 하시고 아래로는 물건을 줄 때와 같게 하시며, 낯빛을 변하여 두려워하는 빛을 띠시며, 발걸음을 좁고 낮게 떼시어 물건을 따르듯이 하셨다.

圭는 諸侯命圭[10]니 聘問鄰國이면 則使大夫로 執以通信이라 如不勝은 執主器에 執輕如不克이니 敬謹之至也라 上如揖, 下如授는 謂執圭平衡하여 手與心齊하여 高不過揖하고 卑不過授也라 戰色은 戰而色懼也라 蹜蹜은 擧足促狹也라 如有循은 記所謂擧前曳(예)踵이니 言 行不離地하여 如緣物也라

'圭'는 諸侯의 命圭이니, 이웃나라에 聘問하게 되면 大夫로 하여금 이것을 잡아서 信을 통하는 것이다. '이기지 못하는 듯이 하는 것'은 군주의 器物을 잡음에 가벼운 것을 잡아도 이기

---

10 圭 諸侯命圭:《周禮》《冬官考工記》에 "9寸의 命圭를 桓圭라 하는데 公이 보관한다. 7寸의 命圭를 信圭라 하는데 侯가 보관한다. 7寸의 命圭를 躬圭라 하는데 伯이 보관한다.-命圭란 王이 命한 바의 圭이다. 朝覲할 때 잡고 평상시에는 보관한다. 子는 穀璧을 보관하고 男은 蒲璧을 보관한다.-"하였다.

··· 級 등급 급 授 줄 수 戰 두려울 전 蹜 종종걸음칠 축 循 따를 순 聘 맞이할 빙 鄰 이웃 린 圭 홀 규 促 좁을 촉 狹 좁을 협 曳 끌 예 踵 발꿈치 종 緣 따를 연

지 못하는 것처럼 하는 것이니, 공경하고 삼감이 지극한 것이다. '上如揖·下如授'는 圭를 잡는 것이 평형을 이루어 손이 심장 부위와 가지런해서, 높아도 揖할 때의 위치를 지나지 않고 낮아도 물건을 줄 때의 위치를 지나지 않는 것이다. '戰色'은 조심하여 얼굴빛이 두려워하는 것이다. '蹜蹜'은 발걸음을 좁게 떼는 것이다. '如有循'은 《禮記》에 이른바 "발을 들되 발꿈치를 끈다." 는 것이니, 걸음이 땅에서 떨어지지 않아 마치 물건을 따르는 것과 같음을 말한다.

5-2. 享禮에 有容色하시며

燕享하는 禮席에서는 온화한 낯빛이 있으셨다.

享은 獻也니 旣聘而享에 用圭璧하고 有庭實이라 有容色은 和也니 儀禮曰 發氣滿容[11] 이라하니라

'享'은 물건을 드림이니, 聘問이 끝나고 燕享을 베풀 적에 圭璧을 사용하고 뜰에 각종 禮物을 진열해 놓는다. '容色이 있다'는 것은 얼굴이 온화함이니, 《儀禮》에 이르기를 "〈燕享할 때에는〉 기운을 펴 화기가 얼굴에 가득하게 한다." 하였다.

5-3. 私覿(적)에 愉愉如也러시다

사사로이 만나보실 적에는 화평하게 하셨다.

私覿은 以私禮見(현)也라 愉愉則又和矣라

'私覿'은 사사로운(비공식적인) 禮로 만나보는 것이다. '愉愉'는 더욱 온화한 것이다.

⊙ 此一節은 記孔子爲君聘於鄰國之禮也니라
晁氏曰 孔子定公九年에 仕魯라가 至十三年에 適齊하시니 其間에 絶無朝聘往來之事라 疑使擯執圭兩條는 但孔子嘗言其禮當如此爾시니라

⊙ 이 한 節은 孔子께서 군주를 위하여 이웃나라에 聘問하신 禮를 기록한 것이다.
晁氏(晁說之)가 말하였다. "孔子께서 定公 9年에 魯나라에서 벼슬하시고, 13年에 이르러

---

11 發氣滿容:《儀禮》〈聘禮〉에는 "發氣焉盈容"으로 되어 있다.

••• 享 잔치 향 璧 둥근옥 벽 庭 뜰 정 實 채울 실 覿 볼 적 愉 화할 유

鄕黨 第十 · 265

齊나라에 가셨으니, 그 사이에 조회하거나 빙문하여 타국에 왕래하신 일이 전혀 없다. 의심컨대 擯·相이 되고 命圭를 잡는 두 조항은 다만 孔子께서 일찍이 그 禮가 마땅히 이와 같아야 한다고 말씀하신 듯하다."

6-1. 君子는 不以紺緅(감추)飾하시며

君子는 紺色과 붉은 색으로 옷을 선두르지 않으시며,

君子는 謂孔子라 紺은 深靑揚赤色이니 齊(재)服也라 緅는 絳色이니 三年之喪에 以飾練服[12]也라 飾은 領緣也라

'君子'는 孔子를 이른다. '紺'은 짙게 푸르러 붉은 빛깔을 드러내는 것이니, 재계할 때에 입는 옷이다. '緅'는 붉은 색이니, 3年喪에 練服을 선두르는 것이다. '飾'은 옷깃에 선두르는 것이다.

6-2. 紅紫로 不以爲褻服이러시다

홍색과 자주색으로는 평상복을 만들지 않으셨다.

紅紫는 間色[13]이니 不正이요 且近於婦人女子之服也라 褻服은 私居服也라 言此則不以爲朝祭之服을 可知니라

紅色과 紫色은 間色이니 바르지 않고 또 婦人과 女子의 옷 색깔에 가깝다. '褻服'은 사사로이 있을 때에 입는 옷이다. 이것을 말했으면 이러한 색깔로 朝服과 祭服을 만들지 않았음을 알 수 있다.

6-3. 當暑하사 袗絺綌(치격)을 必表而出之러시다

더위를 당하시어 가는 葛布와 굵은 葛布로 만든 홑옷을 반드시 겉에 입으셨다.

---

12 練服: 마전한 삼베로 만든 상복인데, 小祥 때에 입었다.

13 紅紫 間色: 靑·黃·赤·白·黑을 正色이라 하고 綠·紅·碧·紫·騮黃을 間色이라 하는바, 옛날 正色은 五方의 바른 색깔이라 하여 좋게 보고, 間色은 중간 색깔이라 하여 바르지 못한 색깔로 생각하였다. 紅色은 赤色과 黃色의 중간 색깔이고 紫色은 赤色과 黑色의 중간 색깔이다.

··· 紺 아청 감 緅 붉을 추 飾 선두를 식 絳 붉을 강 練 상복 련 領 옷깃 령 緣 선두를 연 紫 자줏빛 자
褻 평상복 설 暑 더울 서 袗 홑옷 진 絺 가는갈포 치 綌 굵은갈포 격

袗은 單也라 葛之精者曰絺요 麤者曰綌이라 表而出之는 謂先著^(착)裏衣하고 表絺綌而出之於外니 欲其不見^(현)體也라 詩所謂蒙彼縐絺가 是也라

'袗'은 홑옷이다. 葛布의 고운 것을 '絺'라 하고 거친 것을 '綌'이라 한다. '表而出之'는 먼저 속옷을 입고 갈포옷을 겉에 입어서 밖에 드러내는 것이니, 그 몸을 나타내지 않고자 해서이다. 《詩經》〈鄘風 君子偕老〉에 이른바 "저 고운 갈포옷을 위에 입는다."는 것이 이것이다.

6-4. 緇衣엔 羔裘요 素衣엔 麑^(예)裘요 黃衣엔 狐裘러시다

검은 옷에는 검은 염소 가죽 갓옷을 입고, 흰옷에는 흰 사슴 새끼 가죽 갓옷을 입고, 누런 옷에는 누런 여우 가죽 갓옷을 입으셨다.

緇는 黑色이라 羔裘는 用黑羊皮라 麑는 鹿子니 色白이요 狐는 色黃이라 衣以裼裘하니 欲其相稱이라

'緇'는 검정색이다. '羔裘'는 검은 염소의 가죽을 사용하여 만든 것이다. '麑'는 사슴 새끼이니 색깔이 희고, 여우는 색깔이 누렇다. 옷을 갓옷 위에 덧입으니, 〈같은 색을 쓰는 것은〉 색깔이 서로 걸맞고자 해서이다.

6-5. 褻裘는 長호되 短右袂러시다

평상시에 입는 갓옷은 길게 하되, 오른쪽 소매를 짧게 하셨다.

長은 欲其溫이요 短右袂는 所以便作事라

'길게 한 것'은 따뜻하게 하려고 해서이고, '오른쪽 소매를 짧게 한 것'은 일하는데 편하게 하려고 해서이다.

6-6. 必有寢衣하시니 長이 一身有半이러라

반드시 잠옷이 있으셨으니, 길이가 한 길하고 또 반이었다.

••• 麤 거칠 추 裏 속 리 蒙 뒤집어쓸 몽 縐 가는갈포 추 緇 검을 치 羔 염소 고 裘 갓옷 구 麑 사슴새끼 예 狐 여우 호 鹿 사슴 록 裼 웃옷 석 稱 걸맞을 칭 褻 평상복 설 短 짧을 단 袂 옷소매 메 寢 잠잘 침

齊(재)主於敬하니 不可解衣而寢이요 又不可著(착)明衣而寢이라 故로 別有寢衣라 其
半은 蓋以覆(부)足이라

程子曰 此는 錯簡이니 當在齊必有明衣布之下니라

愚謂 如此면 則此條與明衣變食으로 旣得以類相從하고 而褻裘狐貉도 亦得以類相
從矣[14]니라

재계는 敬을 주장하니, 옷을 벗고 잘 수 없고 또 明衣(재계할 때 입는 옷)를 입고 잘 수도 없다.
그러므로 별도로 잠옷이 있었던 것이다. 그 반은 아마도 발을 덮기 위해서인 듯하다.

程子(伊川)가 말씀하였다. "이것은 錯簡이니, 마땅히 〈뒤에 나오는〉 '齊必有明衣 布'의 아래
에 있어야 할 것이다."

나는 생각하건대 程子의 말씀과 같이 하면 이 조항이 明衣 · 變食이란 글과 같은 類끼리 서로
따르고, 褻裘와 狐貉도 같은 類끼리 서로 따르게 된다.

6-7. 狐貉(학)之厚로 以居러시다

여우와 담비의 두터운 (푹신한) 가죽옷으로 거처하셨다.

狐貉은 毛深溫厚하니 私居에 取其適體라

여우와 담비는 털이 길어 따뜻하고 푹신하니, 사사로이 거처할 때에 몸에 알맞음을 취하신 것이다.

6-8. 去喪하사는 無所不佩러시다

脫喪하시고는 〈佩物을〉 차지 않는 것이 없으셨다.

君子無故면 玉不去身하니 觿礪(휴려)之屬을 亦皆佩也라

君子는 연고(喪)가 없으면 玉이 몸에서 떠나지 않으니, 뿔송곳과 숫돌 따위도 모두 몸에 차는
것이다.

---

14 此條與明衣變食……亦得以類相從矣 : '以類相從'은 비슷한 것끼리 서로 모여있는 것으로, 程子의 말
씀과 같이 하면 재계할 때의 내용인 明衣와 變食과 寢衣 세 조항이 나란히 이어지고, 여기의 褻裘와 狐
貉도 서로 연결되므로 말한 것이다.

••• 齊 재계할 재 著 입을 착 覆 덮을 부 錯 뒤바꿀 착 狐 여우 호 貉 담비 학 佩 찰 패 觿 뿔송곳 휴 礪 숫돌 려

6-9. 非帷裳이어든 必殺(쇄)之러시다

帷裳(주름치마)이 아니면 반드시 〈치마의 허리통에 주름을 잡지 않고〉 줄여서 꿰매셨다.

朝祭之服은 裳用正幅如帷하여 要(腰)有襞積而旁無殺(쇄)縫이요 其餘若深衣는 要半下하고 齊(자)倍要하니 則無襞積而有殺縫矣니라

朝服과 祭服은 치마에 正幅(온폭)을 사용하여 휘장 같이 만들어서 허리에 襞積(주름)이 있고 옆에 줄여서 꿰매는 것이 없고, 그 나머지 深衣 같은 것은 허리폭이 아랫단의 반쯤 되고 아랫단이 허리폭의 배가 되니, 〈허리에〉 襞積이 없고 〈옆에〉 줄여서 꿰매는 것이 있다.

6-10. 羔裘玄冠으로 不以弔러시다

염소 가죽 갓옷과 검은 冠차림으로 弔問하지 않으셨다.

喪主素하고 吉主玄하니 弔必變服은 所以哀死라

초상은 흰 것을 주장하고 吉事는 검은 것을 주장하니, 弔問할 적에 반드시 옷을 바꿔 입는 것은 죽은 이를 슬퍼하기 위해서이다.

6-11. 吉月에 必朝服而朝러시다

吉月(초하루)에는 반드시 朝服을 입고 조회하셨다.

吉月은 月朔也라 孔子在魯致仕時에 如此하시니라

'吉月'은 달〔月〕의 초하루이다. 孔子께서 致仕하고 魯나라에 계실 적에 이와 같이 하셨다.

⊙ 此一節은 記孔子衣服之制하니라
蘇氏曰 此는 孔氏遺書니 雜記曲禮요 非特孔子事也니라

⊙ 이 한 節은 孔子의 衣服의 制度를 기록한 것이다.
蘇氏(蘇軾)가 말하였다. "이는 孔氏 집안의 遺書이니, 자질구레한 예절을 뒤섞어 기록한 것

··· 帷 휘장 유 殺 줄일 쇄 幅 폭 폭 要 허리 요(腰通) 襞 주름 벽 旁 곁 방 縫 꿰맬 봉 齊 옷자락 자 素 흴 소
朔 초하루 삭 致 돌려줄 치

이요, 단지 孔子의 일만이 아니다."

7-1. 齊(재)必有明衣하시니 布러라

재계하실 적에는 반드시 明衣가 있으셨으니, 베로 만들었다.

齊必沐浴하고 浴竟에 卽著明衣하니 所以明潔其體也니 以布爲之라 此下에 脫前章寢衣一簡하니라

재계할 때에는 반드시 목욕하고, 목욕이 끝나면 明衣를 입는다. 이는 몸을 청결하게 하는 것이니, 베로 만들었다. 이 뒤에 앞 章의 '寢衣' 한 쪽이 빠졌다.

7-2. 齊必變食하시며 居必遷坐러시다

재계하실 적에는 반드시 음식을 바꾸시며, 거처하심에 반드시 자리를 옮기셨다.

變食은 謂不飮酒, 不茹葷이요 遷坐는 易常處也라

'變食'은 술을 마시지 않고 마늘을 먹지 않음을 이르며, '遷坐'는 평상시에 거처하던 곳을 바꾸는 것이다.

⊙ 此一節은 記孔子謹齊之事하니라
楊氏曰 齊는 所以交神이라 故로 致潔變常하여 以盡敬이니라
⊙ 이 한 節은 孔子께서 재계를 삼가신 일을 기록한 것이다.
楊氏(楊時)가 말하였다. "재계는 神과 사귀는 것이다. 그러므로 깨끗함을 지극히 하고 평상시의 것을 변하여 敬을 다하신 것이다."

8-1. 食(사)不厭精하시며 膾不厭細러시다

밥은 精한 것을 싫어하지 않으시며, 膾는 가늘게 썬 것을 싫어하지 않으셨다.

食는 飯也요 精은 鑿(착)也라 牛羊與魚之腥을 聶而切之 爲膾라 食精則能養人하고 膾

···   齊 재계할 재 浴 목욕할 욕 竟 마칠 경 潔 깨끗할 결 茹 먹을 여 葷 마늘 훈 厭 싫어할 염 膾 회 회
鑿 쌀찧을 착 腥 날고기 성 聶 고기저밀 섭 切 썰 절, 절단할 절

鱐則能害人이라 不厭은 言以是爲善이요 非謂必欲如是也라

'食'는 밥이고, '精'은 깨끗이 쌀을 대낀 것이다. 소와 양과 어물의 날고기를 저며 썰어놓은 것을 膾라 한다. 밥이 精하면 사람을 滋養하고, 膾가 거칠면 사람을 해칠 수 있다. '싫어하지 않는다.'는 것은 이것을 좋게 여김을 말한 것이요, 반드시 이렇게 하고자 한다고 말한 것은 아니다.

8-2. 食饐(애)而餲(애)와 魚餒而肉敗를 不食하시며 色惡不食하시며 臭惡不食하시며 失飪不食하시며 不時不食이러시다

밥이 상하여 쉰 것과 생선이 상하고 고기가 부패한 것을 먹지 않으셨으며, 빛깔이 나쁜 것을 먹지 않으시고 냄새가 나쁜 것을 먹지 않으셨으며, 요리를 잘못하였거든 먹지 않으시고 때가 아닌 것을 먹지 않으셨다.

饐는 飯傷熱濕也요 餲는 味變也라 魚爛曰餒요 肉腐曰敗라 色惡臭惡은 未敗而色臭變也라 飪은 烹調生熟之節也라 不時는 五穀不成과 果實未熟之類라 此數者는 皆足以傷人이라 故로 不食이라

'饐'는 밥이 습기와 열에 상한 것이고, '餲'는 맛이 변한 것이다. 생선이 상한 것을 '餒'라 하고, 고기가 부패한 것을 '敗'라 한다. 빛깔이 나쁘고 냄새가 나쁜 것은 아직 부패하지 않았으나 빛깔과 냄새가 변한 것이다. '飪'은 烹調(요리하고 간을 맞춤)와 生熟(날 것과 익은 것)의 절도이다. '不時'는 五穀이 여물지 않은 것과 과일이 未熟한 따위이다. 이 몇 가지는 모두 사람을 상하게 할 수 있다. 그러므로 먹지 않으신 것이다.

8-3. 割不正이어든 不食하시며 不得其醬이어든 不食이러시다

자른 것이 바르지 않으면 먹지 않으시며, 음식에 알맞는 장을 얻지 못하면 먹지 않으셨다.

割肉不方正者를 不食은 造次不離於正也라 漢陸續之母 切肉에 未嘗不方하고 斷蔥에 以寸爲度하니 蓋其質美하여 與此暗合也라 食肉用醬이 各有所宜[15]하니 不得則不食

---

15 食肉用醬 各有所宜 : 古代의 醬은 여러 가지여서 알기가 어려운바, 《禮記》〈內則〉에 보면 생선회에는 겨자장을 먹고, 생선에는 卵醬을 먹으며, 고라니나 자라·닭고기 등에는 젓갈장을 사용하였다.

••• 饐 밥쉴 애(의) 餲 밥쉴 애(알) 餒 물러터질 뇌 敗 썩을 패 臭 냄새 취 飪 익힐 임 熱 더울 열 濕 젖을 습 爛 물러터질 란 腐 썩을 부 烹 삶을 팽 熟 익을 숙 割 벨 할 醬 장 장 續 이을 속 斷 끊을 단 蔥 파 총 寸 마디 촌, 치 촌

은 惡(오)其不備也라 此二者는 無害於人이나 但不以嗜味而苟食耳시니라

고기를 자른 것이 方正하지 않은 것을 먹지 않음은 잠깐이라도 바름에서 떠나지 않은 것이다. 漢나라 陸續의 어머니는 고기를 썰 적에 방정하지 않은 적이 없었고 파를 자를 때에 한 치를 한 도로 삼았으니, 그 자질이 아름다워 이와 은연중에 합한 것이다. 고기를 먹을 적에 장을 사용함은 각각 마땅한 것이 있으니, 얻지 못하면 먹지 않음은 구비하지 않음을 싫어한 것이다. 이 두 가지는 사람에게 해는 없으나 다만 맛을 즐겨하여 구차히 먹지 않으셨을 뿐이다.

8-4. 肉雖多나 不使勝食(사)氣하시며 唯酒無量하사되 不及亂이러시다

고기가 비록 많으나 밥 기운을 이기게 하지 않으셨으며, 오직 술만은 일정한 양이 없으셨으나 어지러움에 이르지 않게 하셨다.

食(식)은 以穀爲主라 故로 不使肉勝食氣라 酒는 以爲人合懽이라 故로 不爲量이요 但以醉爲節而不及亂耳시니라
程子曰 不及亂者는 非唯不使亂志라 雖血氣라도 亦不可使亂이니 但浹洽而已 可也니라

음식은 穀類를 위주로 한다. 그러므로 고기로 하여금 밥 기운을 이기게 하지 않은 것이다. 술은 사람을 기쁘게〔合懽〕하므로 〈일정한〉 양을 정하지 않고, 다만 취하는 것을 절도로 삼아 어지러움에 이르지 않게 하신 것이다.
程子(伊川)가 말씀하였다. "'어지러움에 이르지 않는다'는 것은 비단 마음(정신)을 어지럽게 하지 않을 뿐만 아니라 비록 血氣라도 어지럽게 해서는 안 되니, 다만 浹洽(몸을 훈훈하게 함)할 뿐인 것이 可하다."

8-5. 沽酒市脯를 不食하시며

시장에서 산 술과 포를 먹지 않으시며,

沽市는 皆買也라 恐不精潔하여 或傷人也니 與不嘗康子之藥으로 同意라

'沽'와 '市'는 모두 사는 것이다. 정결하지 못하여 혹 사람을 해칠까 두려워해서이니, 季康子의 藥을 맛보지 않으신 것과 같은 뜻이다.

··· 嗜 즐길 기 懽 기쁠 환 醉 취할 취 浹 젖을 협 洽 젖을 흡 沽 살 고 市 살 시 脯 포 포 嘗 맛볼 상

8-6. 不撤薑食하시며

생강 먹는 것을 거두지 않으시며

薑은 通神明하고 去穢惡이라 故로 不撤이라

생강은 神明을 통하고 더러움과 악취를 제거한다. 그러므로 거두지 않으신 것이다.

8-7. 不多食[16]이러시다

많이 먹지 않으셨다.

適可而止요 無貪心也라

적당하면 그치고, 탐하는 마음이 없으신 것이다.

8-8. 祭於公에 不宿肉하시며 祭肉은 不出三日하더시니 出三日이면 不食之矣니라

公所(임금 계신 곳)에서 제사지내실 적에 받은 고기는 밤을 재우지 않으셨으며, 집에서 제사지낸 고기는 3일을 넘기지 않으셨으니, 3일이 지나면 먹지 못하기 때문이다.

助祭於公에 所得胙肉을 歸即頒賜하고 不俟經宿者는 不留神惠也라 家之祭肉은 則不過三日하고 皆以分賜하니 蓋過三日이면 則肉必敗而人不食之리니 是는 褻鬼神之餘也라 但比君所賜胙에 可少緩耳니라

公所에서 제사를 도울 적에 얻은 제사 고기를 돌아오는 즉시 나누어 주고 밤이 지나기를 기다리지 않으심은 神의 은혜를 지체하지 않는 것이다. 집안의 제사 고기는 3일을 넘기지 않고 모두 나누어 주셨으니, 3일이 지나면 고기가 반드시 부패해서 사람이 먹지 않을 것이니, 이는 鬼神이

---

16 不多食:壺山은 "모든 음식물을 통틀어서 말하였다. 그러므로 〈'不多食'으로〉 특별히 한 절을 만든 것이다.(通凡食物而言 故特爲一節)" 하였다. 그러나 茶山과 楊伯峻은 '不撤薑食 不多食'을 이어진 글로 보아, 생강을 많이 먹지 않는 것이라 하였다. 이 견해대로 한다면 "不撤薑食하사되 不多食이러시다"로 현토해야 할 것이다.

••• 撤 거둘 철 薑 생강 강 穢 더러울 예 宿 묵힐 숙, 잘 숙 胙 제사지낸고기 조 頒 나눌 반 俟 기다릴 사 褻 함부로할 설

흠향하시고 남은 것을 함부로 하는 것이다. 다만 군주가 내려준 제사 고기에 비해서 다소 늦출 수 있을 뿐이다.

8-9. 食不語하시며 寢不言이러시다

음식을 먹을 적에 대답하지 않으시며, 잠잘 적에 먼저 말씀을 꺼내지 않으셨다.

答述曰語요 自言曰言이라
范氏曰 聖人은 存心不他하여 當食而食하고 當寢而寢하니 言語는 非其時也니라
楊氏曰 肺爲氣主而聲出焉하나니 寢食則氣窒而不通이니 語言이면 恐傷之也라하니 亦通이니라

대답하는 것을 '語'라 하고, 스스로 말하는 것을 '言'이라 한다.
范氏(范祖禹)가 말하였다. "聖人은 마음 두기를 딴 데 하지 않아서 먹을 때를 당하면 먹고 잘 때를 당하면 자니, 이때에 말하는 것은 적당한 시기가 아니다."
楊氏(楊時)가 말하기를 "肺는 숨[氣]의 主가 되어 소리가 여기에서 나오니, 잠을 자고 음식을 먹으면 숨이 막혀 통하지 않으므로 말을 하면 肺를 상할까 두려워해서이다."라고 하였으니, 또한 통한다.

8-10. 雖疏食(사)菜羹이라도 瓜〔必〕祭하사되 必齊如也러시다

비록 거친 밥과 나물국이라도 반드시 祭(고수레)하시되 반드시 공경히 하셨다.

陸氏曰 魯論[17]에 瓜作必[18]하니라
⊙ 古人飲食에 每種을 各出少許하여 置之豆間之地하여 以祭先代始爲飲食之人하니 不忘本也라 齊는 嚴敬貌라 孔子雖薄物이나 必祭하시고 其祭必敬하시니 聖人之誠也니라

陸氏(陸德明)가 말하였다. "《魯論語》에는 '瓜'字가 必字로 되어 있다."
⊙ 옛사람들은 음식을 먹을 적에 모든 종류를 각기 조금씩 덜어내어 豆(그릇) 사이의 바닥에

---

17 魯論 : 漢代에 魯나라(지역)에 전해지던 《魯論語》를 가리킨다.
18 瓜作必 : 新安陳氏(陳櫟)는 "'瓜'자는 《齊論》을 근거로 한 것이다. 그러나 瓜는 '菜'의 뜻이 중복되므로 必로 쓰는 것이 옳다." 하였다.

••• 肺 허파 폐 窒 막힐 질 菜 나물 채 羹 국 갱 瓜 오이 과 齊 공경할 재 許 쯤 허 豆 그릇 두 薄 엷을 박

놓아서 先代에 맨 처음 음식을 만든 사람에게 祭하였으니, 이는 근본을 잊지 않은 것이다. '齊'는 엄숙하고 공경하는 모양이다. 孔子는 비록 하찮은 음식이라도 반드시 祭하시고, 祭할 때에 반드시 공경하셨으니, 이는 聖人의 정성이다.

⊙ 此一節은 記孔子飮食之節하니라

謝氏曰 聖人이 飮食如此하시니 非極口腹之欲이요 蓋養氣體하여 不以傷生을 當如此라 然이나 聖人之所不食을 窮口腹者 或反食之하니 欲心勝而不暇擇也니라

⊙ 이 한 節은 孔子의 飮食에 대한 예절을 기록한 것이다.

謝氏(謝良佐)가 말하였다. "聖人이 마시고 먹기를 이와 같이 하셨으니, 이는 口腹의 욕심을 다하려고 한 것이 아니요, 氣體를 길러서 생명을 상하지 않게 함을 마땅히 이와 같이 하여야 하는 것이다. 그러나 聖人이 먹지 않으신 것을 口腹의 욕심을 다하는 자들은 도리어 먹으니, 이는 욕심이 앞서서 가릴 겨를이 없기 때문이다."

9. 席不正이어든 不坐러시다

자리가 바르지 않으면 앉지 않으셨다.

謝氏曰 聖人은 心安於正이라 故로 於位之不正者에 雖小나 不處니라

謝氏(謝良佐)가 말하였다. "聖人은 마음이 바른 것을 편안히 여기신다. 그러므로 자리가 바르지 않은 것에는 비록 작은 것이나 머물지 않으신 것이다."

10-1. 鄕人飮酒에 杖者出이어든 斯出矣러시다

시골(지방) 사람들이 술을 마실 적에 지팡이를 짚은 분(老人)이 나가면 따라 나가셨다.

杖者는 老人也니 六十에 杖於鄕[19]이라 未出에 不敢先이요 旣出에 不敢後라

지팡이를 짚은 분은 老人이니, 60세가 되면 鄕黨에서 지팡이를 짚는다. 〈老人이〉 나가기 전에는 감히 먼저 나가지 않으시고, 이미 나가면 감히 뒤에 남아 있지 않으신 것이다.

---

19 六十 杖於鄕:《禮記》〈王制〉에 "50세에는 집안에서 지팡이를 짚고, 60세에는 향당에서 지팡이를 짚고, 70세에는 國都에서 지팡이를 짚고, 80세에는 조정에서 지팡이를 짚는다.〔五十杖於家 六十杖於鄕 七十杖於國 八十杖於朝〕"라고 보인다.

··· 腹 배 복 窮 다할 궁 反 도리어 반 暇 겨를 가 杖 지팡이 장

10-2. 鄕人儺(나)에 朝服而立於阼(조)階러시다

시골 사람들이 儺禮를 행할 적에는 朝服을 입고 동쪽 섬돌에 서 계셨다.

儺는 所以逐疫이니 周禮에 方相氏掌之라 阼階는 東階也라 儺雖古禮나 而近於戱어늘 亦朝服而臨之者는 無所不用其誠敬也니라
或曰 恐其驚先祖五祀之神하여 欲其依己而安也라

儺禮는 疫鬼를 쫓는 것이니, 《周禮》에 方相氏가 관장하였다. '阼階'는 동쪽 섬돌이다. 儺禮는 비록 古禮이나 놀이에 가까운데도 또한 朝服을 입고 임하신 것은 그 정성과 공경을 쓰지 않음이 없으신 것이다.
혹자는 말하였다. "先祖와 五祀(門・行・戶・竈・中霤)의 神을 놀라게 할까 두려워서 〈그 神들이〉 자신의 몸에 의지하여 편안하게 하고자 하신 것이다."

⊙ 此一節은 記孔子居鄕之事하니라
⊙ 이 한 節은 孔子께서 鄕黨에 거처하실 때의 일을 기록한 것이다.

11-1. 問人於他邦하실새 再拜而送之러시다

사람을 다른 나라에 보내어 〈안부를〉 물으실 적에는 두 번 절하고 보내셨다.

拜送使者하여 如親見之는 敬也라

使者를 절하고 보내어 친히 만나보는 것처럼 하심은 공경하신 것이다.

11-2. 康子饋藥이어늘 拜而受之曰 丘未達이라 不敢嘗이라하시다

季康子가 藥을 보내오자, 孔子께서 절하여 받으시고 말씀하셨다. "나는 이 藥의 성분을 알지 못하기 때문에 감히 맛보지 못합니다."

范氏曰 凡賜食에 必嘗以拜하니 藥未達이면 則不敢嘗이요 受而不食이면 則虛人之賜

···   儺 굿할 나 阼 동쪽섬돌 조 階 섬돌 계 疫 염병 역 戱 놀이 희 驚 놀랄 경 邦 나라 방 饋 줄 궤 嘗 맛볼 상
賜 줄 사

라 故로 告之如此하시니라 然則可飮而飮하고 不可飮而不飮이 皆在其中矣니라

楊氏曰 大夫有賜어든 拜而受之는 禮也요 未達不敢嘗은 謹疾也요 必告之는 直也니라

范氏(范祖禹)가 말하였다. "무릇〈언제나〉〈높은 분이〉음식을 주면 반드시 맛보고 절하는데, 藥의 성분을 알지 못하면 감히 맛볼 수 없고, 받고 먹지 않으면 남이 준 것을 헛되게 한다. 그러므로 말씀하시기를 이와 같이 하신 것이다. 그렇다면 마실 수 있으면 마시고, 마실 수 없으면 마시지 않는 것이 모두 이 가운데에 있는 것이다."

楊氏(楊時)가 말하였다. "大夫가 주거든 절하고 받는 것은 禮이고, 알지 못하면 감히 맛보지 못하는 것은 병을 삼감이고, 반드시 말씀한 것은 正直함이다."

⊙ 此一節은 記孔子與人交之誠意하니라

⊙ 이 한 節은 孔子께서 남들과 교제할 때의 誠意를 기록한 것이다.

12. 廏焚이어늘 子退朝曰 傷人乎아하시고 不問馬[20]러시다

마구간이 불탔는데, 孔子께서 退朝하여 "사람이 상했느냐?" 하시고, 말〔馬〕에 대해서는 묻지 않으셨다.

非不愛馬라 然이나 恐傷人之意多라 故로 未暇問하시니 蓋貴人賤畜이 理當如此니라

말을 아끼지 않은 것은 아니다. 그러나 사람이 상했을까 두려워하는 뜻(생각)이 많으므로 미처 묻지 못하신 것이니, 사람을 귀히 여기고 가축을 천히 여김에 道理가 마땅히 이와 같이 하여야 하는 것이다.

13-1. 君이 賜食이어시든 必正席先嘗之하시고 君이 賜腥이어시든 必熟而薦之하시고 君이 賜生이어시든 必畜(훅)之러시다

군주가 음식을 주시면 반드시 자리를 바루고 먼저 맛보시고, 군주가 날고기를 주시면 반드시 익혀서 조상께 올리시고, 군주가 산 것을 주시면 반드시 기르셨다.

---

20 不問馬 : '不'을 否로 보아 '傷人乎否아하시고 問馬러시다'라고 懸吐하여 "'사람이 상했느냐?' 하시고 그 다음에 말에 대해서 물으셨다."로 해석하기도 한다.

••• 疾 병 질 廏 마구간 구 焚 태울 분 畜 가축 축, 기를 훅 腥 날고기 성 熟 익을 숙 薦 올릴 천

食은 恐或餕餘라 故로 不以薦이라 正席先嘗은 如對君也라 言先嘗이면 則餘當以頒賜矣라 腥은 生肉이니 熟而薦之祖考는 榮君賜也라 畜之者는 仁君之惠하여 無故면 不敢殺也라

음식은 혹 餕餘(남은 음식)일까 염려되므로 조상께 올리지 않는 것이다. 자리를 바루어 먼저 맛보심은 군주를 대하는 것과 같이 하신 것이다. 먼저 맛본다고 말했으면 나머지는 마땅히 나누어주는 것이다. '腥'은 날고기이니, 익혀서 祖·考(조부모와 부모)에게 올리는 것은 군주가 내려주심을 영화롭게 여긴 것이다. 기르는 것은 군주의 은혜를 사랑하여 연고가 없으면 감히 죽이지 않는 것이다.

13-2. 侍食於君에 君祭어시든 先飯이러시다

군주를 모시고 밥을 먹을 적에 군주가 祭(고수레)하시면 먼저 밥을 잡수셨다.

周禮에 王日一擧하니 膳夫授祭하고 品嘗食이어든 王乃食이라 故로 侍食者 君祭면 則己不祭而先飯하여 若爲君嘗食然하니 不敢當客禮也라

《周禮》에 "왕은 매일 한 번씩 성찬을 드니, 膳夫가 祭(고수레)할 물건을 올리고 여러 음식을 맛보면 王이 그제서야 먹는다." 하였다. 그러므로 군주를 모시고 먹는 자가, 군주가 祭하면 자기는 祭하지 않고 먼저 밥을 먹어 마치 군주를 위하여 맛을 보는 것처럼 하는 것이니, 감히 손님의 禮를 감당하지 못해서이다.

13-3. 疾에 君이 視之어시든 東首하시고 加朝服拖(타)紳이러시다

질병에 군주가 문병오시면 머리를 동쪽으로 두시고, 朝服을 몸에 加하고 띠를 그 위에 올려놓으셨다.

東首는 以受生氣也라 病臥에 不能著衣束帶하고 又不可以褻服見君이라 故로 加朝服於身하고 又引大帶於上也라

'머리를 동쪽으로 두는 것'은 生氣를 받으려고 해서이다. 병들어 누워 있을 적에 옷을 입고 띠를 맬 수 없으며, 또 평상복으로 군주를 뵐 수 없다. 그러므로 朝服을 몸에 加하고 또 큰 띠를 그 위에 올려놓은 것이다.

··· 餕 대궁 준, 제사퇴물 준 頒 나눌 반 仁 사랑할 인 飯 먹을 반 擧 성찬먹을 거 膳 반찬 선 嘗 맛볼 상 拖 걸 타 紳 띠 신 臥 누울 와 帶 띠 대 褻 평상복 설

13-4. 君이 命召어시든 不俟駕行矣러시다

군주가 명하여 부르시면 수레에 멍에하기를 기다리지 않고, 도보로 걸어가셨다.

急趨君命하여 行出而駕車隨之라

군주의 명령에 급히 달려가서 걸어 나가면 멍에를 한 수레가 따라오는 것이다.

⊙ 此一節은 記孔子事君之禮하니라

⊙ 이 한 節은 孔子께서 군주를 섬기신 禮를 기록한 것이다.

13-5. 入太廟하사 每事를 問이러시다

太廟에 들어가서 모든 일을 물으셨다.

重出[21]이라

다시 나왔다.

14-1. 朋友死하여 無所歸어든 曰於我殯이라하시다

朋友가 죽어서 돌아갈 곳이 없으면 "우리 집에 殯하라." 하셨다.

朋友는 以義合하니 死無所歸[22]면 不得不殯이니라

朋友는 義理로써 합하였으니, 죽어서 돌아갈 곳이 없으면 殯하지 않을 수 없는 것이다.

14-2. 朋友之饋는 雖車馬라도 非祭肉이어든 不拜러시다

朋友의 선물은 비록 수레와 말이라도 제사지낸 고기가 아니면 절하지 않으셨다.

---

21 重出 : 앞의 〈八佾〉 15章에 보인다.

22 死無所歸 : 胡氏(胡寅)는 "父族·母族·妻族·旁親이 없는 것이다." 하였다.

••• 俟 기다릴 사 駕 멍에 가 趨 빨리갈 추 殯 빈소 빈 饋 선물 궤

朋友는 有通財之義라 故로 雖車馬之重이라도 不拜하고 祭肉則拜者는 敬其祖考를 同於己親也라

朋友間에는 財物을 통하는 義가 있다. 그러므로 비록 수레와 말의 귀중한 물건이라도 절하지 않고, 제사지낸 고기이면 절하는 것은 朋友의 祖·考를 공경하기를 자기 어버이와 같이 하신 것이다.

⊙ 此一節은 記孔子交朋友之義하니라

⊙ 이 한 節은 孔子께서 朋友를 사귀는 義를 기록한 것이다.

15-1. 寢不尸하시며 居不容이러시다

잠잘 때에는 죽은 사람처럼 하지 않으시며, 집에 거처하실 때에는 모양을 내지 않으셨다.

尸는 謂偃臥似死人也라 居는 居家요 容은 容儀라

范氏曰 寢不尸는 非惡(오)其類於死也요 惰慢之氣를 不設於身體하여 雖舒布其四體라도 而亦未嘗肆耳라 居不容은 非惰也요 但不若奉祭祀, 見賓客而已니 申申·夭夭가 是也니라

'尸'는 우러러 누워서 죽은 사람과 같음을 이른다. '居'는 집에 거처하는 것이고, '容'은 容儀(모양을 꾸미는 것)이다.

范氏(范祖禹)가 말하였다. "'寢不尸'는 죽은 사람과 유사함을 싫어해서가 아니요, 惰慢한 기운을 몸에 베풀지 아니하여 비록 四體(四肢)를 펴더라도 일찍이 함부로 하지 않는 것이다. '居不容'은 태만히 하는 것이 아니요, 다만 제사를 받들거나 손님을 만날 때처럼 하지 않으셨을 뿐이니, 申申·夭夭가 이것이다."

15-2. 見齊衰(자최)者하시고 雖狎이나 必變하시며 見冕者與瞽者하시고 雖褻이나 必以貌러시다

齊衰(喪服)를 입은 자를 보시고는 비록 절친한 사이라도 반드시 낯빛을 변하시며, 冕冠을 쓴 자와 봉사를 보시고는 비록 私席이라도 반드시 禮貌를 하셨다.

狎은 謂素親狎이요 褻은 謂燕見이요 貌는 謂禮貌라 餘見前篇[23]하니라

'狎'은 평소에 親狎(절친)함을 이르고, '褻'은 私席에서 만나봄을 이르고, '貌'는 禮貌를 이른다. 나머지는 前篇(〈子罕〉)에 보인다.

15-3. 凶服者를 式之하시며 式負版者러시다

凶服(喪服)을 입은 자에게 式(경례)하시며, 地圖와 戶籍을 짊어진 자에게 式하셨다.

式은 車前橫木이니 有所敬이면 則俯而憑之라 負版은 持邦國圖籍者라 式此二者는 哀有喪하고 重民數也라 人惟萬物之靈이요 而王者之所天也[24]라 故로 周禮에 獻民數於王이어든 王拜受之하니 況其下者 敢不敬乎아

'式'은 수레 앞에 가로로 댄 나무이니, 공경할 대상이 있으면 몸을 굽혀 기대는 것이다. '負版'은 나라의 地圖와 戶籍을 가진 자이다. 이 두 사람에게 式함은 喪이 있음을 슬퍼하고, 백성의 숫자를 중하게 여기신 것이다. 사람은 萬物의 靈長이요 王者가 하늘로 여기는 것이다. 그러므로 《周禮》에 "백성의 숫자를 王에게 올리면 王이 절하고 받는다." 하였으니, 하물며 그 아랫사람이 감히 공경하지 않겠는가.

15-4. 有盛饌이어든 必變色而作이러시다

盛饌이 있으면 반드시 낯빛을 변하고 일어나셨다.

敬主人之禮요 非以其饌也라

주인의 禮를 공경한 것이요, 盛饌 때문이 아니다.

15-5. 迅雷風烈에 必變이러시다

빠른 우레와 맹렬한 바람에 반드시 낯빛을 변하셨다.

---

23 餘見前篇:위〈子罕〉9장 "子見齊衰者冕衣裳者與瞽者 見之 雖少 必作 過之 必趨"의 註에 보인다.

24 王者之所天也:《前漢書》〈酈食其傳〉에 "王者는 백성을 하늘로 삼고 백성은 먹는 것(음식)을 하늘로 삼는다.[王者以民爲天 民以食爲天]" 하였다.

••• 燕 편안할 연 式 공경할 식 負 질 부 版 나무판자 판 俯 구부릴 부 憑 의지할 빙 持 가질 지 饌 음식 찬
作 일어날 작 迅 빠를 신

迅은 疾也요 烈은 猛也라 必變者는 所以敬天之怒라 記曰 若有疾風迅雷甚雨어든 則必變하여 雖夜나 必興하여 衣服冠而坐라하니라

'迅'은 빠름이요, '烈'은 맹렬함이다. '반드시 낯빛을 변하신 것'은 하늘의 震怒에 공경하신 것이다. 《禮記》〈玉藻〉에 이르기를 "만일 빠른 바람과 빠른 우레와 폭우가 있거든 반드시 낯빛을 변하여 비록 밤중이라도 반드시 일어나서 의복을 입고 관을 쓰고 앉는다." 하였다.

⊙ 此一節은 記孔子容貌之變하니라

⊙ 이 한 節은 孔子께서 容貌를 변하심을 기록한 것이다.

16-1. 升車하사 必正立執綏(수)러시다

수레에 오르셔서는 반드시 바르게 서서 끈을 잡으셨다.

綏는 挽以上車之索(삭)也라 范氏曰 正立執綏면 則心體無不正而誠意肅恭矣라 蓋君子莊敬이 無所不在하니 升車則見(현)於此也라

'綏'는 붙잡고 수레에 오르는 끈이다.
范氏(范祖禹)가 말하였다. "바르게 서서 끈을 잡으면 마음과 몸이 바르지 않음이 없어 마음이 성실하며 모양이 엄숙하고 공손해진다. 君子의 莊敬이 있지 않은 데가 없으니, 수레에 오르면 여기에 나타나는 것이다."

16-2. 車中에 不內顧하시며 不疾言하시며 不親指러시다

수레 속에서 안(안쪽)을 돌아보지 않으시며, 말씀을 빨리 하지 않으시며, 손가락으로 친히 가리키지 않으셨다.

內顧는 回視也니 禮曰 顧不過轂이라하니라 三者는 皆失容이요 且惑人이니라

'內顧'는 돌아보는 것이니, 《禮記》〈曲禮上〉에 "돌아봄이 수레바퀴를 벗어나지 않는다." 하였다. 이 세 가지는 모두 容貌를 잃고 또 남을 의혹하게 한다.

••• 疾 빠를 질 升 오를 승 綏 끈 수 挽 잡을 만 索 새끼줄 삭 顧 돌아볼 고 疾 빠를 질 轂 수레바퀴 곡

⊙ 此一節은 記孔子升車之容하니라

⊙ 이 한 節은 孔子께서 수레에 오르셨을 때의 모습을 기록한 것이다.

17-1. 色斯擧矣하여 翔而後集이니라

〈새가〉 사람의 얼굴빛이 나쁨을 보고 날아가 빙빙 돌며 살펴본 뒤에 내려앉는다.

言鳥見人之顏色不善[25]이면 則飛去하여 回翔審視而後에 下止하니 人之見幾而作[26]하여 審擇所處 亦當如此라 然이나 此上下에 必有闕文矣라

새가 사람의 안색이 좋지 못한 것을 보면 날아가 빙빙 돌면서 살펴본 뒤에 내려앉으니, 사람이 기미(낌새)를 보고 일어나(떠나가) 거처할 곳을 살펴 선택함이 마땅히 이와 같아야 함을 말한 것이다. 그러나 이 글의 위와 아래에 반드시 빠진 글이 있을 것이다.

17-2. 曰 山梁雌雉 時哉時哉인저 子路共之한대 三嗅(후)而作하시다

孔子께서 말씀하시기를 "산 橋梁의 암꿩이 때에 맞는구나! 때에 맞는구나!" 하셨다. 子路가 그 꿩을 잡아 올리니, 세 번 냄새를 맡고 일어나셨다.

邢氏曰 梁은 橋也라 時哉는 言雉之飮啄得其時라 子路不達하고 以爲時物而共(供)其之[27]한대 孔子不食하시고 三嗅其氣而起하시니라
晁氏曰 石經[28]에 嗅作戛(알)하니 謂雉鳴也라

---

25 顏色不善 : 壺山은 "새를 잡으려는 안색이다." 하였다.

26 見幾而作 : 《周易》〈繫辭傳下〉에 "幾는 동함의 은미함으로 吉·凶이 먼저 나타난 것이니, 군자는 기미를 보고 일어나서(떠나가서) 하루가 마치기를 기다리지 않는다.〔幾者 動之微 吉〈凶〉之先見者也 君子見幾而作 不俟終日〕"라고 보인다.

27 子路不達 以爲時物而共其之 : 楊氏(楊時)는 "다른 날에 子路가 음식으로 올린 것이다." 하였다. '時物'은 제철에 알맞은 음식을 이른다.

28 石經 : 經書의 글을 비석에 새긴 것을 이른다. 壺山은 "漢나라 熹平 年間과 唐나라 開成 年間에 모두 石經을 만들었는바, 여기서는 필시 漢나라 石經을 가리킨 것이다." 하였다. 그러나 漢代의 것은 이미 없어졌고 이는 蜀지방에 있었던 것으로 증거삼을 것이 못된다는 說이 더 신빙성이 있다.

••• 翔 날 상 集 앉을 집, 모일 집 梁 다리 량 雌 암컷 자 雉 꿩 치 嗅 냄새맡을 후 邢 나라이름 형 啄 쪼을 탁
共 이바지할 공(供通) 戛 꿩울 알 臭 꿩날개 펄 격 闕 고요할 격 翅 날개 시 拱 잡을 공

劉聘君曰 嗅當作臭이니 古闃(격)反[29]이니 張兩翅也니 見爾雅하니라

愚按 如後兩說이면 則共字當爲拱執之義라 然이나 此必有闕文이니 不可强爲之說이라 姑記所聞하여 以俟知者하노라

邢氏(邢昺)가 말하였다. "'梁'은 다리이다. '時哉'는 꿩이 물을 마시고 모이를 쪼아먹는 것이 제때를 얻었음을 말씀한 것이다. 子路가 이것을 알지 못하고 時物(제철에 알맞은 음식)이라 생각하여 장만해서 올리니, 孔子께서 먹지 않으시고 세 번 냄새를 맡고 일어나셨다."

晁氏(晁說之)가 말하였다. "石經에는 '嗅'字가 戞字로 되어 있으니, 꿩이 옮을 이른다."

劉聘君(劉勉之)이 말하였다. "'嗅'字는 마땅히 昊字가 되어야 하니, 음이 古闃反(격)이니 두 날개를 펴고 날아가는 것이다.《爾雅》에 보인다."

내가 살펴보건대 뒤의 두 해설과 같다면 '共'字는 마땅히 붙잡는다는 뜻이 되어야 한다. 그러나 여기에는 반드시 빠진 글이 있으니, 억지로 해설할 수 없다. 우선 들은 바를 기록하여 아는 자를 기다리노라.

---

29 古闃反 : 옛날 漢字의 音을 나타내던 방법으로 初聲과 中聲, 또는 初聲과 中聲·終聲을 두 글자로 나타낸 것이다. 예컨대 '古闃反'은 '고(古)'에서는 'ㄱ'을, '격(闃)'에서는 'ㅕㄱ'을 떼어 '격'을 만든 것으로 이것을 反 또는 切이라 한다. 反은 飜(뒤집다)으로 음이 번이며, 초성을 聲母, 중성 또는 종성을 韻母라 한다.

··· 昊 꿩날개 펼 격 闃 고요할 격 翅 날개 시 拱 잡을 공

先進 第十一

此篇은 多評弟子賢否하니 凡二十五章이라

胡氏曰 此篇은 記閔子騫言行者四로되 而其一은 直稱閔子하니 疑閔氏門人所記也라

이 篇은 弟子의 어질고 어질지 못함을 논평한 것이 많으니, 모두 25章이다.

胡氏(胡寅)가 말하였다. "이 篇은 閔子騫의 言行을 기록한 것이 넷인데,

그 중 하나는 곧바로 閔子라고 칭하였으니,

아마도 閔氏의 門人이 기록한 것인 듯하다."

1-1. 子曰 先進이 於禮樂에 野人也요 後進이 於禮樂에 君子也라하나니

孔子께서 말씀하셨다. "〈지금 사람들이 이르기를〉 선배들이 禮樂에 대하여 한 것은 野人(촌스러운 사람)이고, 후배들이 禮樂에 대하여 한 것은 君子라고 한다.

先進, 後進은 猶言前輩, 後輩[1]라 野人은 謂郊外之民이요 君子는 謂賢士大夫也라

程子曰 先進이 於禮樂에 文質得宜어늘 今反謂之質朴하여 而以爲野人이라하고 後進之於禮樂에 文過其質이어늘 今反謂之彬彬하여 而以爲君子라하니 蓋周末文勝이라 故로 時人之言이 如此하여 不自知其過於文也라

'先進·後進'은 前輩(선배)·後輩라는 말과 같다. '野人'은 郊外의 백성을 이르고, '君子'는 어진 士大夫를 이른다.

程子(伊川)가 말씀하였다. "先進은 禮樂에 있어 文(문채)과 質(바탕)이 마땅함을 얻었는데 이제 도리어 그것을 질박하다고 말하여 野人이라 하고, 後進은 禮樂에 있어 文이 그 質을 넘는

---

1 先進後進 猶言前輩後輩 : 范氏(范祖禹)는 "先進은 옛 사람이고 後進은 지금 사람이다." 하였다.

··· 騫 이지러질 건 野 들 야 輩 무리 배 郊 들 교, 성밖 교 彬 빛날 빈

데 이제 도리어 彬彬(적절히 배합됨)하다고 말하여 君子라고 한다. 이는 周나라 말기에 文이 質을 이겼으므로 당시 사람들의 말이 이와 같아서 文에 지나침을 스스로 알지 못한 것이다."

1-2. 如用之면 則吾從先進호리라

〈내가〉 만일 禮樂을 쓴다면 나는 선배들을 따르겠다."

用之는 謂用禮樂이라 孔子旣述時人之言하고 又自言其如此하시니 蓋欲損過以就中也시니라

'用之'는 禮樂을 사용함을 이른다. 孔子께서 이미 당시 사람들의 말을 기술하고, 또 스스로 말씀하시기를 이와 같이 하셨으니, 이는 지나침을 덜어 中道(알맞음)에 나아가게 하려고 하신 것이다.

2-1. 子曰 從我於陳蔡者 皆不及門也로다

孔子께서 말씀하셨다. "나를 陳나라와 蔡나라에서 따르던 자들이 〈지금〉 모두 門下에 있지 않구나."

孔子嘗厄於陳蔡之間할새 弟子多從之者러니 此時에 皆不在門이라 故로 孔子思之하시니 蓋不忘其相從於患難之中也시니라

孔子께서 일찍이 陳나라와 蔡나라 사이에서 困厄을 당하셨을 적에 弟子 중에 따르는 자가 많았는데, 이때에 모두 門下에 있지 않았다. 그러므로 孔子께서 그들을 생각하신 것이니, 이는 患難 가운데 서로 따르던 것을 잊지 않으신 것이다.

2-2. 德行엔 顔淵, 閔子騫, 冉伯牛, 仲弓이요 言語엔 宰我, 子貢이요 政事엔 冉有, 季路요 文學엔 子游, 子夏니라

德行에는 顔淵·閔子騫·冉伯牛·仲弓이고, 言語에는 宰我·子貢이고, 政事에는 冉有·季路이고, 文學에는 子游·子夏였다.

··· 旣 이미 기 述 말할 술 損 덜 손 過 지나칠 과 就 나아갈 취 陳 나라이름 진 蔡 나라이름 채 厄 곤궁할 액
     冉 성 염

弟子因孔子之言하여 記此十人하고 而幷目其所長하여 分爲四科하니 孔子敎人에 各因其材를 於此에 可見이니라

弟子들이 孔子의 말씀을 따라 이 열 사람을 기록하고 아울러 그 所長을 지목해서 나누어 四科로 만들었으니, 孔子께서 사람을 가르침에 각각 그 材質을 따르셨음을 여기에서 볼 수 있다.

⊙ 程子曰 四科는 乃從夫子於陳蔡者爾라 門人之賢者 固不止此하니 曾子傳道而不與(예)焉이라 故로 知十哲世俗論也니라

⊙ 程子(明道)가 말씀하였다. "四科는 바로 夫子를 陳나라와 蔡나라에서 따르던 자들일 뿐이다. 門人 중에 어진 자가 진실로 여기에 그치지 않았으니, 曾子는 道를 전수했는데도 여기에 참예되지 못하였다. 그러므로 十哲은 세속의 말임을 알 수 있다."

3. 子曰 回也는 非助我者也로다 於吾言에 無所不說(열)이온여

孔子께서 말씀하셨다. "顔回는 나를 돕는 자가 아니로다. 나의 말에 대해 기뻐하지 않는 것이 없구나."

助我는 若子夏之起予[2]니 因疑問而有以相長也라 顔子於聖人之言에 默識(식)心通하여 無所疑問이라 故로 夫子云然하시니 其辭若有憾焉이나 其實은 乃深喜之시니라

'助我'는 子夏가 나를 흥기시킨다는 것과 같으니, 疑問으로 인하여 〈학문이〉 서로 진전됨이 있는 것이다. 顔子는 聖人의 말씀에 대해 묵묵히 알고 마음으로 통하여 疑問하는 바가 없었다. 그러므로 夫子께서 이렇게 말씀하신 것이니, 그 말씀은 유감이 있는 듯하나 실제는 비로 깊이 기뻐하신 것이다.

⊙ 胡氏曰 夫子之於回에 豈眞以助我望之시리오 蓋聖人之謙德이요 又以深贊顔氏云爾니라

---

2 若子夏之起予 : '起予'는 나의 意志를 흥기시키는 것으로. 앞의 〈八佾〉 8章에 "子夏가 물었다. '「예쁜 웃음에 보조개가 예쁘며 아름다운 눈에 눈동자가 선명함이여! 흰 비단으로 채색을 한다.」 하였으니, 무엇을 말한 것입니까?'……孔子께서 말씀하셨다. '나를 興起시키는 자는 商(子夏)이로구나! 비로소 함께 詩를 말할 만하다.'〔子夏問曰 巧笑倩兮 美目盼兮 素以爲絢兮 何謂也……子曰 起予者 商也 始可與言詩已矣〕"라고 보인다.

··· 目 지목할 목 科 과목 과 哲 밝을 철 憾 한할 감 謙 겸손할 겸 贊 기릴 찬, 찬양할 찬(讚同)

⊙ 胡氏(胡寅)가 말하였다. "夫子께서 顔回에 대해 어찌 참으로 자신을 돕기를 바라셨겠는가. 이는 聖人의 겸손한 德이요, 또 顔氏를 깊이 칭찬하려고 하신 것일 뿐이다."

4. 子曰 孝哉라 閔子騫이여 人不間於其父母昆弟之言이로다

孔子께서 말씀하셨다. "효성스럽구나, 閔子騫이여! 사람들이 그 父母와 兄弟의 〈칭찬하는〉 말에 흠잡지 못하는구나."

胡氏曰 父母兄弟稱其孝友에 人皆信之하여 無異辭者는 蓋其孝友之實이 有以積於中而著於外라 故로 夫子嘆而美之하시니라

胡氏(胡寅)가 말하였다. "父母와 兄弟가 그의 효도와 우애를 칭찬함에 사람들이 모두 믿어서 딴 말이 없는 것은 효도와 우애의 실제가 안에 쌓여 밖에 드러남이 있었기 때문이었다. 그러므로 夫子께서 감탄하고 찬미하신 것이다."

5. 南容이 三復白圭어늘 孔子以其兄之子로 妻之하시다

南容이 白圭를 읊은 詩를 〈하루에〉 세 번 반복해서 외우니, 孔子께서 그 형의 딸을 그에게 시집보내셨다.

詩大雅抑之篇曰 白圭之玷은 尙可磨也어니와 斯言之玷은 不可爲也라하니 南容이 一日三復此言이라 事見家語하니 蓋深有意於謹言也라 此는 邦有道에 所以不廢요 邦無道에 所以免禍[3]라 故로 孔子以兄子妻之하시니라

《詩經》〈大雅 抑〉에 "白圭(白玉으로 만든 圭)의 흠은 오히려 갈아 없앨 수 있지만 이 말의 흠은 다스릴 수 없다." 하였는데, 南容이 하루에 세 번 이 내용을 반복해서 외웠다. 이 일이 《孔子家語》에 보이니, 이는 말을 삼가는 데에 깊이 뜻을 둔 것이다. 이는 나라에 道가 있을 적에는 버려지지 않고, 나라에 道가 없을 적에는 화를 면할 수 있는 것이다. 그러므로 孔子께서 형의 딸자식을 그에게 시집보내신 것이다.

---

3 邦有道……所以免禍:이 내용은 위 〈公冶長〉 1장에 "孔子께서 南容을 두고 평하시기를 '나라에 道가 있을 적에는 버려지지 않을 것이요 나라에 道가 없을 적에는 형벌을 면할 것이다.' 하시고, 형의 딸을 그에게 시집보내셨다.〔子謂南容 邦有道 不廢 邦無道 免於刑戮 以其兄之子妻之〕"라고 보인다.

••• 間 흠잡을 간 昆 맏 곤 異 다를 이 積 쌓을 적 著 드러날 저 復 반복할 복 圭 홀 규 妻 시집보낼 처 玷 옥티 점 尙 오히려 상 磨 갈 마 廢 폐할 폐

⊙ 范氏曰 言者는 行之表요 行者는 言之實이니 未有易其言而能謹於行者라 南容이 欲謹其言이 如此면 則必能謹其行矣리라

⊙ 范氏(范祖禹)가 말하였다. "말은 行實의 表面이요 행실은 말의 실제이니, 그 말을 쉽게(함부로) 하고서 행실을 능히 삼가는 자는 있지 않다. 南容이 그 말을 삼가고자 함이 이와 같았다면 반드시 그 행실을 삼갔을 것이다."

6. 季康子問 弟子孰爲好學이니잇고 孔子對曰 有顔回者好學하더니 不幸短命死矣라 今也則亡(무)하니라

季康子가 묻기를 "弟子 중에 누가 배움을 좋아합니까?" 하자, 孔子께서 대답하셨다. "顔回라는 자가 배움을 좋아했었는데 불행히도 命이 짧아 죽었다. 지금은 없다."

范氏曰 哀公. 康子 問同而對有詳略者[4]는 臣之告君엔 不可不盡이어니와 若康子者는 必待其能問하여 乃告之하시니 此教誨之道也니라

范氏(范祖禹)가 말하였다. "哀公과 康子의 물음이 같은데 孔子의 대답에 상세하고 간략함이 있는 것은 신하가 임금에게 아뢸 적엔 다하지 않을 수 없고, 康子와 같은 자는 반드시 묻기를 기다려서 말씀해 주시니, 이것이 가르치는 방법이다."

7-1. 顔淵이 死어늘 顔路請子之車하여 以爲之槨한대

顔淵이 죽자 顔路가 孔子의 수레를 팔아 槨(외관)을 사기를 청하니,

顔路는 淵之父니 名無繇(유)라 少孔子六歲하니 孔子始教而受學焉하니라 槨은 外棺也니 請爲槨은 欲賣車以買槨也라

顔路는 顔淵의 아버지이니, 이름이 無繇이다. 孔子보다 6세가 적으니, 孔子께서 처음 가르칠

---

4 哀公康子問同而對有詳略者 : 위〈雍也〉2장에 "哀公이 '제자 중에 누가 배움을 좋아합니까?' 하고 묻자, 孔子께서 대답하셨다. '顔回라는 자가 배움을 좋아하여 노여움을 남에게 옮기지 않으며 잘못을 두 번 다시 하지 않았는데, 불행히도 命이 짧아 죽었습니다. 지금은 없으니, 배움을 좋아한다는 자를 아직 듣지 못하였습니다.'〔哀公問 弟子孰爲好學 孔子對曰 有顔回者好學 不遷怒 不貳過 不幸短命死矣 今也則亡(無) 未聞好學者也〕"라고 하여, 이보다 더 자세히 답하셨으므로 말한 것이다.

••• 孰 누구 숙 詳 자세할 상 略 간략할 략 誨 가르칠 회 槨 외관 곽 繇 말미암을 유 棺 관 관

적에 受學하였다. '槨'은 外棺이다. 槨을 만들 것을 청함은 수레를 팔아 槨을 사려고 한 것이다.

7-2. 子曰 才不才에 亦各言其子也니 鯉也死어늘 有棺而無槨호니 吾不徒行하여 以爲之槨은 以吾從大夫之後라 不可徒行也일새니라

孔子께서 말씀하셨다. "재주가 있거나 재주가 없거나 또한 각각 자기 아들이라고 말한다. 〈내 아들〉鯉가 죽었을 적에 棺만 있고 槨은 없었으니, 내가 〈수레를 팔아〉徒步로 걸어 다녀 槨을 만들어주지 못하는 것은 내가 大夫의 뒤를 따르기 때문에 도보로 걸어 다닐 수 없어서이다."

鯉는 孔子之子伯魚也니 先孔子卒이라 言鯉之才 雖不及顔淵이나 然己與顔路以父視之면 則皆子也라 孔子時已致仕로되 尙從大夫之列이어시늘 言後는 謙辭라

鯉는 孔子의 아들 伯魚이니, 孔子보다 먼저 죽었다. 鯉의 재주가 비록 顔淵에게 미치지 못하나 자신과 顔路가 아버지의 입장에서 본다면 모두 자식이라고 말씀한 것이다. 孔子가 이때 이미 致仕(벼슬을 내놓음)하셨으나 아직도 大夫의 반열을 따랐는데, 뒤라고 말씀한 것은 겸사이다.

⊙ 胡氏曰 孔子遇舊館人之喪하여 嘗脫驂以賻之矣어시늘 今乃不許顔路之請은 何耶오 葬可以無槨이요 驂可以脫而復求며 大夫는 不可以徒行이요 命車는 不可以與人而鬻(육)諸市也일새라 且爲所識窮乏者得我[5]하여 而勉强以副其意면 豈誠心與直道哉리오 或者以爲君子行禮는 視吾之有無而已라하니 夫君子之用財는 視義之可否니 豈獨視有無而已哉리오

⊙ 胡氏(胡寅)가 말하였다. "孔子께서 옛 여관 주인의 喪을 만나자, 일찍이 驂馬(곁말)를 벗겨서 부의하셨다. 그런데 지금 顔路의 요청을 허락하지 않으심은 어째서인가? 이번 장례에는 외관이 없어도 되고 곁말은 벗겼다가 다시 구할 수도 있으며, 大夫는 徒步로 걸어 다닐 수 없고 〈군주가 하사한〉命車는 남에게 주어 시장에서 팔게 할 수 없기 때문이다. 또 내가 알고 있는 궁

---

5 所識窮乏者得我：내가 평소 알고 지내던 곤궁한 자가 나의 은덕을 감사해 하는 것으로,《孟子》〈告子上〉 10장에 "萬鍾의 祿은 禮義를 분별하지 않고 받으니, 萬鍾의 祿이 나에게 무슨 보탬이 있겠는가. 宮室의 아름다움과 妻妾의 받듦과 내가 알고 있는 궁핍한 자가 나를 고맙게 여김을 위해서일 것이다.〔萬鍾則不辨 禮義而受之 萬鍾於我何加焉 爲宮室之美 妻妾之奉 所識窮乏者得我與〕"라고 보인다.

••• 鯉 잉어 리 徒 한갓 도 視 볼 시 致 돌려줄 치 尙 아직 상 館 객사 관 驂 곁말 참 賻 부의 부 鬻 팔 육
　　乏 모자랄 핍 得 고맙게여길 득 副 부응할 부

핍한 자가 나의 은덕을 고맙게 여김을 위해 억지로 그 뜻에 부응한다면 어찌 진실된 마음이며 곧은 도리이겠는가. 혹자는 말하기를 '君子는 禮를 행함에 자신의 있고 없음을 살펴볼 뿐이다.' 하였다. 그러나 君子가 재물을 씀에는 義理의 옳고 그름을 보는 것이니, 어찌 다만 있고 없음만을 볼 뿐이겠는가."

8. 顔淵이 死어늘 子曰 噫라 天喪予샷다 天喪予샷다

顔淵이 죽자, 孔子께서 말씀하셨다. "아! 하늘이 나를 망하게 하였구나. 하늘이 나를 망하게 하였구나."

噫는 傷痛聲이라 悼道無傳하여 若天喪己也라

'噫'는 슬퍼하고 애통해 하는 소리이다. 道가 전해지지 못함을 서글퍼하여 마치 하늘이 자신을 망하게 한 것처럼 여기신 것이다.

9-1. 顔淵이 死어늘 子哭之慟하신대 從者曰 子慟矣시니이다

顔淵이 죽자, 孔子께서 곡하시기를 너무 애통해 하셨다. 從者가 말하였다. "선생님께서는 너무 애통해 하십니다."

慟은 哀過也라

'慟'은 슬퍼함이 지나친 것이다.

9-2. 曰 有慟乎아

孔子께서 말씀하셨다. "너무 애통함이 있었느냐?

哀傷之至하여 不自知也라

슬퍼하고 상심함이 지극하여 스스로 알지 못하신 것이다.

··· 噫 슬플 희, 탄식할 희 喪 망할 상, 죽을 상 傷 상심할 상 悼 슬플 도 哭 울 곡 慟 애통할 통 過 지나칠 과

9-3. 非夫人之爲慟이요 而誰爲리오

저 사람〔夫人〕을 위해 애통해 하지 않고 누구를 위해 애통해 하겠는가."

夫人은 謂顔淵이라 言其死可惜하여 哭之宜慟하니 非他人之比也라

'夫人'은 顔淵을 이른다. 그의 죽음이 애석해 할 만하여 곡함에 마땅히 애통해야 하니, 다른 사람에 견줄 바가 아님을 말씀한 것이다.

⊙ 胡氏曰 痛惜之至에 施當其可하시니 皆情性之正也라

⊙ 胡氏(胡寅)가 말하였다. "애통하고 애석해함이 지극함에 베푼 것이 옳음에 마땅하셨으니, 이는 모두 性情의 올바름이다."

10-1. 顔淵이 死어늘 門人이 欲厚葬之한대 子曰 不可하니라

顔淵이 죽자 門人들이 후히 장사지내려 하니, 孔子께서 "옳지 않다." 하셨다.

喪具는 稱家之有無니 貧而厚葬은 不循理也라 故로 夫子止之하시니라

초상에 쓰는 도구는 家産의 있고 없음에 맞추어야 하니, 가난하면서 후히 장사지냄은 이치를 따르지 않는 것이다. 그러므로 夫子께서 만류하신 것이다.

10-2. 門人이 厚葬之한대

門人들이 후장하자,

蓋顔路聽之라

顔路가 들어준 듯하다.

···　誰 누구 수　惜 애석할 석　厚 두터울 후　葬 장사지낼 장　稱 맞을 칭　循 따를 순

10-3. 子曰 回也는 視予猶父也어늘 予는 不得視猶子也호니 非我也라 夫二三子也니라

孔子께서 말씀하셨다. "顔回는 나 보기를 아버지처럼 여겼는데, 나는 〈그를〉 자식처럼 보지 못했으니, 내가 그렇게 한 것이 아니라 저들이 한 것이다."

嘆不得如葬鯉之得宜하여 以責門人也시니라

鯉를 장사지낼 적에 마땅함을 얻었던 것처럼 하지 못함을 탄식하여 門人들을 責望하신 것이다.

11. 季路問事鬼神한대 子曰 未能事人이면 焉能事鬼리오 敢問死하노이다 曰 未知生이면 焉知死리오

季路가 鬼神 섬김을 묻자, 孔子께서 "산 사람을 잘 섬기지 못한다면 어떻게 鬼神을 섬기겠는가." 하셨다. "감히 죽음을 묻습니다." 하자, 孔子께서 "삶을 모른다면 어떻게 죽음을 알겠는가." 하셨다.

問事鬼神은 蓋求所以奉祭祀之意요 而死者는 人之所必有라 不可不知니 皆切問也라 然이나 非誠敬足以事人이면 則必不能事神이요 非原始而知所以生이면 則必不能反終而知所以死[6]라 蓋幽明, 始終이 初無二理로되 但學之有序하여 不可躐等이라 故로 夫子告之如此하시니라

鬼神을 섬김을 물음은 祭祀를 받드는 바의 뜻을 찾은 것이요, 죽음은 사람에게 반드시 있는 것으로 알지 않으면 안 되니, 이는 모두 절실한 질문이다. 그러나 정성과 공경이 산 사람을 섬길 수 있는 자가 아니면 반드시 귀신을 섬기지 못할 것이요, 始初를 근원하여 生(사는 것)을 알지 못하면 반드시 終을 돌이켜 죽음을 알지 못한다. 幽(저승)와 明(이승), 生과 死는 애당초 두 이치가 없으나 다만 배움에는 순서가 있어서 등급을 뛰어넘을 수 없다. 그러므로 夫子께서 이와 같이 말씀해 주신 것이다.

---

6 非原始而……知所以死:《周易》〈繫辭傳上〉의 "시작을 근원하고 終을 돌이킨다. 그러므로 死生의 말을 안다.〔原始反終 故知死生之說〕"는 내용을 인용한 것으로, 朱子는 "原始는 예전을 미루어 아는 것이요, 反終은 뒤에 맞추어 보는 것이다.〔原者 推之於前 反者 要之於後〕" 하였다.《周易本義》

••• 猶 같을 유 焉 어찌 언 切 간절할 절 原 근원 원 幽 저승 유 躐 뛰어넘을 렵, 건너뛸 렵

⊙ 程子曰 晝夜者는 死生之道也니 知生之道면 則知死之道요 盡事人之道면 則盡事鬼之道니 死生, 人鬼는 一而二요 二而一者也[7]라 或言夫子不告子路라하니 不知此乃所以深告之也라

⊙ 程子(伊川)가 말씀하였다. "낮과 밤은 死와 生의 道이다. 生의 道를 알면 死의 道를 알고, 사람 섬기는 도리를 다하면 귀신 섬기는 도리를 다할 것이니, 死와 生, 人과 鬼는 하나이면서 둘이고, 둘이면서 하나이다. 혹자는 말하기를 '夫子께서 子路에게 말씀해 주지 않았다.'고 하는데, 이것이 바로 깊이 일러주신 것임을 알지 못하고 하는 말이다."

12-1. 閔子는 侍側에 誾誾如也하고 子路는 行行(항항)如也하고 冉有, 子貢은 侃侃如也어늘 子樂하시다

閔子騫은 옆에서 모실 적에 誾誾(온화)하였고, 子路는 行行(굳셈)하였고, 冉有와 子貢은 侃侃(강직)하니, 孔子께서 즐거워하셨다.

行行은 剛强之貌라 子樂者는 樂得英才而教育之[8]라

'行行'은 굳세고 강한 모양이다. 孔子께서 즐거워하심은 英才를 얻어 교육함을 즐거워하신 것이다.

12-2. 若由也는 不得其死然이로다

"由(子路)는 命대로 죽지 못할 것이다."

尹氏曰 子路剛强하여 有不得其死之理라 故로 因以戒之러시니 其後에 子路卒死於衛孔悝(회)之難하니라

洪氏曰 漢書에 引此句한대 上有曰字라

---

7 死生人鬼……二而一者也:朱子는 "氣는 둘이고 理는 하나이다.[氣則二 理則一]" 하였고, 《語類》 潛室陳氏(陳埴)는 "理는 하나이나 나뉨이 다르다.[理一而分殊]" 하였다.

8 子樂者 樂得英才而教育之:《孟子》〈盡心上〉 20장에 "君子가 세 가지 즐거움이 있는데, 천하에 왕 노릇함은 여기에 들어있지 않다. 父母가 모두 생존해 계시고 兄弟가 無故한 것이 첫 번째 즐거움이요, 우러러 하늘에 부끄럽지 않고 굽어보아 인간에 부끄럽지 않은 것이 두 번째 즐거움이요, 천하의 英才를 얻어 교육하는 것이 세 번째 즐거움이다.[君子有三樂 而王天下不與存焉 父母俱存 兄弟無故 一樂也 仰不愧於天 俯不怍於人 二樂也 得天下英才而教育之 三樂也]"라고 보인다.

⋯ 晝 낮 주　盡 다할 진　側 곁 측　誾 화할 은　行 굳셀 항　侃 강직할 간　剛 굳셀 강　卒 마칠 졸　衛 나라이름 위　悝 클 회

或云 上文樂字는 卽曰字之誤라

尹氏(尹焞)가 말하였다. "子路는 剛强하여 제대로 죽지 못할 이치가 있었다. 그러므로 인하여 경계하신 것인데, 그 뒤 子路는 마침내 衛나라 孔悝의 難에 죽었다."

洪氏(洪興祖)가 말하였다. "《漢書》에 이 글귀를 인용하였는데, 위에 曰字가 있다."

혹자는 윗글의 樂字가 바로 曰字의 잘못이라고 한다.

13-1. 魯人이 爲長府러니

魯나라 사람이 長府라는 창고를 고쳐 짓자,

長府는 藏名이니 藏貨財曰府라 爲는 蓋改作之라

'長府'는 창고의 이름이니, 財貨를 보관해 두는 곳을 府라 한다. '爲'는 아마도 고쳐 지은 것인 듯하다.

13-2. 閔子騫曰 仍舊貫如之何오 何必改作이리오

閔子騫이 말하였다. "옛 일을 그대로 따르는 것이 어떻겠는가. 하필 고쳐 지어야 하는가."

仍은 因也요 貫은 事也라

王氏曰 改作은 勞民傷財하니 在於得已[9]면 則不如仍舊貫之善이라

'仍'은 따름이요, '貫'은 일이다.

王氏(王安石)가 말하였다. "고쳐 짓는 것은 백성을 수고롭게 하고 재물을 손상시키니, 그만둘 수 있다면 옛 일을 그대로 따름이 좋음만 못하다."

13-3. 子曰 夫人이 不言이언정 言必有中이니라

孔子께서 말씀하셨다. "이 사람〔夫人〕이 말을 하지 않을지언정 말하면 반드시 〈道理에〉 맞음이 있다."

---

9 在於得已 : '得已'는 '그만둘 수 있음'이고 '在'는 그러한 처지에 있는 것으로, 不得已한 경우가 아니고 그만두어도 괜찮은 입장(처지)에 있음을 이른다.

··· 府 곳집 부 藏 창고 장, 보관할 장 貨 재화 화 仍 인할 잉, 따를 잉 貫 일 관 中 맞을 중

言不妄發하고 發必當理는 惟有德者 能之라

말을 妄發하지 않고 말을 내면 반드시 이치에 맞음은 오직 德이 있는 자만이 능하다.

14-1. 子曰 由之瑟을 奚爲於丘之門고

孔子께서 말씀하셨다. "由(子路)의 瑟을 어찌하여 나의 門에서 연주하는가."

程子曰 言其聲之不和하여 與己不同也시니라
家語云 子路鼓瑟에 有北鄙殺伐之聲이라하니 蓋其氣質剛勇而不足於中和라 故로 其
發於聲者 如此하니라

程子(伊川)가 말씀하였다. "그 소리가 조화롭지 못하여 자신과 같지 않음을 말씀하신 것이다."
《孔子家語》에 "子路가 瑟을 탐에 북쪽 변방의 殺伐한 소리가 있었다." 하였으니, 이는 그 氣
質이 굳세고 용맹하여 中和에 부족하였으므로 그 소리에 나타남이 이와 같았던 것이다.

14-2. 門人이 不敬子路한대 子曰 由也는 升堂矣요 未入於室也니라

門人들이 子路를 공경하지 않자, 孔子께서 말씀하셨다. "由는 堂에는 올랐고 아직
방에 들어가지 못했을 뿐이다."

門人이 以夫子之言으로 遂不敬子路라 故로 夫子釋之하시니라 升堂入室은 喩入道之
次第라 言 子路之學이 已造乎正大高明之域이요 特未深入精微之奧耳니 未可以一
事之失而遽忽之也니라

門人들이 夫子의 말씀으로 인해 마침내 子路를 공경하지 않았다. 그러므로 夫子께서 해석해
주신 것이다. 堂에 오르고 방에 들어감은 道에 들어가는 차례를 비유한 것이다. 子路의 學問이
이미 正大하고 高明한 경지에 이르렀고, 다만 精微하여 심오한 곳에 깊이 들어가지 못했을 뿐
이니, 한 가지 일의 잘못으로 대번에 경홀히 해서는 안 됨을 말씀하신 것이다.

15-1. 子貢이 問 師與商也 孰賢이니잇고 子曰 師也는 過하고 商也는 不及이
니라

··· 妄 망령될 망 瑟 비파 슬 奚 어찌 해 鼓 두드릴 고 鄙 변방 비 升 오를 승 喩 비유할 유 域 지경 역 奧 깊을 오
遽 갑자기 거 忽 소홀할 홀 賢 나을 현

子貢이 "師(子張)와 商(子夏)이 누가 낫습니까?" 하고 묻자, 孔子께서 "師는 지나치고 商은 미치지 못한다." 하셨다.

子張은 才高意廣하여 而好爲苟難이라 故로 常過中하고 子夏는 篤信謹守하여 而規模狹隘라 故로 常不及하니라

子張은 재주가 높고 뜻이 넓어 구차히 어려운 일을 하기 좋아했으므로 항상 中道에 지나쳤고, 子夏는 독실히 믿고 삼가 지켜 규모가 협소했으므로 항상 미치지 못하였다.

15-2. 曰 然則師愈與잇가

〈子貢이〉 물었다. "그러면 師가 낫습니까?"

愈는 猶勝也라

'愈'는 勝(낫다)과 같다.

15-3. 子曰 過猶不及이니라

孔子께서 말씀하셨다. "지나침은 미치지 못함과 같다."

道는 以中庸爲至하니 賢知(智)之過 雖若勝於愚不肖之不及이나 然其失中則一也라

道는 中庸을 지극함으로 삼으니, 賢者와 智者의 지나침이 비록 愚者와 不肖한 者의 미치지 못함보다 나을 것 같으나 그 中道를 잃음은 똑같은 것이다.

⊙ 尹氏曰 中庸之爲德也 其至矣乎인저 夫過與不及이 均也니 差之毫釐면 繆以千里라 故로 聖人之敎는 抑其過하고 引其不及하여 歸於中道而已니라

⊙ 尹氏(尹焞)가 말하였다. "中庸의 德됨이 지극하다. 지나침과 미치지 못함이 똑같으니, 〈처음에〉 털끝만큼 잘못되면 〈종말에는〉 천 리나 어긋나게 된다. 그러므로 聖人의 가르침은 지나침을 억제하고 미치지 못함을 이끌어서 中道에 돌아가게 할 뿐이다."

··· 規 법 규, 본뜰 규 模 법 모, 본뜰 모 狹 좁을 협 隘 좁을 애 愈 나을 유 勝 나을 승 肖 어질 초 毫 터럭 호
釐 털끝 리 繆 어그러질 류(무)

16-1. 季氏富於周公이어늘 而求也 爲之聚斂而附益之한대

季氏가 周公보다 부유하였는데도 求(冉有)가 그를 위해 聚斂(세금을 많이 거둠)하여 재산을 더 늘려주었다.

周公은 以王室至親[10]으로 有大功하고 位冢宰하니 其富宜矣어니와 季氏는 以諸侯之卿으로 而富過之하니 非攘奪其君하고 刻剝其民이면 何以得此리오 冉求爲季氏宰하여 又爲之急賦稅以益其富하니라

周公은 王室의 至親으로 큰 공이 있었고 冢宰 자리에 있었으니 그 부유함이 마땅하거니와, 季氏는 諸侯의 卿으로서 부유함이 周公보다 더하였으니, 군주의 것을 훔쳐 빼앗고 百姓들에게 긁어모으지 않았다면 어찌 이것을 얻을 수 있었겠는가. 冉求가 季氏의 家臣이 되어서 또다시 그를 위해 賦稅를 급박하게 거두어 그의 富를 더 늘려준 것이다.

16-2. 子曰 非吾徒也로소니 小子아 鳴鼓而攻之 可也니라

孔子께서 말씀하셨다. "〈求는〉 우리 무리가 아니니, 小子들아! 북을 울려 죄를 聲討함이 옳다."

非吾徒는 絶之也요 小子鳴鼓而攻之는 使門人으로 聲其罪以責之也라 聖人之惡(오) 黨惡(악)而害民也 如此라 然이나 師嚴而友親이라 故로 已絶之로되 而猶使門人正之하시니 又見其愛人之無已也시니라

우리 무리가 아니라는 것은 그를 끊음이요, 小子들아 북을 울려 성토하라고 하신 것은 門人들로 하여금 그 죄를 성토하여 꾸짖게 하신 것이다. 악한 사람과 무리 지어 백성을 해침을 聖人께서 미워하심이 이와 같았다. 그러나 스승은 엄하고 벗은 친하므로 이미 끊고서도 오히려 門人으로 하여금 바로잡게 하셨으니, 또한 사람을 사랑함이 그침이 없으심을 보겠다.

⊙ 范氏曰 冉有以政事之才로 施於季氏라 故로 爲不善이 至於如此하니 由其心術不明하여 不能反求諸身하고 而以仕爲急故也니라

---

10 周公 以王室至親 : 周公은 武王의 아우이고 成王의 숙부이다. 그러므로 이렇게 말한 것이다.

••• 聚 모을 취 斂 거둘 렴 冢 맏 총 攘 훔칠 양 奪 빼앗을 탈 刻 새길 각 剝 깎을 박 賦 구실 부, 부세 부
徒 무리 도 鳴 울릴 명 鼓 북 고 聲 성토할 성 術 방법 술

⊙ 范氏(范祖禹)가 말하였다. "冉有가 政事의 재주를 季氏에게 시행하였다. 그러므로 不善을 함이 이와 같음에 이르렀으니, 이는 心術(마음)이 밝지 못하여 자기 몸에 돌이켜 구하지 못하고 벼슬하는 것을 급하게 여겼기 때문이었다."

17-1. 柴也는 愚하고

"柴는 어리석고,

柴는 孔子弟子니 姓高요 字子羔라 愚者는 知(智)不足而厚有餘라 家語에 記其足不履影하고 啓蟄(칩)不殺하고 方長不折하며 執親之喪에 泣血三年하여 未嘗見(현)齒하고 避難而行에 不徑不竇(두)라하니 可以見其爲人矣니라

柴는 孔子의 弟子이니, 姓이 高이고 字가 子羔이다. '愚'는 지혜가 부족하고 후덕함이 有餘(충분함)한 것이다. 《孔子家語》에 기록하기를 "그는 발로 〈남의〉 그림자를 밟지 않았고, 〈봄이 되어〉 땅속에서 갓 나온 벌레를 죽이지 않았고, 한참 자라는 초목을 꺾지 않았으며, 부모의 喪禮를 집행함에 3년 동안 피눈물을 흘려 일찍이 이를 드러내고 웃은 적이 없었으며, 난리를 피해서 갈 때에 지름길로 가지 않고 구멍으로 나가지 않았다." 하였으니, 그 인품을 알 수 있다.

17-2. 參也는 魯하고

參(曾子)은 노둔하고,

魯는 鈍也리 程子曰 參也는 竟以魯得之하시니라
又曰 曾子之學은 誠篤而已라 聖門學者가 聰明才辨(변)이 不爲不多로되 而卒傳其道는 乃質魯之人爾라 故로 學以誠實爲貴也니라
尹氏曰 曾子之才魯라 故로 其學也確하니 所以能深造乎道也니라

'魯'는 둔함이다.
程子(明道)가 말씀하였다. "參은 마침내 노둔함으로써 〈道를〉 얻으셨다."
〈程子(伊川)가〉 또 말씀하였다. "曾子의 學問은 誠實과 篤實함 뿐이었다. 聖門(성인의 문하)의 배우는 자들이 총명하고 재주 있으며 말을 잘한 자가 많지 않은 것이 아니었으나 끝내 그

··· 柴 나무 시 羔 염소 고 履 밟을 리 影 그림자 영 啓 열 계 蟄 겨울잠자는벌레 칩 折 꺾을 절 泣 울 읍
見 드러낼 현 齒 이 치 徑 지름길 경 竇 구멍 두 魯 노둔할 로 鈍 둔할 둔 竟 마칠 경 確 굳을 확

道를 전수한 것은 바로 질박하고 노둔한 사람이었다. 그러므로 學問은 誠實함을 귀하게 여기는 것이다."

尹氏(尹焞)가 말하였다. "曾子의 재질이 노둔하였으므로 그 學問이 확고하였으니, 이 때문에 道에 깊이 나아갈 수 있었던 것이다."

17-3. 師也는 辟하고

師(子張)는 한쪽(外貌)만 잘하고,

辟은 便辟也니 謂習於容止하고 少誠實也라

'辟'은 한쪽만 잘하는 것이니, 容止(용모와 행동거지)에만 익숙하고 성실성이 부족함을 이른다.

17-4. 由也는 喭(언)이니라

由(子路)는 거칠다."

喭은 粗俗也라 傳稱喭者謂俗論也[11]라

'喭'은 거칠고 속됨이다. 傳에 喭이라고 칭한 것은 속된 말을 이른다.

⊙ 楊氏曰 四者는 性之偏이니 語之하여 使知自勵也시니라
吳氏曰 此章之首에 脫子曰二字라
或疑下章子曰이 當在此章之首하여 而通爲一章이라

⊙ 楊氏(楊時)가 말하였다. "이 네 가지는 성질의 편벽됨이니, 이것을 말씀하여 스스로 힘쓸 것을 알게 하신 것이다."
吳氏(吳棫)가 말하였다. "이 章의 머리에 '子曰'이라는 두 글자가 빠져 있다."
혹자는 아랫장의 '子曰'이 마땅히 이 章의 머리에 있어 통합하여 한 章이 되어야 한다고 한다.

---

11 喭粗俗也 傳稱喭者 謂俗論也 : '傳'은 去聲으로 경서의 註解의 뜻인바, 壺山은 "《大學》,《孟子》,《春秋左傳》 등의 책을 가리키는 듯하다."고 하였다. 이러한 책에서 '喭'은 속된 말(俗論)을 이르는데, 여기서는 거칠고 저속함을 이르는 말로 쓴 것임을 밝히기 위해 이러한 주석을 단 것이다.

••• 辟 편벽될 벽 便 익숙할 편 喭 거칠 언 粗 거칠 조 傳 책 전, 주석 전 偏 치우칠 편 勵 힘쓸 려

18-1. 子曰 回也는 其庶乎요 屢(루)空이니라

孔子께서 말씀하셨다. "顔回는 〈道에〉 가깝고 자주 끼니를 굶는다.

庶는 近也니 言近道也[12]라 屢空은 數(삭)至空匱也니 不以貧窶動心而求富라 故로 屢至於空匱也라 言其近道요 又能安貧也라

'庶'는 가까움이니, 道에 가까움을 말한다. '屢空'은 자주 空匱(窮乏)함에 이른 것이다. 〈그는〉 가난으로 마음을 움직여 富를 구하지 않았으므로 자주 窮乏함에 이른 것이다. 道에 가깝고 또 가난을 편안하게 여겼음을 말씀한 것이다.

18-2. 賜는 不受命이요 而貨殖焉이나 億(臆)則屢中이니라

賜(子貢)는 天命을 받아들이지 않고 재화를 늘렸으나 臆測(억측)하면 자주 맞는다."

命은 謂天命이라 貨殖은 貨財生殖也[13]라 億은 意度(탁)也라 言 子貢이 不如顔子之安貧樂道라 然이나 其才識之明이 亦能料事而多中也라

程子曰 子貢之貨殖은 非若後人之豐財요 但此心未忘耳라 然이나 此亦子貢少時事니 至聞性與天道[14]하여는 則不爲此矣리라

'命'은 天命을 이른다. '貨殖'은 財貨를 생식(증식)함이다. '億'은 뜻(생각)으로 헤아림이다. '子貢은 顔子의 가난함을 편안히 여기고 道를 즐김만은 못하나 그 재주와 지식의 명철함이 또한 일을 헤아리면 적중함이 많음'을 말씀한 것이다.

程子가 말씀하였다. "子貢이 財貨를 증식함은 後世 사람들이 재물을 풍족하게 한 것과는 같지 않았고, 다만 이 마음을 잊지 못하였을 뿐이다. 그러나 이 또한 子貢이 젊었을 때의 일이니, 性과 天道를 들음에 이르러서는 이러한 일을 하지 않았을 것이다."

---

12 庶……言近道也 : 慶源輔氏(輔廣)는 "여기의 '其庶乎'는 《周易》〈繫辭傳下〉에 〈顔氏의 아들 顔回는 거의 道에 가까울 것이다〔顔氏之子 其殆庶幾乎'〕의 '其殆庶幾乎'와 같다.〔此與易大傳 其殆庶幾乎同〕" 하였다.

13 貨殖 : 《史記》〈仲尼弟子列傳〉에 "子貢은 곡식의 값이 쌀 때 사두었다가 값이 비싸졌을 때 팔기를 좋아했다.〔子貢好廢擧 與時轉貨賞〕" 하였다.

14 聞性與天道 : 위 〈公冶長〉 12장에 "子貢이 말하였다. '夫子의 文章은 얻어 들을 수 있으나 夫子께서 性과 天道를 말씀하심은 얻어 들을 수 없다.'〔子貢曰 夫子之文章 可得而聞也 夫子之言性與天道 不可得而聞也〕"라고 보인다.

··· 庶 거의 서 屢 여러 루 數 자주 삭 空 빌 공 匱 다할 궤 窶 가난할 구 賜 줄 사 殖 불릴 식 億 억측할 억(臆通)
中 맞을 중 度 헤아릴 탁 料 헤아릴 료 豐 풍성할 풍

⊙ 范氏曰 屢空者는 簞食(단사)瓢飲이 屢絶而不改其樂也니 天下之物이 豈有可動其中者哉아 貧富在天이어늘 而子貢以貨殖爲心하니 則是不能安受天命矣요 其言而多中者는 億而已요 非窮理樂天者也라 夫子嘗曰 賜不幸言而中하니 是使賜多言也라 하시니 聖人之不貴言也 如是하시니라

⊙ 范氏(范祖禹)가 말하였다. "屢空은 한 그릇의 밥과 한 표주박의 음료도 자주 끊겼으나 그 즐거움을 변치 않은 것이니, 天下의 사물이 어찌 그 마음을 움직일 만한 것이 있었겠는가. 가난함과 부유함은 하늘에 달려 있는데, 子貢이 재화를 증식하는 것으로 마음을 삼았으니, 이는 天命을 편안히 받아들이지 못한 것이다. 그가 말함에 맞음이 많았던 것은 억측일 뿐이요, 이치를 궁구하고 天命을 즐긴 것이 아니다. 夫子께서 일찍이 말씀하시기를 '賜는 불행히도 말을 하면 맞으니, 이는 賜로 하여금 말을 많게 하는 것이다.' 하셨으니, 聖人께서 말을 귀하게 여기지 않으심이 이와 같으시다."

19. 子張이 問善人之道한대 子曰 不踐迹이나 亦不入於室이니라

子張이 善人의 道를 묻자, 孔子께서 말씀하셨다. "聖人의 자취를 밟지 않더라도 〈악한 일을 하지 않으나〉 또한 방(聖人의 경지)까지는 들어가지 못한다."

善人은 質美而未學者也라
程子曰 踐迹은 如言循途守轍이라 善人은 雖不必踐舊迹이나 而自不爲惡이라 然이나 亦不能入聖人之室也라

'善人'은 자질은 아름다우나 배우지 못한 자이다.
程子(伊川)가 말씀하였다. "踐迹은 길을 따르고 바퀴자국을 지킨다는 말과 같다. 善人은 비록 굳이 옛 자취를 밟지 않더라도 저절로 악한 짓을 하지 않는다. 그러나 또한 聖人의 방(경지)에는 들어가지 못한다."

⊙ 張子曰 善人은 欲仁而未志於學者也라 欲仁故로 雖不踐成法이나 亦不蹈於惡이요 有諸己也로되 由不學故로 無自而入聖人之室[15]也라

---

15 無自而入聖人之室 : '自'는 由나 從과 같은 뜻으로, '말미암아' 또는 '부터'의 뜻이며, '室'은 방안으로, 학문의 경지를 升堂入室에 비유하는 바, 말미암아 聖人의 경지에 들어갈 수 없음을 말한 것이다.

⋯ 簞 대그릇 단 食 밥 사 瓢 표주박 표 飮 음료 음 絶 끊을 절 改 고칠 개 踐 밟을 천 迹 자취 적 途 길 도 轍 수레바퀴자국 철 蹈 밟을 도 自 부터 자

⊙ 張子가 말씀하였다. "善人은 仁을 하려고 하였으나 學問에는 뜻을 두지 않은 자이다. 仁을 하려고 하기 때문에 비록 이루어놓은 법을 밟지 않더라도 惡을 따르지 않는 것이요, 〈善을〉 자기 몸에 소유하였으나 배우지 않았기 때문에 말미암아 聖人의 방에 들어갈 수가 없는 것이다."

20. 子曰 論篤을 是與면 君子者乎아 色莊者乎아

孔子께서 말씀하셨다. "言論이 독실한 사람을 허여한다면 〈이 사람은〉君子인 자인 가? 얼굴만 莊嚴한 자인가?"

言 但以其言論篤實而與之면 則未知爲君子者乎아 爲色莊者乎아 言不可以言貌 取人也라

다만 그 언론이 독실하다고 하여 그를 허여한다면 君子인 자인가, 얼굴만 莊嚴한 자인가 알지 못하겠다고 말씀한 것이다. 이는 말과 外貌로 사람을 취해서는 안 됨을 말씀한 것이다.

21. 子路問 聞斯行諸잇가 子曰 有父兄在하니 如之何其聞斯行之리오 冉 有問 聞斯行諸잇가 子曰 聞斯行之니라 公西華曰 由也問聞斯行諸어늘 子曰 有父兄在라하시고 求也問聞斯行諸어늘 子曰 聞斯行之라하시니 赤 也惑하여 敢問하노이다 子曰 求也는 退故로 進之하고 由也는 兼人故로 退 之로라

子路가 "〈옳은 것을〉들으면 곧 행하여야 합니까?" 하고 묻자, 孔子께서 "父兄이 계시 니, 어떻게 들으면 곧 행할 수 있겠는가." 하고 대답하셨다. 冉有가 "〈옳은 것을〉들으면 곧 행하여야 합니까?" 하고 묻자, 孔子께서 "들으면 곧 행하여야 한다." 하고 대답하셨다. 公西華가 물었다. "由(子路)가 '들으면 곧 행하여야 합니까?' 하고 묻자, 선생께서 '父 兄이 계시다.' 하셨고, 求(冉有)가 '들으면 곧 행하여야 합니까?' 하고 묻자, 선생께서 '들으면 곧 행하여야 한다.' 고 대답하시니, 저는 의혹이 들어 감히 묻습니다."
孔子께서 말씀하셨다. "求는 물러나므로 나아가게 한 것이요, 由는 보통사람보다 나으 므로 물러가게 한 것이다."

⋯ 論 말할 론 篤 도타울 독 與 허여할 여 莊 엄숙할 장 但 다만 단 貌 모양 모 斯 이 사 惑 의혹할 혹
退 물러날 퇴 進 나아갈 진 兼 겸할 겸

兼人은 謂勝人也라

張敬夫曰 聞義면 固當勇爲라 然이나 有父兄在면 則有不可得而專者하니 若不稟命而行이면 則反傷於義矣라 子路는 有聞이요 未之能行하여선 惟恐有聞하니 則於所當爲에 不患其不能爲矣요 特患爲之之意或過하여 而於所當稟命者에 有闕耳라 若冉求之資稟은 失之弱하니 不患其不稟命也요 患其於所當爲者에 逡巡畏縮하여 而爲之不勇耳라 聖人이 一進之하고 一退之하시니 所以約之於義理之中하여 而使之無過不及之患也시니라

'兼人'은 보통사람보다 나음을 이른다.

張敬夫(張栻)가 말하였다. "義를 들으면 진실로 마땅히 용감하게 하여야 한다. 그러나 父兄이 계시면 자기 마음대로 할 수 없는 경우가 있으니, 만약 〈父兄의〉 명령을 받지 않고 행한다면 도리어 義를 해치게 된다. 子路는 들음이 있고(좋은 말을 듣고) 아직 그것을 행하지 못했으면 행여 다른 말을 들을까 두려워하였으니, 그렇다면 마땅히 해야 할 일에 있어 행하지 못함을 근심할 것이 없고, 다만 행하려는 뜻이 혹 지나쳐서 마땅히 명령을 받아야 할 것에 빠뜨림이 있을까 근심될 뿐이다. 冉求의 資稟으로 말하면 나약함에 결함이 있으니, 父兄의 명령을 받지 않음을 근심할 것이 없고, 마땅히 행해야 할 일에 있어 머뭇거리고 위축되어 하기를 용감하게 하지 못할까 근심될 뿐이다. 聖人이 한 사람은 나아가게 하시고 한 사람은 물러나게 하셨으니, 義理의 中道에 묶어서 그들로 하여금 지나치거나 미치지 못하는 병통이 없게 하신 것이다."

22. 子畏於匡하실새 顔淵이 後러니 子曰 吾以女(汝)爲死矣로라 曰 子在어시니 回何敢死리잇고

孔子께서 匡땅에서 경계하는 마음을 품고 계실 적에 顔淵이 뒤쳐져 있었는데, 〈그가 오자〉 孔子께서 "나는 네가 죽었을 것이라고 생각했다."라고 말씀하시니, 그가 대답하였다. "선생께서 살아 계시니 제가 어찌 과감히 죽겠습니까."

後는 謂相失在後라 何敢死는 謂不赴鬪而必死也라

胡氏曰 先王之制에 民生於三하니 事之如一하여 惟其所在에 則致死焉[16]이라 況顔

---

16 民生於三……則致死焉 : '生'은 生成의 뜻이며 '三'이란 낳아준 父母와 먹여준 君主와 가르쳐 준 스승으로, 《國語》〈晉語〉 중 欒共子(欒成)의 말에 "내가 들으니 '사람은 세 사람에 의해서 생존하기 때문에 섬

··· 勝 나을 승 稟 여쭐 품, 받을 품 特 다만 특 闕 빠뜨릴 궐 逡 머뭇거릴 준 巡 돌 순 縮 쭈그릴 축
約 묶을 약 匡 바를 광 女 너 여 赴 달려갈 부 鬪 싸울 투 致 바칠 치

淵之於孔子에 恩義兼盡하니 又非他人之爲師弟子者而已라 卽夫子不幸而遇難[17]이면 回必捐生以赴之矣요 捐生以赴之하여 幸而不死면 則必上告天子하고 下告方伯하여 請討以復讎요 不但已也리라 夫子而在면 則回何爲而不愛其死하여 以犯匡人之鋒乎아

'後'는 서로 잃어 뒤에 처져 있음을 이른다. '어찌 과감히 죽겠느냐'는 것은 달려가 싸우지 않아 반드시 죽지 않음을 이른다.

胡氏(胡寅)가 말하였다. "先王의 제도에 사람은 세 사람에 의해서 살아가니, 이들을 섬기기를 한결같이 하여 오직 자신이 처한 곳에 따라 죽음을 바친다. 하물며 顔淵은 孔子에 대해 은혜와 義가 아울러 극진하였으니, 또 다른 사람의 師弟間과 같을 뿐만이 아니었다. 만일 夫子께서 불행히 難(난리)을 만나셨다면 顔回는 반드시 생명을 버리고 싸움에 달려갔을 것이요, 〈생명을 버리고 싸움에 달려가서〉 다행히 죽지 않았다면 반드시 위로는 天子에게 아뢰고 아래로는 方伯(霸權國)에게 고해서 討伐할 것을 청하여 復讎했을 것이요, 그대로 그치지 않았을 것이다. 〈그러나〉 夫子께서 살아 계시다면 顔回가 어찌 그 죽음을 아끼지 않고서 匡땅 사람들의 칼날을 범하겠는가."

23-1. 季子然이 問 仲由冉求는 可謂大臣與잇가

季子然이 물었다. "仲由와 冉求는 大臣이라고 이를 만합니까?"

子然은 季氏子弟니 自多[18]其家得臣二子라 故로 問之라

子然은 季氏의 子弟이다. 그의 집안에서 두 사람을 신하로 삼은 것을 스스로 자랑스럽게 여겼으므로 물은 것이다.

기기를 한결같이 하여야 한다.'고 하였다. 아버지는 낳아 주시고 스승은 가르쳐 주시고 임금은 먹여 주시니, 아버지가 아니면 태어나지 못하고 먹여주지 않으면 자라지 못하고 가르침이 아니면 알지 못한다. 그러므로 한결같이 섬겨서 오직 내가 처해있는 곳에 따라 죽음을 바쳐야 한다.〔成聞之 民生於三 事之如一 父生之 師敎之 君食之 非父不生 非食不長 非敎不知 生之族也 故壹事之 惟其所在 則致死焉〕"라고 보인다.

17 卽夫子不幸而遇難 : '卽'은 若(만약)의 뜻이다.

18 自多 : '多'는 과시하다, 자랑하다의 뜻이다.

••• 卽 만일 즉   捐 버릴 연   讎 원수 수   愛 아낄 애   鋒 칼끝 봉   多 과시할 다

23-2. 子曰 吾以子爲異之問이러니 曾由與求之問이로다

孔子께서 말씀하셨다. "나는 그대가 특이한 질문을 하리라고 생각했었는데, 마침내 由와 求를 묻는구나.

異는 非常也라 曾은 猶乃也라 輕二子하여 以抑季然也라

'異'는 보통이 아닌 것이다. '曾'은 乃(마침내)와 같다. 두 사람을 경시하여 季子然을 꺾으신 것이다.

23-3. 所謂大臣者는 以道事君하다가 不可則止하나니

이른바 大臣이란 道로써 군주를 섬기다가 불가하면 그만두는 것이다.

以道事君者는 不從君之欲이요 不可則止者는 必行己之志라

'道로써 군주를 섬긴다'는 것은 군주의 욕망을 따르지 않는 것이요, '불가하면 그만둔다.'는 것은 반드시 자신의 뜻을 실행하는 것이다.

23-4. 今由與求也는 可謂具臣矣니라

지금 由와 求는 숫자만 채우는 신하라고 이를 만하다."

具臣은 謂備臣數而已라

'具臣'은 신하의 숫자만 채울 뿐임을 이른다.

23-5. 曰 然則從之者與잇가

〈季子然이 물었다.〉"그렇다면 〈이들은〉 따르는 자들입니까?"

意二子旣非大臣이면 則從季氏之所爲而已라

두 사람이 이미 大臣이 아니라면 季氏가 하는 바를 따를 뿐이라고 여긴 것이다.

··· 異 다를 이 曾 일찍 증, 마침내 증 具 갖출 구 備 갖출 비 數 수 수 從 좇을 종

23-6. 子曰 弑父與君은 亦不從也리라

孔子께서 말씀하셨다. "아버지와 군주를 시해하는 것은 또한 따르지 않을 것이다."

言 二子雖不足於大臣之道나 然君臣之義則聞之熟矣니 弑逆大故는 必不從之라 蓋深許二子以死難不可奪之節하고 而又以陰折季氏不臣之心也시니라

이 두 사람이 비록 大臣의 道에는 부족하나 君臣間의 義理는 익히 들었으니, 시해하고 반역하는 큰 잘못은 반드시 따르지 않을 것이라고 말씀한 것이다. 이는 두 사람을 難에 죽어도 빼앗을 수 없는 절개로써 깊이 許與하시고, 또 季氏의 신하 노릇하지 않으려는 마음을 은근히 꺾으신 것이다.

⊙ **尹氏曰 季氏專權僭竊이어늘 二子仕其家而不能正也하고 知其不可而不能止也하니 可謂具臣矣라 是時에 季氏已有無君之心이라 故로 自多其得人하고 意其可使從己也라 故로 曰 弑父與君은 亦不從也라하시니 其庶乎二子可免矣로다**

⊙ 尹氏(尹焞)가 말하였다. "季氏가 권력을 독단하고 참람하였는데 두 사람이 그 집에서 벼슬하면서 이것을 바로잡지 못하였고, 不可(바로잡을 수 없음)함을 알면서도 벼슬을 그만두지 못했으니, 숫자만 채운 신하라고 이를 만하다. 이때에 季氏가 이미 군주를 무시하는 마음이 있었으므로 人才를 얻음을 스스로 자랑하였고, 자기를 따르게 할 수 있다고 생각하였다. 그러므로 〈孔子께서〉 '아버지와 군주를 시해하는 것은 또한 따르지 않을 것이다.'라고 말씀하신 것이니, 이 두 사람은 거의 이것을 면할 수 있었다."

24-1. 子路使子羔로 爲費宰한대

子路가 子羔(高柴)로 費邑의 邑宰를 삼자,

子路爲季氏宰而擧之也라

子路가 季氏의 家臣이 되어 그를 등용한 것이다.

••• 弑 죽일 시 熟 익을 숙 逆 거스를 역 奪 빼앗을 탈 陰 몰래 음 折 꺾을 절 專 제멋대로할 전 僭 참람할 참 竊 훔칠 절 羔 염소 고 費 쓸 비

24-2. 子曰 賊夫人之子로다

孔子께서 말씀하셨다. "남의 자식을 해치는구나."

賊은 害也라 言子羔質美而未學이어늘 遽使治民이면 適以害之라

'賊'은 해침이다. 子羔가 자질이 아름다우나 아직 배우지 못하였는데, 갑자기 백성을 다스리게 하면 다만 그를 해칠 뿐임을 말씀한 것이다.

24-3. 子路曰 有民人焉하며 有社稷焉하니 何必讀書然後에 爲學이리잇고

子路가 말하였다. "人民이 있고 社稷이 있으니, 하필 책을 읽은 뒤에야 배움을 하겠습니까?"

言 治民事神이 皆所以爲學이라

백성을 다스리고 귀신을 섬김이 모두 學問하는 것이라고 말한 것이다.

24-4. 子曰 是故로 惡(오)夫佞者하노라

孔子께서 말씀하셨다. "이 때문에 말재주 있는 자를 미워하는 것이다."

治民事神이 固學者事라 然이나 必學之已成然後에 可仕以行其學이니 若初未嘗學이어늘 而使之卽仕以爲學이면 其不至於慢神而虐民者 幾希(稀)矣라 子路之言은 非其本意요 但理屈詞窮하여 而取辦於口以禦人耳라 故로 夫子不斥其非하시고 而特惡其佞也시니라

백성을 다스리고 귀신을 섬김은 진실로 배우는 자의 일이나 반드시 學問이 이미 이루어진 뒤에 벼슬하여 그 배움을 실행할 수 있으니, 만약 애초에 일찍이 학문을 하지 않았는데 그로 하여금 벼슬에 나아가 학문을 하게 한다면 귀신에게 慢忽(不敬)하고 백성을 학대함에 이르지 않을 자가 드물다. 子路의 말은 그의 本意가 아니요, 다만 논리가 굽히고 말이 궁하여 입으로 변론함을 취해서 남의 말을 막았을 뿐이다. 그러므로 夫子께서 그의 그름을 指斥하지 않으시고, 다만 그 말재주만을 미워하신 것이다.

••• 賊 해칠 적 遽 갑자기 거 適 다만 적 稷 곡신(穀神) 직 佞 말잘할 녕 卽 나아갈 즉 慢 게으를 만 虐 학대할 학
希 드물 희 屈 굽을 굴 辦(辯) 말잘할 변 禦 막을 어 斥 배척할 척

⊙ 范氏曰 古者에 學而後에 入政하니 未聞以政學者也라 蓋道之本이 在於修身하니 而後及於治人이라 其說이 具於方册하니 讀而知之然後에 能行이니 何可以不讀書也리오 子路乃欲使子羔로 以政爲學하니 失先後本末之序矣어늘 不知其過하고 而以口給禦人이라 故로 夫子惡其佞也시니라

⊙ 范氏(范祖禹)가 말하였다. "옛날에는 배운 뒤에 政事에 들어갔으니, 정사로써 배운다는 것은 듣지 못하였다. 道의 근본이 몸을 닦는 데 있으니, 그런 뒤에 사람을 다스림에 미치는 것이다. 그 내용이 책에 갖추어져 있으니, 책을 읽어서 안 뒤에 실행할 수 있는 것이다. 어찌 책을 읽지 않을 수 있겠는가. 子路가 마침내 子羔로 하여금 정사로써 학문하게 하려고 하였으니, 先後와 本末의 차례를 잃었다. 그런데도 그 잘못을 알지 못하고 口給(口辯)으로 남의 말을 막으려 하였다. 그러므로 夫子께서 그의 말재주를 미워하신 것이다."

25-1. 子路, 曾晳(석), 冉有, 公西華侍坐러니

子路·曾晳·冉有·公西華가 〈孔子를〉 모시고 앉았었는데,

晳은 曾參父니 名點이라

晳은 曾參의 아버지이니, 이름이 點이다.

25-2. 子曰 以吾一日長乎爾나 毋吾以也하라

孔子께서 말씀하셨다. "내 〈나이가〉 다소〔一日〕 너희들보다 많다 하나 나 때문에 어려워하지 말라.

言 我雖年少長於女(汝)나 然汝勿以我長而難言이라 蓋誘之盡言하여 以觀其志하시니 而聖人和氣謙德을 於此에 亦可見矣니라

내가 비록 나이가 다소 너희들보다 많으나 너희들은 내가 나이가 많다고 해서 말하기를 어려워하지 말라고 말씀한 것이다. 이는 유도하여 말을 다하게 해서 그 뜻을 관찰하려고 하신 것이니, 聖人의 온화한 기운과 겸손한 德을 여기에서도 볼 수 있다.

••• 給 말잘할 급 晳 밝을 석 侍 모실 시 點 점 점 長 어른 장, 나이많을 장 誘 달랠 유

25-3. 居則曰不吾知也라하나니 如或知爾면 則何以哉오

너희들이 평소에 말하기를 '나를 알아주지 않는다.'고 말하는데, 만일 혹시라도 너희들을 알아준다면 어떻게 쓰여지겠느냐?"

言 女平居則言人不知我라하나니 如或有人知女면 則女將何以爲用也라

'너희들이 平居(평소)에 말하기를 '사람들이 나를 알아주지 않는다.'고 말하는데, 만일 혹시라도 너희들을 알아주는 사람이 있다면 너희들이 장차 어떻게 쓰여지겠느냐?'고 말씀한 것이다.

25-4. 子路率爾而對曰 千乘之國이 攝乎大國之間하여 加之以師旅요 因之以饑饉이어든 由也爲之면 比及三年하여 可使有勇이요 且知方也케호리이다 夫子哂(신)之하시다

子路가 경솔히(성급하게) 대답하였다. "千乘의 諸侯國이 大國 사이에서 속박을 받아 師旅(침공)가 加해지고 이어서 饑饉까지 들거든 제가 다스리면 3년에 이르러 백성들을 용맹하게 하고 또 〈義理로〉 향할 줄을 알게 하겠습니다." 夫子께서 〈이 말을 듣고〉 빙긋이 웃으셨다.

率爾는 輕遽之貌라 攝은 管束也라 二千五百人이 爲師요 五百人이 爲旅라 因은 仍也라 穀不熟曰饑요 菜不熟曰饉이라 方은 向也니 謂向義也라 民向義면 則能親其上, 死其長矣라 哂은 微笑也라

'率爾'는 경솔하고 급한 모양이다. '攝'은 管束(속박)이다. 2천 5백 명을 師라 하고, 5백 명을 旅라 한다. '因'은 이어서이다. 곡식이 성숙하지 않음을 饑라 하고, 채소가 성숙하지 않음을 饉이라 한다. '方'은 향함이니, 義理로 향함을 이른다. 백성들이 義理로 향하면 윗사람을 친애하고 어른(君長)을 위해 죽을 수 있다. '哂'은 미소이다.

25-5. 求아 爾는 何如오 對曰 方六七十과 如五六十에 求也爲之면 比及三年하여 可使足民이어니와 如其禮樂엔 以俟君子호리이다

〈孔子께서〉"求야, 너는 어떻게 하겠느냐?" 하시자, 〈求(冉有)가〉대답하였다. "方(넓이) 6, 70리, 혹은 5, 60리 쯤 되는 〈작은〉 나라를 제가 다스리면 3년에 이르러 백성들을 풍족하게 할 수 있으나 그 禮樂에 있어서는 君子를 기다리겠습니다."

求爾何如는 孔子問也니 下放此라 方六七十里는 小國也라 如는 猶或也라 五六十里則又小矣라 足은 富足也라 俟君子는 言非己所能이라 冉有謙退하고 又以子路見哂故로 其辭益遜이라

'求爾何如'는 孔子께서 물으신 것이니, 아래도 이와 같다. 方 6, 70리는 작은 나라이다. '如'는 或과 같다. 5, 60리는 더 작은 것이다. '足'은 풍족한 것이다. '君子를 기다린다'는 것은 자신의 능한 바가 아님을 말한다. 冉有는 謙退(겸손)하였고, 또 子路가 웃음을 당하는 것을 보았으므로 그 말이 더욱 겸손한 것이다.

25-6. 赤아 爾는 何如오 對曰 非曰能之라 願學焉하노이다 宗廟之事와 如會同에 端章甫로 願爲小相焉하노이다

"赤아, 너는 어떻게 하겠느냐?" 하시자, 〈赤(公西華)이〉대답하였다. "제가 능하다는 것이 아니라 배우기를 원합니다. 宗廟의 일 또는 諸侯들이 會同할 적에 玄端服을 입고 章甫冠을 쓰고서 작은 相(執禮)이 되기를 원합니다."

公西華志於禮樂之事하니 嫌以君子自居[19]라 故로 將言己志에 而先爲遜辭하여 言未能而願學也라 宗廟之事는 謂祭祀라 諸侯時見(현)曰會요 衆覜(조)曰同이라 端은 玄端服이요 章甫는 禮冠이라 相은 贊君之禮者니 言小는 亦謙辭라

公西華는 禮樂의 일에 뜻을 두었는데, 君子로 자처함을 혐의하였다. 그러므로 장차 자신의 뜻을 말하려 하면서 먼저 겸손의 말을 하여, 자신이 능하다는 것이 아니라 배우기를 원한다고 말한 것이다. '宗廟의 일'은 祭祀를 이른다. 諸侯가 때때로 뵙는 것을 會라 하고, 여러 제후가 함께 뵙는 것을 同이라 한다. '端'은 玄端服이고, '章甫'는 禮冠이다. '相'은 임금의 禮를 돕는 자이다. '小'라고 말한 것은 또한 겸손의 말이다.

---

19 嫌以君子自居 : 新安陳氏(陳櫟)는 "冉求가 禮樂은 君子를 기다리겠다고 말했으니, 公西赤이 만약 의연하게 禮樂에 종사하고자 한다면 이것은 君子로 자처하는 것이다." 하였다.

••• 放 같을 방 端 바를 단 甫 클 보 嫌 싫어할 혐, 혐의할 혐 遜 겸손할 손 覜 볼 조 贊 도울 찬

25-7. 點아 爾는 何如오 鼓瑟希(稀)러니 鏗(갱)爾舍瑟而作하여 對曰 異乎三子者之撰(선)호이다 子曰 何傷乎리오 亦各言其志也니라 曰 莫(暮)春者에 春服이 旣成이어든 冠者五六人과 童子六七人으로 浴乎沂(기)하여 風乎舞雩(우)하여 詠而歸호리이다 夫子喟然嘆曰 吾與點也하노라

"點아, 너는 어떻게 하겠느냐?" 하시자, 그는 瑟 타기를 드문드문 하더니, 땅하고 비파를 놓고 일어나 대답하였다. "〈저의 뜻은〉 세 사람이 갖고 있는 것과는 다릅니다." 孔子께서 말씀하시기를 "무엇이 나쁘겠는가. 또한 각기 자신의 뜻(포부)을 말하는 것이다." 하시자, 〈點(曾晳)이〉 대답하였다. "늦봄에 봄옷이 이미 이루어지면 冠을 쓴 어른 5, 6명과 童子 6, 7명과 함께 沂水에서 목욕하고 舞雩에서 바람 쐬고서 노래하며 돌아오겠습니다." 夫子께서 '아!' 하고 감탄하시며 "나는 點을 許與한다." 하셨다.

四子侍坐에 以齒爲序면 則點當次對로되 以方鼓瑟이라 故로 孔子先問求赤而後及點也라 希는 間歇也라 作은 起也라 撰은 具也라 莫春은 和煦(후)之時요 春服은 單袷(겹)之衣라 浴은 盥濯也니 今上巳祓(불)除²⁰是也라 沂는 水名이니 在魯城南이라 地志以爲有溫泉焉이라하니 理或然也라 風은 乘凉也라 舞雩는 祭天禱雨之處니 有壇墠樹木也라 詠은 歌也라 曾點之學이 蓋有以見夫人欲盡處에 天理流行하여 隨處充滿하여 無少欠闕이라 故로 其動靜之際에 從容如此하고 而其言志는 則又不過卽其所居之位하여 樂其日用之常이요 初無舍己爲人之意하여 而其胸次悠然하여 直與天地萬物로 上下同流하여 各得其所之妙가 隱然自見(현)於言外하니 視三子規規於事爲之末者하면 其氣象이 不侔矣라 故로 夫子嘆息而深許之하시고 而門人記其本末에 獨加詳焉하니 蓋亦有以識此矣니라

네 사람이 모시고 앉음에 年齒로써 차례를 한다면 曾點이 마땅히 두 번째로 대답해야 할 것이나 막 비파를 타고 있었으므로 孔子께서 먼저 求와 赤에게 물으신 뒤에 點에게 미치신 것이다. '希'는 間歇이요, '作'은 일어남이다. '撰'은 갖춤이다. '暮春'은 온화하고 따뜻한 시절이요, '春服'은 홑옷과 겹옷이다. '浴'은 세수하고 씻는 것이니, 지금 3월 上巳日(삼짇날)의 祓除(불제)가 그것이다. 沂는 물 이름이니, 魯나라 都城 남쪽에 있다. 《漢書》〈地理志〉에 溫泉이 있다

---

20 上巳祓除: 上巳는 3월의 日辰에 첫 번째 드는 巳日을 이르는바, 後代에는 3월 3일로 고정하였으며, 祓除는 몸을 씻어 그 해의 厄을 제거함을 이른다.

••• 瑟 비파 슬 鏗 쇠소리 갱 舍 놓을 사 撰 가질 선 莫 저물 모 浴 목욕할 욕 沂 물이름 기 風 바람쐴 풍 雩 기우제 우 詠 읊을 영 喟 한숨쉴 위 齒 나이 치 歇 쉴 헐 煦 따뜻할 후 單 홑 단 袷 겹옷 겹 盥 세수할 관 濯 씻을 탁 祓 액제거할 불 禱 빌 도 壇 단 단 墠 제터 선 欠 모자랄 흠 闕 빠질 궐 卽 나아갈 즉

고 했으니, 이치상 혹 그럴 듯하다. '風'은 시원한 바람을 쐬는 것이다. 舞雩는 하늘에 제사하고 기우제를 지내는 곳이니, 壇墠과 수목이 있다. '詠'은 노래하는 것이다.

曾點의 學問은 人慾이 다한 곳에 天理가 유행하여 곳에 따라 충만해서 조금도 欠闕(부족함과 결함)이 없음을 봄이 있었다. 그러므로 動靜할 때에 從容(차분하고 자연스러움)함이 이와 같았고, 뜻을 말함은 또 자신이 처한 위치에 나아가서 일상생활의 떳떳함을 즐기는 데에 지나지 않았고, 애당초 자신을 버리고 남을 위하려는 뜻이 없었다. 그리하여 가슴속이 悠然(한가롭고 자연스러움)하여 곧바로 천지 만물과 더불어 上下가 함께 流行하여 각각 그 곳(제자리)을 얻은 묘함이 은연중 말 밖에 나타났으니, 저 세 사람이 事爲(정사)의 지엽적인 것에 規規(급급)한 것에 견주어 보면 그 氣象이 같지 않다. 그러므로 夫子께서 감탄하시고 깊이 허여하셨으며 門人들이 그 本末(전말)을 기록함에 특히 더 자세히 하였으니, 〈기록한 자〉 또한 이것을 앎이 있었던 것이다.

25-8. 三子者出커늘 曾晳이 後러니 曾晳曰 夫三子者之言이 何如하니잇고 子曰 亦各言其志也已矣니라 曰 夫子何哂由也시니잇고

세 사람이 나가자 曾晳이 뒤에 남았었는데, 曾晳이 말하였다. "저 세 사람의 말이 어떻습니까?" 孔子께서 대답하셨다. "또한 각각 자기 뜻을 말했을 뿐이다."〈曾晳이〉"夫子께서 어찌하여 由를 빙긋이 웃으셨습니까?" 하고 물었다.

點以子路之志 乃所優爲로되 而夫子哂之라 故로 請其說이라

點은 子路의 뜻이 마침내 충분히 할 수 있는데도 夫子께서 웃으셨으므로 그 설명(이유)을 요청한 것이다.

25-9. 曰 爲國以禮어늘 其言이 不讓이라 是故로 哂之로라

"나라를 다스림은 禮로써 해야 하는데, 그의 말이 겸손하지 않았다. 그러므로 웃은 것이다."

夫子蓋許其能이요 特哂其不遜이라

夫子는 그의 능력은 허여하시고 다만 그 겸손하지 못함을 웃으신 것이다.

··· 胸 가슴 흉 悠 멀 유 規 법 규 侔 같을 모 爲 다스릴 위 讓 사양할 양

25-10. 唯求則非邦也與잇가 安見方六七十과 如五六十而非邦也者리오

〈曾晳이〉 "求가 말한 것은 나라를 다스리는 일이 아닙니까?" 하고 묻자, 〈孔子께서〉 대답하셨다. "方 6, 70리, 혹은 5, 60리이면서 나라가 아닌 것을 어디에서 보았느냐?"

曾點以冉求亦欲爲國이로되 而不見哂라 故로 微問之에 而夫子之答이 無貶(폄)詞하시니 蓋亦許之라

曾點이 冉求도 나라를 다스리고자 하였으나 웃음을 당하지 않았으므로 은미하게 물었는데, 夫子의 대답이 貶下하는 말씀이 없으셨으니, 이 또한 허여하신 것이다.

25-11. 唯赤則非邦也與잇가 宗廟會同이 非諸侯而何오 赤也爲之小면 孰能爲之大리오

〈曾晳이〉 "赤이 말한 것은 나라를 다스리는 일이 아닙니까?" 하고 묻자, 〈孔子께서〉 대답하셨다. "宗廟의 일과 會同하는 일이 諸侯의 일이 아니고 무엇이겠느냐? 赤이 小가 된다면 누가 大가 되겠느냐."

此亦曾晳問而夫子答也라 孰能爲之大는 言無能出其右者니 亦許之之詞라

이 또한 曾晳이 묻자, 夫子께서 답하신 것이다. '누가 大가 되겠느냐.'고 하신 것은 그를 뛰어넘을 자가 없음을 말씀한 것이니, 이 또한 그를 허여하신 말씀이다.

⊙ 程子曰 古之學者는 優柔厭飫(어)[21]하여 有先後之序하니 如子路, 冉有, 公西赤이 言志如此에 夫子許之亦以此하시니 自是實事라 後之學者는 好高하여 如人游心千里之外나 然自身은 却只在此니라
又曰 孔子與點하시니 蓋與聖人之志同이니 便是堯舜氣象也라 誠異三子者之撰이나

---

21 優柔厭飫 : '優柔'는 優游로도 쓰는바 모두 편안하다는 뜻으로 마음의 여유를 갖는 것이며, '厭飫'는 饜飫로도 쓰는데 음식을 배불리 먹는 것으로, '優柔厭飫'는 충분한 시간을 갖고 오랫동안 학문에 종사하여 풍부한 지식과 실천적 경험을 쌓음을 뜻한다. 이 말은 원래 《春秋左傳》杜預 序文의 "優而柔之 使自求之 饜而飫之 使自趨之"에서 유래한 것이다.

••• 遜 공손할 손 邦 나라 방 微 작을 미 貶 낮출 폄 詞 말씀 사 廟 사당 묘 優 넉넉할 우 柔 부드러울 유 厭 배부를 염 飫 배부를 어 與 허여할 여 撰 가질 선

特行有不掩焉耳²²니 此所謂狂也라 子路等은 所見者小라 子路只爲不達爲國以禮道理라 是以哂之하시니 若達이면 却便是這氣象也니라

又曰 三子는 皆欲得國而治之라 故로 夫子不取하시고 曾點은 狂者也니 未必能爲聖人之事로되 而能知夫子之志라 故로 曰浴乎沂하여 風乎舞雩하여 詠而歸라하니 言樂而得其所也라 孔子之志는 在於老者安之하고 朋友信之하고 少者懷之하여 使萬物莫不遂其性이어늘 曾點이 知之라 故로 孔子喟然嘆曰 吾與點也라하시니라

又曰 曾點, 漆雕開 已見大意하니라

⊙ 程子(伊川)가 말씀하였다. "옛날의 학자(배우는 자)들은 優柔하고 厭飫하여 先後의 순서가 있었다. 예컨대 子路 · 冉有 · 公西赤이 뜻을 말하기를 이와 같이 하자, 夫子께서 허여하시기를 또한 이로써 하셨으니, 본래 실제로 할 수 있는 일이었다. 後世의 학자들은 高遠한 것을 좋아하여, 마치 사람이 마음은 천 리 밖에 노닐지만 자신의 몸은 다만 여기에 있는 것과 같다."

〈程子(明道)가〉 또 말씀하였다. "孔子께서 曾點을 허여하셨으니 이는 聖人의 뜻과 같은 것이니, 이는 바로 堯舜의 氣象이다. 진실로 세 사람이 갖고 있는 뜻과는 달랐으나 다만 행실이 말을 가리지 못함이 있을 뿐이니, 이것이 이른바 狂者라는 것이다. 子路 등 세 사람은 소견이 작았다. 子路는 다만 나라를 다스림에 禮로써 하는 도리를 통달하지 못했기 때문에 孔子께서 웃으신 것이니, 만약 통달했다면 이것도 바로 그러한 氣象이다."

〈程子(伊川)가〉 또 말씀하였다. "세 사람은 모두 나라를 얻어 다스리고자 하였다. 그러므로 夫子께서 취하지 않으신 것이다. 曾點은 狂者이니, 반드시 聖人의 일을 하지는 못하더라도 夫子의 뜻을 알 수 있었다. 그러므로 '沂水에서 목욕하고 舞雩에서 바람 쐬고서 노래하며 돌아오겠다.'고 말하였으니, 즐거워하면서 그 곳(제자리)을 얻었음을 말한 것이다. 孔子의 뜻은 老人을 편안하게 해주고 朋友를 미덥게 해주고 젊은이를 감싸줌에 있어서 萬物로 하여금 그 本性을 이루지 않음이 없게 하셨는데, 曾點이 이것을 알았다. 그러므로 孔子께서 '아!'하고 감탄하시며 '나는 曾點을 허여한다.'고 말씀하신 것이다."

〈程子(明道)가〉 또 말씀하였다. "曾點과 漆雕開는 이미 큰 뜻을 보았다."

---

22 特行有不掩焉耳 : '特'은 但의 뜻이며, '행실이 말을 가리지 못함이 있다'는 것은 말과 행실이 일치하여야 하는데, 말은 흰소리를 치나 행실이 이에 미치지 못하여 말과 행실이 부합하지 못함을 말한다. 《孟子》〈盡心下〉 37장에 〈萬章이 말하였다.〉 '어찌하여 狂이라 일렀습니까?' 孟子께서 말씀하셨다. '그 뜻이 높고 커서 말하기를 「옛사람이여, 옛사람이여.」하나 평소에 그의 행실을 살펴보면 행실이 말을 가리지 못하는 자이기 때문이다.'〔何以謂之狂也 曰 其志嘐嘐然曰 古之人 古之人 夷考其行而不掩焉者也〕라고 보인다.

··· 特 다만 특 掩 가릴 엄 哂 웃을 신 這 이 저(저) 懷 품을 회 遂 이룰 수 漆 옻칠 칠 雕 아로새길 조

顏淵 第十二

凡二十四章이라
모두 24章이다.

1-1. 顏淵이 問仁한대 子曰 克己復禮 爲仁이니 一日克己復禮면 天下歸仁焉하리니 爲仁由己니 而由人乎哉아

顏淵이 仁을 묻자, 孔子께서 말씀하셨다. "자기의 私慾을 이겨 禮에 돌아감이 仁을 하는 것이니, 하루라도 私慾을 이겨 禮에 돌아가면 天下가 仁을 허여한다. 仁을 하는 것은 자신에게 달려 있으니, 남에게 달려 있겠는가."

仁者는 本心之全德이라 克은 勝也요 己는 謂身之私欲也라 復은 反也요 禮者는 天理之節文也라 爲仁者는 所以全其心之德也라 蓋心之全德이 莫非天理나 而亦不能不壞於人欲이라 故로 爲仁者 必有以勝私欲而復於禮면 則事皆天理하여 而本心之德이 復(부)全於我矣라 歸는 猶與也라 又言 一日克己復禮면 則天下之人이 皆與其仁이라하시니 極言其效之甚速而至大也라 又言 爲仁由己니 而非他人所能預라하시니 又見其機之在我而無難也라 日日克之하여 不以爲難이면 則私欲淨盡하고 天理流行하여 而仁不可勝用矣리라

程子曰 非禮處 便是私意니 旣是私意면 如何得仁이리오 須是克盡己私하여 皆歸於禮라야 方始是仁이니라

••• 克 이길 극 己 몸 기 復 돌아올 복 歸 허여할 귀 壞 무너질 괴 效 공효 효 速 빠를 속 預 참여할 예 機 기틀 기
淨 깨끗할 정

又曰 克己復禮_면 則事事皆仁_{이라} 故_로 曰天下歸仁_{이라하시니라}

謝氏曰 克己_는 須從性偏難克處_{하여} 克將去_{니라}

'仁'은 本心의 온전한 德이다. '克'은 이김이요, '己'는 一身의 私慾을 이른다. '復'은 돌아감이요, '禮'는 天理의 節文이다. '爲仁'은 그 마음의 德을 온전히 하는 것이다. 마음의 온전한 德은 天理 아님이 없으나 또한 人慾에 파괴되지 않을 수 없다. 그러므로 仁을 하는 자가 반드시 私慾을 이겨 禮에 돌아가면 일마다 모두 天理여서 本心의 德이 다시 내 몸에 온전하게 된다. '歸'는 許(허여함)와 같다. 또 하루라도 私慾을 이겨 禮에 돌아가면 天下 사람들이 모두 그 仁을 허여한다고 말씀하셨으니, 그 효과가 매우 빠르고 지극히 큼을 極言한 것이다. 또 仁을 하는 것은 자신에게 달려 있으니, 他人이 간여할 바가 아님을 말씀하셨으니, 이것은 또 그 기틀이 나에게 있어서 어려움이 없음을 나타낸 것이다. 날마다 私慾을 이겨서 어렵게 여기지 않는다면 私慾이 깨끗이 다하고(없어지고) 天理가 流行하여 仁을 이루 다 쓸 수가 없을 것이다.

程子(伊川)가 말씀하였다. "禮가 아닌 곳(부분)이 바로 私意이니, 이미 私意라면 어떻게 仁일 수 있겠는가. 모름지기 자신의 私意를 이겨 다해서 모두 禮에 돌아가야 비로소 仁이 될 수 있다."

또 말씀하였다. "克己復禮를 하면 일마다 모두 仁해진다. 그러므로 天下가 仁을 허여한다고 말씀한 것이다."

謝氏(謝良佐)가 말하였다. "克己는 모름지기 자신의 성질이 편벽되어 극복하기 어려운 곳으로부터 이겨 나가야 한다."

1-2. 顔淵曰 請問其目_{하노이다} 子曰 非禮勿視_{하며} 非禮勿聽_{하며} 非禮勿言_{하며} 非禮勿動_{이니라} 顔淵曰 回雖不敏_{이나} 請事斯語矣_{로리이다}

顔淵이 "그 條目을 묻습니다." 하자, 孔子께서 말씀하셨다. "禮가 아니면 보지 말며, 禮가 아니면 듣지 말며, 禮가 아니면 말하지 말며, 禮가 아니면 動하지 말아야 한다." 顔淵이 말하였다. "제(回)가 비록 不敏하나 청컨대 이 말씀에 종사하겠습니다."

目은 條件也_라 顔淵이 聞夫子之言_{하니} 則於天理人欲之際에 已判然矣_라 故_로 不復有所疑問_{하고} 而直請其條目也_라 非禮者_는 己之私也_라 勿者_는 禁止之辭_니 是_는 人心之所以爲主而勝私復禮之機也_라 私勝則動容周旋이 無不中禮_{하여} 而日用之間에 莫

••• 偏 치우칠 편 目 조목 목 視 볼 시 聽 들을 청 敏 민첩할 민 事 일삼을 사 件 일 건 判 나눌 판 旋 돌 선
中 맞을 중

非天理之流行矣라 事는 如事事[1]之事라 請事斯語는 顔淵이 默識其理하고 又自知其力有以勝之라 故로 直以爲己任而不疑也시니라

'目'은 條目과 같다. 顔淵이 夫子의 말씀을 들으니, 天理와 人慾의 사이에 있어 이미 판연히 분별되었다. 그러므로 다시 의문하는 바가 있지 않고 곧바로 그 조목을 청한 것이다. '非禮'란 자신의 私慾이다. '勿'은 금지하는 말이니, 이는 사람의 마음이 주장이 되어서 私慾을 이겨 禮에 돌아가는 바의 기틀이다. 私慾이 이겨지면 動容하고 周旋함이 禮에 맞지 않음이 없어서 일상생활하는 사이에 天理의 流行 아님이 없을 것이다. '事'는 일에 종사한다는 '事'字와 같다. '청컨대 이 말씀에 종사하겠다.'는 것은 顔淵이 묵묵히 그 이치를 알고 또 자신의 능력이 이것을 충분히 이겨낼 수 있음을 스스로 알았다. 그러므로 곧바로 자신의 임무로 삼고 의심하지 않은 것이다.

⊙ 程子曰 顔淵이 問克己復禮之目한대 子曰 非禮勿視하며 非禮勿聽하며 非禮勿言하며 非禮勿動이라하시니 四者는 身之用也라 由乎中而應乎外하나니 制於外는 所以養其中也라 顔淵이 事斯語하니 所以進於聖人이니 後之學聖人者는 宜服膺而勿失也니라 因箴以自警하노라

其視箴曰 心兮本虛하니 應物無迹이라 操之有要하니 視爲之則(칙)이라 蔽交於前하면 其中則遷하나니 制之於外하여 以安其內니라 克己復禮하면 久而誠矣리라

其聽箴曰 人有秉彝는 本乎天性이언마는 知誘物化[2]하여 遂亡其正하나니라 卓彼先覺은 知止有定이라 閑邪存誠하여 非禮勿聽하나니라

其言箴曰 人心之動이 因言以宣하나니 發禁躁妄이라야 內斯靜專하나니라 矧是樞機[3]라 興戎出好하나니 吉凶榮辱이 惟其所召니라 傷易則誕하고 傷煩則支하며 己肆物忤하고

---

1 事事:《書經》〈說命中〉에 "일에 從事함이 바로 대비가 있는 것이니, 대비가 있어야 근심이 없을 것이다.〔惟事事乃其有備 有備 無患〕"라고 보인다.

2 知誘物化:《禮記》〈樂記〉에 "앎이 밖에서 유인하여……外物이 이르면 사람이 외물에 동화된다.〔知誘於外……物至而人化物〕" 하였으니, 伊川의 말씀은 여기에 근본한 것이다. '知가 유혹하고 外物이 化한다.'로 해석하기도 하는바, '知'는 知覺으로 外物의 좋음을 알아 탐하는 마음을 이른다.

3 矧是樞機:'樞'는 문의 지도리이고 '機'는 쇠뇌의 오늬를 먹이는 곳인바, 중요한 기관으로 곧 말을 이른다. 《周易》〈繫辭傳上〉에 "말과 행실은 군자의 추기이다.〔言行君子之樞機〕"라고 보인다. 陳氏는 "문이 열리고 닫히는 것은 관건이 지도리〔樞〕에 있고, 쇠뇌가 팽팽하고 느슨해지는 것은 관건이 機에 있다. 人心의 動함은 선악이 있는데, 이것이 말을 통해 베푼 이후에 밖에 드러나니, 이 또한 사람의 樞機이다.〔門之闔闢 所繫在樞 弩之張弛 所繫在機 人心之動有善惡 由言以宣之而後 見於外 是亦人之樞機也〕" 하였다.

••• 默 잠잠할 묵 服 둘 복 膺 가슴 응 箴 경계 잠 蔽 가릴 폐 彝 떳떳할 이 誘 달랠 유 閑 막을 한 躁 성급할 조 矧 하물며 신 樞 문지도리 추 戎 전쟁 융 誕 허탄할 탄 煩 번거로울 번 肆 방자할 사 忤 거스를 오

出悖來違하나니 非法不道[4]하여 欽哉訓辭하라

其動箴曰 哲人知幾하여 誠之於思하고 志士勵行하여 守之於爲하나니 順理則裕요 從欲惟危니 造次克念하여 戰兢自持하라 習與性成하면 聖賢同歸하리라

愚按 此章問答은 乃傳授心法切要之言이니 非至明이면 不能察其幾요 非至健이면 不能致其決이라 故로 惟顏子得聞之요 而凡學者 亦不可以不勉也라 程子之箴이 發明親切하시니 學者尤宜深玩이니라

　⊙ 程子(伊川)가 말씀하였다. "顏淵이 克己復禮의 條目을 묻자, 孔子께서 '禮가 아니면 보지 말며, 禮가 아니면 듣지 말며, 禮가 아니면 말하지 말며, 禮가 아니면 動하지 말아야 한다.' 하셨으니, 〈視·聽·言·動〉이 네 가지는 몸의 用이다. 心中으로 말미암아 밖에 응하니, 밖을 제재함은 그 心中을 기르는 것이다. 顏淵이 이 말씀에 종사하였으니, 이 때문에 聖人에 나아간 것이다. 후세에 聖人을 배우는 자들은 마땅히 이것을 가슴속에 새겨두고 잊지 말아야 할 것이다. 인하여 箴을 지어서 스스로 경계하노라.

　視箴에 말하였다. '마음은 본래 虛하니, 사물을 응함에 자취가 없다. 마음을 잡는 데는 요점이 있으니, 보는 것이 그 법이 된다. 사물의 가리움이 눈앞에 사귀면 마음이 그리로 옮겨가니, 이것을 밖에서 제재하여 그 안(마음)을 편안히 해야 한다. 克己復禮하면 오래할 경우 誠하게(자연스럽게) 될 것이다.'

　聽箴에 말하였다. '사람이 秉彝의 良心을 가지고 있음은 天性에 근본하였으나 知(욕심의 知覺)가 〈외물에게〉 유혹되고 외물과 동화하여 마침내 그 바름을 잃게 된다. 드높으신 저 先覺者들은 그칠 데를 알아 定함이 있다. 邪를 막고 誠을 보존해서 禮가 아니면 듣지 않으셨다.'

　言箴에 말하였다. '人心의 動함은 말로 인하여 베풀어지니, 말을 낼 때에 조급함과 경망함을 금하여야 안(中心)이 이에 고요하고 專一해진다. 하물며 이것(말)은 몸의 樞機여서, 전쟁을 일으키기도 하고 友好를 내기도 하니, 吉과 凶, 榮華와 恥辱은 오직 이 〈말이〉 부르는 바이다. 말을 너무 쉽게 함에 상하면 虛誕해지고, 너무 번거로움에 상하면 支離해지며, 자신이 〈말을〉 함부로 하면 남도 거슬리고, 나가는 말이 道理에 어그러지면 오는 말도 이치에 어그러진다. 禮法에 맞는 것이 아니면 말하지 말아서 훈계 말씀을 공경할지어다.'

　動箴에 말하였다. '哲人은 幾微를 알아 생각할 때에 성실히 하고, 志士는 行實을 힘써 行爲에 지킨다. 天理를 순종하면 여유가 있고 人慾을 따르면 위험하니, 造次라도 능히 생각해서 戰

4　非法不道:《孝經》의 '先王의 法言(禮法에 맞는 말)이 아니면 감히 말하지 않는다.〔非先王之法言 不敢道〕'는 내용을 인용하여 '非禮勿言'을 말한 것이다.

…　悖 어그러질 패　欽 공경 흠　勵 힘쓸 려　裕 넉넉할 유　兢 조심할 긍　玩 살펴볼 완

戰兢兢하여 스스로 잡아 지켜라. 습관이 天性과 더불어 이루어지면 聖賢과 함께 돌아갈 것이
다.'"

내가 살펴보건대, 이 章의 問答은 바로 心法을 전수해 준 간절하고 요긴한 말씀이니, 지극히
총명한 사람이 아니면 그 기미를 살필 수 없고, 지극히 굳센 사람이 아니면 결단함을 이룰 수 없
다. 그러므로 오직 顏子만이 이것을 얻어들을 수 있었고, 모든 學者들도 또한 이것을 힘쓰지 않
으면 안 될 것이다. 程子의 箴이 발명하기를 매우 친절히 하였으니, 배우는 자들은 더욱 깊이 음
미해야 할 것이다.

2. 仲弓이 問仁한대 子曰 出門如見大賓하며 使民如承大祭하고 己所不欲을 勿施於人이니 在邦無怨하며 在家無怨이니라 仲弓曰 雍雖不敏이나 請事斯語矣로리이다

仲弓(冉雍)이 仁을 묻자, 孔子께서 말씀하셨다. "문을 나갔을 때에는 큰 손님을 뵈온
듯이 하고, 백성을 부릴 때에는 큰 祭祀를 받들 듯이 하며, 자신이 하고자 하지 않는 것
을 남에게 베풀지 말아야 하니, 〈이렇게 하면〉 나라에 있어도 원망함이 없으며 집안에
있어도 원망함이 없을 것이다."
仲弓이 말하였다. "제(雍)가 비록 不敏하나 청컨대 이 말씀에 종사하겠습니다."

敬以持己하고 恕以及物이면 則私意無所容而心德全矣라 內外無怨은 亦以其效言
之하여 使以自考也라

敬으로써 자기 몸을 지키고 恕로써 남에게 미친다면 私意가 용납할 곳이 없어서 마음의 德이
온전해질 것이다. 안에서나 밖에서나 원망함이 없다는 것은 또한 그 효험으로 말씀하여 스스로
고찰하게 하신 것이다.

⊙ 程子曰 孔子言仁에 只說出門如見大賓, 使民如承大祭하시니 看其氣象하면 便須
心廣體胖하여 動容周旋中禮니 唯謹獨이 便是守之之法이니라
或問 出門使民之時엔 如此可也어니와 未出門使民之時엔 如之何잇고 曰 此는 儼若
思時也라 有諸中而後에 見(현)於外하나니 觀其出門使民之時에 其敬如此하면 則前乎

··· 賓 손빈 承 받들승 邦 나라방 雍 화락할옹 看 볼간 胖 펴질반 儼 엄숙할엄

此者敬을 可知矣[5]니 非因出門使民然後에 有此敬也니라

　愚按 克己復禮는 乾道也요 主敬行恕는 坤道也니 顏冉之學이 其高下淺深을 於此可見이라 然이나 學者誠能從事於敬恕之間而有得焉이면 亦將無己之可克矣[6]리라

　⊙ 程子(伊川)가 말씀하였다. "孔子께서 仁을 말씀하실 적에 다만 '문을 나갔을 때에는 큰 손님을 뵈온 듯이 하고, 백성을 부릴 때에는 큰 제사를 받들 듯이 하라.'고 말씀하셨으니, 그 氣象을 보면 모름지기 마음이 넓고 몸이 펴져서 動容하고 周旋함이 禮에 맞는 것이니, 오직 謹獨이 바로 이것을 지켜내는 법이다."

　혹자가 묻기를 "문을 나가고 백성을 부릴 때에는 이와 같이 하는 것이 可하거니와(옳지만) 아직 문을 나가지 않고 백성을 부리지 않을 때에는 어찌해야 합니까?" 하니, 程子가 대답하였다. "이것은 儼然히 생각하는 것처럼 할 때이다. 敬이 心中에 있은 뒤에야 외모에 나타나니, 문을 나가고 백성을 부릴 때에 恭敬함이 이와 같음을 보았다면 이보다 앞서의 敬을 알 수 있는 것이다. 문을 나가고 백성을 부림을 인한 뒤에 이 敬이 있는 것이 아니다."

　내가 상고해 보건대, 克己復禮는 乾道요, 敬을 주장하고 恕를 행함은 坤道이다. 顏子와 冉子의 學問은 그 높고 낮음과 얕고 깊음을 여기에서 볼 수 있다. 그러나 배우는 자가 진실로 敬과 恕의 사이에서 종사하여 얻음이 있다면 또한 장차 이길 만한 사욕이 없게 될 것이다.

3-1. 司馬牛問仁한대

司馬牛가 仁을 묻자,

　司馬牛는 孔子弟子니 名犁니 向魋(상퇴)之弟라

　司馬牛는 孔子의 弟子로 이름이 犁이니, 向魋의 아우이다.

3-2. 子曰 仁者는 其言也訒이니라

孔子께서 말씀하셨다. "仁者는 그 말을 참아서 한다."

5　前乎此者敬 可知矣 : '이보다 앞서'란 靜할 때를 가리킨 것으로, 新安陳氏(陳櫟)는 "動할 때에 공경함을 보면 그 이전 靜할 때의 공경함을 알 수 있다." 하였다.

6　亦將無己之可克矣 : '無己之可克'은 無可克之己의 도치문으로 이길 만한 己가 없음을 뜻하는바, 이는 곧 克己復禮의 경지에 이르렀음을 말한 것이다.

… 乾 하늘 건 坤 땅 곤 冉 성 염 誠 진실로 성 犁 얼룩소 리 向 성 상 魋 사람이름 퇴 訒 참을 인

訒은 忍也며 難也라 仁者는 心存而不放이라 故로 其言이 若有所忍而不易(이)發이니 蓋其德之一端也[7]라 夫子以牛多言而躁라 故로 告之以此하사 使其於此而謹之하시니 則所以爲仁之方이 不外是矣리라

'訒'은 참음이며 어려워(신중히) 하는 것이다. 仁者는 마음이 보존되어 잃지 않는다. 그러므로 그 말이 마치 참는 바가 있어서 쉽게 내지 않는 듯하니, 이는 그 德의 一端이다. 夫子께서 司馬牛가 말이 많고 조급하기 때문에 이로써 말씀해 주어서 이(말)에 삼가게 하신 것이니, 그렇다면 仁을 행하는 방법이 여기에서 벗어나지 않을 것이다.

3-3. 曰 其言也訒이면 斯謂之仁矣乎잇가 子曰 爲之難하니 言之 得無 訒乎아

〈司馬牛가〉"그 말을 참아서 하면 이를 仁이라 이를 수 있습니까?" 하고 묻자, 孔子께서 말씀하셨다. "이것을 행하기가 어려우니, 말을 참아서 하지 않을 수 있겠는가."

牛意仁道至大하여 不但如夫子之所言이라 故로 夫子又告之以此하시니라 蓋心常存 故로 事不苟하고 事不苟故로 其言이 自有不得而易者요 非强閉之而不出也라
楊氏曰 觀此及下章再問之語하면 牛之易其言을 可知니라

司馬牛의 뜻(생각)은 仁의 道가 지극히 커서 단지 夫子가 말씀한 바와 같을 뿐만이 아니라고 여겼다. 그러므로 夫子께서 또다시 이로써 말씀해 주신 것이다. 마음이 항상 보존되기 때문에 일이 구차하지 않고, 일이 구차하지 않기 때문에 그 말이 저절로 쉽게 할 수 없는 것이요, 억지로 입을 닫고서 말을 내지 않는 것은 아니다.

楊氏(楊時)가 말하였다. "이 章 및 아랫장에 다시 물은 말을 관찰하면 司馬牛가 그 말을 쉽게 하였음을 알 수 있다."

⊙ 程子曰 雖爲司馬牛多言故로 及此나 然聖人之言이 亦止此爲是니라
愚謂 牛之爲人이 如此하니 若不告之以其病之所切하고 而泛以爲仁之大槪로 語之 하면 則以彼之躁로 必不能深思以去其病하여 而終無自以入德矣라 故로 其告之如此

---

7 德之一端也: 壺山은 "顔子와 冉雍은 全體의 仁이고 司馬牛는 한 가지 일의 仁이다." 하였다.

••• 放 놓을 방 端 끝 단 躁 조급할 조 外 벗어날 외 苟 구차할 구 强 억지로 강 閉 닫을 폐 泛 두루 범
槪 평미레 개, 한결같을 개

하시니라 蓋聖人之言이 雖有高下大小之不同이나 然其切於學者之身하여 而皆爲入德
之要는 則又初不異也니 讀者其致思焉이니라

⊙ 程子(伊川)가 말씀하였다. "비록 司馬牛가 말이 많았기 때문에 이를 언급하신 것이나 聖
人의 말씀이 또한 여기에 그쳐도 옳은 것이다."

내가 생각하건대, 司馬牛의 사람됨이 이와 같았으니, 만약 그 병통의 간절한 것으로써 말씀해
주지 않고 범연히 仁을 하는 大槪로써 말씀해 주었다면, 저의 조급한 성질로 반드시 깊이 생각
하여 그 병통을 제거하지 못해서 끝내 德에 들어갈 길이 없을 것이다. 그러므로 말씀하기를 이
와 같이 하신 것이다. 聖人의 말씀은 비록 高下와 大小의 같지 않음이 있으나 배우는 자의 몸에
간절해서 모두 德에 들어가는 요점이 됨은 또한 애당초 다르지 않으니, 讀者들은 생각을 지극히
해야 할 것이다.

4-1. 司馬牛問君子한대 子曰 君子는 不憂不懼니라

司馬牛가 君子를 묻자, 孔子께서 말씀하셨다. "君子는 근심하지 않고 두려워하지 않
는다."

向魋(상퇴)作亂하니 牛常憂懼라 故로 夫子告之以此하시니라

向魋가 亂을 일으키니, 司馬牛가 항상 근심하고 두려워하였다. 그러므로 夫子께서 이로써 말
씀해 주신 것이다.

4-2. 曰 不憂不懼면 斯謂之君子矣乎잇가 子曰 內省不疚[8]어니 夫何憂何懼리오

〈司馬牛가〉"근심하지 않고 두려워하지 않으면 이를 君子라 이를 수 있습니까?" 하고
묻자, 孔子께서 말씀하셨다. "안으로 살펴보아 부족하지 않으니, 어찌 근심하고 어찌 두
려워하겠는가."

---

8 內省不疚 : 官本諺解에는 '疚티 아니ᄒ거니'로, 栗谷諺解에는 '疚티 아니커니'로 되어 있으므로 위와 같
   이 번역하였으나 '하자가 없으니'로 해석해도 될 듯하다.

··· 向 성 상 魋 사람이름 퇴 憂 근심할 우 懼 두려워할 구 疚 병들 구

牛之再問은 猶前章之意[9]라 故로 復(부)告之以此하시니라 疚는 病也라 言由其平日所
爲 無愧於心이라 故로 能內省不疚하여 而自無憂懼니 未可遽以爲易而忽之也라

司馬牛가 다시 물은 것은 앞 章의 뜻과 같다. 그러므로 다시 이로써 말씀해 주신 것이다. '疚'
는 병(하자)이다. 평소에 행하는 바가 마음에 부끄러움이 없기 때문에 안으로 살펴보아 부족하
지 않아서 저절로 근심과 두려움이 없는 것이니, 대번에 쉽게 여겨 이것을 경홀히 여겨서는 안
됨을 말씀한 것이다.

⊙ 晁氏曰 不憂不懼는 由乎德全而無疵라 故로 無入而不自得이요 非實有憂懼而强
排遣之也니라

⊙ 晁氏(晁說之)가 말하였다. "근심하지 않고 두려워하지 않음은 德이 온전하고 하자가 없
음으로 말미암는다. 그러므로 들어가는 곳마다 自得(스스로 만족함)하지 않음이 없는 것이니,
실제는 마음속에 근심과 두려움이 있으면서 억지로 이것을 배척하여 보내는 것이 아니다."

5-1. 司馬牛憂曰 人皆有兄弟어늘 我獨亡(무)로다

司馬牛가 걱정하면서 말하였다. "남들은 모두 兄弟가 있는데 나만 홀로 없구나."

牛有兄弟而云然者는 憂其爲亂而將死也라

司馬牛가 兄弟가 있었는데도 이렇게 말한 것은 그가 亂을 일으켜 장차 죽을까 걱정해서이다.

5-2. 子夏曰 商은 聞之矣로니

子夏가 말하였다. "나(商)는 들으니,

蓋聞之夫子라

아마도 夫子에게서 들은 듯하다.

---

9 猶前章之意:司馬牛가 前章에서 '其言也訒 斯謂之仁矣乎'라고 재차 물은 것을 가리킨다.

••• 愧 부끄러워할 괴 遽 갑자기 거 忽 경솔할 홀 疵 병들 자 排 배척할 배 遣 보낼 견 然 그럴 연 商 헤아릴 상

5-3. 死生有命이요 富貴在天이라호라

死와 生은 命이 있고, 富와 貴는 하늘에 달려 있다 하였다.

命은 稟於有生之初니 非今所能移요 天은 莫之爲而爲[10]니 非我所能必이니 但當順受而已라

命은 태어나는 초기에 받은 것이니 지금에 옮길 수 있는 것이 아니요, 하늘은 그렇게 만듦이 없는데도 저절로 되는 것이니 내가 기필할 수 있는 바가 아니다. 다만 순히 받아들일 뿐이다.

5-4. 君子敬而無失하며 與人恭而有禮면 四海之內 皆兄弟也니 君子何患乎無兄弟也리오

君子가 恭敬하고 잃음(간단함)이 없으며 남과 더붊에 공손하고 禮가 있으면 四海의 안이 다 형제이니, 군자가 어찌 형제가 없음을 걱정하겠는가."

旣安於命하고 又當修其在己者라 故로 又言 苟能持己以敬而不間斷하고 接人以恭而有節文이면 則天下之人이 皆愛敬之를 如兄弟矣라 蓋子夏欲以寬牛之憂하여 而爲是不得已之辭니 讀者不以辭害意 可也니라

이미 天命을 편안히 여기고 또 마땅히 자신에게 있는 것을 닦아야 한다. 그러므로 또 말하기를 '만일 몸가짐을 敬으로써 하고 間斷하지 않으며, 사람을 대하기를 공손함으로써 하고 節文(禮)이 있게 하면, 天下 사람들이 모두 자신을 사랑하고 공경하기를 형제와 같이 한다.'고 한 것이다. 이는 子夏가 司馬牛의 근심을 풀어주고자 하여 이러한 부득이한 말을 한 것이니, 讀者들은 말로써 本意를 해치지 않는 것이 옳을 것이다.

⊙ 胡氏曰 子夏四海皆兄弟之言은 特以廣司馬牛之意니 意圓而語滯者也라 唯聖人則無此病矣니라 且子夏知此로되 而以哭子喪明[11]하니 則以蔽於愛而昧於理라 是以

---

10 天 莫之爲而爲 : 《孟子》〈萬章上〉 6장에 "舜·禹·益의 거리(시기)가 오래고 멂과 그 아들의 어질고 불초함은 다 천운이니, 인력으로 할 수 있는 것이 아니다. 그렇게 함이 없는데도 그렇게 되는 것은 天(천운)이다.〔舜禹益相去久遠 其子之賢不肖 皆天也 非人之所能爲也 莫之爲而爲者 天也〕"라고 보인다.

11 子夏知此 而以哭子喪明 : 子夏가 孔子의 門下에서 물러가 西河에 있으면서 아들을 잃고 너무 비통해 한

··· 稟 받을 품 移 옮길 이 持 가질 지 斷 끊을 단 寬 너그러울 관 特 다만 특 滯 막힐 체 哭 곡할 곡 喪 잃을 상 蔽 가릴 폐 昧 어두울 매

로 **不能踐其言爾**니라

⊙ 胡氏(胡寅)가 말하였다. "子夏의 '四海가 다 형제'라는 말은 다만 司馬牛의 마음을 너그럽게 하려고(달래려고) 한 것이니, 뜻은 원만하나 말은 막힌다. 오직 聖人은 이러한 병통이 없다. 또 子夏는 이것을 알았으나 아들의 喪에 곡하여 失明하였으니, 이는 사랑에 가리워서 이치에 어두웠기 때문에 자신의 말을 실천하지 못한 것이다."

6. 子張이 問明한대 子曰 浸潤之譖(참)과 膚受之愬(소)[12]가 不行焉이면 可謂明也已矣니라 浸潤之譖과 膚受之愬가 不行焉이면 可謂遠也已矣니라

子張이 밝음을 묻자, 孔子께서 말씀하셨다. "서서히 젖어드는 참소(모함)와 피부로 받는 하소연이 행해지지 않으면 밝다고 이를 만하다. 서서히 젖어드는 참소와 피부로 받는 하소연이 행해지지 않으면 멀다고 (가까움에 가려지지 않았다고) 이를 만하다."

浸潤은 如水之浸灌滋潤하여 漸漬(지)而不驟也라 譖은 毀人之行也라 膚受는 謂肌膚所受利害切身이니 如易所謂剝牀以膚는 切近災者也라 愬는 愬己之冤也라 毀人者漸漬而不驟면 則聽者不覺其入而信之深矣요 愬冤者急迫而切身이면 則聽者不及致詳而發之暴(폭)矣라 二者는 難察이어늘 而能察之면 則可見其心之明而不蔽於近矣라 此亦必因子張之失而告之라 故로 其辭繁而不殺(쇄)하여 以致丁寧之意云이라

'浸潤'은 물이 배어들고 적셔지는 것과 같아서 점점 스며들고 갑자기 하지 않는 것이다. '譖'은 남의 행실을 훼방하는 것이다. '膚受'는 피부로 받는 바의 利害가 몸에 간절함을 이르니, 《周易》〈剝卦〉에 이른바 '牀을 깎아 살갖에 미침은 재앙에 매우 가깝다.'는 것과 같은 것이다. '愬'는 자신의 억울함을 하소연하는 것이다. 남을 비방하는 자가 점점 젖어들게 하고 갑작스럽게 하지 않으면 그 말을 듣는 자가 거기에 빠져 들어감을 깨닫지 못해서 믿음이 깊게 되고, 자신의 억

나머지 失明하였다. 이후로 자식을 잃은 슬픔을 '喪明之痛'이라 하는바, 이 내용이 《禮記》〈檀弓上〉에 보인다.

12 膚受之愬: 《周易》〈剝卦 六四爻〉에 "六四는 牀을 깎아 살갖에 미침이니, 凶하다.〔六四 剝牀以膚 凶〕" 하였는데, 그 〈象傳〉에 "牀을 깎아 살갖에 미침은 재앙에 매우 가까운 것이다.〔剝牀以膚 切近災也〕"라고 보인다. 이를 근거로 朱子는 '膚受之愬'를 '몸에 간절한 하소연'으로 보았으나, 茶山은 "'膚受'는 살결에 병이 들어 점점 골수로 스며드는 것을 이르니, 讒言이 얕은 데서부터 깊은 데로 들어가는 것이 마치 이와 같다.〔膚受謂膝理受病 將漸入骨髓 讒言之由淺入深如是也〕" 하였다.

••• 浸 젖을 침 潤 젖을 윤 譖 참소할 참 膚 살갖 부 愬 하소연할 소 灌 물댈 관 滋 불을 자 漬 담글 지 驟 급할 취
毀 훼방 훼 肌 피부 기 剝 깎을 박 災 재앙 재 冤 원통할 원 驟 갑자기 취 暴 갑자기 폭 繁 번거로울 번
殺 줄일 쇄

울함을 하소연하는 자가 급박하여 몸에 간절하게 하면 그 말을 듣는 자가 미처 상세함을 다하지 못하고 성내기를 갑자기 한다. 이 두 가지는 살피기 어려운 것인데 능히 살핀다면 그 마음이 밝아서 가까움에 가리우지 않음을 볼 수 있다. 이 또한 반드시 子張의 결함을 인하여 말씀하였을 것이다. 그러므로 그 말씀이 번다하고 줄이지 않아서 丁寧(간곡)한 뜻을 지극히 한 것이다.

⊙ 楊氏曰 驟而語之와 與利害不切於身者 不行焉은 有不待明者能之也라 故로 浸潤之譖과 膚受之愬 不行然後에 謂之明이요 而又謂之遠이니 遠則明之至也라 書曰 視遠惟明이라하니라

⊙ 楊氏(楊時)가 말하였다. "갑자기 남을 훼방하여 말함과 이해가 몸에 간절하지 않은 하소연이 행해지지 않음은 굳이 밝은 자를 기다리지 않더라도 능히 할 수 있다. 그러므로 서서히 젖어드는 참소와 피부로 받는 하소연이 행해지지 않은 뒤에야 이것을 밝다고 이르고 또 멀다고 이르니, 멂은 밝음이 지극한 것이다. 《書經》〈商書 太甲〉에 이르기를 '멂을 봄이 밝음이다.' 하였다."

7-1. 子貢이 問政한대 子曰 足食, 足兵이면 民이 信之矣[13]라

子貢이 政事를 묻자, 孔子께서 말씀하셨다. "양식을 풍족하게 하고 兵(군대와 병기)을 풍족하게 하면 백성들이 신의를 지킬 것이다."

言倉廩實而武備修然後에 **敎化行而民信於我**하여 **不離叛也**라

창고가 充實하고 武備(國防)가 닦여진 뒤에 교화가 행해져서 백성들이 나(위정자)에게 신의를 지켜 離叛하지 않음을 말씀한 것이다.

7-2. 子貢曰 必不得已而去인댄 於斯三者에 何先이리잇고 曰 去兵이니라

子貢이 묻기를, "반드시 부득이해서 버린다면 이 세 가지 중에 무엇을 먼저 해야 합니

---

13 民信之 : 백성들이 위정자를 믿는 것으로 해석하기도 하고, 백성들이 윗사람에게 신의를 지키는 것으로 해석하기도 한다. 牛溪(成渾)는 龜峰(宋翼弼)에게 보낸 편지에서 "民信之의 해석을 '信於上〔윗사람에게 신의를 지킴〕'과 '信其上〔윗사람을 믿음〕' 두 가지를 가지고 물었는데, 편지를 받들어 보니 끝내 信其上의 해석을 따르셨는바, 大註(集註)의 民信於我의 뜻이 아닙니다. 信於上(信於我)은 백성들이 윗사람에게 신의를 지켜 離叛하지 않는 것이니, 다시 살펴보시고 가르쳐 주시기 바랍니다." 하였다.

••• 驟 갑자기 취 足 충족할 족 倉 창고 창 廩 창고 름 離 떠날 리 叛 배반할 반 去 버릴 거

까?" 하니, 孔子께서 말씀하셨다. "兵을 버려야 한다."

言食足而信孚[14]면 則無兵而守固矣라

양식이 풍족하고 나의 신의가 백성들에게 믿어지면 兵이 없어도 지킴이 견고함을 말씀한 것이다.

7-3. 子貢曰 必不得已而去인댄 於斯二者에 何先이리잇고 曰 去食이니 自古로 皆有死어니와 民無信不立이니라

子貢이 묻기를 "반드시 부득이해서 버린다면 이 두 가지 중에 무엇을 먼저 해야 합니까?" 하니, 孔子께서 말씀하셨다. "양식을 버려야 하니, 예로부터 사람은 누구나 다 죽음이 있지만 사람은 信(믿음 또는 신의)이 없으면 설 수 없다."

民無食이면 必死라 然이나 死者는 人之所必不免이요 無信則雖生이나 而無以自立이니 不若死之爲安이라 故로 寧死而不失信於民하여 使民亦寧死而不失信於我也라

사람은 양식이 없으면 반드시 죽는다. 그러나 죽음은 사람이 반드시 면할 수 없는 것이요, 信이 없으면 비록 살더라도 스스로 설 수가 없으니, 죽음이 편안함만 못하다. 그러므로 차라리 죽을지언정 백성들에게 信을 잃지 않아서 백성들로 하여금 또한 차라리 죽을지언정 나에게 信을 잃지 않게 하여야 하는 것이다.

⊙ 程子曰 孔門弟子善問하여 直窮到底하니 如此章者는 非子貢이면 不能問이요 非聖人이면 不能答也니라

愚謂 以人情而言하면 則兵食足而後에 吾之信이 可以孚於民이요 以民德而言하면 則信本人之所固有니 非兵食所得而先也라 是以로 爲政者 當身率其民하여 而以死守之요 不以危急而可棄也니라

⊙ 程子(伊川)가 말씀하였다. "孔門의 弟子가 묻기를 잘하여 곧바로 到底(끝까지 이름)함에까지 이르렀으니, 이 章과 같은 것은 子貢이 아니면 묻지 못했을 것이요, 聖人이 아니면 답하지 못했을 것이다."

---

14 信孚 : 壺山은 "나의 信이 백성들의 마음에 믿어지는 것이다.〔吾之信 孚於民心〕" 하였다.

··· 孚 믿을 부　寧 차라리 녕　窮 다할 궁　到 이를 도　底 밑 저　率 솔선할 솔

내가 생각하건대, 人情을 가지고 말한다면 兵과 食이 풍족한 뒤에 나의 信이 백성들에게 믿어질 수 있는 것이요, 사람의 德을 가지고 말한다면 信은 본래 사람에게 固有한 것이니, 兵과 食이 앞설 수 있는 것이 아니다. 이 때문에 爲政者들은 마땅히 몸소 백성들에게 솔선수범하여 죽음으로써 信을 지켜야 할 것이요, 위급하다고 하여 버려서는 안되는 것이다.

8-1. 棘子成曰 君子는 質而已矣니 何以文爲[15]리오

棘子成이 말하였다. "君子는 質일 뿐이니, 文을 어디에 쓰겠는가."

棘子成은 衛大夫니 疾時人文勝이라 故로 爲此言이라

棘子成은 衛나라 大夫이니, 당시 사람들의 文이 〈質을〉 이김을 미워했으므로 이러한 말을 한 것이다.

8-2. 子貢曰 惜乎라 夫子之說이 君子也나 駟不及舌이로다

子貢이 말하였다. "애석하다! 夫子(棘子成)의 말씀이 군자다우나 駟馬도 혀에서 나오는 말을 따라잡지 못한다.

言子成之言이 乃君子之意라 然이나 言出於舌이면 則駟馬不能追之니 又惜其失言也라

'子成의 말은 바로 君子다운 뜻이나 말이 혀에서 나오면 駟馬도 따라잡을 수 없다.'고 말한 것이니, 또 그 失言함을 애석히 여긴 것이다.

8-3. 文猶質也며 質猶文也니 虎豹之鞟(곽)이 猶犬羊之鞟이니라

文이 質과 같으며 質이 文과 같으니, 虎豹의 털 없는 가죽이 犬羊의 털 없는 가죽과 같은 것이다."

---

15 何以文爲 : '何以'는 何用과 같은 뜻으로 '어찌 그러할 필요가 있겠는가'라는 뜻이며, '文爲'는 爲文을 도치시킨 것이다.

••• 棘 가시나무 극 疾 미워할 질 惜 아낄 석 駟 사마 사 舌 혀 설 猶 같을 유 豹 표범 표 鞟 털없는가죽 곽

鞹은 皮去毛者也라 言 文質等耳라 不可相無니 若必盡去其文而獨存其質이면 則君子小人을 無以辨矣라 夫棘子成은 矯當時之弊에 固失之過하고 而子貢은 矯子成之弊에 又無本末輕重之差하니 胥失之矣로다

'鞹'은 가죽에 털을 제거한 것이다. 文과 質은 동등하여 서로 없을 수 없으니, 만일 반드시 文을 모두 버리고 홀로 質만 보존한다면 君子와 小人을 분별할 수 없음을 말한 것이다. 棘子成은 당시의 폐단을 바로잡음에 진실로 지나침에 잘못되었고, 子貢은 子成의 폐단을 바로잡음에 또 本末과 輕重의 차이가 없었으니, 서로 잘못한 것이다.

9-1. 哀公이 問於有若曰 年饑用不足하니 如之何오

哀公이 有若에게 물었다. "年事(농사)가 흉년이 들어서 財用이 부족하니, 어찌해야 하는가?"

稱有若者는 君臣之詞[16]라 用은 謂國用이라 公意蓋欲加賦以足用也라

有若이라고 칭한 것은 君臣間의 말이다. '用'은 국가의 財用을 이른다. 哀公의 뜻은 賦稅(租稅)를 더 올려 財用을 풍족하게 하고자 한 것이다.

9-2. 有若이 對曰 盍徹乎시니잇고

有若이 대답하였다. "어찌하여 徹法을 쓰지 않습니까?"

徹은 通也며 均也라 周制는 一夫受田百畝하여 而與同溝共井之人[17]으로 通力合作하여

---

16 稱有若者 君臣之詞:齊氏(齊夢龍)는 "이름을 칭한 것은 庶人이 임금을 대하는 禮이니 孔子는 일찍이 大夫가 되셨기 때문에 다만 姓만을 칭한 것이다." 하였는데, 壺山은 "大夫와 庶人을 막론하고 임금 앞에서는 모두 마땅히 이름을 불러야 하는데, 孔子라고 칭한 것은, 姓으로써 군신간의 말을 삼고 子로써 기록한 자의 聖人을 높이는 말을 엄하게 한 것이다.〔不論大夫與庶人 君前 皆當名之 而其稱孔子者 姓以謹君臣之辭 子以嚴記者尊聖之辭〕" 하였다. 《論語》에서 호칭할 때 孔子는 子로, 弟子들은 字를 쓰고 이름을 쓰지 않는 것이 常例인데, 여기서 有若이라고 이름을 직접 쓴 것은 君主인 哀公을 높이기 위하여 君前臣名의 원칙을 따른 것이다. 君前名이란 군주 앞에서는 신하의 字나 別號를 부르지 않고 곧바로 그의 이름을 부름을 이른다.

17 同溝共井之人:都城에서 가까운 六鄕과 六遂에서는 貢法을 써서 10夫에 溝가 있으므로 '溝를 함께 한다.' 하였고, 都城에서 먼 都鄙 지역에서는 사방 1里의 농지를 井字 모양으로 100畝씩 9등분한 다음, 그

··· 皮 가죽 피 矯 바로잡을 교 弊 폐단 폐 胥 서로 서 饑 굶주릴 기 詞 말씀 사 賦 구실 부 盍 어찌아니 합
徹 통할 철 畝 이랑 묘(무) 溝 봇도랑 구

330 · 論語集註

計畝均收하니 大率(율)民得其九하고 公取其一이라 故로 謂之徹이라 魯自宣公稅畝하여 又逐畝什取其一하니 則爲什而取二矣라 故로 有若이 請但專行徹法하니 欲公節用以 厚民也라

'徹'은 통함이며 均等함이다. 周나라 제도는 한 家長이 토지 百畝를 받아서 〈鄕遂에서〉 도랑 〔溝〕을 함께 하고 〈都鄙에서〉 井을 함께 한 사람과 함께 노동력을 통하여 合作해서 畝를 계산 하여 수입을 균등하게 하니, 대체로 백성들은 10분의 9할을 얻고, 公(국가)은 그 1할을 취한다. 그러므로 이것을 徹이라고 이른 것이다. 魯나라는 宣公 때로부터 畝에 稅를 내게 하여, 또 畝마 다 10분의 1할을 더 취하였으니, 그렇다면 10분의 2를 취함이 된다. 그러므로 有若이 단지 오로 지 徹法을 행할 것을 청한 것이니, 公이 財用을 절약하여 백성을 후하게 하고자 한 것이다.

9-3. 日二도 吾猶不足이어니 如之何其徹也리오

哀公이 말하였다. "10분의 2도 내 오히려 부족하니, 어떻게 徹法을 쓰겠는가."

二는 卽所謂什二也라 公以有若不喩其旨라 故로 言此以示加賦之意라

'二'는 바로 이른바 10분의 2라는 것이다. 公은 有若이 자기의 뜻을 깨닫지 못하였다고 생각 하였다. 그러므로 이것을 말하여 賦稅를 더 올리려는 뜻을 보인 것이다.

9-4. 對日 百姓이 足이면 君孰與不足이며 百姓이 不足이면 君孰與足이리잇고

有若이 대답하였다. "백성이 풍족하면 군주가 누구와 더불어 不足하시며, 백성이 풍족 히지 못하다면 군주가 누구와 디불어 풍족하시겠습니까."

民富면 則君不至獨貧이요 民貧이면 則君不能獨富라 有若이 深言君民一體之意하여 以止公之厚斂하니 爲人上者 所宜深念也니라

백성들이 부유하면 군주만이 홀로 가난함에 이르지 않을 것이요, 백성들이 가난하면 군주만이 홀로 부유할 수는 없는 것이다. 有若은 군주와 백성이 一體인 뜻을 깊이 말하여 公이 세금을 많

중앙의 한 구역을 公田이라 하고, 둘레의 여덟 구역을 私田이라 하여 여덟 농가에게 맡기고 여덟 집에서 공동으로 공전을 부쳐 그 수확을 나라에 바치게 하였으므로 '井을 함께 한 사람'이라 한 것이다.

⋯ 什 열 십 節 절약할 절 喩 깨우칠 유 旨 뜻 지 厚 두터울 후 斂 거둘 렴

이 거두려는 것을 저지하였으니, 人民의 윗사람이 된 자가 마땅히 깊이 생각하여야 할 것이다.

⊙ 楊氏曰 仁政은 必自經界始[18]니 經界正而後에 井地均하고 穀祿平하여 而軍國之須(需) 皆量是以爲出焉이라 故로 一徹而百度擧矣니 上下寧憂不足乎아 以二猶不足이어늘 而敎之徹하니 疑若迂矣라 然이나 什一은 天下之中正이니 多則桀이요 寡則貉이니 不可改也라 後世에 不究其本하고 而唯末之圖라 故로 征斂無藝[19]하고 費出無經하여 而上下困矣니 又惡(오)知盍徹之當務而不爲迂乎아

⊙ 楊氏(楊時)가 말하였다. "仁政은 반드시 經界를 다스림으로부터 시작되니, 經界가 바루어진 뒤에 井地가 균등해지고 穀祿이 공평해져서 軍國의 쓰임이 모두 이것을 헤아려 나오는 것이다. 그러므로 한번 徹法을 시행하면 온갖 법도가 거행되니, 上下가 어찌 부족함을 걱정하겠는가. 10분의 2로도 오히려 부족한데 〈有若이〉 徹法을 시행하라고 가르쳤으니, 의심컨대 우활한 듯하다. 그러나 10분의 1은 天下의 中正한 法이니, 이보다 많으면 桀王이요 이보다 적으면 북쪽 오랑캐의 法이니, 고칠 수 없는 것이다. 후세에는 그 근본을 연구하지 않고 오직 지엽적인 것만을 도모하였다. 그러므로 세금을 거두는 것이 법칙(원칙)이 없고, 비용의 지출이 일정한 법이 없어서 上下가 곤궁하였으니, 또 '왜 徹法을 쓰지 않습니까?'라는 말이 마땅히 힘써야 할 것이어서 우활함이 되지 않음을 어찌 알았겠는가."

10-1. 子張이 問崇德辨惑한대 子曰 主忠信하며 徙義 崇德也니라

子張이 德을 높이고 미혹을 분별함을 묻자, 孔子께서 말씀하셨다. "忠信을 주장하며 義에 옮김이 德을 높이는 것이다.

主忠信則本立이요 **徙義則日新**이라

忠信을 주장하면 근본이 서고, 義에 옮기면 날로 새로워진다.

---

18 仁政 必自經界始:經은 토지를 구획하는 것으로, 朱子는 "經界는 땅을 다스리고 토지를 나누어 주어 도랑과 길과 封植의 경계를 經畫(구획)하는 것이다." 하였다《孟子集註》, 이 내용은《孟子》〈滕文公上〉 3章에 보인다.

19 征斂無藝:'征'은 징수함이요, '藝'는 법이다.

••• 經 다스릴 경 須 쓸 수(需同) 桀 夏王이름 걸 寡 적을 과 貉 오랑캐 맥 征 세금 정 藝 법 예 費 쓸 비 崇 높일 숭 徙 옮길 사

10-2. 愛之란 欲其生하고 惡(오)之란 欲其死하나니 旣欲其生이요 又欲其死 是惑也니라

사랑할 때에는 살기를 바라고 미워할 때에는 죽기를 바라나니, 이미 살기를 바라고 또 죽기를 바라는 것이 이것이 미혹이다.

愛惡는 人之常情也라 然이나 人之生死有命하여 非可得而欲也라 以愛惡而欲其生死면 則惑矣요 旣欲其生하고 又欲其死면 則惑之甚也니라

사랑함과 미워함은 사람의 떳떳한 情이다. 그러나 사람의 生과 死는 命이 있어서 바란다고 될수 있는 것이 아니다. 사랑하고 미워함에 따라 살고 죽기를 바란다면 미혹된 것이요, 이미 살기를 바라고 또 죽기를 바란다면 미혹됨이 심한 것이다.

10-3. 誠不以富요 亦祇以異니라

진실로 부유하지도 못하고 또한 다만 이상함만 취할 뿐이다."

此는 詩小雅我行其野之詞也라 舊說에 夫子引之하여 以明欲其生死者 不能使之生死 如此詩所言不足以致富而適足以取異也라

程子曰 此는 錯簡이니 當在第十六篇齊景公有馬千駟之上이라 因此下文亦有齊景公字而誤也라

이는 《詩經》〈小雅 我行其野〉의 말이다. 옛 주석에 "夫子가 이것을 인용하여 살거나 죽기를 바라는 자가 남으로 하여금 살거나 죽게 할 수 없는 것이, 이 詩에서 말한 것처럼 富함을 이루지 못하고 다만 남에게 괴이함만 취할 뿐임을 밝힌 것이다." 하였다.

程子(伊川)가 말씀하였다. "이는 錯簡이니, 마땅히 제16편(季氏) 12장의 '齊景公有馬千駟'의 위에 있어야 한다. 이 아래 글에도 '齊景公'이란 글자가 있으므로 인하여 잘못된 것이다."

⊙ 楊氏曰 堂堂乎張也여 難與並爲仁矣[20]니 則非誠善補過하여 不蔽於私者라 故로 告之如此하시니라

---

20 堂堂乎張也 難與並爲仁矣 : 아래 〈子張〉 16장에 나오는 曾子의 말씀이다.

••• 惡 미워할 오 誠 진실로 성 祇 다만 지 異 다를 이 雅 바를 아 適 다만 적 錯 어긋날 착 駟 사마 사
並 함께할 병

⊙ 楊氏(楊時)가 말하였다. "당당하다, 子張이여! 〈그러나〉 그와 함께 仁을 하기가 어려웠으니, 그렇다면 善에 성실하고 잘못을 보충하여 私에 가리지 않은 자가 아니다. 그러므로 말씀하기를 이와 같이 하신 것이다."

11-1. 齊景公이 問政於孔子한대

齊 景公이 孔子에게 政事를 묻자,

齊景公은 名杵臼라 魯昭公末年에 孔子適齊하시니라

齊景公은 이름이 杵臼이다. 魯나라 昭公 末年에 孔子께서 齊나라에 가셨다.

11-2. 孔子對曰 君君, 臣臣, 父父, 子子니이다

孔子께서 대답하셨다. "군주는 군주 노릇하고 신하는 신하 노릇하며, 아버지는 아버지 노릇하고 자식은 자식 노릇하는 것입니다."

此는 人道之大經이요 政事之根本也라 是時에 景公이 失政하여 而大夫陳氏厚施於國[21]하고 景公이 又多內嬖而不立太子하여 其君臣父子之間에 皆失其道라 故로 夫子告之以此하시니라

이는 人道의 큰 法이요 政事의 根本이다. 이때에 景公이 政權을 잃어서 大夫인 陳氏가 나라 사람들에게 은혜를 후하게 베풀었고, 景公이 또 안에 총애하는 후궁이 많아 太子를 세우지 않아서 君臣間과 父子間에 다 그 道를 잃었다. 그러므로 夫子께서 이로써 말씀해 주신 것이다.

11-3. 公曰 善哉라 信如君不君, 臣不臣, 父不父, 子不子면 雖有粟이나 吾得而食諸아

---

21 景公失政 而大夫陳氏厚施於國 : '失政'은 정권을 빼앗겨 군주 노릇을 제대로 하지 못하는 것이며, 陳氏는 陳完의 5세손인 陳乞로 뒤에 姓을 田으로 바꾸었다. '후하게 베풀었다.'는 것은 백성들에게 곡식을 방출할 때에는 큰 말[斗]로 주고 받을 때에는 작은 말로 받았음을 이르는바, 이 내용은 《春秋左傳》昭公 3年條와 26年條에 보인다.

••• 杵 절구공이 저 曰 절구 구 適 갈 적 經 법 경 嬖 사랑할 폐 粟 곡식 속

公이 말하였다. "좋은 말씀입니다. 진실로 만일 군주가 군주 노릇을 못하고 신하가 신하 노릇을 못하며, 아버지가 아버지 노릇을 못하고 자식이 자식 노릇을 못한다면, 비록 곡식이 있은들 내가 그것을 먹을 수 있겠습니까."

景公이 **善孔子之言**이로되 **而不能用**이러니 **其後**에 **果以繼嗣不定**으로 **啓陳氏弑君簒國之禍**하니라

景公이 孔子의 말씀을 좋게 여겼으나 능히 쓰지 못하였는데, 그 뒤에 과연 繼嗣(후계자)를 정하지 않음으로 인하여 陳氏가 君主를 시해하고 나라를 찬탈하는 禍를 열어놓았다.

⊙ **楊氏曰 君之所以君**과 **臣之所以臣**과 **父之所以父**와 **子之所以子**는 **是必有道矣**라 **景公**이 **知善夫子之言**이로되 **而不知反求其所以然**하니 **蓋悅而不繹**[22]**者**니 **齊之所以卒於亂也**니라

⊙ 楊氏(楊時)가 말하였다. "임금이 임금 된 所以(이유)와 신하가 신하 된 所以와 아버지가 아버지 된 所以와 자식이 자식 된 所以는 반드시 道가 있는 것이다. 景公이 夫子의 말씀을 좋게 여길 줄 알았으나 그 所以然을 돌이켜 찾을 줄은 알지 못하였으니, 그 말을 기뻐하기만 하고 그 깊은 뜻을 찾지 않는 자이다. 齊나라가 이 때문에 亂으로 끝나고 만 것이다."

12-1. **子曰 片言**에 **可以折獄者**는 **其由也與**인저

孔子께서 말씀하셨다. "반 마디 말에 獄事를 결단할 수 있는 자는 由일 것이다."

片言은 **半言**이요 **折**은 **斷也**라 **子路忠信明決**이라 **故**로 **言出而人信服之**하여 **不待其辭之畢也**라

'片言'은 반 마디 말이고, '折'은 결단함이다. 子路는 忠信하고 밝게 결단하였다. 그러므로 말

---

22 悅而不繹 : 완곡히 해주는 말을 좋아하기만 하고 그 깊은 뜻을 생각하지 않는 것으로, 위 〈子罕〉23章에 "예법에 맞는 바른 말은 따르지 않을 수 있겠는가. 〈자신의〉 잘못을 고치는 것이 중요하다. 완곡하게 해주는 말은 기뻐하지 않겠는가. 그 실마리를 찾는 것이 중요하다. 기뻐하기만 하고 실마리를 찾지 않으며, 따르기만 하고 잘못을 고치지 않는다면 내 그를 어찌할 수가 없다.〔法語之言 能無從乎 改之爲貴 巽與之言 能無說乎 繹之爲貴 說而不繹 從而不改 吾末如之何也已矣〕"라고 보인다.

••• 嗣 이을 사 啓 열 계 弑 죽일 시 簒 빼앗을 찬 禍 재화 화 繹 찾을 역 卒 마칠 졸 片 조각 편 折 결단할 절
　　獄 송사 옥 畢 마칠 필

을 하면 사람들이 그것을 믿고 복종하여 그 말이 끝나기를 기다리지 않은 것이다.

12-2. 子路는 無宿諾이러라

子路는 승낙한 것을 묵힘이 없었다.

宿은 留也니 猶宿怨之宿[23]이라 急於踐言하여 不留其諾也라 記者因夫子之言而記此하여 以見(현)子路之所以取信於人者 由其養之有素也니라

'宿'은 묵혀 둠이니, 宿怨의 宿字와 같다. 말을 실천함에 급하여 승낙한 것을 묵혀 두지 않은 것이다. 기록하는 자가 夫子의 말씀으로 인하여 이것을 기록해서 子路가 사람들에게 신임을 받은 이유는 그 기름이 평소에 있었기 때문임을 나타낸 것이다.

⊙ 尹氏曰 小邾射(역)[24]이 以句繹奔魯하여 曰 使季路要我면 吾無盟矣라하니 千乘之國이 不信其盟하고 而信子路之一言[25]하니 其見信於人을 可知矣라 一言而折獄者는 信在言前하여 人自信之故也니 不留諾은 所以全其信也라

⊙ 尹氏(尹焞)가 말하였다. "小邾의 射이 句繹땅을 가지고 魯나라로 망명와서 말하기를 '만일 季路가 나와 약속한다면 나는 魯나라와 맹약을 하지 않겠다.' 하였으니, 千乘의 나라에 그 맹약을 믿지 않고 子路의 한 마디 말을 믿었으니, 子路가 사람들에게 신임 받았음을 알 수 있다. 子路가 한 마디 말로 獄事를 결단할 수 있었던 것은 믿음이 말하기 이전에 있어서 사람들이 스스로 그를 믿었기 때문이었으니, 승낙한 것을 묵힘이 없었음은 그 信을 온전히 한 것이다."

13. 子曰 聽訟이 吾猶人也나 必也使無訟乎인저

孔子께서 말씀하셨다. "訟事를 다스림은 내 남과 같이 하겠으나 반드시 사람들로 하여

---

23 猶宿怨之宿 : '宿'은 마음속에 오랫동안 묵혀두는 것으로 《孟子》〈萬章上〉 3章에 "仁人은 아우에 대해 노여움을 감추지 않으며 원망을 묵혀 두지 않고, 그를 親愛할 뿐이다.[仁人之於弟也 不藏怒焉 不宿怨焉 親愛之而已矣]"라고 보인다.

24 小邾射 : 小邾는 나라 이름이며, 射(역)은 그 大夫의 이름이다.

25 千乘之國不信其盟 而信子路之一言 : '千乘之國不信其盟'은 '不信千乘之國之盟'을 도치시킨 것으로 千乘의 나라는 魯나라를 가리킨다. 이는 小邾의 射이 千乘의 나라인 魯나라가 하는 맹약을 믿지 않고 子路의 한 마디 말을 믿었음을 이르는바,《春秋左傳》哀公 14년조에 보인다.

··· 宿 묵힐 숙 諾 승낙할 락 留 머무를 류 踐 밟을 천 邾 나라이름 주 射 이름 역 繹 이을 역 要 약속할 요
聽 다스릴 청 訟 송사할 송

금 訟事함이 없게 하겠다."

范氏曰 聽訟者는 治其末, 塞其流也니 正其本, 淸其源이면 則無訟矣리라

范氏(范祖禹)가 말하였다. "訟事를 다스림은 그 지엽을 다스리고 그 흐름(末流)을 막는 것이니, 그 근본을 바로잡고 그 근원을 맑게 한다면 訟事가 없어질 것이다.

⊙ 楊氏曰 子路片言에 可以折獄이나 而不知以禮遜爲國하니 則未能使民無訟者也라 故로 又記孔子之言하여 以見(현)聖人不以聽訟爲難하고 而以使民無訟爲貴하니라

⊙ 楊氏(楊時)가 말하였다. "子路가 반 마디 말로 옥사를 결단할 수 있었으나 禮와 겸손으로써 나라를 다스릴 줄은 알지 못하였으니, 그렇다면 백성으로 하여금 訟事함이 없게 하지는 못한 자였다. 그러므로 또 孔子의 말씀을 기록해서 聖人은 訟事를 다스림을 어려움으로 여기지 않고 백성들로 하여금 訟事함이 없게 함을 귀하게 여김을 나타낸 것이다."

14. 子張이 問政한대 子曰 居之無倦이요 行之以忠이니라

子張이 政事를 묻자, 孔子께서 대답하셨다. "마음에 두기를 게으름이 없음으로써 하고 행하기를 忠으로써 해야 한다."

居는 謂存諸心이니 無倦則始終如一이요 行은 謂發於事니 以忠則表裏如一이라

'居'는 마음에 둠을 이르니 게으름이 없으면 始終이 如一한 것이고, '行'은 일에 나타남을 이르니 忠으로써 하면 表裏가 똑같아지는 것이다.

⊙ 程子曰 子張少仁하여 無誠心愛民하니 則必倦而不盡心이라 故로 告之以此하시니라

⊙ 程子(伊川)가 말씀하였다. "子張은 仁이 부족하여 誠心으로 백성을 사랑함이 없었으니, 그렇다면 반드시 게을러지고 마음을 다하지 않았을 것이다. 그러므로 이것으로써 말씀해 주신 것이다."

••• 塞 막을 색 源 근원 원 遜 공손할 손 倦 게으를 권 表 겉 표 裏 속 리

15. 子曰 博學於文이요 約之以禮면 亦可以弗畔矣夫인저

孔子께서 말씀하셨다. "文을 널리 배우고 禮로써 요약하면 道에 위배되지 않을 것이다."

重出[26]이라

거듭 나왔다.

16. 子曰 君子는 成人之美하고 不成人之惡하나니 小人은 反是니라

孔子께서 말씀하셨다. "君子는 남의 아름다움을 이루어주고 남의 악함을 이루어주지 않으니, 小人은 이와 반대이다."

成者는 誘掖獎勸하여 以成其事也라 君子, 小人은 所存이 旣有厚薄之殊하고 而其所好 又有善惡之異라 故로 其用心不同이 如此하니라

'成'은 이끌어 주고 권장하여 그 일을 이루는 것이다. 君子와 小人은 마음에 둔 것이 이미 厚薄의 차이가 있고, 좋아하는 것이 또 善惡의 다름이 있다. 그러므로 그 마음씀의 같지 않음이 이와 같은 것이다.

17. 季康子問政於孔子한대 孔子對曰 政者는 正也니 子帥(솔)以正이면 孰敢不正이리오

季康子가 孔子에게 政事를 묻자, 孔子께서 대답하셨다. "政事는 바로잡는다는 뜻이니, 그대가 바름으로써 솔선한다면 누가 감히 바르지 않겠는가."

范氏曰 未有己不正而能正人者니라

范氏(范祖禹)가 말하였다. "자신이 바르지 못하고서 남을 바르게 하는 자는 있지 않다."

---

26 重出 : 앞의 〈雍也〉 25章에 보이는데, 〈雍也〉편에는 앞 부분에 '君子' 두 글자가 있다.

··· 博 넓을 박 約 요약할 약 畔 배반할 반(叛通) 美 아름다울 미 誘 달랠 유 掖 부축할 액 獎 권면할 장 勸 권할 권
殊 다를 수 帥 솔선할 솔(率同)

⊙ 胡氏曰 魯自中葉^{으로} 政由大夫²⁷하니 家臣效尤²⁸하여 據邑背叛하여 不正이 甚矣라 故로 孔子以是告之하시니 欲康子以正自克하여 而改三家之故어시늘 惜乎라 康子之溺於利欲而不能也여

⊙ 胡氏(胡寅)가 말하였다. "魯나라는 中葉으로부터 政事가 大夫에게서 나오니, 家臣들이 나쁜 버릇을 본받아서 邑을 점거하고 배반하여 바르지 못함이 심하였다. 그러므로 孔子께서 이것으로써 말씀해 주신 것이니, 康子가 올바름으로써 스스로 극복하여 三家의 옛버릇을 고치게 하고자 하신 것이었는데, 애석하다, 康子가 利慾에 빠져서 이렇게 하지 못함이여."

18. 季康子患盜하여 問於孔子한대 孔子對曰 苟子之不欲이면 雖賞之라도 不竊하리라

季康子가 도둑을 걱정하여 孔子에게 〈대책을〉 묻자, 孔子께서 대답하셨다. "진실로 그대가 탐욕을 부리지 않는다면 비록 〈도둑질하는 자에게〉 상을 주면서 도둑질하게 하더라도 도둑질하지 않을 것이다."

言 子不貪欲이면 則雖賞民하여 使之爲盜라도 民亦知恥而不竊이라

'그대가 탐욕을 부리지 않는다면 비록 백성들에게 상을 주면서 도둑질하게 하더라도 백성들이 또한 부끄러움을 알아서 도둑질하지 않을 것'임을 말씀한 것이다.

⊙ 胡氏曰 季氏竊柄하고 康子奪嫡하니 民之爲盜는 固其所也²⁹라 盍亦反其本邪아 孔子以不欲啓之하시니 其旨深矣로다 奪嫡事는 見(현)春秋傳³⁰하니라

⊙ 胡氏(胡寅)가 말하였다. "季氏는 정권을 도둑질하고 康子는 嫡子를 빼앗았으니, 백성들이 도둑질하는 것은 진실로 당연한 것이었다. 어찌 그 근본을 돌이키지 않는가. 孔子께서 탐욕

---

27 魯自中葉 政由大夫 : 아래 〈季氏〉 3章에 "祿이 公室에서 떠난 지가 5世가 되었고 政事가 大夫에게 미친 지가 4世가 되었다.(祿之去公室 伍世矣 政逮於大夫 四世矣)"라고 보인다.

28 效尤 : '尤'는 過의 뜻으로, 잘못된 행동을 본받음을 이른다. 《春秋左傳》莊公 21년조에 "鄭伯이 잘못을 본받으니, 그에게도 장차 재앙이 닥칠 것이다.(鄭伯效尤 其亦將有咎)"라고 보인다.

29 固其所也 : 《春秋左傳》襄公 23년조에 보이는 말로, '所'는 當然의 뜻으로 해석한다.

30 奪嫡事 見春秋傳 : 《春秋左傳》哀公 3년조에 보인다.

··· 葉 시대 엽 效 본받을 효 尤 허물 우 溺 빠질 닉 盜 훔칠 도 賞 상줄 상 竊 훔칠 절 柄 자루 병 奪 빼앗을 탈 嫡 맏 적 盍 어찌아니 합 啓 열 계 旨 뜻 지

을 부리지 말라는 말씀으로써 啓導해 주셨으니, 그 뜻이 깊다. 嫡子를 빼앗은 사실은 《春秋左傳》에 보인다."

19. 季康子問政於孔子曰 如殺無道하여 以就有道인댄 何如하니잇고 孔子對曰 子爲政에 焉用殺이리오 子欲善이면 而民이 善矣리니 君子之德은 風이요 小人之德은 草라 草上(尙)之風이면 必偃하나니라

季康子가 孔子께 政事를 묻기를 "만일 無道한 자를 죽여서 道가 있는 데로 나아가게 하면 어떻습니까?" 하자, 孔子께서 대답하셨다. "그대가 政事를 함에 어찌 죽임을 쓴단 말인가. 그대가 善하고자 하면 백성들이 善해질 것이니, 君子의 德은 바람이요 小人의 德은 풀이다. 풀에 바람이 가해지면 풀은 반드시 쓰러진다."

爲政者는 民所視效니 何以殺爲리오 欲善則民善矣라 上은 一作尙하니 加也라 偃은 仆也라

政事를 하는 자는 백성들이 보고 본받는 바이니, 어찌 죽임을 쓰겠는가. 〈政事를 하는 자가〉 善하고자 하면 백성들이 善해지는 것이다. '上'은 一本에는 尙으로 되었으니, 加한다는 뜻이다. '偃'은 쓰러짐이다.

⊙ 尹氏曰 殺之爲言이 豈爲人上之語哉리오 以身敎者는 從하고 以言敎者는 訟[31]하니 而況於殺乎아

⊙ 尹氏(尹焞)가 말하였다. "죽인다는 말이 어찌 人民의 윗사람된 자의 말이겠는가. 몸으로써 〈백성을〉 가르치는 자는 백성들이 따르고, 말로써 가르치는 자는 백성들이 다투니, 하물며 〈백성을〉 죽임에 있어서이겠는가."

20-1. 子張이 問 士何如라야 斯可謂之達矣니잇고

子張이 물었다. "선비가 어떠하여야 이를 達이라고 이를 수 있습니까?"

---

31 以身敎者從 以言敎者訟 : '以身敎'는 爲政者가 솔선수범함을 이르며, '以言敎'는 말만으로 가르침을 이르는바, 이 두 句는 《後漢書》〈第五倫傳〉에 보인다.

••• 焉 어찌 언 上 더할 상 偃 누울 언 仆 쓰러질 부 訟 송사할 송 達 통달할 달

達者는 德孚於人而行無不得之謂라

'達'은 德이 남에게 믿어져서 행함에 얻지 못함이 없음을 이른다.

20-2. 子曰 何哉오 爾所謂達者여

孔子께서 말씀하셨다. "무엇인가? 네가 말하는 達이란 것이."

子張務外하니 夫子蓋已知其發問之意라 故로 反詰之하여 將以發其病而藥之也시니라

子張이 외면을 힘썼으니, 夫子께서 이미 그가 發問한 뜻을 아셨다. 그러므로 도리어 詰問해서(되물어서) 장차 그 병통을 드러내어 치료해주려고 하신 것이다.

20-3. 子張이 對曰 在邦必聞하며 在家必聞이니이다

子張이 대답하였다. "나라에 있어도 반드시 소문(명성)이 나며, 집안에 있어도 반드시 소문이 나는 것입니다."

言名譽著聞也라

명예가 드러남을 말한다.

20-4. 子曰 是는 聞也라 非達也니라

孔子께서 말씀하셨다. "이것은 聞이지 達이 아니다.

聞與達이 相似而不同은 乃誠僞之所以分이니 學者不可不審也라 故로 夫子旣明辨之하시고 下文에 又詳言之하시니라

聞과 達이 서로 비슷하나 똑같지 않음은 바로 誠(진실)과 僞(거짓)가 분별되는 것이니, 배우는 자가 살피지 않으면 안 된다. 그러므로 夫子께서 이미 밝게 분별하시고 아랫글에 또 상세히 말씀하신 것이다.

··· 孚 믿을 부 爾 너 이 詰 힐문할 힐 藥 치료할 약 聞 소문날 문 譽 기릴 예 著 드러날 저 僞 거짓 위 審 살필 심

20-5. 夫達也者는 質直而好義하며 察言而觀色하여 慮以下人하나니 在邦必達하며 在家必達이니라

達이란 질박하고 정직하고 義를 좋아하며, 말을 살피고 얼굴빛을 관찰하여, 생각해서 몸을 낮추는 것이니, 나라에 있어도 반드시 達하며 집안에 있어도 반드시 達한다.

內主忠信而所行合宜하고 審於接物而卑以自牧은 皆自修於內요 不求人知之事라 然이나 德修於己而人信之면 則所行이 自無窒礙矣리라

안으로 忠信을 주장하고 행하는 바가 宜(義)에 합하며, 남을 대함에 살피고 겸손함으로써 자신을 기름은, 모두 스스로 안을 닦고 남이 알아주기를 구하지 않는 일이다. 그러나 德이 자기 몸에 닦아져서 남들이 믿는다면 행하는 바가 저절로 막힘이 없을 것이다.

20-6. 夫聞也者는 色取仁而行違요 居之不疑하나니 在邦必聞하며 在家必聞이니라

聞이란 얼굴빛은 仁을 취하나 행실은 위배되며 여기에 머물면서 의심하지 않는 것이니, 나라에 있어도 반드시 소문이 나며 집안에 있어도 반드시 소문이 난다."

善其顏色하여 以取於仁이나 而行實背之하고 又自以爲是하여 而無所忌憚이면 此는 不務實而專務求名者라 故로 虛譽雖隆이나 而實德則病矣니라

얼굴빛을 좋게 하여 仁을 취하나 행실은 실제로 위배되며, 또 스스로 이것을 옳다고 여겨 忌憚하는 바가 없으면, 이는 실제를 힘쓰지 않고 오로지 이름을 구함을 힘쓰는 자이다. 그러므로 헛된 명예가 비록 높으나 실제 德은 병든 것이다.

⊙ 程子曰 學者는 須是務實이요 不要近名이니 有意近名이면 大本已失이니 更學何事리오 爲名而學이면 則是僞也라 今之學者는 大抵爲名하니 爲名與爲利는 雖淸濁不同이나 然其利心則一也[32]니라

---

32 爲名與爲利……其利心則一也 : 명예를 위함은 '淸'이고 이익을 위함은 '濁'이다. 그러나 위한 바가 있어서 하는 것은 모두 利로, '이익의 마음'이란 위한 바가 있어서 함을 이른다. 위한 바가 있다는 것은 목적이

••• 慮 생각할 려 牧 기를 목 窒 막을 질 礙 막을 애 達 떠날 위 善 좋을 선 顏 얼굴 안 忌 꺼릴 기 憚 꺼릴 탄
隆 높을 륭 僞 거짓 위 濁 흐릴 탁

尹氏曰 子張之學이 病在乎不務實이라 故로 孔子告之 皆篤實之事니 充乎內而發乎
外者也라 當時門人이 親受聖人之敎로되 而差失이 有如此者하니 況後世乎아

⊙ 程子(伊川)가 말씀하였다. "배우는 자는 모름지기 실제를 힘쓸 것이요, 명예를 가까이 하려
고 하지 말아야 한다. 명예를 가까이 함에 뜻이 있으면 큰 근본이 이미 상실되니, 다시 무슨 일을
배우겠는가. 명예를 위하여 배운다면 이는 거짓이다. 지금의 배우는 자들은 대부분 명예를 위하
니, 명예를 위함과 이익을 위함은 비록 淸과 濁이 똑같지 않으나 이익의 마음은 똑같은 것이다."
尹氏(尹焞)가 말하였다. "子張의 學問은 병통이 실제를 힘쓰지 않음에 있었다. 그러므로 孔
子가 말씀해 주신 것이 다 독실히 하는 일이었으니, 내면에 충적되어서 외면에 발로되는 것이다.
당시에 門人들이 직접 聖人의 가르침을 받았는데도 잘못됨이 이와 같음이 있었으니, 하물며 후
세에 있어서이겠는가."

21-1. 樊遲從遊於舞雩之下러니 曰 敢問崇德修慝(특)辨惑하노이다

樊遲가 孔子를 따라 舞雩의 아래에서 놀았는데(갔었는데), "감히 德을 높이고 慝(간
악함)을 다스리고 미혹을 분별함을 여쭙겠습니다." 하였다.

胡氏曰 慝之字는 從心從匿[33]하니 蓋惡之匿於心者라 修者는 治而去之라

胡氏(胡寅)가 말하였다. "慝이란 글자는 心을 따르고 匿을 따랐으니, 惡이 마음속에 숨어있
는 것이다. '修'는 다스려 제거함이다."

21-2. 子曰 善哉라 問이여

孔子께서 말씀하셨다. "좋구나! 네 질문이여!"

善其切於爲己라

자신을 위함에 간절함을 좋게 여기신 것이다.

있어 하는 것으로 南軒 張栻은 "위한 바가 없이 하는 것은 義이고 위한 바가 있어 하는 것은 利이다.〔無
有所爲而爲之 義也 有所爲而爲之 利也〕" 하였는데, 朱子는 이 말을 극구 칭찬하였다.《朱子大全 右
文殿修撰張公神道碑》

33 慝之字 從心從匿 : 心과 匿이 합하여 이루어진 會意字임을 밝힌 것으로, 心이 뜻이고 匿(특)이 音이나,
이를 회의자로 볼 때에는 匿(닉)의 '숨어있다'는 뜻을 취하는 것이다.

··· 樊 울타리 번 遲 더딜 지 雩 기우제지낼 우 慝 악할 특 匿 숨길 닉

21-3. 先事後得이 非崇德與아 攻其惡이요 無攻人之惡이 非修慝與아 一朝之忿으로 忘其身하여 以及其親이 非惑與아

일을 먼저하고 소득을 뒤에 함이 德을 높이는 것이 아니겠는가. 자신의 惡을 다스리고 남의 惡을 다스리지 않음이 간악함을 다스리는 것이 아니겠는가. 하루아침의 분노로 자신을 잊어서 〈화가〉 그 부모에게까지 미치게 함이 미혹됨이 아니겠는가."

先事後得은 猶言先難後獲[34]也라 爲所當爲而不計其功이면 則德日積而不自知矣요 專於治己而不責人이면 則己之惡이 無所匿矣요 知一朝之忿爲甚微而禍及其親爲甚大면 則有以辨惑而懲其忿矣라 樊遲麤鄙近利라 故로 告之以此三者하시니 皆所以救其失也시니라

'先事後得'은 '어려운 일을 먼저하고 얻음(소득)을 뒤에 하라.'는 말과 같다. 당연히 해야 할 바를 하고 그 공효를 계산하지 않는다면 德이 날로 쌓여도 스스로는 알지 못할 것이요, 자기 몸을 다스림에 오로지 하고 남을 책하지 않는다면 자신의 惡이 숨겨질 곳이 없을 것이요, 하루아침의 분노는 매우 작고 화가 그 부모에게까지 미침은 매우 큼을 안다면 미혹됨을 분별하여 그 분함을 징계함이 있을 것이다. 樊遲는 거칠고 비루하고 이익에 가까웠다. 그러므로 이 세 가지로써 말씀해 주셨으니, 모두 그의 잘못을 바로잡으신 것이다.

⊙ 范氏曰 先事後得은 上義而下利也니 人惟有利欲之心이라 故로 德不崇이요 惟不自省己過而知人之過라 故로 慝不修라 感物而易(이)動者는 莫如忿이니 忘其身以及其親은 惑之甚者也라 惑之甚者는 必起於細微하나니 能辨之於早면 則不至於大惑矣라 故로 懲忿[35]이 所以辨惑也니라

⊙ 范氏(范祖禹)가 말하였다. "일을 먼저하고 얻음을 뒤에 한다는 것은 義를 숭상하고 利를 아래로 여기는 것이다. 사람이 이롭고자 하는 마음이 있기 때문에 德이 높아지지 못하며, 자신의 과실은 스스로 살피지 않고 남의 과실만 알기 때문에 간악함이 다스려지지 못한다. 사물에 감응

---

34 先難後獲 : 어려운 일을 먼저 하고 얻음을 뒤에 한다는 뜻이다. 위 〈雍也〉 20장에 "仁者는 어려운 일을 먼저 하고 얻는 것을 뒤에 하니, 이렇게 한다면 仁이라고 말할 수 있다.〔仁者先難而後獲 可謂仁矣〕"라고 보인다.

35 懲忿 : 《周易》 〈損卦 大象〉에 "山 아래에 못이 있음이 損이니, 군자가 보고서 분노를 징계하고 욕심을 막는다.〔山下有澤 損 君子以 懲忿窒欲〕"라고 보인다.

••• 攻 다스릴 공 忿 성낼 분 獲 얻을 획 懲 징계할 징 麤 거칠 추 鄙 비루할 비 救 바로잡을 구

하여 동요되기 쉬운 것은 분노만한 것이 없으니, 자신을 잊어서 그 부모에게까지 화가 미치게 함은 미혹됨이 심한 것이다. 미혹됨이 심한 것은 반드시 細微한 데서 일어나니, 이것을 무期에 분별한다면 크게 미혹됨에 이르지 않을 것이다. 그러므로 분함을 징계함이 미혹됨을 분별하는 일인 것이다."

22-1. 樊遲問仁한대 子曰 愛人이니라 問知(智)한대 子曰 知人이니라

樊遲가 仁을 묻자, 孔子께서 "사람을 사랑하는 것이다." 하셨다. 智를 묻자, 孔子께서 "사람을 아는 것이다." 하셨다.

愛人은 仁之施요 **知人**은 知(智)之務라

사람을 사랑함은 仁의 베풂이요, 사람을 앎은 智의 일이다.

22-2. 樊遲未達이어늘

樊遲가 그 내용을 통달하지 못하자,

曾氏曰 遲之意는 蓋以愛欲其周而知有所擇이라 **故**로 疑二者之相悖耳라

曾氏(曾幾)가 말하였다. "樊遲의 뜻은 사랑(仁)은 그 두루 하고자 하는데 지혜(智)는 선택함이 있다고 여겼다. 그러므로 두 가지가 서로 모순된다고 의심한 것이다."

22-3. 子曰 擧直錯(조)諸枉[36]이면 能使枉者直이니라

孔子께서 말씀하셨다. "정직한 사람을 들어 쓰고 모든 부정한 사람을 버리면 부정한 자로 하여금 곧게 할 수 있다."

---

36 擧直錯諸枉 : 茶山은 "'錯諸枉'이란 굽은 자 위에 두는 것이다.〔錯諸枉者 置於枉者之上也〕"하였고, 楊伯峻도 "정직한 사람을 뽑아 사악한 사람 위에 둔다."로 번역하였다. '錯'는 措와 통하는데, 捨置(버려둠)의 뜻도 있고 加하다의 뜻도 있으며, '諸'는 모두의 뜻도 있고 之於의 뜻도 있는바, '擧直錯諸枉'을 《集註》에는 '정직한 사람을 들어 쓰고 모든 부정한 사람을 버리는 것'으로 해석하였으나, 茶山과 楊伯峻은 '정직한 사람을 들어 부정한 사람의 위에 올려놓는 것'으로 본 것이다. 이는 위〈爲政〉19장의 '哀公問'에서 이미 밝힌 바 있다.

··· 施 베풀 시 周 두루 주 疑 의심할 의 悖 어그러질 패 擧 들 거 錯 버려둘 조 諸 모두 제 枉 굽을 왕

舉直錯枉者는 知也요 使枉者直은 則仁矣니 如此면 則二者不惟不相悖라 而反相爲用矣니라

정직한 사람을 들어 쓰고 부정한 자를 버리는 것은 智요, 부정한 자로 하여금 곧게 함은 仁이다. 이와 같이 하면 이 두 가지가 서로 모순되지 않을 뿐만 아니라, 도리어 서로 쓰임이 되는 것이다.

22-4. 樊遲退하여 見子夏曰 鄕(曏)也에 吾見(현)於夫子而問知호니 子曰 舉直錯諸枉이면 能使枉者直이라하시니 何謂也오

樊遲가 물러가서 子夏를 보고 물었다. "지난번에 夫子를 뵙고 智를 물었더니, 夫子께서 '정직한 사람을 들어 쓰고 모든 부정한 사람을 버리면 부정한 자로 하여금 곧게 할 수 있다.' 하셨으니, 무슨 말씀인가?"

遲以夫子之言으로 專爲知者之事하고 又未達所以能使枉者直之理하니라

樊遲는 夫子의 말씀을 오로지 智者의 일이라고 여겼고, 또 부정한 자로 하여금 곧게 하는 이치를 알지 못하였다.

22-5. 子夏曰 富哉라 言乎여

子夏가 말하였다. "풍부하다. 그 말씀이여!

歎其所包者廣하여 不止言知라

그 포함한 것이 넓어서 다만 智를 말씀함에 그치지 않음을 감탄한 것이다.

22-6. 舜有天下에 選於衆하사 舉皐陶(고요)하시니 不仁者遠矣요 湯有天下에 選於衆하사 舉伊尹하시니 不仁者遠矣니라

舜임금이 天下를 소유함에 여러 사람 중에서 선발하여 皐陶를 들어 쓰시니 不仁한 자들이 멀리 사라졌고, 湯임금이 天下를 소유함에 여러 사람 중에서 선발하여 伊尹을 들어 쓰시니 不仁한 자들이 멀리 사라졌다."

••• 鄕 지난번 향(曏通) 富 풍부할 부 選 가릴 선 皐 높을 고 陶 즐거울 요

伊尹은 湯之相也라 不仁者遠은 言 人皆化而爲仁하여 不見有不仁者하여 若其遠去爾니 所謂使枉者直也라 子夏蓋有以知夫子之兼仁知而言矣니라

伊尹은 湯임금의 정승이다. 不仁한 자가 멀어졌다는 것은 사람들이 모두 변화하여 仁을 해서 不仁한 자가 있음을 볼 수 없어 멀리 사라진 것과 같음을 말하니, 이것이 이른바 '부정한 자로 하여금 곧게 한다.'는 것이다. 子夏는 夫子께서 仁과 智를 겸하여 말씀함을 알았던 것이다.

⊙ 程子曰 聖人之語 因人而變化하여 雖若有淺近者나 而其包含이 無所不盡을 觀於此章이면 可見矣니 非若他人之言이 語近則遺遠하고 語遠則不知近也니라

尹氏曰 學者之問也에 不獨欲聞其說이라 又必欲知其方하고 不獨欲知其方이라 又必欲爲其事하니 如樊遲之問仁知也에 夫子告之盡矣로되 樊遲未達이라 故로 又問焉이나 而猶未知其何以爲之也러니 及退而問諸子夏然後에 有以知之하니 使其未喻면 則必將復問矣리라 旣問於師하고 又辨於友하니 當時學者之務實也 如是하니라

⊙ 程子(伊川)가 말씀하였다. "聖人의 말씀은 사람에 따라 변화해서 비록 淺近함이 있는 듯하나 그 포함한 것은 다하지 않음이 없음을 이 章에서 보면 알 수 있으니, 다른 사람의 말이, 淺近함을 말하면 멂을 빠뜨리고 멂을 말하면 淺近함을 알지 못하는 것과는 같지 않다."

尹氏(尹焞)가 말씀하였다. "배우는 자들이 질문할 때에는 다만 그 말씀을 듣고자 할 뿐만 아니라 또 반드시 그 방법을 알려고 하였고, 다만 그 방법을 알고자 할 뿐만 아니라 또 반드시 그 일을 행하려고 하였다. 예컨대 樊遲가 仁과 智를 물었을 적에 夫子께서 말씀해 주기를 다하셨으나 樊遲는 통달하지 못하였다. 그러므로 또다시 물었으나 아직도 어떻게 해야 하는지를 알지 못하였는데, 물러가서 子夏에게 물은 뒤에야 이것을 앎이 있었으니, 가령 깨닫지 못하였다면 반드시 장차 다시 물었을 것이다. 이미 스승에게 질문하고 또 벗에게 변론하였으니, 당시에 배우는 자들이 실제를 힘씀이 이와 같았다."

23. 子貢이 問友한대 子曰 忠告而善道(導)之호되 不可則止하여 無自辱焉이니라

子貢이 交友에 대하여 묻자, 孔子께서 말씀하셨다. "충심으로 말해주고 잘 인도하되 불가능하면 그만두어서 스스로 욕되지 말게 하여야 한다."

··· 包 쌀 포 含 머금을 함 遺 빠뜨릴 유 喻 깨달을 유 復 다시 부 道 인도할 도(導通) 辱 욕될 욕

友는 所以輔仁이라 故로 盡其心以告之하고 善其說以道之라 然이나 以義合者也라 故로 不可則止니 若以數(삭)而見疏³⁷면 則自辱矣니라

벗은 仁을 돕는 자이다. 그러므로 그 마음을 다하여 말해 주고, 그 말을 잘하여 인도하는 것이다. 그러나 의리로써 합한 자이므로 불가능하면 그만두어야 하니, 만일 자주 말하다가 소원함을 당한다면 스스로 욕되는 것이다.

24. 曾子曰 君子는 以文會友하고 以友輔仁³⁸이니라

曾子가 말씀하였다. "君子는 文(學問)으로써 벗을 모으고, 벗으로써 仁을 돕는다."

講學以會友면 則道益明하고 取善以輔仁이면 則德日進이니라

학문을 講하여 벗을 모으면 道가 더욱 밝아지고, 善을 취하여 仁을 도우면 德이 날로 진전된다.

---

37 以數而見疏 : 위 〈里仁〉 26장에 "임금을 섬김에 자주 간하면 辱을 당하고, 朋友間에 자주 충고하면 소원해진다.〔事君數 斯辱矣 朋友數 斯疏矣〕"라고 보인다.

38 以文會友 以友輔仁 : 茶山은 "'文'은 詩·書·禮·樂을 이르고, '仁'은 孝·弟·忠·信을 이른다." 하였다. '以文會友 以友輔仁'은 학문을 통하여 벗을 만나고 벗을 통하여 仁을 행함을 도움을 말한다.

··· 輔 도울 보 數 자주 삭 疏 소원할 소 輔 도울 보 益 더할 익

子路 第十三

凡三十章

모두 30章이다.

1-1. **子路問政**한대 **子曰 先之勞之**니라

子路가 政事를 묻자, 孔子께서 말씀하셨다. "솔선하고 부지런히 해야 한다."

蘇氏曰 凡民之行을 **以身先之**면 **則不令而行**이요 **凡民之事**를 **以身勞之**면 **則雖勤不怨**이니라

蘇氏(蘇軾)가 말하였다. "백성들이 행해야 할 것(道理)을 자신(爲政者)이 먼저 솔선하면 명령하지 않아도 행해지고, 백성들이 해야 할 일을 자신이 부지런히 애써서 하면 백성들이 비록 수고롭더라도 〈윗사람을〉 원망하지 않는다."

1-2. **請益**한대 **曰 無倦**이니라

더 말씀해 주실 것을 청하자, "게을리하지 말아야 한다." 하셨다.

吳氏曰 勇者는 **喜於有爲而不能持久**라 **故**로 **以此告之**하시니라

吳氏(吳棫)가 말하였다. "용맹스러운 자는 일하기를 좋아하나 오래 버티지 못한다. 그러므로

··· 勤 수고로울 근 倦 게으를 권 持 버틸 지

이것으로써 말씀해 주신 것이다."

⊙ 程子曰 子路問政에 孔子旣告之矣요 及請益에 則曰無倦而已라하시고 未嘗復有所告하시니 姑使之深思也시니라

⊙ 程子(明道)가 말씀하였다. "子路가 政事를 묻자 孔子께서 이미 말씀해 주셨고, 더 말씀해 줄 것을 청하자 '게을리하지 말라.'고 하셨을 뿐이요, 일찍이 다시 말씀해 주신 것이 없었으니, 우선 깊이 생각하게 하신 것이다."

2-1. 仲弓이 爲季氏宰하여 問政한대 子曰 先有司요 赦小過하며 擧賢才니라

仲弓이 季氏의 家臣이 되어 政事를 묻자, 孔子께서 말씀하셨다. "有司에게 먼저 시키고 작은 허물을 용서해주며, 賢才(德이 있는 자와 才能이 있는 자)를 등용해야 한다."

有司는 衆職也라 宰兼衆職이라 然이나 事必先之於彼하고 而後에 考其成功이면 則己不勞而事畢擧矣라 過는 失誤也라 大者는 於事에 或有所害하니 不得不懲이어니와 小者赦之면 則刑不濫而人心悅矣라 賢은 有德者요 才는 有能者니 擧而用之면 則有司皆得其人하여 而政益修矣리라

'有司'는 여러 직책이다. 家臣은 여러 직책을 겸(총괄)한다. 그러나 모든 일을 반드시 저(有司)에게 먼저 시키고 뒤에 그 이룬 공적을 살핀다면 자신은 수고롭지 않고서도 일이 모두 거행될 것이다. '過'는 실수로 잘못한 것이다. 큰 잘못은 일에 혹 해로운 바가 있으니 징계하지 않을 수 없지만, 작은 허물은 용서해 주면 형벌이 남용되지 않아 人心이 기뻐할 것이다. '賢'은 德이 있는 자이고 '才'는 才能이 있는 자이니, 이들을 등용하여 쓰면 有司가 모두 적임자(其人)를 얻어 政事가 더욱 닦여질 것이다.

2-2. 曰 焉知賢才而擧之리잇고 曰 擧爾所知면 爾所不知를 人其舍諸아

"어떻게 賢才를 알아서 등용합니까?" 하고 묻자, "네가 아는 자(賢才)를 등용하면 네가 미처 모르는 자를 남들이 내버려두겠느냐." 하셨다.

··· 姑 우선 고 赦 용서할 사 懲 징계할 징 濫 넘칠 람, 함부로할 람 舍 버릴 사

仲弓이 慮無以盡知一時之賢才라 故로 孔子告之以此하시니라

程子曰 人各親其親이니 然後에 不獨親其親이라 仲弓曰 焉知賢才而擧之오한대 子曰 擧爾所知면 爾所不知를 人其舍諸아하시니 便見仲弓與聖人用心之大小라 推此義면 則一心이 可以興邦이요 一心이 可以喪邦이니 只在公私之間爾니라

仲弓이 한 세상의 賢才를 다 알 수 없을까 염려하였다. 그러므로 孔子께서 이것으로써 말씀해 주신 것이다.

程子(明道)가 말씀하였다. "사람은 각기 자신의 친척을 친애하여야 하니, 그런 뒤에 친척만을 친애할 뿐이 아니다. 仲弓이 '어떻게 賢才를 알아 등용합니까?' 하고 묻자, 孔子께서 '네가 아는 賢才를 등용하면 네가 모르는 賢才를 사람들이 내버려두겠느냐.'라고 하셨으니, 仲弓과 聖人의 마음씀의 크고 작음을 볼 수 있다. 이 뜻을 미루어 나간다면 한 마음이 나라를 흥하게 할 수 있고 한 마음이 나라를 망하게 할 수 있는 것이 다만 公과 私의 사이에 달려 있을 따름이다."

⊙ 范氏曰 不先有司면 則君行臣職矣요 不赦小過면 則下無全人矣요 不擧賢才면 則百職廢矣라 失此三者면 不可以爲季氏宰어든 況天下乎아

⊙ 范氏(范祖禹)가 말하였다. "일을 有司에게 먼저 시키지 않으면 君主가 신하의 일을 행하게 되고, 작은 허물을 용서하지 않으면 아래에 온전한 사람이 없게 되고, 賢才를 등용하지 않으면 모든 직무가 폐해질(마비될) 것이니, 이 세 가지를 잃으면 季氏의 家臣도 될 수 없는데, 하물며 天下를 다스림에 있어서이겠는가."

3-1. 子路曰 衛君이 待子而爲政하시나니 子將奚先이시리잇고

子路가 말하였다. "衛나라 군주가 선생님을 기다려 政事를 하려고 하시니, 선생께서는 장차 무엇을 먼저 하시렵니까?"

衛君은 謂出公輒也라 是時는 魯哀公之十年이니 孔子自楚反乎衛하시니라

'衛나라 군주'는 出公 輒을 이른다. 이때는 魯나라 哀公 10년이니, 孔子가 楚나라에서 衛나라로 돌아오셨다.

··· 慮 염려할 려 待 기다릴 대 爲 다스릴 위 奚 어찌 해 輒 문득 첩 反 돌아올 반

3-2. 子曰 必也正名乎인저

孔子께서 대답하셨다. "반드시 명칭을 바로잡겠다."

是時에 出公이 不父其父而禰(네)其祖하여 名實이 紊矣라 故로 孔子以正名爲先하시니라
謝氏曰 正名은 雖爲衛君而言이나 然爲政之道 皆當以此爲先이니라

이때 出公(衛輒)은 자기 아버지를 아버지로 여기지 않고 자기 할아버지를 아버지로 삼아 명칭과 실제가 문란하였다. 그러므로 孔子께서 명칭을 바로잡는 것을 우선으로 삼으신 것이다.

謝氏(謝良佐)가 말하였다. "명칭을 바로잡는 것은 비록 衛나라 군주 때문에 하신 말씀이나 政事를 하는 도리는 모두 당연히 이것을 우선으로 삼아야 한다."

3-3. 子路曰 有是哉라 子之迂也여 奚其正이시리잇고

子路가 말하였다. "이러하십니다. 선생님의 迂闊(우활)하심이여! 어떻게 바로잡으시겠습니까?"

迂는 謂遠於事情이니 言非今日之急務也라

'迂'는 事情과 거리가 멂을 이르니, 오늘날의 急先務가 아님을 말한 것이다.

3-4. 子曰 野哉라 由也여 君子於其所不知에 蓋闕如也니라

孔子께서 말씀하셨다. "비속하구나, 由여! 君子는 자신이 알지 못하는 것에는 제쳐놓고 말하지 않는 것이다.

野는 謂鄙俗이니 責其不能闕疑하고 而率爾妄對也라

'野'는 비속함을 이르니, 의심스러운 것을 제쳐 놓지〔闕疑〕 못하고 경솔하게 함부로 대답함을 책망하신 것이다.

3-5. 名不正이면 則言不順하고 言不順이면 則事不成하고

⋯ 禰 아버지사당 네 紊 문란할 문 迂 우활할 우 闊 넓을 활 闕 빠질 궐 率 경솔할 솔 妄 망령될 망

명칭이 바르지 못하면 말이 〈이치에〉 순하지 못하고, 말이 〈이치에〉 순하지 못하면 일이 이루어지지 못하고,

楊氏曰 名不當其實이면 則言不順하고 言不順이면 則無以考實而事不成이라

楊氏(楊時)가 말하였다. "명칭이 실제에 합당하지 않으면 말이 〈이치에〉 순하지 못하고, 말이 〈이치에〉 순하지 못하면 실제(실상)를 살필 수 없어 일이 이루어지지 못한다."

3-6. 事不成이면 則禮樂不興하고 禮樂不興이면 則刑罰不中하고 刑罰不中이면 則民無所措手足이니라

일이 이루어지지 못하면 禮樂이 일어나지 못하고, 禮樂이 일어나지 못하면 刑罰이 알맞지 못하고, 刑罰이 알맞지 못하면 백성들이 손발을 둘 곳이 없게 된다.

范氏曰 事得其序之謂禮요 物得其和之謂樂이니 事不成이면 則無序而不和라 故로 禮樂不興이요 禮樂不興이면 則施之政事에 皆失其道라 故로 刑罰不中이니라

范氏(范祖禹)가 말하였다. "일이 그 순서를 얻음을 禮라 이르고, 사물이 그 和함을 얻음을 樂이라 이른다. 일이 이루어지지 못하면 순서가 없고 和하지 못한다. 그러므로 禮樂이 일어나지 못하고, 禮樂이 일어나지 못하면 政事를 시행함에 모두 道를 잃는다. 그러므로 刑罰이 알맞지 못하는 것이다."

3-7. 故로 君子名之인댄 必可言也며 言之인댄 必可行也니 君子於其言에 無所苟而已矣니라

그러므로 君子가 이름(명칭)을 붙이면 반드시 말할 수 있고, 말을 하면 반드시 행할 수 있는 것이니, 君子는 그 말에 있어 구차히 함이 없을 뿐이다."

程子曰 名實相須하니 一事苟면 則其餘皆苟矣니라

程子(明道)가 말씀하였다. "명칭과 실제는 서로 필요로 하니, 한 가지 일이 구차하면 그 나머지도 모두 구차하게 된다."

··· 考 상고할 고 罰 형벌 벌 措 둘 조 苟 구차할 구

⊙ 胡氏曰 衛世子蒯聵(괴외)恥其母南子之淫亂하여 欲殺之라가 不果而出奔[1]한대 靈公이 欲立公子郢(영)이러니 郢辭하다 公卒에 夫人立之한대 又辭어늘 乃立蒯聵之子輒하여 以拒蒯聵하니라 夫蒯聵는 欲殺母하여 得罪於父하고 而輒은 據國以拒父하니 皆無父之人也니 其不可有國也 明矣라 夫子爲政에 而以正名爲先하시니 必將具其事之本末하여 告諸天王하고 請于方伯하여 命公子郢而立之면 則人倫正하고 天理得하여 名正言順而事成矣라 夫子告之之詳이 如此로되 而子路終不喩也라 故로 事輒不去라가 卒死其難하니 徒知食焉不避其難[2]之爲義하고 而不知食輒之食이 爲非義也니라

⊙ 胡氏(胡寅)가 말하였다. "衛나라 世子 蒯聵(괴외)가 그의 모친인 南子의 淫亂함을 부끄러워하여 죽이려고 하다가 죽이지 못하고 외국으로 도망하자, 靈公은 둘째 아들인 公子 郢을 세우려고 하였으나 郢이 사양하였다. 靈公이 죽자, 夫人(南子)이 郢을 세웠으나 또다시 사양하니, 마침내 蒯聵의 아들인 輒을 세워 蒯聵를 막게 하였다. 蒯聵는 어머니를 살해하려 하여 父王에게 죄를 얻었고, 輒은 나라를 차지하고서 아버지를 막았으니, 모두 아버지가 없는 자들이니, 이들이 나라를 소유할 수 없음이 분명하다. 夫子께서 政事를 함에 명분을 바로잡는 것을 우선으로 삼았으니, 반드시 장차 이 일의 本末을 갖추어 天王(天子)에게 아뢰고 方伯(霸權國)에게 청해서 公子 郢을 명하여 君主로 세웠을 것이다. 이렇게 하면 人倫이 바루어지고 天理에 맞아 명칭이 바르고 말이 순해져서 일이 이루어졌을 것이다. 夫子께서 상세하게 말씀해 주신 것이 이와 같았는데도 子路가 끝내 깨닫지 못하였다. 그러므로 輒을 섬기고 떠나가지 않다가 마침내 그 난리에 죽었으니, 이는 한갓 그 사람의 녹봉을 먹었으면 그 難을 피하지 않는 것이 義가 되는 것만 알고, 輒의 녹봉을 먹는 것이 義가 아님은 알지 못한 것이다."

4-1. 樊遲請學稼한대 子曰 吾不如老農호라 請學爲圃한대 曰 吾不如老圃호라

樊遲가 농사일을 배울 것을 청하자, 孔子께서 "나는 늙은 農夫만 못하다." 하셨다. 菜田 가꾸는 일을 배울 것을 청하자, "나는 늙은 원예사만 못하다." 하셨다.

---

1 蒯聵……不果而出奔:이 내용은《春秋左傳》定公 14년조에 보인다.
2 食焉不避其難:'難'은 난리로, 그 나라의 녹을 먹었으면 그 나라의 난리를 피하지 않는 것이다.《春秋左傳》哀公 15年條에 나오는 子路의 말로, 이 내용은 앞의〈先進〉12장 각주에 자세히 보인다.

··· 蒯 기령풀 괴 聵 귀머거리 외 郢 땅이름 영 喩 깨달을 유 避 피할 피 稼 심을 가 圃 채전 포

種五穀曰稼요 種蔬菜曰圃라

五穀을 심는 것을 '稼'라 하고, 채소를 심은 곳을 '圃'라 한다.

4-2. 樊遲出이어늘 子曰 小人哉라 樊須也여

樊遲가 나가자, 孔子께서 말씀하셨다. "小人이구나, 樊須여.

小人은 謂細民이니 孟子所謂小人之事[3]者也라

'小人'은 細民(庶民)을 이르니, 孟子가 말씀한 '小人의 일'이란 것이다.

4-3. 上好禮면 則民莫敢不敬하고 上好義면 則民莫敢不服하고 上好信이면 則民莫敢不用情이니 夫如是면 則四方之民이 襁負其子而至矣리니 焉用稼리오

윗사람이 禮를 좋아하면 백성들이 감히 공경하지 않는 이가 없고, 윗사람이 義를 좋아하면 백성들이 감히 복종하지 않는 이가 없고, 윗사람이 信을 좋아하면 백성들이 감히 실정(情)대로 하지 않는 이가 없다. 이렇게 되면 四方의 백성들이 자식을 포대기에 업고 올 것이니, 어찌 농사짓는 것을 쓸 필요가 있겠는가."

禮, 義, 信은 大人之事也라 好義則事合宜라 情은 誠實也라 敬服用情은 蓋各以其類而應也라 襁은 織縷爲之하여 以約小兒於背者라

禮·義·信은 大人(爲政者)의 일이다. 義를 좋아하면 일이 마땅함에 합한다. '情'은 誠實함이다. 공경하고 복종하고 실정대로 함은 각기 그 類에 따라 응하는 것이다. '襁'은 실로 짜서 만들어 어린아이를 등에 업고 묶어 매는 것이다.

---

3 孟子所謂小人之事:《孟子》〈滕文公上〉 4章에 보이는바, 孟子는 陳相과의 문답에서 "大人의 일이 있고 小人의 일이 있으니……마음을 수고롭게 하는 자(大人)는 남을 다스리고 힘을 수고롭게 하는 자(小人)는 남에게 다스려진다.〔有大人之事 有小人之事……勞心者 治人 勞力者 治於人〕"라고 하여, 小人을 백성으로 말하였다.

••• 蔬 나물 소 菜 나물 채 細 가늘 세 襁 포대기 강 縷 끈 루

⊙ 楊氏曰 樊須遊聖人之門而問稼圃하니 志則陋矣라 辭而闢之 可也어늘 待其出而後에 言其非는 何也오 蓋於其問也에 自謂農圃之不如하시니 則拒之者至矣라 須之學이 疑不及此하여 而不能問하니 不能以三隅反⁴矣라 故로 不復(부)하시고 及其既出하여는 則懼其終不喩也하여 求老農老圃而學焉이면 則其失愈遠矣라 故로 復言之하사 使知前所言者意有在也하시니라

⊙ 楊氏(楊時)가 말하였다. "樊須가 聖人의 門下에 있으면서 농사짓는 방법과 菜田 가꾸는 일을 물었으니, 뜻이 비루하다. 孔子께서 말씀하여 물리치심(열어줌)이 옳을 터인데, 그가 나가기를 기다린 뒤에 그의 잘못을 말씀하신 것은 어째서인가? 그가 물었을 때에 스스로 늙은 농부와 원예사만 못하다고 말씀하셨으니, 거절하기를 지극히 하신 것이다. 樊須의 학문이 의심컨대 이에 미치지 못하여 능히 묻지 못하였으니, 이는 한 귀퉁이를 들어 일러줌에 이것을 가지고 세 모퉁이를 反證하지 못한 것이다. 그러므로 다시 말씀해 주지 않으셨고, 그가 이미 나감에 미쳐서는 끝내 깨닫지 못하고 늙은 농부와 늙은 원예사를 찾아가 배운다면 그 잘못됨이 더욱 커질까 두려웠다. 그러므로 다시 말씀하시어 앞에서 말한 것이 뜻이 다른 데에 있음을 알게 하신 것이다."

5. 子曰 誦詩三百호되 授之以政에 不達하며 使(시)於四方에 不能專對하면 雖多나 亦奚以爲리오

孔子께서 말씀하셨다. "《詩經》 삼백 편을 외우더라도 정치를 맡겨줌에 제대로 해내지 못하고 四方에 使臣감에 혼자서 처결하지 못한다면 비록 많이 외운들 어디에 쓰겠는가."

專은 獨也라 詩本人情하고 該物理하여 可以驗風俗之盛衰하고 見政治之得失이요 其言이 溫厚和平하여 長於風諭라 故로 誦之者 必達於政而能言也라

'專'은 홀로이다. 《詩經》의 詩는 人情에 근본하고 사물의 이치를 다하여 風俗의 성쇠를 징험하고 政治의 잘잘못을 볼 수 있으며, 그 말(내용)이 溫厚하고 和平하여 풍자해서 깨우침에 뛰어나다. 그러므로 詩를 외우는 자는 반드시 정치에 통달하고 말을 잘하는 것이다.

---

4 不能以三隅反 : 이는 앞의 〈述而〉 8章에 보이는 내용으로 "한 모퉁이를 들어 일러줌에 이것을 가지고 세 모퉁이를 反證하지 못하면 다시 더 말해주지 않는다.(擧一隅 不以三隅反 則不復也)"는 말씀을 인용한 것이다.

••• 闢 물리칠 벽 隅 모퉁이 우 使 사신갈 시 該 다할 해 驗 징험할 험 風 풍자할 풍(諷同) 諭 깨우칠 유

⊙ 程子曰 窮經은 將以致用也니 世之誦詩者 果能從政而專對乎아 然則其所學者
는 章句之末耳니 此는 學者之大患也니라

⊙ 程子(伊川)가 말씀하였다. "經書를 窮究함은 장차 實用에 쓰려는 것이니, 세상에 詩를 외
우는 자들이 과연 정사에 종사하고 혼자서 처결할 수 있겠는가.〈절대로 그렇지 못하다.〉그렇다
면 그가 배운 것은 章句의 지엽적인 것일 뿐이니, 이는 배우는 자들의 큰 병통이다."

6. 子曰 其身이 正이면 不令而行하고 其身이 不正이면 雖令不從이니라

孔子께서 말씀하셨다. "자신이 바르면 명령하지 않아도 행해지고, 자신이 바르지 못하
면 비록 명령하더라도 따르지 않는다."

7. 子曰 魯衛之政이 兄弟也로다

孔子께서 말씀하셨다. "魯나라와 衛나라의 정사는 형제간이로구나."

魯는 周公之後요 衛는 康叔之後니 本兄弟之國[5]이요 而是時衰亂하여 政亦相似라 故로
孔子嘆之하시니라

魯나라는 周公의 후손이고 衛나라는 康叔의 후손이니 본래 兄弟의 나라이며, 이 당시 쇠하고
혼란하여 정사도 서로 비슷하였다. 그러므로 孔子께서 탄식하신 것이다.

8. 子謂衛公子荊하사되 善居室이로다 始有에 曰苟合矣라하고 少有에 曰苟完矣라하고 富有에 曰苟美矣라하니라

孔子께서 衛나라의 公子 荊을 두고 다음과 같이 논평하셨다. "그는 집에 거처하기를
잘하였다. 처음 〈집을〉 소유했을 때에는 '그런대로 모아졌다.' 하였고, 다소 갖추어졌을
때에는 '그런대로 갖추어졌다.' 하였고, 많이 소유하고 있을 때에는 '그런대로 아름답다.'
하였다."

---

5 兄弟之國:周公과 康叔은 모두 文王의 아들이므로 이렇게 말한 것이다.

··· 窮 궁구할 궁 似 같을 사 荊 가시나무 형 苟 구차할 구

公子荊은 衛大夫라 苟는 聊且粗略之意라 合은 聚也요 完은 備也라 言其循序而有節하여 不以欲速盡美累其心이라

公子 荊은 衛나라 大夫이다. '苟'는 그런대로 대강〔聊且粗略〕이라는 뜻이다. '合'은 모음이요, '完'은 완비함이다. 순서를 따르고 절도가 있어서, 빨리 하고자 하고 극진히 아름답게 하고자 함으로써 그 마음을 얽매지 않았음을 말씀한 것이다.

⊙ 楊氏曰 務爲全美면 則累物而驕吝之心生이어늘 公子荊이 皆曰苟而已라하니 則不以外物爲心하여 其欲이 易足故也니라

⊙ 楊氏(楊時)가 말하였다. "완전하고 아름답게 하기를 힘쓰면 마음이 물욕에 얽매여 교만하고 인색한 마음이 생긴다. 그런데 公子 荊은 모두를 '그런대로'라고 말할 따름이었으니, 이는 外物로 마음을 삼지 않아 그 욕망이 충족되기 쉬웠기 때문이다."

9-1. 子適衛하실새 冉有僕이러니

孔子께서 衛나라에 가실 적에 冉有가 수레를 몰았는데,

僕은 御車也라

'僕'은 수레를 모는 것이다.

9-2. 子曰 庶矣哉라

孔子께서 "백성들이 많구나" 하셨다.

庶는 衆也라

'庶'는 많음이다.

9-3. 冉有曰 旣庶矣어든 又何加焉이리잇고 曰 富之니라

冉有가 "이미 백성들이 많으면 또 무엇을 더하여야 합니까?" 하고 묻자, "富裕하게 하여야 한다." 하셨다.

··· 聊 애오라지 료　且 우선 차　循 따를 순　累 얽맬 루　驕 교만할 교　吝 인색할 인　適 갈 적　僕 마부 복　庶 많을 서

庶而不富면 則民生不遂라 故로 制田里, 薄賦斂以富之니라

백성들이 많기만 하고 부유하지 못하면 백성들의 생활이 이루어지지 못한다. 그러므로 田里 (토지와 주택)를 마련해 주고 세금을 가볍게 하여 부유하게 해주는 것이다.

9-4. 曰 旣富矣어든 又何加焉이리잇고 曰 敎之니라

"이미 부유해지면 또 무엇을 더하여야 합니까?" 하고 묻자, "가르쳐야 한다." 하셨다.

富而不敎면 則近於禽獸라 故로 必立學校, 明禮義以敎之니라

부유하기만 하고 가르치지 않으면 禽獸에 가까워진다. 그러므로 반드시 學校를 세우고 禮義 를 밝혀서 가르쳐야 하는 것이다.

⊙ 胡氏曰 天生斯民에 立之司牧하여 而寄以三事라 然이나 自三代之後로 能擧此職 者는 百無一二라 漢之文明과 唐之太宗은 亦云庶且富矣나 西京之敎 無聞焉이요 明 帝[6]는 尊師重傅하고 臨雍拜老하여 宗戚子弟 莫不受學하며 唐太宗은 大召名儒하고 增 廣生員하니 敎亦至矣라 然而未知所以敎也라 三代之敎는 天子公卿이 躬行於上하여 言行政事 皆可師法이어늘 彼二君者 其能然乎아

⊙ 胡氏(胡寅)가 말하였다. "하늘이 이 백성을 내실 적에 司牧(백성을 기르는 임금)을 세워 이 세 가지 일(庶·富·敎를 가리킴)을 맡겨주었다. 그러나 三代 이후로는 능히 이 직분을 거 행한 군주가 백 명에 한 둘도 없었다. 漢나라의 文帝와 明帝, 唐나라의 太宗은 또한 백성이 많 았고 또 부유하게 하였다고 말할 수 있다. 그러나 西京(前漢)의 교육은 알려진 것이 없고, 〈後 漢의〉明帝는 師傅를 존중하고 辟雍(太學)에 왕림해서 三老에게 절하여 宗戚의 子弟들이 배 우지 않는 사람이 없었으며, 唐나라 太宗은 이름 있는 선비들을 크게 불러 모으고 生員을 增廣 (증원)하였으니, 교육이 또한 지극하였다. 그러나 가르치는 방법을 알지 못하였다. 三代의 교육 은 天子와 公卿들이 몸소 위에서 실행하여 言行과 政事가 모두 본받을 만하였는데, 저 두 군주 (漢明帝·唐太宗)가 능히 그럴 수 있었는가?"

---

6 西京……明帝:西京은 前漢의 수도인 長安을 가리킨 것으로, 여기서는 前漢을 뜻한다. 明帝는 後漢의 제2대 군주이다.

••• 遂 이룰 수 薄 엷을 박 斂 거둘 렴 禽 새 금 獸 짐승 수 牧 기를 목 寄 맡길 기 傅 스승 부
雍 화할 옹, 학교이름 옹 躬 몸소 궁 彼 저 피

10. 子曰 苟有用我者면 朞月而已라도 可也니 三年이면 有成이리라

孔子께서 말씀하셨다. "만일 나를 등용해 주는 자가 있다면 1년만 하더라도 괜찮을 것이니, 3년이면 이루어짐이 있을 것이다."

朞月은 謂周一歲之月也라 可者는 僅辭니 言紀綱布也요 有成은 治功成也라

'朞月'은 1년의 12개월을 一周함을 이른다. '可'는 '겨우'라는 말이니 紀綱이 베풀어짐을 말하고, '有成'은 다스리는 공적이 이루어지는 것이다.

⊙ 尹氏曰 孔子歎當時莫能用己也라 故로 云然하시니라
愚按 史記에 此蓋爲衛靈公不能用而發이라하니라

⊙ 尹氏(尹焞)가 말하였다. "孔子께서 당시에 자신을 등용해 주는 자가 없음을 한탄하셨다. 그러므로 이렇게 말씀하신 것이다."
내가 살펴보니, 《史記》〈孔子世家〉에 孔子의 이 말씀은 衛 靈公이 등용해 주지 못하기 때문에 하신 말씀이라고 하였다.

11. 子曰 善人이 爲邦百年이면 亦可以勝殘去殺矣라하니 誠哉라 是言也여

孔子께서 말씀하셨다. "'善人이 나라를 다스리기를 백 년 동안 하면 殘虐한 사람을 교화시키고 死刑을 없앨 수 있다.'라고 하니, 참으로 옳다, 이 말이여."

爲邦百年은 言相繼而久也라 勝殘은 化殘暴之人하여 使不爲惡也요 去殺은 謂民化於善하여 可以不用刑殺也라 蓋古有是言이어늘 而夫子稱之하시니라
程子曰 漢自高惠로 至於文景에 黎民醇厚하여 幾致刑措하니 庶乎其近之矣로다

'나라를 다스리기를 백 년 동안 한다.'는 것은 서로 이어 오래함을 말한다. '勝殘'은 잔인하고 포악한 사람을 교화시켜 악한 짓을 하지 않게 하는 것이요, '去殺'은 백성들이 善에 교화되어 死刑을 쓰지 않을 수 있음을 이른다. 옛날에 이러한 말이 있었는데, 夫子께서 이것을 칭찬하신 것이다.

程子(明道)가 말씀하였다. "漢나라는 高祖 · 惠帝로부터 文帝 · 景帝에 이르기까지 백성[黎

··· 朞 기년 기 周 돌 주(週同) 僅 겨우 근 爲 다스릴 위 勝 이길 승 殘 잔학할 잔 暴 사나울 포 黎 검을 려, 많을 려 醇 순박할 순 幾 거의 기 措 둘 조 庶 거의 서

民]들이 醇厚하여 거의 형벌을 폐하여 쓰지 않음에 이르렀으니, 거의 이에 가까울 것이다."

⊙ 尹氏曰 勝殘去殺은 不爲惡而已니 善人之功이 如是요 若夫聖人은 則不待百年이요 其化亦不止此니라

⊙ 尹氏(尹焞)가 말하였다. "殘虐한 사람을 교화시키고 死刑을 없앰은 惡을 하지 않게 하였을 뿐이니, 善人의 功效는 이와 같을 뿐이다. 聖人으로 말하면 굳이 백 년을 기다리지 않고, 그 교화가 또한 여기에 그치지 않는다."

12. 子曰 如有王者라도 必世而後에 仁이니라

孔子께서 말씀하셨다. "만일 王者가 있더라도 반드시 한 세대가 지난 뒤에야 백성들이 仁해진다."

王者는 謂聖人受命而興也라 三十年이 爲一世라 仁은 謂敎化浹也라

程子曰 周自文武로 至於成王而後에 禮樂興하니 卽其效也라

'王者'는 聖人이 天命을 받고 일어남을 이른다. 30년을 一世라 한다. '仁'은 교화가 흠뻑 젖음을 이른다.

程子(明道)가 말씀하였다. "周나라는 文王·武王으로부터 成王에 이른 뒤에야 禮樂이 일어났으니, 바로 그 효험이다."

⊙ 或問 三年必世遲速不同은 何也오 程子曰 三年有成은 謂法度紀綱有成而化行也라 漸民以仁하고 摩民以義하여 使之浹於肌膚하고 淪於骨髓하여 而禮樂可興이 所謂仁也니 此非積久면 何以能致리오

⊙ 혹자가 묻기를 "3년이라 하기도 하고 반드시 한 세대가 지나야 한다고도 하시어 더디고 빠름이 똑같지 않은 것은 어째서입니까?" 하니, 程子(伊川)가 대답하였다. "3년이면 이루어짐이 있다는 것은 법도와 기강이 이루어지고 교화가 시행됨을 이른다. 仁으로 백성을 젖게 하고 義로 백성을 연마하여, 仁義가 피부에 젖고 골수에 스며들게 하여 禮樂이 일어날 수 있게 하는 것이 이른바 '仁'이란 것이니, 이것은 오랫동안 쌓지 않으면 어떻게 이룰 수 있겠는가."

··· 世 세대 세 浹 젖을 협 遲 더딜 지 漸 젖을 점 摩 갈 마 肌 피부 기 膚 피부 부 淪 젖을 륜 髓 골수 수

13. 子曰 苟正其身矣면 於從政乎에 何有며 不能正其身이면 如正人何오

孔子께서 말씀하셨다. "〈爲政者가〉 참으로 자신을 바르게 한다면 정치하는 데에 무슨 어려움이 있겠으며, 자신을 바로잡을 수 없다면 어떻게 남을 바로 잡을 수 있겠는가."

14. 冉子退朝어늘 子曰 何晏也오 對曰 有政이러이다 子曰 其事也로다 如有政인댄 雖不吾以나 吾其與(예)聞之니라

冉子(冉有)가 私朝에서 물러 나오자, 孔子께서 "어찌하여 늦었는가?" 하고 물으셨다. 대답하기를 "國政이 있었습니다." 하자, 孔子께서 말씀하셨다. "그것은 대부의 집안일 이었을 것이다. 만일 國政이었다면 비록 나를 써주지 않으나 내가 참여하여 들었을 것 이다."

冉有時爲季氏宰하니 朝는 季氏之私朝也라 晏은 晚也라 政은 國政이요 事는 家事라 以는 用也라 禮에 大夫雖不治事나 猶得與聞國政이라 是時에 季氏專魯하여 其於國政에 蓋有不與同列議於公朝하고 而獨與家臣謀於私室者라 故로 夫子爲不知者而言하사되 此必季氏之家事耳라 若是國政이면 我嘗爲大夫하니 雖不見用이나 猶當與聞이어늘 今旣不聞하니 則是非國政也라하시니라 語意與魏徵獻陵之對[7]로 略相似하니 其所以正名分, 抑季氏하여 而敎冉有之意 深矣로다

冉有가 이때 季氏의 家臣이 되었으니, '朝'는 季氏의 사사로운 조정이다. '晏'은 늦음이다. '政'은 國政이요, '事'는 집안일이다. '以'는 등용함이다.

禮에 "전임 大夫는 비록 정사를 다스리지 않더라도 國政에 참여하여 들을 수 있다." 하였다. 이때 季氏가 魯나라를 專橫하여 國政에 있어 同列들과 公朝에서 의논하지 않고, 혼자서 家臣들과 자신의 私室(私朝)에서 도모하였다. 그러므로 夫子께서 모르는 체하고 말씀하시기를

---

7 魏徵獻陵之對 : 唐나라 太宗이 부인인 文德皇后가 죽자, 그 墓를 昭陵이라 하고 정원에 높은 층대를 만든 다음 날마다 올라가 昭陵을 바라보았다. 하루는 魏徵을 데리고 층대에 올라가 昭陵을 가리키며 보이느냐고 묻자, 魏徵은 눈이 아물거려 보이지 않는다고 계속 대답하였다. 이에 太宗이 "이 앞의 昭陵이 보이지 않는단 말인가?" 하자, 魏徵은 "昭陵은 벌써 보았습니다. 臣은 폐하께서 母后의 陵인 獻陵을 바라보시는 줄 알았습니다." 하였다. 이는 魏徵이 太宗에게 별세한 母后를 그리워해야지, 죽은 皇后를 그리워해서는 안 된다는 뜻을 넌지시 전한 것이었다. 이에 太宗은 눈물을 삼키고 층대를 철거하였다.《新唐書 魏徵列傳》여기서는 孔子께서 이미 내용을 알고 계시면서도 모르는 것처럼 말씀하셨기 때문에 유사한 예로 든 것이다.

··· 苟 진실로 구 朝 조정 조 晏 늦을 안 以 쓸 이 與 참예할 예 晚 늦을 만 專 제멋대로할 전 魏 나라이름 위 徵 부를 징 獻 드릴 헌 陵 큰언덕 릉 略 대략 략

"이는 반드시 季氏의 집안일이었을 것이다. 만일 이것이 국정이었다면 내 일찍이 大夫가 되었으니, 지금은 비록 등용되지 못하나 그래도 당연히 참예하여 들었을 터인데, 이제 이미 듣지 못하였으니 이는 국정이 아니다."라고 하신 것이다. 말씀한 뜻이 魏徵의 獻陵의 대답과 대략 서로 비슷하니, 명분을 바로잡고 季氏를 억제하여 冉有를 가르치신 뜻이 깊다.

15-1. 定公이 問 一言而可以興邦이라하니 有諸잇가 孔子對曰 言不可以若是其幾也어니와

定公이 묻기를 "한 마디 말로 나라를 흥하게 할 수 있다 하니, 그러한 것이 있습니까?"하자, 孔子께서 대답하셨다. "말은 이와 같이 〈효과를〉 기약할 수 없지만,

幾는 期也니 詩曰 如幾如式이라하니라 言 一言之間에 未可以如此而必期其效라

'幾'는 기약〔期〕함이니 《詩經》〈小雅 楚茨〉에 '如幾如式(기약함과 같고 법과 같다.)'이라 하였다. 한 마디 말의 사이에 이와 같이 반드시 그 효과를 기약할 수는 없다고 말씀한 것이다.

15-2. 人之言曰 爲君難하며 爲臣不易라하나니

사람들 말에 '임금 노릇하기가 어려우며 신하 노릇하기가 쉽지 않다.'라고 하니,

當時有此言也라

당시에 이런 말이 있었다.

15-3. 如知爲君之難也인댄 不幾乎一言而興邦乎잇가

만일 임금 노릇하기가 어려움을 안다면 한 마디 말로 나라를 흥하게 함을 기약할 수 없겠습니까."

因此言而知爲君之難이면 則必戰戰兢兢하여 臨深履薄하여 而無一事之敢忽하리니 然則此言也 豈不可以必期於興邦乎아 爲定公言이라 故로 不及臣也라

••• 幾 기약할 기 期 기약할 기 式 법식 式 難 어려울 난 戰 두려울 전 兢 조심할 긍 履 밟을 리 薄 엷을 박
忽 소홀할 홀

이 말로 인하여 임금 노릇하기가 어려움을 안다면 반드시 두려워하고 조심하여 깊은 못에 임한 듯이, 얇은 얼음을 밟는 듯이 조심해서 한 가지 일도 감히 소홀히 함이 없을 것이니, 그렇다면 이 말이 어찌 반드시 나라를 흥하게 함을 기약할 수 없겠는가. 定公을 위해서 말씀하셨으므로 신하는 언급하지 않은 것이다.

15-4. 曰 一言而喪邦이라하니 有諸잇가 孔子對曰 言不可以若是其幾也어니와 人之言曰 予無樂乎爲君이요 唯其言而莫予違也라하나니

定公이 "한 마디 말로 나라를 망하게 할 수 있다 하니, 그러한 것이 있습니까?" 하자, 孔子께서 대답하셨다. "말은 이와 같이 〈효과를〉 기약할 수 없지만 사람들의 말에 '나는 군주된 것은 즐거워함이 없고, 오직 내가 말을 하면 어기지 않는 것이 즐겁다.'라고 하니,

言 他無所樂(락)이요 惟樂此耳라

다른 것은 즐거울 것이 없고 오직 이것만이 즐거울 뿐임을 말한 것이다.

15-5. 如其善而莫之違也인댄 不亦善乎잇가 如不善而莫之違也인댄 不幾乎一言而喪邦乎잇가

만일 군주의 말이 善한데 어기는 이가 없다면 좋지 않겠습니까. 그러나 만일 군주의 말이 善하지 못한데 어기는 이가 없다면 한 마디 말로 나라를 망하게 함을 기약할 수 있지 않겠습니까."

范氏曰 如不善而莫之違면 則忠言이 不至於耳하여 君日驕而臣日諂하리니 未有不喪邦者也니라

范氏(范祖禹)가 말하였다. "만일 善하지 못한데 어기는 이가 없으면 충성스러운 말이 군주의 귀에 이르지 않아서 군주는 날로 교만해지고 신하는 날로 아첨할 것이니, 이렇게 되면 나라를 잃지 않는 자가 있지 않다."

⊙ 謝氏曰 知爲君之難이면 則必敬謹以持之요 唯其言而莫予違면 則讒諂面諛之人

··· 戰 두려울 전 兢 조심할 긍 履 밟을 리 薄 엷을 박 忽 소홀할 홀 喪 망할 상 莫 없을 막 違 떠날 위
驕 교만할 교 諂 아첨할 첨 持 가질 지 讒 참소할 참 諛 아첨할 유

이 **至矣**리니 **邦未必遽興喪也**로되 **而興喪之源**이 **分於此**라 **然**이나 **此非識微之君子**면 **何足以知之**리오

⊙ 謝氏(謝良佐)가 말하였다. "임금 노릇하기가 어렵다는 것을 알면 반드시 공경하고 삼가서 유지할 것이요, 오직 말함에 자신의 말을 어기지 않는 것만을 즐거워하면 참소하고 아첨하고 면전에서 아부하는 사람들이 이를 것이니, 나라가 반드시 대번에 흥하고 망하는 것은 아니나 흥하고 망하는 근원이 여기에서 나누어진다. 그러나 이것은 幾微를 아는 君子가 아니면 어찌 알 수 있겠는가."

16-1. 葉(섭)公이 問政한대

葉公이 정치를 묻자,

音義並見(현)**第七篇**하니라

〈葉公의〉 音과 뜻은 모두 제7편(述而)에 보인다.

16-2. 子曰 近者說(열)하며 遠者來니라

孔子께서 말씀하셨다. "가까이 있는 자들이 기뻐하며, 멀리 있는 자들이 오게 하는 것이다."

被其澤則說하고 **聞其風則來**라 **然**이나 **必近者說而後**에 **遠者來也**니라

그 은택을 입으면 기뻐하고 그 소문을 들으면 오게 된다. 그러나 반드시 가까이 있는 자가 기뻐한 뒤에야 멀리 있는 자가 오는 것이다.

17. 子夏爲莒父(거보)宰하여 問政한대 子曰 無欲速하며 無見小利니 欲速則不達하고 見小利則大事不成이니라

子夏가 莒父의 邑宰가 되어 정사를 묻자, 孔子께서 말씀하셨다. "속히 하려고 하지 말고 작은 이익을 보지 말아야 하니, 속히 하려고 하면 달성하지 못하고 작은 이익을 보면 큰일이 이루어지지 못한다."

••• 遽 갑자기 거 微 은미할 미 葉 땅이름 섭 澤 은택 택 風 풍도 풍 莒 땅이름 거 父 남자이름 보 宰 읍재 재
速 빠를 속

莒父는 魯邑名이라 欲事之速成이면 則急遽無序하여 而反不達이요 見小者之爲利면 則所就者小하고 而所失者大矣니라

莒父는 魯나라 邑 이름이다. 일이 속히 이루어지기를 바라면 너무 급하여 순서가 없어서 도리어 달성하지 못하고, 작은 이익을 보면 이루는 것은 적고 잃는 것은 크게 된다.

⊙ 程子曰 子張問政한대 子曰 居之無倦하며 行之以忠이라하시고 子夏問政한대 子曰 無欲速하며 無見小利라하시니 子張은 常過高而未仁하고 子夏之病은 常在近小라 故로 各以切己之事로 告之하시니라

⊙ 程子(明道)가 말씀하였다. "子張이 정사를 묻자 孔子께서 '마음에 두기를 게으름이 없음으로써 하고 행하기를 忠으로써 해야 한다.〔居之無倦 行之以忠〕' 하셨고, 子夏가 정사를 묻자 孔子께서 '속히 하려고 하지 말고 작은 이익을 보지 말라.'고 하셨으니, 子張은 언제나 지나치게 높아 仁하지 못하였고, 子夏의 병통은 항상 淺近하고 작은 데 있었다. 그러므로 각각 그들 자신에게 절실한 일로 말씀해 주신 것이다."

18-1. 葉公이 語孔子曰 吾黨에 有直躬者하니 其父攘羊이어늘 而子證之하니이다

葉公이 孔子에게 말하였다. "우리 黨에 몸을 正直하게 행동하는 자가 있으니, 그의 아버지가 羊을 훔치자, 아들이 이것을 증언하였습니다."

直躬은 直身而行者라 有因而盜曰攘[8]이라

'直躬'은 몸을 正直하게 행동하는 자이다. 因함이 있어 훔치는 것을 攘이라 한다.

18-2. 孔子曰 吾黨之直者는 異於是하니 父爲子隱하며 子爲父隱하나니 直在其中矣니라

孔子께서 말씀하셨다. "우리 黨의 正直한 자는 이와 다르다. 아버지는 자식을 위하여

---

8 有因而盜曰攘 : '攘'은 물건을 직접 훔치는 것이 아니고, 남의 닭이나 개가 자기 집에 들어옴으로 인하여 차지함을 이른다.

··· 倦 게으를 권 過 지나칠 과 黨 무리 당, 고을 당 躬 몸 궁 攘 훔칠 양 證 증명할 증

숨겨주고 자식은 아버지를 위하여 숨겨주니, 正直함은 이 가운데 있는 것이다."

父子相隱은 天理人情之至也라 故로 不求爲直이나 而直在其中이니라

아버지와 자식이 서로 숨겨줌은 天理와 人情의 지극함이다. 그러므로 正直하기를 구하지 않아도 正直함이 이 가운데 있는 것이다.

⊙ 謝氏曰 順理爲直이니 父不爲子隱하고 子不爲父隱이면 於理에 順耶아 瞽瞍(고수)殺人이어든 舜竊負而逃하여 遵海濱而處[9]하시리니 當是時하여 愛親之心이 勝하니 其於直不直에 何暇計哉리오

⊙ 謝氏(謝良佐)가 말하였다. "理를 따르는 것이 正直함이 되니, 아버지가 자식을 위하여 숨겨주지 않고 자식이 아버지를 위하여 숨겨주지 않는다면 理에 순하겠는가. 瞽瞍가 사람을 죽였다면 舜임금은 고수를 몰래 업고 도망가서 바닷가를 따라 살았을 것이다. 이 때를 당하여 부모를 사랑하는 마음이 우세하니, 〈자신의 행동이〉 정직한가 정직하지 않은가를 어느 겨를에 따지겠는가."

19. 樊遲問仁한대 子曰 居處恭하며 執事敬하며 與人忠을 雖之夷狄이라도 不可棄也니라

樊遲가 仁을 묻자, 孔子께서 대답하셨다. "居處함에 공손하며 일을 집행함에 공경하며 사람을 대하기를 충성스럽게 함을, 비록 夷狄의 나라에 가더라도 버려서는 안 된다."

恭은 主容이요 敬은 主事니 恭見(현)於外하고 敬主乎中이라 之夷狄不可棄는 勉其固守而勿失也라

恭은 용모를 위주하고 敬은 일을 위주하니, 恭은 외모에 드러나고 敬은 속마음을 주장한다. '夷狄의 나라에 가더라도 버려서는 안 된다.'는 것은 굳게 지키고 잃지 말 것을 勉勵한 것이다.

---

9 瞽瞍殺人……遵海濱而處 : 이 내용은 《孟子》〈盡心上〉 35章에 보인다. 桃應이 孟子에게 "舜임금이 天子로 있을 적에 아버지인 瞽瞍가 사람을 죽였다면 司法 책임자로 있는 皐陶(고요)가 어떻게 하겠습니까?" 하고 묻자, 孟子는 "皐陶는 瞽瞍를 체포하려 할 것이요, 舜임금은 天子의 자리를 버리고 아버지를 몰래 업고 도망하여 바닷가를 따라 살았을 것이다."라고 대답하였다.

⋯ 瞽 봉사 고 瞍 봉사 수 竊 남몰래 절, 훔칠 절 負 업을 부 遵 따를 준 濱 물가 빈 暇 겨를 가 執 잡을 집
夷 오랑캐 이 狄 북쪽오랑캐 적

⊙ 程子曰 此是徹上徹下語니 聖人이 初無二語也라 充之면 則睟面盎背[10]요 推而達之면 則篤恭而天下平矣니라

胡氏曰 樊遲問仁者三이니 此最先이요 先難이 次之요 愛人이 其最後乎인저

⊙ 程子가 말씀하였다. "이것은 上下를 모두 통하는 말씀이니, 聖人은 애당초 두 말씀이 없는 것이다. 이것을 자기 몸에 채우면 〈德스러운 모양이〉 얼굴에 빛나고 등에 가득하며〔睟面盎背〕, 미루어 천하에 도달하면 공손함을 독실히 함에 天下가 평해진다〔篤恭而天下平〕."

胡氏(胡寅)가 말하였다. "樊遲가 仁을 물은 것이 셋이니, 이것이 맨 먼저이고, 〈雍也〉의 '어려움을 먼저 하고 얻음을 뒤에 한다.〔先難後獲〕'는 것이 다음이고, 〈顏淵〉의 '사람을 사랑한다.〔愛人〕'는 것이 맨 나중일 것이다."

20-1. 子貢이 問曰 何如라야 斯可謂之士矣잇고 子曰 行己有恥하며 使(시)於四方하여 不辱君命이면 可謂士矣니라

子貢이 "어떠하여야 선비라 이를 수 있습니까?" 하고 묻자, 孔子께서 말씀하셨다. "몸 가짐(行身함)에 부끄러워함(염치)이 있으며 四方에 使臣으로 가서 君主의 命을 욕되게 하지 않으면 선비라 이를 수 있다."

此는 其志有所不爲하고 而其材足以有爲者也라 子貢能言이라 故로 以使事告之하시니 蓋爲使之難이 不獨貴於能言而已니라

이것은 그 뜻(志操)이 하지 않는 바가 있고, 그 재주가 충분히 훌륭한 일을 할 수 있는 자이다. 子貢은 말을 잘하였다. 그러므로 使臣 가는 일을 가지고 말씀하셨으니, 使臣 노릇하기 어려움이 비단 말만 잘하는 것을 귀히 여길 뿐만이 아닌 것이다.

20-2. 曰 敢問其次하노이다 曰 宗族이 稱孝焉하며 鄕黨이 稱弟焉이니라

"감히 그 다음을 묻겠습니다." 하자, "宗族들이 孝誠스럽다고 칭찬하고 鄕黨(지방)에서 공손하다고 칭찬하는 것이다."라고 하셨다.

---

10 睟面盎背 : 仁·義·禮·智의 本性을 잘 기를 경우, 앞에서 보면 德스러운 모양이 얼굴에 나타나고 뒤에서 보면 등에까지 넘친다는 뜻으로 《孟子》〈盡心上〉21章에 보인다.

··· 徹 통할 철 睟 윤택할 수 盎 가득할 앙 使 사신갈 시 辱 욕될 욕 獨 홀로 독 弟 공경할 제(悌通)

此는 本立而材不足者라 故로 爲其次라

이것은 근본이 확립되었으나 재주가 부족한 자이다. 그러므로 그 다음이 되는 것이다.

20-3. 日 敢問其次하노이다 日 言必信하며 行必果 硜硜然小人哉나 抑亦可以爲次矣니라

"감히 그 다음을 묻겠습니다." 하자, "말을 반드시 미덥게 하고 행실을 반드시 과단성 있게 하는 것은 국량이 좁은 小人이나 그래도 또한 그 다음이 될 수 있다."라고 하셨다.

果는 必行也라 硜은 小石之堅確者라 小人은 言其識量之淺狹也라 此는 其本末이 皆無足觀이라 然이나 亦不害其爲自守也라 故로 聖人이 猶有取焉이요 下此則市井之人이니 不復可爲士矣니라

'果'는 반드시 행하는 것이다. '硜'은 작은 돌로 단단한 것이다. '小人'은 그 식견과 도량이 얕고 좁음을 말한다. 이것은 그 근본(지조)과 지엽(재주)이 모두 볼 만한 것이 없으나 또한 자신을 지킴이 됨에는 무방하다. 그러므로 聖人이 그래도 취함이 있었던 것이고, 이보다 더 내려가면 市井의 무리이니, 더는 선비라 할 수 없다.

20-4. 日 今之從政者는 何如하니잇고 子曰 噫라 斗筲(소)之人을 何足算也리오

"지금 정사에 종사하는 자들은 어떻습니까?" 하자, 孔子께서 말씀하셨다. "아! 비루하고 자잘한 사람들을 어찌 따질 것이 있겠는가."

今之從政者는 蓋如魯三家之屬이라 噫는 心不平聲이라 斗는 量名이니 容十升이요 筲는 竹器니 容斗二升이니 斗筲之人은 言鄙細也라 算은 數也라 子貢之問이 每下라 故로 夫子以是警之하시니라

'지금 정사에 종사하는 자'란 魯나라의 三家와 같은 따위이다. '噫'는 마음에 불평하는 소리이다. '斗'는 量(度量衡의 단위)의 명칭이니 10升이 들어가고, '筲'는 대그릇이니 1斗 2升이 들어간다. '斗筲之人'은 비루하고 자잘함을 말한다. '算'은 헤아림이다. 子貢의 물음이 매번 내려

··· 果 결단할 과 硜 단단할 경 抑 반어사(아니면) 억 淺 얕을 천 狹 좁을 협 噫 슬플 희 斗 말두
筲 한말두되들이대그릇 소 算 셀 산 鄙 비루할 비

갔기 때문에 夫子께서 이 말씀으로 경계하신 것이다.

⊙ 程子曰 子貢之意는 蓋欲爲皎皎之行하여 聞於人者요 夫子告之는 皆篤實自得之事니라

⊙ 程子(伊川)가 말씀하였다. "子貢의 뜻은 〈남들이 알아주는〉 깨끗한 행동을 하여 남에게 알려지려 하는 것이었고, 夫子께서 말씀하신 것은 모두 독실하여 스스로 만족해하는 일이었다."

21. 子曰 不得中行而與之인댄 必也狂狷(견)乎인저 狂者는 進取요 狷者는 有所不爲也니라

孔子께서 말씀하셨다. "中行(中道)의 선비를 얻어 더불 수 없다면 반드시 狂者와 狷者를 취할 것이다. 狂者는 진취적이고 狷者는 하지 않는 바가 있다."

行은 道也라 狂者는 志極高而行不掩이요 狷者는 知未及而守有餘라 蓋聖人이 本欲得中道之人而敎之라 然이나 旣不可得이요 而徒得謹厚之人이면 則未必能自振拔而有爲也라 故로 不若得此狂狷之人이니 猶可因其志節而激厲裁抑之하여 以進於道요 非與其終於此而已也니라

'行'은 道이다. '狂'은 뜻이 지극히 높으나 행실이 말을 가리지 못하는 것이요, '狷'은 지식이 미치지 못하나 지킴(지조와 행실)이 有餘한 것이다. 聖人은 본래 中道의 사람을 얻어 가르치려고 하였으나 이미 얻을 수 없었고, 한갓 謹厚한 사람을 얻는다면 반드시 스스로 분발하여 훌륭한 일을 하지는 못한다. 그러므로 이 狂者와 狷者를 얻어 가르치는 것만 못하니, 오히려 그 뜻과 절개를 인하여 격려하고 억제해서 道에 나아가게 할 수 있기 때문이요, 끝내 여기에서 마칠 뿐임을 허여한 것은 아니다.

⊙ 孟子曰 孔子豈不欲中道哉시리오마는 不可必得이라 故로 思其次也시니 如琴張, 曾晳, 牧皮者 孔子之所謂狂也니라 其志嘐嘐然曰 古之人, 古之人이여호되 夷考其行而不掩焉者也[11]니라 狂者를 又不可得이어든 欲得不屑不潔之士而與之하시니 是狷也니 是又其次也니라

---

11 夷考其行而不掩焉者也: '夷考其行'은 평소 그의 행실을 살펴보는 것이며, '不掩'은 행실이 말에 미치지 못하는 것이다.

••• 皎 밝을 교 狂 미칠 광 狷 고집스러울 견 掩 가릴 엄 激 분발할 격 厲 권면할 려(勵通) 裁 마름질할 재
琴 거문고 금 晳 밝을 석 牧 칠 목 嘐 만족할 효 夷 평소 이 屑 깨끗할 설

⊙ 孟子가 말씀하였다. "孔子께서 어찌 中道의 사람을 구하려고 하지 않으셨겠는가마는 반드시 얻을 수가 없었다. 이 때문에 그 다음의 인물을 생각하신 것이니, 琴張(琴牢)·曾晳·牧皮와 같은 자가 孔子께서 말씀하신 狂者이다. 이들은 뜻이 커서 말하기를 '옛날 분들이여, 옛날 분들이여!'하고 말하지만 평소에 그 행실을 살펴보면 행실이 말을 가리지 못하는 자들이다. 狂者를 또 얻을 수 없으면 不潔함을 달갑게 여기지 않는 선비를 얻어 가르치려고 하셨으니, 이것이 狷者이니 이는 또 그 다음이다."

22-1. 子曰 南人이 有言曰 人而無恒이면 不可以作巫醫라하니 善夫라

孔子께서 말씀하셨다. "남쪽 나라(지방) 사람들의 말에 '사람이 恒心이 없으면 무당과 의원도 될 수 없다.' 하니, 좋은 말이다."

南人은 南國之人이라 恒은 常久也라 巫는 所以交鬼神이요 醫는 所以寄死生이라 故로 雖賤役이나 而尤不可以無常이니 孔子稱其言而善之하시니라

'南人'은 남쪽 나라 사람이다. '恒'은 항상하고 오래함이다. 무당은 귀신과 사귀는 사람이요 의원은 죽고 삶을 맡기는 사람이다. 그러므로 비록 卑賤한 일을 하나 더욱 恒心이 없어서는 안 되니, 孔子께서 그 말을 일컫고 좋게 여기신 것이다.

22-2. 不恒其德이면 或承之羞라하니

'그 德을 항상하지 않으면 혹자가 부끄러움을 올리리라.' 하였으니,

此는 易恒卦九三爻辭라 承은 進也라

이는 《周易》〈恒卦 九三〉의 爻辭이다. '承'은 올림이다.

22-3. 子曰 不占而已矣니라

孔子께서 말씀하셨다. "점쳐 보지 않았기 때문일 뿐이다."

復加子曰하여 以別易文也하니 其義未詳이라

··· 作 될 작 巫 무당 무 醫 의원 의 恒 항상 항 寄 맡길 기 役 일 역 承 나아갈 승, 올릴 승 羞 부끄러울 수
　　爻 괘효 효 占 점칠 점

楊氏曰 君子於易에 苟玩其占이면 則知無常之取羞矣니 其爲無常也는 蓋亦不占而
已矣라하니 意亦略通이니라

다시 '子曰'을 加하여 《周易》의 글과 구별하였으니, 그 뜻은 자세하지 않다.

　楊氏(楊時)는 "君子가 《周易》에 대하여 만일 그 점괘의 내용을 음미해 보면 恒心이 없는 것
이 부끄러움을 취하게 됨을 알 것이니, 恒心이 없는 짓을 하는 것은 또한 점쳐 보지 않았기 때문
일 뿐이다." 하였으니, 뜻이 또한 대략 통한다.

23. 子曰 君子는 和而不同하고 小人은 同而不和니라

孔子께서 말씀하셨다. "君子는 和하고 同하지 않으며, 小人은 同하고 和하지 않는다."

　和者는 無乖戾之心이요 同者는 有阿比之意라

　'和'는 거스르고 어기는 마음이 없는 것이요, '同'은 阿比(아첨하고 빌붙음)하는 뜻이 있는 것
이다.

　⊙ 尹氏曰 君子는 尙義故로 有不同이요 小人은 尙利하니 安得而和리오

　⊙ 尹氏(尹焞)가 말하였다. "君子는 義理를 숭상하므로 同하지 않음이 있고, 小人은 利를 숭
상하니 어떻게 和할 수 있겠는가."

24. 子貢이 問曰 鄕人이 皆好之면 何如하니잇고 子曰 未可也니라 鄕人이 皆惡(오)之면 何如하니잇고 子曰 未可也니라 不如鄕人之善者好之요 其不善者惡之니라

子貢이 묻기를 "고을 사람들이 모두 좋아하면 어떻습니까?" 하자, 孔子께서 "可하지
않다." 하셨다. "고을 사람들이 모두 미워하면 어떻습니까?" 하자, 孔子께서 "可하지
않다. 고을 사람 중에 善한 자가 〈그를〉 좋아하고 善하지 않은 자가 〈그를〉 미워하는 것
만 못하다." 하셨다.

　一鄕之人은 宜有公論矣라 然이나 其間에 亦各以類自爲好惡也라 故善者好之하고 而

··· 玩 구경할 완, 살펴볼 완　乖 어그러질 괴　戾 어그러질 려　阿 아첨할 아　比 아첨할 비　安 어찌 안

惡(악)者不惡(오)면 則必其有苟合之行이요 惡(악)者惡(오)之하고 而善者不好면 則必其無可好之實이니라

　한 고을 사람은 마땅히 공론이 있을 것이다. 그러나 그 사이에 또한 각기 부류에 따라 스스로 좋아하고 미워한다. 이 때문에 善한 자가 좋아하고 惡한 자가 미워하지 않는다면 반드시 구차하게 迎合하는 행실이 있는 것이요, 惡한 자가 미워하고 善한 자가 좋아하지 않는다면 반드시 좋아할 만한 실상이 없는 것이다.

25. 子曰 君子는 易(이)事而難說(열)也니 說之不以道면 不說也요 及其使人也하여는 器之니라 小人은 難事而易說也니 說之雖不以道라도 說也요 及其使人也하여는 求備焉이니라

孔子께서 말씀하셨다. "君子는 섬기기는 쉽고 기쁘게 하기는 어려우니, 기쁘게 하기를 道로써 하지 않으면 기뻐하지 않고, 사람을 부림에 있어서는 그릇에 맞게 한다. 小人은 섬기기는 어렵고 기쁘게 하기는 쉬우니, 기쁘게 하기를 비록 道로써 하지 않더라도 기뻐하고, 사람을 부림에 있어서는 완비하기를 요구한다."

　器之는 謂隨其材器而使之也라 君子之心은 公而恕하고 小人之心은 私而刻하니 天理人欲之間에 每相反而已矣니라

　'器之'는 그의 재주와 그릇에 따라 부림을 이른다. 君子의 마음은 公正하고 恕하며, 小人의 마음은 사사롭고 각박하니, 天理와 人欲의 사이에 매양 서로 반대될 뿐이다.

26. 子曰 君子는 泰而不驕하고 小人은 驕而不泰니라

孔子께서 말씀하셨다. "君子는 태연하고 교만하지 않으며, 小人은 교만하고 태연하지 못하다."

　君子는 循理故로 安舒而不矜肆하고 小人은 逞欲故로 反是니라

　君子는 天理를 따르므로 편안하고 펴지면서도 자랑하거나 放肆하지 않고, 小人은 人欲을 부리므로 이와 반대인 것이다.

··· 苟 구차할 구　器 그릇 기　備 갖출 비　隨 따를 수　恕 용서할 서, 마음미룰 서　刻 각박할 각　泰 클 태　驕 교만할 교　舒 펼 서　矜 자랑할 긍　肆 함부로할 사　逞 부릴 령, 펼 령

27. 子曰 剛毅木訥(눌)이 近仁이니라

孔子께서 말씀하셨다. "강하고 굳세고 질박하고 어눌함이 仁에 가깝다."

程子曰 木者는 質樸이요 訥者는 遲鈍이니 四者는 質之近乎仁者也니라
楊氏曰 剛毅則不屈於物欲하고 木訥則不至於外馳라 故로 近仁이니라

程子(伊川)가 말씀하였다. "'木'은 질박함이요 '訥'은 더디고 둔함이니, 네 가지는 자질이 仁에 가까운 것이다."

楊氏(楊時)가 말하였다. "강하고 굳세면 物慾에 굽히지 않고, 질박하고 어눌하면 外物에 치닫지 않는다. 그러므로 仁에 가까운 것이다."

28. 子路問曰 何如라야 斯可謂之士矣잇고 子曰 切切偲(시)偲하며 怡怡 如也면 可謂士矣니 朋友엔 切切偲偲요 兄弟엔 怡怡니라

子路가 "어떠하여야 선비라 이를 수 있습니까?" 하고 묻자, 孔子께서 대답하셨다. "간절하고 자상하게 勸勉하며 和樂하면 선비라 이를 수 있으니, 朋友간에는 간절하고 자상하게 권면하며 兄弟간에는 和樂하여야 한다."

胡氏曰 切切은 懇到也요 偲偲는 詳勉也[12]요 怡怡는 和悅也니 皆子路所不足이라 故로 告之하시고 又恐其混於所施면 則兄弟有賊恩之禍하고 朋友有善柔之損이라 故로 又別而言之하시니라

胡氏(胡寅)가 말하였다. "'切切'은 간곡하고 지극함이요 '偲偲'는 자상하게 勸勉함이요 '怡怡'는 和悅함이니, 모두 子路에게 부족한 바이다. 그러므로 말씀해 주셨고, 또 이를 실행함에 혼동하면 兄弟간에는 은혜를 해치는 화가 있고 朋友간에는 유순하기를 잘하는 손해가 있을까 염려되었다. 그러므로 또 구별하여 말씀하신 것이다."

---

12 切切……詳勉也 : 朱子는 "'切切'은 간절하게 가르치고 충고하나 그 허물을 드러내지 않는 것이며, '偲偲'란 권면함이 상세하게 다 구비되었으나 억지로 따를 것을 강요하지 않는 것이다.〔切切者 教告懇惻而不揚其過 偲偲者 勸勉詳盡而不强其從〕하였다.《或問》

••• 毅 굳셀 의 訥 어눌할 눌 樸 질박할 박 遲 더딜 지 鈍 둔할 둔 馳 달릴 치 切 간절할 절 偲 자세히힘쓸 시
怡 화할 이 懇 정성스러울 간 混 섞을 혼 賊 해칠 적

29. 子曰 善人이 教民七年이면 亦可以即戎矣니라

孔子께서 말씀하셨다. "善人이 7년 동안 백성을 가르치면 또한 군대(싸움터)에 나아가게 할 수 있다."

教民者는 教之以孝弟忠信之行과 務農講武之法이라 即은 就也요 戎은 兵也라 民知親其上, 死其長이라 故로 可以即戎이라

백성을 가르친다는 것은 孝悌忠信의 행실과 農事를 힘쓰고 武藝를 익히는 법을 가르치는 것이다. '即'은 나아감이요, '戎'은 兵(전쟁)이다. 〈백성들을 가르치면〉 백성들이 윗사람을 친애하고 官長을 위하여 죽을 줄 안다. 그러므로 싸움터에 나아가게 할 수 있는 것이다.

⊙ **程子曰 七年云者는 聖人이 度(탁)其時可矣니 如云朞月, 三年, 百年, 一世, 大國五年, 小國七年之類[13]를 皆當思其作爲如何라야 乃有益이니라**

⊙ 程子(伊川)가 말씀하였다. "7년이라고 말씀하신 것은 聖人이 이 시기이면 可할 것이라고 헤아리신 것이니, 朞月과 3년, 백 년, 한 세대, 큰 나라는 5년, 작은 나라는 7년과 같은 따위들은 모두 마땅히 그 시행을 어떻게 할 것인가를 생각하여야 비로소 유익함이 있을 것이다."

30. 子曰 以不教民戰이면 是謂棄之니라

孔子께서 말씀하셨다. "가르치지 않은 백성을 써서 싸우게 하면 이를 일러 백성을 버린다고 한다."

以는 用也라 言用不教之民以戰이면 必有敗亡之禍하니 是棄其民也라

'以'는 씀이다. 가르치지 않은 백성을 써서 싸우게 하면 반드시 패망의 화가 있게 되니, 이는 그 백성을 버리는 것임을 말씀한 것이다.

---

13 朞月……小國七年之類: '朞月'은 1년으로, '朞月'과 '三年'이란 위 10章의 '苟有用我者 朞月而已可也'와 '三年有成'을 가리키며, '百年'은 역시 위 11章의 '善人爲邦百年 亦可以勝殘去殺矣'를 가리킨다. '一世'는 30년으로 이 말 역시 위 12章의 '如有王者 必世而後仁'을 가리킨다. '大國五年', '小國七年'은 《孟子》〈離婁上〉 7章에 "文王을 스승 삼으면 큰 나라는 5년, 작은 나라는 7년에 반드시 천하에 정사를 할 것이다.〔師文王 大國五年 小國七年 必爲政於天下矣〕"라고 보인다.

··· 即 나아갈 즉 戎 전쟁 융 就 나아갈 취 弟 공경할 제 度 헤아릴 탁 朞 돌 기, 기년 기 棄 버릴 기 敗 무너질 패

憲問 第十四

胡氏曰 此篇은 疑原憲所記[1]라 凡四十七章이라
胡氏(胡寅)가 말하기를 "이 篇은 原憲이 기록한 듯하다." 하였다.
모두 47章이다.

1. 憲이 問恥한대 子曰 邦有道에 穀하며 邦無道에 穀이 恥也니라

原憲이 치욕(수치)을 묻자, 孔子께서 대답하셨다. "나라가 道가 있을 때에 祿만 먹으며, 나라가 道가 없을 때에 祿을 먹는 것이 치욕스러운 일이다."

憲은 原思名이라 穀은 祿也라 邦有道에 不能有爲하고 邦無道에 不能獨善하고 而但知食祿은 皆可恥也라 憲之狷介로 其於邦無道穀之可恥엔 固知之矣어니와 至於邦有道穀之可恥하여는 則未必知也라 故로 夫子因其問而幷言之하사 以廣其志하여 使知所以自勉而進於有爲也하시니라

憲은 原思의 이름이다. '穀'은 祿이다. 나라가 道가 있을 적에 훌륭한 일을 하지 못하고 나라가 道가 없을 적에 홀로 善하게 하지 못하고서, 다만 祿만 먹을 줄 아는 것은 모두 치욕스러울 만한 일이다. 原憲의 狷介로 나라가 道가 없을 적에 祿을 먹는 것이 치욕스러운 일이라는 것에 있어서는 진실로 알고 있었으나, 나라가 道가 있을 적에 祿만 먹는 것이 치욕스러운 일이라는

---

1 疑原憲所記 : 다른 篇에서는 孔子의 제자들을 기록할 적에 상대방을 높여 모두 字를 칭하였으나 이 篇에서는 原憲의 이름을 직접 들었으므로 原憲 자신이 엮은 것으로 보는 것이다.

··· 憲 법 헌 恥 부끄러울 치 邦 나라 방 穀 녹봉 곡 狷 고집스러울 견 介 절개 개 幷 아우를 병

것에 있어서는 반드시 알지는 못하였을 것이다. 그러므로 夫子께서 그의 질문을 인하여 이것까지 아울러 말씀해 주시어, 그의 뜻을 넓혀서 스스로 힘쓸 바를 알아 훌륭한 일을 할 수 있음에 나아가게 하신 것이다.

2-1. 克, 伐, 怨, 欲을 不行焉이면 可以爲仁矣잇가

〈原憲이 물었다.〉 "이기려 하고 자랑하고 원망하고 탐욕함을 행하지 않으면 仁이라고 할 수 있습니까?"

此亦原憲以其所能而問也라 克은 好勝이요 伐은 自矜이요 怨은 忿恨이요 欲은 貪欲이라

이 또한 原憲이 자신의 능한 것을 가지고 질문한 것이다. '克'은 이기기를 좋아하는 것이고, '伐'은 스스로 자랑하는 것이고, '怨'은 분하게 여기고 원망하는 것이고, '欲'은 탐욕하는 것이다.

2-2. 子曰 可以爲難矣어니와 仁則吾不知也로라

孔子께서 말씀하셨다. "어렵다고 할 수는 있으나 仁인지는 내 알지 못하겠다."

有是四者而能制之하여 使不得行이면 可謂難矣라 仁則天理渾然하여 自無四者之累하니 不行을 不足以言之也라

이 네 가지가 〈마음속에〉 있는데도 능히 제재하여 행해지지 않게 한다면 어렵다고 이를 만하다. 仁은 天理가 渾然(완전)하여 저절로 네 가지의 累가 없으니, 행해지지 않음을 굳이 말할 것이 없는 것이다.

⊙ **程子曰**[2] **人而無克伐怨欲은 惟仁者能之요 有之而能制其情하여 使不行은 斯亦難能也나 謂之仁則未也라 此는 聖人開示之深이어늘 惜乎라 憲之不能再問也여**
或曰 四者不行은 固不得爲仁矣라 然이나 亦豈非所謂克己之事, 求仁之方乎잇가 曰

---

2 程子曰:壺山은 끝까지 程子의 말씀으로 보았으나,《四書集註典據考》에는 '憲之不能再問也'까지를 程子의 말씀으로 보았다. 다만 壺山은 '程子' 아래에 '當考'라고 註를 달았고 '或曰' 아래의 答에 해당하는 '曰' 아래에도 '當考'라고 註를 달았다.《二程全書》를 살펴보면 伊川의 말씀으로 '不能再問也'까지만 실려 있다. 이것으로 볼 때 '或曰' 이하는 朱子가 가설하여 문답한 것으로 보인다.

••• 伐 자랑할 벌 怨 원망할 원 矜 자랑할 긍 恨 한할 한 難 어려울 난 渾 온전할 혼 累 누될 루, 얽맬 루

克去己私하여 以復乎禮면 則私欲不留하여 而天理之本然者 得矣어니와 若但制而不行이면 則是未有拔去病根之意하여 而容其潛藏隱伏於胸中也니 豈克己求仁之謂哉아 學者察於二者之間이면 則其所以求仁之功이 益親切而無滲漏矣리라

⊙ 程子(伊川)가 말씀하였다. "사람으로서 이기려 하고 자랑하고 원망하고 탐욕하는 일이 없는 것은 오직 仁者만이 능할 수 있고, 이러한 것들이 마음속에 있는데도 그 情을 제재하여 행해지지 않게 하는 것은 이 또한 능하기 어려우나 仁이라고 이르는 것은 안 된다. 이는 聖人이 열어 보여주기를 깊이 하신 것인데, 애석하다. 原憲이 다시 묻지 못함이여!"

혹자는 말하기를 '네 가지가 행해지지 않게 하는 것은 진실로 仁이라고 할 수 없다. 그러나 이 또한 어찌 이른바 克己하는 일과 仁을 구하는 방법이란 것이 아니겠는가.' 하기에 나는 다음과 같이 대답하였다. "자신의 사사로움을 이겨 버려서 禮로 돌아간다면 私慾이 남아있지 않아서 天理의 本然을 얻게 될 것이나, 만일 단지 제재하여 행해지지 않게만 할 뿐이라면 이는 병의 뿌리를 뽑아 버리려는 뜻이 있지 아니하여 가슴속에 몰래 감추고 은밀히 숨어 있음을 용납하는 것이니, 어찌 克己와 求仁이라고 말할 수 있겠는가. 배우는 자들이 이 두 가지 사이를 살펴본다면 仁을 구하는 공부가 더욱 가깝고 절실하여 빠뜨림이 없게 될 것이다."

3. 子曰 士而懷居면 不足以爲士矣니라

孔子께서 말씀하셨다. "선비로서 편안하기를 생각하면 선비라 할 수 없다."

居는 謂意所便安處也라

'居'는 마음에 편안하게 여기는 것을 이른다.

4. 子曰 邦有道엔 危言危行하고 邦無道엔 危行言孫(遜)이니라

孔子께서 말씀하셨다. "나라가 道가 있을 때에는 말을 높게 하고 행실을 높게 하며, 나라가 道가 없을 때에는 행실은 높게 하되 말은 낮게(공손하게) 하여야 한다."

危는 高峻也요 孫은 卑順也라

尹氏曰 君子之持身은 不可變也어니와 至於言하여는 則有時而不敢盡하여 以避禍也라 然則爲國者 使士言孫이 豈不殆哉아

··· 留 머무를 류 拔 뽑을 발 潛 잠길 잠 隱 몰래 은 胸 가슴 흉 滲 물샐 삼 漏 물샐 루 懷 품을 회 居 편안할 거
危 높을 위 孫 공손할 손(遜同) 峻 높을 준 變 변할 변 避 피할 피 殆 위태로울 태

'危'는 높음이요, '孫'은 낮추고 순한 것이다.

尹氏(尹焞)가 말하였다. "君子의 몸가짐은 변할 수 없지만 말에 이르러는 때로는 감히 다하지 못하여 禍를 피하는 경우가 있다. 그렇다면 나라를 다스리는 자가 선비로 하여금 말을 공손하게 하는 것이 어찌 위태롭지 않겠는가."

5. 子曰 有德者는 必有言이어니와 有言者는 不必有德이니라 仁者는 必有 勇이어니와 勇者는 不必有仁이니라

孔子께서 말씀하셨다. "德이 있는 자는 반드시 훌륭한 말이 있지만 훌륭한 말이 있는 자는 반드시 德이 있지는 못하다. 仁者는 반드시 용기가 있지만 용기가 있는 자는 반드시 仁이 있지는 못하다."

有德者는 和順積中하여 英華發外[3]요 能言者는 或便佞口給而已며 仁者는 心無私累하여 見義必爲요 勇者는 或血氣之强而已라

德이 있는 자는 和順이 心中에 쌓여서 아름다운 榮華가 밖으로 나타나고, 말을 잘하는 자는 혹 말재주가 있어 口給(口辯)을 잘할 뿐일 수 있다. 仁者는 마음에 사사로운 얽매임이 없어서 義를 보면 반드시 행하고, 용기가 있는 자는 혹 血氣의 강함일 뿐일 수 있다.

⊙ 尹氏曰 有德者는 必有言이어니와 徒能言者는 未必有德也요 仁者는 志必勇이어니와 徒能勇者는 未必有仁也니라

⊙ 尹氏(尹焞)가 말하였다. "德이 있는 자는 반드시 훌륭한 말을 하지만 한갓 말만 잘하는 자는 반드시 德이 있지는 못하며, 仁者는 뜻이 반드시 용기가 있지만 한갓 용기만 있는 자는 반드시 仁이 있지는 못하다."

---

3 和順積中 英華發外 : '和順積中'은 덕행을 가리키고 '英華發外'는 말을 가리킨 것으로, 이 내용은 《禮記》〈樂記〉에 "德은 性의 단서이고 음악은 德의 英華이고 金·石·絲·竹은 음악의 악기이다.……和順이 마음속에 쌓여 英華가 외면에 드러나니, 오직 음악은 거짓으로 할 수 없는 것이다.〔德者 性之端也 樂者 德之華也 金石絲竹 樂之器也……和順積中 而英華發外 惟樂 不可以爲僞〕"라고 보인다.

… 便 잘할 편 佞 말잘할 녕 給 말잘할 급 累 얽맬 루

6. 南宮适이 問於孔子曰 羿(예)는 善射하고 奡(오)는 盪(탕)舟호되 俱不得其死[4]하니이다 然이나 禹稷은 躬稼而有天下하시니이다 夫子不答이러시니 南宮适이 出커늘 子曰 君子哉라 若人이여 尚德哉라 若人이여

南宮适이 孔子께 묻기를 "羿는 활을 잘 쏘고 奡는 힘이 세어 육지에서 배를 끌고 다녔지만 모두 제대로 죽지 못하였습니다. 그러나 禹王과 稷은 몸소 농사를 지었는데도 天下를 소유하셨습니다." 하니, 夫子께서 대답하지 않으셨다. 南宮适이 밖으로 나가자, 孔子께서 말씀하셨다. "君子로구나, 이 사람이여. 德을 숭상하는구나, 이 사람이여."

南宮适은 卽南容也라 羿는 有窮之君이니 善射하여 滅夏后相而簒其位러니 其臣寒浞(착)이 又殺羿而代之하니라 奡는 春秋傳에 作澆(요)하니 浞之子也라 力能陸地行舟러니 後爲夏后少康所誅[5]하니라 禹平水土하고 暨(기)稷播種하여 身親稼穡之事러니 禹受舜禪而有天下하시고 稷之後는 至周武王하여 亦有天下하니라 适之意는 蓋以羿奡로 比當世之有權力者하고 而以禹稷으로 比孔子也라 故로 孔子不答이라 然이나 适之言이 如此하니 可謂君子之人而有尚德之心矣니 不可以不與라 故로 俟其出而贊美之하시니라

南宮适은 곧 南容이다. 羿는 有窮(國名)의 임금이니, 활을 잘 쏘아 夏后 相을 멸하고 王位를 簒奪했었는데, 그 신하 寒浞이 또 羿를 죽이고 대신하였다. 奡는 《春秋左傳》에 澆로 되어 있으니, 寒浞의 아들이다. 힘이 세어 육지에 배를 끌고 다녔는데, 뒤에 夏后 少康에게 죽임을 당하였다. 禹王은 水土를 다스리고 稷(后稷)과 함께 씨앗을 뿌려 몸소 농사짓는 일을 하였는데, 禹王은 舜帝의 禪位를 받아 天下를 소유하였고, 稷의 후손은 周나라 武王에 이르러 또한 天下를 소유하였다. 南宮适의 뜻은 羿와 奡를 당세에 권력을 소유한 자에게 비유하고, 禹王과 稷을 孔子에 비유하였다. 그러므로 孔子께서 대답하지 않으신 것이다. 그러나 南宮适의 말이 이와 같으니, 君子다운 사람이어서 德을 숭상하는 마음이 있다고 이를 만하니, 許與(인정)하지 않을 수가 없었다. 그러므로 그가 나가기를 기다려 贊美하신 것이다.

---

4 俱不得其死:官本諺解의 吐는 '어늘'이고, 栗谷諺解에는 '하고'인데, 뒤에 '然'이 있으므로 '하니이다'로 끊었다.

5 滅夏后相……後爲夏后少康所誅:夏后는 夏后氏로 夏나라를 가리킨다. 夏나라는 禹王이 세웠는데, 아들 啓를 지나 太康·仲康을 거쳐 相이 즉위하였으나 夷羿에게 나라를 빼앗겼다가 相의 아들 少康이 다시 나라를 수복하였다.

••• 适 빠를 괄 羿 이름 예 奡 이름 오 盪 움직일 탕 稷 피(조) 직 躬 몸소 궁 稼 심을 가 尚 높일 상 窮 다할 궁 簒 빼앗을 찬 浞 담글 착 澆 엷을 요 陸 뭍 육 舟 배 주 暨 더불 기 播 뿌릴 파 穡 거둘 색 禪 선위(禪位)할 선 與 허여할 여 俟 기다릴 사 贊 기릴 찬

7. 子曰 君子而不仁者는 有矣夫어니와 未有小人而仁者也니라

孔子께서 말씀하셨다. "君子로서 仁하지 못한 자는 있지만 小人으로서 仁한 자는 있지 않다."

謝氏曰 君子志於仁矣라 然이나 毫忽之間에 心不在焉이면 則未免爲不仁也라

謝氏(謝良佐)가 말하였다. "君子는 仁에 뜻을 둔다. 그러나 잠깐 사이에 마음이 仁에 있지 않으면 不仁이 됨을 면치 못한다."

8. 子曰 愛之인댄 能勿勞乎아 忠焉인댄 能勿誨乎아

孔子께서 말씀하셨다. "사랑한다면 수고롭게 하지 않을 수 있겠는가. 충성한다면 가르쳐주지 않을 수 있겠는가."

蘇氏曰 愛而勿勞는 禽犢之愛也요 忠而勿誨는 婦寺(시)之忠也니 愛而知勞之면 則其爲愛也深矣요 忠而知誨之면 則其爲忠也大矣니라

蘇氏(蘇軾)가 말하였다. "사랑하기만 하고 수고롭게 하지 않는 것은 짐승들의 사랑이요, 충성하기만 하고 가르쳐 주지 않는 것은 婦人과 內寺(내시)들의 충성이니, 사랑하면서도 수고롭게 할 줄 안다면 그 사랑이 깊은 것이요, 충성하면서도 가르쳐줄 줄 안다면 그 충성이 큰 것이다."

9. 子曰 爲命에 裨諶(침)이 草創之하고 世叔이 討論之하고 行人子羽 修飾之하고 東里子産이 潤色之하니라

孔子께서 말씀하셨다. "〈鄭나라에서〉 辭命(외교문서)을 만들 적에 裨諶이 초고를 만들고 世叔이 토론(검토)하고 行人인 子羽가 修飾을 하고 東里의 子産이 潤色을 하였다."

裨諶以下四人은 皆鄭大夫라 草는 略也요 創은 造也니 謂造爲草藁也라 世叔은 游吉也니 春秋傳에 作子大(太)叔하니라 討는 尋究也요 論은 講議也라 行人은 掌使之官이요

··· 誨 가르칠 회 禽 새 금 犢 송아지 독 寺 내시 시 裨 도울 비 諶 믿을 침 草 대강 초 創 비롯할 창 潤 윤택할 윤 藁 원고 고 掌 맡을 장

子羽는 公孫揮也라 修飾은 謂增損之라 東里는 地名이니 子産所居也라 潤色은 謂加以文采也라 鄭國之爲辭命에 必更(경)此四賢之手而成하여 詳審精密하여 各盡所長이라 是以로 應對諸侯에 鮮有敗事하니 孔子言此는 蓋善之也시니라

神諶 이하 네 사람은 모두 鄭나라의 大夫이다. '草'는 대략이요 '創'은 처음 만드는 것이니, 처음 草稿를 만듦을 이른다. 世叔은 游吉이니, 《春秋左傳》에는 子太叔으로 되어 있다. '討'는 찾고 연구함이요, '論'은 강론함이다. '行人'은 使臣을 맡은 벼슬이고 子羽는 公孫揮이다. '修飾'은 더하고 줄이는 것이다. 東里는 地名이니, 子産이 거주한 곳이다. '潤色'은 문채를 더함을 이른다.

鄭나라에서 辭命을 만들 적에 반드시 이 네 賢者의 손을 거쳐 이루어져서 자세히 살피고 정밀하여 각기 所長을 다하였다. 이러므로 諸侯에게 응대함에 실패하는 일이 적었으니, 孔子께서 이것을 말씀한 것은 좋게 여기신 것이다.

10-1. 或이 問子産한대 子曰 惠人也니라

혹자가 子産의 인품을 묻자, 孔子께서 대답하셨다. "은혜로운 사람이다."

子産之政이 不專於寬이라 然이나 其心則一以愛人爲主라 故로 孔子以爲惠人이라하시니 蓋擧其重而言也시니라

子産의 정사가 寬厚함에 오로지 하지만은 않았으나, 그의 마음은 한결같이 사람을 사랑하는 것을 위주하였다. 그러므로 孔子께서 은혜로운 사람이라고 하신 것이니, 그 중한 것을 들어 말씀하신 것이다.

10-2. 問子西한대 曰 彼哉彼哉여

子西를 묻자, 대답하셨다. "저 사람이여, 저 사람이여."

子西는 楚公子申이니 能遜楚國하고 立昭王하여 而改紀其政하니 亦賢大夫也라 然이나 不能革其僭王之號하고 昭王이 欲用孔子에 又沮止之하며 其後에 卒召白公하여 以致

••• 揮 휘두를 휘 更 거칠 경 鮮 드물 선 專 오로지 전 寬 너그러울 관 擧 들 거 楚 초나라 초 遜 사양할 손
紀 바로잡을 기 革 고칠 혁 僭 참람할 참 沮 막을 저

禍亂[6]하니 則其爲人을 可知矣라 彼哉者는 外之之詞[7]라

子西는 楚나라 公子인 申이니, 楚나라를 사양하고 昭王을 세워서 정치를 개혁하고 기강을 세웠으니, 또한 어진 大夫이다. 그러나 王을 僭稱하는 칭호를 고치지 못하였고, 또 昭王이 孔子를 등용하려 하자 이를 저지하였으며, 그 후에 마침내 白公을 불러들여 禍亂을 초래하였으니, 그렇다면 그의 사람됨을 알 수 있다. '彼哉'는 그를 외면하신 말씀이다.

10-3. 問管仲한대 曰 人也 奪伯氏駢邑三百하여늘 飯疏食(사)호되 沒齒無怨言하니라

管仲을 묻자, 대답하셨다. "이 사람은 伯氏의 駢邑 3백 戶를 빼앗았는데, 伯氏는 〈이 때문에〉 거친 밥을 먹었으나 평생을 마치도록 원망하는 말이 없었다."

人也는 猶言此人也라 伯氏는 齊大夫라 駢邑은 地名이라 齒는 年也라 蓋桓公이 奪伯氏之邑하여 以與管仲하니 伯氏自知己罪而心服管仲之功이라 故로 窮約以終身이나 而無怨言이라 荀卿所謂與之書社三百에 而富人莫之敢拒者가 卽此事也라

'人也'는 이 사람이란 말과 같다. 伯氏는 齊나라의 大夫이다. 駢邑은 地名이다. '齒'는 연치(나이)이다. 桓公이 伯氏의 駢邑을 빼앗아 管仲에게 주니, 伯氏가 스스로 자신의 죄를 알고 管仲의 功에 심복하였다. 그러므로 곤궁하게 몸을 마쳤으나 원망하는 말이 없었던 것이다. 荀卿의 이른바 "그(管仲)에게 書社 3백 戶를 줌에 부자들이 감히 항거하는 이가 없었다."는 것이 바로 이 일이다.

⊙ 或問 管仲. 子産孰優니잇고 曰 管仲之德은 不勝其才하고 子産之才는 不勝其德이라 然이나 於聖人之學엔 則槪乎其未有聞也니라

⊙ 혹자가 "管仲과 子産이 누가 나은가?" 하고 묻자, 내(朱子)가 말하였다. "管仲의 德은 그 재주를 이기지 못하였고, 子産의 재주는 그 德을 이기지 못하였다. 그러나 聖人의 學問에 대해서는 한결같이 들은 것이 없었다."

---

6 卒召白公 以致禍亂 : 白公은 이름이 勝으로, 이 내용은 《春秋左傳》 哀公 16년조에 보인다.

7 彼哉者 外之之詞 : '彼哉'는 그를 輕視하고 싫어하여 외면하는 말이다.

··· 奪 빼앗을 탈 駢 땅이름 병 飯 밥먹을 반 沒 다할 몰 齒 나이 치 窮 곤궁할 궁 約 빈곤할 약 荀 풀이름 순 卿 벼슬 경 優 넉넉할 우 槪 평미레 개, 고를 개

11. 子曰 貧而無怨은 難하고 富而無驕는 易하니라

孔子께서 말씀하셨다. "가난하면서 원망이 없기는 어렵고, 부유하면서 교만이 없기는 쉽다."

處貧難하고 處富易는 人之常情이라 然이나 人當勉其難이요 而不可忽其易也니라

가난에 처하기는 어렵고 富에 처하기는 쉬운 것은 사람들의 떳떳한 情이다. 그러나 사람들은 마땅히 그 어려운 것을 힘써야 하고, 그 쉬운 것을 소홀히 해서는 안 된다.

12. 子曰 孟公綽(작)이 爲趙魏老則優어니와 不可以爲滕薛大夫니라

孔子께서 말씀하셨다. "孟公綽이 趙氏와 魏氏의 家老가 되는 것은 충분하지만 滕나라와 薛나라의 大夫는 될 수 없다."

公綽은 魯大夫라 趙魏는 晉卿之家요 老는 家臣之長이라 大家는 勢重而無諸侯之事하고 家老는 望尊而無官守之責이라 優는 有餘也라 滕薛은 二國名이요 大夫는 任國政者라 滕薛은 國小政繁하고 大夫는 位高責重하니 然則公綽은 蓋廉靜寡欲而短於才者也라

公綽은 魯나라 大夫이다. 趙氏와 魏氏는 晉나라 卿의 집안이고 '老'는 家臣의 우두머리이다. 大家는 권세가 중하나 諸侯의 일이 없고, 家老는 명망이 높으나 관직을 맡은 책임이 없다. '優'는 有餘함이다. 滕과 薛은 두 나라의 이름이고 '大夫'는 國政을 맡은 자이다. 滕과 薛은 나라가 작으나 정사가 번거롭고, 大夫는 지위가 높고 책임이 중하니, 그렇다면 公綽은 아마도 청렴하고 고요하고 욕심이 적으나 재능에 부족한 자인 듯하다.

⊙ 楊氏曰 知之弗豫하여 枉其才而用之면 則爲棄人矣니 此君子所以患不知人也라 言此면 則孔子之用人을 可知矣니라

⊙ 楊氏(楊時)가 말하였다. "〈사람의 재능을〉 미리 알지 못하여 그 재능을 굽혀 사용하면 인재를 버리는 것이 되니, 이는 君子가 사람을 알지 못함을 걱정하는 이유이다. 이것을 말씀하였으면 孔子의 사람 등용하는 것을 알 수 있다."

··· 驕 교만할 교 綽 너그러울 작 優 넉넉할 우 滕 나라이름 등 薛 나라이름 설 繁 번거로울 번 廉 청렴할 렴
短 부족할 단 豫 미리 예 枉 굽을 왕

13-1. 子路問成人한대 子曰 若臧武仲之知(智)와 公綽之不欲과 卞莊子 之勇과 冉求之藝에 文之以禮樂이면 亦可以爲成人矣니라

子路가 成人(완성된 사람)을 묻자, 孔子께서 대답하셨다. "만일 臧武仲의 지혜와 孟 公綽의 탐욕하지 않음과 卞莊子의 용맹과 冉求의 才藝에 禮樂으로 문채를 낸다면 이 또한 成人이라 할 수 있을 것이다."

成人은 猶言全人이라 武仲은 魯大夫니 名紇(홀)이라 莊子는 魯卞邑大夫라 言兼此四 子之長이면 則知足以窮理하고 廉足以養心하고 勇足以力行하고 藝足以泛應이요 而又 節之以禮하고 和之以樂하여 使德成於內而文見(현)乎外면 則材全德備하여 渾然不見 一善成名之迹이요 中正和樂하여 粹然無復偏倚駁雜之蔽하여 而其爲人也 亦成矣라 然이나 亦之爲言은 非其至者[8]니 蓋就子路之所可及而語之也라 若論其至인댄 則非聖 人之盡人道면 不足以語此니라

'成人'은 全人이라는 말과 같다. 臧武仲은 魯나라의 大夫이니, 이름이 紇이다. 卞莊子는 魯 나라 卞邑의 大夫이다. 이 네 사람의 장점을 겸하면 지혜가 이치를 연구할 수 있고 청렴이 마음 을 수양할 수 있고 용맹이 힘써 행할 수 있고 才藝가 두루 응용할 수 있는데, 또 禮로써 절제하 고 樂으로써 和하여 德이 안에 이루어지고 文이 밖에 나타나게 한다면, 재주가 완전하고 德이 갖추어져서 渾然(완전)하여 한 가지 善(잘함)으로 이름을 이룬 자취를 볼 수 없으며, 中正하고 和樂해서 순수하여 다시는 편벽되고 雜駁한 가리움이 없게 되어, 그 사람됨이 또한 이루어질 수 있음을 말씀한 것이다. 그러나 '또한[亦]'이라는 말은 지극한 것이 아니니, 아마도 子路가 미칠 수 있는 것을 가지고 말씀하신 듯하다. 만약 그 지극함을 논한다면 人道를 다한 聖人이 아니면 이것(成人)을 말할 수 없다.

13-2. 曰 今之成人者는 何必然이리오 見利思義하며 見危授命하며 久要에 不忘平生之言이면 亦可以爲成人矣니라

다시 말씀하셨다. "지금의 成人은 어찌 굳이 그러할 것이 있겠는가. 利를 보고 義를 생

---

8 亦之爲言 非其至者 : '亦'에는 '부족하지만 이 또한'이라는 뜻이 있으므로 지극한 것이 아니라고 한 것 이다.

••• 臧 착할 장 卞 고을이름 변 紇 굵은실 흘 泛 넓을 범 粹 순수할 수 倚 의지할 의, 치우칠 의 駁 잡될 박 蔽 가릴 폐 授 줄 수 要 약속할 요 忘 잊을 망

각하며, 위태로움을 보고 목숨을 바치며, 오랜 약속에 평소의 말을 잊지 않는다면 또한 成人이라 할 수 있을 것이다."

復加曰字者는 旣答而復言也라 授命은 言不愛其生하여 持以與人也라 久要는 舊約也요 平生은 平日也라 有是忠信之實이면 則雖其才知(智)禮樂이 有所未備나 亦可以爲成人之次也라

다시 '曰'字를 더한 것은 이미 대답하고 다시 말씀하신 것이다. '授命'은 자기 목숨을 아끼지 아니하여 목숨을 가져다가 남에게 줌을 말한다. '舊要'는 오래된 약속이고, '平生'은 평소이다. 이러한 忠信의 실상이 있으면 비록 才智와 禮樂이 미비된 바가 있더라도 또한 成人의 다음이 될 수 있는 것이다.

⊙ 程子曰 知之明, 信之篤, 行之果는 天下之達德[9]也니 若孔子所謂成人은 亦不出此三者라 武仲은 知(智)也요 公綽은 仁也요 卞莊子는 勇也요 冉求는 藝也니 須是合此四人之能하고 文之以禮樂이면 亦可以爲成人矣라 然而論其大成이면 則不止於此라 若今之成人은 有忠信而不及於禮樂하니 則又其次者也[10]니라

又曰 臧武仲之知는 非正也니 若文之以禮樂이면 則無不正矣리라

又曰 語成人之名인댄 非聖人이면 孰能之리오 孟子曰 唯聖人然後에 可以踐形[11]이라하시니 如此라야 方可以稱成人之名이니라

胡氏曰 今之成人以下는 乃子路之言이니 蓋不復聞斯行之之勇이요 而有終身誦之之固矣[12]라하니 未詳是否로라

---

9 天下之達德:'達德'은 사람이 共通的으로 간직하고 있는 德으로 《中庸》에 "智·仁·勇은 天下의 達德이다." 하였는데, '知之明'은 智, '信之篤'은 仁, '行之果'는 勇으로 보아 말한 것이다.

10 程子曰……又其次者也:壺山은 "'冉求藝也' 이전은 明道의 말씀이고, 그 뒤부터 '不止於此'까지는 伊川의 말씀이고, 그 이후는 明道의 말씀이다." 하였다.

11 孟子曰……可以踐形:《孟子》〈盡心上〉38章에 "形色은 天性이니, 오직 聖人인 뒤에야 形色(天性)을 실천할 수 있다.[形色 天性也 惟聖人然後 可以踐形]"라고 보인다.

12 蓋不復聞斯行之之勇 而有終身誦之之固矣:'聞斯行之'는 위〈先進〉21章에 子路가〈옳은 것을〉들으면 곧 행하여야 합니까?[聞斯行諸]" 하고 묻자, 孔子께서 "父兄이 계시니, 어찌 들으면 행할 수 있겠는가?[有父兄在 如之何其聞斯行之]"라고 대답하시고, 또 公西華의 물음에 "由는 보통사람보다 나으므로 물러가게 한 것이다.[由也 兼人 故 退之]"라고 대답하신 것이 보이며, '終身誦之'는 위〈子罕〉26章에, 孔子께서 '不忮不求 何用不臧'이란 詩句를 인용해 子路를 칭찬하자 子路가 이 詩句를 終身토록 외우

··· 愛 아낄 애 藝 재주 예 踐 실천할 천 誦 외울 송 固 고루할 고

⊙ 程子(伊川)가 말씀하였다. "앎이 밝고 信이 독실하고 행실이 과감함은 天下의 達德이니, 孔子께서 말씀한 成人도 이 세 가지에서 벗어나지 않는다. 臧武仲은 智이고 公綽은 仁이고 卞莊子는 勇이고 冉求는 才藝이니, 모름지기 이 네 사람의 장점을 합하고 禮樂으로써 문채를 내면 또한 成人이라 할 수 있는 것이다. 그러나 그 大成을 논한다면 여기에 그치지 않는다. 지금의 成人으로 말하면 忠信이 있으나 禮樂에는 미치지 못하니, 또한 그 다음인 자이다."

〈程子(明道)가〉 또 말씀하였다. "臧武仲의 지혜는 바른 것이 아니니, 만일 禮樂으로써 문채를 낸다면 바르지 않음이 없을 것이다."

〈程子(伊川)가〉 또 말씀하였다. "成人의 명칭을 말한다면 聖人이 아니면 누가 이에 능할 수 있겠는가. 孟子가 말씀하시기를 '오직 聖人이라야 形色을 실천할 수 있다.' 하셨으니, 이와 같아야 成人이란 이름에 걸맞을 수 있다."

胡氏(胡寅)가 말하기를 "'今之成人' 이하는 바로 子路의 말이니, 다시는 '들으면 즉시 행하는 용기'가 없고 '종신토록 외우는 고루함'이 있게 되었다." 하였는데, 이 말이 옳은지는 자세하지 않다.

14-1. 子問公叔文子於公明賈曰 信乎夫子不言不笑不取乎아

孔子께서 公叔文子의 인품을 公明賈에게 물으셨다. "참으로 夫子께서는 말씀하지 않고 웃지 않고 취하지 않으시는가?"

公叔文子는 衛大夫公孫枝[13]也라 公明은 姓이요 賈는 名이니 亦衛人이라 文子爲人을 其詳不可知라 然이나 必廉靜之士라 故로 當時에 以三者稱之하니라

公叔文子는 衛나라 大夫 公孫枝이다. 公明은 姓이고 賈는 이름이니, 역시 衛나라 사람이다. 文子의 사람됨은 상세한 것을 알 수 없으나 반드시 청렴하고 조용한 선비였을 것이다. 이 때문에 당시에 이 세 가지로써 칭찬한 것이다.

14-2. 公明賈對曰 以告者過也로소이다 夫子時然後言이라 人不厭其言

려 하였다는 내용이 보인다.

13 公孫枝: 沙溪(金長生)는 "'枝'는 《春秋左傳》과 《禮記》에 모두 拔로 되어있다." 하였다. 《壺山論語溹註註說》

••• 賈 성 가 信 진실로 신 笑 웃을 소 枝 가지 지 廉 청렴할 렴 厭 싫어할 염

하며 樂然後笑라 人不厭其笑하며 義然後取라 人不厭其取하나니이다 子曰 其然가 豈其然乎리오

公明賈가 대답하였다. "말한 자가 지나쳤습니다. 夫子께서는 때에 맞은 뒤에야 말씀하시므로 사람들이 그 말을 싫어하지 않으며, 즐거운 뒤에야 웃으시므로 사람들이 그 웃음을 싫어하지 않으며, 義에 맞은 뒤에야 취하시므로 사람들이 그 취함을 싫어하지 않는 것입니다." 孔子께서 말씀하셨다. "그러할까? 어찌 그렇겠는가."

厭者는 苦其多而惡之之辭라 事適其可면 則人不厭而不覺其有是矣라 是以로 稱之或過하여 而以爲不言不笑不取也라 然이나 此言也는 非禮義充溢於中하여 得時措之宜者면 不能이니 文子雖賢이나 疑未及此라 但君子與人爲善[14]이요 不欲正言其非[15]也라 故로 曰 其然가 豈其然乎리오하시니 蓋疑之也시니라

'厭'은 많은 것을 괴로워하여 싫어하는 말이다. 일이 그 可함에 맞으면 사람들이 싫어하지 않아 이러한 것이 있음을 깨닫지 못한다. 이 때문에 칭찬함이 혹 지나쳐서 '말하지 않고 웃지 않고 취하지 않는다.'고 한 것이다. 그러나 〈公明賈의〉 이 말은 禮義가 마음속에 충만하여 때에 알맞게 조처함을 얻는 자가 아니면 능할 수 없으니, 文子가 비록 어질었으나 여기에는 미치지 못한 듯하다. 다만 君子는 남의 善을 허여(인정)해 주고, 그 아님을 바로 말씀하려고 하지 않는다. 이 때문에 '그러할까? 어찌 그렇겠는가.'라고 말씀하신 것이니, 이는 의심한 것이다.

15. 子曰 臧武仲이 以防으로 求爲後於魯하니 雖曰不要君이나 吾不信也하노라

孔子께서 말씀하셨다. "臧武仲이 防邑을 가지고 魯나라에게 후계자를 세워줄 것을 요구하였으니, 비록 임금에게 강요하지 않았다고 말하나 나는 믿지 않노라."

---

14 與人爲善 :《孟子》〈公孫丑上〉 8章에 "남에게서 취하여 善을 행함은, 이것은 남이 善을 하도록 도와주는 것이다. 그러므로 君子는 남이 善을 하도록 도와주는 것보다 더 훌륭함이 없는 것이다.〔取諸人以爲善 是與人爲善者也 故君子莫大乎與人爲善〕"라고 보이는바,《孟子集註》에서 朱子는 '남의 善行을 칭찬해 주어 더욱 열심히 하도록 도와주는 것이다.' 하였으나 여기서는 허여해 주는 것으로 해석하였다.

15 正言其非 : 일반적으로 '그의 잘못(나쁨)을 바로 말하는 것'으로 해석하나 여기서는 公叔文子가 그러한 사람(不言 不笑 不取)이 아님을 말씀한 것이다.

••• 適 맞을 적 充 채울 충 溢 넘칠 일 措 조처할 조 與 도울 여, 허여할 여 臧 착할 장 要 요구할 요

防은 地名이니 武仲所封邑也라 要는 有挾而求也라 武仲이 得罪奔邾러니 自邾如防하여 使請立後而避邑하여 以示若不得請이면 則將據邑以叛하니 是要君也라

防은 地名이니, 臧武仲이 봉해진 고을이다. '要'는 믿는 것이 있어 요구하는 것이다. 臧武仲이 죄를 얻고 邾나라로 달아났는데, 邾나라에서 防邑으로 가서 사람을 시켜 후계자를 세워주면 防邑에서 떠나겠다고 청하게 하여, 만일 요청을 들어주지 않으면 장차 防邑을 점거하여 배반하겠다는 뜻을 보였으니, 이것은 임금에게 강요한 것이다.

⊙ 范氏曰 要君者는 無上[16]이니 罪之大者也라 武仲之邑을 受之於君하니 得罪出奔이면 則立後在君이요 非己所得專也어늘 而據邑以請하니 由其好知(智)而不好學也니라
楊氏曰 武仲이 卑辭請後하니 其跡은 非要君者나 而意實要之라 夫子之言은 亦春秋誅意之法[17]也시니라

⊙ 范氏(范祖禹)가 말하였다. "임금에게 강요하는 것은 無君(임금을 무시)의 행위이니, 죄 가운데 큰 것이다. 臧武仲의 封邑은 임금에게서 받은 것이니, 죄를 얻고 외국으로 달아났으면 후계자를 세우는 일은 임금에게 달려있고, 자신이 마음대로 할 수 있는 것이 아니다. 그런데도 防邑을 점거하여 요청하였으니, 이는 지혜를 좋아하고 배우기를 좋아하지 않은 때문이다."
楊氏(楊時)가 말하였다. "臧武仲이 말을 겸손히 하여 후계자를 세워줄 것을 청하였으니, 그 자취는 임금에게 강요한 것이 아니나 그의 뜻은 실로 강요한 것이다. 夫子의 말씀은 또한 《春秋》의 '뜻을 誅罰하는 법'이시다."

16. 子曰 晉文公은 譎(휼)而不正하고 齊桓公은 正而不譎하니라

孔子께서 말씀하셨다. "晉 文公은 속이고 바르지 않았으며, 齊 桓公은 바르고 속이지 않았다."

---

16 要君者 無上 : '要君'은 군주를 협박하여 자신의 요구를 달성하는 것이며, '無上'은 無君과 같은 말로 군주를 무시하여 마음속에 두지 않는 것인바, 이 내용은 《孝經》〈五刑章〉에 "임금에게 강요하는 것은 윗사람을 무시하는 것이고, 聖人을 비방하는 것은 법도를 무시하는 것이고, 孝行을 비난하는 것은 어버이를 무시하는 것이다.〔要君者無上 非聖人者無法 非孝者無親〕"라고 보인다.

17 春秋誅意之法 : '誅意之法'은 행위는 아직 드러나지 않았으나 나쁜 의도가 있으면 그것을 誅罰하는 필법을 이른다. 《春秋》에는 실제로 죄를 짓지 않았어도 그 사람의 속마음을 미루어 罪人으로 간주하는 경우가 있는데, 이것을 誅意라 한다.

••• 挾 믿을 협 邾 나라이름 주 如 갈 여 據 웅거할 거 叛 배반할 반 專 제멋대로할 전 卑 낮을 비 跡 자취 적 誅 벨 주 譎 속일 휼

晉文公은 名重耳요 齊桓公은 名小白이라 譎은 詭也라 二公은 皆諸侯盟主니 攘夷狄以尊周室者也라 雖其以力假仁하여 心皆不正이나 然桓公伐楚에 仗義執言[18]하여 不由詭道하니 猶爲彼善於此[19]요 文公則伐衛以致楚하고 而陰謀以取勝[20]하니 其譎이 甚矣라 二君他事 亦多類此라 故로 夫子言此하여 以發其隱하시니라

晉 文公은 이름이 重耳이고, 齊 桓公은 이름이 小白이다. '譎'은 속임이다. 이들 두 公은 모두 諸侯의 盟主이니, 夷狄을 물리치고 周나라 王室을 높인 자들이다. 비록 武力으로써 仁을 빌려 마음이 모두 바르지 못하였으나 桓公은 楚나라를 칠 때에 大義를 가지고 말하여 속이는 방법을 따르지 않았으니 그래도 저것(桓公)이 이것(文公)보다 나음이 되며, 文公은 衛나라를 쳐서 楚나라를 끌어들이고 陰謀로써 승리를 취하였으니 그 속임이 매우 심하다. 두 임금의 다른 일도 이와 같은 것이 많다. 그러므로 夫子께서 이를 말씀하여 숨겨진 사실을 드러내신 것이다.

17-1. 子路曰 桓公이 殺公子糾어늘 召忽은 死之하고 管仲은 不死하니 曰 未仁乎인저

子路가 말하였다. "桓公이 公子 糾를 죽이자, 召忽은 죽었고 管仲은 죽지 않았으니, 〈管仲은〉 仁하지 못할 것입니다."

按春秋傳에 齊襄公이 無道한대 鮑叔牙奉公子小白奔莒하고 及無知弒襄公에 管夷吾, 召忽이 奉公子糾奔魯러니 魯人이 納之未克하여 而小白入하니 是爲桓公이라 使魯殺子糾而請管召한대 召忽은 死之하고 管仲은 請囚러니 鮑叔牙言於桓公하여 以爲相하니라 子路疑管仲忘君事讎하니 忍心害理하여 不得爲仁也라

《春秋左傳》을 상고해 보면 齊나라 襄公이 無道하자 鮑叔牙는 公子 小白을 받들어 莒나라로

---

18 桓公伐楚 仗義執言 : '仗義'는 大義를 내세우는 것이며 '執言'은 어떤 구실을 내세워 상대방을 꾸짖는 명분으로 삼음을 이른다. 당시 楚나라는 天子國인 周나라에 貢物을 바치지 않았는데, 齊나라 桓公은 楚나라를 정벌할 적에 이것을 大義名分으로 삼아 책망하였는바, 《春秋左傳》僖公 4년조에 보인다.

19 彼善於此 : 서로 큰 차이가 없으나 그래도 저것이 이것보다는 낫다는 뜻으로 《孟子》〈盡心下〉 2章에 "《春秋》에 의로운 전쟁이 없으니, 그 중에 저것이 이것보다 나은 것은 있다〔春秋 無義戰 彼善於此 則有之矣〕."라고 보인다.

20 伐衛以致楚 而陰謀以取勝 : '伐衛以致楚'는 楚나라를 치려 하였으나 명분이 없으므로 楚나라의 동맹국인 衛나라를 공격하여 楚나라를 전쟁에 끌어들인 것으로, 《春秋左傳》僖公 27년과 28년조에 보인다.

••• 譎 속일 궤 盟 맹세할 맹 攘 물리칠 양 仗 잡을 장 類 같을 류 隱 숨을 은 糾 살필 규 忽 갑자기 홀 襄 도울 양 鮑 절인어물 포 奔 달아날 분 莒 나라이름 거 弒 죽일 시 囚 가둘 수 讎 원수 수 忍 잔인할 인

망명하였고, 無知가 襄公을 시해하자 管夷吾(管仲)와 召忽은 公子 糾를 받들어 魯나라로 망명하였는데, 魯나라 사람들이 公子 糾를 齊나라로 들여보내려 하였으나 성공하지 못하여 小白이 들어가니, 이가 桓公이다. 桓公이 魯나라로 하여금 子糾를 죽이게 하고 管仲과 召忽을 보내줄 것을 청하자, 召忽은 죽고 管仲은 〈檻車에〉 갇히기를 자청하였는데, 鮑叔牙가 桓公에게 말하여 정승을 삼게 하였다. 子路는 管仲이 君主를 잊고 원수를 섬겼으니, 마음을 차마(잔인)하고 天理를 해쳐 仁이 될 수 없다고 의심한 것이다.

17-2. 子曰 桓公이 九(糾)合諸侯호되 不以兵車는 管仲之力也니 如其仁, 如其仁이리오

孔子께서 말씀하셨다. "桓公이 諸侯들을 규합하되 兵車(武力)를 쓰지 않은 것은 管仲의 힘이었으니, 누가 그의 仁만 하겠는가. 누가 그의 仁만 하겠는가."

九는 春秋傳에 作糾(규)하니 督也니 古字通用이라 不以兵車는 言不假威力也라 如其仁은 言誰如其仁者니 又再言以深許之하시니라 蓋管仲이 雖未得爲仁人이나 而其利澤及人이면 則有仁之功矣라

'九'는 《春秋左傳》에 '糾'로 되어 있으니, 감독함이니 古字에 통용되었다. '兵車를 쓰지 않았다는 것'은 위엄과 힘을 빌리지 않았음을 말한 것이다. '如其仁'은 누가 그의 仁만 하겠는가라고 말씀한 것이니, 또 두 번 말씀하여 깊이 허여하신 것이다. 管仲이 비록 仁人이 될 수는 없으나 그 혜택이 사람들에게 미쳤으면 仁의 功이 있는 것이다.

18-1. 子貢曰 管仲은 非仁者與인저 桓公이 殺公子糾어늘 不能死요 又相之온여

子貢이 말하였다. "管仲은 仁者가 아닐 것입니다. 桓公이 公子 糾를 죽였는데, 죽지 못하고 또 桓公을 도와주었습니다."

子貢이 意不死猶可어니와 相之則已甚矣라

子貢은 管仲이 죽지 않은 것은 그래도 괜찮지만 桓公을 도운 것은 너무 심하다고 생각한 것이다.

••• 九 모을 규(糾通) 侯 제후 후 督 감독할 독 威 위엄 위 澤 은택 택 相 도울 상

18-2. 子曰 管仲이 相桓公霸諸侯하여 一匡天下하니 民到于今히 受其賜하나니 微管仲이면 吾其被髮左衽矣리라

孔子께서 말씀하셨다. "管仲이 桓公을 도와 諸侯의 霸者가 되게 하여 한 번 天下를 바로잡아 백성들이 지금까지 그 혜택을 받고 있으니, 管仲이 없었다면 나(우리)는 머리를 풀고 옷깃을 왼편으로 하는 오랑캐가 되었을 것이다.

霸는 與伯(패)同하니 長也라 匡은 正也라 尊周室, 攘夷狄은 皆所以正天下也라 微는 無也라 衽은 衣衿也니 被髮左衽[21]은 夷狄之俗也라

'霸'는 伯와 같으니 우두머리이다. '匡'은 바로잡는 것이니, 周나라 王室을 높이고 夷狄을 물리침은 모두 天下를 바로잡는 것이다. '微'는 없음이다. '衽'은 上衣의 옷깃이니, 머리를 풀고 옷깃을 왼편으로 하는 것은 夷狄의 풍속이다.

18-3. 豈若匹夫匹婦之爲諒也[22]하여 自經於溝瀆而莫之知也리오

어찌 匹夫·匹婦들이 작은 信義를 행하여 스스로 목매 죽어서 시신이 도랑에 뒹굴어도 사람들이 알아주는 이가 없는 것과 같이 하겠는가."

諒은 小信也라 經은 縊也라 莫之知는 人不知也라 後漢書引此文에 莫字上에 有人字하나라

'諒'은 작은 信이다. '經'은 목매는 것이다. '莫之知'는 사람들이 알지 못하는 것이다. 《後漢書》〈應劭列傳〉에 이 글을 인용하였는데, '莫'字 위에 '人'字가 있다.

⊙ 程子曰 桓公은 兄也요 子糾는 弟也[23]니 仲이 私於所事하여 輔之以爭國은 非義也

---

21 被髮左衽 : 茶山은 "'被髮'과 '披髮'은 같지 않으니, '披髮'이란 散髮을 말한다. '被髮'은 두발을 덮어내려 그 끝을 땋는 것으로, 동방(우리나라)의 풍속이므로 나는 이를 안다.〔被髮與披髮不同 披髮者散髮也 ……被髮者 蒙被其髮而辮其末者也 東方之俗 我則知之〕" 하였다. 또 '左衽'은 戎蠻의 풍속이니, 우리나라는 이런 풍속이 없다고 하였다.

22 爲諒也 : 官本諺解에는 '爲諒也라'로 懸吐, 해석하였다.

23 桓公兄也 子糾弟也 : 《漢書》〈淮南厲王劉長列傳〉에 "齊나라 桓公이 그 아우를 죽였다."고 한 말에 근거한 것이다. 그러나 《春秋左傳》과 《國語》 등을 살펴보면 이와 반대로 桓公이 아우이고 子糾가 형이다.

··· 霸 으뜸 패 匡 바로잡을 광 賜 은덕 사 微 없을 미 被 풀어헤칠 피 衽 옷깃 임 伯 으뜸 패 攘 물리칠 양 衿 옷깃 금 匹 짝 필 諒 믿을 량 經 목맬 경 溝 도랑 구 瀆 도랑 독 縊 목맬 예(액) 輔 도울 보

니 桓公殺之雖過나 而糾之死實當이라 仲이 始與之同謀하니 遂與之同死 可也요 知輔之爭爲不義하고 將自免以圖後功도 亦可也라 故로 聖人이 不責其死而稱其功이라 若使桓弟而糾兄하여 管仲所輔者正이어늘 桓奪其國而殺之면 則管仲之與桓[24]은 不可同世之讐也라 若計其後功而與其事桓이면 聖人之言이 無乃害義之甚하여 啓萬世反覆不忠之亂乎아 如唐之王珪, 魏徵은 不死建成之難[25]하고 而從太宗하니 可謂害於義矣라 後雖有功이나 何足贖哉리오

愚謂 管仲은 有功而無罪라 故로 聖人이 獨稱其功하시고 王魏는 先有罪而後有功하니 則不以相掩이 可也니라

⊙ 程子(伊川)가 말씀하였다. "桓公은 형이고 子糾(公子 糾)는 아우였다. 管仲이 자신이 섬기던 자에게 사사로이 하여 그를 도와 나라를 다툰 것은 義가 아니니, 桓公이 子糾를 죽인 것은 비록 지나쳤으나 子糾의 죽음은 실로 마땅하다. 管仲이 처음에 子糾와 함께 모의하였으니, 마침내 그와 함께 죽는 것도 괜찮고, 아우(公子 糾)를 도와 나라를 다툰 것이 不義가 됨을 알고 스스로 죽음을 면하여 後日의 功을 도모하는 것도 또한 괜찮다. 그러므로 聖人이 그의 죽음을 책하지 않고 그의 功을 칭찬하신 것이다. 만일 桓公이 아우이고 子糾가 형이어서 管仲이 도운 것이 정당하였는데, 桓公이 그 나라를 빼앗고 죽였다면 管仲에게 있어 桓公은 한 세상에 같이 살 수 없는 원수이다. 만일 〈孔子께서〉 後日의 功을 계산하여 桓公을 섬긴 것을 허여하셨다면 聖人의 말씀이 매우 義를 해쳐 萬世에 反覆不忠하는 亂을 열어놓은 것이 아니겠는가. 唐나라의 王珪와 魏徵은 李建成의 난리에 죽지 않고 太宗을 따랐으니, 義를 해쳤다고 이를 만하다. 뒤에 비록 功이 있었으나 어찌 속죄할 수 있겠는가."

내(朱子)가 생각하건대, 管仲은 功이 있고 罪가 없으므로 聖人이 홀로 그 功을 칭찬하신 것이며, 王珪와 魏徵은 먼저 罪가 있고 뒤에 功이 있었으니, 功을 가지고 罪를 덮어주지 않는 것이 옳다.

艮齋(田愚) 역시 이 사실을 밝히고 '그러나 이들은 모두 嫡子가 아니어서 꼭 형이 서야 할 이유가 없으므로 孔子의 말씀이 義를 해쳐 萬世에 反覆不忠하는 亂을 열어놓은 것은 아니다.' 하였다.

24 管仲之與桓:管仲이 桓公과의 관계란 뜻으로 누가 누구를 상대함을 이르는바, 臣之與君, 子之與父도 모두 이와 같은 文法이다.

25 唐之王珪, 魏徵 不死建成之難:建成은 唐나라 高祖의 長子로 太宗 李世民의 형이었는데, 世子로 冊封된 후 李世民의 강력한 세력을 미워하여 살해할 것을 도모하다가 도리어 죽임을 당하였다. 王珪와 魏徵은 모두 世子인 李建成을 보필하는 신하였다.

··· 圖 도모할 도 啓 열 계 珪 홀 규 徵 부를 징 贖 속죄할 속 掩 가릴 엄

19-1. 公叔文子之臣大夫僎(선)이 與文子로 同升諸公이러니

公叔文子의 家臣인 大夫 僎이 文子와 함께 公朝에 올랐는데,

臣은 家臣이요 公은 公朝니 謂薦之하여 與己同進하여 爲公朝之臣也라

'臣'은 家臣이요 '公'은 公朝이니, 〈文子가〉 僎을 천거하여 자신과 함께 나아가 公朝의 신하가 됨을 이른다.

19-2. 子聞之하시고 曰 可以爲文矣로다

孔子께서 들으시고 말씀하셨다. "시호를 文이라고 할 만하다."

文者는 順理而成章之謂니 諡法에 亦有所謂錫民爵位曰文者라

文이란 이치를 따라 文章을 이룸을 이르니, 諡法에 또한 이른바 '백성에게 爵位를 내려준 것을 文이라고 한다.'는 것이 있다.

⊙ 洪氏曰 家臣之賤而引之하여 使與己並이 有三善焉하니 知人이 一也요 忘己가 二也요 事君이 三也니라

⊙ 洪氏(洪興祖)가 말하였다. "家臣의 천한 신분을 끌어올려 자신과 함께 조정에 나란히 선것은 세 가지 善이 있으니, 사람을 알아본 것이 첫째이고 자신의 귀함을 잊은 것이 둘째이고 군주를 섬긴 것이 셋째이다."

20-1. 子言衛靈公之無道也러시니 康子曰 夫如是로되 奚而不喪이니잇고

孔子께서 衛 靈公의 無道함을 말씀하시니, 康子가 말하였다. "이와 같은데도 어찌하여 지위를 잃지 않습니까?"

喪은 失位也라

'喪'은 지위를 잃는 것이다.

··· 僎 이름 선 升 오를 승 薦 천거할 천 諡 시호 시 錫 줄 석 引 끌 인 奚 어찌 해 喪 잃을 상

20-2. 孔子曰 仲叔圉(어)는 治賓客하고 祝鮀(타)는 治宗廟하고 王孫賈는 治軍旅하니 夫如是어니 奚其喪이리오

孔子께서 말씀하셨다. "仲叔圉는 빈객(外交)을 다스리고 祝鮀는 宗廟를 다스리고 王孫賈는 군대를 다스린다. 이와 같으니 어찌 그 지위를 잃겠는가."

仲叔圉는 卽孔文子也라 三人은 皆衛臣이니 雖未必賢이나 而其才可用이요 靈公用之에 又各當其才하니라

仲叔圉는 바로 孔文子이다. 세 사람은 모두 衛나라 신하이니, 비록 반드시 어질지는 못하였으나 그 재주가 쓸 만하였고, 靈公이 이들을 등용함에 또 각각 그 재주에 맞게 하였다.

⊙ 尹氏曰 衛靈公之無道는 宜喪也로되 而能用此三人하여 猶足以保其國하니 而況有道之君이 能用天下之賢才者乎아 詩曰 無競維人이면 四方其訓之[26]라하니라

⊙ 尹氏(尹焞)가 말하였다. "衛 靈公의 無道함은 마땅히 지위를 잃어야 할 것이나 이 세 사람을 등용하여 오히려 그 나라를 보전할 수 있었으니, 하물며 道가 있는 군주가 天下의 賢才를 등용함에 있어서이겠는가. 《詩經》에 '人才 등용을 莫强하게 하면 四方이 順從한다.' 하였다."

21. 子曰 其言之不怍이면 則爲之也 難하니라

孔子께서 말씀하셨다. "말하는 것을 부끄러워하지 않으면 실천하기 어렵다."

大言不慚이면 則無必爲之志하여 而自不度(타)其能否矣니 欲踐其言이면 豈不難哉아

큰소리 치는 것을 부끄러워하지 않으면 반드시 실천하려는 뜻이 없어서 스스로 능하고 능하지 못함을 헤아리지 않은 것이니, 그 말을 실천하려고 하면 어찌 어렵지 않겠는가.

22-1. 陳成子弑簡公이어늘

陳成子가 簡公을 시해하자,

---

26 無競維人 四方其訓之:《詩經》〈大雅 抑〉에 보이는 내용으로 '訓'은 順의 뜻인바,《春秋左傳》哀公 26年條에는 이 句를 인용하면서 곧바로 順으로 표기하였다.

··· 圉 변방 어 鮀 모래무지 타 旅 군대 려, 무리 려 競 강할 경 怍 부끄러울 작 慚 부끄러울 참 度 헤아릴 탁 踐 실천할 천 簡 간략할 간

成子는 齊大夫니 名恒이요 簡公은 齊君이니 名壬이니 事在春秋哀公十四年하니라

成子는 齊나라의 大夫이니 이름이 恒이고, 簡公은 齊나라의 君主이니 이름이 壬이다. 이 일이《春秋左傳》哀公 14年條에 나와 있다.

22-2. 孔子沐浴而朝하사 告於哀公曰 陳恒이 弑其君하니 請討之하소서

孔子께서 목욕하고 조회하시어 哀公에게 아뢰셨다. "陳恒이 君主를 시해하였으니, 토벌하소서."

是時에 孔子致仕居魯라 沐浴齊戒以告君은 重其事而不敢忽也라 臣弑其君은 人倫之大變이라 天理所不容이니 人人得而誅之온 況鄰國乎아 故로 夫子雖已告老[27]나 而猶請哀公討之하시니라

이때에 孔子께서 致仕하고 魯나라에 계셨다. 목욕재계하고 군주에게 아뢴 것은 이 일을 중히 여겨 감히 소홀히 하지 못하신 것이다. 신하가 군주를 시해함은 人倫의 큰 변고여서 天理에 용납될 수 없는 것이니, 사람마다 모두 그를 주벌할 수 있는데 하물며 이웃나라이겠는가. 그러므로 夫子께서 비록 이미 告老하셨으나 오히려 哀公에게 토벌하기를 청하신 것이다.

22-3. 公曰 告夫三子하라

哀公이 말하였다. "저 三子에게 말하라."

三子는 三家也니 時에 政在三家하여 哀公이 不得自專이라 故로 使孔子告之라

'三子'는 三家이니, 이때 政權이 三家에게 있어서 哀公이 마음대로 할 수 없었다. 그러므로 孔子로 하여금 말씀하게 한 것이다.

22-4. 孔子曰 以吾從大夫之後라 不敢不告也호니 君曰 告夫三子者온여

孔子께서 말씀하셨다. "내가 大夫의 뒤(末席)를 따랐기 때문에 감히 아뢰지 않을 수 없었는데, 군주께서 저 三子에게 말하라고 하시는구나."

---

27 告老 : 몸이 늙어서 벼슬할 수 없다고 군주께 아뢰는 것으로, 致仕와 같은 뜻이다.

••• 恒 떳떳할 항 壬 북방 임 沐 머리감을 목 浴 목욕할 욕 討 칠 토 致 그만둘 치 忽 소홀할 홀 鄰 이웃 린
專 제멋대로할 전

孔子出而自言如此라 意謂弑君之賊은 法所必討요 大夫謀國하니 義所當告어늘 君乃不能自命三子而使我告之邪아

孔子께서 밖으로 나와 스스로 말씀하기를 이와 같이 하신 것이다. 孔子의 뜻은 '군주를 시해한 逆賊은 법에 반드시 토벌해야 할 것이요, 大夫는 國事를 도모하니 의리상 마땅히 아뢰어야 하는데, 군주께서 마침내 직접 三家에게 명령하지 못하시고 나로 하여금 말하게 하시는가.'라고 하신 것이다.

22-5. 之三子하여 告하신대 不可라하여늘 孔子曰 以吾從大夫之後라 不敢不告也니라

三子에게 가서 말씀하셨는데 不可하다고 하자, 孔子께서 말씀하셨다. "내가 大夫의 뒤를 따랐기 때문에 감히 말하지 않을 수 없었다."

以君命往告로되 而三子는 魯之强臣으로 素有無君之心하여 實與陳氏聲勢相倚라 故로 沮其謀한대 而夫子復以此應之하시니 其所以警之者 深矣로다

군주의 명령으로 가서 말씀하였으나 三子(三家)는 魯나라의 强盛한 신하로 본래 군주를 무시하는 마음이 있어서 실로 齊나라의 陳氏와 聲勢가 서로 의지하였다. 그러므로 그 계책을 저지하였는데, 夫子께서 다시 이 말씀으로 응하셨으니, 경계하심이 깊다.

⊙ 程子曰 左氏記孔子之言[28]曰 陳恒이 弑其君에 民之不予者半이니 以魯之衆으로 加齊之半이면 可克也라하니 此非孔子之言이라 誠若此言이면 是는 以力이요 不以義也라 若孔子之志는 必將正名其罪하사 上告天子하고 下告方伯하여 而率與國以討之리니 至於所以勝齊者하여는 孔子之餘事也니 豈計魯人之衆寡哉아 當是時하여 天下之亂이 極矣라 因是足以正之면 周室이 其復興乎인저 魯之君臣이 終不從之하니 可勝惜哉아
胡氏曰 春秋之法에 弑君之賊은 人得而討之하니 仲尼此擧는 先發後聞[29]이 可也니라

---

28 左氏記孔子之言：이 내용은《春秋左傳》哀公 14년조에 보인다.

29 先發後聞：먼저 토벌하는 일을 거행하고 뒤에 天子에게 보고함을 이른다. 象村(申欽)은 이것을 "孔子가 먼저 토벌하고 뒤에 魯나라 哀公에게 보고해도 된다."고 해석하여 胡寅의 이 말을 비판하였으나 三淵(金昌翕)은 象村의 이러한 주장을 일축하고 당시 魯나라 상황이 陳恒을 토벌할 수 있었다면 天子에게

··· 素 본디 소 聲 소리 성 勢 형세 세 倚 의지할 의 沮 막을 저 率 거느릴 솔 衆 많을 중 寡 적을 과

⊙ 程子(伊川)가 말씀하였다. "左氏가 孔子의 말씀을 기록하기를 '陳恒이 그 君主를 시해함에 齊나라 백성들 중에 편들지 않는 자가 반이나 되니, 魯나라의 무리(병력)에다가 齊나라의 반을 보태면 이길 수 있습니다.' 하였는데, 이는 孔子의 말씀이 아니다. 만일 이 말과 같다면 이는 힘으로 한 것이요 義理로 한 것이 아니다. 孔子의 뜻으로 말하면 반드시 장차 그 죄를 바로 지칭하여 위로는 天子에게 아뢰고 아래로는 方伯(霸權國)에게 말씀해서 與國(동맹국)을 거느리고 토벌하셨을 것이니, 齊나라를 이길 수 있는가에 대해서는 孔子의 餘事(부차적인 일)이니, 어찌 魯나라 사람(군대)의 많고 적음을 계산하셨겠는가. 이 때를 당하여 天下의 혼란이 극에 달하였다. 이로 인하여 바로잡았으면 周나라 王室이 다시 부흥할 수 있었을 것이다. 그런데 魯나라의 君臣들이 끝내 따르지 않았으니, 애석함을 이루 다 말할 수 있겠는가."

胡氏(胡寅)가 말하였다. "《春秋》의 法에 군주를 시해한 역적은 사람마다 모두 토벌할 수 있으니, 孔子의 이 일은 먼저 토벌하고 뒤에 天子에게 아뢰는 것이 可하다."

23. 子路問事君한대 子曰 勿欺也요 而犯之니라

子路가 군주 섬기는 것을 묻자, 孔子께서 대답하셨다. "속이지 말고 顔色(얼굴)을 범하여 간쟁해야 한다."

犯은 謂犯顏諫爭이라

'犯'은 군주의 안색을 범하여 간쟁함을 이른다.

⊙ 范氏曰 犯은 非子路之所難也요 而以不欺爲難이라 故로 夫子告以先勿欺而後犯也하시니라

⊙ 范氏(范祖禹)가 말하였다. "안색을 범하여 간쟁하는 것은 子路의 어려운 바가 아니요, 속이지 않음이 어려운 것이었다. 그러므로 夫子께서 속이지 말 것을 먼저 말씀하시고 간쟁하는 것을 뒤에 말씀하신 것이다."

보고하는 것은 뒤에 하여도 괜찮음을 말했을 뿐임을 역설하였는바, 이 내용이 《三淵集》〈漫錄〉에 보인다.

··· 欺 속일 기 犯 범할 범 顏 얼굴 안 爭 간할 쟁(諍通)

24. 子曰 君子는 上達하고 小人은 下達이니라

孔子께서 말씀하셨다. "君子는 위로 통달하고, 小人은 아래로 통달한다."

君子는 循天理[30]故로 日進乎高明하고 小人은 徇人欲故로 日究乎汚下니라

君子는 天理를 따르므로 날로 高明함에 나아가고, 小人은 人慾을 따르므로 날로 汚下(卑下)함에 이르는 것이다.

25. 子曰 古之學者는 爲己러니 今之學者는 爲人이로다

孔子께서 말씀하셨다. "옛날에 배우는 자들은 자신을 위하였는데, 지금에 배우는 자들은 남을 위한다."

程子曰 爲己는 欲得之於己也요 爲人은 欲見知於人也라

程子(伊川)가 말씀하였다. "爲己는 〈道를〉 자기 몸에 얻으려고 하는 것이요, 爲人은 남에게 인정받으려고 하는 것이다."

⊙ 程子曰 古之學者는 爲己하여 其終至於成物이러니 今之學者는 爲人하여 其終至於喪己니라

愚按 聖賢論學者用心得失之際에 其說이 多矣라 然이나 未有如此言之切而要者하니 於此에 明辯而日省之면 則庶乎其不昧於所從[31]矣리라

⊙ 程子(伊川)가 말씀하였다. "옛날에 배우는 자들은 자신을 위하여 끝내는 남을 이루어 줌에 이르렀고, 지금에 배우는 자들은 남을 위하여 끝내는 자신을 喪失함에 이른다."

내가 상고해보니, 聖賢이 배우는 자들의 用心에 대한 잘잘못[得失]의 즈음을 논함에 말씀하신 것이 많다. 그러나 이 말씀과 같이 절실하고도 긴요한 것이 있지 않으니, 이에 대해서 밝게 분변하고 날마다 살핀다면 거의 따를 바에 어둡지 않을 것이다.

---

30 君子循天理 : 內閣本에는 '君子反天理'로 되어 있는 것을 바로잡았다.

31 不昧於所從 : '不昧'는 밝게 아는 것으로, 爲己之學과 爲人之學 중 어느 것을 따라야 할 것인가를 밝게 앎을 이른다.

••• 循 따를 순 徇 따를 순 究 이를 구 汚 더러울 오 爲 위할 위 物 남 물 昧 어두울 매

26-1. 蘧伯玉이 使(시)人於孔子어늘

蘧伯玉이 사람을 孔子께 심부름 보내자,

蘧伯玉은 衛大夫니 名瑗이라 孔子居衛하실새 嘗主於其家러시니 旣而反魯라 故로 伯玉
이 使人來也라

蘧伯玉은 衛나라의 大夫이니, 이름이 瑗이다. 孔子께서 衛나라에 계실 적에 일찍이 그의 집
에 머물러 主人을 삼으셨는데, 이윽고 魯나라로 돌아오셨다. 그러므로 蘧伯玉이 사람을 보내온
것이다.

26-2. 孔子與之坐而問焉曰 夫子何爲오 對曰 夫子欲寡其過而未能
也니이다 使者出커늘 子曰 使(시)乎使乎여

孔子께서 그와 함께 앉아서 물으시기를 "夫子(蘧伯玉)께서는 무엇을 하시는가?"
하시자, 대답하기를 "夫子께서는 허물을 적게 하려고 하시지만 아직 능하지 못하십니
다." 하였다. 使者가 나가자, 孔子께서 말씀하셨다. "훌륭한 使者이구나! 훌륭한 使
者이구나!"

與之坐는 敬其主以及其使也라 夫子는 指伯玉也라 言其但欲寡過而猶未能하니 則其
省身克己하여 常若不及之意를 可見矣라 使者之言이 愈自卑約에 而其主之賢이 益彰
하니 亦可謂深知君子之心而善於詞令者矣라 故로 夫子再言使乎하여 以重美之하시니라
按莊周稱伯玉行年五十而知四十九年之非라하고 又曰 伯玉行年六十而六十化[32]
라하니 蓋其進德之功이 老而不倦이라 是以로 踐履篤實하고 光輝宣著하여 不惟使者知
之라 而夫子亦信之也시니라

---

32 莊周稱伯玉……六十化 : 앞의 내용은 《淮南子》〈原道訓〉에 보이고 뒤의 내용은 《莊子》〈則陽〉에 보이
는데, 朱子는 이를 모두 《莊子》의 내용으로 보았는바, 《四書集註典據考》에 誤註라고 지적하였다. '化'
는 변화하는 것으로, 雙峰饒氏(饒魯)는 "氣質이 변화되어 해마다 더 좋아진 것이다." 하였으며, 壺山은
"六十化는 60번 변화했음을 말한 것이다." 하였다. 《莊子》〈則陽〉편에 "蘧伯玉은 나이 60세에 〈60년 동
안〉 60번 변화하였는데, 처음에는 옳다고 주장하다가 끝내는 그르다고 굽히지 않은 적이 없었다.〔蘧伯玉
行年六十而六十化 未嘗不始於是之 而卒詘之以非也〕"라고 보인다.

••• 蘧 풀이름 거 使 심부름보낼 시 瑗 옥 원 寡 적을 과 愈 더욱 유 卑 낮을 비 約 간략할 약 彰 드러날 창

그와 함께 앉은 것은 그 主人을 공경하여 그의 使者에게까지 미친 것이다. 夫子는 蘧伯玉을 가리킨다. 단지 허물을 적게 하려고 하지만 오히려 능치 못하다고 말하였으니, 자신을 성찰하고 사욕을 이겨 항상 미치지 못할 듯이 여기는 뜻을 볼 수 있다. 使者의 말이 더욱 스스로 卑約(겸손)함에 그 主人의 훌륭함이 더욱 드러났으니, 또한 君子의 마음을 깊이 알고 詞令을 잘하는 자라고 이를 만하다. 그러므로 夫子(孔子)께서 두 번 '使乎'라고 말씀하시어 거듭 讚美하신 것이다.

내가 상고해보니, 莊周가 이르기를 "蘧伯玉은 나이 50세에 49년 동안의 잘못을 알았다." 하였고, 또 "나이 60세가 되자 60번 〈기질이〉 변화하였다." 하였으니, 그 德을 진전하는 功夫가 늙어서도 게을러지지 않은 것이다. 이 때문에 踐履(실천)가 독실하고 빛나는 德이 드러나서 오직 使者만 이것을 알았을 뿐 아니라 夫子께서도 또한 믿으신 것이다.

27. 子曰 不在其位하여는 不謀其政이니라

孔子께서 말씀하셨다. "그 지위에 있지 않으면 그 정사를 도모하지 않는다."

重出[33]이라

다시 나왔다.

28. 曾子曰 君子는 思不出其位니라

曾子가 말씀하였다. "君子는 생각함이 그 지위(위치)를 벗어나지 않는다."

此는 艮卦之象辭也라 曾子蓋嘗稱之러시니 記者因上章之語而類記之也[34]라

이것은 《周易》 艮卦의 象辭이다. 曾子가 아마도 일찍이 이것을 말씀하셨는데, 기록하는 자가 윗장의 말을 인하여 같은 類끼리 기록한 듯하다.

⊙ **范氏曰 物各止其所에 而天下之理得矣라 故로 君子所思 不出其位에 而君臣上**

---

33 重出 : 앞의 〈泰伯〉 10章에 보인다.

34 記者因上章之語而類記之也 : '類記之'는 같은 종류의 내용을 모아서 기록함을 이른다. 邢昺은 윗장과 이 장을 합하여 한 장으로 만들고 曾子가 孔子의 말씀한 뜻을 풀이한 것으로 보았는데, 茶山과 楊伯峻도 이를 따랐다.

••• 倦 게으를 권 踐 밟을 천 履 밟을 리 輝 빛날 휘 宣 베풀 선 著 드러날 저 出 날 출, 벗어날출 艮 그칠 간
卦 점괘 괘 類 종류 류

下大小 皆得其職也라

　　⊙ 范氏(范祖禹)가 말하였다. "물건이 각자 제자리에 있으면 天下의 이치가 얻어지게(맞게)
된다. 그러므로 君子의 생각하는 바가 그 지위를 벗어나지 않음에 君臣과 上下와 크고 작은 것
들이 모두 그 직분을 얻는 것이다."

29. 子曰 君子는 恥其言而過其行이니라

孔子께서 말씀하셨다. "君子는 말을 부끄러워하고(조심하고) 행실을 말보다 더한다."

　　恥者는 不敢盡之意요 過者는 欲有餘之辭[35]라

'恥'는 감히 다하지 못하는 뜻이요, '過'는 有餘하고자 하는 말이다.

30-1. 子曰 君子道者三에 我無能焉호니 仁者는 不憂하고 知(智)者는 不惑하고 勇者는 不懼니라

孔子께서 말씀하셨다. "君子의 道가 셋인데 나는 능한 것이 없으니, 仁者는 근심하지
않고 智者는 의혹하지 않고 勇者는 두려워하지 않는다."

　　自責以勉人也시니라

자책하여 사람을 勉勵하신 것이다.

30-2. 子貢曰 夫子自道也샷다

子貢이 말하였다. "夫子께서 스스로 하신 謙辭이시다."

　　道는 言也니 自道는 猶云謙辭라

'道'는 말함이니, '自道'는 謙辭란 말과 같다.

---

35 恥者……欲有餘之辭:《集註》의 '不敢盡', '欲有餘'는《中庸》13章의 "不足하기 쉬운 것(행실)은 감
　　히 힘쓰지 않을 수 없고, 有餘하기 쉬운 것(말)은 감히 다하지 못한다.〔有所不足 不敢不勉 有餘 不敢
　　盡〕"는 내용에 근거하여 풀이한 것이다.

… 　職 직분 직 過 지날 과 盡 다할 진 憂 근심할 우 惑 미혹할 혹 懼 두려워할 구 勉 권면할 면 道 말할 도
　　謙 겸손할 겸

⊙ 尹氏曰 成德은 以仁爲先하고 進學은 以知(智)爲先이라 故로 夫子之言이 其序有不同[36]者는 以此니라

⊙ 尹氏(尹焞)가 말하였다. "德을 이룸은 仁을 우선으로 삼고, 배움을 진전함은 智를 우선으로 삼는다. 그러므로 夫子의 말씀에 순서가 같지 않음이 있는 것은 이 때문이다."

31. 子貢이 方人하더니 子曰 賜也는 賢乎哉아 夫我則不暇로라

子貢이 사람(인물)을 비교하였는데, 孔子께서 말씀하셨다. "賜(子貢)는 어진가보다. 나는 그럴 겨를이 없노라."

方은 比也라 乎哉는 疑辭라 比方人物而較其短長은 雖亦窮理之事나 然專務爲此면 則心馳於外하여 而所以自治者 疎矣라 故로 褒之而疑其辭하시고 復自貶以深抑之하시니라

'方'은 비교함이다. '乎哉'는 의심하는 말이다. 인물을 비교하여 그 長短을 따지는 것은 또한 窮理하는 일이나 오로지 이것을 함에 힘쓰면 마음이 밖으로 달려서 스스로 다스리는 것이 소홀해진다. 그러므로 子貢을 칭찬하면서 그 말씀을 의심쩍게 하시고, 다시 자신을 폄하하여 깊이 억제하신 것이다.

⊙ 謝氏曰 聖人責人에 辭不迫切而意已獨至가 如此하니라

⊙ 謝氏(謝良佐)가 말하였다. "聖人이 사람을 꾸짖음에 말씀이 박절하지 않으면서도 뜻이 이미 지극함이 이와 같다."

32. 子曰 不患人之不己知요 患其不能也니라

孔子께서 말씀하셨다. "남이 나를 알아주지 않음을 걱정하지 말고, 자신의 능하지 못함을 걱정해야 한다."

---

36 其序有不同 : 앞의 〈子罕〉 28章에도 위와 같은 내용이 보이는데, 단 '知者不惑'이 '仁者不憂'의 앞에 있어 순서가 바뀌었기 때문에 한 말이다.

··· 方 비교할 방 暇 겨를 가 較 비교할 교 馳 달릴 치 疎 성길 소 褒 칭찬할 포 貶 낮출 폄 迫 급박할 박

凡章에 指同而文不異者는 一言而重出也요 文小異者는 屢言而各出也라 此章은 凡四見(현)而文皆有異[37]하니 則聖人於此一事에 蓋屢言之하시니 其丁寧之意를 亦可見矣니라

모든 章에 뜻이 같고 문장도 다르지 않은 것은 한 번 말씀하였는데 거듭 나온 것이고, 뜻은 같은데 문장이 조금 다른 것은 여러 번 말씀하여 각각 나온 것이다. 이 章은 무릇 네 번 나오는데 문장이 모두 다르니, 그렇다면 聖人이 이 한 가지 일에 있어 여러 번 말씀하신 것이니, 그 丁寧(간곡)하신 뜻을 또한 볼 수 있다.

33. 子曰 不逆詐하며 不億(臆)不信이나 抑亦先覺者 是賢乎인저

孔子께서 말씀하셨다. "남이 나를 속일까 逆探(미리 짐작)하지 않고 남이 나를 믿어주지 않을까 臆測(억측)하지 않으나 또한 먼저 깨닫는 자가 어질 것이다."

逆은 未至而迎之也요 億은 未見而意之也라 詐는 謂人欺己요 不信은 謂人疑己라 抑은 反語辭라 言雖不逆不億이나 而於人之情僞에 自然先覺이라야 乃爲賢也라

'逆'은 〈일이〉 아직 이르지 않았는데 미리 짐작하는 것이요, '億'은 아직 보지 않았는데 생각하는 것이다. '詐'는 남이 자신을 속임을 이르고, '不信'은 남이 자신을 의심함을 이른다. '抑'은 反語辭이다. 비록 逆探하지 않고 臆測하지 않으나 남의 실정과 거짓에 대하여 자연히 먼저 깨달아야 어짊이 된다고 말씀한 것이다.

⊙ 楊氏曰 君子一於誠而已라 然이나 未有誠而不明者라 故로 雖不逆詐하고 不億不信이나 而常先覺也라 若夫不逆不億이라가 而卒爲小人所罔焉이면 斯亦不足觀也已니라

⊙ 楊氏(楊時)가 말하였다. "君子는 誠實함에 한결같이 할 뿐이다. 그러나 誠實하고서 밝지 않은 자는 있지 않다. 그러므로 비록 남이 나를 속일까 逆探하지 않고 남이 나를 믿지 않을까 臆測하지 않으나 항상 먼저 깨닫는 것이다. 만일 역탐하지 않고 억측하지 않다가 끝내 小人에게

---

37 此章 凡四見而文皆有異 : 네 번은, 위 〈學而〉 16장에 "不患人之不己知 患不知人也"와 〈里仁〉 14장에 "不患莫己知 求爲可知也", 그리고 아래 〈衛靈公〉 18장에 "君子病無能焉 不病人之不己知也"와 이 장이다.

••• 屢 여러 루 逆 미리헤아릴 역 詐 속일 사 億 억측할 억(臆通) 僞 거짓 위 罔 속일 망

속임을 당한다면 이 또한 볼 것이 없는 것이다."

34-1. 微生畝 謂孔子曰 丘는 何爲是栖栖³⁸者與오 無乃爲佞乎아

微生畝가 孔子께 말하였다. "丘는 어찌하여 이리도 연연해 하는가. 말재주를 부리는 것이 아닌가."

微生은 姓이요 畝는 名也라 畝名呼夫子而辭甚倨하니 蓋有齒德而隱者라 栖栖는 依依 也라 爲佞은 言其務爲口給以悅人也라

微生은 姓이고 畝는 이름이다. 微生畝가 夫子의 이름을 부르고 말이 매우 거만하니, 아마도 年齒와 德이 있으면서 은둔한 자인 듯하다. '栖栖'는 依依함이다. '爲佞'은 口給(口辯)을 해서 남을 기쁘게 하기를 힘쓰는 것을 말한다.

34-2. 孔子曰 非敢爲佞也라 疾固也니라

孔子께서 말씀하셨다. "내 감히 말재주를 부리는 것이 아니라 固執不通을 미워하는 것입니다."

疾은 惡(오)也요 固는 執一而不通也라 聖人之於達尊³⁹에 禮恭而言直이 如此하시니 其 警之亦深矣니라

'疾'은 미워함이요, '固'는 한 가지를 고집하여 변통하지 못하는 것이다. 聖人이 達尊에 대하여 예절이 공손하고 말씀이 곧음이 이와 같으셨으니, 그 경계함이 또한 깊다.

---

38 何爲是 : 朱子는 '栖栖'를 依依로 해석하여 세상을 잊지 못하는 뜻으로 풀이하였으나, 邢昺은 "'栖栖' 는 皇皇과 같다." 하였는바, 皇皇은 방황하며 편안하지 못한 모양, 두렵고 바빠서 마음이 불안함의 뜻이다. 따라서 邢昺은 經文의 뜻을 '어찌 이처럼 동서남북으로 방황하며 허둥대는가?[何爲是東西南北而栖栖皇皇者與]'로 풀이하였는데, 茶山은 邢昺이 말한 '皇皇'을 "미치지 못할까 두려워하는 뜻[皇皇 猶恐不及之意]"으로 보아 "'栖栖'는 편안하지 못함의 뜻이다.[栖栖 不安之意]" 하였으며, 楊伯峻은 '栖栖' 를 '바쁜 모양'이라 하였다.

39 達尊 : 누구나 공통적으로 높이는 것으로, 《孟子》〈公孫丑下〉 2章에 "천하에 達尊이 셋이 있으니, 官爵이 하나요, 年齒가 하나요, 德이 하나이다.[天下有達尊三 爵一齒一德一]" 하였다.

··· 畝 밭이랑 묘(무) 栖 편치않을 서 佞 말잘할 녕 倨 거만할 거 給 말잘할 급 疾 미워할 질 固 고집할 고
達 통달할 달

35. 子曰 驥(기)는 不稱其力이라 稱其德也니라

孔子께서 말씀하셨다. "驥馬는 그 힘을 칭찬하는 것이 아니라 그 德을 칭찬하는 것이다."

驥는 善馬之名이라 德은 謂調良也라

'驥'는 좋은 말의 명칭이다. '德'은 길이 잘 들고 성질이 양순함을 이른다.

⊙ 尹氏曰 驥雖有力이나 其稱은 在德하니 人有才而無德이면 則亦奚足尙哉리오

⊙ 尹氏(尹焞)가 말하였다. "驥馬는 비록 힘이 있으나 칭찬함은 德에 있으니, 사람이 재주만 있고 德이 없다면 또한 어찌 숭상할 만하겠는가."

36-1. 或曰 以德報怨이 何如하니잇고

혹자가 말하였다. "德(은덕)으로써 원망(원한)을 갚는 것이 어떻습니까?"

或人所稱은 今見(현)老子書라 德은 謂恩惠也라

혹자가 말한 것은 지금 《老子》책에 보인다. '德'은 은혜를 이른다.

36-2. 子曰 何以報德고

孔子께서 말씀하셨다. "무엇으로써 德에 갚으려는가?

言 於其所怨에 旣以德報之矣면 則人之有德於我者에 又將何以報之乎아

그 원망하는 바(상대)에 이미 德으로써 갚았다면 나에게 德이 있는 자에게는 또 장차 무엇으로써 갚을 것인가라고 말씀한 것이다.

36-3. 以直報怨이요 以德報德이니라

정직함으로써 원망을 갚고, 德으로써 德을 갚아야 한다."

··· 驥 준마 기 稱 칭찬할 칭 調 조련할 조 報 갚을 보

於其所怨者에 愛憎取舍를 一以至公而無私가 所謂直也라 於其所德者엔 則必以德報之요 不可忘也니라

원망이 있는 자에게는 사랑하고 미워함과 취하고 버림을 한결같이 지극히 공평하고 사사로움이 없음으로써 하는 것이 이른바 정직이란 것이다. 德을 입은 자에게는 반드시 德으로써 갚고 잊지 않아야 한다.

⊙ 或人之言은 可謂厚矣라 然이나 以聖人之言觀之하면 則見其出於有意之私하여 而怨德之報 皆不得其平也니 必如夫子之言然後에 二者之報 各得其所[40]라 然이나 怨有不讎而德無不報면 則又未嘗不厚也라 此章之言이 明白簡約하고 而其指意 曲折反覆하여 如造化之簡易[41] 易知而微妙無窮하니 學者所宜詳玩也니라

⊙ 혹자의 말은 厚德하다고 이를 만하다. 그러나 聖人의 말씀을 가지고 살펴보면 有意의 私心에서 나와 원망과 덕에 대한 갚음이 모두 공평함을 얻지 못하였음을 볼 수 있으니, 반드시 夫子의 말씀과 같이 한 뒤에야 두 가지의 갚음이 각각 제자리를 얻게 된다. 그러나 원망을 원수로 여기지 않고 德을 갚지 않음이 없으면 또 厚德하지 않은 것이 아니다. 이 章의 말씀은 명백하고 간략하면서도 그 뜻은 曲折이 있고 반복하여 마치 造化의 簡易가 알기 쉽지만 미묘한 진리가 무궁한 것과 같으니, 배우는 자들이 마땅히 자세히 玩味해야 할 것이다.

37-1. 子曰 莫我知也夫인저

孔子께서 말씀하셨다. "나를 알아주는 이가 없구나."

夫子自歎하여 以發子貢之問也시니라

夫子께서 스스로 탄식하여 子貢의 질문을 誘發하신 것이다.

37-2. 子貢曰 何爲其莫知子也잇고 子曰 不怨天하며 不尤人이요 下學而

---

40 各得其所 : 각각 제 자리를 얻는 것으로, '德'과 '怨' 두 가지의 보답이 모두 합당하게 됨을 말한 것이다.

41 簡易 : '簡'은 번거롭지 않은 것이고 '易'는 어렵지 않은 것으로, 《周易》〈繫辭傳〉에 "乾은 쉬움으로써 주장하고 坤은 간략함(소탈함)으로써 능하다.[乾以易知 坤以簡能]"라고 보인다.

··· 憎 미워할 증 舍 버릴 사 忘 잊을 망 厚 두터울 후 讎 원수 수 簡 간략할 간 約 간략할 약 折 꺾을 절 覆 반복할 복 玩 구경할 완 尤 허물할 우

上達하노니 知我者는 其天乎인저

子貢이 말하였다. "어찌하여 선생님을 알아주는 이가 없는 것입니까?" 하자, 孔子께서 말씀하셨다. "〈나는〉 하늘을 원망하지 않으며 사람을 탓하지 않고, 아래로 〈人間의 일을〉 배우면서 위로 〈天理를〉 통달하노니, 나를 알아주는 것은 하늘이실 것이다."

不得於天而不怨天하고 不合於人而不尤人이요 但知下學而自然上達이라하시니 此는 但自言其反己自修하여 循序漸進耳요 無以甚異於人而致其知也라 然이나 深味其語意하면 則見其中自有人不及知而天獨知之之妙라 蓋在孔門에 唯子貢之智 幾足以及此라 故로 特語以發之하시니 惜乎라 其猶有所未達也[42]여

하늘에게 〈좋은 시운을〉 얻지 못하여도 하늘을 원망하지 않고, 사람에게 합하지 못하여도 사람을 탓하지 않고, 다만 아래로 人間의 일을 배우고 자연히 위로 天理를 통달함만 알 뿐이라고 하셨으니, 이는 다만 자기 몸에 돌이켜 스스로 닦아서 순서를 따라 점점 나아갈 뿐이요 남과 매우 다르게 하여 알아줌을 이루게 함이 없음을 말씀한 것이다. 그러나 그 말씀의 뜻을 깊이 음미해 보면 이 가운데에 진실로 사람들은 미처 알지 못하고 하늘만이 홀로 아는 妙가 있음을 볼 수 있다. 이는 孔子의 門下에서 오직 子貢의 지혜만이 거의 여기에 미칠 수 있었다. 이 때문에 특별히 말씀하여 誘發하셨으니, 애석하다. 子貢도 오히려 통달하지 못한 바가 있음이여.

⊙ 程子曰 不怨天, 不尤人은 在理에 當如此[43]니라
又曰 下學上達[44]은 意在言表[45]니라
又曰 學者須守下學上達之語니 乃學之要라 蓋凡下學人事면 便是上達天理라 然이나 習而不察이면 則亦不能以上達矣[46]니라

---

42 其猶有所未達也 : 아직도 孔子의 뜻을 완전히 알지 못함이 있는 것이다.

43 程子曰……在理當如此 : 壺山은 "明道의 말씀인데 《論孟精義》에는 伊川의 말씀으로 표기되어 있다." 하였다.

44 下學上達 : 人間이 행해야 할 道理를 배우면서 오묘한 天理를 통달하는 것으로, 下學人事·上達天理의 줄임말이다.

45 意在言表 : 뜻이 넓어서 말한 범위 밖에 있는 것으로, 곧 깊고 넓은 뜻이 드러나지 않게 內包되어 있음을 이른다.

46 又曰……亦不能以上達矣 : 壺山은 "'乃學之要' 이전은 明道의 말씀이고 그 뒤는 伊川의 말씀이다." 하였다.

••• 循 따를 순 漸 점점 점 致 이룰 치 幾 거의 기 惜 아낄 석

⊙ 程子가 말씀하였다. "하늘을 원망하지 않고 사람을 탓하지 않는 것은 道理에 있어 마땅히 이와 같아야 하는 것이다."

〈程子(明道)가〉 또 말씀하였다. "下學上達은 뜻이 말 밖에 있다."

또 말씀하였다. "배우는 자는 모름지기 下學上達의 말씀을 지켜야 하니, 이것이 바로 學問의 요점이다. 무릇 아래로 人間의 일을 배우면 곧 위로 天理를 통달하게 된다. 그러나 〈그 일을〉 익히기만 하고 〈그 이치를〉 살피지 않으면 또한 위로 통달할 수 없다."

38-1. 公伯寮(료) 愬子路於季孫이어늘 子服景伯이 以告曰 夫子固有惑志於公伯寮하나니 吾力이 猶能肆諸市朝[47]니이다

公伯寮가 季孫에게 子路를 참소하자, 子服景伯이 孔子께 아뢰기를 "夫子(季孫)께서 진실로 公伯寮의 말에 의혹하는 마음을 품고 계시니, 내 힘이 그래도 公伯寮의 시신을 市朝(길거리)에 늘어놓을 수 있습니다." 하였다.

公伯寮는 魯人이라 子服은 氏요 景은 諡요 伯은 字이니 魯大夫子服何也라 夫子는 指季孫이니 言其有疑於寮之言也라 肆는 陳尸也니 言欲誅寮라

公伯寮는 魯나라 사람이다. 子服은 姓이고 景은 시호이고 伯은 字이니, 魯나라 大夫 子服何이다. '夫子'는 季孫을 가리키니, 그가 公伯寮의 말에 〈子路를〉 의심함이 있음을 말한 것이다. '肆'는 시신을 늘어놓는 것이니, 公伯寮를 죽이고자 함을 말한다.

38-2. 子曰 道之將行也與도 命也며 道之將廢也與도 命也니 公伯寮其如命何리오

孔子께서 말씀하셨다. "道가 장차 행해지는 것도 命이며 道가 장차 폐해지는 것도 命이니, 公伯寮가 그 命에 어찌겠는가."

謝氏曰 雖寮之愬行이라도 亦命也니 其實은 寮無如之何라

---

47 固有惑志於公伯寮:朱子는 이것을 한 句로 해석하였으나 '固有惑志'에서 끊고 '於公伯寮에 吾力이 猶能肆諸市朝'로 구두를 떼어 해석하기도 한다.

··· 寮 동료 료 愬 참소할 소 景 별 경 惑 의혹할 혹 肆 베풀 사 諡 시호 시 陳 베풀 진 尸 주검 시 誅 벨 주 廢 폐할 폐

愚謂 言此以曉景伯, 安子路而警伯寮耳니 聖人이 於利害之際에 則不待決於命而後泰然也니라

謝氏(謝良佐)가 말하였다. "비록 公伯寮의 참소가 행해지더라도 또한 命이니, 그 실제는 公伯寮가 어찌할 수 없는 것이다."

내가 생각하건대 이를 말씀하여 景伯을 깨우치고 子路를 安心시키고 公伯寮를 경계하신 것일 뿐이니, 聖人이 利害의 사이에 있어 命에 결단하기를 기다린 뒤에 泰然한 것은 아니다.

39-1. 子曰 賢者는 辟(避)世하고

孔子께서 말씀하셨다. "賢者는 세상을 피하고,

天下無道而隱이니 若伯夷, 太公이 是也라

天下에 道가 없으면 은둔하는 것이니, 伯夷와 太公 같은 분이 바로 이것이다.

39-2. 其次는 辟地하고

그 다음은 지역을 피하고,

去亂國, 適治邦이라

어지러운 나라를 떠나 다스려지는 나라로 가는 것이다.

39-3. 其次는 辟色하고

그 다음은 容色을 〈보고〉 피하고,

禮貌衰而去라

〈군주의〉 禮貌가 쇠하면 떠나는 것이다.

39-4. 其次는 辟言이니라

··· 曉 깨우칠 효 決 결단할 결 辟 피할 피(避同) 去 떠나갈 거 適 갈 적 邦 나라 방 衰 쇠할 쇠

그 다음은 말을 〈어기면〉 피한다."

有違言而後去也라

말을 어김이 있은 뒤에 떠나는 것이다.

⊙ **程子曰 四者**는 **雖以大小次第言之**나 **然非有優劣也**요 **所遇不同耳**니라

⊙ 程子(明道)가 말씀하였다. "이 네 가지는 비록 크고 작은 차례로써 말씀하였으나 優劣이 있는 것이 아니요 당한 바가 같지 않았을 뿐이다."

40. **子曰 作者七人矣**로다

孔子께서 말씀하셨다. "일어나 은둔한 자가 일곱 사람이다."

李氏曰 作은 **起也**니 **言起而隱去者 今七人矣**라 **不可知其誰何**하니 **必求其人以實之** 면 **則鑿矣**니라

李氏(李郁)가 말하였다. "'作'은 일어남이니, 일어나 은둔하려고 떠나간 자가 지금 일곱 사람임을 말씀한 것이다. 그 누구인지는 알 수 없으니, 굳이 그 사람들을 찾아서 채우려 한다면 穿鑿(천착)하는 것이다."

41. **子路宿於石門**이러니 **晨門曰 奚自**오 **子路曰 自孔氏**로라 **曰 是知其 不可而爲之者與**아

子路가 石門에서 유숙하였는데, 晨門이 묻기를 "어디에서 왔는가?" 하자, 子路가 "孔氏에게서 왔소."라고 대답하니, "바로 不可한 줄을 알면서도 하는 자인가?" 하였다.

石門은 **地名**이라 **晨門**은 **掌晨啓門**이니 **蓋賢人隱於抱關者也**라 **自**는 **從也**니 **問其何所 從來也**라

··· 違 어길 위 優 넉넉할 우 劣 용렬할 렬 作 일어날 작 誰 누구 수 實 채울 실 鑿 억지로뚫을 착 晨 새벽 신
    掌 맡을 장 抱 안을 포 關 관문 관

胡氏曰 晨門은 知世之不可而不爲[48]라 故로 以是譏孔子라 然이나 不知聖人之視天下에 無不可爲之時也니라

石門은 地名이다. '晨門'은 새벽에 성문을 열어주는 일을 맡은 자이니, 아마도 賢者로서 관문을 지키는〔抱關〕 일에 은둔한 자인 듯하다. '自'는 부터이니, 어느 곳으로부터 왔는가를 물은 것이다.

胡氏(胡寅)가 말하였다. "晨門은 세상의 불가함을 알고 하지 않은 자이다. 그러므로 이 말로써 孔子를 기롱한 것이다. 그러나 聖人이 天下를 볼 적에 할 수 없는 때가 없다는 것을 알지 못한 것이다."

42-1. 子擊磬於衛러시니 有荷蕢(궤)而過孔氏之門者曰 有心哉라 擊磬乎여

孔子께서 衛나라에서 경쇠를 치셨는데, 삼태기를 메고 孔氏의 문 앞을 지나가는 자가 듣고서 말하였다. "마음이 〈天下에〉 있구나, 경쇠를 두드림이여."

磬은 樂器라 荷는 擔也요 蕢는 草器也니 此荷蕢者 亦隱士也라 聖人之心이 未嘗忘天下어늘 此人이 聞其磬聲而知之하니 則亦非常人矣라

'磬'은 樂器이다. '荷'는 멤이요 '蕢'는 풀(짚)로 만든 그릇이니, 이 삼태기를 멘 자 또한 隱士이다. 聖人의 마음은 일찍이 天下를 잊지 않으셨는데, 이 사람이 경쇠 소리를 듣고 이것을 알았으니, 그렇다면 또한 보통 사람이 아니다.

42-2. 旣而요 曰 鄙哉라 硜(경)硜乎여 莫己知也어든 斯已而已矣니 深則厲요 淺則揭니라

조금 있다가 말하였다. "비루하다, 너무 확고하구나. 나(자신)를 알아주는 이가 없으면 그만둘 뿐이니, 물이 깊으면 옷을 벗고 건너고 얕으면 옷을 걷고 건너야 하는 것이다."

---

48 知世之不可而不爲 : 세상을 바로잡을 수 없음을 알고 체념하여 하지 않음을 이른다.

••• 譏 조롱할 기 磬 경쇠 경 荷 멜 하 蕢 삼태기 궤 擔 멜 담 鄙 비루할 비 硜 단단할 경 厲 옷벗고건널 려 揭 옷걷고건널 게

碩碩은 石聲이니 亦專確之意라 以衣涉水曰厲요 攝衣涉水曰揭[49]라 此兩句는 衛風匏有苦葉之詩也니 譏孔子人不知己而不止하여 不能適淺深之宜라

'碩碩'은 돌의 소리이니, 또한 專一하고 確固한 뜻이다. 옷을 벗어 이를 가지고 물을 건너는 것을 '厲'라 하고, 옷을 걷고 물을 건너는 것을 '揭'라 한다. 이 두 句는《詩經》《衛風 匏有苦葉》의 詩이다. 孔子가 남들이 알아주지 않는데도 그만두지 아니하여 얕고 깊음의 마땅함에 적합하지 못함을 조롱한 것이다.

42-3. 子曰 果哉라 末之難矣니라

孔子께서 말씀하셨다. "과감하구나, 어려울 것이 없겠구나."

果哉는 歎其果於忘世也라 末은 無也라 聖人이 心同天地하여 視天下猶一家하고 中國猶一人하여 不能一日忘也라 故로 聞荷蕢之言하고 而嘆其果於忘世하시니라 且言 人之出處를 若但如此면 則亦無所難矣라하시니라

'果哉'는 세상을 잊는 데 과감함을 탄식한 것이다. '末'은 없음이다. 聖人은 마음이 天地와 같아서 天下를 보기를 한 집안과 같이 하고 中國을 보기를 한 사람과 같이 하여 하루도 잊지 못한다. 그러므로 삼태기를 멘 자의 말을 듣고서 세상을 잊는 데 과감함을 탄식하신 것이다. 또 사람의 出處를 만일 다만 이와 같이 한다면 또한 어려울 것이 없다고 말씀하신 것이다.

---

49 以衣涉水曰厲 攝衣涉水曰揭:이 내용은 두 가지 해설이 가능한바, 첫째는 '以衣'를 옷을 입은 채 건너는 것으로 보는 해석인데, 옷을 입은 채로 깊은 물을 건너는 것은 현실적으로 불가능하기 때문에 厲를 다리로 보아 '깊은 물은 옷을 입은 채 다리 위로 건넌다.'고 해석한다. 그러나 厲와 揭가 모두 교량이 없는 상황에서 물의 깊고 얕음에 따라 徒涉하는 것이며, 만일 교량이 가설되어 있다면 얕은 물이라도 교량을 이용하지 않고 굳이 옷을 걷고 건널 이유가 없다. 둘째는 以衣涉水의 '衣'를 쇠코잠방이(지금의 팬티 따위)로 보고 攝衣涉水의 '衣'를 치마(바지)로 보아, '깊은 물에서는 겉옷은 벗고 쇠코잠방이만 입은 채로 건넌다'는 해석이다. 茶山도 이 說을 주장하였으나 똑같은 '衣'字를 하나는 쇠코잠방이로, 하나는 치마로 보는 것도 곤란하다. 이 때문에 程樹德의《論語集釋》에는 "春秋左傳"에 군대를 좌우지하는 것을 以라 하였다. 당시에 고을을 점거하고 군대를 일으킴을 모두 以라 하였으니, 以는 들고 잡는 뜻이 있으므로 손으로 물건을 잡는 것도 以라고 할 수 있다. 그리하여 옷을 벗어들고 물을 건너는 것을 厲라 하였으니, 물이 그래도 얕으면 옷을 걷고 건널 수 있지만 물이 깊으면 반드시 옷을 벗어 손에 잡아서 등에 지거나 머리에 이고 건너야 하는 것이다.〔春秋傳 師克左右之曰以 當時凡據邑提兵 皆曰以 以有提持之意 故手持物 亦可謂之以 以衣涉水曰厲 言水之尚淺 可攝衣以渡 水之深也 必解衣持之 負戴以涉也〕"라 하여, '以'를 '가지다'의 뜻으로 보아 겉옷은 벗어 손에 쥐고 속옷만 입고 가는 것으로 해석하였는바, 여기서는 이 해석을 따랐음을 밝혀둔다.

··· 涉 건널 섭 攝 걷을 섭 匏 박 포 果 과감할 과 末 없을 말 歎 탄식할 탄 猶 같을 유

43-1. 子張曰 書云 高宗이 諒陰(양암)三年不言이라하니 何謂也잇고

子張이 말하였다. "《書經》〈商書 說命〉에 이르기를 '高宗이 諒陰에서 3년 동안 말하지 않았다.' 하였으니, 무엇을 말한 것입니까?"

高宗은 商王武丁也라 諒陰은 天子居喪之名이니 未詳其義라

高宗은 商王 武丁이다. '諒陰'은 天子가 居喪(執喪)하는 곳의 명칭인데, 그 뜻은 자세하지 않다.

43-2. 子曰 何必高宗이리오 古之人이 皆然하니 君薨이어든 百官이 總己하여 以聽於冢宰三年하니라

孔子께서 말씀하셨다. "하필 高宗 뿐이겠는가. 옛사람이 다 그러하였으니, 君主가 죽으면 百官들이 자신의 직책을 총괄하여 冢宰에게 〈명령을〉 듣기를 3년 동안 하였다."

言君薨이면 則諸侯亦然이라 總己는 謂總攝己職이라 冢宰는 大(太)宰也라 百官이 聽於冢宰라 故로 君得以三年不言也라

'君主가 죽으면'이라고 말했으면 諸侯도 이와 같은 것이다. '總己'는 자신의 직책을 총괄함을 이른다. '冢宰'는 太宰이다. 百官들이 冢宰에게 명령을 들으므로 君主가 3년 동안 말하지 않을 수 있는 것이다.

⊙ 胡氏曰 位有貴賤이나 而生於父母는 無以異者라 故로 三年之喪은 自天子達이라 子張이 非疑此也요 殆以爲人君三年不言이면 則臣下無所稟令하여 禍亂이 或由以起也라 孔子告以聽於冢宰하시니 則禍亂은 非所憂矣니라

⊙ 胡氏(胡寅)가 말하였다. "지위는 貴賤이 있으나 父母에게서 태어남은 다름이 없다. 그러므로 三年喪은 天子로부터 〈庶人까지〉 공통되는 것이다. 子張이 이것을 의심한 것이 아니요, 君主가 3년 동안 말하지 않으면 신하가 명령을 받을 곳이 없어서 禍亂이 혹 이로 말미암아 일어날까 의심한 것이다. 孔子께서 冢宰에게 〈명령을〉 듣는다고 말씀해 주셨으니, 그렇다면 禍亂은 걱정할 바가 아니다."

··· 陰 어둘 암 薨 죽을 훙 總 묶을 총 冢 클 총 宰 재상 재 異 다를 이 殆 거의 태 稟 받을 품

44. 子曰 上好禮則民易使也니라

孔子께서 말씀하셨다. "윗사람이 禮를 좋아하면 백성을 부리기 쉽다."

謝氏曰 禮達而分定[50]이라 故로 民易使라

謝氏(謝良佐)가 말하였다. "禮가 통행되어 분수가 정해지므로 백성을 부리기가 쉬운 것이다."

45. 子路問君子한대 子曰 修己以敬이니라 曰 如斯而已乎잇가 曰 修己以安人이니라 曰 如斯而已乎잇가 曰 修己以安百姓이니 修己以安百姓은 堯舜도 其猶病諸시니라

子路가 君子에 대하여 물으니, 孔子께서 "敬으로써 자신을 닦는 것이다." 하셨다. 〈子路가〉 "이와 같을 뿐입니까?" 하고 묻자, "자신을 닦아서 사람을 편안하게 하는 것이다." 하셨다. 다시 "이와 같을 뿐입니까?" 하고 묻자, 다음과 같이 말씀하셨다. "자신을 닦아서 백성을 편안하게 하는 것이니, 자신을 닦아서 백성을 편안하게 함은 堯舜께서도 오히려 부족하게 여기셨다."

修己以敬은 夫子之言이 至矣盡矣어늘 而子路少之라 故로 再以其充積之盛하여 自然及物者로 告之하시니 無他道也라 人者는 對己而言이요 百姓則盡乎人矣라 堯舜猶病은 言不可以有加於此니 以抑子路하여 使反求諸近也시니라 蓋聖人之心이 無窮하시니 世雖極治나 然豈能必知四海之內에 果無一物不得其所哉아 故로 堯舜도 猶以安百姓爲病이라 若曰 吾治已足이라하면 則非所以爲聖人矣니라

'敬으로써 자신을 닦는다.'는 夫子의 말씀이 지극하고 다하였는데, 子路가 이것을 하찮게 여겼으므로, 充積함이 盛하여 자연히 남에게 미치는 것을 가지고 다시 말씀해 주셨으니, 다른 방법이 없다. '人(남)'이란 자기와 상대하여 말한 것이요, '백성'은 남을 다한 것이다. '堯舜도 오히려 부

---

50 禮達而分定 : 禮가 上下에 모두 시행되어 각기 맡은 직분을 다하는 것으로, 《禮記》〈禮運〉에 "백성은 人君을 본받아 스스로 다스리고, 人君을 奉養하여 스스로 편안하고, 人君을 섬겨 스스로 현달하니, 그러므로 禮가 上下에 통행되어 분수가 정해지는 것이다.〔百姓 則君以自治也 養君以自安也 事君以自顯也 故禮達而分定〕"라고 보인다.

··· 使 부릴 사 斯 이 사 病 부족할 병 少 하찮게여길 소

족하게 여기셨다.'는 것은 이보다 더할 수가 없음을 말씀한 것이니, 子路를 억제해서 가까운 것에서 돌이켜 찾게 하신 것이다. 聖人의 마음이 무궁하시니, 세상이 비록 지극히 잘 다스려지더라도 어찌 반드시 四海 안에 과연 한 물건도 제 자리를 얻지 못함이 없음을 알겠는가.(장담하겠는가.) 그러므로 堯舜도 오히려 백성을 편안히 하는 것을 부족하게 여기신 것이다. 만약 나의 다스림이 이미 만족하다고 한다면 聖人이 될 수 있는 것이 아니다.

⊙ 程子曰 君子修己以安百姓하고 篤恭而天下平이니 唯上下一於恭敬이면 則天地自位하고 萬物自育하여 氣無不和하여 而四靈⁵¹畢至矣라 此는 體信達順⁵²之道니 聰明睿知(智) 皆由是出이니 以此事天饗帝니라

⊙ 程子(伊川)가 말씀하였다. "君子가 자신을 닦아서 백성을 편안히 하고 恭敬을 돈독히 하여 천하가 평해지니, 오직 上下가 恭敬에 한결같으면 天地가 스스로 자리를 잡고 萬物이 스스로 生育되어 기운이 화평하지 않음이 없어서 四靈이 모두 이르게 된다. 이는 信(誠)을 體行하고 順理를 통달하는 방법이다. 聰明睿智가 모두 이(恭敬)로 말미암아 나오니, 이로써 하늘을 섬기고 上帝에 제향하는 것이다."

46. 原壤이 夷俟러니 子曰 幼而不孫弟(遜悌)하며 長而無述焉이요 老而不死 是爲賊이라하시고 以杖叩其脛하시다

原壤이 걸터앉아서 〈孔子를〉 기다리니, 孔子께서 말씀하시기를 "어려서 공손하지 않고 장성해서 칭찬할 만한 일이 없고 늙어서 죽지 않는 것이 바로 賊이다." 하시고, 지팡이로 그의 정강이를 치셨다.

原壤은 孔子之故人이니 母死而歌라 蓋老氏之流니 自放於禮法之外者라 夷는 蹲(준)踞也요 俟는 待也니 言見孔子來而蹲踞以待之也라 述은 猶稱也라 賊者는 害人之名이

---

51 四靈:龍·鳳·龜·麟의 네 靈物로, 천하에 善政이 베풀어지면 이것들이 세상에 나타난다 한다.

52 體信達順:《禮記》〈禮運〉에 "하늘은 그 道를 아끼지 않으며 땅은 그 보물을 아끼지 않으니……이는 다른 연고가 없다. 先王이 능히 禮를 닦아서 義에 도달하며 信을 體行하여 順함에 도달했기 때문이니, 이것이 順함의 實效인 것이다.〔天不愛其道 地不愛其寶……則是無故 先王能修禮以達義 體信以達順 故 此順之實也〕"라고 보이는바, 朱子는 "體信은 이 道를 몸에 體行하는 것이니 忠에 해당하고, 達順은 喜怒哀樂의 情이 發하여 모두 節度에 맞는 것이니 恕에 해당한다." 하였다.《語類》

••• 位 자리 위 靈 신령 령 體 본받을 체 達 통달할 달 睿 슬기 예 饗 제향할 향 壤 흙덩이 양 夷 걸터앉을 이 俟 기다릴 사 孫 공손할 손(遜同) 述 말할 술 杖 지팡이 장 叩 두드릴 고 脛 정갱이뼈 경 放 놓을 방, 방자할 방 蹲 걸터앉을 준 踞 걸터앉을 거

니 以其自幼至老히 無一善狀하고 而久生於世하여 徒足以敗常亂俗이면 則是賊而已矣라 脛은 足骨也라 孔子旣責之하시고 而因以所曳(예)之杖으로 微擊其脛하사 若使勿蹲踞然하시니라

原壤은 孔子의 故人(친구)이니, 어머니가 죽었는데 노래를 불렀다. 이는 老子의 무리로서 스스로 禮法의 밖에 방탕한 자이다. '夷'는 걸터앉는 것이고 '俟'는 기다림이니, 孔子가 오는 것을 보고 걸터앉아서 기다림을 말한다. '述'은 稱(칭찬)과 같다. '賊'은 사람을 해치는 것의 명칭이니, 어려서부터 늙을 때까지 한 가지도 善한 實狀이 없고, 세상에 오래 살아서 한갓 常道(인륜)를 무너뜨리고 풍속을 어지럽히면 이는 바로 賊일 뿐인 것이다. '脛'은 발의 뼈(정강이)이다. 孔子께서 이미 꾸짖으시고 인하여 끄시던 지팡이로 그의 정강이를 가볍게 쳐서 그로 하여금 걸터앉지 말게 하려는 것처럼 하신 것이다.

47-1. 闕黨童子將命이어늘 或이 問之曰 益者與잇가

闕黨의 童子가 명령을 전달하자, 혹자가 묻기를 "學問이 進展된 자입니까?" 하였다.

闕黨은 黨名이라 童子는 未冠者之稱이라 將命은 謂傳賓主之言[53]이라 或人이 疑此童子 學有進益이라 故로 孔子使之傳命하여 以寵異之也라

闕黨은 黨(행정구역 단위)의 이름이다. '童子'는 冠禮를 하지 않은 자의 칭호이다. '將命'은 손님과 주인의 말을 전달함을 이른다. 혹자는 이 童子가 學問에 進益(進展)이 있으므로 孔子께서 그로 하여금 명령을 전달하게 하여 寵異하신 것인가 하고 의심한 것이다.

47-2. 子曰 吾見其居於位也하며 見其與先生並行也호니 非求益者也라 欲速成者也니라

孔子께서 말씀하셨다. "나는 그가 자리에 앉아 있는 것을 보았으며 先生과 나란히 걸어가는 것을 보았으니, 學問에 進展을 구하는 자가 아니라 빨리 이루고자 하는 자이다."

禮에 童子當隅坐隨行이라 孔子言 吾見此童子 不循此禮하니 非能求益이요 但欲速

---

53 將命 謂傳賓主之言 : 명령을 전달하는 것으로, 使令을 맡아 심부름하는 자를 將命者라 이른다.

••• 曳 끌 예 杖 지팡이 장 闕 대궐 궐 將 전할 장 寵 사랑할 총 隅 모퉁이 우

成爾라 故로 使之給使令之役하여 觀長少之序하고 習揖遜之容하니 蓋所以抑而敎之요
非寵而異之也라

　禮에 "童子는 〈자리 한가운데에 앉지 말고〉 마땅히 모퉁이에 앉고 뒤에서 隨行해야 한다." 하
였다. 孔子께서 말씀하시기를 "내가 보건대 이 童子가 이 禮를 따르지 않으니, 學問에 進益을
구하는 자가 아니요 다만 빨리 이루려고 하는 자일 뿐이다."라고 하셨다. 그러므로 그에게 使令
의 임무를 맡겨 어른과 어린이의 질서를 보고, 사양하고 공손한 용모를 익히게 한 것이니, 이는
그를 억제하여 가르친 것이요 총애하여 특별히 대우하신 것이 아니다.

••• 給 줄 급　役 일 역　揖 읍할 읍　遜 사양할 손

衛靈公 第十五

凡四十一章이라
모두 41章이다.

1-1. 衛靈公이 問陳(陣)於孔子한대 孔子對曰 俎豆之事는 則嘗聞之矣어니와 軍旅之事는 未之學也라하시고 明日에 遂行하시다

衛靈公이 孔子에게 陣法을 묻자, 孔子께서 대답하시기를 "俎豆(禮器)에 대한 일은 일찍이 들었지만 군대에 관한 일은 배우지 못하였다." 하시고, 다음날 마침내 떠나셨다.

陳은 謂軍師行(항)伍之列이라 俎豆는 禮器라
尹氏曰 衛靈公은 無道之君也어늘 復有志於戰伐之事라 故로 答以未學而去之하시니라

'陳'은 군사(군대)의 行伍에 대한 列을 이른다. '俎(도마)'와 '豆(접시)'는 禮를 행할 때에 사용하는 器物들이다.
尹氏(尹焞)가 말하였다. "衛靈公은 無道한 군주인데 또 전쟁하고 정벌하는 일에 뜻을 두었다. 그러므로 배우지 못하였다고 답하고 떠나신 것이다."

1-2. 在陳絶糧하니 從者病하여 莫能興이러니

陳나라에 계시면서 양식이 떨어지니, 從者들이 병들어 일어나지 못하였다.

⋯ 陳 진칠 진(陣同) 俎 제기 조 豆 제기 두 旅 군사 려 行 줄 항 伍 대오 오 絶 끊을 절 糧 양식 량 興 일어날 흥

孔子去衛適陳하시니라 興은 起也라

孔子께서 衛나라를 떠나 陳나라로 가셨다. '興'은 일어남이다.

1-3. 子路慍見(현)曰 君子亦有窮乎잇가 子曰 君子는 固窮이니 小人은 窮斯濫矣니라

子路가 성난 얼굴로 〈孔子를〉 뵙고는 "君子도 곤궁할 때가 있습니까?" 하고 묻자, 孔子께서 말씀하셨다. "君子는 진실로 곤궁한 때가 있으니, 小人은 곤궁하면 넘친다."

何氏曰 濫은 溢也라 言君子固有窮時하니 不若小人窮則放溢爲非니라
程子曰 固窮者는 固守其窮이라하시니 亦通이라

何氏(何晏)가 말하였다. "'濫'은 넘침이다. '君子는 진실로 곤궁할 때가 있으니, 小人이 곤궁하면 放逸하여 나쁜 짓을 하는 것과는 같지 않다.'고 말씀한 것이다."
程子(伊川)는 말씀하기를 "'固窮'이란 곤궁함을 굳게 지키는 것이다." 하셨으니, 또한 통한다.

⊙ 愚謂 聖人이 當行而行하여 無所顧慮하고 處困而亨[1]하여 無所怨悔를 於此에 可見이니 學者宜深味之니라

⊙ 내가 생각하건대, 聖人이 마땅히 떠나야 할 경우에는 떠나가서 돌아보고 염려하는 바가 없고, 곤경에 처해서도 형통하여 원망하거나 후회하는 바가 없음을 여기에서 볼 수 있으니, 배우는 자들은 깊이 음미해야 한다.

2-1. 子曰 賜也아 女以予爲多學而識(지)之者與아

孔子께서 말씀하시기를 "賜야, 너는 나를 많이 배우고 그것을 기억하는 자라고 여기느냐?" 하시자,

---

1 處困而亨:《周易》〈困卦〉卦辭에 "困은 형통하고 貞하니, 大人이라 吉하고 허물이 없으니, 말을 하면 믿지 않으리라.〔困 亨貞 大人吉 无咎 有言 不信〕" 하였고, 또 〈困卦 象傳〉에 "困하여 그 형통한 바를 잃지 않으니, 그 오직 君子일 것이다.〔困而不失其所亨 其唯君子乎〕" 하였다.

••• 慍 성낼 온 固 진실로 고, 견고할 고 濫 넘칠 람 溢 넘칠 일 顧 돌아볼 고 慮 생각할 려 亨 형통할 형
識 기억할 지

子貢之學이 多而能識矣니 夫子欲其知所本也라 故로 問以發之하시니라

子貢의 학문은 많이 배우고 그것을 잘 기억하였으니, 夫子께서 〈子貢으로 하여금〉 그 근본이 되는 바를 알게 하고자 하셨다. 그러므로 물어서 〈의문을〉 유발하신 것이다.

2-2. 對曰 然하이다 非與잇가

子貢이 대답하였다. "그렇습니다. 아닙니까?"

方信而忽疑하니 蓋其積學功至而亦將有得也라

막 믿다가 갑자기 의심하였으니, 학문을 쌓은 공부가 지극하여 또한 장차 터득함이 있게 된 것이다.

2-3. 曰 非也라 予는 一以貫之니라

孔子께서 말씀하셨다. "아니다. 나는 하나의 이치가 모든 사물을 꿰뚫는다."

說見第四篇이라 然이나 彼以行言이요 而此以知言也라

〈'一以貫之'는〉 해설이 제4편(〈里仁〉)에 보인다. 그러나 거기서는 행동으로써 말씀하였고, 여기서는 지식으로써 말씀하였다.

⊙ 謝氏曰 聖人之道 大矣라 人不能遍觀而盡識하니 宜其以爲多學而識之也라 然이나 聖人이 豈務博者哉시리오 如天之於衆形에 匪物物刻而雕之也라 故로 曰予一以貫之라하시니 德輶如毛나 毛猶有倫하니 上天之載 無聲無臭라야 至矣[2]니라

尹氏曰 孔子之於曾子엔 不待其問而直告之以此로되 曾子復深喩之하여 曰唯라하시고 若子貢則先發其疑而後에 告之로되 而子貢이 終亦不能如曾子之唯也하니 二子所學之淺深을 於此에 可見이니라

---

2 德輶如毛……至矣 : '倫'은 비교의 뜻으로 '德輶如毛'는 《詩經》〈大雅 烝民〉에 보이고, '上天之載 無聲無臭'는 〈大雅 文王〉에 보이는바, 이는 《中庸》33장의 '德輶如毛 毛猶有倫 上天之載 無聲無臭 至矣'를 인용한 것이다. 혹자가 "여기에 이 詩를 인용한 것은 理의 은밀함을 찬양한 것이 아닙니까?〔所以引此詩者 莫只是贊其理之密否〕" 하고 묻자, 朱子는 "참으로 옳으니, 이 경지에 이르면 말로 표현할 수 없다.〔固是 到此則無可得說了〕" 하였다. 《語類》

••• 忽 갑자기 홀 遍 두루 변(편) 匪 아닐 비 雕 새길 조 輶 가벼울 유 倫 등급 륜 載 일 재 喩 깨달을 유
     唯 빨리대답할 유

愚按 夫子之於子貢에 屢有以發之나 而他人은 不與(예)焉하니 則顔曾以下諸子所學
之淺深을 又可見矣니라

⊙ 謝氏(謝良佐)가 말하였다. "聖人의 道가 커서 사람들이 두루 보고 다 알지 못하니, 당연히
많이 배우고 그것을 기억하는 것이라고 여길 것이다. 그러나 聖人이 어찌 博學하기를 힘쓰신 분
이겠는가. 마치 하늘이 여러 형상에 대해 물건마다 조각하여 만든 것이 아닌 것과 같다. 그러므로
'나는 하나의 이치가 모든 사물을 꿰뚫는다.'고 말씀하신 것이다.《詩經》에 '德은 가볍기가 터럭
과 같다.'고 하였는데, 터럭은 오히려 비교할 데가 있으니,《詩經》에 '하늘의 일은 소리도 없고 냄
새도 없다.'고 한 말이어야 지극한 것이다."

尹氏(尹焞)가 말하였다. "孔子께서 曾子에 대해서는 그가 질문하기를 기다리지 않고 곧바로 이
것(一以貫之)으로써 말씀하셨는데, 曾子는 다시 이것을 깊이 깨닫고는 '예' 하고 대답하셨다. 그
런데 子貢으로 말하면 먼저 의문을 유발한 뒤에 말씀해 주셨는데도 子貢은 끝내 曾子처럼 '예'
하고 대답하지 못하였으니, 두 분의 배움의 깊고 얕음을 여기에서 볼 수 있다."

내가 생각하건대, 夫子가 子貢에 대해서는 여러 번 말씀해 주심이 있었으나 다른 사람은 여기
에 참예하지 못하였으니, 그렇다면 顔子 · 曾子 이하 여러 弟子들이 배운 바의 깊고 얕음을 또
한 볼 수 있는 것이다.

3. 子曰 由아 知德者 鮮矣니라

孔子께서 말씀하셨다. "由야, 德을 아는 자가 드물다."

由는 呼子路之名而告之也라 德은 謂義理之得於己者니 非己有之면 不能知其意味
之實也라

由는 子路의 이름을 부르고 말씀하신 것이다. '德'은 의리를 행하여 자기 몸에 얻은 것을 이르
니, 자신이 德行을 가지고 있지 않으면 그 의미의 실제를 알 수 없는 것이다.

⊙ 自第一章으로 至此는 疑皆一時之言이니 此章은 蓋爲慍見(현)發也라

⊙ 第1章부터 여기까지는 모두 한 때의 말씀인 듯하다. 이 章은 아마도 〈本篇 1章에〉 子路가
성난 얼굴로 뵈었기 때문에 말씀한 것인 듯하다.

··· 屢 여러 루 鮮 적을 선 慍 성낼 온

4. 子曰 無爲而治者는 其舜也與신저 夫何爲哉시리오 恭己正南面而已矣시니라

孔子께서 말씀하셨다. "無爲로(저절로) 다스리신 자는 舜임금이실 것이다. 무엇을 하셨겠는가? 몸을 공손히 하고 바르게 南面하셨을 뿐이었다."

無爲而治者는 聖人德盛而民化하여 不待其有所作爲也라 獨稱舜者는 紹堯之後하고 而又得人以任衆職이라 故로 尤不見其有爲之迹也라 恭己者는 聖人敬德之容이니 旣無所爲면 則人之所見이 如此而已라

'無爲로 다스렸다.'는 것은 聖人의 德이 성대함에 백성이 교화되어서 作爲하는 바가 있음을 기다리지 않는 것이다. 유독 舜임금만을 일컬은 것은 堯임금의 뒤를 이었고, 또 인재를 얻어 여러 직책을 맡기셨기 때문에 더욱 有爲의 자취를 볼 수 없어서이다. '몸을 공손히 한다.'는 것은 聖人의 敬德(공경하는 德)의 모양이니, 이미 作爲하는 바가 없으면 사람들이 볼 수 있는 것은 이와 같을 뿐이다.

5-1. 子張이 問行한대

子張이 행해짐을 묻자,

猶問達之意也라

〈앞의 〈顏淵〉에서 子張이〉 達함을 물은 뜻과 같다.

5-2. 子曰 言忠信하며 行篤敬이면 雖蠻貊之邦이라도 行矣어니와 言不忠信하며 行不篤敬이면 雖州里나 行乎哉아

孔子께서 말씀하셨다. "말이 忠信하고 행실이 篤敬(篤厚하고 공경함)하면 비록 오랑캐의 나라라 하더라도 행해질 수 있지만 말이 忠信하지 못하고 행실이 篤敬하지 못하면 〈자신이 사는〉 州里라 하더라도 행해지겠는가.

··· 已 뿐이 紹 이을 소 職 직책 직 尤 더욱 우 迹 자취 적 篤 도타울 독 蠻 오랑캐 만 貊 오랑캐 맥 邦 나라 방

子張이 意在得行於外라 故로 夫子反於身而言之하시니 猶答干祿問達[3]之意也라 篤은 厚也라 蠻은 南蠻이요 貊은 北狄이라 二千五百家爲州라

子張은 뜻이 밖에서 행해짐을 얻는 데 있었다. 그러므로 夫子께서 자신에게 돌이켜 말씀하셨으니, 干祿과 問達에 답한 뜻과 같다. '篤'은 厚함이다. '蠻'은 南蠻이요 '貊'은 北狄이다. 2천 5백 家를 州라 한다.

5-3. 立則見其參(참)於前也요 在輿則見其倚於衡也니 夫然後에 行이니라

서 있으면 그것(忠信과 篤敬)이 앞에 참예함을 볼 수 있고, 수레에 있으면 그것이 멍에에 기대고 있음을 볼 수 있어야 하니, 이와 같이 한 뒤에야 행해지는 것이다."

其者는 指忠信篤敬而言이라 參은 讀如毋往參焉[4]之參이니 言與我相參也라 衡은 軛也라 言其於忠信篤敬에 念念不忘하여 隨其所在하여 常若有見하여 雖欲頃刻離之라도 而不可得이니 然後에 一言一行이 自然不離於忠信篤敬하여 而蠻貊可行也라

'그것[其]'이란 忠信과 篤敬을 가리켜 말한 것이다. '參'은 '가서 끼어들지 말라.[毋往參焉]'는 參과 같이 읽으니, 나와 서로 참예함을 말한다. '衡'은 멍에이다. 忠信과 篤敬에 있어 생각하고 생각하여 잊지 않아서 있는 곳에 따라 항상 〈눈앞에〉 보이는 듯하여, 비록 잠시 떠나려 해도 떠날 수 없어야 하니, 이렇게 한 뒤에야 한 마디 말과 한 가지 행동이 모두 저절로 忠信과 篤敬에서 벗어나지 아니하여 오랑캐 나라에서도 행해질 수 있음을 말씀한 것이다.

---

3 猶答干祿問達 : '干祿'은 녹을 구하는 방법으로 앞의 〈爲政〉 18章에 子張이 녹을 구하는 방법을 배우려 하자, 孔子께서 "많이 듣고서 의심나는 것을 제쳐놓고 그 나머지를 삼가서 말하면 허물이 적을 것이요, 많이 보고서 위태로운 것을 제쳐놓고 그 나머지를 삼가서 행하면 후회하는 일이 적을 것이니, 말에 허물이 적으며 행실에 후회할 일이 적으면 祿이 그 가운데에 있는 것이다.〔多聞闕疑 愼言其餘則寡尤 多見闕殆 愼行其餘則寡悔 言寡尤 行寡悔 祿在其中矣〕"라고 답하셨고, '問達'에 답하신 것은 〈顔淵〉 20章에 子張이 "선비가 어떠하여야 達이라고 이를 수 있습니까?〔子張問 士何如 斯可謂之達矣〕"라고 묻자, 孔子께서 "達이란 질박하고 정직하고 義를 좋아하며, 남의 말을 살피고 얼굴빛을 관찰하며 생각해서 몸을 낮추는 것이니, 나라에 있어도 반드시 達하며 집안에 있어도 반드시 達한다.〔夫達也者 質直而好義 察言而觀色 慮以下人 在邦必達 在家必達〕"라고 답하신 내용이 보인다.

4 毋往參焉 : 《禮記》〈曲禮上〉에 "두 사람이 앉아 있거나 두 사람이 서 있으면 가서 끼어들지 말며, 두 사람이 서 있을 적에 그 가운데로 지나가지 않는다.〔離坐離立 毋往參焉 離立者 不出中間〕"라고 보인다.

··· 干 구할 간 狄 오랑캐 적 參 참여할 참 輿 수레 여 倚 기댈 의 衡 멍에 형 指 가리킬 지 軛 멍에 액 頃 잠깐 경 刻 시간 각

5-4. 子張이 書諸紳하니라

子張이 〈이 말씀을〉 띠에 썼다.

紳은 大帶之垂者라 書之는 欲其不忘也라

'紳'은 大帶의 아래로 드리워진 부분이다. 이 말씀을 여기에 쓴 것은 잊지 않고자 해서이다.

⊙ 程子曰 學要鞭辟近裏하여 著(착)己而已니 博學而篤志하고 切問而近思하며 言忠信하고 行篤敬하여 立則見其參於前하고 在輿則見其倚於衡이니 卽此是學이라 質美者는 明得盡하고 查滓便渾化하여 却與天地同體[5]요 其次는 惟莊敬以持養之니 及其至則一也니라

⊙ 程子(明道)가 말씀하였다. "學問은 내면에 가장 깊은 곳까지 들어가 자기 몸에 붙기를 要할 뿐이다. 배우기를 널리 하고 뜻을 독실히 하며 간절히 묻고 가까이 생각하며, 말이 忠信하고 행실이 篤敬하여, 서 있으면 그것이 앞에 참예함을 볼 수 있고 수레에 있으면 그것이 멍에에 기대고 있음을 볼 수 있어야 하니, 이것이 바로 學問이다. 자질이 아름다운 자는 밝히기를 다하여 찌꺼기가 다 없어져서(완전히 변화하여) 天地와 同體가 될 수 있고, 그 다음은 莊敬하여 지키고 길러야 하니, 그 지극한 데 이르면 똑같다."

6-1. 子曰 直哉라 史魚여 邦有道에 如矢하며 邦無道에 如矢로다

孔子께서 말씀하셨다. "곧다, 史魚여. 나라에 道가 있을 때에도 화살처럼 곧으며, 나라에 道가 없을 때에도 화살처럼 곧도다.

史는 官名이라 魚는 衛大夫니 名鰌(추)라 如矢는 言直也라 史魚自以不能進賢退不肖

---

5 質美者………却與天地同體 : '자질이 아름다운 자'란 顏子 이상을 가리키며, '明得盡'은 이치를 봄이 투철한 것이고, '查滓便渾化'는 사사로운 뜻과 人慾이 완전히 사라짐을 이른다. 退溪(李滉)는 "'明得盡'은 知에 속하니 앎이 분명한 것이고, '查滓渾化'는 바로 이것을 行한 효험이다. '却'은 어조사이니, 마땅히 윗구에 속하여야 한다. 세속에서는 '却與天地'라고 읽는데, 옳지 않다." 하였다. 그러나 却의 句讀는 여러 本이 각기 다르며, 壺山 역시 却을 아랫구에 붙이고 "却字를 혹 윗구에 붙여 읽기도 한다." 하였으므로 이를 따랐음을 밝혀둔다.

••• 書 쓸 서   紳 큰띠 신   鞭 채찍 편   辟 채찍 벽   裏 속 리   著 붙을 착(着同)   查 찌꺼기 사(渣同)   滓 찌꺼기 재
直 곧을 직   矢 화살 시   鰌 미꾸라지 추   肖 어질 초

라하여 **旣死**에 **猶以尸諫**이라 **故**로 **夫子稱其直**하시니 **事見家語**[6]하니라

'史'는 官名이다. 魚는 衛나라의 大夫이니, 이름이 鰌이다. '如矢'는 곧음을 말한다. 史魚는 스스로 어진이를 등용시키고 不肖한 이를 물리치지 못했다 하여 죽은 뒤에도 오히려 尸身으로써 君主에게 간하였다. 그러므로 夫子께서 그의 곧음을 칭찬하셨으니, 이 사실이 《孔子家語》에 보인다.

6-2. **君子哉**라 **蘧伯玉**이여 **邦有道則仕**하고 **邦無道則可卷而懷之**로다

君子답다, 蘧伯玉이여. 나라에 道가 있으면 벼슬하고, 나라에 道가 없으면 거두어 품어(감추어) 두는구나."

伯玉出處 合於聖人之道라 **故**로 **曰君子**라 **卷**은 **收也**요 **懷**는 **藏也**[7]니 **如於孫林父**(보) **甯殖放弒之謀**에 **不對而出**[8]이 **亦其事也**라

蘧伯玉의 出處가 聖人의 道에 합하였다. 그러므로 君子라고 말씀하신 것이다. '卷'은 거둠이요 '懷'는 감춤이니, 예컨대 孫林父와 甯殖이 君主를 추방하고 시해하려는 모의에 〈蘧伯玉이〉 대답하지 않고 나간 것이 또한 그〈한 가지〉 일이다.

⊙ **楊氏曰 史魚之直**은 **未盡君子之道**요 **若蘧伯玉然後**에 **可免於亂世**니 **若史魚之如矢**면 **則雖欲卷而懷之**라도 **有不可得也**니라

---

6 史魚自以不能進賢退不肖……事見家語:《孔子家語》〈困誓〉편에 "衛나라 蘧伯玉은 賢能하였는데 靈公이 등용하지 않았고 彌子瑕는 不肖하였는데 도리어 그를 등용하였다. 史魚가 여러 번 諫하였으나 靈公이 받아들이지 않았다. 史魚가 병들어 죽을 때에 그 아들에게 명하기를 '내가 衛나라 조정에 있으면서 蘧伯玉을 등용시키지 못하고 彌子瑕를 물러나게 하지 못하였으니, 이것은 내가 신하가 되어 임금을 바르게 인도하지 못한 것이다. 살아서 임금을 바르게 인도하지 못했으니 죽어서 禮를 이룰 수 없다. 내가 죽거든 너는 나의 시신을 창문 아래에 두고 나에 대한 喪禮를 끝마쳐라.' 하였다. 그 아들이 부친의 유언을 따랐다. 靈公이 조문을 왔다가 괴이하게 여겨 물으니, 史魚의 아들이 부친의 말을 고하였다. 靈公이 몹시 놀라 안색이 변하며 '이는 과인의 허물이다.' 하고, 이에 서쪽 섬돌에 殯(가매장)을 하게 하고, 蘧伯玉을 나오게 하여 등용하고 彌子瑕를 물러나게 하여 멀리하였다.

7 卷……藏也:新安陳氏(陳櫟)는 "'거두다〔卷〕'와 '품다〔懷〕'는 모두 이 道를 거두고 품는 것을 가리켜 말한 것이다." 하였다.

8 孫林父甯殖放弒之謀 不對而出:孫林父와 甯殖에 대한 내용은 《春秋左傳》 襄公 14년, 20년, 26년조에 보인다.

··· 尸 주검 시 諫 간할 간 蘧 풀이름 거 卷 거둘 권 懷 품을 회 父 남자이름 보(甫通) 甯 성 영 殖 불릴 식
     弒 죽일 시

⊙ 楊氏(楊時)가 말하였다. "史魚의 곧음은 君子의 道를 다하지 못하였고, 蘧伯玉과 같이 한 뒤에야 난세에 화를 면할 수 있다. 史魚와 같이 화살처럼 곧게 한다면 비록 거두어 품고자 하더라도 또한 될 수 없다."

7. 子曰 可與言而不與之言이면 失人이요 不可與言而與之言이면 失言[9]이니 知(智)者는 不失人하며 亦不失言이니라

孔子께서 말씀하셨다. "더불어 말할 만한데도 더불어 말하지 않으면 사람을 잃고, 더불어 말할 만하지 않은데도 더불어 말하면 말을 잃으니, 지혜로운 자는 사람을 잃지 않으며 또한 말을 잃지 않는다."

8. 子曰 志士, 仁人은 無求生以害仁이요 有殺身以成仁이니라

孔子께서 말씀하셨다. "志士와 仁人은 삶을 구하여 仁을 해침은 없고, 몸을 죽여 仁을 이룸은 있다."

志士는 有志之士요 仁人은 則成德之人也라 理當死而求生이면 則於其心에 有不安矣니 是는 害其心之德也라 當死而死면 則心安而德全矣라

'志士'는 뜻이 있는 선비요, '仁人'은 德을 이룬 사람이다. 道理上 마땅히 죽어야 할 때에 삶을 구한다면 그 마음에 불안한 바가 있을 것이니, 이는 마음의 德을 해치는 것이다. 마땅히 죽어야 할 때에 죽는다면 마음이 편안하고 德이 온전할 것이다.

⊙ 程子曰 實理를 得之於心이면 自別[10]이니 實理者는 實見得是하고 實見得非也[11]라

---

9 可與言……失言 : 타일러서 改過遷善할 만한 사람인데도 그의 잘못을 말해주지 않으면 그 사람이 결국 죄악에 빠져 사람을 버리게 되고, 아무리 타일러도 듣지 않을 사람에게 타이르면 결국 그 말만 버리게 되므로 말씀한 것이다.

10 實理得之於心 自別 : '自別'은 스스로 달라지다. 스스로 분명해지다의 뜻으로, 《近思錄》 7권에 보이는 바, 原文은 다음과 같다. "진실한 이치를 본다는 것은 옳음을 실제로 보고 그름을 실제로 보는 것이다. 무릇 진실한 이치를 마음속에 얻으면 저절로 달라진다.……책을 잡고 글을 읽는 자가 禮義를 말할 줄 모르는 이가 없으며 또 王公大人(고관대작)들이 모두 軒冕(富貴)은 外物이라고 말하나 利害를 당하면 義理로 나아갈 줄 알지 못하고 도리어 富貴로 나아가니, 이와 같은 자는 다만 말만 하고 실제로는 보지 못한 것이다. 그러나 水火를 밟음에 이르러서는 사람들이 모두 피하니, 이는 실제로 본 것이다. 모름지기 不善

古人이 有捐軀隕命者하니 若不實見得이면 惡(오)能如此리오 須是實見得生不重於義하고 生不安於死也라 故로 有殺身以成仁者하니 只是成就一箇是而已니라

⊙ 程子(伊川)가 말씀하였다. "진실한 이치를 마음에 얻으면 저절로 달라지니, 진실한 이치란 옳음을 실제로 보고 그름을 실제로 보는 것이다. 옛사람은 몸을 버리고 목숨을 바친 자가 있었으니, 만일 실제로 보지 않았다면 어찌 이와 같을 수 있겠는가. 모름지기 삶이 의리보다 중하지 못하고 삶이 죽음보다 편안치 못함을 실제로 보았기 때문에 몸을 죽여서 仁을 이루는 경우가 있는 것이니, 다만 하나의 '옳음'을 성취할 뿐이다."

9. 子貢이 問爲仁한대 子曰 工欲善其事인댄 必先利其器니 居是邦也하여 事其大夫之賢者하며 友其士之仁者니라

子貢이 仁을 행함을 묻자, 孔子께서 말씀하셨다. "工人이 그 일을 잘하려면 반드시 먼저 그 기구(연장)를 예리하게 만들어야 하니, 이 나라에 살면서 이 나라 大夫의 어진 자를 섬기며, 이 나라 士의 仁한 자를 벗삼아야 한다."

賢은 以事言이요 仁은 以德言이라 夫子嘗謂子貢悅不若己者[12]라 故로 以是告之하시니 欲其有所嚴憚切磋以成其德也시니라

'賢'은 일로써 말하였고, '仁'은 德으로써 말하였다. 夫子께서 일찍이 子貢은 자기만 못한 자를 좋아한다고 하셨다. 그러므로 이로써 그에게 말씀해 주신 것이니, 두려워하고 切磋하는 바가 있어서 그 德을 이루게 하고자 하신 것이다.

을 보거든 끓는 물에 손을 넣는 것처럼 여기는 마음이 있어야 하니, 그러면 자연 달라질 것이다.〔實理者 實見得是 實見得非 凡實理 得之於心 自別……至如執卷者 莫不知說禮義 又如王公大人 皆能言軒冕外物 及其臨利害 則不知就義理 却就富貴 如此者 只是說得 不實見 及其蹈水火 則人皆避之 是實見得 須是有見不善如探湯之心 則自然別"하여 語順이 약간 바뀌었는바, '自別'은 끝의 '自然別'과 같은 뜻이다. 壺山은 '實理得之於心 自別'에 대하여 "'實理'는 먼저 이 두 글자를 화제로 삼은 것이고, '得之於心 自別'은 實理 두 글자를 해석한 것이니, '得之於心'은 理字에 해당하고 '自別'은 實字에 해당한다. '別'은 분명함을 이른다." 하였다.

11 實理者……實見得非也 : 朱子는 '實理'와 '實見'은 같지 않으니, 기록함에 글자가 누락된 듯하다고 하였다.(《語類 里仁 8장》) 朱子의 지적처럼, '實理者' 앞에 '見'字가 추가된다면 이 문장의 의미가 더욱 완전해질 것이다.

12 夫子嘗謂子貢悅不若己者 : 이 내용은 《孔子家語》〈六本〉편에 보인다.

··· 捐 버릴 연 軀 몸 구 隕 떨어질 운 命 목숨 명 惡 어찌 오 就 이룰 취 善 잘할 선 利 날카로울 리 器 도구 기 悅 기쁠 열 嚴 엄할 엄 憚 꺼릴 탄 切 끊을 절 磋 갈 차

⊙ 程子曰 子貢이 問爲仁이요 非問仁也라 故로 孔子告之以爲仁之資而已시니라

⊙ 程子(伊川)가 말씀하였다. "子貢은 仁을 행함을 물었고 仁을 물은 것이 아니다. 그러므로 孔子께서 그에게 仁을 행하는 자료로써 말씀해 주셨을 뿐이다."

10-1. 顔淵이 問爲邦한대

顔淵이 나라를 다스리는 것을 물었는데,

顔子는 王佐之才라 故로 問治天下之道어늘 曰爲邦者는 謙辭라

顔淵은 王者를 보좌할 만한 재질이었다. 그러므로 天下를 다스리는 方道를 물은 것인데, 나라를 다스린다고 말한 것은 겸사이다.

10-2. 子曰 行夏之時하며

孔子께서 말씀하셨다. "夏나라의 時(책력)를 행하며,

夏時는 謂以斗柄 初昏建寅之月로 爲歲首也[13]라 天開於子하고 地闢於丑하고 人生於寅이라 故로 斗柄建此三辰之月을 皆可以爲歲首하여 而三代迭用之라 夏以寅하니 爲人正이요 商以丑하니 爲地正이요 周以子하니 爲天正也[14]라 然이나 時以作事[15]하니 則歲月은 自當以人爲紀라 故로 孔子嘗曰 吾得夏時焉[16]이라하신대 而說者以爲夏小正之屬

---

13 夏時……爲歲首也:'歲首'는 正月을 가리킨다. 북두칠성의 일곱 별 중 일직선으로 있는 세 별을 자루라 하는데, 옛날에는 초저녁에 북두칠성의 자루가 어느 방향을 가리키는가를 보아 春·夏·秋·冬을 알았는 바, 이 내용은 앞의 〈爲政〉 23章의 《集註》와 이에 따른 각주에 자세히 보인다.

14 天開於子……爲天正也:'人正'은 사람을 기준한 정월이란 뜻으로 人統이라고도 하고, '地正'은 땅을 기준한 것으로 地統이라고도 하고, '天正'은 하늘을 기준한 것으로 天統이라고도 한다. 邵雍의 《皇極經世書》에 "30년을 1世라 하고, 12世 즉 3백 60년을 1運, 30運 즉 1만 8백 년을 1會라 한다. 會는 十二支에 따라 모두 12會가 있는데, 하늘은 子會에서 열리고 땅은 丑會에서 열리고 사람과 만물은 寅會에서 생겨났다.〔天開於子 地闢於丑 人生於寅〕" 하였으므로 이에 따라 人正, 地正, 天正이라 한 것이다.

15 時以作事:《春秋左傳》文公 6년조에 "閏月로 四時를 바로잡고, 四時에 의거해 농사를 짓고, 농사로써 백성들의 생활을 넉넉하게 한다.〔閏以正時 時以作事 事以厚生〕"라고 보인다.

16 孔子嘗曰 吾得夏時焉:《禮記》〈禮運〉에 "내가 夏나라의 道를 보고자 하여 이 때문에 杞나라에 가니 충분히 징험할 수가 없었고 내가 夏나라의 曆法을 얻었다.〔我欲觀夏道 是故 之杞而不足徵也 吾得夏時焉〕"라고 보인다.

··· 爲 다스릴 위 謙 겸손할 겸 柄 자루 병 建 가리킬 건 闢 열 벽 표 소 축 辰 지지 진 迭 갈마들 질 紀 벼리 기

이라하니 **蓋取其時之正 與其令之善**이요 **而於此**에 **又以告顔子也**시니라

'夏時'란 北斗星 자루가 날이 처음 어두울 때에 寅方을 가리키는 달로써 歲首(정월)를 삼는 것이다. 하늘은 子會에서 열렸고, 땅은 丑會에서 열렸고, 人物은 寅會에서 생겨났다. 그러므로 北斗星 자루가 이 세 方位를 가리키는 달을 모두 歲首로 삼을 수 있어서 三代가 차례로(번갈아) 쓴 것이다. 夏나라에서는 寅月을 사용하였으니 人正이 되고, 殷나라에서는 丑月을 사용하였으니 地正이 되고, 周나라에서는 子月을 사용하였으니 天正이 된다. 그러나 철로써 농사일을 하니, 그렇다면 세월은 마땅히 人正으로써 벼리(기준)를 삼아야 한다. 그러므로 孔子께서 일찍이 말씀하시기를 "내 夏나라의 때(曆法)를 얻었다." 하셨는데, 해설하는 자가 〈夏小正〉의 등속 이라 하였으니, 이는 그 철의 바름과 그 令(時令)의 좋음을 취한 것이요, 여기에서 또 이것을 가 지고 顔子에게 말씀해 주신 것이다.

10-3. 乘殷之輅(로)하며

殷나라의 수레를 타며,

商輅는 **木輅也**니 **輅者**는 **大車之名**이라 **古者**에 **以木爲車而已**러니 **至商而有輅之名**하니 **蓋始異其制也**라 **周人**이 **飾以金玉**하니 **則過侈而易敗**하여 **不若商輅之朴素渾堅而 等威已辨**하니 **爲質而得其中也**라

商나라 수레는 木輅이니, '輅'는 大車의 이름이다. 옛날에는 나무로 수레를 만들었을 뿐이었 는데, 商나라 때에 이르러 輅라는 이름이 있었으니, 비로소 그 제도를 달리한 것이다. 周나라 사 람들은 수레를 金玉으로 꾸몄으니, 지나치게 사치스럽고 망가지기 쉬워서 商나라 輅가 질박하 고 튼튼하면서도 等威(신분의 등급)가 이미 분별됨만 못하였으니, 이는 질박하면서도 그 中을 얻은 것이다.

10-4. 服周之冕하며

周나라의 면류관을 쓰며,

周冕有五하니 **祭服之冠也**라 **冠上有覆**(부)하고 **前後有旒**하니 **黃帝以來**로 **蓋已有之**로

··· **屬** 무리 속 **令** 명령할 령 **殷** 은나라 은 **輅** 수레 로 **侈** 사치할 치 **朴** 질박할 박 **渾** 온전할 혼 **冕** 면류관 면
   覆 덮을 부 **旒** 면류관앞뒤에드린구슬 류

되 而制度儀等이 至周始備라 然이나 其爲物이 小而加於衆體之上이라 故로 雖華而不
爲靡하고 雖費而不及奢하니 夫子取之는 蓋亦以爲文而得其中也라

周나라의 면류관은 다섯 종류가 있으니, 祭服에 쓰는 冠이다. 冠 위에는 덮개가 있고 앞뒤에
는 술이 있으니, 黃帝氏 이래로 이미 있었으나 制度와 儀等(의식의 등급)이 周나라에 이르러
비로소 갖추어졌다. 그러나 그 물건됨이 작으면서 모든 몸의 위에 얹는다. 그러므로 비록 화려하
더라도 사치함이 되지 않고 비록 허비하더라도 사치함에 미치지 않으니, 夫子께서 이것을 취하
심은 또한 문채나면서도 그 中을 얻은 것이다.

10-5. 樂則韶舞요

음악은 韶舞를 할 것이요,

取其盡善盡美[17]라

그 盡善盡美함을 취하신 것이다.

10-6. 放鄭聲하며 遠佞人이니 鄭聲은 淫하고 佞人은 殆니라

鄭나라 음악을 추방하며 말재주 있는 사람을 멀리 해야 하니, 鄭나라 음악은 음탕하고
말 잘하는 사람은 위태롭다."

放은 謂禁絶之라 鄭聲은 鄭國之音이요 佞人은 卑諂辨給之人이라 殆는 危也라

'放'은 금하여 끊음을 이른다. '鄭聲'은 鄭나라의 음악이요, '佞人'은 몸을 낮추고 아첨하며
말을 잘하는 사람이다. '殆'는 위태로움이다.

⊙ 程子曰 問政이 多矣로되 惟顔淵에 告之以此라 蓋三代之制 皆因時損益이로되 及
其久也하여 不能無弊라 周衰에 聖人不作이라 故로 孔子斟酌先王之禮하여 立萬世常

---

17 盡善盡美 : 극진히 좋고 극진히 아름다운 것으로 앞의 〈八佾〉 25章에 "子謂韶 盡美矣 又盡善也"라고
보인다. 이에 대하여 朱子는 "美는 소리와 모양의 성대함이요, 善은 아름다움의 실제이다.〔美者 聲容之
美 善者 美之實也〕"라고 주석하였다.

••• 靡 화려할 미 費 쓸 비 奢 사치할 사 韶 풍류이름 소 舞 춤출 무 放 내칠 방 佞 아첨할 녕, 말잘할 녕
淫 음란할 음 殆 위태할 태 諂 아첨할 첨 辨 말잘할 변 給 말잘할 급 斟 술따를 짐(침) 酌 술따를 작

行之道하사 發此以爲之兆耳시니 由是求之하면 則餘皆可考也니라

張子曰 禮樂은 治之法也니 放鄭聲, 遠佞人은 法外意[18]也라 一日不謹이면 則法壞矣니 虞夏君臣이 更(경)相戒飭은 意蓋如此니라

又曰 法立而能守면 則德可久요 業可大라 鄭聲, 佞人은 能使人喪其所守라 故로 放遠之하시니라

尹氏曰 此所謂百王不易之大法이니 孔子之作春秋는 蓋此意也라 孔顔이 雖不得行之於時나 然其爲治之法을 可得而見矣니라

⊙ 程子(伊川)가 말씀하였다. "政事를 물은 것이 많으나 오직 顔淵에게 이로써 말씀해 주셨다. 三代의 제도가 모두 때에 따라 損益(加減)하였으나, 그 오램에 이르러는 폐단이 없지 못하였다. 周나라가 쇠함에 聖人이 나오지 못하였다. 그러므로 孔子께서 先王의 禮를 참작하여 萬世에 항상 시행할 수 있는 道를 세우시어, 이것을 말씀하여 그 兆(단서)로 삼으셨으니, 이것을 말미암아 찾는다면 나머지도 모두 상고할 수 있다."

張子(張橫渠)가 말씀하였다. "禮樂은 다스림(정치)의 법이니, 鄭나라 음악을 추방하고 말재주 있는 사람을 멀리함은 법 밖의 뜻이다. 하루라도 이것을 삼가지 않으면 법이 무너지니, 虞(舜)나라와 夏(禹)나라의 君臣들이 돌아가면서 서로 경계하고 신칙한 것은 뜻이 이와 같다."

또 말씀하였다. "法이 확립되고 이것을 잘 지키면 德이 오래갈 수 있고 業이 커질 수 있다. 鄭나라 음악과 말재주 있는 사람은 人君으로 하여금 지키는 바를 상실하게 하기 때문에 이것을 추방하고 멀리하신 것이다."

尹氏(尹焞)가 말하였다. "이것은 이른바 '百王이 바꿀 수 없는 大法'이란 것이니, 孔子께서 《春秋》를 지으신 것은 이러한 뜻이다. 孔子와 顔子가 비록 이것을 당시에 행하지 못하였으나 그 정치하는 법을 볼 수 있을 것이다."

---

18 法外意:법률 이외의 뜻으로 위정자가 기본적으로 지켜야 할 조항이요, 법률 안에 내포될 수 있는 것이 아님을 말한 것이다. 禮樂과 같은 法은 무엇을 어떻게 해야 하는지에 대한 것으로서 정면적 규정이요, '鄭나라 음악을 추방하고 아첨하며 말재주 있는 사람을 멀리 하는 것'과 같은 반면적 경계는 法 외의 뜻이 되는 것이다. 閻若璩는 《四書釋地》에서 張橫渠의 이 내용을 들어 "이 말은 더욱 사람을 深長하게 생각하게 한다. '반드시 〈關雎〉와 〈麟趾〉의 뜻이 있은 뒤에야 《周官(周禮)》의 法度(制度)를 행할 수 있다.'는 것은 위정자가 정치하기에 앞서 미리 보존해야 할 것이요, '鄭나라의 음악을 추방하고 아첨하며 말재주 있는 사람을 멀리 하는 것'은 위정자가 뒤에(정치할 때) 마음에 지켜야 하는 것이다.〔語尤令人深長思 蓋必有關雎麟趾之意然後 可以行周官之法度 此存乎其先者 放鄭聲 遠佞人 此持乎其後者〕"하였다. 〈關雎〉와 〈麟趾〉는 《詩經》 〈周南〉의 篇名으로, 文王이 正心·修身을 하여 집안을 잘 다스려서 后妃의 德이 지극함을 읊은 내용이다.

••• 兆 조짐 조 更 바꿀 경 飭 경계할 칙 喪 잃을 상

11. 子曰 人無遠慮면 必有近憂니라

孔子께서 말씀하셨다. "사람이 먼 생각이 없으면 반드시 가까운 근심이 있다."

蘇氏曰 人之所履者는 容足之外에 皆爲無用之地나 而不可廢也라 故로 慮不在千里之外면 則患在几席之下矣[19]니라

蘇氏(蘇軾)가 말하였다. "사람이 밟는 것은 발을 용납하는 곳 외에는 모두 無用之地(쓸모없는 땅)가 되나 버릴 수가 없다. 그러므로 생각이 천 리 밖에 있지 않으면 화가 안석(几席)의 아래에 있게 된다."

12. 子曰 已矣乎라 吾未見好德을 如好色者也로라

孔子께서 말씀하셨다. "어쩔 수 없구나(끝났구나). 나는 德을 좋아하기를 女色을 좋아하듯이 하는 자를 보지 못하였다."

已矣乎는 歎其終不得而見之也라

'已矣乎'란 끝내 그런 사람을 보지 못함을 탄식하신 것이다.

13. 子曰 臧文仲은 其竊位者與인저 知柳下惠之賢而不與立也로다

孔子께서 말씀하셨다. "臧文仲은 지위를 도둑질한 자일 것이다. 柳下惠의 어짊을 알고서도 더불어 조정에 서지 아니하였구나."

竊位는 言不稱其位而有愧於心하여 如盜得而陰據之也라 柳下惠는 魯大夫展獲이니 字禽이요 食邑柳下하고 諡曰惠라 與立은 謂與之並立於朝라

范氏曰 臧文仲이 爲政於魯하니 若不知賢이면 是不明也요 知而不擧면 是蔽賢也니 不

---

19 人之所履者……則患在几席之下矣 : 經文에 말한 遠近은 공간적인 개념이라기보다는 시간적 의미라고 할 수 있다. 蘇氏의 說은 이를 공간적인 개념으로 설명하고 있는데, 이를 《集註》에 채록한 의미에 대해 壺山은 "《集註》에 蘇氏의 설을 인용한 뜻은 아마도 독자들이 공간[橫]을 인하여 시간[竪]을 유추하게 하고자 한 듯하다.〔集註引蘇說之意 蓋欲讀者之因橫以推竪也〕"하였다.

••• 慮 생각할 려 憂 근심할 우 履 밟을 리 几 안석 궤 已 그칠 이 臧 착할 장 竊 훔칠 절 稱 걸맞을 칭
愧 부끄러울 괴 蔽 가릴 폐

明之罪는 小하고 蔽賢之罪는 大라 故로 孔子以爲不仁하시고 又以爲竊位하시니라

'竊位'는 그 지위에 걸맞지 못하여 마음에 부끄러움이 있어서 마치 도둑질하여 얻어서 몰래 차지한 것과 같음을 말한다. 柳下惠는 魯나라 大夫 展獲이니, 字는 禽이요 食邑이 柳下이고 시호가 惠이다. '與立'은 그와 더불어 함께 조정에 섬을 이른다.

范氏(范祖禹)가 말하였다. "臧文仲이 魯나라에서 정사를 하였으니, 만일 어진이를 알지 못하였다면 이는 지혜가 밝지 못한 것이요, 알고도 들어 쓰지 않았다면 이는 어진이를 엄폐한 것이다. 지혜가 밝지 못한 죄는 작고 어진이를 엄폐한 죄는 크다. 그러므로 孔子께서 不仁하다고 하셨고, 또 '지위를 도둑질했다'라고 말씀하신 것이다."

14. 子曰 躬自厚而薄責於人이면 則遠怨矣니라

孔子께서 말씀하셨다. "자기 몸을 스스로 책망하기를 후하게 하고 남에게 책하기를 적게 한다면 원망이 멀어질 것이다."

責己厚故로 身益修하고 責人薄故로 人易從이니 所以人不得而怨之라

자신을 책하기를 후하게 하므로 몸이 더욱 닦이고, 남을 책하기를 적게 하므로 사람이 따르기 쉬우니, 이 때문에 사람들이 그를 원망할 수 없는 것이다.

15. 子曰 不曰如之何如之何者는 吾末如之何也已矣니라

孔子께서 말씀하셨다. "어찌할까 어찌할까라고 말하지 않는 자는 나도 어찌할 수가 없다."

如之何, 如之何者는 熟思而審處之辭也라 不如是而妄行이면 雖聖人이라도 亦無如之何矣니라

'如之何, 如之何'는 익숙히 생각하고 자세히 살펴서 대처하는 말이다. 이와 같이 하지 않고 함부로 행동한다면 비록 聖人이라도 어찌할 수가 없다.

16. 子曰 群居終日에 言不及義요 好行小慧면 難矣哉라

孔子께서 말씀하셨다. "여럿이 거처하며 하루를 마칠 적에 말이 의리에 미치지 않고 작

••• 躬 몸 궁 薄 엷을 박 末 없을 말 熟 익을 숙 審 살필 심 慧 지혜 혜

은 지혜를 행하기 좋아한다면 患難이 있을 것이다.”

小慧는 私智也라 言不及義면 則放辟邪侈之心이 滋하고 好行小慧면 則行險僥倖之機 熟이라 難矣哉者는 言其無以入德而將有患害也라

'小慧'는 사사로운 지혜이다. 말이 의리에 미치지 않으면 放辟(벽)하고 邪侈한 마음이 불어날 것이요, 작은 지혜를 행하기 좋아하면 위험을 행하고 요행을 바라는 기틀이 무르익을 것이다. '難矣哉'는 德에 들어갈 수가 없어서 장차 患害(患難)가 있을 것임을 말씀한 것이다.

17. 子曰 君子는 義以爲質이요 禮以行之하며 孫(遜)以出之하며 信以成之하나니 君子哉라

孔子께서 말씀하셨다. “君子는 義로써 바탕을 삼고, 禮로써 이것(義)을 행하며 겸손함으로써 이것을 내며 信으로써 이것을 이루나니, 이것이 君子이다.”

義者는 制事之本이라 故로 以爲質幹이요 而行之必有節文하고 出之必以退遜하고 成之必在誠實이니 乃君子之道也라

義란 일을 제재하는 근본이므로 質幹(根幹)으로 삼고, 행할 때에는 반드시 節文이 있고 낼 때에는 반드시 겸손함으로써 하고 이룸은 반드시 성실함에 있어야 하니, 이것이 바로 君子의 道이다.

⊙ 程子曰 義以爲質은 如質幹然이라 禮行此하고 孫出此하고 信成此하니 此四句는 只是一事니 以義爲本이니라
又曰 敬以直內면 則義以方外[20]요 義以爲質이면 則禮以行之하고 孫以出之하고 信以成之니라

⊙ 程子(明道)가 말씀하였다. “'義로써 바탕을 삼는다'는 것은 質幹과 같이 하는 것이다. 禮는 이것을 행하고 겸손함은 이것을 내고 信은 이것을 이룬다. 이 네 句는 다만 한 가지 일이니, 義로써 근본을 삼는다.”

---

20 敬以直內 則義以方外 : 《周易》〈坤卦 文言〉에 보이는바, '主敬以直內 用義以方外'를 줄여 쓴 것으로, '以'字를 '써'로 보지 않고 접속사로 본다. 그리하여 '敬하여 마음을 곧게 하고 義로워서 밖을 방정하게 한다.'로 해석한 것이다.

··· 辟 간사할 벽(僻通) 侈 사치할 치 滋 불어날 자 僥 바랄 요 倖 요행 행 質 바탕 질 孫 공손할 손 幹 줄기 간
方 네모질 방

또 말씀하였다. "敬하여 마음을 곧게 하면 義로워서 밖을 방정하게 할 것이요, 義로써 바탕을 삼으면 禮로써 이것을 행하고 겸손함으로써 이것을 내고 信으로써 이루게 된다."

18. 子曰 君子는 病無能焉이요 不病人之不己知也니라

孔子께서 말씀하셨다. "君子는 자신의 無能함을 병으로 여기고, 남이 자신을 알아주지 않음을 병으로 여기지 않는다."

19. 子曰 君子는 疾沒世而名不稱焉이니라

孔子께서 말씀하셨다. "君子는 沒世(終身)토록 이름이 일컬어지지 않음을 싫어한다."

范氏曰 君子는 學以爲己하고 不求人知라 然이나 沒世而名不稱焉이면 則無爲善之實을 可知矣니라

范氏(范祖禹)가 말하였다. "君子는 학문을 하여 자신을 위하고, 남이 알아주기를 구하지 않는다. 그러나 종신토록 이름이 일컬어지지 않는다면 善을 행한 실제가 없음을 알 수 있다."

20. 子曰 君子는 求諸己요 小人은 求諸人이니라

孔子께서 말씀하셨다. "君子는 자신에게서 찾고, 小人은 남에게서 찾는다."

謝氏曰 君子는 無不反求諸己요 小人은 反是니 此君子小人所以分也라

謝氏(謝良佐)가 말하였다. "君子는 자기 몸에 돌이켜 찾지 않음이 없고, 小人은 이와 반대이니, 이는 君子와 小人이 분별되는 이유이다."

⊙ 楊氏曰 君子雖不病人之不己知나 然亦疾沒世而名不稱也요 雖疾沒世而名不稱이나 然所以求者는 亦反諸己而已라 小人은 求諸人이라 故로 違道干譽하여 無所不至라 三者²¹는 文不相蒙이나 而意實相足하니 亦記言者之意니라

---

21 三者 : 바로 앞에 있는 18章과 19章 및 이 章을 가리킨다.

••• 病 병들 병 疾 미워할 질 沒 마칠 몰 干 구할 간 譽 기릴 예 蒙 무릅쓸 몽

⊙ 楊氏(楊時)가 말하였다. "君子는 비록 남이 자신을 알아주지 않음을 병으로 여기지 않으나 또한 종신토록 이름이 일컬어지지 않음을 싫어하며, 비록 종신토록 이름이 일컬어지지 않음을 싫어하나 찾는 것은 또한 자기 몸에 돌이킬 뿐이다. 小人은 남에게서 찾는다. 그러므로 道를 어기면서 명예를 구하여 이르지 못하는 바가(못하는 짓이) 없는 것이다. 이 세 가지는 글이 서로 이어지지는 않으나 뜻이 실로 서로 充足되니, 또한 〈孔子의〉 말씀을 기록한 자의 뜻이다."

21. 子曰 君子는 矜而不爭하고 群而不黨이니라

孔子께서 말씀하셨다. "君子는 씩씩하되 다투지 않고, 무리짓되 편당하지 않는다."

莊以持己曰矜이라 然이나 無乖戾之心故로 不爭이요 和以處衆曰群이라 然이나 無阿比之意故로 不黨이라

씩씩함(장엄함)으로 자기 몸을 지키는 것을 '矜'이라 한다. 그러나 乖戾하는 마음이 없으므로 다투지 않는 것이다. 和함으로 사람들과 처하는 것을 '群'이라 한다. 그러나 阿比하는 뜻이 없으므로 편당하지 않는 것이다.

22. 子曰 君子는 不以言擧人하며 不以人廢言이니라

孔子께서 말씀하셨다. "君子는 말을 잘한다고 해서 그 사람을 들어 쓰지 않으며, 사람이 나쁘다 하여 그의 좋은 말을 버리지 않는다."

23. 子貢이 問曰 有一言而可以終身行之者乎잇가 子曰 其恕乎인저 己所不欲을 勿施於人이니라

子貢이 "한 말씀으로서 종신토록 행할 만한 것이 있습니까?" 하고 묻자, 孔子께서 말씀하셨다. "恕일 것이다. 자기가 하고자 하지 않는 것을 남에게 베풀지 말라는 것이다."

推己及物이면 其施不窮이라 故로 可以終身行之라

자기 마음을 미루어 남에게 미치면 그 베풂이 무궁하다. 그러므로 종신토록 행할 수 있는 것이다.

··· 矜 씩씩할 긍 群 무리 군 黨 편벽될 당 莊 씩씩할 장 乖 어그러질 괴 戾 어그러질 려 阿 아첨할 아
比 아첨할 비 物 남 물 推 밀 추

⊙ 尹氏曰 學貴於知要하니 子貢之問은 可謂知要矣라 孔子告以求仁之方也하시니 推而極之하면 雖聖人之無我라도 不出乎此하니 終身行之가 不亦宜乎아

⊙ 尹氏(尹焞)가 말하였다. "학문은 요점을 아는 것을 귀하게 여기니, 子貢의 질문은 요점을 알았다고 이를 만하다. 孔子께서 그에게 仁을 구하는 방법으로써 말씀해 주셨으니, 이것을 미루어 지극히 한다면 비록 聖人의 無我의 경지라 하더라도 여기에서 벗어나지 않을 것이니, 종신토록 행함이 당연하지 않은가."

24-1. 子曰 吾之於人也에 誰毀誰譽리오 如有所譽者면 其有所試矣니라

孔子께서 말씀하셨다. "내가 사람(남)에 대해서 누구를 헐뜯고(훼방하고) 누구를 과찬하겠는가. 만일 칭찬하는 경우가 있다면 시험해 봄이 있어서이다.

毀者는 稱人之惡而損其眞이요 譽者는 揚人之善而過其實이라 夫子無是也라 然이나 或有所譽者면 則必嘗有以試之하여 而知其將然矣라 聖人이 善善之速而無所苟 如此요 若其惡惡(오악)은 則已緩矣라 是以로 雖有以前知其惡이라도 而終無所毀也시니라

'毀'는 남의 惡을 말하면서 그 진실을 덜어내는 것이요, '譽'는 남의 善을 찬양하면서 실제보다 지나치게 하는 것이다. 夫子는 이러한 것이 없었다. 그러나 혹 과찬하는 경우가 있다면 반드시 일찍이 그를 시험해 봄이 있어서 장차 그러할 줄을 아신 것이다. 聖人은 善을 칭찬하기를 신속히 하면서도 구차히 하는 바가 없음이 이와 같으시고, 惡을 미워함으로 말하면 매우 느슨히 한다. 이 때문에 비록 그의 惡을 미리 앎이 있더라도 끝내 그를 헐뜯는 바가 없으신 것이다.

24-2. 斯民也는 三代之所以直道而行也니라

지금 이 사람들은 三代時代에 〈聖王들이 이들을 데리고〉 정직한 道로 행하던 바이다."

斯民者는 今此之人也라 三代는 夏·商·周也라 直道는 無私曲也라 言吾之所以無所毀譽者는 蓋以此民이 卽三代之時에 所以善其善·惡其惡하여 而無所私曲之民이라 故로 我今亦不得而枉其是非之實也라

··· 毀 훼방할 훼 譽 기릴 예 試 시험할 시 稱 일컬을 칭 揚 드날릴 양 速 빠를 속 苟 구차할 구 緩 느슨할 완 直 곧을 직 曲 굽을 곡 枉 굽을 왕

'斯民'이란 지금 이 사람이다. '三代'는 夏·商·周이다. '直道'는 私曲함이 없는 것이다. 〈孔子께서〉 내가 남을 헐뜯거나 과찬하는 바가 없는 까닭은 지금 이 사람들이 바로 三代時代에 善을 선하게(좋게) 여기고 惡을 미워해서 私曲한 바가 없던 사람들이기 때문이다. 그러므로 내가 지금 또한 그 是非의 실제를 굽힐 수가 없다고 말씀한 것이다.

⊙ 尹氏曰 孔子之於人也에 豈有意於毀譽之哉시리오 其所以譽之者는 蓋試而知其美故也라 斯民也는 三代所以直道而行이니 豈得容私於其間哉리오

⊙ 尹氏(尹焞)가 말하였다. "孔子께서 사람에 대해 어찌 헐뜯거나 과찬함에 뜻을 두셨겠는가. 과찬하신 것은 시험해 보아서 그의 아름다움을 아셨기 때문이다. 이 사람들은 三代時代에 정직한 道로 행하던 사람들이니, 어찌 그 사이에 私를 용납할 수 있겠는가."

25. 子曰 吾猶及史之闕文也와 有馬者借人乘之러니 今亡(무)矣夫인저

孔子께서 말씀하셨다. "내 오히려 史官들이 글을 빼놓고 기록하지 않음과 말을 소유한 자가 남에게 빌려주어 타게 함을 미쳐 보았는데, 지금에는 이것도 없어졌구나!"

楊氏曰 史闕文, 馬借人此二事를 孔子猶及見之러니 今亡矣夫라하시니 悼時之益偸也시니라
愚謂 此必有爲而言이니 蓋雖細故나 而時變之大者를 可知矣니라

楊氏(楊時)가 말하였다. "史官이 글을 빼놓고 기록하지 않음과 말을 남에게 빌려주는 이 두 가지 일을 孔子께서도 오히려 미쳐 보셨는데 지금은 없어졌다 하셨으니, 시대가 더욱 야박해짐을 서글퍼하신 것이다."

내가 생각하건대 이것은 반드시 까닭이 있어서 하신 말씀일 것이니, 비록 하찮은 문제(연고)이나 時變의 큼을 알 수 있다.

⊙ 胡氏曰 此章義疑는 不可强解니라

⊙ 胡氏(胡寅)가 말하였다. "이 章의 뜻이 의심스러운 것은 억지로 해석할 수 없다."

··· 猶 오히려 유 闕 빼놓을 궐 借 빌릴 차 亡 없을 무 悼 슬퍼할 도 偸 경박할 투

26. 子曰 巧言은 亂德이요 小不忍則亂大謀니라

孔子께서 말씀하셨다. "공교로운 말은 德을 어지럽히고, 작은 것을 참지 못하면 큰 계책을 어지럽힌다."

巧言은 變亂是非하니 聽之면 使人喪其所守라 小不忍은 如婦人之仁, 匹夫之勇[22]이 皆是라

공교로운 말은 옳고 그름을 바꾸어 어지럽히니, 이것을 들으면 사람들로 하여금 지키는 바를 상실하게 한다. '小不忍'은 婦人의 仁과 匹夫의 勇과 같은 것이 모두 이것이다.

27. 子曰 衆이 惡(오)之라도 必察焉하며 衆이 好之라도 必察焉이니라

孔子께서 말씀하셨다. "여러 사람들이 그를 미워하더라도 반드시 살펴보며, 여러 사람들이 그를 좋아하더라도 반드시 살펴보아야 한다."

楊氏曰 惟仁者라야 能好惡人[23]이니 衆好惡之而不察이면 則或蔽於私矣라

楊氏(楊時)가 말하였다. "오직 仁者만이 능히(제대로) 사람을 좋아하고 미워할 수 있으니, 여러 사람들이 그를 좋아하고 미워한다고 해서 살펴보지 않는다면 혹 사사로움에 가리울 수 있다."

28. 子曰 人能弘道요 非道弘人이니라

孔子께서 말씀하셨다. "사람이 道를 크게 할 수 있고, 道가 사람을 크게 하는 것은 아니다."

---

22 小不忍……匹夫之勇:《朱子語類》에 朱子는 "婦人의 仁은 그 사랑함을 참지 못하는 것이고 匹夫의 勇은 그 분함을 참지 못하는 것이다.〔婦人之仁 是不能忍其愛 匹夫之勇 是不能忍其忿〕" 하여 '小不忍'이 두 가지 뜻을 포함하는 것으로 보았으나, 茶山은 婦人의 仁은 경문에서 경계하는 바가 아니라고 하였다. '婦人之仁'은《史記》〈淮陰侯列傳〉에 보이고, '匹夫之勇'은《孟子》〈梁惠王下〉 3장에 보인다. '忍'에는 '차마 함'과 '참지 못함'의 두 가지 뜻이 있어 '小不忍'을 작은 일에 차마하지 못함과 하찮은 일을 참지 못함의 두 가지 뜻으로 해석할 수 있다. '婦人之仁'은 차마 못하는 마음이 지나쳐서 일을 결단하지 못함을 이르는바 전자에 속하고, '匹夫之勇'은 하찮은 일을 참지 못함을 이르는바 후자에 속한다.

23 惟仁者 能好惡人:위〈里仁〉 3장에 "惟仁者 能好人 能惡人"이라고 보인다.

··· 巧 공교할 교 匹 짝 필 察 살필 찰 蔽 가릴 폐 弘 넓을 홍

弘은 廓而大之也라 人外無道하고 道外無人이라 然이나 人心有覺하고 而道體無爲라 故로 人能大其道요 道不能大其人也니라

'弘'은 넓혀서 크게 하는 것이다. 사람 밖에 〈따로〉 道가 없고, 道 밖에 〈따로〉 사람이 없다. 그러나 人心은 知覺이 있고 道體는 함이 없다. 그러므로 사람이 道를 크게 할 수는 있고, 道가 사람을 크게 하지는 못하는 것이다.

⊙ 張子曰 心能盡性은 人能弘道也요 性不知檢其心은 非道弘人也니라

⊙ 張子가 말씀하였다. "마음이 性을 다할 수 있음은 사람이 道를 크게 할 수는 있는 것이요, 性이 마음을 검속할 줄 모름(검속하지 못함)은 道가 사람을 크게 함이 아닌 것이다."

29. 子曰 過而不改 是謂過矣니라

孔子께서 말씀하셨다. "허물이 있어도 고치지 않는 것을 이것을 허물이라 한다."

過而能改면 則復(복)於無過라 唯不改면 則其過遂成하여 而將不及改矣니라

허물이 있으나 능히 고치면 허물이 없는 데로 돌아올 수 있다. 오직 허물을 고치지 않으면 그 허물이 마침내 이루어져서 장차 미처 고치지 못하게 될 것이다.

30. 子曰 吾嘗終日不食하며 終夜不寢하여 以思호니 無益이라 不如學也로라

孔子께서 말씀하셨다. "내 일찍이 종일토록 밥을 먹지 않고 밤새도록 잠을 자지 않고서 생각해 보니, 유익함이 없었다. 배우는 것만 못하였다."

此는 爲思而不學[24]者言之라 蓋勞心以必求가 不如遜志而自得也라
李氏曰 夫子非思而不學者요 特垂語以敎人爾시니라

---

24 思而不學 : 위 〈爲政〉 15장에 "배우기만 하고 생각하지 않으면 얻음이 없고, 생각하기만 하고 배우지 않으면 위태롭다.〔學而不思則罔 思而不學則殆〕"라고 보인다.

••• 廓 넓을 곽 檢 단속할 검 復 돌아올 복 遂 마침내 수 寢 잠잘 침 遜 공손할 손 垂 드리울 수

이것은 생각하기만 하고 배우지 않는 자를 위하여 말씀하신 것이다. 마음을 수고롭게 하여 반드시 求(탐구)하려고 하는 것이 마음을 겸손하게 하여 스스로 아는 것만 못하다.

李氏(李郁)가 말하였다. "夫子는 생각하기만 하고 배우지 않은 자가 아니요, 다만 이 말씀을 남겨서 사람들을 가르치셨을 뿐이다."

31. 子曰 君子는 謀道요 不謀食하나니 耕也에 餒在其中矣요 學也에 祿在 其中矣니 君子는 憂道요 不憂貧이니라

孔子께서 말씀하셨다. "君子는 道를 도모하고 밥(부유함)을 도모하지 않는다. 밭을 갊에 굶주림이 이 가운데에 있고 학문을 함에 祿이 이 가운데에 있으니, 君子는 道를 걱정하고 가난을 걱정하지 않는다."

耕은 所以謀食이나 而未必得食이요 學은 所以謀道나 而祿在其中이라 然이나 其學也는 憂不得乎道而已요 非爲憂貧之故하여 而欲爲是以得祿也니라

'밭을 갊'은 밥을 도모하는 것이나 반드시 밥을 얻지는 못하고, '배움'은 道를 도모하는 것이나 祿이 이 가운데 있다. 그러나 그 배움은 道를 얻지 못함을 걱정할 뿐이요, 가난을 걱정하는 이유 때문에 이것(배움)을 하여 녹을 얻고자 하는 것은 아니다.

⊙ 尹氏曰 君子는 治其本而不卹(恤)其末이니 豈以自外至者[25]로 爲憂樂哉리오

⊙ 尹氏(尹焞)가 말하였다. "君子는 근본을 다스리고 지엽을 걱정하지 않으니, 어찌 밖으로부터 이른 것을 가지고 근심하고 즐거워하겠는가."

32-1. 子曰 知(智)及之라도 仁不能守之면 雖得之나 必失之니라

孔子께서 말씀하셨다. "지혜가 거기에 미치더라도 仁이 그것을 지킬 수 없으면 비록 얻더라도 반드시 잃는다.

知(智)足以知此理나 而私欲間之면 則無以有之於身矣라

---

25 自外至者 : '外'란 外物로, 밖으로부터 이른 것은 貧富와 毁譽 등을 가리킨 것이다.

⋯ 耕 밭갈 경 餒 굶주릴 뇌 卹 근심할 휼(恤同) 間 끼어들 간

지혜가 충분히 이 이치를 알 수 있으나 私慾이 여기에 끼어들면 그것(理)을 자기 몸에 소유할 수 없는 것이다.

32-2. 知及之하며 仁能守之라도 不莊以涖之면 則民不敬이니라

지혜가 거기에 미치며 仁이 그것을 지킬 수 있더라도 장엄함으로써 백성에게 임하지 않으면 백성들이 그를 공경하지 않는다.

涖는 臨也니 謂臨民也라 知此理而無私欲以間之면 則所知者 在我而不失矣라 然이나 猶有不莊者는 蓋氣習之偏이 或有厚於內而不嚴於外者라 是以로 民不見其可畏而慢易之라 下句放此하니라

'涖'는 임함이니, 백성에게 임함을 이른다. 이 이치를 알고 私慾이 끼어들게 함이 없으면 아는 것이 자신에게 있어서 잃지 않을 것이다. 그러나 아직도 장엄하지 못함이 있는 것은, 氣質과 習慣의 편벽됨이 〈있어〉 혹은 내면에는 후하나 외모에 엄숙하지 못한 자가 있다. 이 때문에 백성들이 두려워할 만함을 보지 못해서 함부로 하는 것이다. 아래의 句(節)도 이와 같다.

32-3. 知及之하며 仁能守之하며 莊以涖之라도 動之不以禮면 未善也니라

지혜가 거기에 미치며 仁이 그것을 지킬 수 있으며 장엄함으로써 백성에게 임하더라도 백성들을 興動(분발)시키기를 禮로써 하지 않으면 善하지 못하다.”

動之는 動民也니 猶曰鼓舞而作興之云爾라 禮는 謂義理之節文이라

'動之'는 백성을 興動시키는 것이니, 고무하여 作興하게 한다는 말과 같다. '禮'는 義理의 節文을 이른다.

⊙ 愚謂 學至於仁이면 則善有諸己而大本立矣니 涖之不莊하고 動之不以禮는 乃其氣稟學問之小疵라 然이나 亦非盡善之道也라 故로 夫子歷言之하사 使知德愈全則責愈備하니 不可以爲小節而忽之也하시니라

⊙ 내가 생각하건대, 학문이 仁에 이르면 善을 자기 몸에 소유해서 大本이 확립되니, 백성에게

··· 涖 임할 리 臨 임할 림 偏 치우칠 편 慢 소홀할 만 放 같을 방 莊 장엄할 장 鼓 북칠 고 舞 춤출 무 稟 받을 품 疵 병들 자 歷 지날 력 愈 더욱 유 備 갖출 비

임하기를 장엄하게 하지 못하고 興動시키기를 禮로써 하지 못함은 바로 氣稟과 學問의 작은 하자일 뿐이다. 그러나 또한 盡善의 道가 아니다. 그러므로 夫子께서 일일이 말씀하셔서 德이 더욱 완전하면 책임이 더욱 구비되니, 이것을 작은 일이라고 여겨 소홀히 해서는 안 됨을 알게 하신 것이다.

33. 子曰 君子는 不可小知而可大受[26]也요 小人은 不可大受而可小知也니라

孔子께서 말씀하셨다. "君子는 작은 것으로 알 수는 없으나 큰 것을 받을 수 있고, 小人은 큰 것을 받을 수는 없으나 작은 것으로 알 수 있다."

此는 言觀人之法이라 知는 我知之也요 受는 彼所受也라 蓋君子於細事에 未必可觀이나 而材德이 足以任重이요 小人은 雖器量淺狹이나 而未必無一長可取니라

이것은 사람을 관찰하는 방법을 말씀하신 것이다. '知'는 내가 아는 것이요, '受'는 저(상대방)가 받는 것이다. 君子는 작은 일에 있어 반드시 볼 만하지는 못하나 材質과 德이 충분히 重任을 맡을 만하고, 小人은 비록 器局과 度量이 얕고 좁으나 반드시 한 가지 장점도 취할 만한 것이 없지는 않다.

34. 子曰 民之於仁也에 甚於水火하니 水火는 吾見蹈而死者矣어니와 未見蹈仁而死者也로라

孔子께서 말씀하셨다. "사람이 仁에 있어 〈필요함이〉 물과 불보다도 심하니, 물과 불은 밟다가 죽는 자를 내가 보았지만 仁을 밟다가 죽는 자는 보지 못하였노라."

民之於水火에 所賴以生하여 不可一日無하니 其於仁也에 亦然이라 但水火外物이요

---

26 不可小知而可大受: 茶山은 "'知는 내가 아는 것이요, 受는 저(상대방)가 받는 것이다'라 하면 말이 어긋난다(齟齬) 하고, '小'는 작은 일로 兵刑과 錢穀을 다스리는 따위이고, '大受'는 國家를 經綸하고 나라를 안정시키는 따위이다." 하였다. 본인은 《集註》의 '知 我知之也 受 彼所受也'를 비판한 茶山의 說이 일리가 있는 것으로 보여 "군자는 작은 것을 다 알 수는 없으나 큰 임무를 받을 수는 있고, 소인은 큰 임무를 받을 수는 없으나 작은 것을 알 수 있다."로 해석하는 것이 直裁(明白)하다고 생각한다.

··· 器 그릇 기 量 도량 량 淺 얕을 천 狹 좁을 협 甚 심할 심 蹈 밟을 도 賴 힘입을 뢰

而仁在己하며 無水火면 不過害人之身이요 而不仁則失其心이니 是는 仁有甚於水火하여 而尤不可一日無者也라 況水火는 或有時而殺人이나 仁則未嘗殺人하니 亦何憚而不爲哉리오

李氏曰 此는 夫子勉人爲仁之語시니 下章放此하니라

사람이 물과 불에 있어서는 의뢰하여 사는 것이어서 하루도 없을 수가 없으니, 仁에 있어서도 또한 그러하다. 단 물과 불은 外物이고 仁은 자기 몸에 있으며, 물과 불이 없으면 사람의 몸을 해침에 불과하고 仁하지 못하면 그 本心을 잃으니, 이는 仁의 필요함이 물과 불보다도 더 심하여 더욱 하루도 없을 수 없는 것이다. 하물며 물과 불은 혹 때로 사람을 죽이는 경우가 있으나 仁은 일찍이 사람을 죽이지 않으니, 또한 무엇을 꺼려서 하지 않는가.

李氏(李郁)가 말하였다. "이는 夫子께서 사람들에게 仁을 하도록 권면하신 말씀이니, 아랫장도 이와 같다."

35. 子曰 當仁하여 不讓於師니라

孔子께서 말씀하셨다. "仁을 당해서는 스승에게도 사양하지 않는다."

當仁은 以仁爲己任也라 雖師나 亦無所遜은 言當勇往而必爲也라 蓋仁者는 人所自有而自爲之요 非有爭也니 何遜之有리오

'當仁'은 仁을 자신의 임무로 삼는 것이다. 비록 스승이라 할지라도 또한 사양하는 바가 없다는 것은 마땅히 용맹스럽게 가서 반드시 해야 함을 말씀하신 것이다. 仁은 사람이 스스로 소유하여 스스로 행하는 것이요 다툼이 있는 것이 아니니, 어찌 사양함이 있겠는가.

⊙ 程子曰 爲仁은 在己하니 無所與(예)遜이어니와 若善名在外는 則不可不遜이니라

⊙ 程子(明道)가 말씀하였다. "仁을 행함은 자신에게 있으니 사양함에 관여되는 바가 없지만, 善한 명성이 밖에 있는 것으로 말하면 사양하지 않을 수 없는 것이다."

36. 子曰 君子는 貞而不諒이니라

孔子께서 말씀하셨다. "君子는 正道를 따르고 작은 信義에 얽매이지 않는다."

··· 況 하물며 황 憚 꺼릴 탄 勉 권면할 면 當 당할 당 遜 사양할 손 貞 곧을 정 諒 믿을 량

貞은 正而固也요 諒은 則不擇是非而必於信이라

'貞'은 올바르고 굳음이요, '諒'은 是非를 가리지 않고 信에만 기필하는 것이다.

37. 子曰 事君호되 敬其事而後其食이니라

孔子께서 말씀하셨다. "군주를 섬기되 그 일을 공경하고 밥(녹봉)은 뒤에 하여야 한다."

後는 與後獲之後同이라 食은 祿也라 君子之仕也에 有官守者는 修其職하고 有言責者
는 盡其忠하여 皆以敬吾之事而已니 不可先有求祿之心也니라

'後'는 〈雍也〉의 '後獲(얻음을 뒤에 함)'의 後字와 같다. '食'은 녹봉이다. 君子가 벼슬함에
官守(맡은 직책)가 있는 자는 직책을 수행하고, 言責(말할 책임)이 있는 자는 忠言을 다해서 모
두 자신의 일을 공경할 뿐이니, 먼저 祿을 구하는 마음을 두어서는 안 된다.

38. 子曰 有敎면 無類니라

孔子께서 말씀하셨다. "가르침이 있으면 종류가 없다."

人性皆善이나 而其類有善惡之殊者는 氣習之染也라 故로 君子有敎면 則人皆可以
復(복)於善이니 而不當復(부)論其類之惡矣니라

사람의 性은 다 善하나 그 종류에 善과 惡의 다름이 있는 것은 기질과 습관에 물들기 때문이
다. 그러므로 君子가 가르침이 있으면 사람이 모두 善으로 돌아올 수 있으니, 다시 그 종류의 惡
함을 논해서는 안 된다.

39. 子曰 道不同이면 不相爲謀니라

孔子께서 말씀하셨다. "道가 같지 않으면 서로 도모하지 못한다."

不同은 如善惡, 邪正之類라

'不同'은 善과 惡, 邪와 正과 같은 종류이다.

••• 擇 가릴 택 後 뒤에할 후 獲 얻을 획 類 종류 류 染 물들 염 復 회복할 복, 다시 부 邪 간사할 사

40. 子曰 辭는 達而已矣니라

孔子께서 말씀하셨다. "言辭는 뜻이 통하게 할 뿐이다."

辭는 取達意而止요 不以富麗爲工이라

言辭는 뜻이 통함을 취할 뿐이요, 풍부하고 화려함을 훌륭함으로 삼지 않는다.

41-1. 師冕이 見(현)할새 及階어늘 子曰 階也라하시고 及席이어늘 子曰 席也라하시고 皆坐어늘 子告之曰 某在斯, 某在斯라하시다

師冕(樂師인 冕)이 뵈올 적에 섬돌(계단)에 이르자 孔子께서 "섬돌이다." 하셨고, 자리에 이르자 孔子께서 "자리이다." 하셨고, 모두 앉자 孔子께서 "아무개는 여기에 있고 아무개는 저기에 있다."고 말씀해 주셨다.

師는 樂師니 瞽者라 冕은 名이라 再言某在斯는 歷擧在坐(座)之人以詔之라

'師'는 樂師이니 봉사이다. 冕은 그의 이름이다. '某在斯'라고 두 번 말씀하신 것은 자리에 앉아 있는 사람들을 일일이 들어서 그에게 말씀해 주신 것이다.

41-2. 師冕이 出커늘 子張이 問曰 與師言之道與잇가

師冕이 나가자, 子張이 묻기를 "樂師와 더불어 말하는 道理입니까?" 하였다.

聖門學者 於夫子之一言一動에 無不存心省察이 如此하니라

聖門의 배우는 자들은 夫子의 一言一動에 대하여 마음을 두어서 살피지 않음이 없음이 이와 같았다.

41-3. 子曰 然하다 固相師之道也니라

孔子께서 말씀하셨다. "그러하다. 진실로 樂師를 도와주는 도리이다."

··· 富 풍부할 부 麗 고울 려 工 공교할 공 冕 면류관 면 階 섬돌 계 瞽 봉사 고 詔 고할 조 相 도울 상

相은 助也라 古者에 瞽必有相하니 其道如此라 蓋聖人於此에 非作意而爲之[27]요 但盡其道而已시니라

'相'은 도움이다. 옛날에 瞽는 반드시 도와주는 相이 있었으니, 그 방법이 이와 같았다. 聖人이 이에 대해 마음을 일으켜서(억지로 마음을 두어서) 하신 것이 아니요, 다만 그 도리를 다하셨을 뿐이다.

⊙ 尹氏曰 聖人이 處己, 爲人에 其心一致는 無不盡其誠故也라 有志於學者 求聖人之心인댄 於斯에 亦可見矣리라

范氏曰 聖人이 不侮鰥(환)寡하고 不虐無告를 可見於此니 推之天下하면 無一物不得其所矣니라

⊙ 尹氏(尹焞)가 말하였다. "聖人이 자신을 처하고 남을 위함에 그 마음이 일치함(똑같음)은 그 정성을 다하지 않음이 없기 때문이다. 배움에 뜻을 둔 자가 聖人의 마음을 찾으려 한다면 여기에서도 또한 볼 수 있을 것이다."

范氏(范祖禹)가 말하였다. "聖人은 홀아비와 과부를 업신여기지 않고, 호소할 곳 없는 이를 괄시하지 않으셨음을 여기에서 볼 수 있으니, 이것을 天下에 미룬다면 한 물건(사람)도 제 살 곳을 얻지 못함이 없을 것이다."

---

27 非作意而爲之 : '作意'는 作心이란 말과 같은바, 일부러 뜻을 두어서 억지로 하는 것이 아님을 이른다.

••• 侮 업신여길 모   鰥 홀아비 환   寡 과부 과   虐 모질 학   告 하소연할 고

季氏 第十六

洪氏曰 此篇[1]은 或以爲齊論[2]이라 凡十四章이라

洪氏(洪興祖)가 말하였다. "이 篇을 혹자는《齊論語》라 한다."

모두 14章이다.

1-1. 季氏將伐顓臾(전유)러니

季氏가 顓臾를 치려 하였는데,

顓臾는 國名이니 魯附庸也[3]라

顓臾는 나라 이름이니, 魯나라의 附庸國이다.

---

1 此篇 : 厚齋馮氏(馮椅)는 "잇편은 衛 靈公을 앞에 놓아서 제후의 잘못을 기록하였고, 이 편은 季氏를 앞에 놓아서 大夫의 잘못을 기록하였고, 아래 편은 陽貨를 앞에 놓아서 陪臣의 잘못을 기록하였다. 이 편에서는 季氏의 일을 기록한 이후에 바로 '禮樂征伐'과 '祿去公室'의 말씀을 기록하였으니, 이것은 기록한 자가 篇次한 의도이다." 하였다.

2 此篇 或以爲齊論 : '齊論'은 齊 지방에서 유행되던《論語》로, 원래《論語》는 魯 지방에서 유행하던《魯論語》와 齊 지방에서 유행하던《齊論語》가 있었는데, 前漢 때에 張禹가《魯論語》를 근간으로 삼고 여기에《齊論語》를 참작하여 현재의《論語》를 만들었다고 한다. 胡氏(胡寅)는《齊論語》라고 의심한 것은 모두 '孔子曰'이라고 칭하였고 또 三友·三樂·九思 등 조목은 例가 위아래 편과 같지 않기 때문이다.〔疑爲齊論 以皆稱孔子曰 且三友三樂九思等條 例與上下篇不同〕하였다.

3 顓臾……魯附庸也 :《春秋左傳》僖公 21년조에 "顓臾는 風姓이다. 실로 太皞와 濟水의 제사를 맡았다.〔顓臾 風姓也 實司太皞與有濟之祀〕하였고, 杜預의 註에 伏羲의 후손이며, 泰山 남쪽, 武陽縣 동북쪽에 있다고 하였다. 太皞는 伏羲이다. 附庸은 方 50리가 못되는 작은 나라로, 주변의 큰 나라에 붙어 天子國에 통하는바,《孟子》〈萬章下〉2章에 보인다.

••• 將 장차 장 顓 어리석을 전 臾 잠깐 유 附 붙을 부 庸 따를 용

1-2. 冉有, 季路 見(현)於孔子曰 季氏將有事於顓臾[4]리이다

冉有와 季路가 孔子를 뵙고 말하였다. "季氏가 장차 顓臾國에 전쟁을 벌이려 합니다."

按左傳, 史記컨대 二子仕季氏 不同時어늘 此云爾者는 疑子路嘗從孔子하여 自衛反魯하여 再仕季氏라가 不久而復之衛也라

《春秋左傳》과 《史記》를 살펴보면 두 사람이 季氏에게 벼슬한 것이 시기가 똑같지 않은데, 여기에서 이렇게 말한 것은 아마도 子路가 일찍이 孔子를 따라 衛나라에서 魯나라로 돌아와 다시 季氏에게 벼슬하다가 오래지 않아 다시 衛나라로 가서 벼슬한 듯하다.

1-3. 孔子曰 求아 無乃爾是過與아

孔子께서 말씀하셨다. "求(冉有)야, 이것은 너의 잘못이 아니냐?

冉求爲季氏聚斂하여 尤用事라 故로 夫子獨責之하시니라

冉求가 季氏를 위하여 세금을 많이 거두어서 더욱 用事(권력을 행사함)하였으므로 夫子께서 유독 그를 꾸짖으신 것이다.

1-4. 夫顓臾는 昔者에 先王이 以爲東蒙主하시고 且在邦域之中矣라 是社稷之臣也니 何以伐爲리오

저 顓臾國은 옛날에 先王께서 東蒙山의 祭主로 삼으셨고 또 우리나라 안에 있으니, 이는 社稷의 신하이다. 어찌 정벌할 필요가 있겠는가."

東蒙은 山名이라 先王이 封顓臾於此山之下하여 使主其祭하니 在魯地七百里之中이라 社稷은 猶云公家라 是時에 四分魯國하여 季氏取其二하고 孟孫, 叔孫이 各有其一하고 獨附庸之國이 尙爲公臣이어늘 季氏又欲取以自益이라 故로 孔子言 顓臾는 乃先王

---

4 有事於顓臾:《春秋左傳》成公 13년조에 "국가의 大事는 제사와 전쟁에 있다.〔國之大事 在祀與戎〕" 하였으니, 여기의 '有事'는 전쟁을 가리킨 것이다. 두 諺解에는 '有事'를 모두 '事를 두려 한다'로 풀이하였는바, '事'를 전쟁으로 바꾸어 번역하였다.

··· 爾 이와같이 이 聚 모을 취 斂 거둘 렴 蒙 땅이름 몽 域 지경 역 祭 제사 제 益 더할 익

封國이니 則不可伐이요 在邦域之中하니 則不必伐이요 是社稷之臣이니 則非季氏所當伐也라하시니라 此는 事理之至當이요 不易之定體어늘 而一言盡其曲折이 如此하시니 非聖人이면 不能也라

東蒙은 山 이름이다. 先王이 顓臾國을 이 山 아래에 봉하여 그 祭祀를 주관하게 하였으니, 魯나라 땅 7백 리 안에 있었다. '社稷'은 公家(國家)란 말과 같다. 이 때에 魯나라를 넷으로 나누어 季氏가 그중 둘을 차지하고 孟孫과 叔孫이 각각 하나씩을 차지하였으며, 오직 附庸國만이 아직도 魯나라의 公臣이 되었는데, 季氏가 또 이것을 취해서 자신에게 보태려고 하였다. 그러므로 孔子께서 '저 顓臾國은 곧 先王께서 봉한 나라이니 정벌할 수 없고, 魯나라 안에 있으니 굳이 정벌할 필요가 없고, 社稷의 신하이니 季氏가 정벌할 수 있는 것(대상)이 아니다.'라고 말씀하신 것이다. 이는 事理에 지극히 당연하고 바꿀 수 없는 정해진 大體인데, 한 마디 말씀으로 그 曲折을 다하시기를 이와 같이 하셨으니, 聖人이 아니면 불가능하다.

1-5. 冉有曰 夫子欲之언정 吾二臣者는 皆不欲也로소이다

冉有가 말하였다. "夫子(季孫)께서 하시려 할지언정 저희 두 신하는 모두 하고자 하지 않습니다."

夫子는 指季孫이라 冉有實與(예)謀로되 以夫子非之라 故로 歸咎於季氏라

夫子는 季孫을 가리킨다. 冉有가 실제로 모의에 참예하였으나 夫子(孔子)께서 이것을 나쁘다 하셨으므로 季氏에게 허물을 돌린 것이다.

1-6. 孔子曰 求아 周任이 有言曰 陳力就列하여 不能者止라하니 危而不持하며 顚而不扶면 則將焉用彼相矣리오

孔子께서 말씀하셨다. "求야, 周任이 말하기를 '능력을 펴서 대열(지위)에 나아가 능히 (제대로) 할 수 없으면 그만두라.'고 하였으니, 위태로운데도 붙잡아 주지 못하며 넘어지는데도 부축해 주지 못한다면 장차 저 相(도와주는 신하)을 어디에다 쓰겠느냐.

周任은 古之良史라 陳은 布也요 列은 位也라 相은 瞽者之相也라 言二子不欲이면 則當諫이요 諫而不聽이면 則當去也라

··· 折 꺾을 절 與 참예할 예 咎 허물 구 陳 베풀 진 就 나아갈 취 持 잡을 지 顚 넘어질 전 扶 붙들 부 焉 어찌언 相 인도할 상 瞽 봉사 고

周任은 옛날의 어진 史官이다. '陳'은 폄이요 '列'은 지위이다. '相'은 瞽者(봉사)의 相(길을 인도해 주는 사람)이다. 두 사람이 하고자 하지 않는다면 마땅히 간해야 하고, 간해도 듣지 않으면 마땅히 떠나야 함을 말씀한 것이다.

1-7. 且爾言이 過矣로다 虎兕出於柙(합)하며 龜玉이 毀於櫝中이 是誰之過與오

또 네 말이 잘못되었다. 호랑이와 들소가 우리에서 뛰쳐나오며, 龜甲(거북의 등껍질)과 玉이 궤 속에서 훼손됨이 누구의 잘못이겠느냐."

兕는 野牛也라 柙은 檻(함)也요 櫝은 匱也라 言在柙而逸하고 在櫝而毀면 典守者不得辭其過니 明二子居其位而不去면 則季氏之惡을 己不得不任其責也라

'兕'는 들소이다. '柙'은 우리이고 '櫝'은 궤이다. 우리에 있다가 뛰쳐나오고 궤 속에 있다가 훼손되었다면 맡아 지키는 자가 그 잘못을 사양할 수 없음을 말씀한 것이니, 두 사람이 지위에 있으면서 떠나지 않았으면 季氏의 악행을 자신들이 책임지지 않을 수 없음을 밝히신 것이다.

1-8. 冉有曰 今夫顓臾 固而近於費하니 今不取면 後世에 必爲子孫憂하리이다

冉有가 말하였다. "지금 저 顓臾國이 〈성곽이〉 견고하고 費邑에 가까우니, 지금 취하지 않으면 後世에 반드시 子孫의 憂患이 될 것입니다."

固는 謂城郭完固라 費는 季氏之私邑이라 此則冉有之飾辭라 然이나 亦可見其實與(예)季氏之謀矣니라

'固'는 城郭이 完固함을 이른다. 費는 季氏의 私邑이다. 이것은 冉有가 꾸며서 한 말이다. 그러나 또한 그가 실제로 季氏의 모의에 참예하였음을 볼 수 있다.

1-9. 孔子曰 求아 君子는 疾夫舍曰欲之요 而必爲之辭니라

··· 兕 외뿔소 시 柙 짐승우리 합 龜 거북 귀 毀 헐 훼 櫝 궤 독 誰 누구 수 檻 우리 함 匱 궤 궤 逸 뛰쳐나올 일
典 맡을 전 郭 성곽 곽 固 견고할 고 飾 꾸밀 식 疾 미워할 질

孔子께서 말씀하셨다. "求야, 君子는 그것을 갖고 싶다고 말하지 않고 굳이 변명하는 것을 미워한다.

欲之는 謂貪其利라

'欲之'는 그 이익을 탐함을 이른다.

1-10. 丘也聞호니 有國有家者는 不患寡而患不均하며 不患貧而患不安이라하니 蓋均이면 無貧이요 和면 無寡요 安이면 無傾이니라

나(丘)는 들으니, 나라를 소유하고 집을 소유한 자는 〈백성이〉 적음을 근심하지 않고 고르지 못함을 근심하며, 가난함을 근심하지 않고 편안하지 못함을 근심한다고 한다. 고르면 가난함이 없고 和하면 적음이 없고 편안하면 기울어짐이 없다.

寡는 謂民少요 貧은 謂財乏이라 均은 謂各得其分이요 安은 謂上下相安이라 季氏之欲取顓臾는 患寡與貧耳라 然이나 是時에 季氏據國而魯君無民하니 則不均矣요 君弱臣强하여 互生嫌隙하니 則不安矣라 均則不患於貧而和요 和則不患於寡而安이요 安則不相疑忌而無傾覆之患이라

'寡'는 백성이 적음을 이르고, '貧'은 재물이 궁핍함을 이른다. '均'은 각기 분수를 얻음을 이르고, '安'은 上下가 서로 편안함을 이른다. 季氏가 顓臾國을 취하려고 함은 〈백성이〉 적음과 가난함을 근심해서이다. 그러나 이때에 季氏가 나라를 차지하고 魯나라 임금은 백성이 없었으니 고르지 못한 것이요, 君主는 약하고 臣下는 강하여 서로 혐의와 틈이 생겼으니 편안하지 못한 것이다. 고르면 가난함을 근심하지 않아 和하고, 和하면 〈백성이〉 적음을 근심하지 않아 편안하고, 편안하면 서로 의심하거나 시기하지 않아 나라가 기울고 전복될 근심이 없게 된다.

1-11. 夫如是故로 遠人이 不服이면 則修文德以來之하고 旣來之면 則安之니라

이와 같으므로 먼 지역 사람이 복종해 오지 않으면 文德을 닦아서 그들을 오게 하고, 이미 왔으면 편안하게 해야 하는 것이다.

••• 貪 탐할 탐 寡 적을 과 均 고를 균 傾 기울 경 乏 모자랄 핍 嫌 혐의할 혐 隙 틈 극

內治修然後에 **遠人服**이라 **有不服**이면 **則修德以來之**요 **亦不當勤兵於遠**이라

內治가 닦여진 뒤에야 먼 지역 사람이 복종해 오는 것이다. 복종해 오지 않는 이가 있으면 德을 닦아서 오게 하여야 할 것이요, 또한 먼 곳에 군대를 수고롭게 출동해서는 안 되는 것이다.

1-12. 今由與求也는 相夫子호되 遠人이 不服而不能來也하며 邦分崩離析而不能守也하고

지금 由와 求는 夫子(季氏)를 돕되 먼 지역 사람이 복종해 오지 않는데도 오게 하지 못하며, 나라가 분열되고 무너지는데도 지키지 못하고,

子路雖不與謀나 **而素不能輔之以義**하니 **亦不得爲無罪**라 **故**로 **倂責之**하시니라 **遠人**은 **謂顓臾**라 **分崩離析**은 **謂四分公室**하고 **家臣屢叛**이라

子路는 비록 모의에 참예하지 않았으나 평소 義로써 輔弼하지 못하였으니, 또한 罪가 없다고 할 수 없다. 그러므로 아울러 꾸짖으신 것이다. '遠人'은 顓臾國을 이른다. '分崩離析'은 公室을 넷으로 나누고 家臣이 여러 번 반란함을 이른다.

1-13. 而謀動干戈於邦內하니 吾恐季孫之憂 不在顓臾而在蕭墻之內也하노라

그런데도 창과 방패를 나라 안에서 움직일(사용할) 것을 꾀하니, 나는 季孫의 근심이 顓臾國에 있지 않고 병풍 안(집안)에 있을까 두렵노라."

干은 **楯也**요 **戈**는 **戟也**라 **蕭墻**은 **屛也**라 **言不均不和**하여 **內變將作**이러니 **其後**에 **哀公**이 **果欲以越伐魯而去季氏**하니라

'干'은 방패이고 '戈'는 창이다. '蕭墻'은 병풍이다. 고르지 못하고 和하지 못하여 內變(內亂)이 장차 일어날 것이라고 말씀하셨는데, 그 뒤에 哀公이 과연 越나라의 병력으로 魯나라를 쳐서 季氏를 제거하려고 하였다.

⊙ **謝氏曰 當是時**하여 **三家强**하고 **公室弱**이어늘 **冉求又欲伐顓臾以附益之**하니 **夫子**

••• 相 도울 상 崩 무너질 붕 離 떠날 리 析 쪼갤 석 素 본디 소 倂 아우를 병 屢 여러 루 謀 꾀할 모 動 움직일 동
干 방패 간 戈 창 과 蕭 쑥 소 墻 담 장 楯 방패 순 戟 세갈래진창 극 屛 병풍 병

所以深罪之는 爲其瘠魯以肥三家也니라

洪氏曰 二子仕於季氏에 凡季氏所欲爲를 必以告於夫子하니 則因夫子之言而救止者 宜亦多矣라 伐顓臾之事가 不見於經傳하니 其以夫子之言而止也與인저

⊙ 謝氏(謝良佐)가 말하였다. "이 때를 당하여 三家(季孫氏·孟孫氏·叔孫氏)는 강하고 公室은 약했는데, 冉求가 또다시 顓臾國을 정벌하여 그에게 덧붙여주려 하였으니, 夫子께서 깊이 꾸짖으신 것은 魯나라를 수척하게 하여 三家를 살찌우려고 했기 때문이다."

洪氏(洪興祖)가 말하였다. "두 사람이 季氏에게 벼슬하면서 季氏가 하려고 하는 일을 반드시 夫子에게 아뢰었으니, 그렇다면 夫子의 말씀으로 인해 〈季氏를〉 만류하여 중지시킨 것이 또한 많았을 것이다. 顓臾國을 정벌한 일이 經傳에 보이지 않으니, 아마도 夫子의 말씀 때문에 중지하였는가 보다."

2-1. 孔子曰 天下有道면 則禮樂征伐이 自天子出하고 天下無道면 則禮樂征伐이 自諸侯出하나니 自諸侯出이면 蓋十世에 希不失矣요 自大夫出이면 五世에 希不失矣요 陪臣이 執國命이면 三世에 希不失矣니라

孔子께서 말씀하셨다. "天下에 道가 있으면 禮樂과 征伐이 天子로부터 나오고, 天下에 道가 없으면 禮樂과 征伐이 諸侯로부터 나온다. 諸侯로부터 나오면 10世에 〈정권을〉 잃지 않는 자가 드물고, 大夫로부터 나오면 5世에 잃지 않는 자가 드물고, 陪臣이 國命을 잡으면 3世에 잃지 않는 자가 드물다.

先王之制에 諸侯不得變禮樂, 專征伐이라 陪臣은 家臣也라 逆理愈甚이면 則其失之愈速하니 大約世數 不過如此하니라

先王의 制度에 諸侯는 禮樂을 변경하고 征伐을 마음대로 할 수 없다. '陪臣'은 家臣이다. 이치를 거스름이 심하면 〈정권을〉 잃음이 더욱 빨라지니, 대략 世數(代數)가 이와 같음에 지나지 않는다.

2-2. 天下有道면 則政不在大夫하고

天下에 道가 있으면 政事가 大夫에게 있지 않고,

··· 瘠 수척할 척 肥 살찔 비 希 드물 희 陪 모실 배 專 제멋대로할 전

言不得專政이라

〈大夫가〉政事를 마음대로 할 수 없음을 말씀한 것이다.

2-3. 天下有道면 則庶人이 不議하나니라

天下에 道가 있으면 庶人들이 〈함부로〉 議論(비난)하지 않는다."

上無失政이면 則下無私議니 非箝(겸)其口하여 使不敢言也라

윗사람이 失政(잘못한 정사)이 없으면 아랫사람들이 사사로이 議論함이 없으니, 그 입에 재갈을 물려서 감히 말하지 못하게 하는 것이 아니다.

⊙ 此章은 通論天下之勢하니라

⊙ 이 章은 天下의 大勢를 通論하셨다.

3. 孔子曰 祿之去公室이 五世矣요 政逮於大夫가 四世矣라 故로 夫三桓之子孫이 微矣니라

孔子께서 말씀하셨다. "祿이 公室에서 떠난 지가 5世가 되었고 政事가 大夫에게 미친 지가 4世가 되었다. 그러므로 저 三桓의 子孫이 미약한 것이다."

魯自文公薨에 公子遂殺子赤하고 立宣公으로 而君失其政하여 歷成, 襄, 昭, 定하여 凡五公이라 逮는 及也라 自季武子始專國政으로 歷悼, 平, 桓子하여 凡四世에 而爲家臣陽虎所執[5]하니라 三桓은 三家니 皆桓公之後라 此는 以前章之說로 推之而知其當然也라

魯나라는 文公이 죽자 公子遂가 子赤을 살해하고 宣公을 세운 뒤로부터 君主가 政權을 잃어 成公·襄公·昭公·定公을 지나 모두 다섯 公이다. '逮'는 미침이다. 季武子가 처음 國政을 專擅(전단)한 뒤로부터 悼子·平子·桓子를 거쳐 모두 4代만에 〈桓子가〉 家臣인 陽虎에게 붙잡힘(견제)을 당하였다. 三桓은 三家니, 모두 桓公의 후손이다. 이것은 앞장의 말로 미루어 그 당연함을 아신 것이다.

---

5 爲家臣陽虎所執 : 이 편 1장 각주에 보인다.

··· 愈 더욱 유 速 빠를 속 庶 많을 서 議 의논할 의 箝 재갈물릴 겸 逮 미칠 체 微 작을 미 薨 죽을 훙 遂 이룰 수
襄 도울 양 悼 슬퍼할 도

⊙ 此章은 專論魯事하니 疑與前章으로 皆定公時語라

蘇氏曰 禮樂征伐이 自諸侯出이면 宜諸侯之强也로되 而魯以失政하고 政逮於大夫면 宜大夫之强也로되 而三桓以微는 何也오 强生於安하고 安生於上下之分定이어늘 今諸侯大夫 皆陵其上하니 則無以令其下矣라 故로 皆不久而失之也니라

⊙ 이 章은 오로지 魯나라 일을 논하였으니, 의심컨대 앞장과 더불어 모두 定公 때의 말씀인 듯하다.

蘇氏(蘇軾)가 말하였다. "禮樂과 征伐이 諸侯로부터 나오면 마땅히 諸侯가 강성해야 할 터인데 魯나라가 政權을 잃었고, 政事가 大夫에게 미치면 마땅히 大夫가 강성해야 할 터인데 三桓이 미약해짐은 어째서인가? 강함은 安定에서 생기고 安定은 上下의 分數가 정해짐에서 생기는데, 지금 諸侯와 大夫가 모두 그 윗사람을 업신여기니 아랫사람들을 명령할 수가 없다. 이 때문에 모두 오래지 않아서 〈정권을〉 잃은 것이다."

4. 孔子曰 益者三友요 損者三友니 友直하며 友諒하며 友多聞이면 益矣요 友便辟하며 友善柔하며 友便佞[6]이면 損矣니라

孔子께서 말씀하셨다. "유익한 벗이 세 가지이고 손해되는 벗이 세 가지이니, 벗이 곧으며 벗이 성실하며 벗이 聞見이 많으면 유익하고, 벗이 한쪽(외모)만 잘하며 벗이 유순하기를 잘하며 벗이 말을 잘하면 손해된다."

友直則聞其過요 友諒則進於誠이요 友多聞則進於明이라 便은 習熟也라 便辟은 謂習於威儀而不直이요 善柔는 謂工於媚悅而不諒이요 便佞은 謂習於口語而無聞見之實이라 三者損益은 正相反也라

벗이 곧으면 자신의 허물을 들을 수 있고, 벗이 성실하면 誠實함에 나아가고, 벗이 견문이 많으면 지혜가 밝아짐에 나아가게 된다. '便'은 익숙함이다. '便辟'은 威儀(외모)에만 익숙하고 곧지 못함을 이르며, '善柔'는 아첨하여 기쁘게 하는 데만 잘하고 성실하지 못함을 이르며, '便佞'은 말에만 숙달하고 견문의 실제가 없음을 이른다. 이 세 가지의 손해됨과 유익함은 서로 正反對가 된다.

---

6 友直……友便佞 : 官本諺解에는 '友'를 動詞로 보아, "정직한 이를 벗삼으며 성실한 이를 벗삼으며 문견이 많은 이를 벗삼는다."로 해석하였으며 '友便辟' 이하도 이와 같다. 이는 뒤의 '益者三樂 損者三樂'에서 '樂節禮樂'의 '樂'를 動詞로 본 데서 연유한 것이나, 栗谷諺解를 따라 위와 같이 번역하였다.

··· 陵 업신여길 릉 諒 성실할 량 便 잘할 편 辟 편벽될 벽 善 잘할 선 佞 말잘할 녕 工 잘할 공 媚 잘보일 미

⊙ 尹氏曰 自天子로 以至於庶人히 未有不須友以成者요 而其損益이 有如是者하니 可不謹哉아

⊙ 尹氏(尹焞)가 말하였다. "天子로부터 庶人에 이르기까지 벗을 필요로 하여 이루지 않는 자가 없고 그 손해됨과 유익함이 이와 같음이 있으니, 삼가지 않을 수 있겠는가."

5. 孔子曰 益者三樂(요)요 損者三樂니 樂節禮樂(악)하며 樂道人之善하며 樂多賢友면 益矣요 樂驕樂(락)하며 樂佚遊하며 樂宴樂(락)이면 損矣니라

孔子께서 말씀하셨다. "유익한 좋아함이 세 가지이고 손해되는 좋아함이 세 가지이니, 禮樂의 절도를 분별하기를 좋아하며 사람의 善함을 말하기 좋아하며 어진 벗이 많음을 좋아하면 유익하고, 교만함을 즐거워하는 것을 좋아하며 편안히 노는 것을 좋아하며 잔치를 즐거워하는 것을 좋아하면 손해가 된다."

節은 謂辨其制度聲容之節이라 驕樂則侈肆而不知節이요 佚遊則惰慢而惡(오)聞善이요 宴樂則淫溺而狎小人이니 三者損益이 亦相反也라

'節'은 〈禮의〉制度와 〈樂의〉聲容의 節度를 분변함을 이른다. 교만하고 즐거워하면 잘난 체하고 방자해서 절도를 알지 못하고, 편안히 놀면 태만해져서 善을 듣기를 싫어하고, 잔치를 즐거워하면 음탕하여 小人을 가까이 하니, 세 가지의 손해됨과 유익함이 또한 서로 반대가 된다.

⊙ 尹氏曰 君子之於好樂(요)에 可不謹哉아

⊙ 尹氏(尹焞)가 말하였다. "君子가 좋아함에 있어 조심하지 않을 수 있겠는가."

6. 孔子曰 侍於君子에 有三愆하니 言未及之而言을 謂之躁요 言及之而不言을 謂之隱이요 未見顏色而言을 謂之瞽니라

孔子께서 말씀하셨다. "君子를 모심에 세 가지 잘못이 있으니, 말씀이 미치지 않았는데 〈먼저〉 말하는 것을 躁(조급함)라 이르고, 말씀이 미쳤는데 말하지 않는 것을 隱(숨김)이라 이르고, 顏色을 보지 않고 말하는 것을 瞽(봉사)라 이른다."

··· 須 필요할 수 樂 좋아할 요, 음악 악, 즐거울 락 節 절제할 절 道 말할 도 驕 교만할 교 佚 편안할 일 宴 잔치 연 侈 사치할 치 肆 방자할 사 狎 친압할 압 愆 허물 건 躁 성급할 조 瞽 봉사 고

君子는 有德位之通稱이다 愆은 過也라 瞽는 無目하여 不能察言觀色이라

'君子'는 德과 地位를 소유한 이의 통칭이다. '愆'은 잘못이다. '瞽'는 눈이 없어서, 말을 살피고 안색을 볼 수 없다.

⊙ 尹氏曰 時然後言이면 則無三者之過矣리라

⊙ 尹氏(尹焞)가 말하였다. "때에 맞은 뒤에 말하면 세 가지의 잘못이 없을 것이다."

7. 孔子曰 君子有三戒하니 少之時에는 血氣未定이라 戒之在色이요 及其壯也하여는 血氣方剛이라 戒之在鬪요 及其老也하여는 血氣旣衰라 戒之在得이니라

孔子께서 말씀하셨다. "君子에게 세 가지 경계함이 있으니, 젊을 때엔 血氣가 정해지지 않았으므로 경계함이 女色에 있고, 장성해서는 血氣가 한창 강하므로 경계함이 싸움에 있고, 늙어서는 血氣가 쇠하였으므로 경계함이 얻음에 있다."

血氣는 形之所待以生者니 血陰而氣陽也라 得은 貪得也라 隨時知戒하여 以理勝之면 則不爲血氣所使也라

'血氣'는 形體가 기다려서(의지해서) 살아가는 것이니, 血은 陰이고 氣는 陽이다. '得'은 얻기를 탐하는 것이다. 때에 따라 경계할 줄 알아서 이치로써 〈血氣를〉 이기면 血氣에게 부림을 당하지 않을 것이다.

⊙ 范氏曰 聖人이 同於人者는 血氣也요 異於人者는 志氣也니 血氣는 有時而衰로되 志氣則無時而衰也라 少未定, 壯而剛, 老而衰者는 血氣也요 戒於色, 戒於鬪, 戒於得者는 志氣也라 君子는 養其志氣라 故로 不爲血氣所動이라 是以로 年彌高而德彌邵也니라

⊙ 范氏(范祖禹)가 말하였다. "聖人이 사람들(일반인)과 같은 것은 血氣이고 사람들과 다른 것은 志氣이니, 血氣는 때에 따라 쇠함이 있으나 志氣는 때에 따라 쇠함이 없다. 젊을 때엔 정해지지 않고 장성해서는 강하고 늙어서는 쇠하는 것은 血氣이며, 女色을 경계하고 싸움을 경계하고 얻음을 경계하는 것은 志氣이다. 君子는 志氣를 기르므로 血氣에 동요당하지 않는다. 이

··· 戒 경계할 계 壯 건장할 장 剛 굳셀 강 鬪 싸움 투 彌 더할 미 邵 높을 소

때문에 나이가 높을수록 德이 더욱 높아지는 것이다."

8-1. 孔子曰 君子有三畏하니 畏天命하며 畏大人하며 畏聖人之言이니라

孔子께서 말씀하셨다. "君子는 세 가지 두려워함이 있으니, 天命을 두려워하며 大人을 두려워하며 聖人의 말씀을 두려워한다.

畏者는 嚴憚之意也라 天命者는 天所賦之正理也니 知其可畏면 則其戒謹恐懼가 自有不能已者하여 而付畀[7]之重을 可以不失矣라 大人, 聖言은 皆天命所當畏니 知畏天命이면 則不得不畏之矣리라

'畏'는 엄히 여기고 두려워하는 뜻이다. '天命'은 하늘이 부여해준 바의 正理이니, 이것이 두려워할 만한 것임을 알면 곧 삼가고 두려워하는 마음이 스스로 그만둘 수 없어서 부여받은 소중한 것을 잃지 않을 것이다. 大人과 聖人의 말씀은 모두 天命에 마땅히 두려워해야 할 바이니, 天命을 두려워할 줄 알면 이것(大人과 聖言)을 두려워하지 않을 수 없을 것이다.

8-2. 小人은 不知天命而不畏也라 狎大人하며 侮聖人之言이니라

小人은 天命을 알지 못하여 두려워하지 않는다. 〈그리하여〉大人을 함부로 대하며 聖人의 말씀을 업신여긴다."

侮는 戲玩也라 不知天命이라 故로 不識義理而無所忌憚이 如此라

'侮'는 희롱함이다. 天命을 알지 못하므로 義理를 알지 못하여 꺼리는 바가 없음이 이와 같은 것이다.

⊙ 尹氏曰 三畏者는 修己之誠에 當然也라 小人은 不務修身誠己하니 則何畏之有리오

⊙ 尹氏(尹焞)가 말하였다. "세 가지 두려워함은 몸을 닦는 성실함에 당연한 것이다. 小人은 몸을 닦고 자신을 성실하게 함을 힘쓰지 않으니, 어찌 두려워함이 있겠는가."

---

7 付畀 : 하늘이 인간에 부여해 준 것으로 위에서 말한 天命을 가리킨 것이다.

··· 畏 두려워할 외 憚 꺼릴 탄 賦 줄 부 已 그칠 이 付 줄 부 畀 줄 비 狎 친압할 압 侮 업신여길 모 戲 희롱할 희
玩 희롱할 완

9. 孔子曰 生而知之者는 上也요 學而知之者는 次也요 困而學之 又其次也니 困而不學이면 民斯爲下矣니라

孔子께서 말씀하셨다. "태어나면서 아는 자는 上等이요, 배워서 아는 자는 다음이요, 통하지 못하는 바가 있어서 (애써서) 배우는 자는 또 그 다음이니, 통하지 못하는 바가 있는데도 배우지 않으면 백성으로서 下等이 된다."

困은 謂有所不通이라 言人之氣質不同이 大約有此四等이라

'困'은 통하지 못하는 바가 있음을 이른다. 사람의 氣質이 똑같지 않음이 대략 이 네 가지 等級이 있음을 말씀한 것이다.

⊙ 楊氏曰 生知, 學知로 以至困學에 雖其質不同이나 然及其知之하여는 一也라 故로 君子惟學之爲貴니 困而不學然後에 爲下니라

⊙ 楊氏(楊時)가 말하였다. "生知와 學知로부터 困學에 이르기까지는 비록 그 氣質이 똑같지 않으나 앎에 미쳐서는 똑같다. 그러므로 君子는 오직 배움을 귀하게 여기니, 통하지 못하는 바가 있는데도 배우지 않은 뒤에야 下等이 되는 것이다."

10. 孔子曰 君子有九思하니 視思明하며 聽思聰하며 色思溫하며 貌思恭하며 言思忠하며 事思敬하며 疑思問하며 忿思難하며 見得思義니라

孔子께서 말씀하셨다. "君子는 아홉 가지 생각함이 있으니, 봄에는 밝음을 생각하며, 들음에는 귀밝음을 생각하며, 얼굴빛은 온화함을 생각하며, 모습(용모)은 공손함을 생각하며, 말은 진실함을 생각하며, 일은 공경함을 생각하며, 의심스러움은 물음을 생각하며, 분함은 어려움을 생각하며, 얻는 것을 보면 義를 생각하는 것이다."

視無所蔽면 則明無不見이요 聽無所壅이면 則聰無不聞이라 色은 見(현)於面者요 貌는

---

8 人之氣質不同 大約有此四等 : 茶山은 "孔子는 그 성과를 논하셨기 때문에 나누어 네 등급을 만들었는데, 朱子는 기질로 말씀하면서 또한 네 등급을 나누었으니, 아마도 옳지 않은 듯하다.〔孔子論其成效 故分爲四等 朱子以氣質言 而亦分四等 恐不然也〕" 하였다.

··· 困 곤궁할 곤 明 눈밝을 명 聰 귀밝을 총 貌 모양 모 忿 성낼 분 蔽 가릴 폐 壅 막을 옹

擧身而言이라 思問則疑不蓄이요 思難則忿必懲이요 思義則得不苟라

봄에 가리운 바가 없으면 밝아서 보지 못함이 없고, 들음에 막히는 바가 없으면 귀밝아서 듣지 못함이 없을 것이다. '色'은 얼굴에 나타나는 것이요, '貌'는 온몸을 들어 말한 것이다. 물음을 생각하면 의심이 쌓이지 않을 것이요, 어려움을 생각하면 분함이 반드시 징계될 것이요, 義를 생각하면 얻음에 구차하지 않을 것이다.

⊙ 程子曰 九思는 各專其一⁹이니라

謝氏曰 未至於從容中道하여는 無時而不自省察也니 雖有不存焉者라도 寡矣¹⁰니 此之謂思誠¹¹이니라

⊙ 程子(明道)가 말씀하였다. "九思는 각각 그 한 가지 일에 오로지(전일) 하는 것이다."
謝氏(謝良佐)가 말하였다. "從容(여유롭고 자연스러움)하게 道에 맞는 데 이르지 못하면 때마다 스스로 살피지 않음이 없어야 한다. 〈이렇게 하면〉 비록 本心이 보존되지 못함이 있더라도 적을 것이니, 이것을 '성실히 함을 생각한다.〔思誠〕'고 하는 것이다."

11-1. 孔子曰 見善如不及하며 見不善如探湯을 吾見其人矣요 吾聞其語矣로라

孔子께서 말씀하셨다. "善을 보고는 미치지 못할 듯이 하고 不善을 보고는 끓는 물을 더듬는 것처럼 하는 것을, 나는 그러한 사람을 보았고 그러한 말을 들었노라.

眞知善惡而誠好惡(오)之니 顏, 曾, 冉, 閔之徒 蓋能之矣라 語는 蓋古語也라

善과 惡을 참으로 알아서 진실로 〈善을〉 좋아하고 〈惡을〉 미워하는 것이니, 顏子 · 曾子 · 冉伯牛 · 閔子騫의 무리가 아마도 이에 능하였을 것이다. '語'는 옛말인 듯하다.

---

9 各專其一 : 각각 그 한 가지에만 전일하게 생각하는 것으로, 볼 때에는 밝게 볼 것만 생각하고 들을 때에는 귀밝게 들을 것만 생각함을 이른다.

10 雖有不存焉者 寡矣 : '不存'은 良心이 보존되지 못한 것으로, 《孟子》〈盡心下〉 35章에 "마음을 기름은 욕망을 적게 하는 것보다 더 좋은 것이 없으니, 그 사람됨이 욕망이 적으면 비록 보존되지 못함이 있더라도 〈보존되지 못한 것이〉 적을 것이다.〔養心莫善於寡欲 其爲人也寡欲 雖有不存者 寡矣〕"라고 보인다.

11 思誠 : 《孟子》〈離婁上〉 12章에 "誠者 天之道也 思誠者 人之道也"라고 보이는데, '誠'은 힘쓰지 않고 저절로 성실하여 道理에 맞는 것이요, '思誠'은 성실하게 하려고 노력함을 이른다.

··· 蓄 쌓을 축 懲 징계할 징 苟 구차할 구 寡 적을 과 探 더듬을 탐 湯 물끓을 탕

11-2. 隱居以求其志하며 行義以達其道를 吾聞其語矣요 未見其人也로라

숨어 살면서 그 뜻을 구하고 義를 행하면서 그 道를 행하는 것을, 나는 그러한 말만 들었고 그러한 사람은 보지 못하였노라."

求其志는 守其所達之道也요 達其道는 行其所求之志也라 蓋惟伊尹太公之流가 可以當之라 當時에 若顏子亦庶乎此라 然이나 隱而未見(현)하고 又不幸而蚤(조)死라 故로 夫子云然이시니라

'그 뜻을 구한다는 것'은 행할 바의 道를 지키는 것이요, '그 道를 행한다는 것'은 구하던 바의 뜻을 행하는 것이다. 이는 오직 伊尹과 太公의 무리가 이에 해당될 것이다. 당시에 顏子 같은 분도 또한 이에 가까웠으나 숨어서 드러내지 않았고 또 불행히 일찍 죽었다. 그러므로 夫子께서 이렇게 말씀하신 것이다.

12-1. 齊景公은 有馬千駟호되 死之日에 民無德而稱焉이요 伯夷, 叔齊는 餓于首陽之下호되 民到于今稱之하나니라

〈孔子께서 말씀하셨다.〉"齊 景公은 말 千駟를 소유하였으나 죽는 날에 사람들이 德을 칭송함이 없었고, 伯夷와 叔齊는 首陽山 아래에서 굶주렸으나 사람들이 지금에 이르도록 칭송하고 있다.

駟는 四馬也라 首陽은 山名이라

'駟'는 4필의 말이다. 首陽은 山 이름이다.

12-2. 其斯之謂與인저

이것을 말함일 것이다."

胡氏曰 程子以爲第十二篇錯簡誠不以富亦祇以異가 當在此章之首라하시니 今詳文勢컨대 似當在此句之上하니 言人之所稱이 不在於富而在於異也라

··· 流 무리 류 庶 거의 서 蚤 일찍 조 駟 사마 사 餓 굶주릴 아 稱 칭찬할 칭 錯 뒤바뀔 착 祇 다만 지

愚謂 此說이 近是나 而章首에 當有孔子曰字니 蓋闕文耳라 大抵此書後十篇이 多闕誤하니라

胡氏(胡寅)가 말하였다. "程子(伊川)는 第12篇의 錯簡인 '誠不以富 亦祇以異'가 마땅히 이 章의 머리에 있어야 한다고 하셨는데, 지금 文勢를 자세히 살펴보니 마땅히 이 句의 위에 있어야 할 듯하다. 이는 사람들이 칭송하는 것이 富에 있지 않고 다만 특이한 행적에 있음을 말한 것이다."

내가 생각하건대 이 말이 옳은 듯하다. 그러나 章의 머리에 마땅히 '孔子曰'이라는 세 글자가 있어야 할 것이니, 아마도 闕文일 것이다. 대체로 이 책의 뒤 10篇은 빠지고 잘못된 것이 많다.

13-1. 陳亢(강)이 問於伯魚曰 子亦有異聞乎아

陳亢이 伯魚에게 물었다. "그대는 역시 특이한 들음이 있는가?"

亢以私意窺聖人하여 疑必陰厚其子라

陳亢이 사사로운 뜻으로 聖人을 엿보아 반드시 그 아들에게 몰래 후하게 하셨을 것이라고 의심한 것이다.

13-2. 對曰 未也로라 嘗獨立이어시늘 鯉趨而過庭이러니 曰 學詩乎아 對曰 未也로이다 不學詩면 無以言이라하여시늘 鯉退而學詩호라

〈伯魚가〉 대답하였다. "없었다. 일찍이 홀로 서 계실 적에 내(鯉)가 종종걸음으로 뜰을 지나가는데, '詩를 배웠느냐?' 하고 물으시기에 '아직 배우지 못하였습니다.' 하고 대답하였더니, '詩를 배우지 않으면 말을 할 수 없다.' 하시므로 내가 물러나와 詩를 배웠노라.

事理通達而心氣和平이라 故로 能言이라

〈詩를 배우면〉 事理가 通達해지고 心氣가 和平해진다. 그러므로 말을 잘하는 것이다.

13-3. 他日에 又獨立이어시늘 鯉趨而過庭이러니 曰 學禮乎아 對曰 未也로

··· 闕 빠질 궐 誤 그르칠 오 亢 높을 항(강) 窺 엿볼 규 陰 은밀할 음 鯉 잉어 리 趨 달려갈 추 過 지날 과 庭 뜰 정

이다 **不學禮**면 **無以立**이라하여시늘 **鯉退而學禮**호라

다른 날에 또 홀로 서 계실 적에 내가 종종걸음으로 뜰을 지나가는데, '禮를 배웠느냐?' 하고 물으시기에 '아직 배우지 못하였습니다.' 하고 대답하였더니, '禮를 배우지 않으면 설 수 없다.' 하시므로 내가 물러나와 禮를 배웠노라.

品節詳明而德性堅定이라 **故**로 **能立**이라

〈禮를 배우면〉 品節에 자세하고 밝아지며 德性이 굳게 정해진다. 그러므로 설 수 있는 것이다.

13-4. **聞斯二者**로라

이 두 가지를 들었노라."

當獨立之時하여 **所聞**이 **不過如此**하니 **其無異聞**을 **可知**라

홀로 서 계실 때를 당하여 들은 것이 이와 같음에 지나지 않았으니, 특이한 들음이 없음을 알 수 있다.

13-5. **陳亢**이 **退而喜曰 問一得三**호니 **聞詩聞禮**하고 **又聞君子之遠其子也**로라

陳亢이 물러나와 기뻐하면서 말하였다. "하나를 물어서 세 가지를 얻었으니, 詩를 듣고 禮를 듣고 또 君子가 그 아들을 멀리하는 것을 들었노라."

尹氏曰 孔子之教其子 無異於門人이라 **故**로 **陳亢**이 **以爲遠其子**라하니라

尹氏(尹煌)가 말하였다. "孔子께서 아들을 가르침에 門人과 다름이 없었다. 이 때문에 陳亢이 〈孔子께서〉 그 아들을 멀리한다고 말한 것이다."

14. **邦君之妻**를 **君**이 **稱之曰夫人**이요 **夫人**이 **自稱曰小童**이요 **邦人**이 **稱之曰君夫人**이요 **稱諸異邦曰寡小君**이요 **異邦人**이 **稱之**에 **亦曰君夫人**이니라

••• 堅 굳을 견 遠 멀 원 稱 일컬을 칭 童 아이 동 寡 적을 과

나라(제후국) 군주의 妻를, 그 군주가 일컫기를 夫人이라 하고, 夫人이 스스로 일컫기를 小童이라 하며, 나라 사람들이 일컫기를 君夫人이라 하고, 다른 나라에 〈말할 적에〉 일컫기를 寡小君이라 하고, 다른 나라 사람들이 일컬을 적에도 君夫人이라 한다.

寡는 **寡德**이니 **謙辭**라

'寡'는 德이 적은 것이니, 謙辭이다.

⊙ **吳氏曰 凡語中所載**에 **如此類者**는 **不知何謂**니 **或古有之**어나 **或夫子嘗言之**를 **不可考也**니라

⊙ 吳氏(吳棫)가 말하였다. "무릇 《論語》에 기재된 내용 중에 이와 같은 類들은 무엇을 말한 것인지 알지 못하겠다. 혹은 예로부터 있었는지, 혹은 夫子께서 일찍이 말씀하신 것인지 상고할 수 없다."

陽貨 第十七

凡二十六章이라
모두 26章이다.

1-1. 陽貨欲見孔子어늘 孔子不見하신대 歸孔子豚이어늘 孔子時其亡(無)也而往拜之러시니 遇諸塗하시다

陽貨가 孔子를 만나고자 하였으나(孔子가 찾아와서 자신을 만나기를 원하였으나) 孔子께서 만나주지 않으시자, 陽貨가 孔子에게 삶은 돼지를 선물로 보내었는데, 孔子께서도 그가 없는 틈을 타서 사례하러 가셨다가 길에서 만나셨다.

陽貨는 季氏家臣이니 名虎니 嘗囚季桓子而專國政하니라 欲令孔子來見己나 而孔子不往하신대 貨以禮에 大夫有賜於士어든 不得受於其家면 則往拜其門이라 故로 瞰孔子之亡而歸之豚하여 欲令孔子來拜而見之也라

陽貨는 季氏의 家臣이니, 이름이 虎이다. 일찍이 季桓子를 가두고 國政을 전횡하였다. 그는 孔子로 하여금 찾아와서 자신을 만나주기를 바랐으나 孔子께서 가지 않으셨다. 陽貨는 禮에 "大夫가 士에게 선물을 하였는데 士가 자기 집에서 직접 받지 못하였으면 大夫의 집에 찾아가 사례하여야 한다." 하였으므로, 孔子가 집에 없으신 것을 엿보고서 삶은 돼지를 선물하여 孔子로 하여금 와서 사례하게 하여 孔子를 만나보고자 한 것이다.

··· 歸 보낼 귀(饋通) 豚 돼지 돈 時 틈탈 시, 엿볼 시 塗 길 도 賜 줄 사 瞰 볼 감

1-2. 謂孔子曰 來하라 予與爾言호리라 曰 懷其寶而迷其邦이 可謂仁乎아 曰 不可하다 好從事而亟(기)失時가 可謂知(智)乎아 曰 不可하다 日月이 逝矣라 歲不我與니라 孔子曰 諾다 吾將仕矣로리라

陽貨가 孔子에게 말하기를 "이리 오시오. 내 그대와 말을 하겠소." 하였다. 〈孔子가 다가가시자〉 "훌륭한 보배를 품고서 나라를 어지럽게 하는 것을 仁이라고 할 수 있겠소?" 하니, 孔子께서 "할 수 없소." 하셨다. 陽貨가 "從事하기를 좋아하면서 자주 때를 놓치는 것을 智라고 할 수 있겠소?" 하니, 孔子께서 "할 수 없소." 하셨다. 陽貨가 "해와 달(세월)이 흘러가니, 세월은 나를 위하여 기다려 주지 않소." 하니, 孔子께서 "알았소. 내 장차 벼슬을 할 것이오." 하셨다.

懷寶迷邦은 謂懷藏道德하여 不救國之迷亂이라 亟는 數(삭)也라 失時는 謂不及事幾(機)之會라 將者는 且然而未必之辭라 貨語皆譏孔子而諷使速仕하니 孔子固未嘗如此하시고 而亦非不欲仕也요 但不仕於貨耳라 故로 直據理答之하시고 不復與辯하여 若不諭其意者하시니라

'보배를 품고서 나라를 어지럽게 한다.'는 것은 道德을 품고 감추어 나라의 迷亂(昏亂)을 구원하지 않음을 이른다. '亟'는 자주이다. '때를 놓친다.'는 것은 일의 기회에 미치지 못함을 이른다. '將'은 장차 그렇게 하려고 하나 꼭 기필하지는 않는 말이다. 陽貨의 말은 모두 孔子를 풍자하여 넌지시 孔子로 하여금 속히 벼슬하게 하려고 한 것이니, 孔子는 진실로 일찍이 이와 같지 않으셨고, 또한 벼슬하고자 하지 않은 것이 아니요 다만 陽貨에게 벼슬하지 않으셨을 뿐이다. 그러므로 다만 이치에 근거하여 대답하고 다시 그와 변론하지 않으시어 마치 그의 뜻을 깨닫지 못한 것처럼 하신 것이다.

⊙ 陽貨之欲見孔子는 雖其善意나 然不過欲使助己爲亂耳라 故로 孔子不見者는 義也요 其往拜者는 禮也요 必時其亡而往者는 欲其稱也요 遇諸塗而不避者는 不終絕也요 隨問而對者는 理之直也요 對而不辨者는 言之孫(遜)而亦無所詘(屈)也니라
楊氏曰 揚雄謂 孔子於陽貨也에 敬所不敬하니 爲詘身以信(伸)道라하니 非知孔子者라 蓋道外無身하고 身外無道하니 身詘矣요 而可以信道를 吾未之信也로라

··· 懷 품을 회 迷 혼미할 미 亟 자주 기 諾 허락할 락 諷 풍자할 풍 直 다만 직 據 근거할 거 諭 깨우칠 유 稱 걸맞을 칭 孫 공손할 손 詘 굽힐 굴 信 펼 신

⊙ 陽貨가 孔子를 만나려고 한 것은 비록 좋은 뜻이었으나 孔子로 하여금 자신을 도와 亂을 일으키려는 데에 불과하였을 뿐이다. 그러므로 孔子께서 만나주지 않은 것은 義이고 찾아가서 절한 것은 禮이며, 반드시 陽貨가 없는 틈을 타서 찾아간 것은 陽貨의 행동에 맞추고자 한 것이고, 길에서 만나 피하지 않은 것은 끝까지 끊지는 않으신 것이며, 질문에 따라서 대답한 것은 이치의 바름이고, 대답만 하고 변론하지 않은 것은 말씀이 공손하였으나 또한 굽히신 바가 없는 것이다.

楊氏(楊時)가 말하였다. "揚雄이 이르기를 '孔子가 陽貨에 대해서 공경하지 않을 사람을 공경하셨으니, 이는 몸을 굽혀서 道를 펴려고 하신 것이다.' 하였으니, 孔子를 안 자가 아니다. 道 밖에 몸이 따로 없고 몸 밖에 道가 따로 없으니, 몸을 굽히고서 道를 펼 수 있다는 말을 나는 믿지 못하겠다."

2. 子曰 性相近也나 習相遠也니라

孔子께서 말씀하셨다. "性은 서로 비슷하나 익힘(습관)에 따라 서로 멀어지게 된다."

此所謂性은 兼氣質而言者也라 氣質之性은 固有美惡之不同矣라 然이나 以其初而言이면 則皆不甚相遠也라 但習於善則善하고 習於惡則惡하여 於是에 始相遠耳니라

여기에서 말한 性은 氣質을 겸하여 말씀한 것이다. 氣質의 性은 본래 좋고 나쁨의 같지 않음(차이)이 있으나 그 처음을 가지고 말한다면 모두 서로 크게 멀지 않다. 다만 善을 익히면 선해지고 惡을 익히면 악해져서 이에 비로소 서로 멀어지게 되는 것이다.

⊙ 程子曰 此는 言氣質之性이요 非言性之本也라 若言其本이면 則性卽是埋요 埋無不善이니 孟子之言性善이 是也[1]니 何相近之有哉리오

⊙ 程子(伊川)가 말씀하였다. "이는 氣質之性을 말한 것이요, 本然之性을 말한 것이 아니다. 만약 本然을 말한다면 性은 곧 理이고 理는 善하지 않음이 없으니, 孟子가 말씀하신 性善이 바로 이것이다. 어찌 서로 비슷하다고 할 것이 있겠는가."

---

1 孟子之言性善 是也:性은 本然之性과 氣質之性으로 나누는바, 本然之性은 본성 그대로인 仁·義·禮·智로 孟子가 말씀한 性善은 바로 本然之性을 가리킨 것이다.

··· 近 가까울 근 遠 멀 원

3. 子曰 唯上知(智)與下愚는 不移니라

孔子께서 말씀하셨다. "오직 上智(지극히 지혜로운 자)와 下愚(가장 어리석은 자)는 변화되지 않는다."

此는 承上章하여 而言人之氣質이 相近之中에 又有美惡一定하여 而非習之所能移者라

이는 윗장을 이어서 사람의 氣質이 서로 비슷한 가운데에 또 좋고 나쁨의 일정함이 있어서 습관으로 변화시킬 수 있는 것이 아님을 말씀한 것이다.

⊙ 程子曰 人性本善이어늘 有不可移者는 何也오 語其性則皆善也요 語其才則有下愚之不移라 所謂下愚有二焉하니 自暴自棄也라 人苟以善自治면 則無不可移하니 雖昏愚之至라도 皆可漸磨而進也어니와 惟自暴者는 拒之以不信하고 自棄者는 絶之以不爲하니 雖聖人與居라도 不能化而入也니 仲尼之所謂下愚也라 然이나 其質은 非必昏且愚也요 往往强戾而才力有過人者하니 商辛[2]이 是也라 聖人이 以其自絶於善이라하여 謂之下愚라 然이나 考其歸則誠愚也니라

或曰 此與上章으로 當合爲一이니 子曰二字는 蓋衍文耳라

⊙ 程子(伊川)가 말씀하였다. "사람의 性이 본래 善한데, 변화시킬 수 없는 것이 있음은 어째서인가? 그 性을 말하면 모두 善하고, 그 才(才質)를 말하면 下愚로서 변화시킬 수 없는 자가 있는 것이다. 이른바 下愚라는 것은 두 가지가 있으니, 自暴와 自棄이다. 사람이 진실로 善으로써 자신을 다스린다면 변화시킬 수 없는 자가 없으니, 비록 지극히 어둡고 어리석은 자라 하더라도 모두 차츰 연마하여 나아갈 수 있다. 다만 自暴하는 자는 거절하여 믿지 않고, 自棄하는 자는 끊고서 하지 않으니, 〈自暴·自棄하는 자는〉 비록 聖人이 함께 거처하더라도 변화하여 들어갈 수가 없으니, 孔子께서 말씀하신 下愚란 것이다. 그러나 그 氣質이 반드시 어둡고 어리석은 것은 아니며, 왕왕 매우 강하고 사나워서 才力이 남보다 뛰어난 자가 있으니, 商나라의 辛(紂王)이 그런 사람이다. 聖人께서 자기 스스로 善을 끊는다 하여 이를 일러 下愚라고 하신 것이다. 그러나 그 귀결을 살펴보면 참으로 어리석다."

---

2 商辛 : 辛은 商나라 紂王의 이름으로, 재주와 힘이 뛰어나고 말을 잘하였으나 諫言을 듣지 않고 포악한 짓을 계속하다가 결국 망하였다.

··· 移 옮길 이 暴 해칠 포 棄 버릴 기 漸 무젖을 점 磨 갈 마 戾 사나울 려 考 상고할 고 衍 넘칠 연, 남을 연

혹자는 말하였다. "이 장은 윗장과 합하여 마땅히 한 章이 되어야 하니, '子曰' 두 글자는 아마도 衍文일 것이다."

4-1. 子之武城하사 聞弦歌之聲하시다

孔子께서 武城에 가시어 弦樂에 맞추어 부르는 노래를 들으셨다.

弦은 琴瑟也라 時에 子游爲武城宰하여 以禮樂爲敎라 故로 邑人이 皆弦歌也라

'弦'은 琴과 瑟이다. 이 때에 子游가 武城의 邑宰가 되어 禮樂으로 가르쳤기 때문에 고을 사람들이 모두 弦樂에 맞추어 노래(詩歌)를 부른 것이다.

4-2. 夫子莞爾而笑曰 割鷄에 焉用牛刀리오

夫子께서 빙그레 웃으시며 말씀하셨다. "닭을 잡는 데 어찌 소를 잡는 칼을 쓰겠는가."

莞爾는 小笑貌니 蓋喜之也라 因言 其治小邑에 何必用此大道也리오

'莞爾'는 빙그레 웃는 모습이니, 기뻐하신 것이다. 인하여 '작은 고을을 다스리는 데 어찌 이런 大道를 쓸 필요가 있느냐.'고 말씀하신 것이다.

4-3. 子游對曰 昔者에 偃也 聞諸夫子호니 曰 君子 學道則愛人이요 小人이 學道則易使也라호이다

子游가 대답하였다. "예전에 제(偃)가 夫子께 들으니 '君子(벼슬아치)가 道를 배우면 사람을 사랑하고 小人(백성)이 道를 배우면 부리기가 쉽다.' 하셨습니다."

君子, 小人은 以位言之라 子游所稱은 蓋夫子之常言이니 言君子, 小人이 皆不可以不學이라 故로 武城雖小나 亦必敎以禮樂이라

'君子'와 '小人'은 지위를 가지고 말한 것이다. 子游가 말한 것은 아마도 夫子께서 항상 하신 말씀일 것이니, 君子와 小人이 모두 배우지 않아서는 안 되므로 武城이 비록 작지만 또한 반드

••• 弦 줄 현 琴 거문고 금 瑟 비파 슬 莞 웃을 완 割 벨 할, 잡을 할 焉 어찌 언 偃 누울 언

시 禮樂으로 가르쳐야 한다고 말한 것이다.

4-4. 子曰 二三子아 偃之言이 是也니 前言은 戲之耳니라

孔子께서 말씀하셨다. "애들아, 偃(子游)의 말이 옳으니, 방금 전에 내가 한 말은 농담이었다."

嘉子游之篤信하고 **又以解門人之惑也**시니라

子游가 독실히 믿는 것을 가상히 여기시고, 또 門人의 의혹을 풀어주신 것이다.

⊙ 治有大小나 而其治之 必用禮樂은 則其爲道一也라 但衆人은 多不能用이어늘 而子游獨行之라 故로 夫子驟聞而深喜之하시고 因反其言以戲之러시니 而子游以正對라 故로 復是其言하여 而自實其戲也시니라

⊙ 다스림은 크고 작은 차이가 있으나 다스림에 있어 반드시 禮樂을 써야 함은 그 道가 똑같은 것이다. 다만 보통 사람들은 대부분 禮樂을 쓰지 못하는데, 子游만이 이것을 행하였다. 이 때문에 夫子께서 갑자기 들으시고 매우 기뻐하셨으며, 또 인하여 그 말을 뒤집어서 희롱하신 것인데, 子游가 正(참말)으로써 대답하였다. 그러므로 다시 子游의 말을 옳다고 하시어 스스로 그 농담이었음을 실증하신 것이다.

5-1. 公山弗擾(요)以費畔하여 召어늘 子欲往이러시니

公山弗擾가 費邑을 가지고 반란을 일으키고서 孔子를 부르니, 孔子께서 가려고 하셨다.

弗擾는 **季氏宰**니 **與陽虎**로 **共執桓子**하고 **據邑以叛**하니라

弗擾는 季氏의 家臣이니, 陽虎와 함께 桓子를 잡아 가두고 費邑을 점거하고서 반란을 일으켰다.

··· 戲 희롱 희 嘉 아름다울 가 驟 갑자기 취 弗 아닐 불 擾 흔들 요 費 쓸 비 畔 배반할 반 往 갈 왕 據 점거할 거

5-2. 子路不說(열)曰 末之也已니 何必公山氏之之也시리잇고

子路가 기뻐하지 않으며 말하기를 "가실 곳이 없는데, 하필 公山氏에게 가시려 하십니까." 하였다.

末은 無也라 言 道既不行하여 無所往矣니 何必公山氏之往乎리오

'末'은 없음이다. '道가 이미 행해지지 아니하여 갈 곳이 없으니, 하필 公山氏에게 가시려 하십니까.'라고 말한 것이다.

5-3. 子曰 夫召我者는 而豈徒哉리오 如有用我者면 吾其爲東周乎인저

孔子께서 말씀하셨다. "저가 나를 부르는 것은 어찌 하릴없이(공연히) 그러겠느냐. 나를 써 주는 자가 있으면 나는 東周(동쪽 周나라)를 만들 것이다."

豈徒哉는 言必用我也라 爲東周는 言興周道於東方이라

'어찌 하릴없이 그러겠느냐.'는 것은 반드시 자신을 등용할 것임을 말씀한 것이다. '東周를 만든다.'는 것은 周나라 道를 동쪽 魯나라에 일으킬 것임을 말씀한 것이다.

⊙ 程子曰 聖人은 以天下無不可有爲之人이요 亦無不可改過之人이라 故로 欲往이라 然而終不往者는 知其必不能改故也[3]시니라

⊙ 程子가 말씀하였다. "聖人께서는 天下에 훌륭한 일을 할 수 없는 사람이 없고 또한 허물을 고칠 수 없는 사람도 없다고 생각하셨다. 이 때문에 찾아가려고 하신 것이다. 그러나 끝내 찾아가지 않으신 것은 그가 반드시 고치지 못할 것을 아셨기 때문이다."

6. 子張이 問仁於孔子한대 孔子曰 能行五者於天下면 爲仁矣니라 請問之한대 曰 恭, 寬, 信, 敏, 惠니 恭則不侮하고 寬則得衆하고 信則人任焉하고 敏則有功하고 惠則足以使人이니라

---

3 程子曰……知其必不能改故也:壺山은 "伊川의 말씀인데, 《論孟精義》에는 明道의 말씀이라고 했다." 하였다.

⋯ 末 없을 말 徒 한갓 도 終 끝 종 改 고칠 개 敏 민첩할 민 侮 업신여길 모 任 믿을 임, 의지할 임

子張이 孔子에게 仁을 여쭙자, 孔子께서 말씀하셨다. "다섯 가지를 능히 天下에 행한다면 仁을 행하는 것이다." 하셨다. 子張이 그 내용을 묻자, 다음과 같이 말씀하셨다. "공손함〔恭〕과 너그러움〔寬〕과 信實함〔信〕과 민첩함〔敏〕과 은혜로움〔惠〕이니, 공손하면 업신여기지 않고 너그러우면 뭇사람들을 얻게 되고 信實하면 남들이 의지하고 민첩하면 공이 있고 은혜로우면 충분히 사람을 부릴 수 있다."

行是五者면 則心存而理得矣라 於天下는 言無適而不然이니 猶所謂雖之夷狄이라도 不可棄[4]者라 五者之目은 蓋因子張所不足而言耳라 任은 倚仗也라 又言其效如此하시니라

이 다섯 가지를 행하면 마음이 보존되고 이치가 얻어질 것이다. '천하에〔於天下〕'라는 것은 가는 곳마다 그렇지 않음이 없음을 말한 것이니, 이른바 '비록 夷狄의 나라에 가더라도 버려서는 안 된다.'는 말씀과 같다. 다섯 가지의 조목은 子張의 부족한 점을 인하여 말씀하신 것일 뿐이다. '任'은 의지하고 믿는 것이다. 또 그 효험이 이와 같음을 말씀하신 것이다.

⊙ 張敬夫曰 能行此五者於天下면 則其心公平而周遍을 可知矣라 然이나 恭其本與인저

李氏曰 此章은 與六言六蔽, 五美四惡[5]之類로 皆與前後文體 大不相似하니라

⊙ 張敬夫(張栻)가 말하였다. "능히 이 다섯 가지를 天下에 행한다면 그 마음이 공평하고 두루함을 알 수 있다. 그러나 공손함이 근본일 것이다."

李氏(李郁)가 말하였다. "이 章은 六言, 六蔽와 五美, 四惡 등과 함께 모두《論語》앞뒤의 문체와 크게 서로 똑같지 않다(다르다)."

7-1. 佛肸(필힐)이 召어늘 子欲往이러시니

佛肸이 부르자, 孔子께서 가려고 하셨다.

---

4 雖之夷狄 不可棄 : 위 〈子路〉 19章에 "居處함에 공손하며 일을 집행함에 공경하며 사람을 대하기를 충성스럽게 함을, 비록 夷狄의 나라에 가더라도 버려서는 안 된다.〔居處恭 執事敬 與人忠 雖之夷狄 不可棄也〕"라고 보인다.

5 六言六蔽, 五美四惡 : '六言·六蔽'는 本篇 8章에 보이고 '五美·四惡'은 뒤의 〈堯曰〉 2章에 보인다.

··· 適 갈 적 倚 의지할 의 仗 의지할 장 遍 두루 변(편) 佛 클 필 肸 클 힐

佛肸은 晉大夫趙氏之中牟宰也라

佛肸은 晉나라 大夫 趙氏(趙簡子)의 中牟땅 邑宰이다.

7-2. 子路曰 昔者에 由也 聞諸夫子호니 曰 親於其身에 爲不善者어든 君子不入也라하시니 佛肸이 以中牟畔이어늘 子之往也는 如之何잇고

子路가 말하였다. "옛날에 제(由)가 夫子께 들으니, '직접 그 몸에 不善을 한 자는 君子가 〈그 무리에〉 들어가지 않는다.'고 하셨습니다. 佛肸이 지금 中牟를 가지고 반란을 일으켰는데, 夫子께서 가려고 하심은 어째서입니까?"

子路恐佛肸之浼(매)夫子라 故로 問此以止夫子之行이라 親은 猶自也라 不入은 不入其黨也라

子路는 佛肸이 夫子를 더럽힐까 걱정하였다. 그러므로 이것을 물어 夫子의 가심을 저지하려한 것이다. '親'은 自(직접)와 같다. '不入'은 그 黨에 들어가지 않는 것이다.

7-3. 子曰 然하다 有是言也[6]어니와 不曰堅乎아 磨而不磷(린)이니라 不曰白乎아 涅(날)而不緇(치)니라

孔子께서 말씀하셨다. "그렇다. 이러한 말을 했었다. 〈그러나〉 단단하다고 말하지 않겠는가. 갈아도 얇아지지 않는다. 희다고 말하지 않겠는가. 검은 물을 들여도 검어지지 않는다.

磷은 薄也요 涅은 染皂(조)物이니 言人之不善이 不能浼己라

楊氏曰 磨不磷하고 涅不緇而後에 無可, 無不可[7]니 堅白不足이어늘 而欲自試於磨涅이면 其不磷緇也者幾希니라

---

6 有是言也 : 官本諺解에는 "有是言也니라"로 현토하고 "이 말이 인느니라"로 해석한바, 뒤의 두 句를 가리킨 말로 본 듯한데, 栗谷諺解에는 "有是言也어니와"로 현토하고 "이 말이 잇거니와"로 해석하였다. 여기서는 栗谷諺解를 따랐음을 밝혀둔다.

7 無可無不可 : 뒤의 〈微子〉 8章에 보이는 말로, 꼭 한다는 것도 없고 꼭 안 한다는 것도 없어, 때에 따라 道에 맞게 하는 것으로 聖人만이 할 수 있다 한다.

··· 牟 보리 모 畔 배반할 반(叛通) 磷 얇을 린 涅 검을 날(녈) 緇 검을 치 染 물들일 염 皂 검을 조 浼 더럽혀질 매 希 드물 희(稀通)

'磷'은 얇아지는 것이고 '涅'은 검은 물을 들이는 물건이니, 남의 不善이 나를 더럽힐 수 없음을 말씀한 것이다.

楊氏(楊時)가 말하였다. "갈아도 얇아지지 않고 검은 물을 들여도 검어지지 않은 뒤에야 可함도 없고 不可함도 없을 수 있는 것이니, 만약 단단함과 흼이 부족하면서 스스로 갈고 물들여지는 데에 시험하려고 한다면 얇아지고 검어지지 않는 자가 거의 드물 것이다."

7-4. 吾豈匏瓜也哉라 焉能繫而不食이리오

내가 어찌 뒤웅박과 같아서 한 곳에만 매달려 있어 먹지 못하는 것과 같겠는가."

匏는 瓠(호)也라 匏瓜는 繫於一處而不能飮食이어니와 人則不如是也라

'匏'는 뒤웅박이다. 뒤웅박은 한 곳에 매달려 있어 마시고 먹지 못하지만 사람은 이와 같지 않은 것이다.

⊙ 張敬夫曰 子路昔者之所聞은 君子守身之常法이요 夫子今日之所言은 聖人體道之大權也라 然이나 夫子於公山, 佛肹之召에 皆欲往者는 以天下無不可變之人이요 無不可爲之事也며 其卒不往者는 知其人之終不可變而事之終不可爲耳시니 一則生物之仁이요 一則知人之智也니라

⊙ 張敬夫(張栻)가 말하였다. "子路가 예전에 들었던 것은 君子가 몸을 지키는 떳떳한 法이요, 夫子께서 今日에 하신 말씀은 聖人이 道를 체행하는 큰 權道이다. 그러나 夫子께서 公山弗擾와 佛肹의 부름에 모두 가려고 하셨던 것은 天下에 변화시킬 수 없는 사람이 없고 할 수 없는 일이 없다고 생각하셨기 때문이며, 끝내 가시지 않은 것은 이 사람을 끝내 변화시킬 수 없고 일을 끝내 할 수 없음을 아셨기 때문이니, 하나는 만물을 생성시키는 仁이고 하나는 남을 알아보는 지혜이다."

8-1. 子曰 由也아 女聞六言六蔽矣乎아 對曰 未也로이다

孔子께서 말씀하시기를 "由야, 너는 六言과 六蔽를 들었느냐?" 하시자, 〈子路가〉 대답하였다. "아직 듣지 못하였습니다."

··· 匏 박 포 瓜 오이 과 繫 맬 계 瓠 박 호 蔽 가릴 폐

蔽는 遮掩也라

'蔽'는 가리움이다.

8-2. 居하라 吾語女호리라

〈孔子께서 말씀하셨다.〉 "앉거라. 내 너에게 말해 주리라."

禮에 君子問更(경)端이면 則起而對라 故로 夫子諭子路하여 使還坐而告之하시니라

禮에 君子가 질문할 때에 그 단서(話題)를 바꾸면 일어나 대답한다. 그러므로 夫子께서 子路에게 말씀하여 다시 앉게 하고서 말씀해주신 것이다.

8-3. 好仁不好學이면 其蔽也愚하고 好知(智)不好學이면 其蔽也蕩하고 好信不好學이면 其蔽也賊하고 好直不好學이면 其蔽也絞하고 好勇不好學이면 其蔽也亂하고 好剛不好學이면 其蔽也狂이니라

仁만 좋아하고 배움을 좋아하지 않으면 그 폐단(가리워짐)이 어리석게 되고〔愚〕, 지혜〔智〕만 좋아하고 배움을 좋아하지 않으면 그 폐단이 방탕하게 되고〔蕩〕, 믿음〔信〕만 좋아하고 배움을 좋아하지 않으면 그 폐단이 해치게 되고〔賊〕, 정직함〔直〕만 좋아하고 배움을 좋아하지 않으면 그 폐단이 급하게 되고〔絞〕, 용맹〔勇〕만 좋아하고 배움을 좋아하지 않으면 그 폐단이 亂을 일으키게 되고〔亂〕, 剛한 것만 좋아하고 배움을 좋아하지 않으면 그 폐단이 경솔하게 된다.〔狂〕"

六言은 皆美德이라 然이나 徒好之하고 而不學以明其理면 則各有所蔽라 愚는 若可陷可罔[8]之類요 蕩은 謂窮高極廣而無所止요 賊은 謂傷害於物이라 勇者는 剛之發이요 剛者는 勇之體라 狂은 躁率也라

---

8 可陷可罔: '陷'은 우물에 빠지는 것으로, 앞의 〈雍也〉 24章에 "군자는 〈다른 사람이 그를〉 우물에 가게 할 수는 있으나 우물에 빠지게 할 수는 없다.〔君子可逝也 不可陷也〕"라고 보이며, '罔'은 터무니없는 말에 속는 것으로, 《孟子》〈萬章上〉 2章에 "군자는 〈다른 사람이 이유가 있는〉 방법으로 속일 수는 있으나 道理가 아닌 것으로 속일 수는 없다.〔君子可欺以其方 難罔以非其道〕"라고 보인다.

••• 遮 가릴 차　掩 가릴 엄　居 앉을 거　蕩 방탕할 탕　賊 해칠 적　絞 급할 교　陷 빠질 함　罔 속일 망　躁 조급할 조　率 경솔할 솔

六言은 모두 아름다운 德이다. 그러나 한갓 좋아하기만 하고, 배워서 그 이치를 밝히지 않으면 각각 가리워지는 폐단이 있다. '愚'는 함정에 빠뜨릴 수 있고 속일 수 있는 것과 같은 類이고, '蕩'은 높은 것을 다하고 넓은 것을 다하여 그치는 곳이 없음을 이르고, '賊'은 물건을 상해함을 이른다. '勇'은 剛의 발로이고, '剛'은 勇의 體이다. '狂'은 조급하고 경솔한 것이다.

⊙ 范氏曰 子路勇於爲善이나 其失之者는 未能好學以明之也라 故로 告之以此하시니라 曰勇曰剛曰信曰直은 又皆所以救其偏也시니라

⊙ 范氏(范祖禹)가 말하였다. "子路는 善을 행하는 데에 용감하였으나 그의 결함은 배움을 좋아하여 그 이치를 밝히지 못하는 것이었다. 그러므로 이로써 말씀해주신 것이다. 勇, 剛, 信, 直은 또 모두 그의 치우친 점을 바로잡아 주신 것이다."

9-1. 子曰 小子는 何莫學夫詩오

孔子께서 말씀하셨다. "小子(너희)들은 어찌하여 詩를 배우지 않느냐?

小子는 弟子也라

'小子'는 弟子이다.

9-2. 詩는 可以興이며

詩는 意志를 흥기시킬 수 있으며,

感發志意라

意志를 感發하는 것이다.

9-3. 可以觀이며

〈정치의 득실을〉 관찰할 수 있으며,

考見得失이라

··· 救 바로잡을 구 興 일으킬 흥 考 상고할 고

得失을 상고해 보는 것이다.

9-4. 可以群이며

무리지을 수 있으며,

和而不流라

和하면서도 방탕한 데로 흐르지 않는 것이다.

9-5. 可以怨이며

원망할 수 있으며,

怨而不怒라

원망하면서도 노여워하지 않는 것이다.

9-6. 邇之事父며 遠之事君이요

가까이는 어버이를 섬길 수 있으며, 멀리는 임금을 섬길 수 있고,

人倫之道가 詩無不備하니 二者는 擧重而言이라

人倫의 道가 詩에 갖추어지지 않음이 없으니, 이 두 가지는 중한 것을 들어서 말씀한 것이다.

9-7. 多識於鳥獸草木之名이니라

새와 짐승, 풀과 나무의 이름을 많이 알게 된다."

其緒餘 又足以資多識이라

그 緒餘(부수적인 것)가 또 많은 지식을 자뢰할 수 있다.

⋯ 邇 가까울 이 遠 멀 원 備 갖출 비 緒 실마리 서 資 자뢰(資賴)할 자

⊙ 學詩之法을 此章盡之하니 讀是經者 所宜盡心也니라

⊙ 詩를 배우는 방법을 이 章에 다하였으니, 이 《詩經》을 읽는 자가 마땅히 마음을 다하여야 할 것이다.

10. 子謂伯魚曰 女爲周南召南矣乎아 人而不爲周南召南이면 其猶正牆面而立也與인저

孔子께서 伯魚에게 이르셨다. "너는 〈周南〉과 〈召南〉을 배웠느냐? 사람으로서 〈周南〉과 〈召南〉을 배우지 않으면 담장을 정면으로 마주하고 서 있는 것과 같다."

爲는 猶學也라 周南, 召南은 詩首篇名이니 所言이 皆修身齊家之事라 正牆面而立은 言卽其至近之地하여 而一物無所見하고 一步不可行이라

'爲'는 學과 같다. 〈周南〉과 〈召南〉은 《詩經》의 첫머리 篇名인데, 그 내용이 모두 자기 몸을 닦고 집안을 다스리는 일이다. '담장을 정면으로 마주하고 서 있다.'는 것은 지극히 가까운 곳에 나아가서 한 물건도 보이는 것이 없고 한 걸음도 나아갈 수 없음을 말한 것이다.

11. 子曰 禮云禮云이나 玉帛云乎哉아 樂云樂云이나 鍾鼓云乎哉아

孔子께서 말씀하셨다. "禮이다 禮이다 하지만 玉帛(옥과 폐백)을 이르겠는가. 樂이다 樂이다 하지만 鍾鼓(종과 북)를 이르겠는가."

敬而將之以玉帛則爲禮요 和而發之以鍾鼓則爲樂이라 遺其本而專事其末이면 則豈禮樂之謂哉리오

안으로 공경하면서 玉帛으로 받들면 禮가 되고, 안으로 和하면서 鍾鼓로 나타내면 樂이 된다. 그 근본(敬과 和)을 빠뜨리고 오로지 그 끝(玉帛과 鍾鼓)만을 일삼는다면 어찌 禮·樂이라고 할 수 있겠는가.

⊙ 程子曰 禮는 只是一箇序요 樂은 只是一箇和니 只此兩字가 含蓄多少義理라 天下에 無一物無禮樂하니 且如置此兩椅(의)에 一不正이면 便是無序요 無序면 便乖요 乖면

··· 牆 담장 장 面 향할 면 卽 나아갈 즉 帛 비단 백 鍾 종 종 鼓 북 고 箇 낱 개 椅 의자 의 乖 어그러질 괴

便不和라 又如盜賊이 至爲不道라 然이나 亦有禮樂하니 蓋必有總屬하여 必相聽順이라야 乃能爲盜요 不然이면 則叛亂無統하여 不能一日相聚而爲盜也라 禮樂은 無處無之하니 學者要須識得이니라

⊙ 程子(伊川)가 말씀하였다. "禮는 하나의 질서[序]이며 樂은 하나의 조화[和]이니, 다만 序와 和 이 두 글자가 많은 義理를 함축하고 있다. 天下에는 한 가지 사물도 禮·樂이 없는 것이 없으니, 우선 예를 들면 여기에 두 개의 의자가 놓여 있을 적에 하나가 바르지 않으면 곧 질서가 없는 것이고, 질서가 없으면 괴리되고, 괴리되면 조화롭지 못하게 된다. 또 도적들은 지극히 不道德하나 그들에게도 禮·樂이 있으니, 반드시 수령(두목)과 부하가 있어서 서로 명령을 들어 따라야만 도적질을 할 수가 있고, 그렇지 않으면 반란하여 기강이 없어서 단 하루도 서로 모여 도적질을 할 수가 없다. 禮·樂은 어느 곳이든 없는 곳이 없으니, 배우는 자들은 반드시 알아야 할 것이다."

12. 子曰 色厲而內荏을 譬諸小人컨대 其猶穿窬(천유)之盜也與인저

孔子께서 말씀하셨다. "얼굴빛은 위엄스러우면서 마음은 유약한 것을 小人에 비유하면 벽을 뚫고 담을 넘는 좀도둑과 같을 것이다."

厲는 威嚴也요 荏은 柔弱也라 小人은 細民也라 穿은 穿壁이요 窬는 踰牆이니 言其無實盜名하여 而常畏人知也라

'厲'는 위엄스러움이고, '荏'은 유약함이다. '小人'은 細民(平民)이다. '穿'은 벽을 뚫는 것이고 '窬'는 담을 넘는 것이니, 실상이 없이 이름만 도둑질하여 항상 남이 알까 두려워함을 말씀한 것이다.

13. 子曰 鄕原(愿)은 德之賊也니라

孔子께서 말씀하셨다. "鄕原은 德의 賊이다."

鄕者는 鄙俗之意라 原은 與愿同하니 荀子原慤註에 讀作愿하니 是也라 鄕原은 鄕人之愿者也니 蓋其同流合汚하여 以媚於世라 故로 在鄕人之中에 獨以愿稱이라 夫子以其似

··· 厲 엄할 려 荏 유약할 임 譬 비유할 비 穿 뚫을 천 窬 넘을 유 原 삼갈 원(愿通) 慤 삼갈 각 汚 더러울 오
媚 아첨할 미

德非德而反亂乎德이라 故로 以爲德之賊而深惡(오)之하시니 詳見(현)孟子末篇⁹하니라

'鄕'은 鄙俗의 뜻이다. '原'은 愿과 같으니, 《荀子》〈正論〉에 原慤에 대한 註에 "原은 愿으로 읽는다." 하였으니, 바로 이것이다. 鄕原은 시골 사람 중에 謹厚한 자이니, 流俗과 동화하고 더러운 세상에 영합하여 세상 사람들에게 아첨한다. 이 때문에 시골 사람들 사이에서 유독 근후하다고 칭하는 것이다. 夫子께서는 〈鄕原이〉 德과 비슷하나 德이 아니어서 도리어 德을 어지럽힌다고 여기셨다. 그러므로 德의 賊이라고 말씀하여 매우 미워하신 것이니, 《孟子》 마지막 편(〈盡心下〉)에 자세히 보인다.

14. 子曰 道聽而塗(途)說이면 德之棄也니라

孔子께서 말씀하셨다. "길에서 듣고 길에서 말하면 德을 버리는 것이다."

雖聞善言이나 不爲己有면 是自棄其德也라

비록 좋은 말을 들었더라도 자신의 소유로 삼지 않으면 이는 스스로 그 德을 버리는 것이다.

⊙ 王氏曰 君子多識前言往行하여 以畜其德하니 道聽塗說이면 則棄之矣니라

⊙ 王氏(王安石)가 말하였다. "君子는 前人들의 훌륭한 말씀과 지나간 행실을 많이 알아서 德을 쌓으니, 길에서 듣고 길에서 말하면 德을 버리는 것이다."

15-1. 子曰 鄙夫는 可與事君也與哉아

孔子께서 말씀하셨다. "비루한 사람과는 함께 임금을 섬길 수 있겠는가.

---

9 詳見孟子末篇:《孟子》〈盡心下〉 37장에 〈鄕原이 狂者를 비난하기를〉 '어찌하여 이처럼 말과 뜻이 커서 말은 행실을 돌아보지 않고 행실은 말을 돌아보지 않으면서 말하기를 「옛 사람이여, 옛 사람이여.」 하는가' 하며, 〈鄕原이 狷者를 비난하기를〉 '행실을 어찌하여 이처럼 외롭고 쓸쓸하게 하는가. 이 세상에 태어났으면 이 세상 사람들을 위하여 남들이 善하다고 하면 可하다.'라고 하여, 閹然히 세상에 아첨하는 자가 鄕原이다.……비난하려 해도 들 것이 없으며 풍자하려 해도 풍자할 것이 없어서 流俗과 동화하고 더러운 세상에 영합하여, 居함에 忠信과 같으며 행함에 淸廉潔白과 같아서 여러 사람들이 다 좋아하거든 스스로 옳다고 여기나 堯舜의 道에 들어갈 수 없다. 그러므로 '德의 賊'이라고 하신 것이다(何以是嘐嘐也 言不顧行 行不顧言 則曰 古之人 古之人 行何爲踽踽涼涼 生斯世也 爲斯世也 善斯可矣 閹然媚於世也者 是鄕原也……非之無擧也 刺之無刺也 同乎流俗 合乎汚世 居之似忠信 行之似廉潔 衆皆悅之 自以爲是 而不可與入堯舜之道 故曰 德之賊也)"라고 보인다.

··· 塗 길 도 識 알 식 畜 쌓을 축 鄙 더러울 비, 비루할 비

鄙夫는 庸惡陋劣之稱이라

'鄙夫'는 용렬하고 악하며 비루하고 졸렬한 자의 칭호이다.

15-2. 其未得之也엔 患得之하고 旣得之하얀 患失之하나니

〈부귀를〉 얻기 전에는 얻을 것을 걱정하고, 이미 얻고 나서는 잃을 것을 걱정하나니,

何氏曰 患得之는 謂患不能得之라

何氏(何晏)가 말하였다. "'얻을 것을 걱정한다.'는 것은 얻지 못할까 걱정함을 이른다."

15-3. 苟患失之면 無所不至矣니라

만일 잃을 것을 걱정한다면 이르지 않는 바가(못하는 짓이) 없을 것이다."

小則吮癰舐痔(연옹지치)와 大則弑父與君이 皆生於患失而已라

작게는 등창을 빨고 치질을 핥는 것과 크게는 아비와 임금을 시해함이 모두 〈부귀를〉 잃을까 걱정하는 데서 생길 뿐이다.

⊙ 胡氏曰 許昌靳(근)裁之[10]有言曰 士之品이 大槪有三하니 志於道德者는 功名이 不足以累其心이요 志於功名者는 富貴不足以累其心이요 志於富貴而已者는 則亦無所不至矣라하니 志於富貴는 卽孔子所謂鄙夫也니라

⊙ 胡氏(胡寅)가 말하였다. "許昌의 靳裁之가 말하기를 '선비의 등급이 대개 세 가지가 있으니, 道德에 뜻을 둔 자는 功名이 그 마음을 얽맬 수 없고, 功名에 뜻을 둔 자는 富貴가 그 마음을 얽맬 수 없고, 富貴에만 뜻을 둘 뿐인 자는 못하는 짓이 없다.' 하였으니, 富貴에 뜻을 둔다는 것은 바로 孔子께서 말씀하신 비루한 사람이라는 것이다."

---

10 許昌靳裁之 : 許昌은 河南省에 속한 縣이며, 靳裁之는 宋나라 사람으로 文定公 胡瑗이 太學에 들어가서 그에게 배웠다 한다.

··· 庸 용렬할 용 劣 졸렬할 열 吮 빨 연 癰 종기 옹 舐 핥을 지 痔 치질 치 靳 아낄 근

16-1. 子曰 古者에 民有三疾이러니 今也에는 或是之亡(無)也로다

孔子께서 말씀하셨다. "옛날에는 백성(사람)들이 세 가지 병(疾)이 있었는데, 지금에는 이것마저도 없구나!

氣失其平則爲疾이라 故로 氣稟之偏者를 亦謂之疾이라 昔所謂疾이 今亦亡之하니 傷俗之益偸也시니라

기운이 和平함을 잃으면 병(疾)이 된다. 그러므로 氣稟이 편벽된 것을 또한 병이라고 이르는 것이다. 옛날의 이른바 병이라고 한 것이 지금에는 이것마저도 없어졌으니, 이는 풍속이 더욱 야박해짐을 슬퍼하신 것이다.

16-2. 古之狂也는 肆러니 今之狂也는 蕩이요 古之矜也는 廉이러니 今之矜也는 忿戾요 古之愚也는 直이러니 今之愚也는 詐而已矣로다

옛날의 狂은 작은 예절에 구애받지 않는 것이었는데(肆) 지금의 狂은 방탕하기만 하고(蕩), 옛날의 矜은 행동에 모가 난 것이었는데(廉) 지금의 矜은 다툼에 이를 뿐이고(忿戾), 옛날의 어리석음(愚)은 정직한 것이었는데(直) 지금의 어리석음은 간사하기만(詐)할 뿐이다."

狂者는 志願太高라 肆는 謂不拘小節이요 蕩은 則踰大閑矣라 矜者는 持守太嚴이라 廉은 謂稜角陗厲요 忿戾는 則至於爭矣라 愚者는 暗昧不明이라 直은 謂徑行自遂요 詐는 則挾私妄作矣라

'狂'은 志願(품은 뜻)이 너무 높은 것이다. '肆'는 작은 예절에 구애받지 않음을 이르고, '蕩'은 큰 한계를 넘은 것이다. '矜'은 자신을 지키기를 너무 엄하게 하는 것이다. '廉'은 모가 나서 엄격함을 이르고, '忿戾'는 다툼에까지 이르는 것이다. '愚'는 미련하여 밝지 못한 것이다. '直'은 〈감정대로〉 행동하여 제 마음대로 이루는 것이요, '詐'는 사사로움을 끼고 함부로 행동하는 것이다.

⊙ **范氏曰 末世滋僞하니 豈惟賢者不如古哉리오 民性之蔽도 亦與古人異矣**니라

⋯ 稟 받을 품 偏 치우칠 편 偸 박할 투 肆 방사할 사 蕩 방탕할 탕 矜 엄숙할 긍, 긍지 긍 廉 모날 렴 忿 성낼 분
戾 사나울 려 踰 넘을 유 閑 한계 한 稜 모날 릉 角 모 각 陗 깎을 초(峭同) 厲 엄할 려 挾 낄 협

⊙ 范氏(范祖禹)가 말하였다. "末世에는 거짓이 불어나니, 어찌 賢者만이 옛날만 못할 뿐이겠는가. 백성들의 性의 가리움도 또한 옛날 사람과 달라진 것이다."

17. 子曰 巧言令色이 鮮矣仁이니라

孔子께서 말씀하셨다. "말을 듣기 좋게 하고 얼굴빛을 곱게 하는 사람은 仁한 이가 적다."

重出[11]이라

다시 나왔다.

18. 子曰 惡(오)紫之奪朱也하며 惡鄭聲之亂雅樂也하며 惡利口之覆(복)邦家者하노라

孔子께서 말씀하셨다. "나는 자주색이 朱色을 빼앗는 것을 미워하며, 鄭나라 音樂이 雅樂을 어지럽히는 것을 미워하며, 말 잘하는 입〔利口〕이 나라를 전복시키는 것을 미워한다."

朱는 正色이요 紫는 間色[12]이라 雅는 正也라 利口는 捷給이라 覆은 傾敗也라

'朱色'은 正色이고, '자주색'은 間色이다. '雅'는 바름이다. '利口'는 말을 민첩하게 잘하는 것이다. '覆'은 기울고 망하게 하는 것이다.

⊙ 范氏曰 天下之理가 正而勝者常少하고 不正而勝者常多하니 聖人所以惡之也라

---

11 重出 : 앞의 〈學而〉 3章에 보인다.

12 朱正色 紫間色 : 靑·黃·朱(赤)·白·黑의 五色을 正色이라 하여 좋게 여기고, 紫色은 黑色과 朱色의 中間色이라 하여 좋지 않게 여기기 때문에 말한 것이다. 正色은 五方의 正色으로 靑은 東(木), 黃은 中央(土), 赤은 南方(火), 白은 西方(金), 黑은 北方(水)이며, 間色은 五方의 間色으로 綠·紅·碧·紫·驪이다. 木의 靑色은 土의 黃色을 이기는데 靑과 黃을 합하여 東方의 間色인 綠이 되며, 金의 白色은 木의 靑色을 이기는데 靑과 白을 합하여 西方의 間色인 碧이 되며, 火의 赤色은 金의 白色을 이기는데 赤과 白을 합하여 南方의 間色인 紅이 되며, 水의 黑色은 火의 赤色을 이기는데 赤과 黑을 합하여 北方의 間色인 紫가 되며, 土의 黃色은 水의 黑色을 이기는데 黑과 黃을 합하여 中央土의 間色인 驪가 된다. 驪는 월따말인데, 검은 갈기에 누른 말의 이름이다.

··· 令 좋을 령 紫 자주빛 자 雅 바를 아 覆 뒤엎을 복 捷 빠를 첩 給 말잘할 급 傾 기울 경

利口之人은 以是爲非하고 以非爲是하며 以賢爲不肖하고 以不肖爲賢하니 人君이 苟悅而信之면 則國家之覆也 不難矣리라

⊙ 范氏(范祖禹)가 말하였다. "天下의 理가 올바르면서 이기는 경우는 항상 적고 올바르지 않으면서 이기는 경우는 항상 많으니, 聖人께서 이 때문에 미워하신 것이다. 말 잘하는 사람은 옳은 것을 그르다 하고 그른 것을 옳다 하며, 훌륭한 사람을 不肖하다 하고 不肖한 사람을 훌륭하다 하니, 人君이 만일 그를 좋아하고 믿는다면 국가가 전복되는 것은 어렵지 않을 것이다."

19-1. 子曰 予欲無言하노라

孔子께서 말씀하셨다. "나는 말하지 않으려 하노라."

學者多以言語觀聖人하고 而不察其天理流行之實이 有不待言而著者라 是以로 徒得其言하고 而不得其所以言이라 故로 夫子發此以警之하시니라

배우는 자들이 대부분 言語로써 聖人을 관찰하고, 天理가 流行하는 실제는 말씀을 기다리지 않아도 드러나는 것을 살피지 못하였다. 그러므로 한갓 그 말씀만을 알고 말씀하신 이유를 알지 못하였다. 이 때문에 夫子께서 이것을 말씀하여 깨우쳐 주신 것이다.

19-2. 子貢曰 子如不言이시면 則小子何述焉이리잇고

子貢이 말하였다. "선생께서 만일 말씀하지 않으시면 저희들이 무엇을 전술하겠습니까."

子貢이 正以言語觀聖人者라 故로 疑而問之라

子貢이 바로 言語로써 聖人을 관찰한 자이다. 그러므로 의심하여 물은 것이다.

19-3. 子曰 天何言哉시리오 四時行焉하며 百物이 生焉하나니 天何言哉시리오

孔子께서 말씀하셨다. "하늘이 무슨 말씀을 하시는가? 〈그런데도〉 四時가 運行되고 온갖 물건이 生長하나니, 하늘이 무슨 말씀을 하시는가?"

··· 肖 어질 초 著 드러날 저 徒 한갓 도 述 전술(傳述)할 술

四時行, 百物生이 莫非天理發見(현)流行之實이니 不待言而可見이라 聖人一動一靜이 莫非妙道精義之發이니 亦天而已라 豈待言而顯哉리오 此亦開示子貢之切이니 惜乎라 其終不喩也[13]여

四時가 運行되고 온갖 물건이 生長함은 天理가 發現하여 流行하는 실제 아님이 없으니, 말을 기다리지 않고도 볼 수 있다. 聖人의 一動一靜은 오묘한 道와 정밀한 義理의 發現 아님이 없으니, 이 또한 하늘〔天〕일 뿐이다. 어찌 말씀을 기다려 드러나겠는가. 이 또한 子貢에게 열어 보여주시기를 간절히 하신 것인데, 子貢이 끝내 깨닫지 못하였으니, 애석하다.

⊙ 程子曰 孔子之道 譬如日星之明이로되 猶患門人未能盡曉라 故로 曰予欲無言이라하시니 若顏子則便默識(식)이요 其他는 則未免疑問이라 故로 曰 小子何述이리잇고한대 又曰 天何言哉시리오 四時行焉하며 百物이 生焉이라하시니 則可謂至明白矣로다
愚按 此는 與前篇無隱之意[14]로 相發하니 學者詳之니라

⊙ 程子(明道)가 말씀하였다. "孔子의 道는 비유하면 日星(태양과 별)처럼 밝은데도 오히려 門人들이 다 깨닫지 못할까 걱정하셨다. 그러므로 '나는 말하지 않으려 하노라.'라고 말씀하신 것이다. 만일 顏子라면 묵묵히 알았을 것이요, 그 이외의 사람들은 의문을 면치 못하였다. 그러므로 〈子貢이〉 '저희들이 어떻게 道를 전술하겠습니까?' 하고 여쭈었는데, 孔子께서 또 '하늘이 무슨 말씀을 하시는가? 〈그런데도〉 四時가 運行되고 온갖 물건이 生長한다.'라고 말씀해 주

---

13 此亦開示子貢之切……其終不喩也 : 위 〈衛靈公〉 2장 "子曰 賜也 女以予爲多學而識之者與 對曰 然 非與 曰 非也 予一以貫之"의 註에 "孔子께서 曾子에게는 그가 질문하기를 기다리지 않고 곧바로 이 것(一以貫之)으로써 말씀하셨는데, 曾子는 다시 이것을 깊이 깨닫고는 '예' 하고 대답하였다. 그런데 子貢 은 먼저 의문을 유발한 뒤에 말씀해 주셨는데도 子貢은 끝내 曾子처럼 '예' 하고 대답하지 못하였다.〔孔子 之於曾子 不待其問 而直告之以此 曾子復深喩之曰 唯 若子貢則先發其疑而後告之 而子貢終亦不 能如曾子之唯也〕"하였는데, 壺山은 여기에서 "此亦開示子貢之切"이라고 한 것에 대하여 〈衛靈公〉 2장의 註에 조응해서 '亦'자를 말한 것이다.〔照衛靈公一貫註 而言亦字〕"하였다. 즉, 이 말씀도 앞의 〈衛靈公〉 2장의 '一以貫之'의 말씀과 마찬가지로 子貢에게 간절하게 열어 보여주신 말씀이라는 뜻이다. 〈里仁〉 15章에 孔子께서는 일찍이 曾子를 불러 "參아, 내 道는 한 가지 이치가 수많은 일을 꿰뚫고 있다." 고 말씀하자, 曾子는 즉시 "예, 옳습니다." 하고 대답하였다. 이는 太極의 原理가 만사 만물을 두루 꿰뚫 고 있음을 말씀한 것으로 道體의 심오한 진리인데, 孔子의 문하에 오직 曾子와 子貢만이 얻어들을 수 있 었다. 그런데 子貢은 曾子처럼 '예'하고 대답하지 못하였고, 이번에도 그러한 대답이 없으므로 "끝내 깨닫 지 못하였다"고 한 것이다.

14 前篇無隱之意 : 위 〈述而〉 23장에 "그대들은 내가 숨긴다고 여기는가? 나는 그대들에게 숨기는 것이 없노라. 행하고서 그대들에게 보여주지 않음이 없는 자가 바로 나(丘)이다.〔二三子 以我爲隱乎 吾無隱 乎爾 吾無行而不與二三子者 是丘也〕"라고 보인다.

••• 顯 드러날 현 喩 깨달을 유 曉 깨달을 효

셨으니, 지극히 명백하다고 이를 만하다."

내가 살펴보건대 이것은 前篇의 '숨김이 없다〔無隱〕'는 뜻과 서로 發明되니, 배우는 자들은 자세히 살펴야 한다.

20. 孺悲欲見孔子어늘 孔子辭以疾하시고 將命者 出戶어늘 取瑟而歌하사 使之聞之하시다

孺悲가 孔子를 뵙고자 하였는데, 孔子께서는 병이 있다고 사양하시고 명령을 전달하는 자가 문밖으로 나가자, 瑟을 가져다가 타면서 노래를 부르시어 그(孺悲)로 하여금 듣게 하셨다.

孺悲는 魯人이니 嘗學士喪禮於孔子러니 當是時하여 必有以得罪者라 故로 辭以疾하시고 而又使知其非疾하여 以警教之也시니라
程子曰 此는 孟子所謂不屑之教誨[15]니 所以深教之也니라

孺悲는 魯나라 사람이니, 일찍이 孔子에게 士의 喪禮를 배웠는데, 이때에 반드시 〈어떤 일로〉 죄를 얻었을 것이다. 그러므로 孔子께서 병이 있다고 사양하시고, 다시 그로 하여금 병 때문이 아님을 알게 하여 일깨워 주신 것이다.

程子(明道)가 말씀하였다. "이것은 孟子께서 말씀하신 '달갑게 여기지 않는 가르침〔不屑之教誨〕'이란 것이니, 그를 깊이 가르쳐 주신 것이다."

21-1. 宰我問 三年之喪이 期已久矣로소이다

宰我가 물었다. "3년의 喪은 期年만 하더라도 이미 오랩니다.

期는 周年也라

'期'는 一周年이다.

---

15 不屑之教誨 : '달갑게 (좋게) 여기지 않는 가르침'이란 뜻으로,《孟子》〈告子下〉16章에 보이는바, 상대방이 잘못이 있을 경우 그를 거절하고 만나주지 아니하여 그로 하여금 스스로 자신의 과오를 깨닫게 함을 이른다.

••• 孺 사모할 유 辭 사절할 사 將 받들 장 瑟 비파 슬 屑 깨끗할 설 誨 가르칠 회 期 돌 기, 기년 기

21-2. 君子 三年을 不爲禮면 禮必壞하고 三年을 不爲樂이면 樂必崩하리니

君子가 3년 동안 禮를 행하지 않으면 禮가 반드시 무너지고, 3년 동안 音樂을 익히지 않으면 音樂이 반드시 무너질 것입니다.

恐居喪不習而崩壞也라

居喪하여 〈禮樂을〉 익히지 않아서 〈禮樂이〉 무너질까 걱정한 것이다.

21-3. 舊穀이 旣沒하고 新穀이 旣升하며 鑽燧改火하나니 期可已矣로소이다

묵은 곡식이 이미 없어지고 새 곡식이 나오며 나무를 뚫어 불씨를 바꾸니, 1년이면 그칠 만합니다."

沒은 盡也요 升은 登也라 燧는 取火之木也라 改火는 春取楡柳之火하고 夏取棗杏之火하고 夏季取桑柘(자)之火[16]하고 秋取柞楢(작유)之火하고 冬取槐檀之火하니 亦一年而周也라 已는 止也라 言期年則天運一周하고 時物皆變[17]하니 喪至此可止也라
尹氏曰 短喪之說은 下愚且恥言之하나니 宰我親學聖人之門이로되 而以是爲問者는 有所疑於心而不敢强焉爾니라

'沒'은 다함이고 '升'은 登(오름)이다. '燧'는 불씨를 취하는 나무이다. 불씨를 바꾼다는 것은 봄에는 느릅나무와 버드나무의 불씨를 취하고, 여름에는 대추나무와 살구나무의 불씨를 취하고, 늦여름에는 뽕나무와 산뽕나무의 불씨를 취하고, 가을에는 떡갈나무와 종참나무의 불씨를 취하고, 겨울에는 회화나무와 박달나무의 불씨를 취하니, 이 또한 1년이면 한 바퀴 돈다. '已'는 그침이다. 期年이 되면 하늘의 운행이 한 바퀴 돌고 時物이 모두 바뀌니, 喪도 이에 이르면 그칠 수 있다고 말한 것이다.

---

16 夏季取桑柘之火:《朱子語類》〈理氣上〉에 "'사계절에 불씨를 취하면서 어찌 하여 늦여름에 또다시 한 번 취하는 것입니까?' 하고 물으니, 朱子가 '土가 未月(음력 6월)에 왕성하므로 두 번 취하는 것이다.' 했다.〔問四時取火 何爲季夏又取一番 朱子曰 土旺於未 故再取之〕" 하였다. 十二支 가운데 3월의 辰과 6월의 未, 9월의 戌, 12월의 丑이 모두 土이지만 여름은 火이고 火生土이므로 六月의 未를 土의 대표로 보는 것이다.

17 天運一周 時物皆變: '天運'은 하늘의 별자리가 한 번 도는 것으로 붙박이별은 1년에 한 번 돈다. '時物'은 四時에 나오는 물건으로 예를 들면 여름에는 보리, 가을에는 쌀 등의 곡식과 철에 따른 과일 등을 이른다.

··· 壞 무너질 괴 崩 무너질 붕 穀 곡식 곡 沒 다할 몰 升 오를 승 鑽 뚫을 찬 燧 부싯돌 수 쯩 익을 등
楡 느릅나무 유 棗 대추나무 조 柘 산뽕나무 자 柞 떡갈나무 작 楢 종참나무 유 槐 회화나무 괴

尹氏(尹焞)가 말하였다. "喪期를 단축하자는 말은 지극히 어리석은 자도 말하기를 부끄러워하는 것이다. 宰我는 聖人의 門下에서 직접 배운 자인데도 이것을 가지고 질문한 것은 마음에 의심나는 것이 있어서 감히 억지로 묻어둘 수 없었기 때문이다."

21-4. 子曰 食夫稻하며 衣夫錦이 於女(汝)에 安乎아 曰 安하니이다

孔子께서 "쌀밥을 먹고 비단옷을 입는 것이 네 마음에 편안하냐?" 하시니, 〈宰我가〉 대답하기를 "편안합니다." 하였다.

禮에 父母之喪에 旣殯에 食粥齊衰(추최)하고 旣葬에 疏食(사)水飮하고 受以成布하며 期而小祥에 始食菜果하고 練冠縓(전)緣하며 要(腰)絰(질)不除라하니 無食稻衣錦之理라 夫子欲宰我反求諸心하여 自得其所以不忍者라 故로 問之以此러시니 而宰我不察也라

禮에 "父母의 喪에는 殯을 한 뒤에 죽을 먹고 거친 衰服을 입으며, 장례한 뒤에 거친 밥을 먹고 물을 마시고 다소 고운 삼베로 만든 옷(상복)을 입으며, 1년이 지나 小祥이 되어야 비로소 나물과 과일을 먹고 練布로 만든 冠을 쓰고 붉은 색으로 선두른 옷을 입으며, 首絰과 腰絰을 제거하지 않는다." 하였으니, 쌀밥을 먹고 비단 옷을 입는 이치가 없는 것이다. 夫子께서는 宰我가 자기 마음에 돌이켜 찾아서 차마 하지 못하는 마음을 스스로 터득하게 하고자 하셨다. 그러므로 이로써 물으신 것인데, 宰我가 살피지 못하였다.

21-5. 女安則爲之하라 夫君子之居喪에 食旨不甘하며 聞樂(악)不樂(락)하며 居處不安이라 故로 不爲也하나니 今女安則爲之하라

〈孔子께서 말씀하셨다.〉 "네가 편안하거든 그리 하라. 君子가 居喪할 적에 맛있는 것을 먹어도 달지 않으며 음악을 들어도 즐겁지 않으며 거처함에 편안하지 않다. 이 때문에 하지 않는 것이니, 이제 네가 편안하거든 그리 하라."

此는 夫子之言也라 旨는 亦甘也라 初言女安則爲之는 絶之之辭요 又發其不忍之端하여 以警其不察하시고 而再言女安則爲之하여 以深責之하시니라

이는 夫子의 말씀이다. '旨' 또한 甘(달다)의 뜻이다. 처음에 '네가 편안하거든 그리 하라.'고

··· 稻 벼 도 錦 비단 금 殯 빈소 빈 粥 죽 죽 麤 거칠 추 衰 상복 최 練 상복 련, 마전할 련 縓 붉을 전
緣 선두를 연 要 허리 요(腰通) 絰 수질 질 旨 맛 지

말씀하신 것은 宰我를 끊으신 말씀이요, 또 차마하지 못하는 단서를 말씀하여 宰我의 불찰을 깨우쳐 주시고, 다시 '네가 편안하거든 그리 하라.'고 말씀하시어 깊이 꾸짖으신 것이다.

21-6. 宰我出이어늘 子曰 予之不仁也여 子生三年然後에 免於父母之懷하나니 夫三年之喪은 天下之通喪也니 予也有三年之愛於其父母乎아

宰我가 밖으로 나가자, 孔子께서 말씀하셨다. "宰予의 仁하지 못함이여! 자식이 태어나서 3년이 된 뒤에야 부모의 품을 벗어난다. 3년의 喪은 천하의 공통된 喪이니, 宰予는 3년의 사랑이 그 父母에게 있었는가?"

宰我既出에 夫子懼其眞以爲可安而遂行之라 故로 深探其本而斥之하시니 言由其不仁故로 愛親之薄이 如此也라 懷는 抱也라 又言君子所以不忍於親而喪必三年之故하사 使之聞之하여 或能反求而終得其本心也하시니라

宰我가 나가자, 夫子께서는 宰我가 참으로 편안히 여길 만하다고 생각하여 마침내 행할까 걱정하셨다. 그러므로 그 근본을 깊이 찾아서 배척하신 것이니, 〈宰我가〉仁하지 못하기 때문에 어버이를 사랑하는 데 박함이 이와 같다고 하신 것이다. '懷'는 품이다. 또 君子가 어버이에게 차마하지 못하여 喪을 반드시 3년 동안 하는 이유를 말씀하시어, 宰我로 하여금 이 말을 듣고 혹시라도 자신에게 돌이켜 찾아서 끝내 그 本心을 얻게 하신 것이다.

⊙ 范氏曰 喪雖止於三年이나 然賢者之情則無窮也로되 特以聖人爲之中制而不敢過라 故로 必俯而就之요 非以三年之喪으로 爲足以報其親也라 所謂三年然後免於父母之懷는 特以責宰我之無恩하여 欲其有以跂而及之耳시니라

⊙ 范氏(范祖禹)가 말하였다. "喪은 비록 3년에 그치나 賢者의 마음은 다함이 없다. 다만 聖人이 알맞은 제도를 만드시어 감히 이보다 지나칠 수 없게 하셨다. 이 때문에 반드시 굽혀서 나아가게 하는 것이요, 3년의 喪이 어버이에게 충분히 보답하는 것이라고 생각한 것은 아니다. 이른바 '3년이 된 뒤에야 부모의 품을 벗어난다.'는 것은 다만 宰我의 은혜 없음을 나무라셔서 발돋움하여 따라가게 하셨을 뿐이다."

··· 懷 품을 회 探 찾을 탐 抱 품을 포 特 다만 특 中 알맞을 중 俯 구부릴 부 跂 발돋음할 기

22. 子曰 飽食終日하여 無所用心이면 難矣哉라 不有博奕(혁)者乎아 爲之猶賢乎已니라

孔子께서 말씀하셨다. "배불리 먹고 하루를 마쳐서 마음을 쓰는 것이 없다면 어렵다. 장기와 바둑이 있지 않은가. 이것이라도 하는 것이 그만두는 것보다는 낫다."

博은 局戱也요 奕은 圍棊也라 已는 止也라
李氏曰 聖人이 非敎人博奕也요 所以甚言無所用心之不可爾시니라

'博'은 판으로 놀이하는 것이요, '奕'은 바둑알을 에워싸는 것이다. '已'는 그만둠이다.

李氏(李郁)가 말하였다. "聖人이 사람들에게 장기와 바둑을 하라고 가르치신 것이 아니요, 마음을 쓰는 바가 없는 것이 불가함을 깊이 말씀하셨을 뿐이다."

23. 子路曰 君子尙勇乎잇가 子曰 君子는 義以爲上이니 君子 有勇而無義면 爲亂이요 小人이 有勇而無義면 爲盜니라

子路가 말하기를 "君子는 용맹을 숭상합니까?" 하니, 孔子께서 말씀하셨다. "君子는 義로써 上을 삼는다. 君子가 勇만 있고 義가 없으면 亂을 일으키고, 小人이 勇만 있고 義가 없으면 도둑질을 한다."

尙은 上之也라 君子爲亂과 小人爲盜는 皆以位而言者也라
尹氏曰 義以爲尙이면 則其爲勇也大矣라 子路好勇이라 故로 夫子以此救其失也시니라
胡氏曰 疑此子路初見孔子時問答也라

'尙'은 숭상하는 것이다. 君子가 亂을 일으키고 小人이 도둑질을 한다는 것은 모두 지위로써 말한 것이다.

尹氏(尹焞)가 말하였다. "義로써 上을 삼으면(義를 숭상하면) 그 勇이 크다 할 것이다. 子路가 용맹을 좋아하였으므로 夫子께서 이것으로 그의 잘못을 바로잡아주신 것이다."

胡氏(胡寅)가 말하였다. "아마도 이것은 子路가 처음 孔子를 뵈었을 때에 문답한 것인 듯하다."

24-1. 子貢曰 君子 亦有惡(오)乎잇가 子曰 有惡하니 惡稱人之惡(악)者하며

··· 博 장기 박 奕 바둑 혁 賢 나을 현 已 그칠 이 局 판 국 棊 바둑 기

惡居下流而訕(산)上者하며 **惡勇而無禮者**하며 **惡果敢而窒者**니라

子貢이 묻기를 "君子도 미워함이 있습니까?" 하니, 孔子께서 말씀하셨다. "미워함이 있으니, 남의 악함을 말하는 자를 미워하며, 下流에 있으면서 윗사람을 비방하는 자를 미워하며, 勇만 있고 禮가 없는 자를 미워하며, 과감하기만 하고 막힌(융통성이 없는) 자를 미워한다."

訕은 謗毀也요 窒은 不通也라 稱人惡則無仁厚之意요 下訕上則無忠敬之心이요 勇無禮則爲亂이요 果而窒則妄作이라 故로 夫子惡之하시니라

'訕'은 비방하여 헐뜯는 것이고, '窒'은 통하지 않는 것이다. 남의 악함을 말하면 仁厚한 뜻이 없고, 아랫사람으로서 윗사람을 비방하면 忠敬하는 마음이 없고, 勇만 있고 禮가 없으면 亂을 일으키고, 과감하기만 하고 막히면 함부로 행동한다. 그러므로 夫子께서 미워하신 것이다.

24-2. 曰 賜也 亦有惡乎아 惡徼(요)以爲知(智)者하며 惡不孫(遜)以爲勇者하며 惡訐(알)以爲直者하노이다

〈孔子께서〉 말씀하시기를 "賜야, 너도 미워함이 있느냐?" 하시니, 〈子貢이 대답하였다.〉 "살피는 것을 지혜로 여기는 자를 미워하며, 겸손하지 않은 것을 용맹으로 여기는 자를 미워하며, 남의 비밀을 들추어내는 것을 정직함으로 여기는 자를 미워합니다."

惡徼以下는 子貢之言也라 徼는 伺察也라 訐은 謂攻發人之陰私라

'惡徼' 이하는 子貢의 말이다. '徼'는 엿보아 살핌이다. '訐'은 남의 陰私(비밀)를 들추어내는 것이다.

⊙ **楊氏曰 仁者無不愛하니 則君子疑若無惡矣어늘 子貢之有是心也라 故로 問焉以質其是非하니라**
侯氏曰 聖賢之所惡 如此하시니 所謂惟仁者能惡人也니라

⊙ 楊氏(楊時)가 말하였다. "仁者는 사랑하지 않음이 없으니 君子는 미워함이 없을 듯한데, 子貢이 이런 마음이 있었다. 이 때문에 여쭈어서 옳고 그름을 질정한 것이다."

⋯ 訕 비방할 산 窒 막을 질 謗 비방할 방 毀 훼방할 훼 徼 살필 요 孫 공손할 손 訐 고자질할 알 伺 살필 사
陰 그늘 음 質 질정할 질

侯氏(侯仲良)가 말하였다. "聖賢의 미워함이 이와 같으셨으니, 이른바 '오직 仁者여야 제대로 사람을 미워할 수 있다.'는 것이다."

25. 子曰 唯女子與小人은 爲難養也니 近之則不孫(遜)하고 遠之則怨이니라

孔子께서 말씀하셨다. "女子와 小人은 기르기가(대하기가) 어려우니, 가까이 하면 불손하고 멀리 하면 원망한다."

此小人은 **亦謂僕隷下人也**라 **君子之於臣妾**에 **莊以涖之**하고 **慈以畜之**면 **則無二者之患矣**라

여기의 小人은 또한 마부와 노예 등의 下人을 이른다. 君子(爲政者)가 臣妾에 대하여 장엄함으로써 임하고 자애로움으로써 기르면 이 두 가지의 병폐가 없을 것이다.

26. 子曰 年四十而見惡(오)焉이면 其終也已니라

孔子께서 말씀하셨다. "나이가 40이 되어서도 남에게 미움을 받는다면 그대로 끝날 뿐이다."

四十은 **成德之時**니 **見惡**(오)**於人**이면 **則止於此而已**니 **勉人及時遷善改過也**라
蘇氏曰 此亦有爲而言이나 **不知其爲誰也**로라

40세는 德이 이루어지는 때인데, 남에게 미움을 받는다면 여기에 끝날 뿐이니, 사람들에게 제때에 미쳐서 善으로 옮기고 허물을 고칠 것을 권면하신 것이다.
蘇氏(蘇軾)가 말하였다. "이 또한 까닭이 있어서 하신 말씀이나, 누구를 위한 것인지는 알지 못하겠다."

··· 僕 마부 복 隷 종 예 涖 임할 리 畜 기를 휵 見 당할 견 遷 옮길 천

微子 第十八

此篇은 多記聖賢之出處하니 凡十一章이라
이 篇은 聖賢의 出處를 많이 기록하였으니, 모두 11章이다.

1-1. 微子는 去之하고 箕子는 爲之奴하고 比干은 諫而死하니라

微子는 떠나가고 箕子는 종이 되고 比干은 간하다가 죽었다.

微箕는 二國名이요 子는 爵也라 微子는 紂庶兄이요 箕子, 比干은 紂諸父라 微子는 見紂無道하고 去之하여 以存宗祀하고 箕子, 比干은 皆諫한대 紂殺比干하고 囚箕子以爲奴하니 箕子因佯狂而受辱하니라

微와 箕는 두 나라 이름이요, '子'는 爵位이다. 微子는 紂王의 庶兄이고 箕子와 比干은 紂王의 諸父(叔父)이다. 微子는 紂王이 無道한 것을 보고 떠나가서 宗祀를 보존하였고 箕子와 比干은 모두 간하였는데, 紂王이 比干을 죽이고 箕子를 가두어 종으로 삼으니, 箕子는 인하여 거짓으로 미친 체하고 치욕을 받았다.

1-2. 孔子曰 殷有三仁焉하니라

孔子께서 말씀하셨다. "殷나라에 세 仁者가 있었다."

三人之行이 不同이나 而同出於至誠惻怛(달)之意라 故로 不咈乎愛之理하여 而有以

··· 箕 키 기 諫 간할 간 爵 작위 작 祀 제사 사 囚 가둘 수 佯 거짓 양 殷 은나라 은 惻 슬플 측 怛 슬플 달
    咈 어길 불

全其心之德也[1]라

　楊氏曰 此三人者 各得其本心이라 故로 同謂之仁이니라

　세 사람의 행실이 같지 않으나 똑같이 지성스럽고 惻怛(간절)한 뜻에서 나왔다. 그러므로 사랑의 이치(仁)에 어긋나지 않아 마음의 德(仁)을 온전히 할 수 있는 것이다.

　楊氏(楊時)가 말하였다. "이 세 사람은 각각 그 本心을 얻었다. 그러므로 똑같이 仁者라고 이르신 것이다."

2. 柳下惠爲士師하여 三黜이어늘 人曰 子未可以去乎아 曰 直道而事人이면 焉往而不三黜이며 枉道而事人이면 何必去父母之邦이리오

　柳下惠가 士師가 되어 세 번 내침을 당하자, 혹자가 말하기를 "그대는 아직 떠날 만하지 않은가?" 하니, 柳下惠가 대답하였다. "道를 곧게 하여 사람(군주)을 섬긴다면 어디를 간들 세 번 내침을 당하지 않으며, 道를 굽혀 사람을 섬긴다면 何必(어찌 굳이) 父母의 나라(故國)를 떠나가겠는가."

　士師는 獄官이라 黜은 退也라 柳下惠三黜不去하고 而其辭氣雍容이 如此하니 可謂和矣라 然이나 其不能枉道之意는 則有確乎不可拔者하니 是則所謂必以其道而不自失焉[2]者也라

　'士師'는 獄官이다. '黜'은 내침이다. 柳下惠가 세 번 내침을 당했는데도 떠나가지 않고 그 辭氣(말의 억양)가 雍容(온화하고 여유로움)함이 이와 같았으니, 和하다고 이를 만하다. 그러나

1　不咈乎愛之理 而有以全其心之德也:《論語》에는 仁에 대한 언급이 많지만 특정 인물의 仁을 孔子가 허여한 일이 드물다. 이에 대해 壺山은 《論語》 가운데 오직 이 세 사람(微子, 箕子, 比干)의 仁과 伯夷·叔齊의 仁이 全體의 仁이다." 하였다. 伯夷·叔齊의 仁은, 子貢이 '그들이 후회하였는가'를 묻는 질문에 孔子가 "仁을 구하여 仁을 얻었으니, 또 어찌 후회하였겠는가.[求仁而得仁 又何怨]"라고 답하신 내용으로, 〈述而〉 14장에 보인다.

2　必以其道而不自失焉: '不自失'은 스스로 올바름을 잃지 않는 것으로, 이 내용은 《孟子》〈公孫丑上〉 9章에 "柳下惠는 더러운 군주를 섬김을 부끄러워하지 않으며 작은 벼슬을 낮게 여기지 않아, 나감에 어짊을 숨기지 않아 반드시 그 도리를 다하였으며,……그는 말하기를 '너는 너이고 나는 나이니, 네가 비록 내 곁에서 옷을 벗고 몸을 드러낸들 네가 어찌 나를 더럽힐 수 있겠는가.' 하였다. 그러므로 由由(悠悠)하게 그와 더불어 함께 있으면서도 스스로 올바름을 잃지 않았다.[柳下惠不羞汚君 不卑小官 進不隱賢 必以其道……爾爲爾 我爲我 雖袒裼裸裎於我側 爾焉能浼我哉 故由由然與之偕而不自失焉]"라고 보인다.

･･･　黜 내칠 출　焉 어찌 언　獄 감옥 옥　雍 화할 옹　確 굳을 확　拔 뽑을 발

道를 굽힐 수 없는 뜻은 확고하여 빼앗을 수 없었으니, 이것이 이른바 '반드시 正道로써 하여 스스로 올바름을 잃지 않았다.'는 것이다.

⊙ 胡氏曰 此必有孔子斷之之言而亡之矣라

⊙ 胡氏(胡寅)가 말하였다. "여기에는 반드시 孔子께서 단정하신 말씀이 있을 터인데, 亡失되었다."

3. 齊景公이 待孔子曰 若季氏則吾不能이어니와 以季孟之間으로 待之호리라하고 曰 吾老矣라 不能用也라한대 孔子行하시다

齊나라 景公이 孔子를 대우하며 말하기를 "季氏와 같이 대우함은 내 하지 못하겠으나 季氏와 孟氏의 중간으로 대우하겠다." 하고는 〈다시〉 "내가 늙었으니, 〈그의 말을〉 쓰지 못하겠다."라고 하자, 孔子께서 떠나가셨다.

魯三卿에 季氏最貴하고 孟氏爲下卿[3]이라 孔子去之는 事見(현)世家라 然이나 此言은 必非面語孔子요 蓋自以告其臣이어늘 而孔子聞之爾시니라

魯나라 三卿 중에 季氏가 가장 귀하였고 孟氏는 下卿이었다. 孔子께서 떠나가신 일은 《史記》〈孔子世家〉에 보인다. 그러나 이 말은 반드시 孔子를 대면하여 말한 것이 아니요, 스스로 그 신하에게 말한 것인데, 孔子께서 들으신 것이다.

⊙ 程子曰 季氏는 强臣이니 君待之之禮極隆이라 然이나 非所以待孔子也요 以季孟之間待之면 則禮亦至矣라 然이나 復曰 吾老矣라 不能用也라하니 故로 孔子去之라 蓋不繫待之輕重이요 特以不用而去爾시니라

⊙ 程子(伊川)가 말씀하였다. "季氏는 강성한 신하이니, 군주가 그를 대우하는 禮가 지극히 융숭하였다. 그러나 孔子를 대우한 것이 아니요, 季氏와 孟氏의 중간으로 대우한다면 예우가 또한 지극한 것이다. 그러나 다시 '내가 늙었으니 쓰지 못하겠다.'라고 하였다. 그러므로 孔子께서 떠나가신 것이다. 이는 대우의 輕重에 달려 있지 않고, 다만 〈孔子의 말씀을〉 쓰지 못한다 하였기 때문에 떠나가셨을 뿐이다."

---

3 魯三卿……孟氏爲下卿 : '三卿'은 三家를 가리키는바, 季孫氏가 上卿이고 孟孫氏가 下卿이며 叔孫氏가 그 중간에 있었다.

••• 斷 끊을 단 待 대접할 대 卿 벼슬 경 最 가장 최 極 극진할 극 隆 높을 륭 繫 맬 계 特 다만 특

4. 齊人이 歸女樂이어늘 季桓子受之하고 三日不朝한대 孔子行하시다

齊나라 사람이 女樂(美女인 樂工)을 보내니, 季桓子가 이것을 받고 3日을 조회하지 않자, 孔子께서 떠나가셨다.

季桓子는 魯大夫니 名斯라 按史記에 定公十四年에 孔子爲魯司寇하여 攝行相事하시니 齊人이 懼하여 歸女樂以沮之하니라
尹氏曰 受女樂而怠於政事如此하니 其簡賢棄禮하여 不足與有爲를 可知矣라 夫子所以行也시니 所謂見幾而作하여 不俟終日[4]者與인저

季桓子는 魯나라 大夫이니 이름이 斯이다. 《史記》를 상고해 보건대 定公 14년에 孔子께서 魯나라 司寇가 되어 정승의 일을 攝行(代行)하시니, 齊나라 사람이 두려워하여 女樂을 보내어 저지하였다.

尹氏(尹焞)가 말하였다. "女樂을 받고 政事를 태만히 함이 이와 같았으니, 어진이를 소홀히 하고 禮를 버려서 더불어 〈큰일을〉 할 수 없음을 알 수 있다. 夫子께서 이 때문에 떠나가신 것이니, 이른바 '幾微를 보고 일어나서(떠나서) 하루가 지나기를 기다리지 않았다.'는 것이다."

⊙ 范氏曰 此篇은 記仁賢之出處하고 而折中以聖人之行하니 所以明中庸之道也니라

⊙ 范氏(范祖禹)가 말하였다. "이 篇은 仁者와 賢者의 出處를 기록하고 聖人의 행실로써 절충하였으니, 中庸의 道를 밝힌 것이다."

5-1. 楚狂接輿 歌而過孔子曰 鳳兮鳳兮여 何德之衰오 往者는 不可諫이어니와 來者는 猶可追니 已而已而어다 今之從政者 殆而니라

楚나라 狂人인 接輿가 孔子〈의 수레〉 앞을 지나가며 노래하였다. "鳳이여, 鳳이여! 어찌 德이 쇠하였는가. 지나간 것은 간할 수 없지만 오는 것은 오히려 따를 수 있으니, 그만둘지어다, 그만둘지어다. 오늘날 政事에 종사하는 자들은 위태롭다."

---

4 見幾而作 不俟終日 : '作'은 일어난다는 뜻으로 떠나감을 이르는바, 이 내용은 《周易》〈繫辭傳下〉 5장에 보인다.

⋯ 歸 선물할 귀(饋通) 朝 조회할 조 寇 도적 구 攝 대신할 섭 沮 막을 저 簡 소홀히할 간 棄 버릴 기 幾 기미 기 作 일어날 작 俟 기다릴 사 輿 수레 여 歌 노래할 가 鳳 봉새 봉 殆 위태할 태

接輿는 楚人이니 佯狂避世러니 夫子時將適楚라 故로 接輿歌而過其車前也라 鳳은 有道則見(현)하고 無道則隱이라 接輿以比孔子하고 而譏其不能隱은 爲德衰也라 來者可追는 言及今尙可隱去라 已은 止也요 而은 語助辭라 殆는 危也라 接輿는 蓋知尊夫子而趨不同者也라

接輿는 楚나라 사람이니, 거짓으로 미친 체하여 세상을 도피하였는데, 夫子께서 이때 장차 楚나라로 가려고 하셨기 때문에 노래하며 수레 앞을 지나간 것이다. 鳳은 道가 있으면 나타나고 道가 없으면 숨는다. 接輿가 鳳으로써 孔子를 비유하고 孔子가 숨지 못함은 德이 쇠했기 때문이라고 비난한 것이다. '오는 것은 따를 수 있다.'는 것은 지금이라도 오히려 숨을 수 있음을 말한 것이다. '已'는 그만둠이요, '而'는 語助辭이다. '殆'는 위태로움이다. 接輿는 孔子를 존경할 줄 알았으나 취향이 같지 않은 자이다.

5-2. 孔子下하사 欲與之言이러시니 趨而辟(避)之하니 不得與之言하시다

孔子께서 수레에서 내려 그와 더불어 말씀하려고 하셨는데, 빨리 걸어가 피하니, 그와 함께 말씀하시지 못하였다.

孔子下車는 蓋欲告之以出處之意러시니 接輿自以爲是라 故로 不欲聞而辟之也라

孔子가 수레에서 내리신 것은 그에게 出處의 뜻을 말씀해 주려고 해서였는데, 接輿가 스스로 옳다고 여겼다. 그러므로 들으려고 하지 아니하여 피한 것이다.

6-1. 長沮, 桀溺이 耦而耕이러니 孔子過之하실새 使子路問津焉하시대

長沮와 桀溺이 함께 밭을 갈고 있었는데, 孔子께서 지나가실 적에 子路를 시켜 나루터를 묻게 하셨다.

二人은 隱者라 耦는 並耕也[5]라 時에 孔子自楚反乎蔡하시니라 津은 濟渡處라

---

5 耦 並耕也 : 雙峰饒氏(饒魯)는 "두 개의 보습이 한 隊列이 되어 밭을 가는 것을 '耦耕'이라고 한다.〔兩耜同隊而耕 謂之耦耕〕" 하였다. 茶山은 "두 개의 보습은 홀로 움직이기 어렵기 때문에 두 사람이 함께 갈았다. 이 때문에 두 사람이 밭가는 것을 마침내 耦耕이라 했다.〔二耜之耦 難獨運 故兩人耕之 於是兩人之耕 遂名耦耕〕" 하였다.

··· 佯 거짓양 譏 조롱할기 趨 취향추, 달려갈추 辟 피할피(避同) 沮 막을저 溺 빠질닉 耦 짝우 津 나루진

이 두 사람은 隱者이다. '耦'는 함께 밭을 가는 것이다. 이때 孔子께서 楚나라에서 蔡나라로 돌아오시는 길이었다. '津'은 물을 건너는 곳(나루터)이다.

6-2. 長沮曰 夫執輿者 爲誰오 子路曰 爲孔丘시니라 曰 是魯孔丘與아 曰 是也시니라 曰 是知津矣니라

長沮가 말하기를 "수레 고삐를 잡고 있는 분이 누구인가?" 하자, 子路가 "孔丘이십니다." 하고 대답하였다. 그가 "이 분이 魯나라의 孔丘인가?" 하고 다시 묻자, "그렇습니다." 하고 대답하니, "이 분은 나루터를 알 것이다." 하였다.

執輿는 執轡在車也라 蓋本子路御而執轡러니 今下問津이라 故로 夫子代之也라 知津은 言數(삭)周流하여 自知津處라

'執輿'는 고삐를 잡고 수레에 있는 것이다. 본래 子路가 御車하여 고삐를 잡았었는데, 지금 수레에서 내려 나루터를 묻기 때문에 夫子께서 대신 잡으신 것이다. '나루터를 안다.'는 것은 자주 周流하여 스스로 나루터를 앎을 말한 것이다.

6-3. 問於桀溺한대 桀溺曰 子爲誰오 曰 爲仲由로라 曰 是魯孔丘之徒與아 對曰 然하다 曰 滔滔者天下皆是也니 而誰以易之리오 且而與其從辟(避)人之士也론 豈若從辟世之士哉리오하고 耰而不輟하니라

桀溺에게 묻자, 桀溺이 "당신은 누구인가?" 하고 물으니, 〈子路는〉 "仲由라 합니다." 하고 대답하였다. 그는 "그대가 바로 魯나라 孔丘의 무리인가?" 하고 다시 물으니, "그렇습니다." 하고 대답하였다. 그는 "滔滔한 것이 天下가 모두 이러하니, 누구와 더불어 변역(개혁)시키겠는가. 또 그대가 사람을 피하는 선비를 따르기보다는 세상을 피하는 선비를 따르는 것만 하겠는가?" 하고는 씨앗 덮는 일을 그치지 않았다.

滔滔는 流而不反之意라 以는 猶與也라 言天下皆亂하니 將誰與變易之리오 而는 汝也라 辟人은 謂孔子요 辟世는 桀溺自謂라 耰는 覆(부)種也라 亦不告以津處라

'滔滔'는 흘러가고 돌아오지 않는 뜻이다. '以'는 與(더불어)와 같다. 天下가 다 어지러우니, 장차 누구와 더불어 變易시키겠는가라는 말이다. '而'는 너(그대)이다. '辟人'은 孔子를 이르

··· 濟 건널 제 轡 고삐 비 御 말몰 어, 어거할 어 徒 무리 도 滔 물흐를 도 誰 누구 수 以 더불 이 而 너 이
　　耰 써레질할 우 輟 그칠 철

고, '辟世'는 桀溺이 자신을 이른 것이다. '櫌'는 씨앗을 덮는 것이다. 그 또한 나루터를 알려 주지 않은 것이다.

6-4. 子路行하여 以告한대 夫子憮然曰 鳥獸는 不可與同群이니 吾非斯人之徒를 與요 而誰與리오 天下有道면 丘不與易也니라

子路가 돌아와 아뢰니, 夫子께서 〈한동안〉 憮然히 계시다가 말씀하셨다. "鳥獸와는 함께 무리지어 살 수 없으니, 내가 이 사람의 무리와(이 세상 사람들과) 함께 하지 않고 누구와 함께 하겠는가. 天下에 道가 있다면 내 더불어 변역시키려 하지 않을 것이다."

憮然은 猶悵然이니 惜其不喩己意也라 言所當與同群者 斯人而已니 豈可絶人逃世하여 以爲潔哉리오 天下若已平治면 則我無用變易之[6]니 正爲天下無道라 故로 欲以道易之耳라

'憮然'은 悵然과 같으니, 자신의 뜻을 깨닫지 못함을 애석해 하신 것이다. '〈내가〉 함께 무리지어 살아야 할 바는 이 세상 사람들뿐이니, 어찌 사람을 끊고 세상을 피하여 깨끗함으로 여길 수 있겠는가. 天下가 만약 이미 고르게 다스려졌다면 내가 변역시키려고 할 필요가 없으니, 바로 天下에 道가 없기 때문에 道로써 변역시키려고 할 뿐이다.'라고 말씀하신 것이다.

⊙ 程子曰 聖人이 不敢有忘天下之心이라 故로 其言이 如此也시니라
張子曰 聖人之仁은 不以無道라하여 必天下而棄之也[7]시니라

⊙ 程子(明道)가 말씀하였다. "聖人은 감히 天下를 잊는 마음을 두지 못하셨다. 그러므로 그 말씀이 이와 같은 것이다."
張子가 말씀하였다. "聖人의 仁은 〈天下에〉 道가 없다고 하여 天下를 단정하여 버리시지 않는다."

7-1. 子路從而後러니 遇丈人以杖荷蓧(조)하여 子路問曰 子見夫子乎아

---

6 我無用變易之 : 壺山은 "위 '誰以易之'의 註에는 '與'로 '以'의 訓을 달았고 이 '丘不與易也'의 註에서는 '用'으로 '與'를 해석(釋)하였으니, 이는 통용한 것이다." 하였다.

7 不以無道必天下而棄之也 : '必'은 기필한다는 뜻으로 壺山은 "'必'은 斷(단정)과 같다." 하였다.

··· 汝 너 여 覆 덮을 부 種 씨 종 憮 실심할 무 獸 짐승 수 群 무리 군 悵 슬플 창 喩 깨달을 유
逃 도망할 도, 피할 도 潔 깨끗할 결 蓧 대삼태기 조

丈人曰 四體를 不勤하며 五穀을 不分하나니 孰爲夫子오하고 植(치)其杖而芸하니라

子路가 〈孔子를〉 따라가다가 뒤에 처져 있었는데, 지팡이로 대바구니를 멘 丈人을 만나자, 子路가 묻기를 "노인은 우리 夫子를 보셨습니까?" 하니, 丈人이 말하기를 "四體(四肢)를 부지런히 움직이지 않고 五穀을 분별하지 못하니, 누구를 夫子라 하는가?" 하고, 지팡이를 꽂아놓고 김을 매었다.

丈人은 亦隱者라 蓧는 竹器라 分은 辨也라 五穀不分은 猶言不辨菽麥爾니 責其不事農業而從師遠遊也라 植는 立之也라 芸은 去草也라

丈人 또한 隱者이다. '蓧'는 대그릇이다. '分'은 분별이다. '五穀을 분별하지 못한다.'는 것은 '菽麥을 분별하지 못한다.'는 것과 같으니, 農業을 일삼지 않고 스승을 따라 멀리 遊學함을 책망한 것이다. '植'는 꽂아 세우는 것이다. '芸'은 풀을 제거하는 것이다.

7-2. 子路拱而立한대

子路가 손을 모으고 서 있자,

知其隱者하고 敬之也라

그가 隱者임을 알고 공경한 것이다.

7-3. 止子路宿하여 殺鷄爲黍而食(사)之하고 見(현)其二子焉이어늘 明日에 子路行하여 以告한대 子曰 隱者也라하시고 使子路反見之러시니 至則行矣러라

子路를 머물러 유숙하게 하고는 닭을 잡고 기장밥을 지어 먹이고 그의 두 아들로 하여금 〈자로를〉 뵙게 하였다. 다음날 子路가 떠나와서 〈孔子께〉 아뢰니, 孔子께서 "隱者이다." 하시고, 子路로 하여금 돌아가 만나보게 하셨는데, 도착하니 떠나가고 없었다.

孔子使子路反見之는 蓋欲告之以君臣之義러니 而丈人이 意子路必將復來라 故로

··· 丈 어른 장 穀 곡식 곡 植 꽂을 치 芸 김맬 운 菽 콩 숙 麥 보리 맥 拱 두손맞잡을 공 宿 잠잘 숙 鷄 닭 계
    黍 기장 서 食 먹일 사

先去之하여 以滅其跡하니 亦接輿之意也라

　孔子께서 子路로 하여금 돌아가 만나보게 하신 것은 아마도 君臣의 義로써 말씀해 주려고 하신 것일 터인데, 丈人은 子路가 반드시 장차 다시 올 것이라고 생각하였다. 그러므로 먼저 떠나가서 그 종적을 없앤 것이니, 또한 接輿의 뜻이다.

7-4. 子路曰 不仕無義하니 長幼之節을 不可廢也니 君臣之義를 如之何其廢之리오 欲潔其身而亂大倫이로다 君子之仕也는 行其義也니 道之不行은 已知之矣시니라

　子路가 말하였다. "벼슬하지 않는 것은 義가 없으니, 長幼의 예절을 폐할 수 없는데 君臣의 義를 어찌 폐할 수 있겠는가. 〈벼슬하지 않음은〉 자기 몸을 깨끗하게 하고자 하여 大倫을 어지럽히는 것이다. 君子가 벼슬함은 그 義를 행하는 것이니, 道가 행해지지 않음은 이미 알고 계시다."

　子路述夫子之意 如此라 蓋丈人之接子路 甚倨나 而子路益恭한대 丈人이 因見(현)其二子焉하니 則於長幼之節에 固知其不可廢矣라 故로 因其所明以曉之[8]하니라 倫은 序也라 人之大倫이 有五하니 父子有親, 君臣有義, 夫婦有別, 長幼有序, 朋友有信이 是也라 仕는 所以行君臣之義라 故로 雖知道之不行이나 而不可廢라 然이나 謂之義면 則事之可否와 身之去就를 亦自有不可苟者라 是以로 雖不潔身以亂倫이나 亦非忘義以徇祿也라 福州에 有國初時寫本[9]하니 路下에 有反子二字하여 以此爲子路反而夫子言之也하니 未知是否로라

　子路가 夫子의 뜻을 서술하기를 이와 같이 한 것이다. 丈人이 子路를 대함이 매우 거만하였으나 子路가 더욱 공손히 대하자, 丈人이 인하여 그의 두 아들로 하여금 子路를 뵙게 하였으니, 그렇다면 長幼의 예절에 있어 진실로 폐할 수 없음을 안 것이다. 그러므로 그가 밝게 아는 것을 인하여 깨우친 것이다. '倫'은 차례이다. 사람의 큰 人倫(倫理)이 다섯 가지가 있으니, 父子間

8　因其所明以曉之 : '其所明'은 그가 잘 아는 것으로, 상대방이 분명히 알고 있는 長幼有序를 가리킨 것이다.

9　福州 有國初時寫本 : 福州는 지금의 福建省으로 朱子가 살던 곳이며, '國初'는 北宋 초기이고 '寫本'은 필사본이다.

···　滅 멸할 멸　跡 자취 적　仕 벼슬할 사　廢 폐할 폐　潔 깨끗할 결　倫 차례 륜, 인륜 륜

에 친함이 있고 君臣間에 義가 있고 夫婦間에 분별이 있고 長幼間에 차례가 있고 朋友間에 信 (진실)이 있는 것이 이것이다.

벼슬하는 것은 君臣의 義를 행하는 것이다. 그러므로 비록 道가 행해지지 않을 것을 알더라도 폐할 수 없는 것이다. 그러나 義라고 하였다면 일의 可否와 몸의 去就를 또한 스스로 구차스럽 게 할 수 없다. 이 때문에 비록 몸을 깨끗이 하여 人倫을 어지럽히지 않으나 또한 義를 잊고 祿을 따르지도 않는 것이다.

福州에 國初(宋初) 때의 寫本이 있는데, 路字 아래에 '反子' 두 글자가 있어, 이것을 子路가 돌아오자 夫子께서 말씀한 것이라고 하였으니, 이것이 옳은 지의 여부는 알지 못한다.

⊙ 范氏曰 隱者는 爲高故로 往而不返하고 仕者는 爲通故로 溺而不止라 不與鳥獸同群이면 則決性命之情以饕(도)富貴[10]하니 此二者는 皆惑也라 是以로 依乎中庸者爲難이라 惟聖人은 不廢君臣之義而必以其正하니 所以或出或處而終不離於道也시니라

⊙ 范氏(范祖禹)가 말하였다. "隱者는 〈자신이 은둔하는 것을〉 고상하다고 여긴다. 그러므로 떠나가고 돌아오지 않으며, 벼슬하는 자는 〈자신이 벼슬하는 것을〉 통달했다고 여긴다. 그러므로 빠지고 그치지 않는다. 〈사람들이〉 鳥獸와 함께 무리지어 살지 않으면 性命의 情을 끊어서(해쳐서) 富貴를 탐하니, 이 두 가지는 모두 미혹된 것이다. 이 때문에 中庸에 의지하여 행함이 어려운 것이다. 오직 聖人은 君臣間의 義를 폐하지 않으면서도 반드시 正道로써 하니, 이 때문에 혹은 세상에 나가고 혹은 은둔하여 끝내 道를 떠나지 않는 것이다."

8-1. 逸民은 伯夷와 叔齊와 虞仲과 夷逸과 朱張과 柳下惠와 少連이니라

逸民은 伯夷와 叔齊와 虞仲과 夷逸과 朱張과 柳下惠와 少連이었다.

逸은 遺逸이요 民者는 無位之稱이라 虞仲은 卽仲雍이니 與泰伯으로 同竄荊蠻者라 夷逸, 朱張은 不見經傳이라 少連은 東夷人이라

---

10 決性命之情以饕富貴:《莊子》〈駢拇〉에 "지금 세상의 仁한 사람들은 눈을 크게 뜨고 세상 사람들의 근심을 걱정하며, 不仁한 사람들은 性命을 해치는 것을 애석해 하지 않고 富貴를 탐한다.〔今世之仁人 蒿目而憂世之患 不仁之人 決性命之情以饕富貴〕"라고 보이는바, '決性命'의 '決'은 좋은 의미의 결단함이 아니라 끊고 무너뜨려 해침을 의미한다. 壺山은 "'決性命'은 索性이란 말과 같으며, '之情' 두 글자는 굳이 깊이 연구할 것이 없다." 하였는데, '索性'은 일반적으로 분명함을 이르거나 性情이 꼿꼿함을 이르는바, 性을 해친다는 뜻은 없다. 다만 索性에 '끝까지 결행함'의 뜻이 있어, 매우 나쁜 小人을 '索性小人'이라 칭하므로, 壺山은 '決性命之情以饕富貴' 전체의 뜻을 취하여 이를 索性小人의 뜻으로 설명한 듯하다.

••• 倨 거만할 거 曉 깨우칠 효 寫 베낄 사, 쓸 사 徇 따를 순 返 돌아올 반 溺 빠질 익 決 끊을 결 饕 탐할 도
逸 숨을 일 虞 헤아릴 우 連 이을 련

'逸'은 遺逸(벼슬길에서 빠져 있음)이요, '民'은 지위가 없는 이의 칭호이다. 虞仲은 바로 仲雍이니, 泰伯과 함께 荊蠻으로 도망한 자이다. 夷逸과 朱張은 經傳에 보이지 않는다. 少連은 東夷 사람이다.

8-2. 子曰 不降其志하며 不辱其身은 伯夷叔齊與인저

孔子께서 말씀하셨다. "그 뜻을 굽히지 않고 그 몸을 욕되게 하지 않은 분은 伯夷와 叔齊일 것이다."

8-3. 謂柳下惠少連하사되 降志辱身矣나 言中倫하며 行中慮하니 其斯而已矣니라

柳下惠와 少連을 평하시기를 "뜻을 굽히고 몸을 욕되게 하였으나 말이 의리(조리)에 맞으며 행실이 〈올바른〉 思慮에 맞았으니, 이뿐이다." 하셨다.

柳下惠는 事見上이라 倫은 義理之次第也라 慮는 思慮也니 中慮는 言有意義合人心이라 少連은 事不可考라 然이나 記에 稱其善居喪하여 三日不怠하고 三月不解(懈)하며 朞悲哀하고 三年憂라하니 則行之中慮를 亦可見矣라

柳下惠의 일은 위에 보인다. '倫'은 義理의 차례이다. '慮'는 思慮이니, 思慮에 맞는다는 것은 意義(意趣와 義理)가 있어 人心에 부합함을 말한다. 少連의 일은 상고할 수 없다. 그러나 《禮記》〈雜記〉에 "그가 居喪을 잘하여 3일을 게을리하지 않고, 3월을 懈怠하지 않으며, 1년을 슬퍼하고, 3년을 근심했다." 하였으니, 행실이 사려에 맞았음을 또한 볼 수 있다.

8-4. 謂虞仲夷逸하사되 隱居放言하나 身中淸하며 廢中權이니라

虞仲과 夷逸을 평하시기를 "숨어 살면서 말을 함부로 하였으나 몸은 깨끗함에 맞았고 폐함(벼슬하지 않음)은 權道에 맞았다.

仲雍居吳에 斷髮文身하고 裸(라)以爲飾이라 隱居獨善은 合乎道之淸이요 放言自廢는 合乎道之權이라

··· 遺 버릴 유 竄 도망할 찬 荊 가시 형 蠻 오랑캐 만 降 내릴 강 中 맞을 중 慮 생각 려 善 잘할 선 解 게으를 해 朞 기년 기 放 방탕할 방 權 권도(權道) 권 斷 끊을 단 髮 터럭 발 裸 옷벗을 라 飾 꾸밀 식

仲雍이 吳지방에 살 적에 머리를 깎고 文身을 하고 벌거벗는 것으로 꾸밈을 삼았다. 隱居하여 자기 혼자만 善하게 한 것은 道의 깨끗함에 합하였고, 함부로 말하여 스스로 버려진 것은 道의 權道에 합하였다.

8-5. 我則異於是하여 無可無不可호라

나는 이와 달라서 可함도 없고 不可함도 없다."

孟子曰[11] 孔子는 可以仕則仕하고 可以止則止하고 可以久則久하고 可以速則速이라하시니 所謂無可無不可也라

孟子가 말씀하기를 "孔子는 벼슬할 만하면 벼슬하시고 그만둘 만하면 그만두시고 오래 머물 만하면 오래 머무시고 속히 떠날 만하면 속히 떠나셨다." 하였으니, 이른바 '可함도 없고 不可함도 없다.'는 것이다.

⊙ 謝氏曰 七人이 隱遯不汚則同이나 其立心造行則異라 伯夷, 叔齊는 天子不得臣하고 諸侯不得友하니 蓋已遯世離群矣라 下聖人一等이면 此其最高與인저 柳下惠, 少連은 雖降志而不枉己하고 雖辱身而不求合하니 其心이 有不屑也라 故로 言能中倫하고 行能中慮라 虞仲, 夷逸은 隱居放言하니 則言不合先王之法者多矣라 然이나 淸而不汚也하고 權而適宜也하니 與方外之士 害義傷敎而亂大倫者로 殊科라 是以로 均謂之逸民하시니라

尹氏曰 七人은 各守其一節하고 而孔子則無可無不可하시니 所以常適其可하여 而異於逸民之徒也라 揚雄曰 觀乎聖人이면 則見賢人이라하니 是以로 孟子語夷惠에 亦必以孔子斷之하시니라

⊙ 謝氏(謝良佐)가 말하였다. "일곱 사람이 隱遯하여 자기 몸을 더럽히지 않은 것은 똑같으나 그들의 立心과 造行(나아간 행실)은 달랐다. 伯夷와 叔齊는 天子가 신하로 삼지 못하고 諸侯가 벗으로 삼지 못했으니, 이미 세상에 은둔하여 무리를 떠난 것이다. 聖人(孔子)에서 한 등급 내려오면 이들이 가장 높을 것이다. 柳下惠와 少連은 비록 뜻을 굽혔으나 몸을 굽히지 않았고, 비록 몸을 욕되게 하였으나 세상에 영합하기를 구하지 않았으니, 그 마음에 〈不潔한 것을〉

---

11 孟子曰 : 이 내용은 《孟子》〈公孫丑上〉 2장에 보인다.

··· 遯 숨을 둔(돈) 汚 더러울 오 造 나아갈 조 屑 좋게여길 설

좋게 여기지 않음이 있었다. 그러므로 말이 條理에 맞고 행동이 思慮에 맞은 것이다. 虞仲과 夷逸은 숨어 살면서 말을 함부로 하였으니, 말이 先王의 法에 합하지 않음이 많았을 것이다. 그러나 깨끗하여 자신을 더럽히지 않았고 저울질(權道)하여 義에 맞게 하였으니, 方外의 선비가 義를 해치고 가르침을 손상시켜 큰 人倫을 어지럽힌 것과는 科(등급)가 다르다. 이 때문에 똑같이 逸民이라고 하신 것이다."

尹氏(尹焞)가 말하였다. "일곱 사람은 각각 한 가지 일을 지켰고, 孔子는 可함도 없고 不可함도 없으셨으니, 이 때문에 항상 가함에 적당하여 逸民의 무리와 달랐던 것이다. 揚雄이 말하기를 '聖人을 관찰하면 賢人을 알 수 있다.' 하였다. 이 때문에 孟子께서 伯夷와 柳下惠를 말씀할 적에 반드시 孔子로써 斷定하신 것이다."

9-1. 大(太)師摯는 適齊하고

太師 摯는 齊나라로 갔고,

大師는 魯樂官之長이요 摯는 其名也라

'太師'는 魯나라 樂官의 우두머리이다. 摯는 그의 이름이다.

9-2. 亞飯干은 適楚하고 三飯繚는 適蔡하고 四飯缺은 適秦하고

亞飯 干은 楚나라로 갔고, 三飯 繚는 蔡나라로 갔고, 四飯 缺은 秦나라로 갔고,

亞飯以下는 以樂侑食之官[12]이라 干, 繚, 缺은 皆名也라

'亞飯' 이하는 〈군주가 음식을 들 때에〉 음악을 연주하여 興을 돋워 음식을 권하는 관식이다. 干·繚·缺은 모두 이름이다.

9-3. 鼓方叔은 入於河하고

북을 치는 方叔은 河內로 들어갔고,

---

12 亞飯以下 以樂侑食之官 : 《白虎通》에 따르면, 옛날 天子는 새벽에 밥을 먹고 낮과 저녁과 밤에 또 먹어 모두 네 번 밥을 먹었으며, 諸侯는 새벽밥을 먹지 아니하여 모두 세 번 먹었는바, 魯나라는 제후국이므로 亞飯으로부터 시작해 三飯과 四飯의 세 관직이 있었다고 하였는데, 朱子는 이를 따랐다. 음악을 연주하여 음식을 권한다는 것은 帝王이 盛饌을 먹을 때 음악을 연주하여 흥을 돋웠던 禮를 말한다.

••• 適 맞을 적 殊 다를 수 科 등급 과 摯 지극할 지 適 갈 적 亞 버금 아 繚 얽을 료 缺 이지러질 결

鼓는 擊鼓者요 方叔은 名이라 河는 河內라

'鼓'는 북을 치는 자이고 方叔은 이름이다. 河는 河內이다.

9-4. 播鼗(파도)武는 入於漢하고

小鼓를 흔드는 武는 漢中으로 들어갔고,

播는 搖也라 鼗는 小鼓니 兩旁有耳하여 持其柄而搖之면 則旁耳還自擊이라 武는 名也라 漢은 漢中이라

'播'는 흔듦이다. '鼗'는 小鼓이니, 양옆에 귀가 달려 있어 자루를 잡고 흔들면 곁의 귀가 다시 스스로 제 몸을 치게 된다. 武는 이름이다. 漢은 漢中이다.

9-5. 少師陽과 擊磬襄은 入於海하니라

少師 陽과 경쇠〔磬〕를 치는 襄은 海島로 들어갔다.

少師는 樂官之佐라 陽, 襄은 二人名이니 襄은 卽孔子所從學琴者라 海는 海島也라

'少師'는 樂官의 補佐官(副官)이다. 陽과 襄은 두 사람의 이름이니, 襄은 바로 孔子께서 찾아가 거문고를 배운 자이다. '海'는 海島이다.

⊙ 此는 記賢人之隱遁(둔)하여 以附前章이라 然이나 未必夫子之言也니 末章放此하니라 張子曰 周衰樂廢어늘 夫子自衛反魯하여 一嘗治之하시니 其後에 伶人賤工도 識樂之正이러니 及魯益衰하여 三桓僭妄한대 自大師以下 皆知散之四方하여 逾河蹈海以去亂이라 聖人俄頃之助가 功化如此하니 如有用我면 期月而可가 豈虛語哉시리오

⊙ 이는 賢人이 은둔한 것을 기록하여 앞장에 붙인 것이다. 그러나 반드시 夫子의 말씀은 아닐 것이다. 끝장도 이와 같다.

張子가 말씀하였다. "周나라가 쇠하여 音樂이 폐해졌는데, 夫子께서 衛나라에서 魯나라로 돌아오시어 한번 일찍이 다스리시니, 그 후에 伶人(광대)과 미천한 樂工들도 音樂의 바름을 알게 되었다. 魯나라가 더욱 쇠하여 三桓이 참람하고 망녕된 짓을 행하자, 太師로부터 이하의 사

··· 侑 도울 유 播 뿌릴 파 鼗 소고 도 搖 흔들 요 旁 곁 방 柄 자루 병 還 다시 환 磬 경쇠 경 襄 도울 양

람들이 모두 사방으로 흩어져 가서 黃河를 건너고 바다를 건너 어지러운 나라를 떠날 줄을 알았다. 聖人의 잠깐 동안의 도우심이 그 功效가 이와 같았으니, '만일 나를 써 주는 자가 있으면 1년이면 可하다.'고 하신 것이 어찌 빈 말씀이셨겠는가."

10. 周公이 謂魯公曰 君子不施(弛)其親하며 不使大臣으로 怨乎不以하며 故舊無大故면 則不棄也하며 無求備於一人이니라

周公이 魯公에게 이르셨다. "君子는 그 친척을 버리지 않으며, 大臣으로 하여금 써주지 않는 것을 원망하지 않게 하며, 故舊(옛 친구나 선임자)가 큰 연고가 없으면 버리지 않으며, 한 사람에게 完備하기를 요구하지 말아야 한다."

施는 陸氏本[13]에 作弛하니 福本[14]同이라

⊙ 魯公은 周公子伯禽也라 弛는 遺棄也요 以는 用也라 大臣은 非其人則去之요 在其位則不可不用이라 大故는 謂惡逆이라

李氏曰 四者는 皆君子之事니 忠厚之至也라

'施'는 陸氏(陸德明)의 本에는 弛로 되어 있으니, 福州本도 같다.

⊙ 魯公은 周公의 아들 伯禽이다. '弛'는 버림이요 '以'는 씀이다. 大臣은 그 사람(적임자)이 아니면 버려야 할 것이요, 그 자리에 있다면 쓰지 않을 수 없는 것이다. '大故'는 惡逆(패륜이나 반역 등의 죄악)을 이른다.

李氏(李郁)가 말하였다. "네 가지는 모두 君子의 일이니, 忠厚함이 지극한 것이다."

⊙ 胡氏曰 此는 伯禽이 受封之國할새 周公訓戒之辭니 魯人傳誦하여 久而不忘也라 其或夫子嘗與門弟子言之歟아

⊙ 胡氏(胡寅)가 말하였다. "이것은 伯禽이 封함을 받고 本國(魯나라)으로 갈 적에 周公이 훈계하신 말씀이니, 魯나라 사람들이 傳誦하여 오래도록 잊지 않은 것이리라. 혹은 일찍이 夫子께서 弟子들과 말씀하셨던 것인가 보다."

---

13 陸氏本 : 陸德明의 《經典釋文》을 가리킨다.

14 福本 : 宋나라 초기 福州에 유행하던 筆寫本으로 本篇 7章의 《集註》에 보인다.

••• 遁 숨을 둔 伶 광대 령 僭 참람할 참 逾 넘을 유 蹈 밟을 도 俄 잠깐 아 頃 잠깐 경 施 버릴 이 以 쓸 이 棄 버릴 기 遺 버릴 유 禽 날짐승 금

11. 周有八士하니 伯達과 伯适(괄)과 仲突과 仲忽과 叔夜와 叔夏와 季隨와 季騧(와)니라

周나라에 여덟 선비가 있었으니, 伯達과 伯适, 仲突과 仲忽, 叔夜와 叔夏, 季隨와 季騧이다.

或曰 成王時人이라하고 或曰 宣王時人이라하니 蓋一母四乳[15]而生八子也라 然이나 不可考矣라

혹자는 "成王 때 사람이다." 하고, 혹자는 "宣王 때 사람이다." 한다. 한 어머니가 네 번 출산하여 여덟 아들을 낳았다고 하나 상고할 수 없다.

⊙ 張子曰 記善人之多也라 愚按 此篇은 孔子於三仁, 逸民, 師摯, 八士에 旣皆稱贊而品列之하시고 於接輿, 沮溺, 丈人에 又每有惓惓接引之意하시니 皆衰世之志[16]也니 其所感者深矣라 在陳之歎도 蓋亦如此시니라 三仁則無間然矣요 其餘數君子者도 亦皆一世之高士니 若使得聞聖人之道하여 以裁其所過而勉其所不及이런들 則其所立이 豈止於此而已哉아

⊙ 張子가 말씀하였다. "〈이것은〉 善人이 많음을 기록한 것이다."
내가 상고해 보건대 이 篇은 孔子께서 三仁과 逸民·師摯·八士에 대해서 이미 모두 칭찬하시고 품평하여 차례하셨으며, 接輿·沮溺·丈人에 대해서도 또 매양 惓惓(연연)하여 인도해 주려는 뜻이 있으셨으니, 모두 쇠한 세상을 근심하는 뜻이니, 그 느끼신 바가 깊으시다. 陳나라에 계실 적에 탄식하신 것도 이와 같다. 三仁은 間然할(흠잡을) 데가 없고, 나머지 여러 君子들도 모두 一世의 高尙한 선비이니, 만일 聖人의 道를 들어서 지나침을 제재하고 미치지 못함을 힘쓰게 하였더라면 세운 업적이 어찌 여기에 그칠 뿐이었겠는가.

---

15 乳 : 《說文解字》에 "사람 및 새가 새끼를 낳는 것을 '乳'라 하고, 짐승이 새끼를 낳는 것을 '産'이라 한다.〔人及鳥生子曰乳 獸曰産〕" 하였다.

16 衰世之志 : 나쁜 세상을 걱정하는 마음을 이른다. 《周易》〈繫辭傳下〉 6장에도 "그 이름을 칭함이 雜亂하면서도 어그러지지 않으나 그 善惡과 吉凶의 類를 상고함은 쇠한 세상의 뜻일 것이다.〔其稱名也 雜而不越 於稽其類 其衰世之意耶〕"라고 보인다.

··· 适 빠를 괄 騧 공골말 와 乳 낳을 유 摯 잡을 지, 폐백 지 惓 돌아볼 권, 연연할 권 間 흠잡을 간 裁 마름질할 재

子張 第十九

此篇은 皆記弟子之言이로되 而子夏爲多하고 子貢次之라
蓋孔門에 自顏子以下는 穎惡莫若子貢하고 自曾子以下는 篤實無若子夏라
故로 特記之詳焉이라 凡二十五章이라

이 篇은 모두 弟子들의 말을 기록한 것인데, 子夏의 말이 많고 子貢이 그 다음이다.
孔子의 門下에 顏子 이하로는 영특함이 子貢만한 이가 없고,
曾子 이하로는 독실함이 子夏만한 이가 없다.
그러므로 특별히 자세하게 기록한 것이다. 모두 25章이다.

1. 子張曰 士見危致命하며 見得思義하며 祭思敬하며 喪思哀면 其可已矣니라

子張이 말하였다. "선비가 위태로움을 보고 목숨을 바치며, 이익을 보고 義를 생각하며, 제사에 恭敬함을 생각하며, 喪事에 슬픔을 생각한다면 괜찮다."

致命은 謂委致其命이니 猶言授命也라 四者는 立身之大節이니 一有不至면 則餘無足觀이라 故로 言士能如此면 則庶乎其可矣니라

'致命'은 목숨을 바침을 이르니, 授命이란 말과 같다. 이 네 가지는 몸을 세우는 큰 일이니, 한 가지라도 지극하지 못함이 있으면 나머지는 족히 볼 것이 없다. 그러므로 선비가 이와 같이 할 수 있다면 거의 괜찮다고 말한 것이다.

••• 穎 빼어날 영 悟 깨달을 오 危 위태할 위 致 바칠 치 命 목숨 명 委 맡길 위 授 줄 수

2. 子張曰 執德不弘하며 信道不篤이면 焉能爲有며 焉能爲亡(無)리오

子張이 말하였다. "德을 잡음(지킴)이 넓지 못하며 道를 믿음이 독실하지 못하면 어찌 있다고 말하며 어찌 없다고 말하겠는가."

有所得而守之太狹이면 則德孤하고 有所聞而信之不篤이면 則道廢라 焉能爲有亡는 猶言不足爲輕重[1]이라

얻은 바가 있으나 지킴이 너무 좁으면 德이 외롭고, 들은 것이 있으나 믿음이 독실하지 못하면 道가 폐해진다. '어찌 있다고 하며 어찌 없다고 하겠는가.'라는 말은 족히 輕重이 될 것이 없다는 말과 같다.

3. 子夏之門人이 問交於子張한대 子張曰 子夏云何오 對曰 子夏曰 可者를 與之하고 其不可者를 拒之라하더이다 子張曰 異乎吾所聞이로다 君子는 尊賢而容衆하며 嘉善而矜不能이니 我之大賢與인댄 於人에 何所不容이며 我之不賢與인댄 人將拒我니 如之何其拒人也리오

子夏의 門人이 子張에게 벗 사귀는 것을 묻자, 子張이 "子夏가 무어라고 하던가?" 하고 되물으니, 대답하기를 "子夏께서 '可한 자를 사귀고 不可한 자를 거절하라(사귀지 말라).' 하셨습니다." 하였다. 子張이 말하였다. "내가 들은 것과는 다르다. 君子는 어진 이를 존경하고 대중을 포용하며, 잘하는 이를 아름답게 여기고 능하지 못한 이를 가엾게 여긴다. 내가 크게 어질다면 남들에 대해 누구인들 용납하지 못할 것이며, 내가 어질지 못하다면 남들이 장차 나를 거절할 것이니, 〈내가〉 어떻게 남을 거절할 수 있겠는가."

子夏之言이 迫狹하니 子張譏之 是也라 但其所言이 亦有過高之弊하니 蓋大賢은 雖無所不容이나 然大故는 亦所當絶이요 不賢은 固不可以拒人이나 然損友는 亦所當遠이니 學者不可不察이니라

---

1 焉能爲有亡 猶言不足爲輕重 : 雙峰饒氏(饒魯)는 "이러한 사람은 있어도 當世의 중함이 될 수 없고, 없어도 당세의 가벼움이 될 수 없다." 하였고, 楊伯峻은 孔安國이 "輕重이 될 것이 없음을 말한다〔言無所輕重〕" 한 것에 따라, 〈이런 사람은〉 있어도 되고 없어도 그만이다."라고 번역하였는바, 크게 영향을 미치지 못함을 말한 것이다.

••• 執 잡을 집 弘 클 홍, 넓을 홍 亡 없을 무 狹 좁을 협 孤 외로울 고 拒 막을 거 嘉 아름다울 가 矜 불쌍히여길 긍 迫 핍박할 박 譏 비판할 기

子夏의 말이 너무 박절하고 좁으니, 子張이 비판한 것이 옳다. 다만 〈子張이〉 말한 것도 또한 지나치게 높은 폐단이 있다. 大賢은 비록 포용하지 않음이 없으나 큰 잘못은 또한 마땅히 절교해야 하고, 어질지 못한 이는 진실로 남을 거절할 수 없으나 손해되는 벗은 또한 마땅히 멀리해야 하니, 배우는 자가 살피지 않으면 안 된다.

4. 子夏曰 雖小道나 必有可觀者焉이어니와 致遠恐泥라 是以로 君子不爲也니라

子夏가 말하였다. "비록 작은 道[技藝]라도 반드시 볼 만한 것이 있으나 遠大함에 이르는 데 장애가 될까 두렵다. 이 때문에 君子가 하지 않는 것이다."

小道는 如農圃醫卜之屬이라 泥는 不通也라

'小道'는 농사와 원예, 醫術과 卜術 같은 등속이다. '泥'는 통하지 못하는 것이다.

⊙ 楊氏曰 百家衆技는 猶耳目口鼻 皆有所明이나 而不能相通하니 非無可觀也로되 致遠則泥矣라 故로 君子不爲也니라

⊙ 楊氏(楊時)가 말하였다. "百家의 여러 技藝는 마치 耳·目·口·鼻가 모두 밝은 바가 있으나 서로 통하지 못하는 것과 같으니, 볼 만한 것이 없는 것은 아니나, 원대함에 이르는 데 장애가 된다. 그러므로 君子가 하지 않는 것이다."

5. 子夏曰 日知其所亡(無)하며 月無忘其所能이면 可謂好學也已矣니라

子夏가 말하였다. "날마다 없는(모르는) 것을 알며, 달마다 능한 것을 잊지 않으면 學問을 좋아한다고 이를 만하다."

亡는 無也니 謂己之所未有라

'亡'는 없음이니, 자신이 가지고 있지 않은 것을 이른다.

⊙ 尹氏曰 好學者는 日新而不失이니라

⊙ 尹氏(尹焞)가 말하였다. "배움을 좋아하는 자는 날로 새롭게 하고 잃지 않는다."

••• 致 이를 치 泥 막힐 니 圃 채전 포 醫 의원 의 卜 점복 복 技 재주 기 鼻 코 비 忘 잊을 망

6. 子夏曰 博學而篤志하며 切問而近思하면 仁在其中矣니라

子夏가 말하였다. "배우기를 널리 하고 뜻을 독실히 하며, 절실하게 묻고 가까이(현실에 필요한 것을) 생각하면 仁이 이 가운데 있다."

四者는 皆學問思辨之事耳[2]니 未及乎力行而爲仁也라 然이나 從事於此면 則心不外馳하여 而所存自熟이라 故로 曰仁在其中矣라하니라

이 네 가지는 모두 배우고 묻고 생각하고 분변하는 일이니, 힘써 행해서 仁을 하는 데에는 미치지 못한다. 그러나 여기에 종사하면 마음이 밖으로 달리지 않아 보존하고 있는 것이 저절로 익숙해진다. 그러므로 仁이 이 가운데 있다고 말한 것이다.

⊙ 程子曰 博學而篤志하고 切問而近思를 何以言仁在其中矣오 學者要思得之니 了此면 便是徹上徹下之道니라

又曰 學不博則不能守約이요 志不篤則不能力行이니 切問近思在己者하면 則仁在其中矣[3]니라

又曰 近思者는 以類而推니라

蘇氏曰 博學而志不篤이면 則大而無成이요 泛問遠思면 則勞而無功이니라

⊙ 程子(明道)가 말씀하였다. "배우기를 널리 하고 뜻을 독실히 하며, 절실하게 묻고 가까이 생각하는 것을 어찌하여 仁이 이 가운데 있다고 말하였는가? 배우는 자들은 이것을 생각하여 알아야 하니, 이것을 알면 바로 위로 통달하고 아래로 통달하는 방법이다."

또 말씀하였다. "배우기를 널리 하지 않으면 지킴이 요약되지 못하고, 뜻이 독실하지 못하면 힘써 행할 수 없으니, 자기에게 있는 것을 절실히 묻고 가까이 생각하면 仁은 이 가운데 있게 된다."

또 말씀하였다. "가까이 생각한다는 것은 類로써 미루는[類推] 것이다."

蘇氏(蘇軾)가 말하였다. "배우기를 널리 하기만 하고 뜻이 독실하지 않으면 크기만 하고 이룸이 없으며, 범연히 묻고 멀리 생각하면 수고롭기만 하고 공효(효과)가 없다."

---

2 皆學問思辨之事耳 : '學問思辨'은 《中庸》 20장의 博學·審問·愼思·明辨을 축약한 것으로, 네 가지는 모두 知工夫에 해당한다.

3 又曰……仁在其中矣 : 壺山은 "明道의 말씀인데 《論孟精義》에는 伊川으로 되어 있다." 하였다.

··· 博 넓을 박 篤 도타울 독 切 간절할 절 辨 분별할 변 馳 달릴 치 熟 익을 숙 徹 통할 철 泛 띄울 범, 넓을 범

7. 子夏曰 百工이 居肆하여 以成其事하고 君子學하여 以致其道니라

子夏가 말하였다. "여러 工人들은 공장에 있으면서 그 일을 이루고, 君子는 배워서 그 道를 지극히 한다."

肆는 謂官府造作之處라 致는 極也라 工不居肆면 則遷於異物而業不精이요 君子不
學이면 則奪於外誘而志不篤이니라

尹氏曰 學은 所以致其道也라 百工居肆에 必務成其事하나니 君子之於學에 可不知
所務哉아

愚按 二說이 相須라야 其義始備[4]니라

'肆'는 官府(관청)의 물건을 만드는 곳을 이른다. '致'는 지극히 함이다. 工人이 공장에 있지
않으면 다른 일에 마음이 옮겨가 業(일)이 精하지 못하고, 君子가 배우지 않으면 外物의 유혹
에 마음을 빼앗겨 뜻이 독실하지 못하다.

尹氏(尹焞)가 말하였다. "배움은 그 道를 지극히 하려고 하는 것이다. 百工이 공장에 있을 적
에 반드시 그 일을 이룰 것을 힘쓰니, 君子가 배움에 있어 힘쓸 바를 몰라서야 되겠는가."

내가 살펴보건대, 위의 두 說이 서로 보완이 되어야 그 뜻이 비로소 갖추어진다.

8. 子夏曰 小人之過也는 必文[5]이니라

子夏가 말하였다. "小人의 허물은 반드시 文飾한다."

文은 飾之也라 小人은 憚於改過하고 而不憚於自欺라 故로 必文以重其過니라

'文'은 文飾함이다. 小人은 잘못을 고치는 것을 꺼리고 스스로 속이는 것을 꺼리지 않는다. 그
러므로 반드시 문식하여 잘못을 더하는 것이다.

---

4 二說相須 其義始備 : 두 說은 앞에 있는 '工不居肆……則奪於外誘而志不篤'과 뒤에 있는 尹氏의
   說을 이른다. 앞의 해석은 "百工은 공장에 있어야만 그 일을 이룰 수 있고 君子는 배워야만 그 道를 지극
   히 할 수 있다.[百工居肆라야 以成其事하고 君子學이라야 以致其道라]"로 보아 앞의 句에 중점을 둔
   반면, 尹氏는 以를 목적으로 보아 "百工이 공장에 있는 이유는 일을 이루기 위해서요, 君子가 배우는 이
   유는 그 道를 지극히 하기 위해서이다.[百工居肆는 以成其事요 君子學은 以致其道라]"로 보아 뒤의 句
   에 중점을 두었는바, 이 두 說이 서로 보완되어야만 완벽한 해석이 됨을 말한 것이다.

5 小人之過也 必文 : 官本諺解 및 栗谷諺解를 따라 위와 같이 해석하였으나 '小人은 허물이 있으면 반드
   시 文飾한다.'는 뜻으로 보아야 할 것이다.

••• 肆 자리 사, 가게 사 致 지극할 치 造 지을 조 遷 옮길 천 奪 빼앗을 탈 誘 꾈 유, 달랠 유
     須 필요할 수, 기다릴 수 文 꾸밀 문 飾 꾸밀 식 憚 꺼릴 탄

9. 子夏曰 君子有三變하니 望之儼然하고 卽之也溫하고 聽其言也厲니라

子夏가 말하였다. "君子는 세 가지 변함이 있으니, 〈멀리서〉 바라보면 엄연(엄숙)하고, 그 앞에 나아가면 온화하고, 그 말을 들어보면 명확하다."

儼然者는 貌之莊이요 溫者는 色之和요 厲者는 辭之確이라

'儼然'은 용모가 莊嚴한 것이요, '溫'은 얼굴빛이 온화한 것이요, '厲'는 말이 확실한 것이다.

⊙ 程子曰 他人은 儼然則不溫하고 溫則不厲로되 惟孔子全之시니라

謝氏曰 此非有意於變이니 蓋並行而不相悖也라 如良玉溫潤而栗然이니라

⊙ 程子(伊川)가 말씀하였다. "다른 사람은 엄연하면 온화하지 못하고 온화하면 명확하지 못한데, 오직 孔子만이 온전히 갖추셨다."

謝氏(謝良佐)가 말하였다. "이것은 변화함에 마음을 둔 것이 아니니, 함께 행해지면서도 서로 어긋나지 않은 것이다. 마치 좋은 玉이 따뜻하고 윤택하면서도 단단한〔栗然〕것과 같다."

10. 子夏曰 君子는 信而後에 勞其民이니 未信則以爲厲己也니라 信而後에 諫이니 未信則以爲謗己也니라

子夏가 말하였다. "君子는 〈백성들에게〉 신임을 얻은 뒤에 백성을 부리니, 신임을 얻지 못하고 부리면 〈백성들이〉 자신들을 괴롭힌다고 여긴다. 〈윗사람에게〉 신임을 얻은 뒤에 간하니, 신임을 얻지 못하고 간하면 〈윗사람이〉 자신을 비방한다고 여긴다."

信은 謂誠意惻怛而人信之也라 厲는 猶病也라 事上使下에 皆必誠意交孚而後에 可以有爲니라

'信'은 성의가 간곡하여 남들이 믿어줌(신임함)을 이른다. '厲'는 病(괴롭히다, 해치다)과 같다. 윗사람을 섬기고 아랫사람을 부릴 적에 모두 반드시 성의가 서로 믿어진 뒤에야 일을 할 수 있는 것이다.

11. 子夏曰 大德이 不踰閑이면 小德은 出入이라도 可也니라

··· 儼 엄숙할 엄 卽 나아갈 즉 厲 엄할 려, 확실할 려, 해칠 려 悖 어그러질 패 栗 엄할 률, 단단할 률 謗 비방할 방 怛 슬퍼할 달 孚 믿을 부 踰 넘을 유 閑 울타리 한

子夏가 말하였다. "큰 德이 한계를 넘지 않으면 작은 德은 出入하여도 괜찮다."

大德, 小德은 猶言大節小節이라 閑은 闌也니 所以止物之出入이라 言人能先立乎其大者면 則小節은 雖或未盡合理라도 亦無害也라

'大德'과 '小德'은 大節(큰 일)·小節(작은 일)이라는 말과 같다. '閑'은 울타리이니, 外物의 出入을 막는 것이다. 사람이 먼저 큰 것을 확립하면 작은 일은 혹 다 이치에 부합하지 않더라도 또한 무방(무해)함을 말한 것이다.

⊙ 吳氏曰 此章之言은 不能無弊하니 學者詳之니라

⊙ 吳氏(吳棫)가 말하였다. "이 章의 말은 병폐가 없지 못하니, 배우는 자가 자세히 살펴보아야 한다."

12-1. 子游曰 子夏之門人小子 當灑掃, 應對, 進退則可矣어니와 抑末也라 本之則無하니 如之何[6]오

子游가 말하였다. "子夏의 門人小子(弟子)들은 물뿌리고 청소하며 應對하고 進退하는 예절을 당해서는 괜찮지만 이는 지엽적인 일이다. 근본을 미루어보면 없으니, 어찌하겠는가."

子游譏子夏弟子 於威儀容節之間則可矣나 然此는 小學之末耳요 推其本인댄 如大學正心誠意之事則無有라

子游가 子夏의 弟子들이 威儀와 容節(용모와 예절)에 있어서는 괜찮으나 이는 小學의 지엽적인 일이요, 그 근본을 미루어 본다면 大學의 正心·誠意와 같은 일은 없다고 기롱한 것이다.

---

6 本之則無 如之何: '本之'를 《集註》에서는 "推其本"으로 해석하였는데, 이에 대하여 壺山은 '之'자에 推의 뜻이 있으니, 諺解의 해석을 상고할 만하다.〔之字有推意 諺釋可考〕하였는바, 官本諺解에 이를 "本흔 즉 업스니"라고 하여 '本'을 '근본하다'의 동사로 해석하였다. 栗谷諺解에는 "本은 업스니"로 되어 있다. '如之何'는 官本諺解에는 "엇더ᄒᆞ뇨"라 하고, 栗谷諺解에는 "엇디료"라 하였는데, 壺山은 "괴이하게 여겨 묻는 말이다.〔怪而問之之辭〕" 하였다. 壺山의 견해를 따르면 經文은 "어째서인가?"라고 해석해야 할 것이다.

··· 猶 같을 유 闌 울타리 란 弊 폐단 폐 灑 물뿌릴 쇄 掃 쓸 소 威 위엄 위 儀 거동 의

12-2. 子夏聞之하고 曰 噫라 言游過矣로다 君子之道 孰先傳焉이며 孰後 倦焉이리오 譬諸草木컨대 區以別矣니 君子之道 焉可誣也리오 有始有卒 者는 其惟聖人乎인저

子夏가 듣고서 말하였다. "아, 言游의 말이 지나치다. 君子의 道가 어느 것을 먼저라 하여 전수하며, 어느 것을 뒤라 하여 게을리하겠는가. 草木에 비유하면 종류로 구별되 는 것과 같으니, 君子의 道가 어찌 이처럼 속이겠는가. 처음과 끝을 구비한 것은 오직 聖人이실 것이다."

倦은 如誨人不倦之倦이라 區는 猶類也라 言君子之道 非以其末爲先而傳之요 非以 其本爲後而倦敎라 但學者所至가 自有淺深하니 如草木之有大小하여 其類固有別矣 라 若不量其淺深하고 不問其生熟[7]하고 而槪以高且遠者로 强而語之면 則是誣之而已 니 君子之道 豈可如此리오 若夫始終本末이 一以貫之는 則惟聖人爲然이니 豈可責之 門人小子乎아

'倦'은 《述而》편의 '사람을 가르치기를 게을리 하지 않는다.〔誨人不倦〕'의 倦字와 같다. '區'는 類(종류)와 같다. 君子의 道는 지엽인 것을 먼저라 하여 전수하는 것도 아니요, 근본인 것을 뒤라 하여 가르치기를 게을리하는 것도 아니다. 다만 배우는 자의 이른 바(경지)가 저절로 淺深이 있으니, 마치 草木에 大小가 있어 그 종류가 진실로 구별됨이 있는 것과 같다. 만약 이 른 바의 淺深을 헤아리지 않고 그 익힘의 生熟(설고 익숙함)을 따지지 않고서 한결같이 높고 원 대한 것을 가지고 억지로 말해 준다면 이는 속이는 것일 뿐이니, 君子의 道가 어찌 이와 같겠는 가. 始·終과 本·末이 一以貫之하는 것으로 말하면 이는 오직 聖人만이 그러한 것이니, 어찌 門人小子들에게 바랄 수 있겠는가.

⊙ 程子曰 君子敎人有序하여 先傳以小者近者而後에 敎以大者遠者니 非先傳以近 小而後에 不敎以遠大也니라

又曰 灑掃應對는 便是形而上者[8]니 理無大小故也라 故로 君子只在謹獨이니라

---

7 不問其生熟 : '生熟'은 설고(생소하고) 익숙한 것으로 숙련도를 이르는 바, 음식물을 익힐 때의 설고 익 음에 비유한 것이다.

8 灑掃應對 便是形而上者 : 朱子는 "'灑掃應對를 곧 形而上의 일이다.' 한 것은 灑掃應對가 形而上에서 벗어나지 않는다는 말일 뿐이니, 바로 形而上의 일이라고 한 것은 아니다.〔便是云者 亦曰不離乎是耳 非

••• 噫 한숨쉴 희 孰 무엇 숙 後 뒤 후 譬 비유할 비 區 구역 구 誣 속일 무 卒 마칠 졸 誨 가르칠 회 類 종류 류 生 설 생 槪 평미레 개

又曰 聖人之道는 更⁹無精粗하니 從灑掃應對與¹⁰精義入神이 貫通只一理라 雖灑掃
應對라도 只看所以然如何니라

又曰 凡物이 有本末하니 不可分本末爲兩段事라 灑掃應對是其然이니 必有所以然
이니라

又曰 自灑掃應對上이면 便可到聖人事니라

愚按 程子第一條는 說此章文意가 最爲詳盡이요 其後四條는 皆以明精粗本末이 其
分雖殊나 而理則一이니 學者當循序而漸進이요 不可厭末而求本이라 蓋與第一條之
意로 實相表裏하니 非謂末卽是本이라 但學其末而本便在此也¹¹니라

⊙ 程子(明道)가 말씀하였다. "君子가 사람을 가르침에 순서가 있어서 먼저 작은 것과 비근한
것을 가르친 뒤에 큰 것과 먼 것을 가르치는 것이니, 비근한 것과 작은 것을 먼저 가르친 뒤에 먼
것과 큰 것을 가르치지 않는 것은 아니다."

또 말씀하였다. "灑掃하고 應對하는 것은 곧 形而上의 일이니, 이치는 大·小가 없기 때문이
다. 그러므로 君子의 道는 다만 謹獨에 있는 것이다."

〈程子(伊川)가〉 또 말씀하였다. "聖人의 道는 다시(애당초) 精과 粗가 없으니, 쇄소하고 응대
하는 일로부터 義理를 정밀히 연구하여 신묘한 경지에 들어가는 것이 貫通(통달)하면 단지 한
이치일 뿐이다. 비록 灑掃應對의 일이라도 다만 그 所以然이 어떠한가를 보아야 한다."

또 말씀하였다. "모든 사물에는 本과 末이 있으니, 本과 末을 나누어 두 가지 일로 여겨서는
안 된다. 灑掃應對가 바로 그러하니, 〈여기에도〉 반드시 所以然이 있다."

또 말씀하였다. "灑掃應對로부터 올라가면 곧 聖人의 일에 도달할 수 있다."

내가 살펴보건대, 程子께서 말씀하신 첫 번째 조항은 이 章의 글 뜻을 설명한 것이 가장 자세
하고 극진하며, 그 뒤의 네 조항은 모두 精粗와 本末이 그 나뉨은 비록 다르나 이치는 동일하니,
배우는 자가 마땅히 순서를 따라 점점 나아가야 할 것이요, 지엽을 싫어하고 근본만을 찾아서는
안 됨을 밝히셨다. 이는 첫 번째 조항의 뜻과 실로 서로 表裏가 되니, '末이 곧 本이어서 다만 末
을 배우면 本이 곧 여기에 있다.'고 말씀한 것은 아니다.

卽以爲形而上者也]" 하였다.《或問》

9 更:壺山은 "'更'은 '애당초[初]'라고 말한 것과 같다." 하였다.

10 與:壺山은 "'與'는 '까지[至]'와 같다." 하였다.

11 非謂末卽是本 但學其末而本便在此也:'非謂'를 맨 끝에 해석하는바, 非謂가 들어간 글은 언제나 非
    謂를 중간에 해석하지 않고 종결사가 있는 곳까지 연결하여야 한다.

··· 貫 꿸 관 精 정미할 정 粗 거칠 조(추) 段 가지 단 殊 다를 수 循 따를 순 漸 점점 점, 젖을 점 厭 싫어할 염
    裏 속 리

13. 子夏曰 仕而優則學하고 學而優則仕니라

子夏가 말하였다. "벼슬하면서 여가가 있으면 배우고, 배우고서 여가가 있으면 벼슬을 한다."

優는 有餘力也라 仕與學이 理同而事異라 故로 當其事者는 必先有以盡其事而後에 可及其餘라 然이나 仕而學이면 則所以資其仕者益深이요 學而仕면 則所以驗其學者 益廣이라

'優'는 餘力(여가)이 있는 것이다. 벼슬하는 것과 배우는 것은 이치는 같으나 일은 다르다. 그러므로 그 일을 당한 자는 반드시 먼저 그 일을 다한 뒤에 그 나머지에 미칠 수 있는 것이다. 그러나 벼슬하면서 배우면 벼슬하는 데 이용함이 더욱 깊어지고, 배우고서 벼슬하면 그 배운 것을 징험함이 더욱 넓어진다.

14. 子游曰 喪은 致乎哀而止니라

子游가 말하였다. "喪은 슬픔을 극진히 할 뿐이다."

致極其哀요 不尙文飾也라
楊氏曰 喪은 與其易也론 寧戚이니 不若禮不足而哀有餘之意니라
愚按 而止二字는 亦微有過於高遠而簡略細微之弊하니 學者詳之니라

슬픔을 극진히 하고 文飾을 숭상하지 않는 것이다.
楊氏(楊時)가 말하였다. "喪은 형식적으로 잘 다스려지기보다는 차라리 슬퍼하여야 하니, 禮文이 부족하고 슬픔이 유여함만 못하다는 뜻이다."
내가 살펴보건대, '而止(그뿐이다)' 두 글자는 또한 高遠한데 지나쳐서 세미한 것을 소홀히 하는 병폐가 약간 있으니, 배우는 자가 자세히 살펴야 한다.

15. 子游曰 吾友張也 爲難能也[12]나 然而未仁이니라

---

12 爲難能也 : 栗谷諺解에는 "能키 어려우믈 ᄒ나"라 하여 '難能을 행함[爲]'으로 해석하였는데, 官本諺解에는 "難히 能홀 꺼시나"라 하였다. 이에 대해 壺山은 "難能은 諺解(官本諺解)의 해석을 다시 살펴보아야 한다.[難能 諺釋更詳]"하였다. 뒤 18장에 曾子가 孟莊子의 孝를 칭찬하여 '難能'이라 하였는바,

••• 仕 벼슬할 사 優 넉넉할 우 資 이용할 자 驗 징험할 험 廣 넓을 광 致 지극할 치 飾 꾸밀 식 易 다스릴 이
寧 차라리 녕 戚 슬퍼할 척

子游가 말하였다. "나의 벗 子張은 어려운 일을 잘하나 그러나 仁하지는 못하다."

子張이 行過高而少誠實惻怛之意하니라

子張이 행동은 지나치게 높으나 성실하고 간곡한 뜻이 부족하였다.

16. 曾子曰 堂堂乎라 張也여 難與並爲仁矣로다

曾子가 말씀하였다. "당당하구나, 子張이여. 함께 仁을 하기 어렵도다."

堂堂은 容貌之盛이라 言其務外自高하여 不可輔而爲仁이요 亦不能有以輔人之仁也라

'堂堂'은 용모가 훌륭한 것이다. 외면만 힘쓰고 스스로 높은 체하여, 도와서 仁을 할 수 없고 또한 남의 仁을 도와줄 수 없음을 말씀한 것이다.

⊙ **范氏曰 子張이 外有餘而內不足이라 故로 門人이 皆不與其爲仁이라 子曰 剛毅木訥이 近仁[13]이라하시니 寧外不足而內有餘면 庶可以爲仁矣니라**

⊙ 范氏(范祖禹)가 말하였다. "子張이 외면은 有餘하였으나 내면이 不足하였다. 그러므로 門人들이 모두 子張과 함께 仁을 하는 것을 허여(인정)하지 않은 것이다. 孔子께서 '강하고 굳세고 질박하고 어눌한 것이 仁에 가깝다.' 하셨으니, 차라리 외면이 부족하고 내면이 유여하면 거의 仁을 할 수 있을 것이다."

17. 曾子曰 吾聞諸夫子호니 人未有自致者也나 必也親喪乎인저

曾子가 말씀하였다. "내가 夫子께 들으니, '사람이 스스로 정성(진정)을 다하는 자가 없으나 반드시 親喪에는 정성을 다하게 된다.' 하셨다."

致는 盡其極也라 蓋人之眞情이 所不能自已者라

'致'는 그 지극함을 다하는 것이다. 〈親喪은〉 사람의 眞情에 스스로 그만두지 못하는 것이다.

'어려운 일을 잘 행한 것'으로 보는 것이 타당할 듯하다.

13 子曰……近仁 : 이 내용은 앞의 〈子路〉 27章에 보인다.

••• 並 함께할 병 剛 굳셀 강 毅 굳셀 의 木 질박할 목 訥 어눌할 눌

⊙ 尹氏曰 親喪은 固所自盡也니 於此에 不用其誠이면 惡(오)乎用其誠이리오

⊙ 尹氏(尹焞)가 말하였다. "親喪은 진실로 스스로 〈정성을〉 다해야 하니, 여기에 그 정성을 쓰지 않는다면 어디에다 그 정성을 쓰겠는가."

18. 曾子曰 吾聞諸夫子호니 孟莊子之孝也는 其他는 可能也어니와 其不改父之臣與父之政은 是難能也니라

曾子가 말씀하였다. "내가 夫子께 들으니, '孟莊子의 孝는 그 다른 일은 〈다른 사람이〉 능히 할 수 있으나 아버지의 신하(가신)와 아버지의 政事를 고치지 않은 것은 능하기 어렵다.' 하셨다."

孟莊子는 魯大夫니 名速이라 其父는 獻子니 名蔑이라 獻子有賢德이어늘 而莊子能用其臣하고 守其政이라 故로 其他孝行이 雖有可稱이나 而皆不若此事之爲難이라

孟莊子는 魯나라 大夫이니, 이름이 速이다. 그 아버지는 獻子이니, 이름이 蔑이다. 獻子가 훌륭한 德이 있었는데, 莊子가 아버지의 신하를 등용하고 그 정사를 그대로 지켰다. 그러므로 다른 孝行들도 비록 칭찬할 만한 것이 있었으나 모두 이 일의 어려움만 못한 것이었다.

19. 孟氏使陽膚로 爲士師라 問於曾子한대 曾子曰 上失其道하여 民散이 久矣니 如得其情이면 則哀矜而勿喜니라

孟氏가 陽膚를 士師로 임명하자, 〈陽膚가〉 曾子에게 〈獄事의 처리에 관하여〉 물으니, 曾子가 말씀하였다. "윗사람이 도리를 잃어 백성들이 離叛한 지가 오래되었다. 만일 〈이반한〉 실정을 알면 불쌍히 여기고 기뻐하지 말아야 한다."

陽膚는 曾子弟子라 民散은 謂情義乖離하여 不相維繫라

謝氏曰 民之散也는 以使之無道하고 敎之無素라 故로 其犯法也는 非迫於不得已면 則陷於不知也라 故로 得其情[14]이면 則哀矜而勿喜니라

---

14 得其情:茶山은 "'得其情'은 실상을 조사하여 범죄의 실정을 알아내는 것이다.〔得其情 謂覈實得獄之情〕" 하였다.

··· 速 빠를 속 獻 드릴 헌 蔑 업신여길 멸 膚 살갗 부 矜 불쌍할 긍 乖 어그러질 괴 維 동여맬 유 繫 맬 계

陽膚는 曾子의 弟子이다. '民散'은 情義가 괴리되어 서로 維繫(끈으로 맺듯이 서로 맺어짐)하지 못함을 이른다.

謝氏(謝良佐)가 말하였다. "백성들이 이산됨은 부리기를 無道하게 하고 평소 가르치지 않았기 때문이다. 그러므로 그들이 법을 범하는 것은 부득이 함에 핍박당해서이거나 이것이 아니면 無知에 빠져서이다. 그러므로 그 실정을 알면 불쌍히 여기고 기뻐하지 말아야 하는 것이다."

20. 子貢曰 紂之不善이 不如是之甚也니 是以로 君子惡(오)居下流하나니 天下之惡(악)이 皆歸焉이니라

子貢이 말하였다. "紂王의 不善이 이처럼 심하지는 않았으니, 이 때문에 君子가 下流에 거하는 것을 싫어한다. 〈下流에 있으면〉 天下의 惡이 모두 돌아온다."

下流는 地形卑下之處로 衆流之所歸니 喩人身有汚賤之實이면 亦惡名之所聚也라 子貢言此는 欲人常自警省하여 不可一置其身於不善之地요 非謂紂本無罪而虛被惡名也라

'下流'는 지형이 낮은 곳으로 모든 물이 모여드는 곳이니, 사람의 몸에 더럽고 천한 실제 행실이 있으면 또한 악명이 모여듦을 비유한 것이다. 子貢이 이를 말한 것은 사람들이 항상 스스로 경계하고 살펴서 한 번이라도 그 몸을 不善한 곳에 두지 않게 하려고 한 것이요, 紂王이 본래 죄가 없는데 헛되이 악명을 뒤집어썼다고 말한 것은 아니다.

21. 子貢曰 君子之過也는 如日月之食焉이라 過也에 人皆見之하고 更(경)也에 人皆仰之니라

子貢이 말하였다. "君子의 허물은 해와 달이 먹히는 것(日食·月食)과 같아서 잘못이 있을 적에 사람들이 모두 보고, 허물을 고쳤을 적에 사람들이 모두 우러러본다."

22-1. 衛公孫朝 問於子貢曰 仲尼焉學고

衛나라 公孫朝가 子貢에게 물었다. "仲尼는 어디에서 배웠는가?"

··· 紂 주(紂)임금 주 喩 비유할 유 被 입을 피 食 먹힐 식 更 고칠 경 仰 우러를 앙

公孫朝는 衛大夫라

公孫朝는 衛나라 大夫이다.

22-2. 子貢曰 文武之道 未墜於地하여 在人이라 賢者는 識(지)其大者하고 不賢者는 識其小者하여 莫不有文武之道焉하니 夫子焉不學이시며 而亦何常師之有시리오

子貢이 말하였다. "文王·武王의 道가 아직 땅에 떨어지지 않아 사람들에게 남아 있다. 賢者는 그 큰 것을 기억하고 不賢者(어질지 못한 자)는 작은 것을 기억하고 있어서 文王·武王의 道가 있지 않음이 없으니, 夫子께서 어디선들 배우지 않으시며 또한 어찌 일정한 스승이 있으시겠는가."

文武之道는 謂文王武王之謨訓功烈과 與凡周之禮樂文章이 皆是也라 在人은 言人有能記之者라 識는 記也라

'文武의 道'는 文王·武王의 교훈과 功烈, 그리고 모든 周나라의 禮樂과 文章이 모두 이것이다. 사람에게 있다는 것은 사람들 중에 이것을 기억하는 자가 있음을 말한다. '識'는 기억함이다.

23-1. 叔孫武叔이 語大夫於朝曰 子貢이 賢於仲尼하니라

叔孫武叔이 조정에서 大夫들에게 말하기를 "子貢이 仲尼보다 낫다." 하였다.

武叔은 魯大夫니 名州仇라

武叔은 魯나라 大夫이니, 이름이 州仇이다.

23-2. 子服景伯이 以告子貢한대 子貢曰 譬之宮牆컨댄 賜之牆也는 及肩이라 窺見室家之好어니와

子服景伯이 이것을 子貢에게 말하자, 子貢이 말하였다. "궁궐의 담장에 비유하면 나(賜)의 담장은 어깨에 미쳐 집안의 좋은 것들을 들여다 볼 수 있지만,

··· 墜 떨어질 추 識 기억할 지 焉 어찌 언 賢 나을 현 謨 가르칠 모 烈 공렬 譬 비유할 비 牆 담 장 肩 어깨 견 窺 엿볼 규

牆卑室淺이라

담장이 낮고 집이 얕은 것이다.

23-3. 夫子之牆은 數仞이라 不得其門而入이면 不見宗廟之美와 百官之富[15]니

夫子의 담장은 여러 길이어서 그 문을 얻어 들어가지 못하면 宗廟의 아름다움과 百官의 많음을 볼 수가 없다.

七尺曰仞이라 不入其門이면 則不見其中之所有니 言牆高而宮廣也라

일곱 자(尺)를 仞이라 한다. 그 문으로 들어가지 않으면 그 가운데에 있는 것을 보지 못하니, 담장이 높고 궁궐이 넓음을 말한 것이다.

23-4. 得其門者 或寡矣니 夫子之云이 不亦宜乎아

그 문을 얻는 자가 혹 적으니, 夫子(叔孫)의 말씀이 당연하지 않은가."

此夫子는 指武叔이라

여기의 夫子는 武叔을 가리킨다.

24. 叔孫武叔이 毁仲尼어늘 子貢曰 無以爲也하라 仲尼는 不可毁也니 他人之賢者는 丘陵也라 猶可踰也어니와 仲尼는 日月也라 無得而踰焉이니 人雖欲自絶이나 其何傷於日月乎리오 多見其不知量也로다

叔孫武叔이 仲尼를 훼방하자, 子貢이 말하였다. "그러지 말라. 仲尼는 훼방할 수 없으니, 他人의 어진 자는 丘陵과 같아 오히려 넘을 수 있지만 仲尼는 해와 달과 같아 넘을 수가 없다. 사람들이 비록 스스로 끊고자 하나 어찌 해와 달에게 손상이 되겠는가.

---

15 百官之富：楊伯峻은 "'官'자의 본뜻은 가옥(房舍)으로, 후에 관직이라는 뜻으로 확대되었다.……여기에서도 역시 가옥을 가리키는 말이다." 하고, '百官'을 '다양한 가옥'으로 번역하였다.

••• 卑 낮을 비 仞 길 인 寡 적을 과 毁 훼방할 훼 陵 큰언덕 릉 踰 넘을 유

다만 자신의 분수를 알지 못함을 보일 뿐이다."

無以爲는 猶言無用爲此라 土高曰丘요 大阜曰陵이라 日月은 喩其至高라 自絶은 謂
以謗毁自絶於孔子라 多는 與祇同[16]하니 適也라 不知量은 謂不自知其分量也라

'無以爲'는 이러한 짓을 하지 말라는 말과 같다. 땅이 높은 것을 '丘'라 하고, 큰 언덕을 '陵'
이라 한다. '해와 달'은 지극히 높은 것을 비유한다. '自絶'은 훼방하여 스스로 孔子와 끊음을
이른다. '多'는 祇와 같으니, 適(다만)의 뜻이다. '不知量'은 자신의 분량(분수)을 스스로 알지
못함을 이른다.

25-1. 陳子禽이 謂子貢曰 子爲恭也언정 仲尼豈賢於子乎리오

陳子禽이 子貢에게 말하였다. "그대가 〈스승을〉 공경할지언정 仲尼가 어찌 그대보다
낫겠는가."

爲恭은 謂恭敬하여 推(퇴)遜其師也라

'爲恭'은 공경하여 그 스승에게 겸양〔推遜〕함을 이른다.

25-2. 子貢曰 君子一言에 以爲知(智)며 一言에 以爲不知니 言不可不愼
也니라

子貢이 말하였다. "君子는 한 마디 말에 지혜롭다 하며 한 마디 말에 지혜롭지 못하다
하는 것이니, 말을 조심하지 않을 수 없다.

責子禽不謹言이라

子禽이 말을 삼가지 않음을 꾸짖은 것이다.

---

16 多與祇同:《集註》에 "'多'는 祇와 같다." 하였으며,《說文通訓定聲》에 "多를 假借하여 祇로 쓴다."
하였다. 그러나 官本諺解 및 栗谷諺解에는 音을 '다'로 표기하였으며, 壺山은 "'多'가 祇와 같다 함은
뜻을 말하였을 뿐, 音을 함께 말한 것은 아니다." 하였다.

··· 多 다만 다 阜 언덕 부 謗 비방할 방 適 다만 적 推 밀칠 퇴 遜 겸손할 손

25-3. 夫子之不可及也는 猶天之不可階而升也니라

夫子를 따를 수 없음은 마치 하늘을 사다리로 오를 수 없는 것과 같다.

階는 梯也라 大可爲也어니와 化不可爲也[17]라 故로 曰不可階而升也라하니라

'階'는 사다리이다. 大人은 〈억지로 힘써〉 될 수 있지만 化는 억지로 할 수가 없다. 그러므로 사다리로 오를 수 없다고 말한 것이다.

25-4. 夫子之得邦家者인댄 所謂立之斯立하며 道(導)之斯行하며 綏之斯來하며 動之斯和하여 其生也榮하고 其死也哀니 如之何其可及也리오

夫子께서 邦家(나라)를 얻으신다면 이른바 '세우면 이에 서고 인도하면 이에 따르고 편안하게 해주면 이에 따라오고 고무시키면 이에 和하여, 그 살아 계시면 영광스럽게 여기고 죽으면 슬퍼한다.'는 것이리니, 어떻게 따라갈 수 있겠는가."

立之는 謂植(치)其生也라 道는 引也니 謂敎之也라 行은 從也라 綏는 安也요 來는 歸附也라 動은 謂鼓舞之也요 和는 所謂於(오)變時雍[18]이니 言其感應之妙가 神速如此라 榮은 謂莫不尊親이요 哀는 則如喪考妣라

程子曰 此는 聖人之神化가 上下與天地同流[19]者也라

'立之'는 그 삶을 세워줌을 이른다. '道'는 인도함이니 가르침을 이른다. '行'은 따름이다. '綏'는 편안함이요, '來'는 歸附하는 것이다. '動'은 고무시키는 것이요, '和'는 이른바 '於變

---

17 大可爲也 化不可爲也 : '大'는 大人이고 '化'는 저절로 되는 것으로 聖人을 가리킨다. 《孟子》〈盡心下〉 25장에 "충실하여 빛남이 있음을 大人이라 이르고, 大人이면서 저절로 화함을 聖人이라 한다.〔充實而有光輝之謂大 大而化之之謂聖〕" 하였는데, 張橫渠는 "大人은 힘써서 될 수 있으나 化는 억지로 할 수 없으니, 익숙히 함에 달려 있을 뿐이다.〔大可爲也 大而也不可爲也 在熟而已〕"라고 하였다.《正蒙》

18 於(오)變時雍 : '於(오)'는 감탄사이고 '變'은 惡을 변하여 善하게 하는 것이며, '時'는 是와 통하는 바, 사람들이 모두 변화하여 크게 화목한 것으로, 《書經》〈虞書 堯典〉에 "黎民於變時雍"이라고 보인다. 茶山은 "'斯立'과 '斯行'은 백성이 政令을 따름을 이른다.……'斯來'와 '斯和'는 백성이 교화를 따름을 말한다.〔斯立斯行 謂民從令……斯來斯和 言民從化〕" 하였다.

19 上下與天地同流 : 이 내용은 《孟子》〈盡心上〉 13章에 "君子는 지나는 곳에 敎化가 되며 마음에 두고 있으면 神妙해진다. 그러므로 上下가 天地와 더불어 함께 유행되니, 어찌 조금만 보탬이 있다고 하겠는가.〔夫君子 所過者化 所存者神 上下與天地同流 豈曰小補之哉〕"라고 보이는바, 《集註》에 "그 德業의 성함이 天地의 조화와 함께 운행하는 것이다.〔其德業之盛 乃與天地之化 同運並行〕" 하였다.

••• 階 사다리 계 升 오를 승 梯 사다리 제 綏 편안할 수 植 세울 치 於 감탄할 오 雍 화할 옹 考 죽은아버지 고 妣 죽은어머니 비

時雍(아, 변해서 이에 화하다)'이란 것이니, 그 感應의 묘가 신속함이 이와 같음을 말한 것이다. '榮'은 높이고 친애하지 않는 이가 없음을 이르고, '哀'는 考妣(父母)를 잃은 것과 같이 슬퍼하는 것이다.

程子(伊川)가 말씀하였다. "이것은 聖人의 신묘한 교화가 上下에 天地와 함께 유행하는 것이다."

⊙ 謝氏曰 觀子貢稱聖人語하면 乃知晩年進德이 蓋極於高遠也라 夫子之得邦家者인댄 其鼓舞群動이 捷於桴鼓影響하리니 人雖見其變化나 而莫窺其所以變化也라 蓋不離於聖이요 而有不可知者存焉이니 聖而進於不可知之之神矣[20]니 此는 殆難以思勉[21]及也니라

⊙ 謝氏(謝良佐)가 말하였다. "子貢이 聖人을 칭찬한 이 말을 보면 晩年의 進德이 마침내 高遠함에 지극함을 알 수 있다. 夫子께서 국가를 얻으신다면 여러 백성들을 고무시킴이 북채로 북을 두드리는 것과 그림자와 메아리보다도 빠를 것이다. 사람들이 비록 그 변화함은 볼 수 있으나 그 변화하는 所以然은 엿보지 못한다. 이는 聖人의 경지를 떠나지 않고 알 수 없는 신묘한 것이 존재해 있는 것이니, 聖人이면서 알 수 없는 神人의 경지에 나아간 것이니, 이는 자못 생각과 노력으로 이르기 어려운 것이다."

---

20 而有不可知者存焉 聖而進於不可知之之神矣 : '不可知'는 聖人의 신묘한 德을 이른다. 《孟子》〈盡心下〉 25장에 "大人이면서 저절로 化함을 聖人이라 하고 聖人이면서 측량할 수 없음을 神人이라 한다.〔大而化之之謂聖 聖而不可知之之謂神〕"하였는데, 朱子는 "聖人에 이르면 道에 나아가고 德에 나아간 功이 지극하고 다하여 더할 수 없으니, 그 盛德과 至善의 극치와 소리도 없고 냄새도 없는 妙함이 반드시 눈과 귀로 다 알 수 없고 마음으로 측량할 수 없는 것이 있다. 이것이 이른바 '神人'이라는 것이니, 聖人의 위에 다시 神人이 있는 것은 아니다.〔至於聖則造道入德之功至矣盡矣 不可以有加矣 是其盛德至善之極 無聲無臭之妙 必有非耳目所能盡 心思所能測者 是則所謂神者 而非聖人之上復有神人也〕"하였다.《或問》

21 思勉 : 생각하고 힘쓰는 것으로, 생각함은 知工夫에, 힘씀은 行工夫에 해당한다. 《中庸》 20장에 "성실한 자는 힘쓰지 않고도 道에 맞으며 생각하지 않고도 알아서 從容히 道에 맞으니 聖人이요, 성실히 하려는 자는 善을 택하여 굳게 잡는(지키는) 자이다.〔誠者 不勉而中 不思而得 從容中道 聖人也 誠之者 擇善而固執之者也〕"라고 보인다.

··· 捷 빠를 첩 桴 북채 부 影 그림자 영 響 메아리 향 窺 엿볼 규 殆 거의 태 勉 힘쓸 면

堯曰 第二十

凡三章이라
모두 3章이다.

1-1. 堯曰 咨爾舜아 天之曆數 在爾躬하니 **允執其中**하라 **四海困窮**하면
天祿이 **永終**하리라

堯임금이 말씀하셨다. "아! 너 舜아, 하늘의 曆數가 너의 몸에 있으니, 진실로 그 中道
를 잡아라. 四海가 곤궁하면 하늘의 祿이 영원히 끊길 것이다."

此는 堯命舜而禪以帝位之辭라 咨는 嗟歎聲이라 曆數는 帝王相繼之次第니 猶歲時
氣節之先後也[1]라 允은 信也라 中者는 無過不及之名이라 四海之人이 困窮하면 則君祿
亦永絶矣니 戒之也라

이것은 堯임금이 舜에게 명하여 帝位를 禪讓해 주신 말씀이다. '咨'는 嗟歎(감탄)하는 소리
이다. '曆數'는 帝王들이 서로 계승하는 차례이니, 歲時와 節氣의 先後(차례)와 같은 것이다.
'允'은 '진실로'이다. '中'은 過하거나 不及함이 없는 명칭이다. 四海의 人民이 곤궁하면 군주
의 祿 또한 영원히 끊길 것이니, 이는 舜을 경계한 것이다.

1-2. 舜이 亦以命禹하시니라

---

1 曆數……猶歲時氣節之先後也:朱子는 '曆數'를 제왕이 서로 계승하는 차례로 해석하였다. 이는 堯·舜
   ·禹가 서로 계승한 것이 책력에 立春 뒤에 雨水가 오고 雨水 뒤에 驚蟄이 오는 것에 비유한 것이다..

··· 咨 탄식할 자   曆 책력 력   躬 몸 궁   允 진실로 윤   禪 선위(禪位)할 선   嗟 탄식할 차

舜임금 또한 이 말씀으로써 禹에게 명(훈계)하셨다.

舜後遜位於禹에 **亦以此辭命之**라 **今見於虞書大禹謨**하니 **比此加詳**하니라

舜임금이 뒤에 禹에게 帝位를 禪讓하실 때에도 이 말씀으로써 명하셨다. 이 내용은 지금 〈虞書 大禹謨〉에 보이는데, 이에 비하여 더 자세하다.

1-3. 曰 予小子履는 敢用玄牡하여 敢昭告于皇皇后帝하노니 有罪를 不敢赦하며 帝臣不蔽하여 簡在帝心[2]하니이다 朕躬有罪는 無以萬方이요 萬方有罪는 罪在朕躬하니라

〈湯王이〉 말씀하셨다. "나 小子 履는 검은 희생〔玄牡〕을 써서 감히 거룩하신 上帝께 밝게 아룁니다. 罪가 있는 자를 제가 감히 용서하지 못하며, 上帝의 신하를 제가 감히 엄폐하지 못하여, 인물을 簡擇함이 上帝의 마음에 달려 있습니다." 〈또 제후들에게 말씀하셨다.〉 "내 몸에 罪가 있음은 萬方 때문이 아니요, 萬方에 罪가 있음은 그 책임(죄)이 내 몸에 있다."

此는 引商書湯誥之辭니 蓋湯旣放桀而告諸侯也라 與書文으로 大同小異하니 曰上에 當有湯字라 履는 蓋湯名이라 用玄牡는 夏尙黑하니 未變其禮也라 簡은 閱也라 言桀有罪하니 己不敢赦요 而天下賢人은 皆上帝之臣이라 己不敢蔽하여 簡在帝心하여 惟帝所命이라 此는 述其初請命而伐桀之詞也라 又言 君有罪는 非民所致요 民有罪는 實君所爲라하시니 見其厚於責己, 薄於責人之意라 此는 其告諸侯之辭也라

이것은 《商書》〈湯誥〉의 말을 인용한 것이니, 湯王이 이미 桀王을 추방하고 諸侯들에게 말씀한 것이다. 《書經》의 글과 大同小異하니, '曰'字 위에 마땅히 湯字가 있어야 한다. 履는 湯王의 이름인 듯하다. 검은 희생을 쓴 것은 夏나라가 黑色을 숭상하였으니, 아직 그 禮를 변하지 않은 것이다. '簡'은 簡閱(살펴보아 선발)함이다. 이는 "桀王이 罪가 있으니 내가 감히 용서해 줄 수 없고, 天下의 賢人들은 모두 上帝의 신하여서 내가 감히 엄폐하지 못하여, 簡閱함이 上帝의 마음에 달려 있어 오직 上帝의 命을 따른다."고 말씀한 것이다. 이는 맨 처음 上帝에게 명을 청하여 桀王을 칠 때의 말씀을 기술한 것이다.

---

2 有罪不敢赦……簡在帝心: 官本諺解에는 '有罪를 不敢赦ᄒ며 帝臣不蔽니 簡在帝心이니이다'로 되어 있으나 栗谷諺解를 따랐음을 밝혀둔다.

··· 遜 사양할 손 虞 나라이름 우 履 밟을 리 玄 검을 현 牡 수컷 모(무) 昭 밝을 소 簡 가릴 간 朕 나 짐 誥 고할 고
    放 내칠 방 簡 선발할 간, 가릴 간 閱 검열할 열, 볼 열 赦 용서할 사 薄 엷을 박

또 "임금이 죄가 있음은 백성들의 所致가 아니요, 백성들이 죄가 있음은 실로 임금이 한 것이다."라고 말씀하였으니, 자신을 책함에 후하고 남을 책함에 박한 뜻을 볼 수 있다. 이는 諸侯들에게 말씀한 것이다.

1-4. 周有大賚(뢰)하신대 善人이 是富[3]하니라

周나라에서 큰 줌이 있으니, 善人이 이에 부유하게 되었다.

此以下는 述武王事라 賚는 予也라 武王克商하시고 大賚于四海하니 見(현)周書武成篇이라 此는 言其所富者皆善人也라 詩序曰 賚는 所以錫予善人[4]이라하니 蓋本於此라

이 이하는 武王의 일을 기술한 것이다. '賚'는 줌이다. 武王이 商나라를 이기시고 四海에 크게 준 것이니, 이 내용이 〈周書 武成〉에 보인다. 이는 부유하게 된 자가 모두 善人임을 말한 것이다. 〈詩序〉에 "賚는 善人에게 주는 것이다." 하였으니, 아마도 여기에서 근본한 듯하다.

1-5. 雖有周親이나 不如仁人이요 百姓有過는 在予一人이니라

"비록 지극히 가까운 친척[周親]이 있더라도 어진 사람만 못하며, 백성들의 과실은 〈책임이〉 나 한 사람에게 있다."

此는 周書泰誓之辭라
孔氏曰 周는 至也니 言紂至親雖多나 不如周家之多仁人이라

이것은 〈周書 泰誓〉의 말이다.
孔氏(孔安國)가 말하였다. "'周'는 지극함이니, 紂王이 지극히 가까운 친척이 비록 많더라도 周나라에 어진 사람이 많은 것만 못함을 말한 것이다."

1-6. 謹權量하며 審法度하며 修廢官하신대 四方之政이 行焉하니라

---

3 周有大賚 善人是富:朱子는 이 이하를 모두 武王의 일을 서술한 것으로 보았으나, 楊伯峻은 이하 두 節은 武王이 제후를 봉하는 文語體로 보고 아래 '謹權量' 이하만 孔子의 말씀으로 보았다.

4 詩序曰……錫予善人:'賚'는 《詩經》〈周頌〉의 篇名으로, 이 내용은 〈賚〉의 小序에 보인다. 小序에 "〈賚〉는 사당에서 功臣들을 크게 봉해주는 詩이다.〔賚大封於廟也〕" 하였다.

··· 賚 줄 뢰 錫 줄 석 予 줄 여 周 지극할 주 誓 맹세할 서 權 저울추 권

權과 量을 삼가고 法度를 살피며 폐지된 관직을 다시 닦으시니, 四方의 政治가 제대로 행해졌다.

權은 稱錘也[5]요 量은 斗斛也라 法度는 禮樂制度皆是也라

'權'은 저울과 저울추이고, '量'은 말〔斗〕과 휘〔斛〕이다. '法度'는 禮樂과 制度가 모두 이것이다.

1-7. 興滅國하며 繼絕世하며 擧逸民하신대 天下之民이 歸心焉하니라

멸망한 나라를 일으켜 주고 끊어진 대를 이어 주고 逸民을 등용하시자, 天下의 民心이 돌아왔다.

興滅, 繼絕은 謂封黃帝堯舜夏商之後요 擧逸民은 謂釋箕子之囚하고 復商容之位[6]니 三者는 皆人心之所欲也라

'멸망한 나라를 일으켜 주고 끊어진 대를 이어 주었다.'는 것은 黃帝·堯·舜과 夏·商의 後孫을 봉해 줌을 이르며, '逸民을 등용했다.'는 것은 갇혀 있던 箕子를 석방시켜 주고 商容의 지위를 회복시켜 줌을 이르니, 이 세 가지는 모두 사람들이 원하는 바였다.

1-8. 所重은 民食喪祭러시다

소중히 여겼던 것은 백성의 食(식량)과 喪禮와 祭禮였다.

武成曰 重民五敎호되 惟食喪祭[7]라하니라

5　權 稱錘也 : '稱錘'는 일반적으로 저울의 추를 가리키나 아래에 보이는 '量'의 '斗斛'에 맞추어 저울과 저울추로 나누어 해석하였다.

6　封黃帝堯舜夏商之後……復商容之位 : 《禮記》〈樂記〉에 "武王이 殷나라를 이기고 商나라 도성에 이르러서 미처 수레에서 내리기 전에 黃帝의 후손을 薊(계)나라에 봉하고 帝堯의 후손을 祝나라에 봉하고 帝舜의 후손을 陳나라에 봉하셨으며, 수레에서 내려서는 夏后氏의 후손을 杞나라에 봉하고 殷나라의 후손을 宋나라로 옮기고 王子 比干의 墓를 봉분하고 箕子의 갇힘을 석방하여 商容에게 찾아가서 그 지위를 회복하게 하였다.〔武王克殷 反(及)商 未及下車 而封黃帝之後於薊 封帝堯之後於祝 封帝舜之後於陳 下車 而封夏后氏之後於杞 投殷之後於宋 封王子比干之墓 釋箕子之囚 使之行商容而復其位〕"라고 보인다.

7　重民五敎 惟食喪祭 : 壺山은 "'惟'는 與와 같다." 하여 백성의 五敎 및 식량과 상례와 제례를 함께 소중히 하였음을 밝혔다. 壺山의 說을 따른다면 '重民五敎와 惟食喪祭'로 懸吐해야 할 것이다. '五敎'는 君臣·父子·夫婦·兄弟·長幼의 다섯 가지 떳떳한 가르침이다.

···　稱 저울 칭　錘 저울추 추　斛 휘(열말) 곡　逸 숨을 일　囚 가둘 수

〈武成〉에 "백성의 五敎를 중히 여기되 식량과 상례와 제례를 함께했다." 하였다.

1-9. 寬則得衆하고 信則民任焉하고 敏則有功하고 公則說(열)이니라

너그러우면 民衆을 얻고 信義가 있으면 백성들이 신임하고 민첩하면 功이 있고 公正하면 기뻐한다.

此는 於武王之事에 無所見하니 恐或泛言帝王之道也라

이는 武王의 일에 보이는 바가 없으니, 아마도 帝王의 道를 널리 말씀하신 듯하다.

⊙ **楊氏曰 論語之書는 皆聖人微言이어늘 而其徒傳守之하여 以明斯道者也라 故로 於終篇에 具載堯舜咨命之言과 湯武誓師之意와 與夫施諸政事者하여 以明聖學之所傳者 一於是而已니 所以著明二十篇之大旨也라 孟子於終篇에 亦歷敍堯舜湯文孔子相承之次[8]하시니 皆此意也니라**

⊙ 楊氏(楊時)가 말하였다. "《論語》 책은 모두 聖人의 隱微한(깊은) 말씀인데, 弟子들이 전하고 지켜서 이 道를 밝힌 것이다. 그러므로 마지막 篇에 堯·舜이 불러서 명하신 말씀과 湯·武가 군사들에게 맹세한 뜻 및 政事에 施行한 것들을 자세히 기재하여 聖學의 전하는 바가 이에 한결같을 뿐임을 밝혔으니,《論語》 20篇의 大旨를 드러내어 밝힌 것이다.《孟子》도 마지막 篇에 堯·舜과 湯王·文王·孔子가 서로 계승한 순서를 차례로 서술하였으니, 모두 이러한 뜻이다."

2-1. 子張이 問於孔子曰 何如라야 斯可以從政矣니잇고 子曰 尊五美하며 屛四惡이면 斯可以從政矣리라 子張曰 何謂五美니잇고 子曰 君子 惠而不費하며 勞而不怨하며 欲而不貪하며 泰而不驕하며 威而不猛이니라

---

8 孟子於終篇 亦歷敍堯舜湯文孔子相承之次:《孟子》〈盡心下〉 38장에 "堯·舜으로부터 湯王에 이르기까지가 5백여 년이니, 禹王과 皐陶는 직접 보고서 알았고 湯王은 들어서 아셨다. 湯으로부터 文王에 이르기까지가 5백여 년이니, 伊尹과 萊朱는 직접 보고서 알았고 文王은 들어서 아셨다. 文王으로부터 孔子에 이르기까지가 5백여 년이니, 太公望과 散宜生은 직접 보고서 알았고 孔子는 들어서 아셨다.〔由堯舜 至於湯 五百有餘歲 若禹皐陶則見而知之 若湯則聞而知之 由湯 至於文王 五百有餘歲 若伊尹萊朱則見而知之 若文王則聞而知之 由文王 至於孔子 五百有餘歲 若太公望散宜生則見而知之 若孔子則聞而知之〕"라고 보인다. '見而知之'는 직접 聖人을 뵙고서 道를 안 것이고, '聞而知之'는 직접 聖人을 뵙지는 못하였으나 들어서 道를 안 것을 이른다.

••• 敏 민첩할 민 泛 넓을 범 咨 탄식할 자 著 드러낼 저 敍 서술할 서 屛 물리칠 병

子張이 孔子께 묻기를 "어떠하여야 정사에 종사할 수 있습니까?" 하니, 孔子께서 "五美를 높이고 四惡을 물리치면 정사에 종사할 수 있다." 하셨다.

子張이 "무엇을 五美라 합니까?" 하고 묻자, 孔子께서 "君子는 은혜롭되 허비하지 않으며, 수고롭게 하되 원망하지 않으며, 하고자 하면서도 탐하지 않으며, 태연하면서도 교만하지 않으며, 위엄이 있으면서도 사납지 않은 것이다." 하셨다.

2-2. 子張曰[9] 何謂惠而不費니잇고 子曰 因民之所利而利之니 斯不亦惠而不費乎아 擇可勞而勞之어니 又誰怨이리오 欲仁而得仁이어니 又焉貪이리오 君子는 無衆寡하며 無小大히 無敢慢하나니 斯不亦泰而不驕乎아 君子는 正其衣冠하며 尊其瞻視하여 儼然人望而畏之하나니 斯不亦威而不猛乎아

子張이 "무엇을 은혜롭되 허비하지 않는 것이라 합니까?" 하고 묻자, 孔子께서 "백성들이 이롭게 여기는 것을 인하여 이롭게 해주니, 이것이 은혜롭되 허비하지 않는 것이 아니겠는가. 수고롭게 할 만한 일을 가려서 수고롭게 하니, 또 누가 원망하겠는가. 仁을 하고자 하여 仁을 얻으니 또 무엇을 탐하겠는가. 君子는 〈상대방이〉 많거나 적거나 크거나 작거나에 관계없이 감히 교만하지 않으니, 이것이 태연하면서도 교만하지 않은 것이 아니겠는가. 君子는 衣冠을 바르게 하며 瞻視(봄)를 존엄(공경)히 하여 엄숙해서 사람들이 바라보고 두려워하니, 이것이 위엄이 있으면서도 사납지 않은 것이 아니겠는가." 하셨다.

2-3. 子張曰 何謂四惡이닛고 子曰 不教而殺을 謂之虐이요 不戒視成을 謂之暴요 慢令致期를 謂之賊이요 猶之與人也로되 出納之吝을 謂之有司니라

子張이 "무엇을 四惡이라 합니까?" 하고 묻자, 孔子께서 "〈미리〉 가르치지 않고 죽이는 것을 虐이라 하고, 미리 경계하지 않고 成功을 책하는 것을 暴라 하고, 명령을 태만히 하고 期日을 각박하게 하는 것을 賊이라 하고, 똑같이〔猶之〕 남에게 주면서도 출납할 때에 인색하게 하는 것을 有司라고 한다." 하셨다.

---

9 子張曰:이 節은 모든 本에 원래는 윗 節과 이어져 있는데, 앞뒤의 體制에 맞추어 別行하였다.

··· 費 쓸 비, 허비할 비 貪 탐할 탐 泰 클 태 驕 교만할 교 威 위엄 위 猛 사나울 맹 擇 가릴 택 慢 게으를 만 冠 갓 관 瞻 볼 첨 儼 엄숙할 엄 虐 모질 학 慢 게으를 만 賊 해칠 적 吝 인색할 린

虐은 謂殘酷不仁이요 暴는 謂卒遽無漸이라 致期는 刻期也라 賊者는 切害之意니 緩於前而急於後하여 以誤其民而必刑之면 是賊害之也라 猶之는 猶言均之也라 均之以物與人이로되 而於其出納之際에 乃或吝而不果면 則是有司之事요 而非爲政之體니 所與雖多나 人亦不懷其惠矣라 項羽使人하여 有功當封이면 刻印刓이로되 忍弗能予라가 卒以取敗하니 亦其驗也라

'虐'은 잔혹하여 仁하지 못함을 이르고, '暴'는 갑작스럽게 하고 차츰차츰 하지 않음을 이른다. '致期'는 期日을 각박하게 하는 것이다. '賊'은 절박하게 해친다는 뜻이니, 앞서는 느슨하게 해놓고 뒤에는 급하게 하여 백성을 그르치게 하고서 반드시 형벌한다면 이는 백성을 해치는 것이다. '猶之'는 均之(똑같음)라는 말과 같다. 남들과 똑같이 물건을 주더라도 출납할 때에 혹 인색하여 과감하지 못하면 이는 재정을 맡은 有司의 일이요 政治를 하는 체통이 아니니, 주기를 비록 많이 하더라도 사람들이 또한 그 은혜를 생각하지 않는다. 項羽가 사람을 부려서 공로가 있어 封爵하게 되면 印章을 새겨놓은 것이 닳아 망가지는데도 차마 주지 못하다가 끝내 이로써 敗亡을 취하였으니, 이것도 그 한 징험(실례)이다.

⊙ 尹氏曰 告問政者多矣로되 未有如此之備者也라 故로 記之하여 以繼帝王之治하니 則夫子之爲政을 可知也니라

⊙ 尹氏(尹焞)가 말하였다. "政治를 묻는 질문에 말씀해 준 것이 많으나 이와 같이 구비된 것은 있지 않다. 그러므로 이것을 기록하여 帝王의 정치에 뒤이었으니, 그렇다면 夫子의 정치하심을 알 수 있다."

3-1. 子曰 不知命이면 無以爲君子也요

孔子께서 말씀하셨다. "命을 알지 못하면 君子가 될 수 없고,

程子曰 知命者는 知有命而信之也라 不知命이면 則見害必避하고 見利必趨하리니 何以爲君子리오

程子(伊川)가 말씀하였다. "命을 안다는 것은 命이 있음을 알고서 믿는 것이다. 命을 알지 못하면, 해를 보면 반드시 피하고 이익을 보면 반드시 달려갈 것이니, 어떻게 君子가 될 수 있겠는가."

••• 酷 혹독할 혹 遽 갑자기 거 刻 각박할 각 緩 느슨할 완 果 과감할 과 刻 새길 각 刓 닳을 완 予 줄 여
趨 향할 추

3-2. 不知禮면 無以立也요

禮를 알지 못하면 설 수 없고,

不知禮면 則耳目無所加요 手足無所措라

禮를 알지 못하면 耳目을 加할 곳이 없고 手足을 둘 곳이 없다.

3-3. 不知言이면 無以知人也니라

말을 알지 못하면 사람을 알 수 없다."

言之得失에 可以知人之邪正[10]이라

말의 잘잘못에 사람의 간사함과 올바름을 알 수 있는 것이다.

⊙ 尹氏曰 知斯三者면 則君子之事備矣라 弟子記此以終篇하니 得無意乎아 學者少而讀之로되 老而不知一言爲可用이면 不幾於侮聖言[11]者乎아 夫子之罪人也니 可不念哉아

⊙ 尹氏(尹焞)가 말하였다. "이 세 가지를 안다면 君子의 일이 갖추어진 것이다. 弟子들이 이 말씀을 기록하여 篇을 마쳤으니, 어찌 깊은 뜻이 없겠는가. 배우는 자가 어려서부터 이 책을 읽었으나 늙어서 한 마디 말씀도 쓸 만한 것이 됨을 알지 못한다면 聖人의 말씀을 업신여기는 자에 가깝지 않겠는가. 이는 夫子의 죄인이니, 유념하지 않을 수 있겠는가."

---

10 言之得失 可以知人之邪正:《孟子》〈公孫丑上〉2장에 "〈知言은〉편벽된 말에 그 가리운 바를 알며, 방탕한 말에 빠져 있는 바를 알며, 간사(부정)한 말에 괴리된 바를 알며, 도피하는 말에 〈논리가〉궁함을 아는 것이다.〔詖辭 知其所蔽 淫辭 知其所陷 邪辭 知其所離 遁辭 知其所窮〕"라고 보인다. 雲峰胡氏(胡炳文)는 "孟子가 '知言'을 말씀한 것이 아마도 여기에 근본한 듯하다. 다만《孟子》의 知言에 대한《集註》의 주석에는 '모든 天下의 말에 그 是非得失의 所以然을 아는 것이다.' 하고, 여기에서는 '사람의 간사함과 올바름을 알 수 있는 것이다.' 함에 불과하니, 여기에서는 배우는 자를 위하여 말씀한 것이고,《孟子》에서는 孟子께서 자신에 대해 말씀한 것이다.〔孟子知言之謂 蓋本於此 但集註釋孟子知言 則曰 凡天下之言 識其是非得失之所以然 而此不過曰可以知人之邪正 此爲學者言 彼則孟子自言也〕" 하였다.

11 侮聖言:위〈季氏〉8장에 "君子는 세 가지 두려워함이 있으니, 天命을 두려워하며 大人을 두려워하며 聖人의 말씀을 두려워한다. 小人은 天命을 알지 못하여 두려워하지 않는다. 大人을 함부로 대하며 聖人의 말씀을 업신여긴다.〔君子有三畏 畏天命 畏大人 畏聖人之言 小人不知天命而不畏也 狎大人 侮聖人之言〕"라고 보인다.

··· 措 둘 조 幾 가까울 기 侮 업신여길 모

孔子年譜

B.C.551 周靈王 21年(魯襄公 22年)	11月에 魯의 昌平鄕 鄹邑에서 誕生.
B.C.549(3세)	父親 叔梁紇이 別世하다.
B.C.544(8세)	遊戲를 할 때에 항상 祭器를 벌려 놓고 祭祀지내는 놀이를 하였다.
B.C.542(10세)	子路가 出生하다.
B.C.533(19세)	宋의 开官氏와 結婚하다.
B.C.532(20세)	아들 孔鯉가 生하다. 魯의 委吏가 되다.
B.C.531(21세)	魯의 司職吏가 되다.
B.C.528(24세)	母親 顔氏가 別世하다.
B.C.525(27세)	郯子에게 옛날 官制를 배우다.
B.C.522(30세)	12月에 老子에게 禮를 묻다. 仲弓・有若이 出生하다.
B.C.518(34세)	魯의 孟僖子가 臨終時에 그의 아들을 孔子에게 師事하여 禮를 배우라고 遺言하다.
B.C.517(35세)	齊에 갔다가 魯로 돌아오다. 벼슬을 하지 않고 教授하니 弟子들이 많이 오다.
B.C.514(38세)	顔回가 出生하다.
B.C.507(45세)	子夏가 出生하다.
B.C.506(46세)	子游가 出生하다.
B.C.505(47세)	曾參이 出生하다.
B.C.501(51세)	閔子騫이 出生하다.
B.C.500(52세)	魯의 司寇 벼슬을 하다. 魯定公을 도와 齊景公과 夾谷에서 會談하다.
B.C.497(55세)	魯에서 뜻을 얻지 못하고 衛로 가다.
B.C.496(56세)	齊에서 魯에 女樂을 보내다. 匡땅에서 難을 당하다.
B.C.495(57세)	桓魋가 孔子를 죽이려 하다.
B.C.493(59세)	衛로 가다.
B.C.492(60세)	宋을 지나 陳으로 가다.
B.C.489(63세)	陳에서 蔡로 가다가 포위되어 식량이 끊기다. 蔡에서 葉公을 보고 衛로 돌아오다.
B.C.487(65세)	부인 开官氏가 別世하다.
B.C.484(68세)	魯人이 幣帛으로 孔子를 부르므로 魯로 돌아오다. 詩, 書, 禮를 整理하다.
B.C.483(69세)	孔鯉와 顔回가 죽다.
B.C.482(70세)	魯哀公이 政事를 묻다.
B.C.481(71세)	魯에서 麒麟을 얻다. 春秋를 짓다.
B.C.479(73세)	夏四月 己丑에 卒하다.

論語集註 引用姓氏略解

引用姓氏	시대	출신	성명	자(호)	저서
孔氏	漢	孔安國		子國	論語訓解
馬氏	後漢	扶風人	馬融	季長	
許氏	後漢	召陵人	許愼	叔重	說文解字
何氏	三國	魏人	何晏	平叔	論語集解
陸氏	唐	蘇州人	陸元朗	德明	經典釋文
趙伯循	唐	河東人	趙匡	伯循	
周氏	北宋	毗陵人	周孚先	伯忱	
蘇氏	北宋	眉山人	蘇軾	子瞻(東坡)	論語說
尹氏	北宋	河南人	尹焞	彦明	論語解·門人答問
王氏	北宋	臨川人	王安石	介甫	周官新義
邢氏	北宋	淸陰人	邢昺	叔明	論語注疏
李氏	北宋	昭武人	李郁	光祖	論孟遺稿
呂氏	北宋	藍田人	呂大臨	與叔	
胡氏	北宋	建安人	胡寅	明忠(致堂)	論語詳說
侯氏	北宋	河東人	侯仲良	師聖	論語說
范氏	北宋	成都人	范祖禹	淳夫	唐鑑
晁氏	北宋	淸豊人	晁說之	以道	
張子	北宋	長安人	張載	子厚	
程子(明道)	北宋	洛陽人	程顥	伯淳(明道)	
程子(伊川)	北宋	洛陽人	程頤	正叔(伊川)	
游氏	北宋	建安人	游酢	定夫	論語解
楊氏	北宋	將樂人	楊時	中立(龜山)	二程粹言
劉侍讀	北宋	新喩人	劉敞	原父	七經小傳
劉忠定公	北宋	魏人	劉安世	器之(忠定)	
謝氏	北宋		謝良佐	顯道(上蔡先生)	論語說
吳氏	南宋	建安人	嗚棫	才老	論語指掌
張敬夫	南宋	廣陵人	張栻	敬夫, 欽夫(南軒)	癸巳論語解
洪氏	南宋	丹陽人	洪興祖	慶善	楚辭補注
黃氏	南宋	三山人	黃祖舜	繼道	
曾氏	南宋		曾幾	吉甫	經說
劉聘君	南宋	建安人	劉勉之	致中(草堂)	

성백효 成百曉

충남忠南 예산禮山 출생
가정에서 부친 월산공月山公으로부터 한문 수학
월곡月谷 황경연黃璟淵, 서암瑞巖 김희진金熙鎭 선생 사사
민족문화추진회 부설 국역연수원 연수부 수료
고려대학교 교육대학원 한문교육과 수료
한국고전번역원 명예교수(현)
전통문화연구회 부회장(현)
사단법인 해동경사연구소 소장(현)

번역서

사서집주四書集註, 『시경집전詩經集傳』
『서경집전書經集傳』, 『주역전의周易傳義』
『고문진보古文眞寶』, 『근사록집해近思錄集解』
『심경부주心經附註』, 『통감절요』
『당송팔대가문초唐宋八大家文抄 소식蘇軾』
『고봉집高峰集』, 『독곡집獨谷集』
『다산시문집茶山詩文集』, 『송자대전宋子大全』
『우계집牛溪集』
『약천집藥泉集』, 『양천세고陽川世稿』
『여헌집旅軒集』, 『율곡전서栗谷全書』
『잠암선생일고潛庵先生逸稿』
『존재집存齋集』, 『퇴계전서退溪全書』
『부안설 논어집주附按說 論語集註』
『부안설 맹자집주附按說 孟子集註』
『부안설 대학·중용집주附按說 大學·中庸集註』

海東經史研究所 임원

해동경사연구소 www.haedong.org

최신판 논어집주 論語集註

역주 성백효

1판 6쇄 발행 2023년 9월 1일
1판 1쇄 발행 2017년 12월 26일

디자인 씨오디
제작처 다다프린팅솔루션
펴낸이 조옥임
펴낸곳 한국인문고전연구소
출판등록 2012년 2월 1일(제 406-25100201200027호)
주소 경기 파주시 가람로 70, 402-402
전화 02-323-3635 팩스 02-6442-3634 이메일 books@huclassic.com

ISBN 978-89-97970-38-4 04140
© 성백효 2017